チョムスキーの言語理論

その出発点から最新理論まで

ニール・スミス & ニコラス・アロット

今井邦彦・外池滋生・中島平三・西山佑司 訳

新曜社

CHOMSKY
Ideas And Ideals

Third Edition
by Neil Smith and Nicholas Allott

© Neil Smith & Nicholas Allott 2016
© Cambridge University Press 1999, 2004

The translation of *Chomsky (3rd edition)* is published
by arrangement with Cambridge University Press
through Tuttle-Mori Agency, Inc., Tokyo

我が友に捧ぐ　（スミスとアロットより）

親愛なる友へ、ここでは友ということばを
常より広い意味で使う：
妻、いもうと、仲間、親戚、
学校の男友だち、女友だち、
1度しか会ったことのない人々、
わたしと一生つきあいのある人々：
ただし、わたしとの間に、たとえ一瞬にせよ、
相通ずる区分けが画かれた人々、
明白な和みの弦が施された人々であれば。

…時を忘れるな、
封蝋が固まる前の時を。

　　　　　　　　　　　プリーモ・レーヴィ『わが友へ』(Levi, 1990:5) より

訳者まえがき

　この書は、Neil-Smith & Nick Allott, *Chomsky: Ideas and Ideals*, Cambridge University Press, 第3版（2016）の日本語訳である。この新版では初・第2版の著者スミスに新進気鋭の学者アロットが加わり、増頁に伴い内容的にも新鮮、斬新なものとなっている。

　チョムスキーに尊崇の念を抱こうと、逆に反感を抱こうと、彼が言語学に、そしてそこから輪を大きく広げ、人間研究はいかにあるべきかについて革命をもたらしたことについて異論はないと言ってよい。チョムスキー理論は、認知科学、心理学、哲学、神経生理学、コンピューター・サイエンス、数学、さらに、特に最近では、進化論・遺伝学の分野にも大きな影響を与えている。

　科学の諸分野におけるそのような「巨魁」を巡る著書は、当然のこととして、数多い。その中から、我々訳者が本書の訳出を選んだ理由は何か。チョムスキーが最初の公刊本 Chomsky (1957) を出版したのちも、欧州ではイタリアと当時の東ドイツを除けば、ほとんど反応がなかった。特にイギリスでは、ファース（John Rupert Firth, 1890-1960：今井 (2001)"ファース"、『言語』2001・2別冊、pp.66-67参照）を創始者とする、明確な原理を分け持たない、緩いまとまりしか持たなかったいわゆる「ロンドン学派」と外部から呼ばれたグループがあるのみだったせいもあったろうし、昔から経験主義（empiricism, 知の源泉を感覚的経験に求める立場）の盛んなイギリスでは生成文法のような合理主義（rationalism, 知の源泉を理性に求める立場）を受け入れる用意がなかったとも考えられる。この分析の当否は措くとしても、本書の第一著者スミスは、イギリス人学者としては極めて早い時期から生成文法の正しさに気づき、サヴァン（知的障害を持ちながら、特定の分野に限って極めて優れた能力を発揮する人）に関する自らの共同研究（Smith & Tsimpli, 1995）によって人間言語のモジュール性（第2章参照）の性格付けに寄与し、また生成文法に関する著作を数多く著した。

　生成文法は、誕生以来変化と成長を続けている。たとえばミニマリスト・プログラムという、生成文法における画期的パラダイムが公表されたのは、Chomsky (1992d, 1995b) においてであるけれども、この研究方針にさえもその後大幅な変化が生じた。これら生成文法内のさまざまな変化・発展を記録・解説するため、スミスは新進気鋭の学者アロットに共著者として加わってもらうことに決め、2人の超人的な努力によって、本書第3版は紙数を大幅に増やし、内容を最大にアップデートしたものとなった。すなわち読者諸氏は、チョムスキー理論の出発点から現行理論に至るまでを、きわめて分かりやすく教えてくれる、他に類を見ない「生成文法入門・活用書」を手にしておられる

i

こととなる。

　生成文法登場までアメリカ言語学界を支配していた構造言語学（structural linguistics）のいわば総帥だったブルームフィールド（Leonard Bloomfield, 1887-1949）は言語を「1つの言語共同体で生まれる発話の総体（the totality of utterances that can be made in a speech community）」（Bloomfield, 1928）と捉えていたし、デンマークの言語学者イェルムスレウ（Louis Hjelmslev, 1899-1965）は、言語理論は「網羅的（exhaustive）」な記述を行わなければならないと主張している（Hjelmslev, 1961）。現今では経験主義言語学者のエヴァンズ（Nicholas Evans, 1956- ）とレヴィンスン（Stephen Levinson, 1947- ）がその共著論文（Evans & Levinson, 2009）で、やはり「総体主義」的主張をしている。

　もう一つの捉え方は、「言語」を習慣・しきたりと見る見方である。この見方では、たとえば日本で生まれ、日本人家庭で生育するものは、周りの大人（や、すでに日本語獲得を完成した子ども）が使っている日本語を、習慣・しきたりとして身につけるというのである。つまりある種の動物をイヌと呼んだり、空から落ちてくる水滴をアメと称することや、「太郎は描いた絵を本気で」のような単語の結び付け方は使わず「太郎は絵を本気で描いた」を使うことを"正しい"習慣・しきたりとして習得する、という考え方だ。これはまた、多くの人が「言語」について漠然と抱いている見方に思える。

　総体主義も、習慣・しきたり主義も、言語を人間の「外側」にあるものとして捉えている点で共通している。これに対して生成文法は、言語を「内側」のものとして捉える。内側、とはどういうことか？　本書の「序論」は、生成文法が、言語とは個人個人の頭脳の中にある「普遍文法（Universal Grammar）」（p.53ff 参照）に立脚するものと見ている旨をまず指摘する。続いて、チョムスキーの履歴に簡単に触れた後、彼の思想が、人間の過去・現在の思想の中でどういう位置に属するかを明らかにする。

　続く第1章では、科学とは何か、言語を科学として解剖するには、言語を、視覚・聴覚等と同じく、各個人が生まれながらにして頭脳の中に持つ「モジュール」（≒領域固有で自律的な機能）とみなさなければならないことが説かれる。であるとすると、上記の総体主義、習慣・しきたり論は排除されなければならない。

　上に、チョムスキー理論がさまざまな変遷を遂げてきた旨を指摘した。この変遷の途中までしか知らなければ、もちろん不十分であるし、最新の理論を知っているだけなら、そこに至る変遷がどういう意味・重要性を持っていたのかがわからない。それを避けるため、第2章では、チョムスキー理論のいわば史的叙述が行われている。かつての生成文法でたとえば VP → V + NP のような「句構造規則」を必要とした構造は現行理論ではどのように導かれるのか、そしてそのような理論変化はなぜ必要だったのか、がこの章で述べられる。なお、この章の終わりには進化発生生物学（evo-devo biology）に関する生成言語学の興味深い考えが紹介されている。

　子どもが自分の母語を身につけるのは速い。5歳ころにはほぼ完了する。これはそれ

までに子どもが与えられる資料がごく少なく、指導などはほぼ全く行われないことを考えると、驚異的である。しかし、これを視覚と同一に考えるとどうか？　人間の子どもは、生後すぐには何も見えない。しかし2ヵ月ぐらいで母親の顔が認識できるようになり、1歳を超えるころにはものを立体的に見ることができるようになる。これはヒトには生まれつき視覚器官が備わっており、大人が「ものの見方」を教えてやらなくとも、視覚が発達するからである。同じように、言語についても、「言語器官」というものが生まれつきにヒトに備わっており、それが言語を発達させるのだとすれば、子どもの母語獲得の速さは驚きではなくなる。視覚器官がどこにあるか、どのような解剖学的・神経生理学的姿を持っているかはかなり分かっている。それに対して「言語器官」は"頭脳の中にある"ことまでは確かだが、実際にどのような原理原則に基づいてどのように働くかを知るには、論理的思考と、子どもの言語習得過程、いったん獲得された言語の病理的原因に基づく崩壊の観察に依るほかない。これこそがチョムスキー言語学の中心であり、第3章の扱うところである。

第4章は、合理主義者であり、メンタリスト（言語現象の根底に心的要因を置く考えの人）であり、自然主義者（言語を自然界の心的実在とみなし、自然科学と同じ方法で説明しようとする人）であるチョムスキーを描く。これと反対の意見を抱く人、すなわち、経験主義者、言語の根底はヒトの心／頭脳の外にあると考える人、言語を自然界の実在とみなさず、それを説明するには自然科学と別の方法が不可欠であると信ずる人々の見解との対比において「チョムスキー哲学」を学ぶ良い機会がここにおいて与えられている。

原著には最終章としてチョムスキーの政治観を扱った第5章「言語と自由」がある。これも極めて優れた考察であるが、これを訳出対象とすると600ページをはるかに超える大著となってしまう。そこで彼の政治観については他の数多くの文献にまかせ、本訳書は彼の言語理論のみに絞ることにした。それに伴い、「文献」では特に第5章だけに関係する文献は省いてある。

スミス、アロットの2著者は、頭脳明晰であり、名文家であり、チョムスキー理論に関するその理解は深くかつ幅広い。しかし彼らとて人間である。原著の中には、訳者をして「ここはこのように書き換えたら、読者にとってより分かりやすく、あるいは誤解を与える可能性が低くなる」と思わせる箇所がいくつかあった。訳者がこれらの件について2著者に指摘を行ったところ、この上なく謙虚で良心的な反応が返ってきた。そのほとんどすべてが訳者の指摘を肯定するものであった。その意味で、本書の読者は原著より分かりやすい訳書を手にしていることとなる。

訳出にあたってとくに心がけたことは、原著書の意図をできるだけ正確に、そして分かりやすい日本語で表現することであった。言うまでもなく、4人の訳者は各自担当の部分にだけ注意を集中したわけではなく、本全体に関して原著者の意図、読者にとっての分かりやすさ等々について互いに意見交換・討論を行った。この討論でやり取りされ

たEメール数は数えるいとまもない。専門用語の訳語については、できるだけ標準的なもの、広く使われているものに従うようにした。ただ、ひとつだけ例外がある。それは、チョムスキーが、conceptual-intentional interface や conceptual-intentional system と言うときの intentional の訳語である。これは、通常、「概念−意図インターフェイス」「概念−意図システム」のように「意図（的）」と訳されている。しかし、訳者らは、その訳語で本当に良いのであろうかと疑問に思った。これは、むしろ、哲学者ブレンターノ以来の伝統で、aboutness に関する現象と捉え、「志向性」の訳語を当てるべきではないかと考えた。そして、念のためにチョムスキー本人に確認したところ、やはり、「哲学的な意味での志向性」の意味であることがわかった。したがって、本訳書では、「概念−志向インターフェイス」「概念−志向システム」の訳語を使うことにした。

　なお、原著書の本文には1節、2節といった節番号や小節見出し番号がないため、節立ての階層性がわかりにくくなっている。そこで、本訳書では、原著書にはない節番号や小節見出し番号を入れた。また、本文末の「原注」に加え、「訳注」を各章末に載せた。

　訳稿の完成までにはここにお名前を書ききれないほど多くの知人・友人にお世話になった。とくに訳稿を丁寧に読み、貴重なコメントを下さった諸氏に感謝したい。本訳書の出現については、そもそも版元との条件（＝第5章省略）付き契約締結の段階から最終段階に至るまで新曜社社長・塩浦暲氏のお世話になった。深い感謝の意をここに捧げたい。

　　平成30年秋

訳者一同

第 3 版への序文

　本書の再版が出てから 10 年以上経つ。この 10 年は世界を取り巻く様々な危難が増大した期間であるが、言語学と認知科学が著しく成長した時でもあり、チョムスキーも、それまでと同じように先鋭的な理論的貢献を続けていた時期であった。チョムスキーの旺盛な学問的活動は、時間とエネルギーの大半を政治活動と、産業界と政府の巨大な範囲にわたる虚言や意図的混迷化を暴くことに捧げる中で行われたのである。

　こうした展開を理解・説明し、チョムスキーの継続的活動を正しく捉えるためには、著者の専門的知識の幅を広げる必要があると考えられた。そこで第 2 版までの著者・スミスはアロットの協力を得ることとなった。アロットはこの目的に必要な知識と経験を兼ね備えていたのである。

　我々（スミスとアロット）は、今回も本書の基本的な輪郭には変更を行わないこととしたが、その一方で、この 10 年間の新展開の理解を進歩させる材料と、これらの進歩においてチョムスキーが果たした役割を示す材料との双方を本書に反映させる目的で、アップデートと改訂を本書に施した。以前の版に誤りがあることが判明した場合はこれを訂正したし、不明瞭であった部分を説明等により明らかにした。またこの 10 年で最も傑出した革新であると我々が判断したものを強調的に表示した。この結果、第 1 章については、多少の確証的証拠を加えただけで、ほとんど変更を加えなかったが、他の章ではこう単純には行かなかった。言語学の中では、動乱と言っていいほどの活動が続いていた。ミニマリスト・プログラムは生成文法的陣営では相変わらず支配的パラダイムであるけれども、このプログラムには大幅な変化が生じていた。これに従って、第 2 章には変更と増補が施され、現行理論の時に不明瞭な理論的・形式的新機軸をもっとわかりやすく説明する試みが盛り込まれた。チョムスキーは現行の統語理論に対して理論的貢献を行っており、それについては我々も詳しく説明することになるが、それに加えてチョムスキーは、最近の学問的業績の大半を言語能力の進化の研究に捧げている。これに伴って我々も、以前の版では比較的短かったこの問題に関する論考をくわしく精巧なものとした。

　言語の心理学と心理言語学の分野で最も重要な変遷は、チョムスキーが公準として唱える「普遍文法（UG）」に対する一層の、そして一層敵意を増した反発と、これに代わるべき考えとして提出されている、コネクショニズム等の「創発的」理論の出現である。第 3 章ではこれらの代案のいくつかを吟味し、その主張を解剖し、しかるべき裁断を与えている。この論争は、「刺激の貧困」を巡る論議の本質と解釈を巡るより広い意

見不一致の一部をなすものである。「刺激の貧困」については、第4章で哲学的実在論の観点から再び吟味する。この章ではまた、哲学界におけるチョムスキーの業績誤解の多くの原因となったと思われる用語上の、また実質上の複雑さについて、前回よりも紙数を割いて説明を行っている。その中には、「知識（knowledge）」、「（心的）表示（(mental) representation）」、さらにチョムスキーが拒絶し、それゆえに悪評を買っている「語と世界」の意味的関係が含まれている。

　チョムスキーの執筆の豊饒さには尽きるところがない。本書のアップデートされた参考文献には、チョムスキー自身による50ほどの新たな論文・書籍のほか、ほぼ同数の他の人による新文献が入っている。派生的文献は今や膨大なものである。この中には統語論、音韻論、意味論という専門領域に関する文献もあるが、それだけでなく、チョムスキー自身およびその業績にほぼ限って捧げられている定期刊行物の特別号も含まれている。この領域に属する最近の有用な著をあげると、Al-Muraiti（2014）, Barsky（2007, 2011）, Bricmont & Franck（2010）, Collins（2008a）, McGilvray（2005）, Piattelli-Palmarini & Berwick（2013）, Sperlich（2006）がある。さらに、彼のウェッブサイト（www.chomsky.info）には大量の有用な資料があるし、彼が尽きることのないインタヴュー要請に応じているため、このウェッブで「アフガニスタン」や「ISIS（Islamic State of Iraq and Syria；イスラム過激組織）」から「シオニズム」に至るまでのチョムスキーの考えに接することができる。続けるときりがない。

　初・再版で触れた方々に加え、次の方々に、コメント、交信、質疑、断続的ながら憤激に対して感謝の意を表したい。クラウス・アーベルス（Klaus Abels）、エリーヌ・ブッシュ・グンダーセン（Eline Busck Gundersen）、ティモシー・チャン（Timothy Chan）、アナベル・コーマック（Annabel Cormack）、ヤン・テーリエ・ファールンド（Jan Terje Faarlund）、クリステル・フリッケ（Christel Fricke）、カーステン・ハンセン（Carsten Hansen）、ジョナサン・ノウルズ（Jonathan Knowles）、アド・ニールマン（Ad Neeleman）、アンダース・ネス（Anders Nes）、ジェシカ・ペップ（Jessica Pepp）、ジョルジュ・レイ（Georges Rey）、マーク・リチャーズ（Marc Richards）、アマール・スミス（Amahl Smith）、マルコム・トッズ（Malcolm Todd）、ヒロユキ・ウチダ（Hiroyuki Uchida）、ハンス・ファン・デ・コート（Hans van de Koot）、セバスチャン・ワツル（Sebastian Watzl）、ユハーニ・イリ＝ヴァクーリ（Juhani Yli-Vakkuri）。マーク・リチャーズには、第2章の原稿に関するこちらからの質問や、あちらからのコメントに対して、ヤン・テーリエ・ファールンドには、第2章に対するコメントに対して、ジョルジュ・レイには、本書全体に関するコメント、疑義、そして極めて価値の高い討論に対して、特別の謝意を表したい。これらの方々の示唆に関して、我々が書いたこと、書かなかったことについての責任はこの方々にはない。スミスは、前と同じくその家族（セアラス、アマール、アン（Anne）、ザック（Zak）、ジョシュ（Josh）；アイヴァン、ジャネック（Janneke））からの愛、支援、

そして専門的助言に対して恩義を感じている。アロットは、研究センター CSMN（ロンドン大学の Centre for the Study of Mind and Nature）の同僚に、研究プロジェクトである The Reflective Mind（非思慮行使的な精神活動）に、双方に資金を提供したノルウェー国立研究評議会に、そして何よりも、妻ジューイ・チュー（Jui Chu）の愛情と、忍耐と支援に感謝をささげたい。

再版への序文

　本書の初版を出してからの5年間にはいろいろなことが起こった。言語学には進歩が続き認知科学が爆発的盛りを見せた。世界は一層危険な場所になったし、チョムスキーは学者と政治的活動家という二面的存在のリーダーでありつづけた。

　こうした変化のすべてに対処するのは不可能である。そこで本書の基本的な輪郭には変更を行わなかったが、数々の追加や変更を加えた。第一に、気付いた誤りは訂正し、不明瞭だった箇所は説明等により、明快になるように努めた。第二に、私の力の及ぶ限り、注や参照文献をアップデートした。ここで扱われている諸分野のすべてについて大家・達人であるなどという人はいないので、私は、チョムスキーの最近の理論が直接の関係を持つ章や節をアップデートすることを中心とした。その結果、参考文献にはチョムスキー自身の書いたものだけで40点ほどの新しい作品が加わることとなった：15冊以上の新刊書と改訂版に加えて25点の新論文である。それと同時に、チョムスキーに関する言わば派生的な文献も数多く出現していた。そうした著作の代表的なものを挙げれば、Antony & Hornstein（2003）、McGilvray（1999）、Michell & Schoeffel（2002）、Winston（2002）その他数多い[1]。こうした文書の他、ほぼ100点の項目が同様に参考文献に加えられ、関連性に応じて、これらの新記載項目に言及するための注を加えたため、注もまた増大することとなった。

　第三に、1998年以降、言語学界と世界がどのように変わったかが明らかになるような工夫を凝らした。チョムスキーはそれ以前と同じように言語学における先駆的業績を生み出しつつあったので、私は第2章の関連のある個所を校閲し、これに応じてミニマリズムの発展に対する論議を追加した。このことの必然的結果として、初版のかなりの部分 —— それは今や舞台の中央に位置することとなったいくつかの問題について、私が必要な基礎を配置しておかなかった箇所であった —— を修正する必要が生じた。私はまた進化に関する論考をアップデートした。進化は、チョムスキーが興味深い新しい論説を展開し始めたもう1つの分野である。これらの改訂と内容増大はこの本全体にわたって他の細かい変更を必要ならしめた。

　初版の場合と同じく、今回も同業者・友人諸氏のコメント・批判・訂正勧告から大いに利益を受けた。元の謝辞で述べた方々に加え、今回は特に次の方々の御意見にお

---

[1] Michell & Schoeffel（2002）は、チョムスキーとの討論を編集・謄写したものなので、本書の参考文献目録ではChomsky（2002b）として記載してある。

礼を申したい。すなわち、ミシ・ブロウディ（Misi Brody）、ディック・ハドソン（Dick Hudson）、アネット・カーミロフ＝スミス（Annette Karmiloff-Smith）、コリン・フィリップス（Colin Phillips）、ポール・ポウスタル（Paul Postal）、ジェフ・プラム（Geoff Pullum）、および書評者中のマーティン・アトキンスン（Martin Atkinson）、ゲアリー・ミルサク（Gary Milsark）、そして特にフィリップ・カー（Phillip Carr）である。かなりの確率で確かだと思われるのは、この中で私が彼らの貢献をどのように扱ったかについて完全に満足している人は1人もいないという点だ。改訂された原稿をすべて読み、それにコメントを与えてくれたことに対し、ニコラス・アロット（Nicholas Allott）、アナベル・コーマック（Annabel Cormack）、そしてアン・ロー（Ann Law）、に特別の謝意を表したい。初版の原稿に対してはチョムスキーから膨大なコメントをもらい、彼は後に、自分は私（＝スミス）の書いたことの全部に賛成しているわけではないが、深刻な反論はまったく抱いていないと私に告げた。チョムスキーは今回の改訂版を見ていない。だから彼の考えと理想に関する私の解釈について彼は何の責任も持っていない。

　いつもと同様、私の家族と友人から受けている愛情と支援に対する謝辞を述べるのは、誠に嬉しいことである。

初版への序文

　私が負っている知的および私的双方の恩義の中で、最大のものは、ノウム・チョムスキーに対するものである。チョムスキーの業績と、彼が与えてくれたインスピレーションがなければ、私の専門家としての生涯は本質的に違ったものになっていたであろうし、この本も、当然ながら、存在しなかったこととなる。さらに加えて、彼は、自らが抱える他の膨大な献身の圧倒的なプレッシャーにもかかわらず、私と口頭と交信による意見交換をする時間を何年にもわたって都合してくれた。私が本書の最終原稿より前のヴァージョンを彼に送ったところ、彼は60ページにもわたるコメントや参考意見でこれに応えてくれた。これにもかかわらずいまだに私が彼の考えを不正確に伝えていたとしたら、それがどんな点に関したものであれ、チョムスキーのせいではない。チョムスキーの陰に隠れつつ仕事をするのは名誉なことであった。

　何人もの同業者・友人が、5年以上ほどにわたってこの本の内容の全部ないし一部に関する審議、討論に加わってくれたので、私はこの本に注意と労力を集中することができた。そうした同業者・友人の名を次に挙げれば、ステファニー・アニヤディ（Stefanie Anyadi）、ミシ・ブロウディ（Misi Brody）、ロビン・カーストン（Robyn Carston）、レイ・カテル（Ray Catell）、タウン・ホウクストラ（Teun Hoekstra）、リタ・マンジーニ（Rita Manzini）、ミレーナ・ヌーティ（Elena Nuti）、イアンティ・ツインプリ（Ianthi Tsimpli）、ハンス・ファン・デ・コート（Hans van de Koot）、ニジェル・ヴァンサン（Nigel Vincent）、そして特にアナベル・コーマック（Annabel Cormack）とディアドリ・ウィルスン（Deirdre Wilson）である。言うまでもなく、これらの諸氏は私の書いたことを支持する人々であると決め込まれるべきではなく、また私が諸氏の助言を時に聞き入れなかったからといって、彼らが責められるべきではあり得ない。我が家族 ── アマール（Amahl）、アイヴァン（Ivan）、セアラス（Saras）── に触れるならば、彼らは優れた助言、心からの激励、そして美味しい食事で私を鼓舞し、支持してくれた。

　この本の一部は、私が英国学士院研究基金の給付を受けている期間に書かれたものであり、この期間は勤務先のロンドン大学ユニヴァーシティー・カレッジからサバティカルによって離れる期間と一致していた。また、ユニヴァーシティ・カレッジ人文学科学長からは、マサチューセッツ工科大学に奉職するチョムスキーを訪問するための費用を支給された。英国学士院とユニヴァーシティ・カレッジからの支援と、私の出張中その任務を肩代わりしてくれたカレッジの同僚に対して謝意を捧げたい。

目　次

訳者まえがき　　　　　　　　　　　　　　　　　　　i
第3版への序文　　　　　　　　　　　　　　　　　　v
再版への序文　　　　　　　　　　　　　　　　　　　ix
初版への序文　　　　　　　　　　　　　　　　　　　xi

序　論　　　　　　　　　　　　　　　　　　　　　1
　　1　チョムスキーの業績　　　　　　　　　　　　1
　　2　妙想と影響　　　　　　　　　　　　　　　　6
　　訳注　　　　　　　　　　　　　　　　　　　　　8

第1章　心の鏡　　　　　　　　　　　　　　　　　9
　　1　序　説　　　　　　　　　　　　　　　　　　9
　　2　科学としての言語学　　　　　　　　　　　　10
　　　　2.1　理想化の本質　　　　　　　　　　　　15
　　　　2.2　コモンセンス　　　　　　　　　　　　21
　　3　モジュール性　　　　　　　　　　　　　　　22
　　　　3.1　機能分離の二方向性　　　　　　　　　28
　　　　3.2　モジュールと準モジュール　　　　　　33
　　　　3.3　知能と学習　　　　　　　　　　　　　34
　　4　言語能力と言語運用　　　　　　　　　　　　35
　　　　4.1　言語能力と文法　　　　　　　　　　　36
　　　　4.2　規　則　　　　　　　　　　　　　　　37
　　　　4.3　I言語とE言語　　　　　　　　　　　 39
　　5　言語運用、統語解析、そして語用論　　　　　44
　　　　5.1　統語解析的考察　　　　　　　　　　　45
　　　　5.2　語用論的考察　　　　　　　　　　　　47
　　　　5.3　言語能力と言語運用 対 I言語とE言語　48
　　6　進化と生得性　　　　　　　　　　　　　　　49
　　　　6.1　言語獲得　　　　　　　　　　　　　　51
　　　　6.2　刺激の貧困　　　　　　　　　　　　　51

	6.3	語の意味	53
	6.4	普遍性	55
7	自然言語と思考の言語		57
8	要　約		61
	訳注		61

第2章　言語の基盤 ——————————————— 67

1　序　説　67
    1.1　何が達成されたか？ —— 3つの妥当性　68
    1.2　ミニマリスト・プログラム　69
2　言語の知識　70
    2.1　レキシコン　70
    2.2　構造の知識　73
    2.3　構造関係の知識　75
3　記述的妥当性　78
    3.1　形式的背景　78
    3.2　表示レベル　78
    3.3　構成素と規則　79
    3.4　深層構造　82
    3.5　記述 対 説明　85
4　説明的妥当性を目指して　87
    4.1　規則から原理へ　87
    4.2　句構造規則の廃止　93
    4.3　Xバー理論　94
    4.4　統率・束縛理論　97
    4.5　変形の地位　113
    4.6　原理とパラミタ　115
    4.7　語彙範疇と機能範疇　117
5　説明的妥当性を越えて　122
    5.1　ミニマリズム（極小主義）　122
    5.2　スパルタ式言語学（Spartan linguistics）—— ミニマリズムの成分　123
    5.3　経済性　124
    5.4　（実質上の）概念的必然性　127
    5.5　第三要因の考慮　128
    5.6　実　装　131

		5.7 完璧な統語論	143
	6	棚卸し ── 歴史的経過	144
		6.1 進化	146
		6.2 第三要因	150
	訳注		150

第3章　ことばと心理学 ──────── 153

1	序　説		153
2	因果関係と説明		156
	2.1	理論とデータ	157
	2.2	行動主義	159
3	心理的実在性と証拠の性質		161
	3.1	「心理学的」または「言語学的」証拠？	161
	3.2	直　観	165
4	言語処理		175
	4.1	複雑性の派生理論	176
	4.2	文法と統語解析器	179
	4.3	解析問題	184
	4.4	経済性	187
5	言語獲得（プラトンの問題）		190
	5.1	教えるのか、それとも教えられることなしに学ぶのか	191
	5.2	学習か成長か	192
	5.3	パラミタの設定	193
	5.4	臨界期仮説	196
	5.5	成　熟	200
6	言語病理		203
	6.1	脳梁発達不全	204
	6.2	多言語使用の天才	205
	6.3	特異言語障害	206
7	行動主義者の反撃		209
	7.1	コネクショニズム	209
	7.2	構成主義と統計的学習	213
	7.3	創発主義	221
8	結　論		230
訳注			233

第4章　哲学的実在論
── チョムスキーが与（くみ）する立場とそれをめぐる論争 ── 237

- 1　序　説　237
- 2　チョムスキーが与する立場　244
  - 2.1　心についての実在論　244
  - 2.2　生得的構造　252
  - 2.3　方法論的自然主義　254
  - 2.4　再びI言語について　255
  - 2.5　表示と演算　257
  - 2.6　心理主義　261
  - 2.7　合理主義と言語の知識　261
- 3　チョムスキーをめぐる論争　271
  - 3.1　言語についての内在主義　271
  - 3.2　言語についての外延主義的見解　274
  - 3.3　言語とコミュニケーション　282
  - 3.4　意味についての内在主義　290
  - 3.5　生得性　297
  - 3.6　心身問題　309
  - 3.7　統一化と還元　310
- 4　結　論　312
- 訳注　313

原　注　317
文　献　361
人名索引　397
事項索引　405

装幀＝新曜社デザイン室

序　論

　　啓発の子。　　　　　　　　　　　　　　　　　　　　　　　　（Chomsky, 1992a: 158）

1　チョムスキーの業績

　チョムスキーの重要性はどこにあるのだろう？　彼は、我々が耳にする無数の言語が持つ膨大な複雑性が、単一の主旋律とも言うべき「普遍文法（Universal Grammar）」[1]の変奏曲にほかならないという見方を示した。チョムスキーは言語学に革命を起こし、そうすることによって知の仕組みに関する考え方に波乱を巻き起こした。すなわち、生得観念の考えを復活させ、我々人間の知識の重要な部分は遺伝的に決定されたものであることをあきらかにし、何世紀も昔からありながらその頃には不評になっていた合理主義的見地を復活させ、「意識されざる知識」[2]なるものが、言葉を話し理解する我々の能力の基礎となっている証拠を提供した。彼は心理学を支配していた行動主義的流派を打倒する上で主要な役割を果たし、心に、人類を研究する上での卓越した地位を再び与えることとなった。一言で言えば、チョムスキーは我々人間が自分自身を見る目を変えたのであり、その意味で、思想史の上でダーウィン（Charles Robert Darwin, 1809-1882）やデカルト（René Descartes, 1596-1650）に匹敵する地位を得ているのである。しかもチョムスキーがこの役を果たしたのは、反体制的な政治論や実行動に自分の時間の大半を捧げながらのことだったのである。彼は政府の吐いた虚言の証拠を示し、大企業の隠微な圧力行使を暴露し、社会秩序の規範を創出し、西側諸国の良心としての立場を築いたのであった。[3]

　近年の歴史の中でチョムスキーと同格の影響力を行使した人としては、アインシュタイン（Albert Einstein, 1879-1955）、ピカソ（Pablo Picasso, 1881-1973）、そしてフロイト（Sigmund Freud, 1856-1939）が挙げられる。これらのさまざまに異なるタイプの人物それぞれとのあいだに、チョムスキーは類似点を持っているのである。フロイトと同じように彼は ── チョムスキーの方が一段上の知的厳密さを以てではあるが ── 心に関する我々の概念に変革をもたらした。アインシュタインと同じように、チョムスキーは深遠な科学的創造性と急進的な政治的活動とを混在させている。ピカソと同じように、チョ

ムスキーは自分自身が一旦確定させた体系を、驚くべき頻度で打ちこわし新しい体系に交替させた。この聖体破壊のもっとも新しい例 ── チョムスキー自身の「ミニマリスト・プログラム」── は、言語機能の生得的基礎が持つ豊饒さを立証しようとしたチョムスキーによる以前の業績理論のうち、かなりの部分に疑いを差しはさむものであったが、それは自らの理論を一層健全な基礎に置くことを目的としたものであった。チョムスキーが最大の相似性を持つ対象は、バートランド・ラッセル（Bertrand Russell, 1872-1970）かもしれない。ラッセルの初期の著作『プリンキーピア・マテマティカ（*Principia Mathematica*：数学原理）』[訳注2]が数学の基礎を再定義した一方で、ラッセルはその生涯のかなりの時間を政治的著書と政治的活動に捧げた。ただ、数学については誰でも多少のことは知っているのに対して、人々が言語学について多少とも知っているとすれば、それは、多くの場合、チョムスキーの影響である。チョムスキーの言語学、哲学、心理学における名声が非常に高かったため、最初の頃から彼の政治観に耳を傾ける人の数を、ある程度とはいえ、保証した。やがて月日が経つと、彼の政治論上の名声、あるいは悪評が、彼の学問上の業績に人々の注目を集めるようになってきた。チョムスキーの学問業績は言語研究を科学的探究の主流の位置に置き、同時に言語研究をそれ以外の人文科学、並びに自然科学にとって必要不可欠のものにするに至ったのである。

　本書は伝記ではない。我々著者はチョムスキーの思想に関わっているのであり、彼の個人生活の詳細に関心を持っているのではない。彼の人生に興味がないというわけではない。何人かの人によるチョムスキーとのインタヴュー[4]からは、子どもの頃学校の先生と一緒に野球を見に行ったときの話とか、ハイスクール時代にボクシング習得を強制されたときの気持ち[5]など、実に面白い挿話が惹き出されてくる。だがチョムスキーは「本質的に真の修道者」[6]であって、自分の個人的見解は自らの科学的概念とは無関係であり、それどころか「ある主題が重要であって考究に値するのであれば、それは個人的な問題にすり替えられてはならない」[7]と繰り返し強調している。次のパラグラフ以降に述べる数少ない個人的眇見を超える事柄を知りたい人には、バースキー（Robert F. Barsky, 1961- ）の本や、バーセイミアン（David Barsamian, 1945- ）、マクファークア（Larissa MacFarquhar）、ペック（James Peck）らによるインタヴュー（参考文献を見ること）が良い源泉となるだろう。

　チョムスキーは1928年12月7日生まれである。2歳のときから10年間、フィラデルフィアにある進歩的なデューイ式学校[訳注3]の1つで過ごした。このタイプの学校では個人の創造性の重視に対する共鳴性があった。この学校に次いで、チョムスキーは管理の厳しい窮屈なハイスクールに進んだ。このハイスクールについてチョムスキーは「ほとんど何も」覚えていないと主張している[8]。このあと彼はペンシルヴェイニア大学に籍を置きゼリッグ・ハリス（Zellig Sabbettai Harris, 1909-1992）[9]に師事することとなる。ハリスは当時指導的な言語学者であり、また政治論者であった。チョムスキーに深い影響を

与えた。この大学でチョムスキーはまた哲学者ネルスン・グッドマン（Nelson Goodman, 1906-1998）の影響も受けた。グッドマンもまたチョムスキー理論の成立にとっての重要人物であった。チョムスキーは 1949 年にペンシルヴェイニア大学を卒業した。卒業論文は現代ヘブライ語についてのものであった。この論文はのちに改定・拡張され、彼の修士論文となった[10]。同年、彼はキャロル・シャッツ（Carol Schatz, 1930-2008）を妻に迎えた[11]。キャロルはチョムスキーの大学での同窓生であり、独自に言語と言語学に重要な貢献をした。彼女は 2008 年 12 月の死に至るまでの 60 年近いチョムスキーとの結婚生活をとおして、夫のためにこの上なく重要な役割を果たした。2 人の結婚後まもなく、チョムスキーは大学院に進み、1951 年にはハーヴァード大学の超優秀初学生会（The Society of Fellows）の一員となり、そこから 1955 年にマサチューセッツ工科大学（MIT）に移った。以来彼はずっと MIT に籍を置く。もっとも毎年のかなりの日数を世界各地を回り講演を行ったりインタヴューを受けたりすることに捧げているが。

　2014 年、独り身としての何年かを過ごした後、チョムスキーはヴァリーリア・ヴァッサーマン（Luisa Valéria Galvão-Wasserman, 1964- ）と結婚した。このことをチョムスキーは「望外の悦び」と言っている[12]。ヴァリーリアはブラジルのサンパウロ大学高等学術研究所（The Institute of Advanced Studies：IEA）およびその学内広報誌 *Estudos Avançados*（高等学術）の翻訳係であり、また、映画のプロデューサーやさまざまな文化的行事の組織役としても活躍している。

　チョムスキーによる主要な影響は言語学、哲学、心理学に対するものであるが、彼はまた人類学から数学、教育から文学評論に至るかなりの学問領域に対してもいくらかの、しかし重要でないとは決して言えない作用を与えている。これほど広範囲な影響力を理解するには、チョムスキーの生成文法という科学研究計画の定義的特徴を把握し、また彼の社会的・政治的アピールを深く洞察することが必要である。これから先に述べることは、チョムスキーの業績を、彼が言語の研究と心の研究において果たした中枢的貢献を分析し、背景に照らして理解しようとする試みである。これを試みるということは、言語学、心理学、そして哲学に関するかなり専門的で深遠な問題点を扱うこととなる。

　言語学・心理学・哲学の 3 分野にわたるチョムスキーの業績は、当初から今日にいたるまで、体系的に革新的であり、体系的に論争を呼ぶものである。彼の見解についての正真正銘の異論も、単なる誤解も、この 3 分野の学者たちのあいだに広く存在するので、我々の目的の一部は、なぜ彼の言い分が過度と言えるほど称賛される一方で中傷的と言えるほど悪く言われるのかを説明するところにある。ある場合にはこの説明は簡単につくが、他の場合は彼への敵意がなぜこれほどの無理解に基づくのか判断に苦しむ。正真正銘の異論に属するのは、言語学というものが、心理学的な、それゆえ究極的には生物学的な企てであるのか、それとも数学的あるいは社会学的企てであって、諸言語の母語話者の直観の重要性が必然的に付随するものであるのか、に関する意見の相違に基づく

ものである。同じように、言語研究には厳密な形式化と確率モデル理論が不可欠ないし望ましいのか否か、言語研究者は自分たちが研究している言語から得られるデータを余すところなく扱うべきか、それとももっと限定された領域についての洞察を得ることで満足すべきかについて、意見の違いが存在する。また政治論について言えば、現在の社会より良い社会をあらかじめ綿密に計画することにどこまで意味があるかについての意見の相違がある。単なる誤解に属するものとしては、チョムスキーのことを「言語学において見せかけの芝居を打っている」とか、「虚偽にしがみついているのだ」[13]とか、意図的に虚言を弄しているとか、ポル・ポト（Pol Pot, 1928-1998）[訳注4]やクメール・ルージュ[訳注5]の代弁人だ等々の酷い悪口がある。

　この本は、誰にでも読めるようにとの意図で書かれている。そのためすべての注には細かい参考文献、引用等の原典、説明、短いが入念な説明、さらに読むべき文書の示唆が付いており、すべて巻末に集められている。すべての引用原典は注で分かるようになっており、原典を探すのにはごく短い時間しかかからないはずである。チョムスキーの著作の多くはきわめて専門的なので、我々は彼の考えを紹介するに当たっては、分かりやすさに資するよう、できるだけ容易な言葉遣いを心掛けた。とは言っても我々は、チョムスキーの考えをできるだけ正確に伝えることを志し、必要な場合は術語をあえて使うことを厭わなかった。使う場合はもちろん説明を加えてある。どの場合にも、我々が取り上げた言語に関する例は、その例の持つ意義を真に把握するためには熟考の要があることを強調しておきたい。

　第1章は言語と言語研究を、人間の本質の科学的探究の一部という、より広いコンテクストの中に置くことから始まっている。これは人間の心の構造を論議することである。これは、人間の諸機能からの健常な機能分離と病的な機能分離の双方に関する研究から得られた証拠を論議することであり、言語を「心の鏡」と視ることにほかならない。それに続く第2章ではチョムスキーの言語の理論化についての詳細かつある程度史的な注解が行われる。これが他のすべてを構築する基本である。この章の目標はチョムスキー理論の現況を、それがどうして今の姿をとるようになったかをある程度読者に分かってもらうところにある。チョムスキーの考えの中でもっともよく知られているもの（たとえば深層構造と表層構造）を取り上げ、それがなぜ現在のミニマリズム的枠組みの中には繰り込まれていないのかが説明される。もっとも重要なのは、チョムスキーがこれまでの50年にわたってどのような傾向の論証法を用いて来たかの一端を我々が示そうとしている点である。その後の2つの章はチョムスキーの業績の心理学的および哲学的意味合いを述べることに捧げられている。

　第3章は心理的実在とは何を意味するのかという難題を扱う。そしてその証拠を、言語処理、幼児の第一言語獲得[訳注6]、病理における言語崩壊の探求から求める。この章の核心をなすのは、チョムスキーの言う「プラトンの問題（Plato's problem）」、すなわち子ども

による第一言語の獲得は、きわめて少ない言語的証拠しかないにもかかわらずなぜ可能なのか、という問題に関する彼の可能性豊かな解法の検討である。第4章はチョムスキーの考え方の哲学的側面を見る。つまりこの章では彼の合理主義、メンタリズム、そしてナチュラリズムへの知的傾倒が略述され、また哲学界での騒然たる論争を喚び起こした論議が説明される。本書の最後は注釈付きの参考文献表である。

　チョムスキーという人物・その業績を要約するのは恐ろしいほど難儀なことである。我々としてはレオナルド・ダ・ヴィンチ（Leonardo da Vinci, 1452-1519）の「縮約は知に損害を与える[14]」という愚痴を意識せざるを得ない。チョムスキーの業績は膨大だ。著書は100冊を超えているし、何百という論文を書いており、何万通もの手紙を書いている。彼が精通している文献の莫大さは恐ろしいほどだ。またその範囲も、政治、歴史、言語学、哲学、心理学、数学…と、世界中の多種の現代的問題にわたり、彼が知識を持っていない分野などは存在しないと言ってよい。これだけ多くの分野をマスターするには、「熱狂」が必要であり、彼の言葉を借りるならば「偏執狂的な努力」に身を捧げる能力が必要である。それだけではなく、計り知れない勇気と、とどまることのないエネルギーと、すべての余暇の放棄を必要とする。チョムスキーは言う：「他のどの人と比べても自分が違うことを言っているという事実を耐え忍ぶには強固なエゴが必要だ」と。彼は自分の知的貢献を「ガリレオより一歩前の[15]」と見ているが、バーリンスキー（David Berlinski, 1942-）の言うチョムスキーは「ガリレオと同格に偉大である[16]」という考えの方がおそらく正しいだろう。16世紀の末、ガリレオ（Galileo Galilei, 1564-1642）は現代科学全体の土台を支える実験法を見出した[17]。20世紀の終わり頃には、チョムスキーが、ガリレオの発見した実験法の適用を心の研究にも拡張し始めた知的革命の最重要な創始者であると多くの人に見られるようになった。

　チョムスキーを誰もが肯定的に評価したわけではない。哲学者のリチャード・モンタギュー（Richard Montague, 1930-1971）はチョムスキーのことを「20世紀科学の2人のペテン師の一人[13]」と言ったとされている（もう一人のペテン師はアインシュタインとされている：チョムスキーは少なくとも、良い仲間と一緒になっているわけだ）。言語学者のポール・ポウスタル（Paul Postal, 1936-）は「チョムスキーの言っていることはすべて嘘だ…彼は面白がって嘘を吐く癖がある[19]」と言っている。このほかチョムスキーは「オポチュニストであり…腐敗の称賛者であり、戦争と植民地主義に対する抗議に関する政府の無頓着さへの代弁人[20]」という中傷を受けており、また「とんでもなく常軌を逸したアメリカ人」とか「知的な義務履行能力の範囲を越えた人[21]」とも呼ばれている。1960～70年代に、彼は政治的実力行使ゆえに何度も警察に拘留されており[22]、殺すぞという脅しを頻繁に受けている[23]。彼の立場に基本的には共感を持つ人たちでさえ、ときおり、チョムスキーは政治を単純に考えすぎているとか、「誇大妄想的である[24]」とか、「故意に単純愚直を装っている[25]」などと言っており、チョムスキーが議論に勝つ場合のいくつか

は前提が間違っているからで、彼自身も「ある場合は自分が間違っていることを認めよ[26]うとしているのだ」と思いたいという気持ちを持っているようだ。キャロル・チョムスキーは、後から考えると自分が正しいという自信を持っていたときでさえも、「ノウム[27]と議論するとどうしても勝てないのよ」と、ときおり、残念そうに言っていた。チョムスキーに関する意見がこれだけ両極端に分かれていることは、説明の要がある。この本を書く理由の1つは、そうした説明の根拠を示すことにある。「人は自分のしていることがするに値することである理由を説明する責任がある[28]」とチョムスキーは言っている。我々著者にとって、チョムスキーの業績には啓発的なものがある[29]。彼の業績は、受けてしかるべき評価を完全には受けていないと我々は思っており、もっと広く世に広められるべきだと考えている。そこで我々は、彼の理論の要素を精選していくつかの短い章にまとめるよう試みた次第である。

2 妙想と影響

たいていの人は、自分にとって模範となるようなヒーローを必要とする。そうした人々は自分たちのヒーローの偉業に張り合おうとする場合もあるが、もう少し普通の場合は、単にそうした偉業を手本とすることが適切であり、倫理的に正当化されるものであり、少なくともある程度までは可能であるようなタイプの活動を定義する基礎として用いる。これは英雄崇拝というような愚かなオマージュではない。ただチョムスキーが受けているへつらいとも言うべき過褒(かほう)は多くの場合我々を当惑させる[30]。綿密に吟味してみると、ヒーローと見える人が ── 世界の誰とも同じように ── たいていの場合、思いがけない弱点を持っていることが判明するものである。こうしたことが判明すると、そういうヒーローたちが自分たちと同じ平面にいることが分かり、一種のはげみとなる。そういう次第で、チョムスキーは「ヒーロー」ではない。我々にとって妙想・霊感の元であることを我々は喜んで認めるのだが、だからといって我々がチョムスキーの意見すべてに賛成というわけではない。むろん彼の意見の多くに我々が不賛成であったら、我々はまずこの本を書くことはなかったであろう。世の中には、政治的指導者を、そのリーダーシップの強烈さゆえに、どの方向へ導かれているかを考えることもなしに偶像化する人々がいるが、我々はそうした人々と同じ感覚は持っていない。

チョムスキーにとって「この世にヒーローはいない[31]」し、誰かに敬服しているかという質問には通常答えない[32]。ただ、彼に影響を与え、彼が尊敬しているという人の数は多い。無政府主義者であるミハイル・バクーニン(Mikhail Bakunin, 1814-1876)、ピョートル・クロポトキン(Peter Kropotkin, 1842-1921)やルドルフ・ロッカー(Rudolph Rocker, 1873-1958)、左派マルキシストのアントン・パンネクーク(Anton Pannekoek, 1873-1969)

の名があり、また哲学者としてはデカルト、フンボルト（Wilhelm von Humboldt, 1767-1835）、ルソー（Jean-Jacques Rousseau, 1712-1778）、ジョン・デューイ（John Dewey, 1859-1952）、チャールズ・サンダーズ・パース（Charles Sanders Peirce, 1839-1914）、もう少し新しいところではウィトゲンシュタイン（Ludwig Wittgenstein, 1889-1951）、ネルスン・グッドマン、ウィラード・ヴァン・オーマン・クワイン（Willard van Orman Quine, 1908-2000）の名が挙げられ、言語学者ではゼリッグ・ハリスとオットー・イェスペルセン（Otto Jespersen, 1860-1943）、そして自由意志論者の A. J. ムスト［マスティー］（Abraham Johannes Muste, 1885-1967）とバートランド・ラッセル（「私が敬愛する数少ない人の一人」）[34]が挙げられる。チョムスキーに影響を与え、彼が尊敬する人物には、もう少し輪を広げれば、間違いなくガリレオ、カント（Immanuel Kant, 1724-1804）、ニュートン（Sir Isaac Newton, 1643-1727）が含まれることになろう。上記ほど明白にではないが、やはり彼に影響を与えた人には、まず、19世紀20世紀の境に活躍した精神的シオン主義者、アハド・ハアム（Ahad Ha-'am, 1856-1927）がいる。アハド・ハアムの著作は後になると単に反シオン主義であったのみならず、「合理主義の過剰」を目立たせるものであると考えられるようになった。アハド・ハアムの初期の影響はチョムスキーにも、彼の両親にも及んだ。[35] ノウム・チョムスキーの父ウィリアム・チョムスキー[36]（William Chomsky, 1896-1977）は、ノウムに政治的影響を与えただけでなく、ノウムを幼児期から古典的セム語文献学に親しませた。ウィリアムの著書『ヘブライ語：永遠の言語（Hebrew: The Eternal Language）』（ノウムと彼の5歳下の弟、デイヴィッドに献呈されている）は、息子の『統語構造（Syntactic Structures）』── チョムスキー革命の端緒として一般に認められている ──の出版された1957年と同じ年に刊行された。

　チョムスキーには、自分自身が打ち立てた知的殿堂を取り壊す能力があるにもかかわらず、彼の徳義的傾倒と業績の知的基盤には一貫性があり、このことが彼の子ども時代と成人初期期間に遡ることはあきらかである。チョムスキーの意見・見解の中には、他から盲目的に継承されたものは1つもなく、他からの影響の中にも無批判に受容されたものは一切ない。言語学においても政治に関しても、チョムスキーには論点の核心が何であるかを見抜く驚異的な能力がある。どちらの領域においても、彼は、一般的に自分が嫌悪するタイプの立場をとる人々に関しても、その識見に洞察力があればそれを擁護するし、自分の知的支持者の意見にも、もし弱点が見つかれば批判を加える。知性に関してチョムスキーは、気質的にも、達成度においても、ダーウィンにもっとも近い人物と言えよう。ダーウィンは自分の友でもあり師でもあるヘンズロウ（John Stevens Henslow, 1796-1861）にあてて、次のように書いている。「私は、この世には真理に対する本能というものが存在し、かつそれが私の中にもあると考えています。つまり、善徳という本能と同質のものである知識・発見に対する本能です。そして私たち人間がそのような本能を持っているということは、科学的探究を、たとえそれが実用的な結果を全

く生み出さなくても、行うべきであるとする十分な理由であると考えます。」[37]

訳　注

[1]「心」は mind の訳で、「人間の頭脳の構造と機能」を指す。ただしここで言う「構造と機能」は、脳についての解剖学的・神経生理学的なそれを指すのではなく、言語能力に典型的に見られる「能力」に関する理論構築の過程から仮定された抽象的なレベルでの構造と機能を指す。もちろんチョムスキーは、「チョムスキー革命」以降に神経生理学者・脳言語学者らによって豊富に発表されてきた解剖学的・神経生理的研究成果については、十分の理解と寄与を供している。しかし注意すべきは、最初に解剖学的・神経生理的研究成果があって、これを根拠にチョムスキーが mind を対象とする言語理論を組み立て、「生物言語学的（biolinguistics）」を奉ずるようになったのではない、という点である。むしろチョムスキーは、言語現象について、「なぜそうなのか」という問いに答えるべく、どこまでも原理にさかのぼって説明できる科学理論を抽象的なレベルで提供しようと試みており、その営為こそが生物言語学につながる、というスタンスをとっている。このことは以下の本書の記述から次第にあきらかになってゆくであろう。

[2] ホワイトヘッド（Alfred North Whitehead, 1861-1947）との共著。

[3] a Deweyite school. アメリカのプラグマティズム哲学者・教育者の John Dewey（1859-1952）の教育論に立脚する学校。

[4] カンボジアにかつて存在した、いわゆるポル・ポト政権（「民主カンボチア」と自称した）の長。

[5] Khmer Rouge。ポル・ポトの率いるカンボジア共産党とその軍隊。ポル・ポトの指示のもと国内各層の140万人を殺戮し、同国を飢餓と貧困、混乱に陥れ、さらにベトナムにも侵攻して虐殺を行った。

[6] 一般書や入門書では「言語習得」という言い方が用いられるが、本書では「獲得」「言語獲得」という言い方を用いる。子どもがことばを身につけるのは、本書であきらかにされるように、大人から習った結果会得するものではないからである。ただし「獲得」にも、「苦心・努力の結果として」（『明鏡国語辞典』）とか「苦心や努力をして」（『新明解国語辞典』）といった奮励のニュアンスがあり、本書の説からすると必ずしも最適とは言えないが、おおむね「教えられることなしに自ら身につける」という意味で用いていく。

[7] 自然界を唯一の実在とし、科学的方法で一切を説明しようとする主義。

第1章　心の鏡

> 言語を研究する理由の1つ —— それは私個人にとってはもっとも抑えがたい理由なのだが —— は、言語を、伝統的な句を用いるなら、「心の鏡（a mirror of mind）」と見なすことが譬えようもないほど魅力的なことだからである。　　　　（Chomsky, 1975a: 4）

1　序　説

　カエルは我々人間とは異なっている[1]。カエルはハエを捕らえるのは我々より上手かもしれないが、自分たちがどうやってハエを捕らえるかを説明する力が我々より勝っているとは思えない。カエルの心は、小さな黒い粒状のもの（ハエ）のありかを確認したり、自分を餌にする動物から逃げたり、交尾相手を見つけたりする課題をこなすことに狭く特化されており、昆虫を食べてしまうことに関する倫理性とか、ガマガエルの権利平等性の問題に思いを致すようにはできていないのだ。

　両生類の知的能力には制限があるという論は、議論を呼ぶものではないと言えよう[2]。この論を類人猿にまで及ぼすと反応は違ってくるかもしれない。人間に当てはめた場合は、あきらかに間違っていると言える。どうしてそう言えるか？　理由は、人間にはそれが間違っていると口で伝達できるが、他の動物にはできないからである。言語を持っているということは、心を持つことの先行条件ではないが、言語は心の本質を示す、我々にとって圧倒的・最高の証拠である。言語は、人間であるとはどういうことかという定義の一部であり、言語の研究は人間の心を研究する入り口であって、カエルの頭脳研究の入り口ではない。

　動物のコミュニケーション体系が複雑で変化に富んでいることは確かだが、人間以外の生物は我々の言語のような言語を持っていない。チンパンジーとボノボを訓練すると、感銘を受けるほどおびただしい数の記号を操作できるようになり、我々人間と、あるいはお互い同士のあいだで伝達を行えるようになるが、人間言語、ことに人間言語のシンタクス（統語法・構文論）は他に例を見ない無類の存在である[3]。我々の知る限りでは、クジラの鳴き声やコウイカの色彩によるコミュニケーションも、（人間の）シンタクスのような性格は持っていない。驚きに値するのは、人間言語、いや、もっと厳密に言う

と人間の話し言葉にもっとも類似したものは鳥の鳴き声だということだ。驚きに値するというのは、鳥と人間とのあいだには、進化論上かなり離れたつながりしかないからである。このことから示唆されるのは、鳥の鳴き声と人の話し言葉の共通する多くの特性は収束進化の結果であって、系統が同じだからではないということだ。ただ、この場合のような相同的収束は、「深因相同」によってもたらされる遺伝学的メカニズムによって支配されている可能性もあるが。ある意味では、我々人間だけが言語を持っているということは、大して重要なことではない。というのも、我々以外の動物が我々が以前考えていたよりもずっと多くの点で我々と共通していることが分かったとしても、我々人間の諸能力が持つ本質的な興味深さが減少するわけではないからだ。しかし我々が自分たち人間が何であるのか ── つまりどういう点で我々が唯一無二の存在なのか ── を理解しようとするのであれば、我々が持つ言語的能力が中心的な要素となる。そしてチョムスキーの生成文法における業績が、この領域における最大に重要で抜本的な洞察的識見を提供していてくれる。チョムスキーがこの識見を練り上げたのは、自然科学が持つ厳密さと方法論を、それまで誰も試みなかった方法で、デカルト的伝統の持つ哲学的明察と組み合わせた言語研究を行った成果だったのである。

　本章ではまず、言語学は自然科学の一部でなくてはならないという前提的考えがどういう意味合いを持っているかを考察し、次いで、言語というものが認知の他の部分とどういう位置関係にあるかの吟味を行う。これを行うためには、人間の持ついろいろな能力、そうした能力間の相互関係や機能分離、言語に関する知識と言語の使用とのあいだにある対照を考究し、生得性の諸問題と言語が思考に対して持つ関係を一瞥しなければならない。

2　科学としての言語学

　生成文法登場の前でも、長いこと、言語学は言語の科学的研究であると定義されてきた。だがこの場合の「科学」とは、分類学と単純素朴な方法論に限定されていた。チョムスキーの革命によって指導的地位を失ったアメリカ構造主義の先端的代表者の一人であったホケット（Charles. F. Hockett, 1916-2000）は、初期の論文の中で言語学を定義し「言語学とは分類学的科学である」と言っている。チョムスキーの功績の1つは、言語学とはもっと重要性の高い意味での科学であり、明示的な記述を行うだけではなく、明示的説明を提供しうるものであることをあきらかにしたところにある。この主張にはさまざまな要素がある。1つには、言語学は言語というものがなぜそのような性格を持っているかについての一般的説明原理を与える、という主張だ。つまり、個々の言語というものは、心が持つ1つの普遍的機能の個別的な現れであって、その普遍的機能は生得

的である、とする。第2の要素は、こうした科学的理論は検証可能な仮説をたくさん産み出すべきだ、というものだ。すなわち、言語学者は、物理学者や生物学者のように、環境条件を実験的に操作することによりどういうことが起こるかを観察し、そして、ここが肝心なのだが、言語学者の考えが誤っていたかもしれないことを突き詰める、というものだ。このような実験は物理学や化学といった経験科学の場合ほどハイテクではないが、ともかく検証を可能にしてくれる。たとえば、ある分析が、英語話者が John speaks fluently English を John speaks English fluently と同じように容認する、という結果を必然的に結論するようであれば、その分析は間違っており、もっと正しい分析に直さなければならない。検証可能な説明ということを強調することから必然的に導かれる結論は、このタイプの研究の中心的関心はデータの徹底的蒐集ではなくて証拠にあるのだ、ということだ。ここに「証拠」というのは、どの理論が正しくどの理論が誤っているかを示す上で頼りとなるデータのことを指す。

　言語学者（「言語学者」に当たる英語の linguist という単語は、「言語に関する理論を建てようとする人」という意味と「たくさんの言語を操れる人」の両方の意味を持つ）は誰しも、「で、あなたは何ヶ国語を使えるのです？」という問いに困らせられてきたはずだ。この問いに対する答えは実はあまり重要ではないのだが、そのことを人々に呑み込んでもらうのは難しいことがしばしばある。6ヶ国語を少しずつ知っているということよりも、1つの言語でいいからその言語の母語話者的知識を持っている方がずっと役に立つのである。ある人がある程度フランス語を使えるとしよう。ところがその人が上の英語で容認されない John speaks fluently English に相当するフランス語の文 Jean parle couramment l'anglais が容認可能かどうか確信がないとする。確信がないとすればこの人のフランス語に関する知識は、こわれた秤と同じで利用価値のないものにすぎない。こちらがその人にこのフランス語文は容認可能であり、この事実は英仏両語間の体系的な差異の反映であることを教えてやったにしても、この文が容認可能であるということだけでは、それは単なる1つの事実にすぎない。この事実が初めて重要性を帯びるのは、この事実が何か特定の理論的想定の正しさを示す証拠になった場合に限られる。そうなればこの事実は、互いに相容れない理論のどちらが正しいかを決める決定的な重要性を持つに至る。

　チョムスキー登場前の言語学は（ある分野では今でもそうなのだが）、リンネ（Carl von Linne, 1707-1778）の植物学やヴィクトリア朝の昆虫学のように、それぞれの研究分野での網羅的な扱いを達成しようと躍起になっていた。例はたくさんある。少し前のものではイェルムスレウ（Louis Hjelmslev, 1899-1865）の『言語研究への序論（*Prolegomena*）』が挙げられよう。この著は、言語理論は「網羅的な」記述を可能にするものでなければならないという主張で始まっている。現代のものでは「構文文法（Construction Grammar）」の現行版がある。構文文法は生成文法を批判しているが、その根拠は「生成文法の諸概念はそれが表すことすべてを隅から隅まで説明することを文法家にとって可

第1章　心の鏡　　11

能にしない」からであるという。対象の代表的探究範囲を保証するためには、十分なデータを集めることが根本的に重要である。哺乳類を分類する際に有袋動物を見過ごしてしまったら、それは重大な手落ちだ。しかしチョムスキーの考えは、網羅的な探究範囲確保を求めるなどということは、雲をつかむような無益な探索であり、上記のような批判は見当違いだ、ということだ。彼の考えは、もちろん、論争を呼ぶものだ。そのことは上で引いた批判の存在からも分かるし、さらに最近出た、影響力の強い、また方々で言及・引用されている論文「普遍文法神話」を見ても分かる。この論文は「それぞれの言語は、認知科学者が通常認識しているよりもはるかに千変万化の構造を持っているのだ」[10]という点を強調することにより生成文法という理論的枠組みを論破しようと企んでいる。言語的事実の集合が可能性として無限であるのは確かだ。しかし何らかの特定な仮説の証拠として使える事実を手に入れるのはもっとずっと難しいのである。語順のことをもう少し詳細にわたって見てみよう。[11]

　異なる言語では語順が異なることがある。ある言語では、英語のように、文中の語の順番は典型的に主語（Subject）・動詞（Verb）・目的語（Object）（SVO）である。そこで英語では Frogs eat flies のように言う。他の言語では、日本語が例だが、語順は主語・目的語・動詞（SOV）である。これらの言語では文中の語順は、英語の単語で代用すると Frogs flies eat となる。さらにほかの言語では、アラビア語のように、動詞・主語・目的語（VSO）という形になり、英語の単語を代用すると Eat frogs flies という語順の文が使われる。異なる言語がその言語特有の語順を持つという言い方が道理にかなっているという前提から、何年か前に、世界の言語はすべてこの3つのタイプ（SVO・SOV・VSO）のいずれかに属する、という提議がなされた。この提議は、この3種の語順がいずれも主語が目的語に先行するという点で我々自身の言語的背景から見ると論理的なので、妥当であるように思えた。この提議を検証するためには、上に述べたタイプの言語の例をいくら集めても役に立たない。この提議に一致する言語は、容易に何百となく集められるからだ。必要なのは、世界中から、例外があるか否かを示すに十分なだけ網羅的な言語の一覧表を作ることである。例外というのは、VOS、OVS、OSV という、主語が目的語より後にくる語順を持った言語である。事実、上の提議は誤っており、VOS、OVS、OSV という語順を持つタイプの言語は確かに存在する（OVS と OSV タイプの言語はきわめて少ないとは言え）。つまり、論理的可能性のある6種の語順がすべて存在することが立証されたのだ。[12]論理的結論を言えば、この語順に関わる観察が関する限りでは、もう何も言うことはないのだ。これから接するどんな言語についても、それは上記6種のタイプのいずれかに属する。他の論理的可能性はないからだ。つまりお初に出会うどの言語でも、我々がすでに知っている6種の可能性のどれか1つの例にすぎないということだ。聾者が使う手話にも、音声言語と同じ語順の差が存在する。[13]したがって、語順だけが唯一の興味の対象である場合は、何もニューギニアの高地まで徒歩による難行苦行を

する必要はない。そんなことをしても我々がすでに知っていることの新たな例が見つかるだけの話である。

　もちろん我々が抱えている課題は他に山ほどある。上記の語順タイプのうちあるものがきわめて稀なのはなぜか？　ある1つの言語が現している語順と相関関係にある特性があるとすれば、どんな特性があるのか？　間接目的語とか、副詞とか、他の種の単語を文に加えてみた場合は、どんなことが起こるのか？　この種の疑問に対する解答が他の、まだ知られていない諸言語から得られる可能性はまさしく存在する。しかしそれらのことを建設的に探究するためには、もっと数多くの、もっと複雑な仮説を持たなければならない。我々の、言語本質および個別言語に関する知識は今や十分に複合的なものになっている。したがって、我々が洞察的識見を得るには、すでによく考察された言語をさらに掘り下げることの方が、比較的知られていない言語について皮相な観察をするやり方よりも優れた結果を得られるのである。我々著者のうちの一方（スミス）は、ナイジェリアのヌペ語（Nupe）を研究する素晴らしい1年を過ごしたことがある。[14]そしてその後、人間の言語機能に関するさまざまな主張を検討するためにヌペ語を参照材料として使った。しかし検討の対象とした事柄の多くは自分のヌペ語に関する知識を上回るものであることを悟り、母語である英語に関する自分の直観や、ヌペ語の母語話者の直観に問題解決の手がかりを求めることを余儀なくされた。

　ここまで来ると読者は、英語が SVO 言語であるというのは単純化のし過ぎで、英語の文の多くは SVO の語順を破っているではないかという異議を唱えるかもしれない。それはまず正当な異議と言えよう。What do frogs eat? や Flies are what frogs eat では目的語が文頭に来ている。ということは目的語が主語よりも前にあるということだ。こうした語順は体系的に英語の中に現れるのだから、ただ無視すればいいというわけにはいかない。確かにこれらとは別種の、詩や古文にしか現れないタイプの逸脱語順は考慮の外においても問題はないかもしれない。たとえば警句の What the eye doesn't see, the heart doesn't grieve（目に見えぬものは心を苦しめない：見ぬもの清し）には古風な語順が残っている。この警句では heart は grieve の目的語である。だからこの表現は「目に入らないものは心を苦しめない（doesn't grieve your heart）」を意味する（あるいは、意味した）。ある意味ではこの種の警句は英語の一部だという言い分は成り立つ。しかしこのことを理由に英語の語順では目的語は動詞の前に来ても後ろに来てもよい、と推断するのは著しい誤謬である。この推断からは、Frogs flies eat が Frogs eat flies と同等であるという予知が生じてしまい、この予知は誤りだからだ。実際、多くの人が、この警句を自分たちの使う英語の形式に合わせるため、What the eye doesn't see, the heart doesn't grieve over（心は、目に見えないものについて悲しむことはない）という形に直している。こうすれば the heart が grieve の主語であることがまぎれもなく明白になる。

　このことに注目すると、チョムスキー理論の重要かつ基本的前提が明白に見えてくる。

この理論の探求の目標である言語という概念は、個人に属する特性であって、共同体とか国家とか領域の言語のことを指すのではない、ということだ。それに従ってこの特定的概念は（individual（個人）の頭文字をとって）I言語（I-language）と称され[15]、言語学は認知心理学の一部と見なされる。つまり言語学は、1個人 —— どの個人でもよい —— がある言語の使い手であるがゆえに知っていることを探究する学問と目されるのである。このことから結論されることは次のとおりである。すなわち、我々の英語（でも他のどの言語でもいい）に関する知識がどういう性格を持ったものかを正確に記述するためには、さらに我々の知識がなぜ我々の見るような形式を持っているのか、そしてなぜそういう知識を得たかを説明するためには、詩的表現や古風な表現に関する特異な慣れを切って捨て、我々の平常の言葉遣いに反映されている核心的な知識に力を集中させなければならない、ということだ。前者を切り捨て、後者に集中する、ということの意味を定義するのは難しいが、それでもこれは行わなくてはならないことである。

　研究と説明を深めようとする努力には危険が伴っている。ある理論上の問題に関わる領域を狭めたデータを求めることによって、気が付けばもっと重要な貢献をしてくれるデータを見落としてしまう恐れがあるからだ。上の grieve に関する例を、それが古風な文体だからという理由で無視することによって、重要な証拠となりうるものの源泉が研究者から奪われてしまうという可能性がある。こういう場合には、とんでもない誤りに陥らないため、研究者としてはいろいろな要素の結合に依存する。そうした要素の中には、自分が直接に興味を抱いている領域の文献に関する知識を求めることとか、専門を同じくする人による訂正とか、さらには思いがけない発見をする才能などが含まれる。できる限り数多く多様な言語から新しいデータを集めるということは、価値ある企てである。それどころか、測り知れないほどの価値のある企てと言ってよい。ただしこの場合、それらのデータはすべて分析されねばならず、何の理論にも支えられていないデータがあってはならない、ということが心得られていなければならない。つまり、扱われる諸事実は、他の言語学者をも利するような枠組みの中で記述されなければならないのである。ある研究者が tànkpólózì èwã̀ èdzúzì がヌペ語で「ガマガエルはクモを捕らえる（Toads catch spiders）」を表すということを教えられても、その人がこのヌペ語文を構成する3語の意味が分からず、したがってどの語がそれぞれ主語、動詞、目的語であるかが分からなければ、その人にとっては役に立たない。そもそも「主語」・「動詞」・「目的語」という語の持つ概念にさえ、実は問題がある。我々はそれがもう分かり切ったことでもあるかのように考え1つか2つの例を挙げれば我々の言う意味は分かってくれるだろうと思い込んでいるが、その思い込みは誤っている。これらの術語は、使う言語学者もいれば使わない言語学者もいる。使う方の言語学者は、これらの範疇の解釈は、すべての文を通じて一定ではないという事実を説明する必要があるのだ。文法と意味の一致点は部分的なものでしかない。そのことは、John broke a leg（ジョンは（事故な

どで)脚を折った)と John broke an egg(ジョンは卵を割った)を比べると John に与えられる解釈が異なることを一瞬でも考えてみればあきらかだろう[16]。

　言語学は、物理学と同じように、ただし論理学や文芸批評とは違って、経験科学(empirical science)である[17]。チョムスキー的見地は、話し手の頭の中に存在する文法こそが探索の正しい焦点であると見ており、この見地からすれば、もし2つの分析があって、前者は話し手の心にまつわる諸事実を正しく記述しており、後者はそうでなければ、前者が正しく後者は誤っていると見なすことは理にかなっている。言語学者がある文を記述したり、何らかの原則を公理として立てたりするたびに、この言語学者は経験的に検証されうる予知を数えきれないほどたくさん生み出しているのである。どんな言語でも主語は目的語より先にくるという主張をする言語学者たちがいたが、その人たちはむろん誤っていた。その誤り方は意義のある誤り方だ。なぜならその人たちの主張を反証することによって言語の本質に対する理解はそれだけ進んだのだから。しかし誤りであることに違いはない。これとは対照的に「歌というものは言語的な不服従の一形式である」[18]と主張する文芸批評家や、「Xであると同時に非Xであるものはありえない」と言明する論理学者は、専門を等しくする学者によってチェックされ検証されるべき仮説を立てているわけではない。こうした文芸批評家・論理学者の所見は、有用であったり、洞察に富んでいたり、啓示的とさえ言えるかもしれないが、経験的所見ではない。

2.1 理想化の本質

　科学というものが、あらゆることの記述でなく、数少ない事柄の説明を目的とするものであるとすると、あるものごと(たとえば詩的な語法の生き残りなどが含まれるだろう)は研究対象から除外されなければならない。ガリレオ(Galileo Galilei)が、ピサの斜塔から球を落としたにせよ、傾斜付きの平面に球を転がしたにせよ、落下物の等加速度法則を打ち立てたとき、彼は風の抵抗や摩擦の作用を無視した[19]。実を言えば、ガリレオが彼の記述している諸実験を本当に行ったのかどうか分からない場合がしばしばあるのだ[訳注5]。それらは思考実験であって、それが妥当であるとする証としては、正確な観察に頼る場合と同じように、論理的な論議に頼っているのである。これはいい加減な実験方式などではなく、また、落ちてくる羽毛には風が影響を与えることを知らないからでもない[訳注6]。そうではなくてこれは道理にかなった抽象化なのである。ガリレオが確立しようとしていた一般化にとって、風の抵抗や摩擦の抵抗などは関連のないことだったのだ。科学全体の特色となっていることは、疑いなく事実である因子であっても、探究の目標となっている事柄にとって関連しないことは、考慮から除外されねばならないという点である。我々は皆、天体が数学的意味での点ではないことを知っている。しかし重力理論を扱う目的からすると、天体は、通常、数学的点として扱いうるのである。また我々

第1章 心の鏡　　15

は、ボイルの法則が「理想的な」気体について成立しているのであって、我々が普通観察する気体には作用が劣るということを承知している。しかしこのことを観察したからといって、我々はボイル（Sir Robert Boyle, 1627-1691）の発見に疑念を抱いたり、理想化を取りやめたりはしない。一般的に言って、科学上の実験法の役割は、非本質的で無関係な考察を除去することによって我々を真理に、つまり理想により近く運んでくれるものなのだ。言葉を換えれば、理想化を行うと、通常は大量の細目に隠されてしまっている真実が目に見えてくる、ということである。すべての科学者は、逆二乗則の正しさを疑いなく受け入れている。それは逆二乗則が星から我々に届く光の強さを説明するのに使われる場合であろうと、ジェットエンジンから我々の耳に届く音を説明する場合であろうと、磁石の引力を説明する場合であろうと同じである。実験というものは捨象を伴うものだから、実験による測定値は実験対象をそっくりそのままに反映したものではなく、チョムスキーの用語を借りれば「真実の歪曲」[21]を伴うものであっても、逆二乗則に対する信頼には変わりがない。

　そういう次第なので、科学というものは、すべてのことをいっぺんに説明しようとはしない。そうではなしに科学者は自然の法則を発見できそうな狭い領域に焦点を当てる。しかし想像できるどんな研究領域にも重要な一般化が発見される、という保証はない。最初は明晰な現象の一環と見えたものが、やがてどうしようもない代物と分かる場合もある。ある領域に関する研究が成果を上げるかどうかは、やってみてから結果を見るしかないのだ。

　理想化の必要性を唱える主張の中で最大の誤解を生んだものの１つは、チョムスキーの古典的名作『統辞理論の諸相（Aspects of the Theory of Syntax）』の最初のページにある次の言明である。「言語理論が主たる関心を持つ対象は、完全に均一的な言語共同体に住む理想的な言語使用者であり…その人は、自分の言語知識を実際に運用するにあたって、記憶の限界とか、注意の散漫とか、注目や興味の移動とか、言い間違い（偶然のものも、その人の癖であるものも含む）などのように、文法と関連のない条件によって影響を受けることがない。」[22]問うべき問題は２つある。１つはこうした理想化が擁護されるべきかどうか、であり、２番目は、もし擁護されるべきだとした場合、どのような理想化が望ましい結果をもたらし、論点先取の誤りを犯さないものであるか、である。第１問への答えは自明だ。すべての科学は理想化を必然的に必要としており、そのことは「探究者を筋違いな要求から守ってくれる」[23]のだから、理想化を避けようとするのは不合理だ、ということだ。実際の言語使用者たち（気体でも同じことだ）を、その複雑性をすべて含んだ全体像で捉えようとすると、何らかの種類の阻害条件に隔てられて、彼ら（それら）の行動の基底にある原則に目が届かないことが普通である。これらの（本当の）原則を真の明晰さで見えるようにするためには、いくつかの要素を、成果を導く目的からして、無視しなければならないのである。

ある領域を、あたかもそれが孤立した体系であるかのように扱う決断は、戦略的決断であり、それは、現在の我々の知識を前提とするとき、どの領域を探れば進歩が見られるかに関する直観に基礎を置いている。これは決して別々に探究されているいくつかの領域が互いに関係を持っていないという主張ではない。異なる諸領域において成功を収めた複数の理論が、後に統合され、このことによって理想化が緩和されるということがありうる。空気の抵抗の研究と引力に基づく加速の研究がかつては相互に切り離して、また他の現象とも別個に行われたが、その結果物理学者たちは双方を統合する法則を手に入れることができるようになり、今日ではその法則を結合させることによって、物理学者は、空気抵抗をパラシュートと同じように必須のものとする物体落下の正確な予知を行えるようになっている。

　人文科学を研究している人々にとっての重大なつまずきの石となるのは、言語の体系的研究にとって目下のところ無視する方が良い結果を生む事柄が、まさしく自分たちが興味を持っている事柄であるという場合だ。詩の言語などがその例になる。大事なことは、人間としての我々にとって興味があることと、重要な一般化を生み出す潜在性を持っているがゆえに理論的に興味があることとを混同しないことだ。あるインタヴューアがチョムスキーに、チョムスキーの業績が、たとえば男女間の不平等を維持する言語用法のような社会的側面を取り上げていないという趣旨の非難について尋ねたところ、チョムスキーは次のように答えている：「ほかのどんな人間とも同じように、私はいろいろなことに興味を抱いている。その中には、知的観点から興味のあることと、人間として重要だと感じることとの双方がある。この2つの集合のあいだには重複するところがほとんどない。」[24]

　言語の側面のうち多くが、科学的探究の外側に属していることを認める一方で ── いやむしろそれを認めているからこそ ── チョムスキー的言語学は言語の側面のうちあるものを自然科学に組み入れることが良い結果をもたらすことを実証した。この場合でも、議論と反論の焦点は、上で言った第2の問題、すなわち「どういう理想化を行うべきか」に関連してくる。『統辞理論の諸相』の中でチョムスキーは、記憶の限界とか、疲労とか、話し手間のいくらかの語法の相違とかいう現象は「言語の知識」という概念の理解にとって無関係であると主張している。英語の文法書には、通常、「疲れたときとか言うことに確信がないときは"um（えーと）"をあいだに入れなさい」などということは書かれていない。um などに当たる躊躇の音声としてどんな音を使うことを許すかについては言語によって異なるし、発話のどの部分でこうした音声を使うかも決して無作為ではないので、言語の使用についての興味ある鍵を与える可能性があるのだが、それにしても文法書では普通取り上げられない。たとえば、フランス語をしゃべりながら um [m:, əm][訳注8]と言ったなら外国人であることがばれてしまう（フランス人なら [œ][訳注9] といった音を使う）し、また英語の um も、たとえば in the middle of Texas などの句の中で、of の

第1章　心の鏡　　17

後に使うことはあっても、前に使うことはまずないと言ってよかろう。躊躇の音声を排除するタイプの抽象化はあまり問題視されることはない。そこでもう少し面倒の元となりそうなケースを考えてみる。これは第3章の子どもによる第一言語獲得に関する論考の先駆けである。

　第一言語獲得は、臨界期として知られる特定の好機に起こる。臨界期は幾年か続き、（もっとも遅い場合でも）思春期には終わる。[26] 子どもの発達について我々が知っているところからすると、第一言語獲得は「瞬時に行われる」[27] という形に理想化される、などと書いてあるのを読むといささかショックを受ける。何年かにわたって続く過程を、まるで時間が一切かからないかのように扱うことに道理はあるのだろうか？　この逆説は見かけだけのもので、真の逆説ではない。第一言語を獲得していく子どもたちのあいだには、通過していく発達段階に関して驚くべき均一性があるのは確かだが、それにしても子どものあいだには相違もある。たとえば、否定の仕方をマスターする過程で、ある子どもは発話の最初に no を付けて否定文を作り、別の子どもは発話の最後に no を付ける。[28] そのため no like cabbage と like cabbage no という対立した発話が生じる。だが発達過程の途中でのこの差異にもかかわらず、どちらの子どもも最後には同一の否定の仕方を身につける。つまり大人の標準的語法である I don't like cabbage を使うようになるのである。我々の知る限り、子どもの初期における言葉の使い方の違いは、彼らが最終的に獲得する文法には何の影響も与えない。我々の興味の焦点が「プラトンの問題」[29] ── 子どもたちは、最初、言語について何の知識もないように見えるのだが、やがて大人と同じようにその言語を話し、理解するようになる、という一見不思議な事実 ── にあるのであれば、「瞬時獲得」という理想化に対する支持材料があることになる。瞬時獲得説が言うところは、子どもたちが言語獲得の途上で通過する相異なる諸段階は、彼らの最終的な心理的状態には何の重要性も持たない、という趣旨である。むろんこの心を驚かす主張が誤りであることが判明する可能性はある。文法性の判断に関する十分に精巧な検証とか、神経刺激のインパルス（発火）の研究とか、観察対象にした言語のその後の史的変化などを見た結果、2人の子どもの文法が決定的に違っており、しかもその差異が、言語知識に関する他の不可思議な事実を説明する性質のものであることが分かった、ということが起こることもありうる。つまりそれは可能である。しかし（今のところ）そうした証拠は出ておらず、したがって瞬時獲得という理想化は正当化される。この理想化は我々の研究対象である真の体系の一側面を理解する道を我々に授けてくれるのである。

　もちろん、我々が選んだ理想化がもっとも成果を上げるものであるという保証はないし、意図と全く逆効果な結果を生み出さないという保証さえない。チョムスキーの言に「探究の道を、研究主題への方向からとんでもなく遠ざけてしまうような不合理な理想化が生じる危険がある：科学ではよく起こる障害だ」[30] というくだりがある。多くの社会

言語学者の目は、チョムスキーが言語共同体を均質なものとしている理想化──つまりその共同体では、言語の使用法についても言語知識についても個人間に問題にすべき差異はないとする考え──は「不合理な」ものとして映っている。1つの例は、言語人類学者・ドゥランティ（Alessandro Duranti, 1950-　）の腹立たしげな次の言に見られる：「この理想化プログラムは、実際問題として、少なくとも今のところ、ある言語共同体に"混合"や"不純"がある程度存在することが看取されたなら、その共同体の言語を研究してはならないことになってしまう。」[31]「混合や不純」をある程度含む共同体というのはもちろん、すべての共同体ということになる。となるとチョムスキーに従えば何事も研究してはならないということになってしまうが、そんなばかげたことがないのはあきらかだ。ただ、幸いなことに、このことは深刻な誤解の存在をあきらかにしてくれる。我々は、我々が現在抱いている仮説に光を当ててくれる見込みのあるものであればすべて研究すべきなのであって、用法の変異に関するデータも、適正に解釈されれば、そのような光を当ててくれることもありうる。チョムスキーの理想化の要点は、生理学的な能力として見られた場合の人間の言語機能を理解するには用法の変異は不要である、ということなのである。言語人類学者のように、ある言語共同体で使われている言語や方言を研究するのが目的である場合は、別種の理想化が妥当であるということになろう。ある理想化が成果を上げるかどうかは、その理想化の下で探究を行ってみて初めて分かることなのだ。ともかくチョムスキー批判は科学上の理想化にたいする深刻な誤解に基づいている。ドゥランティはチョムスキーがあたかも「［形式言語学者が］研究対象としている言語共同体は均質的である」と主張しているかのような誤解をしている。チョムスキーはそんな主張はしていない。それはちょうどガリレオが金属球は空気の抵抗を受けることはないなどという主張をしていなかったのと同じである。[訳注10] 理想化の利点は、現象の中にある完全に真実な複雑性のうち、あるものを無視することによって、現象の根底にあるいくつかの自然法則に到達するという成果を上げる可能性がある、という点なのである。

　自分が興味を持っている仮説が、それ自身決定的に差異を持ったものであるなら、当然ながら共同体が均質であるというのは有害な理想化である。しかしチョムスキーが興味を集中させているのは言語機能の一般的特性、つまり我々が言語（何語でもいい）についてどういう知識を持っているか、そしてその知識にどうやってたどり着くかである。言語使用者の言語知識や言語使用に差異があること、そしてそのことが、ドゥランティの言うように、通常な状態であることも誰も否定していない。しかし我々は「人間であることの条件の一部であるところの言語を理解するためには、個別言語内の差異を詳細に記録する方法を探さねば[32]」ならないというドゥランティの主張は度を越している。ドゥランティの主張に従えば、差異の記録は理解の材料になることを示唆してはいるかもしれないが、検証可能な諸仮説を生み出す「人間であることの条件」を描く理論の誕

第1章　心の鏡　　19

生を示唆していないからである。仮に、方言の混入とか、出だしのつまずきなど、均質性に反する情報に接しないと子どもには言語獲得が不可能であると考えさせる何らかの理由があれば、差異を捨象しないでおく理由がある。しかしそんな理由は本質的にあるはずがなく、そのような主張を支持する証拠など、一切提出されていない[33]。

　理想化は不可欠だが、強調しておきたいのは、たとえば言葉の誤りなどを捨象しても、言い損ないなどの運用上の錯誤を、我々の探索の焦点である知識の証拠として用いることは可能だ、という点である。我々の言語知識の本質に関する我々の主張は、すべて、量子物理学や分子生物学に関する主張と同じように、証拠によって支持されなければならず、その証拠の出場所を特定するのは、我々の想像力と創意だけなのである。我々の言語知識が我々が実際に言うことをどのように言うかを部分的に決定する ── つまり「文法規則は文処理のメカニズムの一部として働く[34]」── という前提からすると、言い間違いなどの機能不全は文法規則の本質をあきらかにする証拠を提供してくれるのだ。ヴィッキー・フロムキン（Victoria Fromkin, 1923-2000）はこの可能性を、英語の過去形の規則変化を基盤に例証した[35]。通常の規則は動詞の後に -ed を付けて、talk から talked を、kiss から kissed を作り出すわけだが、決して数少なくない不規則動詞には複雑さが伴う。come の過去形は comed ではなく、came であり、leave の過去形は leaved ではなく left である。フロムキンは、過剰一様化、たとえば the last I knowed about it, he haved to have it, if he swimmed といった言い間違いの例を山ほど挙げ、英語の健常な話し手は、学習した項目の貯えから呼び出しを行っているだけではなく、言語学者が、独立した根拠から、文法の一部として立てている規則を実際に使っているのだということを示した。この例は初歩的なものだが、チョムスキー的枠組みが肝要なデータを無視しているという批判を均衡のとれた見方で見せてくれる。チョムスキー言語学の主要な、かつ革新的な特徴は、それがそれまで無視されてきた事実を掘り起こして開発したことにある。その事実とは、我々がある種の文が奇異であることにすぐ気づき、多くの場合それが非文法的ゆえに奇異だと分かる、つまり言ってみれば我々には「否定的知識」があるという事実だ。ハムレットならオフィーリアに I loved you not（我、汝を愛しみたることなし）と言えるが、我々は自分たちが I didn't love you と言わねばならぬことを知っている。オセロならデズデモウナに Went he hence now?（その者、去にしよな？）と訊けるし、我々もその文の意味を容易に把握できるが、現代英語では Did he go? と言い直さねばならないことを知っている。「学校への道を尋ねた」という意味では、I asked the way to the school とも I inquired the way to the school のどちらを言ってもよい。ところが、I asked the number of people in the class（私はそのクラスの人数を尋ねた）はいいのだが、I inquired the number of people in the class は奇異である。我々がこういう直観を持っていることに対して、我々はリンゴは落ちることはあっても上に登ることがないことや海には波が立つことに驚くように、驚くべきなのである。つまり「判り切った事実のように見

えるものにあえて不思議さを感じることが、世界がどのように作動しているかを理解する第一歩である[36]」のだ。ニュートン（Sir Isaac Newton）はリンゴが落ちるのを見た最初の人物だったわけではない。しかし、リンゴはなぜ落ちるのかが説明を必要とすることであるとした彼の洞察が、究極として彼の引力理論に到達したのである。チョムスキーはここに挙げた初歩的な諸事実に初めて気づいた人ではない。しかし、我々の直観が人間の心に関する深遠な何かを教えてくれるとした彼の洞察は、ニュートンのそれに匹敵する重要性を持っているのだ。

2.2　コモンセンス

言語学が他の科学に対して持つ近似性は、この研究分野の境界を画定しようと試みるだけで顕著に判明する。世界に関する我々のコモンセンス的理解は、科学的探究によって解明されることを我々が期待できそうな領域が何であるかについて有用なヒントを与えてくれる。ただし、コモンセンス的範疇分けが、そっくりそのままの形で1つの科学理論につながると期待することは許されない。言語学の場合も、この点に関しては、物理学や生物学の場合と一切変わりない。物理学者の日没に関する見方がコモンセンスから外れているからといって、物理学の諸理論を嘲笑することはない。また生物学の理論がペットの一般的特性を説明できないからといって生物学をあざ笑うこともない。同じように言語学の諸理論も、「言語」という語が持つ伝統的な概念に余地を与えていないという理由から攻撃されるべきではない。「言語」という語の伝統的な概念とは、Chinese is the oldest language（中国語は最古の言語だ）、The English language has been spoken in Britain for 1000 years（英語という言語はブリテン島で1000年にわたって使われ続けている）、She uses the most appalling language（彼女はこれ以上ないほど酷い言葉遣いをする）などの発話に現れている。これらの発話内容は真である可能性があるし、確かにこれらは言語に関する発話だ。だがこれらは言語学による所見ではない。どんな言語学理論から生み出されたものでもないからだ。もっと重要な点がある。上の例文には、その基底に、いかなる「言語」の理論も含まれていない、ということが当たっていると考えられる、という点だ。同じように、The book fell off the table（本はテーブルから落ちた）は物理的世界に関する陳述だが、物理学の言葉で表現された陳述ではなく、そこには上の陳述を The book fell on the floor（本は床の上に落ちた）―― これは全く同じ状況を記述する表現である ―― と区別することを可能にするような物理学的理論は存在しない[37]。この場合も、本それ自体や落下それ自体に関する物理学的理論が関与していないことは確かだと言ってよかろう。本が落ちるということが、人間としての我々に、いかに明々白々なことであろうとも、本や落下それ自体は理論構築に役立つ領域ではとてもありえないからである。このコインのもう一方の側は、言語学者は、これも物理学者と同じこ

とだが、非言語学者や非物理学者にとって訳のわからない概念や語彙を使わなければならない、ということだ。生成文法の専門用語は量子物理学の語彙と同じように驚くほど分かりにくい。数学的土台の方は量子物理学の場合ほど恐ろしくはないが。どちらの学問でも、科学とコモンセンスはひどく離れてしまうことが多い。しかしどちらにも問題を細かく分析して管理可能な分量にする必要がある。

3 モジュール性

　人間は複雑な存在である。このことから、「複雑」という語の意味からして、我々人間には内部構造があるということが結論される。そして心はその構造の一部なのである。しかし心自身も、内部区分のない一般目的用の装置ではない。心は内部で区画されていて、異なった作業には異なったメカニズムが作用している。つまり心は「モジュール性[38]」を持っているのである。視覚と嗅覚、味覚と触覚、言語と記憶はいずれも互いに別格であり、またこれらは我々の倫理的・社会的判断からも別格、音楽的技術や数学的知識からも別格である。多くの場合、我々には心のさまざまな機能が脳のどの位置に局在している（localized）かについて、かなりのことが分かっている。ただ、局在論（localization）[訳注13]の問題は、それらの機能がモジュール的地位を持っているという事実とは無関係である。我々は、目や耳からもたらされる情報の解釈をするのが脳のどの部分なのかを仮に知らなかったとしても、視覚と聴覚を別個なものと考えるのに一切の躊躇もしない。

　脳が損傷を受けると、損傷の箇所がどこであるかによって言語機能が選択的に障害を受けることが知られてからもう2千年が経つ[39]。しかし我々が言語の「一側化（lateralization）[訳注14]」の体系的な証拠を知るようになったのは、19世紀の中頃以降にすぎない[40]。ほとんどの人の場合、言語的技能は、おおむね脳の左半球中の領域に存在しており[41]、それに対して空間視覚技能はおおむね右半球の持ち分である。どちらについても次のように概括する必要がある。すなわち、言語、視覚のどちらも潤沢・多様な機能だから、心と脳とのあいだに単一・単純な関係があると期待するのは愚かである。物体の色彩、形状、運動を知覚する役割を果たす視覚体系は、脳のさまざまな部位による相互作用を必要としているし[42]、顔認識は両方の半球が責務負担を分け合っているらしい。つまり右半球は顔の全体的パターンを中心的に扱い、左半球は個別的特徴を扱っているらしいのである。同じように、言語のさまざまな働きのうち、通常、性格の異なるものは別々の部位に局在している。左半球は統語論に対して主要な役割を演じており、意味論的・語用論的処理は右半球をも援用している。脳の局在論の詳細はともかくとして、脳のさまざまに異なる部位が「領域特定的（domain-specific）」であることについては論争はない。

つまり、異なる部位が視覚、嗅覚等々の異なる感覚に奉仕しているのである。たとえば視覚と味覚にまたがる中立的な抽象的構造を仮設することには意味がない。視覚と味覚では、入ってくる刺激の性質が根本的に違うし、そうした刺激から脳が作り上げる表象も大いに異なる。紫という色の感覚と、石鹸の匂いとのあいだに共通するものはない。[43]

ジェリー・フォウダー（Jerry Fodor, 1935-2017）の影響力強大な本[44]（ある程度チョムスキーの影響のもとに書かれた）によると、人間の認知は基本的二分法 ── 「中央システム」といくつかの「入力システム」── によって処理されているという。感覚 ── 味覚、視覚、嗅覚、聴覚、触覚 ── は、それぞれ専用の入力システムであって、その1つひとつが脳内の1つのモジュール（またはモジュール群）を成しており、中央システムに入り込んでゆく。中央システムは理性的思考や問題解決や哲学者が言うところの「考えの綜合」をその役割とする。（こうした考えは、深遠なものとは限らない。ものが焼ける匂いがし、煙が目に見え、過去の似たような出来事の記憶があれば、それを基礎にして人はトーストが焦げているという考えを形作るのである。）

フォウダーの言うモジュールは明確に定義された特徴を持っている。各モジュールは決まった領域に特定化されており、迅速かつ必然的に作動する（音が起きれば、耳はそれを聴かないわけにはいかない）。各モジュールはそれぞれに奉仕する脳の特定部位と「生得的配線でつながって」おり、モジュールの構造と機能は大部分生得的に決定されていて、「情報遮蔽的」である。情報遮蔽的であるということは、モジュールが中央システムからの干渉なしで作動するということだ。フォウダーはあと2つの、論争の種となる主張をしているが、チョムスキーはそれらの主張に賛同していない。これらの主張の1つは、言語とは感覚に奉仕するモジュールと同様の入力体系であるということであり、もう1つは、中央システムは本質的に内部構造を持たず、研究対象にはなりえないものであると推定されるということである。[45]中央システムに関してこのような悲観主義が存在するわけは、考えうるどんな領域に関する知識を手がかりにしても、問題が解決されるということがありうるからだ。高名な物理学者リチャード・ファインマン（Richard Feynman, 1918-1988）が量子論のある1つの問題の解決につながる最初のインスピレーションを得たのは、カフェテリアにたまたまいた男が皿でジャグリングしているのを見、皿が横揺れするのに気づいたときだという。もっと驚くべきなのは、ニューメキシコのミンブリス（Mimbres）川流域で発掘された土器に描かれたウサギの絵が、天文学上の観測事実を表しているものと解釈され、これが1053年に中国の天文学者によって記録されていた超新星の補強証拠となることが分かったという事実であろう[46]。「カフェテリアの皿の軸上の揺れと回転の量子力学的概念」[47]とのあいだに関係をつけられるのなら、人間の心は、考えられるあらゆるもののあいだに関係を見出すことが可能なように思える。ウサギの絵のついた土器の挿話からは、1つの領域の1つの理論が、別の領域と思われるところからの証拠に依拠していると考えられる。それどころか、

第1章 心の鏡　23

いかなる観察であろうと何かの理論に縁のないものはないと言えるのではなかろうか。あきらかに人間の心はこうした関連を正しく認識する能力を備えているのであり、一方、人間の心がそうした能力を持っているのはどうしてかが今のところ十分に分かっていないことを指摘している点でフォウダーは正しい。しかし彼の悲観主義的結論は不適切である。より適切な結論は、中央システムというものは、内部構造を持ったものであるが、内部の構成要素間にかなりの相互関係を許すものである、というものであるべきだ。こうした相互関係は、フォウダーの規定するモジュール間には絶対的にありえない。

　フォウダーの言う意味でのモジュール性のもっとも重要な基準は情報遮蔽性である。情報遮蔽性とは、どのモジュールであろうと、その内部の活動は中央システムの活動に一切気づかない、ということである。古典的な例がミュラー／リヤーの錯視を表す図である。この図では同じ長さの2本の直線が、それぞれ内向きの矢印と外向きの矢印に挟まれている。

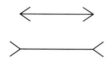

視覚システムは下の直線の方が上の直線より長いと感じとる。物差しを使って2つの直線が実は同じ長さだということを納得しても、眺めるとやはり長さが違うと感じてしまう。つまり視覚の働きは、中央システムによってもたらされる系統立った知識を受け付けないのである。この種の例は数限りない。たとえば、視覚システムは意識に達する様式と達しない様式の2つの様式を持っている。私たちが普通に歩き回るとき、つまり無心の活動に特徴的な支障のない正確さで動いているとき、私たちの動作は意識的なコントロールにアクセス不能なシステムによって助成されている。ところが（原注［49］に引用されている韻文の中のムカデのように）意識が加わるとものごとがうまくいかなくなってしまう。ある興味深い実験で、被験者たちは、2つの円板が両者の大きさの差が不確かになるような錯視（ティチェナーの錯視）を呼ぶように配置された状態で見せられ、次いで左側の円板が右側のそれよりも大きいかどうかを確かめるよう要請された。被験者たちは円板の大きさについて、意識された視覚に依る限り、常に誤った判断をしたが、円板に手を伸ばして測ろうとする手の形状を測ってみると、無意識的には被験者は正しいサイズが分かっていたと判定せざるを得ない。なぜなら手の形状は円板の本当のサイズをかなりの正確度で反映していたからである。

　こうした情報遮蔽性（カプセル化）の言語学版はダン・シャクター（Dan Schacter, 1952- ）とその共同研究者による記憶に関する研究に見られる。実験の1つでは、被験者は一連の単語を読み聞かされる。10分後に今度は字で書かれた単語のリストを与え

られるが、そのリスト中には被験者が読み聞かされた単語もそうでないものも含まれている。読み聞かされた語を思い出すテストの結果はひどく当てにならないものだった。読み聞かされた単語が sharp（鋭い）、point（切っ先）、prick（チクリと刺す）、pain（痛み）であった場合、被験者は needle（針）という単語を聞いたことを「思い出す」ことが多い。needle などという語は読み聞かされた単語中に一切含まれていなかったにもかかわらず、である。しかし脳の方はちゃんと分かっているのである。シャクターは PET[訳注18]を使って、被験者が語が読み上げの中にあったかどうかを考えているときの脳中の異なる部位の血液の流れを測定した。[51]この測定の結果、海馬付近では読み聞かせに入っていた語の場合も入っていなかった語の場合も同じ活動が見られた。[52]ところが読み聞かせに実際に入っていた語の場合は、左脳の側頭頭頂部にも活動が見られた。この部位は聴覚的情報の処理に携わる部位である。海馬は一般的に言って記憶、つまり中央システムの主要な領分であり、これに対して左脳の側頭部は言語機能の主要な所在地である。ということは、言語モジュールの内的活動は中央システムに到達しないらしいということであり、これはまさしくモジュール性理論の予知するところである。

　チョムスキーの何十年かにわたる業績は、言語機能が、身体の他のどの器官とも多くの点において同じように、間違いなく独立のモジュールであることを支持する豊富な証拠を築いてきたことである。それだけではない。チョムスキーは、言語モジュールの正確な内的構造に関する証拠を、他のいかなるモジュールに関する証拠に比べ、はるかに厳密な形で（視覚だけは同等かもしれないが）[53]提供してきており、その厳密度は日々高さを増している。ただし、チョムスキーの立場とフォウダーのそれとのあいだには、上記の2つの付随的な主張に関して、違いがあることを認識しておくことが重要である。第1に、言語は視覚や味覚とは違い、単に入力体系であるだけではなく、思考の表現と伝達に連動されている出力体系という核心的機能を持っているという点だ。[54]さらにこの出力体系は入力体系と相関関係にあることがあきらかだ。なぜなら、しゃべれるのは1つの言語だけで、理解できるのはもう1つ別の言語だけ、という人間はいないからだ。この2つの体系に共通するものは、必然的に、認知的・中央システムに属する。したがって言語の大きな部分が「中央的」なわけである。第2は、「中央システム」（このような単一の存在を前提的に措定することに意義がある限度において）はそれ自身複雑な構造をしているという点だ。というのは、人間の能力のうちで感覚知覚のみを司るという役を超えているもののいくつかは、どうやら相互に独立であり、したがって、中央システムは多面的側面を持つモジュールだ、と考えられるからだ。たとえば、我々は、顔を認識したり、他人の考えや意図を推測したりする能力の基底に、それぞれ別のメカニズムを持っている。そしておそらく倫理的判断を規定したり、社会的関係を評価したりする能力の基底にも別々のメカニズムを持つと考えられる。

　この他にもチョムスキーとフォウダーのモジュール説には異なる点がある。チョムス

キーは、言語機能は世界が投げかけるすべてのものに解釈を与えると示唆している。適格な文や句だけでなく、ドアのきしむ音をも解釈するというのである。この、かなりの驚きを与える示唆が真であることがこれからあきらかになるか否かにかかわらず、これは（フォウダー流の）モジュール説が唱える領域特定性とは一致しえない言語観である。チョムスキーが述べているように、言語の原理と視覚の原理とでは、「全く相容れない」ように思える。フォウダーの説明では、この相容れなさは、この2つの体系が異なる入力を感じるゆえに生ずるということだが、チョムスキーの言い分では、どちらの体系もフォウダーの考えより広い入力範囲を持っているのだが、その入力にどう対処するかはそのモジュールを特徴づけている原理の違いによって決定されるのだということになる。言語という体系は、部分的に聴覚体系や視覚体系に寄生している（それぞれ音声言語と手話言語において）ので、刺激の個々の形式に対する感覚がどの段階で聴覚／視覚的表示から言語的表示に移行するのかを判定するのは難しい。それどころか、言語的体系が情報を中央システムの中に組み込む上で何らかの役割を果たすのか否かさえ判定は困難なのである。

　心理学者エリザベス・スペルキー（Elizabeth Spelke, 1949- ）は、子どもが言語能力を発達させる過程では別々な知的能力作用を合体することが許される旨の主張をしている。たとえば、我々は2つの全く異なった数の体系を持つ。一方は小さい数を正確な量として扱う体系（スービタイジング）であり、もう一方は、もっと大きい集合のおおよその規模を扱うものである。前者の働きによって、我々は（たとえば）テーブルの上にリンゴが3個あることを即座に ── 数えることなく ── 把握できる。後者の働きによって我々は2つの集合体のうち、片方の濃度が他方より大きいことを、それぞれの集合体中の個数を知ることなしに、把握できる。たとえば我々には、28個のリンゴの方が12個のリンゴより多いことが、どちらの集合体についてもリンゴの数がいくつであるかを正確には知ることなしに、一目で分かるのである。この2つの体系のどちらも、進化（evolution）の上では人間より早く、多くの動物がこの2体系を備えている。人間だけが備えるようになったのは、言語によって2つの体系のあいだのギャップを埋める能力である。この結果、人間は、他の動物と違い、4とか5よりも大きい数、それどころか上限のない数まで概念化できるようになったのである。

　自分の空間的位置確認も、言語が、別々のモジュールからの情報を統合することを我々に可能にさせ、それによって我々の諸能力を高めてくれる、もう1つの認知領域である。スペルキー、リンダ・ハーマー＝ヴァスケス（Linda Hermer-Vasquez）、そしてスペルキーの研究グループの他の研究者たちは、成人、幼児、そしてネズミが、よく見知った環境で、目をつぶったり目隠しをされた状態で体を廻された後、再び目が見える状態に戻されたときに、どのようにして自分の空間的位置を確認するかを調べた。成人は部屋の形のような幾何学的情報と、壁面の色などの非幾何学的情報の両方を手がか

りにした。幼児とネズミは幾何学的情報だけを手がかりにした。ところが、成人が同時に言葉のシャドーイング —— 言葉を音声で聞かされ、即座に復唱する —— を行うことを課された場合は、子どもやネズミと同じように、幾何学的情報のみに頼ったのである。このことが意味するところは、空間的情報に色彩その他の情報を合体させることを可能にしているのは、成人の発達した言語能力だ、ということだ。言語的体系が他の目的のために使われてしまっていてこの合体が阻害されていると、人間の大人も、哺乳類全体が共有している空間モジュールにのみ頼らざるを得なくなってしまう。[58][訳注21]

　次のような反論も出るかもしれない。自律的なモジュールの増殖は不必要であり、むしろ単一の一般目的用処理器官があった方が簡素ではないか、と。簡素かもしれないが、それは同時に誤りであることを我々は知っている。たとえば、人間は生まれながらに顔認識モジュールを持っている、という証拠は今や圧倒的だ[59]。だから乳児は、生後1，2週間でも、顔に優先的に反応し、動物や植物を知覚するよりもずっと秀でたスピード・一般性・才能で人の顔を認識するのである。

　同じように、「心の理論」つまり「他人の心を読み取る力」のモジュールが生得的に存在するという証拠も豊富にある。心の理論の働きは、他人を理解する上での前提条件である。このモジュールが心の中の内在的構成要素として存在するため、人は他人の持つ見解を把握することができる。その見解が現実に一致しているかどうかとは無関係に、である。心の理論に欠陥があったり、欠如していたりする（たとえば自閉症の場合）[60]と、いろいろな病的行動が生じる。たとえば自閉症の子どもの多くは、他人が自分の世界像とは違う世界像を持っていることを認識できないため、誤信念（false belief）が絡まる状況を一貫した仕方で誤解してしまうのである。[訳注22]

　誤信念の古典的な実例に「サリーとアンのテスト」[61][訳注23]がある。このテストの1つの版では、被験者と実験者の他に実験参加者が1人いて、実験者が玩具を隠すところを見ている。その後実験参加者は部屋から出され、被験者にはっきり見える方式で玩具が最初の場所から出され、新しい場所に隠される。被験者が、玩具が最初にどこに隠されたかを知っていることを確認し、また実験参加者がいつまで部屋にいたかを被験者が知っていることも確認した上で、被験者は、実験参加者が部屋に帰って来たとき、玩具を出そうとしてどこを探すと思うかを訊かれる。ほぼ4歳を超えた子は、健常であれば、最初の隠し場所を答えとして挙げる。4歳未満の子や、自閉症の被験者は、通常、第2番目の隠し場所、つまり玩具が実際にある所、を答えとする。このことは、当初、次のことを示すと考えられた。自閉症の子どもと、発育は健常だがごく幼い子は他人が事実とは異なる世界像を抱くということが考えられないのだ、と。つまり、こうした子どもには心の理論モジュールが欠けているか不全であることがおそらく原因で、「誤信念」というものを理解できないのだと思われたのである。

　しかし、少なくとも健常に発育している子どもに関する限り、実情はもっと複雑であ

第1章　心の鏡　　27

る。というのは、そうした子どもは、誤信念テストでも、言葉が介入しない版の場合は、はるかに幼い時期でも、テストに合格するからだ。たとえば、1歳3ヵ月の子どもは、実験参加者が部屋に帰って来たときに玩具が隠された正しい場所を探すとびっくりするし、視標追跡実験[訳注24]を使うと、2歳児は、帰ってきた実験参加者が隠された玩具を求めてどこを探すかを正しく予測する。つまり、玩具が最初に隠された場所を見るのである[62]。誤信念を含め、他人の考えを直観的に把握する能力は幼児期からあるのであって、4歳児になると言葉が介在する誤信念テストに合格する能力ができあがるということは、心の理論と言語能力との合体がこの時期に起こり、これが他人の考えを推し量り、かつ他人の考えを言葉で表現するという、成人と全く同じ能力が生ずることを示すのであると考えられる。

　人間という有機体が持つさまざまな構成要素 ── 精神的なものもあれば肉体的なものもある ── のあいだの関係を確定するということは、経験的に興味深い問題である。心の理論というモジュールは自律的なのか、それとも言語機能に依存するものなのか（あるいはその逆なのか）？[63]　言語機能は自律的なのか、それとも知能とか、年齢とか、瞳の色とか、その他何かに依存するものなのか？　可能性の範囲は広大である。幸いなことに証拠の範囲も広大だ。機能分離がよい証拠であり、特に機能分離の二方向性が最高の証拠である。

3.1　機能分離の二方向性

　呼吸 対 消化、移動 対 生殖、これらは互いに疑いなく独立しており、それぞれは相互に影響を与えることはあるにもせよ、自律的な器官の力によって作動している。この独立性は、不健康や疾病によってものごとがうまくいかなくなったときにもっとも明白に分かる。呼吸に問題があっても必ずしもその人の消化は阻害されない。喘息患者にも子どもはできる。マラソン走者が不妊症であることも可能である。これらの機能は「機能分離している」のである。肉体の働きに当てはまることは、心の働きにも当てはまる。機能分離というのは首から下の肉体にだけ限って存在するわけではない。盲であるからといって聾とは限らず、聾だからといって盲とは限らず、このことは我々の持つ能力のすべての関係に当てはまるのだ。耳と目は別個の器官なので、聾と盲の機能分離は驚きではない。聾や盲の原因は、ある場合には第3の器官、すなわち脳であることもあるが、それにもかかわらず聾と盲の機能分離はやはり驚きではない。つまり、ある1つの部位に不具合があると、ある1つの障害が起こるという予測を持つ。脳は非常に複雑な器官なので、多様な数多くの症候が単一の部位の不具合から発生することがあるが、にもかかわらず、その予測は脳の場合でも変わりはない。

　さらに興味深いのは、これらの機能自身が知能から独立していることだ。聴覚障害者

も視覚障害者も、障害があるにもかかわらず、健聴者・視覚健常者と同じ知能を持っている。『オックスフォード英語辞典』が deaf（聾）の意味に含まれる「愚鈍な（dull）、愚かな（stupid）、不条理な（absurd）」を「廃語」と位置づけているのは適切である。こうしたさまざまな機能の独立性は、視覚障害や聴覚障害を起こす原因が他の能力にも影響を与えることがあるため気づかれない、ということがしばしば起こる。しかし高い才能を持った視覚障害者がいる一方で、晴眼の知能障害者がいるため、感覚と知能はどちらの方向にも機能分離することがあきらかである。感覚と知能は「2方向に機能分離可能」[64]なのである。

　機能分離の二方向性という概念は重要である。たとえば、ケイタイを落っことしてしまって、そのため受信はできるが送信が不可能になってしまったことが分かったとしよう。これは単一の機能分離を示しているにすぎないし、送信するには受信の回路構成の一部を使うのかもしれない。自律的体系の2方向機能分離の性格の証拠が本当に分かるのは、送信はできるが受信は不可能というもう1つのケイタイが見つかったときだけかもしれない。簡潔だが完全に同じとは言えない身体的な相似例は、性別と血友病の相関関係から得られる。4つの論理的に可能な組み合わせがある。男性で血友病；男性で非血友病；女性で非血友病；女性で血友病。実のところ、最後の組み合わせはほとんど無いと言っていいほど稀である。女性は自分の男の子どもに血友病を遺伝させることが可能だが、自分自身が患者になることは決してないと言うのがほとんど正しい。言葉を換えると、女性であれば、血友病に罹らない可能性が著しく高いのである。これは単一の機能分離であって、2方向の機能分離ではないし、2つの特性も互いに部分的に独立であるにすぎない。

　2方向機能分離の例の1つに、顔に対する反応のある種の病理がある。たとえば、ある顔を自分の妻として同定する場合、（少なくとも）2つの構成要素の相互作用が絡んでくる。1つは視覚体系、特に顔を認識する機能を担うモジュールで、もう1つは視覚体系の出力に対する認識的および情的な反応、つまり見られている人の顔に関する見る人の記憶の表示、を司る何らかの知的手続きである。ある種の病理的条件下では、この2つの構成要素のどちらかが損なわれるのである。

　相貌失認症は、顔を認識する知覚プロセスに欠陥が生ずる症状で、これに侵された人々は『妻を帽子とまちがえた男』[訳注25]のタイトルにもある事例研究に記録されているような種類の異様な行動を示す。著者オリヴァー・サックス（Oliver Sacks, 1933-2015）の患者は人間の顔を形状の似た他の物体と区別することができなくなっていたが、自分の奥さんの声を聴くや否や、彼女が誰であるかが分かったのである。欠陥が生じていたのは、彼の視覚体系の一部、つまり顔を識別する要素だけだったのであり、記憶とか情的反応力は別に侵されていなかったのである。

　これと逆のケースがカプグラ症候群[65][訳注26]に見られる。この、相貌失認症と同程度に珍しい

条件下では、顔を認識するプロセスは完全なのだが、その認識が情的反応を一切引き出さないので、「認識された」人物の正体は中央システムによって否定されてしまう。つまり、この症状に侵された人は、彼が認識した人物は自分の妻に似ていることは納得するが、同時に、妻に対するのに相応しい情的反応がないので、この人物は替え玉だと信じ込んでしまうのである。この結果出てくる成り行きは過激であり、顔を認識された人の風をしていると見なされた人物に対する攻撃に至ってしまうこともある。血友病の場合と異なり、この場合は2つの属性は互いに独立しており、4つの論理的に可能な結合が起こる。もっとも相貌失認症とカプグラ症候群の双方に侵されている人がいるとすれば、あまりにも混乱した状況にあるため、その人のどこが侵されているのかを結論するのは困難なことになろう。ただし、そのような場合ですら、原則的には、脳撮像の技法によってこうした事実をあきらかにすることが確実であると思われる。[訳注27]

　モジュール性の証拠は、どこかの具合が悪いときだけでなく、健常な場合でも見ることができる。我々の諸感覚も、言語も、さらにすべての認知能力のあいだにも機能分離関係は成立する。知能が高いことは倫理性が高いことの保証にはならないし、情や繊細さや奥深さは、美に対する鈍感さと共存しうる。頭の中には、数多くの独立はしているが相互作用を持ちうる器官が存在するのだと思われる。チョムスキーは、心臓とその他の循環系がそれぞれ独特の構造と目的を持っているのと同じく、言語は一種の「知的器官」であり、他の知的器官と相互作用を行っているのだ、という印象的な示唆を行ってきた。[66]循環系と同じように、言語は人という種に共通である。循環器と同じように、言語は主として遺伝子の支配の下に発達するものであり、学習や操作から生まれたのではない。循環系と同じように、言語は、他の器官とは独立に、不具合やら機能不全に陥ることもある。この類比が正しいなら、言語の自律性、そして自律性ゆえに言語が他の心の機能から機能分離しうる可能性が予知される。

　この所見は重要である。なぜなら、長いこと続いてきた伝統的考えに従うと、言語とは知能の表れであり、知能からの機能分離はありえない、ということになるからだ。こうした考えをもっともよく表現しているのはジャン・ピアジェ（Jean Piaget, 1896-1980）とその支持者たちの「認知的構成主義」であった。彼らは言語の獲得には、したがって言語の保持には、認知的前提条件があると主張した。[67]つまり、言語が健全に発達するには、前もって「連続配列」とか「質量保存」といった知的能力が発達していなければならない、という考えである。語順の正しさとか受け身文といった言語構造を獲得するには、子どもはある一定の知的発達の段階に達していなければならない、とするのである。この"一定の知的発達の段階"というのは、物体をサイズが大きい順に重ねていく（連続配列）作業ができ、液体を細長いガラスの器から短いが太い器に入れ替えても質量は替わらない（質量保存）と判断できる能力を備えた発達段階を指す。このような説はもはや受け入れられない。言語の働きと知能の働きのあいだに2方向の機能分離が起こっ

ている例はたくさんあり、これは言語と知能という2つのモジュールが相互に独立であることを証明する。2種類のケースを挙げれば例として十分であろう。

ウィリアムズ症候群という疾患（幼児期高カルシウム血症）では、患者である子どもには遺伝子の問題によって起こる身体的な特徴が生ずる。この特徴を標準的な言い方で言うと、「小妖精（elfin）のような顔、つまり眼が腫れぼったく、側頭部にへこみがあり、膨れた頬、天井を向いた鼻、低い鼻梁、広がった鼻腔、虹彩の星状のパターン、大きな口、歯並びの悪さ」となる[68]。こうした肉体上の特徴と共に生ずるのは、この患者たちの一般的認知機能と言語的能力とのあいだの驚くべき対照である。典型的な例を挙げると、ウィリアムズ症候群の子どもたちのIQは「軽度から中度」の度合いのハンディキャップであるにもかかわらず、複雑な言葉のパターンをきわめて流暢に使いこなす。ウィリアムズ症候群の子どもたちに関する初期の論調では、指導的専門家たちが「ウィリアムズ症候群において言語使用機能の要素は、認知的裏付けが無いとされているにもかかわらず、達成される[69]」と主張していた。つまり、これらの子どもたちは言語パターン──受動構文や比較級等々──をマスターしていることを示しているが、それは物体を順序に従って配列したり、質量保存のテストに合格するなどの知力達成に前もって達していたからであるはずだ、という主張である。けれども、ウィリアムズ症候群の子どもたちはこうした知的テストには合格しない。ということは、言語獲得に必要な知能のレベルが、この子たちについては途方もなく過大評価されていたことになる。簡にして要を得た言い方をすれば、言語的能力と知的能力とは機能分離関係にあるのである。

このような初期の主張以後、ウィリアムズ症候群に典型的に現れる言語と知能との不平等は、以前の理解に比べるとはるかに深甚性が低いことがあきらかになってきた。アネット・カーミロフ=スミス（Annette Karmiloff-Smith, 1938-2016）の指摘によれば、第1に、ウィリアムズ症候群の子どもたちの知的遅滞は、以前考えられていたよりはるかに程度が少ないということであり、第2に、「これらの子どもたちの言語には、すべての点で微妙な欠陥があり、また言語と言語以外の知能の側面の関係にも微妙な欠落がある[70]」と言う。こうした観察は言語・知能感に機能分離があるとする主張の明確さを下げるわけだが、それでも、知力と言語の知識のあいだには直接の関係はないとする見方、という点では正しいと考えられる。

このことの説得力ある証拠として、イアンティ・ツィンプリ（Ianthi Tsimpli）と本書の著者の一人であるニール・スミスが長年にわたって詳細に研究記録した男性の例がある[71]。クリストファーと名付けられているその男性は欠陥を持った天才である。彼は保護施設で暮らしているが、それは自分で自分の世話ができないからなのだ。外出すると道に迷ってしまう恐れが高く、手と目の連携作業が不自由なので、髭を剃るとか服のボタンを留め外しするなどの日常的操作が時間のかかる辛い仕事なのである。数の大小を区別する作業（たいていの5歳児ならできる）に失敗する[72]。そして自閉症の特徴を多く備え

ている。ところが彼は 20 ないしそれを超える数の言語を読み、書き、翻訳し、それら
の言語を使って会話をすることができる。クリストファーはサヴァン（savant）なのだ。
サヴァンとは、一般的な知的障害を持ちながら、ハウ（Michael Howe, 1940-2002）の名文
句を使えば「天才の断片[73]」を持った人を指す。もっと個別的に言えば、彼は知能と言語
の能力のあいだの機能分離に関する代表的な例なのだ。

　ウィリアムズ症候群の子どもとクリストファーという 2 つの例の逆、つまり知能は健
全なのに言語能力に障害があるというケースは数ももっと多いし、記録もさらに数多く、
優れている。このタイプは病気や遺伝的因子が原因となる。一番簡単で数多いケースは
脳卒中の患者に見られる。脳卒中患者は言語使用能力を失うが、他の知的機能は維持し
ていることが多い[74]。脳卒中によって失語症に悩む人々は、言語使用能力が失せている
のにもかかわらず、知能はあきらかに保持していることが明白な場合が多い。健常な知能
を持ちながら発達上の言語障害を持つ例として、今や幅広い記録を持つ「特異言語障
害[75]（Specific Language Impairment, SLI）」を持った子どものケースがある。この症状の表れ
方にはきわめて数多い例があるが、主要なものをまとめると、この子どもたちにとって
は大人の言語に特徴的な処理法（これらは健常な同年齢者ならば苦も無くマスターする）を
学習するのが途方もなく困難なのである。一方でこの子どもたちはこうした言語的処理
法の概念的な対応物は理解できる。たとえば、時間と時制は関係しているが同一ではな
い。そこで SLI の子どもは yesterday, today, tomorrow という語の使用によって示される
時間の関係については完全に健常的な理解を示す。ところが言語使用になると What did
fell off the chair?[訳注29], Which cat Mrs. White stroked?[訳注30], Which coat was Professor Plum weared?[訳注31] と
いった発話をしてしまう。これはこの子の時制体系の処理にいかに欠陥があるかを示し
ている[76]。話し手が何を伝えようとしているかに関して彼らは正しい把握をしているのだ
が、彼らの文法の方には欠陥があるのだ。

　機能分離を根拠とする議論には、いささか注意が必要である。機能分離というものは
遺伝的に特定された能力から予見されるものではあるけれども、他の症例にも見出さ
れることがある。このことは、「警告的な見方を提供する[77]」。たとえば、脳が傷を受けた
場合、稀なケースとして読字能力と書字能力間に機能分離が生じることが知られている[78]。
このような障害の不幸な犠牲者は、字が書けるし、読み上げられた言葉の書き取りもで
きるのだが、自分の書いたものが読めないのだ。考えてみれば、人間は読み取りや書き
取りに関して特定的な順応を行ったとは思えない。なぜなら、アルファベットによる
書法は数千年の歴史しかないからだ。おそらく、この種の機能分離が示していることは、
読解と書字とでは、これらの技法を学習する際、脳の特定的である程度別々の神経組織
が使われるということだと思われる。

3.2 モジュールと準モジュール

　チョムスキーはフォウダーのモジュール観を一貫して否認している。それは彼が中央システムの不可解性に関するフォウダーの悲観主義を受け入れていないからである。[79] チョムスキーは道徳上の判断、顔認識、心の理論といった領域の性格については一般的な観点からしか発言していないけれども、彼は中央システムはおおよそ上で述べたような線で分別されるべきだという考えに同調的である。そのような状況を説明するために、スミスとツィンプリは「モジュール」と「準モジュール」を区別することを提案した。[80] モジュールはほぼフォウダーの言う入力体系に相当し、準モジュールは数学、道徳上の判断、心の理論などの領域に関係する。[81] 準モジュールは、モジュールと同じように、領域特定的であり、迅速に、また義務的に作用し、特定の脳内組織によって助成され、それゆえ二方向性機能分離を明示する可能性を持つ。たとえば、自閉症患者は、心の理論に欠陥を持つが、健常な知性を持つことがあり、ただ、誤信念テストは成し遂げることができない。対してダウン症の人々は、特徴的にかなり低下した知能を持ち、言語の発達も遅れているが、心の理論のテストには何の困難も持たない。[82]

　このような並行性はあるものの、準モジュールはフォウダーのモジュールとは2つの点で異なる。第1は、準モジュールは単に入力を中央システムにもたらすだけではなく、むしろ中央システムの下位部分なのである。第2は第1点から当然出てくる結論だが、準モジュールの操作を定義する語彙が（少なくともその一部において）感覚的ではなく概念的である、という点だ。フォウダー流の各々のモジュールは、それが感知する刺激という観点から部分的に定義される —— 視覚は光波という観点から、聴覚は音波という観点から —— のと同じく、準モジュールはそれが感知する表示の種類によって部分的に定義される。[83] 現在の文脈から言って関連の高い表示は「メタ表示」である。[84]「メタ表示」とは、単に1つの考えを表示することではなくて、自分自身の考えを表現する過程によってある考えを他人に帰することである。こう書くと、この、心の理論用準モジュールは要するに「中央的」であって、それ以外に何も付け足して言うべきことはないように思えるかもしれない。しかしこの準モジュールの操作領域はそうした印象よりずっと制限の強いものであり、その制限のされ方は入力体系の制限と同じなのである。例を1つ考えよう。心の理論過程は、二次的表示のうちその真部分集合だけが関連性を持つという意味で、領域特定的である。[訳注32][訳注33] 二次的表示のうちのあるものは、考えを他人に帰すのではなく、文字通りの意味での空間的感覚に関するもう1つの観点を帰すだけである。何かのカードゲームをやっているとき、私の席からあなたのカードの手を見ることはできないが、もしテーブルの向こうに廻っていったなら、あなたの手を読めるはずだ。人はまず誰でも、自閉症患者を含めて、異なる場所にたまたまいる人の観点をとる

ことができる。自閉症者が難しく感ずる、あるいは全くできないのは、考えを、特に誤信念を他人に帰すことなのである。

上に述べた病理的機能分離の諸例は、数多いものではない。しかし、自然科学の場合と同じように、極端な事例は最深の洞察を与えてくれることがある。自然に関する実験は、関連性のある変項的要素の効果を、すべての科学的探究に必要な形で我々に分からせてくれる。ただ、それを故意に操作するのは倫理に反することだ。こうしたケースは我々が頭脳の疾患を扱っているのか、それとも身体的疾患を扱っているのかを峻別する助けになってくれる上できわめて価値が高い。と言うのも、人間という有機体は非常にきっちりと統合されているため、1つの障害が他の種の障害と共起する傾向にあるからだ。我々が頭脳的現象を扱っていると確信している場合でも、このような機能分離が、モジュール的機能と一般的認知プロセスとが相互依存関係にある可能性という、もっと一般性のある問題に光を当ててくれるのである。

3.3 知能と学習

ことばを学習する（習う）、という言い方はコモンセンス的である。だが「学習する」という単語は誤りを導く可能性を持ち、間違った主張をしていることになる。というのは、我々は母語の文法規則を学習するということはないからだ。我々が物を三次元で見えるようになるまで発育するのは生後16から18週経ってからだが、だからといって我々は物を色彩付きで3Dで見ることを「学習する」というのはおかしな言い方だ。我々が物をこういう見方で見るプロセスが誘発されるには、何らかの視覚的入力が必要だということは確認されている。真っ暗な中で育てられると、その生物は絶対にまともな働きをする視覚体系を発達させえないことも保証付きである。同じように、顔認識モジュールの適正な発達が誘発されるためには、顔を見る機会を十分に与えられることが必要である。そして正常な言語知識を獲得するためには言語の例を十分与えられることが必要なのだ。こうした獲得過程は、チェスのやり方とか、微分方程式とか、言語学を学習する過程とは質的に異なったものなのである。[85]

チョムスキーの意見は、我々が前理論的に「学習」と呼んでいるものの多くは、おおむね、あるいは全面的に、生得的・特定的な構造が成熟し、誘発されたことに由来し、言語獲得にもこれが当てはまることが判明するだろう、とするものである。この見解に従えば、言語を獲得すること（また、顔認識力を獲得すること、視覚が機能するようになること）は、歯が生えてくることにも似ている。また言語獲得のあいだに経過する各段階も、我々がまず乳歯を得て、やがて永久歯を獲得する段階に似ているのであって、チェスの初心者の腕前が名人の腕前へと変化する段階とは異なることになる。このことはおそらく、我々が生得的に特定された領域特定的な資質を、言語や歩行に関しては持って

いるが、チェスや高等数学に関しては持っていないからであろう。モジュール的能力が我々の遺伝子を基礎として、それが環境からの誘因によって発達するという前提に立てば、学習の伝統的概念には役割がほとんど残っていないことになる。この意見は、しかし、論議を呼ぶものであり、この点については本章の後の方と、さらに第3章と第4章で再び検討する。第3・4章ではこの問題をさらに細かい主張に分解して論ずる。

　モジュール性（あるいはモジュール化のプロセス）[86]には進化論的利得がある。その利得とはモジュール性が、多岐にわたる能力を自在に、つまり一般的知能とは独立に使いこなす力を持った有機体を生み出す、という点である。言語の場合は、他のモジュールと推定される能力といくぶん違うところがある。それは、自分の個別言語（たとえば日本語）とは違う個別言語（たとえば英語）が存在する事実が明白に示すとおり、言語のある部分は環境との相互作用を基礎にして獲得される、ということだ。しかしながら、後にもっと詳しく見るとおり、言語のもっとも基本的側面は普遍的である。このことが示しているのは、それらの普遍的側面は学習の過程では勘定に入れなくて済むのだということだ。これらの領域では個人個人のあいだでは彼らが別の個別言語を話していようと同じ言語を話していようと、差がないことが期待される。簡単な例を挙げよう。我々は自分のものとなる言語に名詞と動詞があることを学習する必要はないであろう。すべての言語には名詞と動詞があると見なされるからだ。学習する必要があるのは、自分の言語がどのような音声を特定の名詞や動詞に結びつけているかである。だとすると、言語がモジュールである限りにおいて、言語の発達とは、発達と誘発の結合によって稼働する生得的な能力に発するものであると期待される。これは序論で述べた主張の一部であって、我々は皆同じ唯一的な言語を知っているのであり、言語間の変異は少数の非重要なものだけである、ということだ。この主張に含まれていることを、より明快にするためには、「言語の知識」とはどういう構成を持ったものかを、より具体的に言えばチョムスキーが立てたことでもっともよく知られる対照の1つ、すなわち「言語能力（competence）」と「言語運用（performance）」の差を、もっと詳しく見ていく必要がある。

4　言語能力と言語運用

　読者諸氏がこの本を読めるのはなぜか？　言うまでもない答えは、諸氏がこの本が書かれている言語を知っているから、である。同じように言うまでもない答えは、明かりがあるから、である。一見軽微な能力に対するこの2つの説明は、実は重大な根本的二分法に光を当てている。その二分法とは、言語の知識と、その知識の使用とのあいだの違い、術語を使えば言語能力と言語運用の差である。[87]

　英語の文法と語彙に関する諸氏の知識、言い換えれば英語使用者としての諸氏の言語

能力は、いま書いているこの文を理解するための前提条件である。そしてその言語能力の使用を可能にする条件にはいろいろあるが、その1つが明かりがあるという事実であるのだ。

4.1 言語能力と文法

言語能力は、原則として、言語運用から独立している。事故とか卒中の結果、犠牲者は言葉がしゃべれない状態になり、あたかも言語能力を失ったかに見えることがある。しかしこの人々はやがて治癒し、つらい経験の影響を全く見せない場合もある。[88]このように言語を取り戻したように考えられる人たちは、口が利けなかった期間でさえも、言語能力は保持していたと見なされなければならない。つまり、知識は、その知識を活用する能力が失われているあいだでも、保持されうるのである。確かにこれは別に論理的に必然なわけではない。だが、英語の使い手で卒中に見舞われた人が、治癒後は日本語とかスワヒリ語の知識を持つようになっていた、などという可能性があるだろうか？それを考えてみただけでも、この可能性の信じ難さは明白である。そこでもう少し極端さの少ない例として、吃音の人や、口蓋裂を治療していない人の場合を挙げよう。この人たちの話す言葉は、その状態から言って、分かりにくくなるし、この人たちもフラストレーションから黙りがちになることもある。しかし彼らの言語知識は、こうした支障のない人たちのそれと、典型的な場合、変わりがない。このように、知識が、その知識を行使することから自立しているからと言って、我々の言語運用が、我々の言語能力とはどういうものであるかに関する証拠の多くを、通常、提供してくれるという事実に変わりはない。ただ知識の自立が、現代の生成言語学の研究法にある種の正当化の理由を与えているのは確かである。生成言語学は、言語運用に関する考察の多くを捨象して、言語能力の研究を中心に据えている。言語運用の研究はと言うと、それは語用論、心理学、医学、その他さまざまな研究分野に任されているのである。

言語能力の研究は困難である。その原因は、我々の言語知識が複雑であり、かつほとんどの場合意識に上らないからである。今書いているこの文を理解できる人の中で、この文の言語学的分析を他人に説明できる人は皆無に近いはずだ。したがってそのような知識をどうすれば研究できるかという問いは容易な答えを許さない。幸いにして、知識そのものは口を利かないが、その知識が生み出したものは、他人による観察と知識の持ち主の内省の対象となりうる。つまり我々は他人の言語運用を観察できるし、自分自身の直観を他に伝えることができるのだ。我々の言語機能の複雑性と微妙さを知るには卒中の犠牲者の例が必要だろうが、我々の知識とその行使間のミスマッチすべてが激烈なものであるわけではなく、ごく初歩的な観察でも、我々が言語を知っているというとき正確にはどういうことを知っているのかに関する洞察を与えてくれることがある。強

調しておきたいのは、直観に頼るということは決して通常言われる科学的厳密性からの撤退ではない。「直観」という語は「判断」の別語であり、そこには何の神秘的、あるいは非科学的含蓄もない。[89]母語の文に関する我々の言語的判断と、ミュラー／リヤーの図が与える錯視に関する我々の視覚的判断とのあいだには原理的な違いなどないのだ。ミュラー／リヤーの図では2本の直線の長さが違うという知覚が得られるので、心理学者はこの事実を説明する視覚的知覚の理論を打ち立てようと努力する、というだけの話である。それと全く同じで、我々は They are flying planes という文は両義的であると判断し（と言っても、この文が実際に使われる個々の場合には、片方の読みにしか気が付かないであろうが）、[90]言語学者はなぜこの文が両義的になるのかを説明する言語能力理論を組み立てようと努力する、というだけの話なのである。

4.2 規　則

　ある個別言語を知るということは、頭の中に表示された文法を持つということだ。文法は、標準的に、規則の集合からできていて、この規則が共に働いてその個人の言語能力を定義する、と考えられている。[91]言語学者のなすべきことは、まず、このような規則が存在することを明確に示し、次に、それらの規則を、我々の言語の知識を作り上げているすべての複雑性を説明できる形に整えることである。ここで規則というのは、教室の石頭教師どもの勝手な取り決め、つまり分離不定詞を使わないように強いたり、hopefully を I hope の意味で使うのを禁じたりすることではない。そうではなくて、文法規則とは、ある個別言語を知っているということは何を知っているということなのかを記述する一般化の集合なのである。そしてその集合の一部は、仮に卒中になれば、一時的に、あるいは永遠に失われる可能性があるのだ。英語を母語とする人なら誰でも I speak English fluently と I speak fluent English は容認可能な英語文だが、I speak fluently English は誤文であることを知っている。読者諸氏はこの誤文のような例に一回も出会わなかったかもしれないし（この章の初めの方は別として）、あるいはこのような誤文に何遍となく出会って、これは外国人のやる典型的誤りであることを知っているかもしれない。さらにはまた、諸氏は I speak fluently English を誤文と呼ぶことに異議を唱えるかもしれない。なぜなら I speak quite fluently all the languages of Western Europe & most of those of North Asia という文を使うことは可能だからである。それにしても諸氏はこの長い方の文は容認可能だが、I speak fluently English は容認できないということを知っている。我々がこのことを誰にも明示的に教えらたことがないのに知っており、さらにこの判断を新しい、これまでに聞いたこともない例文にまで広げて下すことができる、ということは、我々の言語知識というものが「規則に支配されたもの」であることを示す最初の証拠である。我々が単語や文の膨大なリストを記憶していて、その中か

らこうした語や文を苦労して思い出している、などということはありえない。実情は、我々が文法を形造っている規則の集合を使いこなす能力を持ち、それを参照して、無限にある文の集合のうちのどの文についても、それを発話し、理解し、そしてその文についての判断を下すことができる、ということなのだ。それどころか、記憶というものは無限のものを貯える力はないのだから、我々が使う文の中に数字を含める能力を我々が持っているという事実だけでも、我々が記憶だけに頼っているのではないということの十分な証拠になる。諸氏はおそらく The surface area of the asteroid Ceres is 5,182,793 square kilometers（小惑星セレスの表面積は 5,182,793 平方キロである）という文を一度も聞いたり読んだりしたことはあるまい。しかしあなたにはこの文を理解するのに何の困難もないし、加えて、あなたが適切な知識を持っていて、この文の内容が間違っていることを知っていても、理解に困難がないことに変わりはないのである。もっと一般的に言えば、あなたが出会う文の中には、あなたがこれまでに一度も読んだり聞いたりしたことのないものが多く入っているのであって、おそらくこの本のどの文についてもそれが当てはまるはずだ。そのうえ、1 つの文が持ちうる長さと複雑度には限りがない。なぜなら句や文全体が互いの内部に埋め込まれることが可能だからである。次の例を見れば分かる：John smokes, Mary knows that John smokes, John thinks that Mary knows that John smokes, Mary knows that John thinks that Mary knows that John smokes ... このことが意味するのは、文は無限の数存在することを意味する。このような例が示すのは、チョムスキーが言うところの、言語使用の「創造的」[92]側面である。創造的と言っても、詩的創造の意味ではなく、こうした文は、身近な要素から成り立っているものの、そのときのはずみで、また無限の領域にわたって、新たに創造される、という意味である。

　上で触れた外国人による英語の誤りは深甚なことではない。しかし何かに誤りという名を付けうるということは、深甚な重要性を持っている。というのは、規則というものがあきらかに存在し、その規則に照らすことによって誤りが誤りとして性格づけられるのだ、ということを論理的必然として意味するからだ。このことから引き出される必然的結論として、人が耳にする発話のすべてが同じ資格を持っているのではない、ということになる。話されたり文字で書かれているということは、正しさの保証ではないのだ。誰かが、言い誤りで、The advantage to be gained from letting teenagers organize their own affairs are overwhelming（ティーンエイジャーたちに自分たち自身の事柄を計画することを許すことから得られる利点は測り知れない）と言ったとしても、つまり、正しい is の代わりに are を使ったとしても、それは動詞が主語に一致しなければならないという規則がないという証拠ではない。そうではなくて、このことは、言語運用のデータはその人の言語能力の本質に関するたった一片の証拠でしかないこと、つまり、他の証拠、とりわけ母語話者の直観との関連において評価を検討されなければならない一片の証拠であることを物語っている。数学から並行的な例が引ける。誰かが 17 × 33 という掛け算を間違えた

としても、それはその人が算数の規則を知らないという証拠ではなく、いわんやその間違いが正答になるよう算数の規則を変更すべきだなどという主張の根拠にはなりえない。

　我々の言語使用が創造的であると同時に規則に支配されていることの同様に強力な証拠が、過剰一般化、それもことに第一言語を獲得中の子どもに起こる過剰一般化から得られる。大人は This teddy is his とも This is his teddy とも言うことができるので、2歳児がこれを一般化して This teddy is mine から This is mine teddy を創り出すことは一向に不思議ではない。[93] こういった例が、大人の言葉の規範から外れているということは、これらの用法が両親からの真似ではなく、子ども自身が到達した一般化（規則）によって生み出されたものであることをあきらかに示している。こうした規則は、我々個々人の言語知識の一部であり、すぐ上の子ども言葉の例が示すとおり、個人特有だったり、子どもが獲得途中である大人の言語パターンから外れていることもある。どんな言語共同体でも、共同体メンバーが持っている規則はほとんど共通だが、規則は個々人の頭の中にある個人的（individual）・内的（internal）な特性である。このことを勘案して、これからは我々の頭に表示されている文法を I 言語（I-language）と呼ぶ。個人的・内的な言語である。これに対して、我々の頭の表側にある、外的（external）な言語を E 言語（E-language）と呼ぶ。[94] E 言語が、それについて科学的理論を構築する対象領域に該当するかと言えば、それは誠に疑わしい。

4.3　I 言語と E 言語

　生成文法がやっと発展し始めた頃、個別言語は文法の規則によって生成（generate）される文の集合と定義されていた。[95]「生成される（generated）」という語は数学から取り入れられたもので、その意味は単に「形式的に」あるいは「厳密に」記述される、ということにすぎない。英語では I speak English fluently は生成され、それゆえ英語の一部であるが、I speak fluently English は生成されず、それゆえ英語の一部ではない。チョムスキーの初期の業績には、言語をこのように定義することは、言語理論の中で決定的な役割を果たさない旨の立証が含まれていた。エンジニア、数学者、論理学者、心理学者のあいだでは、文ないし発話の集合はその言語の使い手から独立したある種の絶対的地位を持っていると考えたいという強い欲望があった。つまり一種の E 言語（とチョムスキーが後に呼ぶようになったもの）が存在し、それは個人から離れた何らかの定義可能な集合であり、科学的研究の対象となりえ、そしてこの概念が1つの言語共同体が共有している（たとえば）「英語」という日常的概念に対応するものである、とこの人たちは考えたいのである。[96] 言語を外的な存在と見る考え方に近いものには、もう1つ、「コモンセンス」的な言語観がある。この言語観によると、言語とは、単語、規則、規範から成る社会的・文化的に共有されている存在であるが、その共同体の成員の誰もそれらの単

語、規則、規範をすべて把握しているわけではない（なぜなら、たとえば、辞書の中の全部の単語を知っている人はいない）とされる。「E言語」という用語は、厳密な言い方としては最初の概念を指す。しかし非公式には心の外側にある存在としての言語の概念をすべてカバーするものを指すのにE言語という語が用いられ、その対象の中には社会的に共有されたあるものとしての言語の概念も含まれる。

　生成文法の研究はその焦点を「外在化された存在と見なされる言語からの探求から、個人によって達成され脳の中に内的に表示されている言語知識の体系の探索へと[97]」移した。この移行が理にかなっていると見られる原因の1つは、言語学者が興味を持っているのは、我々人間がどのようにして言語的能力を獲得し、獲得後はどのようにその能力を使用するかを説明することだからである。I言語、すなわち大人の言語知識と、言語獲得装置、すなわち人間の子どもがすべて持っている脳内体系、この2つはいずれも本当の心に存在する対象であって、心理学的および神経学的に研究可能な「自然界の側面[98]」なのである。どんな言語学理論でも、心の説明なしには成立しない。それに対してE言語は、付加的で人工的な抽象物であり、そこから何か余分な問題を取り上げても何の益ももたらさない。E言語は言語的説明に何の役割も果たさないからである。

　チョムスキーによる言語分析の詳細、そしてそれを基礎に彼が下している哲学的結論がいかに論争を呼ぶものであろうと、人々が自分の言語の文が容認可能か否かを判断でき、かつそうした判断が多くの場合文の文法性を正確に突き止めていることについては、どの陣営にも異論はない。「文法性の正確な突き止め」とは、容認不可能とされている文の多くは非文法的であるがゆえにそう判断されているのであり、それと逆に、容認可能とされている文は文法的な文であることが多いからだ。やはり異論なく認められているのは、これらの判断が厳密に文法上の判断を超えた考察に彩られているという認識と、同じ言語の使い手でもそのあいだに直観の相違が見られるという見方だ。ただし肝心なことは、言語学者にとって、我々の直観の純粋に言語的な決定要素と非言語的な決定要素を区別することが通常可能であり、したがって個人の知識のこの部分についての理論を構築することは、複雑ではあるが、可能であるという点だ。これと対照的に、そのような個人を集めたグループ —— 利害関係も、関わり合いも、習慣も異なる —— から成る共同体の知識に関する理論を構築しようとするのはドン・キホーテ的である。外的な言語を考慮から排除することへの例外となりえるものは、辞書である。個人一人ひとりがそれぞれ個別の脳内の辞書を持っていることは事実だが、同一の言語共同体の成員のあいだに、知っている単語とそれらの単語に関する情報の双方について部分的な重複があるということは、一種の公共的辞書が存在するという前提の上で初めて意味を成すのである。[99]

　さてここで要点をまとめよう。我々が問題にしている領域には3つある。人間という種、言語共同体、そして個人である。言語とは人間という種に固有なものである。[100]個別

言語と個別言語のあいだ、個人と個人のあいだに表面的な違いがあろうとも、人間はその天与の言語的資質において基本的に相等しいと考えられる。病理的なケースを除けば、子どもはすべて、自分の第一言語を獲得するという目的のため、同一の頭脳的道具 ―― その多くは言語専用である ―― を使用する。その結果、すべての個別言語は同一の核心的性質を持っており、すべての言語が人間の心を知るための同等の洞察力を与えてくれる。この、個人個人に実例を見る人類という種の属性は、それがコミュニケーションに用いられる際に主として可視的になるのだが、このコミュニケーションが生じる社会集団は言語的に定義可能な性格を全く持っていないと言える。そういう次第だから、科学的探究の適正な焦点は、知識の持ち主である個人にほかならないというのが適正な状況なのである。[101]このことが示す結論として、人類という種（つまり、個人全員を含む集合）も同様に科学的探究の適正な焦点であるということになる。なぜならすべての個人に共通なものは、人類に典型として存在する生得的天与の資質を構成しているからである。もう 1 つの検討対象は、言語を中間的な社会的・地政学的レベルで研究することによって、何か理論的に興味深い事実が学べるか否か、である。この、伝統的な意味での言語が、科学的な言語学の中で何か果たせる役割があるかどうかは明白ではない。チョムスキーはこの問題に懐疑的な立場をとっている。だが、ともかく、外的な存在としての言語という何らかの概念を研究することもまた価値ある成果を挙げるということが判明したとしても、I 言語を研究の焦点に置く方策が間違っていたことを意味するのでは決してない。I 言語を焦点とする研究は、言語探究において多大の進歩を遂げてきたのだから。

　個人中心主義と普遍主義の合体と言うべき主張は、チョムスキーのもっとも初期の著作から中心的地位を占めていたし、E 言語と I 言語の差異は、1955 年に完成していたものの、20 年も後にやっと刊行された『言語理論の論理構造（*The Logical Structure of Linguistic Theory*）』中に暗黙裡に示されていた。残念なことに、この著の刊行が上記のように遅れたゆえに、生成文法に関する人々の初期の見解は、ほとんど完全に『統語構造』(1957 年) だけから引き出された。『統語構造』は独創的役割を持った本ではあったが、基本的にはマサチューセッツ工科大学の学部生用の講義草稿を集めたものであり、チョムスキーの攻撃目標であった因習的立場の言い分から始まっていた。その結果、多くの人がチョムスキーの攻撃目標とチョムスキーの新提案との区別がつかなかった。チョムスキーが論敵としていた因習的学説では、焦点は文、すなわち（論理）整式 (well-formed formulae, WFFs) の集合として捉えられた言語であった。これに対して半世紀を超える期間にわたるチョムスキーの研究では、探究の焦点は言語使用者の言語知識であった。これは、順繰りに言えば、認知革命において、強勢を置く対象が「行動とその産物（たとえば文書）から、思考や行為で主要な働きをする内的なメカニズムへと」[102]全般に替わってきたことの反映である。

第 1 章　心の鏡　41

I言語に研究対象を集中するという前提からすると、文法の主要な仕事を1つの個別言語の整式文（well-formed sentences）のすべて、そしてそれのみを生成するものと定義する主張は誤っているという結論になる。[103] I言語とは、適切な機会に文の発話を産出し、また理解する我々の能力の基底をなすものである。それ自身、上に言うような文の集合ではありえない。チョムスキーは、繰り返し、「自然言語にとって、整式などという概念がありうると信ずる理由など一切存在しない」[104] 旨を論じている。理由の一部は、後に論ずるとおり、文法は何に対しても最善を尽くすので、生成される文と生成されない文とのあいだに明確な境などない、というチョムスキーの主張である。もちろん、文を文法的・非文法的の2種にいささか恣意的に分類することは可能である。しかし、チョムスキーが主張しているのは、整式という概念は、形式（論理）言語や算数に関しては適切であろうが、人間言語の形式的研究には何の役割も果たさない、ということである。さらにこのことは、人間言語の理解に関してギャップがあることを示しているのではない。そのような概念が考案された場合に初めて捉えられるような一般化を提唱しているような人は誰もいないのだ。

　内在主義（internalism）の立場は、言語を「良い」か「悪い」かのどちらかである文の集合という観点で扱う方法の妥当性を否認する。このことはさらに重要な含意を持つ。すなわち、文が整式的か否かについての我々の判断は、絶対的に明示的である必要はないという含意だ。さらに興味深いのは、我々は文の相対的な非整式性に関する直観を持ちうるという点だ。そのような直観はE言語を基盤とする文法には含まれえない。[105]「寄生空所（parasitic gap）」[訳注39]として知られる文構造を考えてほしい。例として This is the man John hired without speaking to（これはジョンが口を利くこともなしに雇った男だ）がある。こういう例は書いたものにも発話にもあまり現れないが、我々英語を母語とするものにはこれらについての直観がある。この例に関して言えば、多くの人は、この文は文体的にはあまり結構ではないにせよ、容認可能だという点で一致する。これとは対照的に、This is the man John hired before he spoke to は一般的に容認不可能だとされる。容認不可能だ、とする反応が表れるには一瞬ほど時間がかかる場合がある。使われている語はごくありふれた語だし、意図されている意味も十分明瞭だが、文全体を考えると奇妙な文だからだろう。単純に、最初の文は文法的で次の文は非文法的だ —— 前者は英語の文だが後者は違う —— と言えば異を唱えるに当たらないと見えるかもしれない。しかしながら、ことはそれほど単純ではない。次の2例を見ればどうか？[訳注40]　一方は This is the man John interviewed before reading the book you gave to で、他方は This is the man John interviewed before announcing the plan to speak to である。チョムスキーは2番目の方が容認不可能度は1番目より低いが、どちらも完全には整式ではないと主張している。[107]本書著者の判断はどうもそれとは逆なのだが、重要なことは、こうした直観的ニュアンス（どちらの文をより高く評価するにせよ）は、もしも完全に文法的な文と完全に非文法的

な文とを厳密に区分することをあくまで主張するならば、I言語という観点からは説明できないということだ。もし注目対象が「完全に容認可能な」文だけに限定されるならば、我々はI言語というものが、ほとんど（あるいはすべて）の語結合に何らかの記述を与えるシステムであるという事実を見落としてしまう危険がある。

　こうした複雑な例に注意を喚起することは、言語学専門家でない人々に、意図的難解主義に近いものという印象を与えることが多い。よく聞かされる反論には「そんな語結合を使う人なんて実際にはいないじゃないか」とか「実際の発話のコーパス（言語資料）にはそんなものは入ってこない」などがある。これは言語運用に対するいわれのないこだわりを反映したものである。つまり言語運用とは世界のデータの何らかの収集物（ないしは収集物になりうるもの）であるとする考え方である。ここで挙げた例文は日常の会話には起こらない可能性が高い。しかし全く同じことが、構築可能な文のほとんどについて言えるのである。言語とは創造的なものなのだ。科学においては、証拠として使われる現象が、自然な条件の下で自動的に出現せねばならぬという要請はない。素粒子物理学の主要な発見は、次々に力を増していく（そして費用も増していく）加速器を使って行う超複雑な実験から生まれてきた。このような分野で進歩を遂げるには、極限的な状況を研究する必要がある。同じように、言語を理解するためには、極限的な例を研究する必要がある場合がある。自然が人に課している異例な実験であるウィリアムズ症候群の子どもとか多数の言語を操れるサヴァンなどは、奥深く埋まっている原則を発見するためには、普通の人の例に比べ、より啓示性が高いと言えよう。言語そのものから取った難解な文などの資料も、同様に、文法の原理への洞察を得る上の最上の手がかりであると考えられる。もっと具体的に言えば、そうした資料は相反する理論の中からの選択を可能にするに十分な豊かさと複雑性を持った、他に類を見ない道具立てである。寄生空所やその異形は、複数の言語学者によって、競合する理論的主張を支持するため、そのような使い方をされている。

　これはコモンセンスと現代言語学が意見を異にするもう1つの実例であり、他の自然科学との興味深い類似点を示している。コモンセンス的理解法と科学的説明とのあいだの緊張は、物理学の歴史から得られるもう1つの逸話によって立証される。我々現代人には、何が科学的であるかという先入観があるので、錬金術が科学にとって関係がないということが自明なのだが、ニュートンとその同時代人にとっては錬金術の妥当性と適切性が自明のことだったのである。その結果、現代の論者は、ニュートンのような天才の代表格とも言うべき人が、なぜ適切性のない，非科学的研究にあれほどの時間を費やしたのかを説明するのに困難を感じ、当惑さえ覚えるのである。チョムスキーによれば、我々の中には、言語について似たような錬金術式先入観を抱いている者がいる。E言語に関心を集中させる（あるいはE言語に関心を集中させていると信じる）ことは、錬金術に関心を集中させているのに似ている。莫大な量のデータ、大量の似非一般化を生み出

した学問の長い伝統、そして行き詰まりが残されているのである。この類比を適切なものにするもう1種の理由がある。今日では錬金術などという研究分野はないという点にほとんどの人が賛意を抱いており、チョムスキーはE言語についても同じことが当てはまると論じている。彼が『言語の知識（*Knowledge of Language*）』（1986年）の中で、言語を使い手の外側にあるもの —— 具体的に言えば整式的な文の集合 —— として定義する言語の専門概念のいずれをもカバーする用語としてE言語という術語を披露したとき、彼はきわめて重要な但し書き —— 多くの人によって無視されているが —— としてE言語とは「言語理論の中で何の資格も持たないものである」[109]という見解を加えている。

　耳から入ってくるもの、つまり言語運用のデータがE言語の文（の発話）であると考える人がしばしばいる。だがこれは思い違いである。上で指摘したとおり、発話の中には文法的でないものがかなり含まれている。そうした発話はE言語の中には含まれない。そして文法性には段階があるから、実際の発話のうちどれがE言語に属するかを決定的に決めることは不可能である。どのみち、そのような画策は意味がないと思われる。なぜなら言語運用のデータについて何らかの主張をするような、E言語を対象とするまっとうな言語理論など提供されていないからだ。人は何らかの現象に気づけば、自分が持っている理論の構成概念に従ってその現象を類別する：名詞とか動詞を発話したものであるとか、曖昧性の例であるとか、韻文であるとか等々。これらは皆I言語を記述する術語であり、E言語の理論というものは存在しないので、そうした現象をE言語に該当するものとして類別する理由はない。この問題には、表層の下に隠れている一層驚くべき結論がある。科学における研究の目的は、理論を構築することであって、世界を、その完全な複雑性において理解することではない。[110]チョムスキーの考えは、世界とは理解するには複雑すぎる、というものだ。同じ考えをもう少し過激さを減らして言うと、科学において我々は理論の構築と評価を通じて世界を視るのであって、理論のどれを使っても、我々の周りで起こっていることの複雑性全体を捉えることはできない、ということになる。どちらにしても、我々のできる最大のことは、いくつかの下部領域に関する仮説的な理論を見つけ出し、それによって、ラッセル（Bertrand Russell）の言葉を借りれば、「世界の因果関係の形骸を発見する」[111]ことを願うだけにすぎない。

　次は、言語能力／言語運用という二分法の一方である言語運用について考えたい。

5　言語運用、統語解析、そして語用論

　言語能力と言語運用を分けて考えるという前提からすれば、両者がどのような相互作用をするかを明記することが必要である。より具体的に言うと、両者が我々の経験する言語的観察を説明する上で、どのようにいわば責任分担をしているかを知らねばならな

い。誤りと感ぜられる発話を聞いたときに、それをその人が我々と違う文法を持っていると考えるべきか、誤りはその人の不注意に発するものと見るべきかは、いつでも自明とは限らない。違う文法を持っているのであればそれは言語能力の問題であるし、不注意ならばそれは言語運用の問題である。また我々のI言語は、発話と聴解とのあいだで中立である。[112]つまり、我々が発話したいと思う文を構築するときに利用する知識と、相手の発話を聞いて理解するときに頼る知識とのあいだに、有意な違いがあると考える理由は全くないし、話せる言語は1つしかなくて、聞いて分かる言語はもう1つの別の言語である、などという人はいない。我々の知識は中立的だ。しかし我々がその知識を利用する仕方は中立ではない。発話を発するときに使う過程と、発話を知覚するときに活用する過程とのあいだには、少なくとも部分的な違いがある。[113]そういう次第で、他人の言ったことを理解する過程の一部は、聞こえた単語がどんな単語であるかを確認し、それらの単語間の構造的関係を算出するところにある。この作業を行うには、I言語だけでは足りず、統語解析器（parser）として知られるもう1つの手段が必要とされる。

5.1 統語解析的考察

統語解析（parsing）はI言語の規則を利用せねばならない。ただ、興味深い領域を成す事例については、規則によって生み出される表示とは異なる表示を統語解析は産出する必要がある。このような食い違いのもっともあきらかな例（したがって文法からはっきり区別されるものとしての統語解析の存在の証拠）は、「袋小路文（garden path sentences）」に見出される。袋小路文における食い違いは一過性である。[114]袋小路文というのは、局部的な両義性を持つ文で、一方の解釈の方が他方よりもっともな感じがしたり、起こる頻度が多いように思われるため、聞き手が誤った分析をしてしまう文である。その分析が誤っていることは、構文解析者が、残りの単語を自分が最初に立てた構造に調和させようがないことに気づいて行き詰まってしまう時点であきらかになる。古典的な例として、The cotton clothing is made of grows in Mississippi（衣服の材料となる木綿はミシシピ州で成長する）と Mary persuaded her friends were unreliable（メアリーは彼女に友達とは信頼できないものだと説き聞かせた）がある。[115][訳注42]どちらの場合も聞き手ないし読み手は、構文解析によって誘い込まれ、文中のある語結合（cotton clothing や her friends）を1つの言語的単位（構成素）と思ってしまうが、実は文法に従えばこれらは構成素ではない。そしてこの事実は、文の一部が誤った読み方をされた後になって初めてあきらかになるのである。[訳注43]（文が最後の最後まで曖昧なままであれば —— たとえば It's too hot to eat のように ——、その文は包括的に曖昧 —— つまり、曖昧であるというだけの話 —— なのであって、単に局部的に曖昧なのではなく、そうした文の複数の解釈の中から、統語解析器によってやっと1つにたどり着く、ということがあったにしても、それは袋小路文脱出の例ではない。）

文法と統語解析とを区別する必要があることを示すもう1つの証拠は、I言語の規則と原理には適合しているのに統語解析にとっては明瞭でない文から得られる。この不明瞭さが起こる原因としては、文の長さと複雑性 —— 学問上の散文が最悪の例だが —— があり、また特定なタイプの構造によって引き起こされる問題がある。特定なタイプの構造としては「中央埋め込み（center-embedding）」[訳注44]がもっともよく知られている。Dogs bite とか、Dogs I like don't bite のような文を解釈するには誰も困難を感じない。だが、語数は4つでも、Dogs dogs bite bite [訳注45]はかなり理解困難になるし、悪名高き Oysters oysters oysters split split split [訳注46]になるとお手上げとなる。[116]これらの文の意味には何も誤ったところはない。最初の文の意味はほぼ「他の犬に噛まれる犬は、それ自身、噛む傾向が出る」であろう。つまり、理屈だけ言えばこの文は、意味明白な Dogs I like don't bite と同じ文法構造を持っている。しかし同一の要素が特定の構成の中で繰り返されているため、我々の処理装置は防害されてしまうのである。この文は文法的だが統語解析不能である。このことはI言語と統語解析が別個のものであることを示している。

　統語解析が必要だと考えられるさらにもう1つの理由は、上の諸例とは逆の例に見出される。I言語に属するわけではない言葉のつながりなのに、成功裡に統語解析され、聞き手によって解釈を受けるものの例である。前に見たようなタイプの「非文法的」[117]文や、"barking up the right tree"[訳注47] のような新語法、聞き手のそれとは異なる言語や方言による発話、等々である。

　統語解析とI言語が別個の体系であるという主張にもかかわらず、一方の特性が進化の歴史の中で他方に影響を与え、両者のあいだに興味深い収斂[訳注48]が起こると想定することも頷ける。これがおそらく実際に起こっていると考えられる領域の1つが「先読み（look-ahead）」[訳注49]である。[118]局部的に曖昧な文は、次に何が来るかを先読みすることによって曖昧性を取り去ることが可能なはずだ。しかし話し手の方は自分が言おうとしていることを知っていると思われるが、そのような能力をどうすれば聞き手が手に入れることができるかは明確ではない。発話というものは進行しつつ発せられるものだから、統語解析は曖昧性が除去される手がかりになる単語が出てくるのを待つよりほかに方法がないのだ。聞き手は、Mary persuaded her friends までを聞いた段階では、Mary persuaded her friends to come（メアリーは彼女の友達に来るように説き聞かせた）のような文を処理していると考えるのだが、これは早まり過ぎの結論なのであって、次に were が出てきてこの仮説が誤っていることが分かると、聞き手は初めて自分が Mary persuaded her that friends were unreliable と同じ文と取り組んでいるのだということに気づくのである。そういう次第なので、聞き手が持つ限界を真似て、統語解析は先読みを禁じられるよう構成されることが多いのである。こうした限界は、ミニマリスト文法理論の最近の発展の中にも並行して見られる。ミニマリスト文法理論は同じように先読みの可能性を避けているのである。[119]このように見てくると、いろいろな研究者が、文法と統語解析との差異

を否定し、両方を1つにまとめることで間に合わせようと試みていることが、驚きではなくなってくる。[120]

　仮に文法から明白に異なるものとしての統語解析の必要性が確立されたにしても、統語解析のその他の性格はまだはっきりしていない。伝統的には、統語解析規則に基盤を置くものとされ、それが奉仕する言語の規則次第で、それぞれ異なった性格を持つものとされた。しかしこの20年ほどのあいだに個々の規則は一般的な原理によってほぼ全般的に取って代わられ、「統語解析は基本的にすべての言語に共通なもの」[121]ではないかと見られるようになってきた。統語解析については第3章で再び取り上げる。それまでに我々は統語解析が相互作用を持たなければならない対象としての文法について、さらに詳しく見ておくことにしよう。

5.2　語用論的考察

　文を統語解析し、I言語の規則に合うような形でその文に言語構造を調えてみたところで、それだけではまだ話は始まったばかりである。前に引用した It's too hot to eat という曖昧な文は、少なくとも3つの文法的構文解析を持っている（厳密に言えばそれは3つの別な文なのである）。この文が天候に関する見解、さかりがついているため餌も食べない犬の話、それとも犬には熱すぎて食べられない餌の話のいずれと解釈されるかは、関連性的考察次第である。つまり、コンテクストに一番適合した解釈が選択されるのだ。[122]この文が、うだるように暑い日の正餐の時間前後に言われたのであれば、最初の解釈が一番当たっていようし、犬がきゃんきゃん鳴いて湯気の立つ餌から遠ざかっているのであれば、最後の解釈がより適している。こうした諸解釈は文法に寄生しているのだが、文法によって決定されているわけではない。これらの解釈は、文法的解釈を前提とした推論的処理法がもたらすものなのである。こうして適切な解釈に到達しても、それだけではまだ話は終わらない。話し手の意図した意味が第3のものだと推定し、それが正しい場合でも、話し手が何を含意しようと意図してそれを発話したのかを判定する必要が残っているのだ。話し手は餌を冷ましてやるべきだと示唆しているのか、それとも犬をなだめることを勧めているのか、それとも犬に謝れとでも言っているのか？　こうした言外の意味 ── これらは「暗意（implicature）」[123][訳注50]と呼ばれているのだが ── も、これまた何がもっとも関連性が高いかという考察に依存している。前の例と同じように、こうした暗意は言語の知識を前提にしてはいるが、言語知識を乗り越えて中央システムの推論的能力を利用しているのである。チョムスキーは、こうした言語運用的考察についても、またもっと一般的に言えば「語用論的能力（pragmatic competence）」[124]についてもほとんど何も言っていないが、彼が確かに論じている曖昧な文の諸解釈間の対照を維持するためには、両者を明確に区分する必要がある。

5.3 言語能力と言語運用 対 I 言語と E 言語

2種の二分法をはっきり分けておくことが重要である。つまり I 言語と E 言語間の二分法と、言語能力と言語運用間の二分法である。E 言語と言語運用との対照を見れば、2つの二分法の違いが一番よくわかる。E 言語という術語は、一方では集合論や命題計算のような人工的体系を指すのに使われ、他方では文の集合として見られた場合の自然言語を指すのに用いられてきた。前者の場合は言語運用という概念はおよそ無関係である。集合論をしゃべったり、それを聴取する人間はいない。その一方、言語運用という語は自然言語の知識を使用すること、と定義される。この定義は望ましくないと反対してみたところで、E 言語と言語運用を同一視することが正しいことではないのはあきらかである。なぜなら E 言語は無限である可能性があるが、個人の言語運用は無限ではありえないからだ。この誤解の底に一縷の真実があるとすれば、それは E 言語が、1930年代のレナード・ブルームフィールド（Leonard Bloomfield, 1887-1949）の構造主義的立場、すなわち「言語とは1つの言語共同体で作り出しうる発話の総体である」とする立場を表すのに使われていたという事実だろう。発話は言語運用の生み出すものである。だから E 言語と言語運用とのあいだには密接な関係があるように見えるかもしれない。しかし、言語運用のデータが I 言語の本質に関するいくらかの証拠を提供するのに対して、これらのデータが本来の資格からして理論的に興味深い存在 ── すなわち E 言語 ── を成しているという主張を付加する必要は一切ない。

一例として、言語能力を研究する上で言語運用上の誤りが果たす役割の重要性を考えよう。自発的発話は「高度に断片化されており、連続性の低い活動」であるが、この連続性の低さが我々の言語知識の性格を証拠立ててくれることがある。発話の中の途切れ（ポーズ）はランダムに起きるわけではなくて、文法上の境界で起こるだけでなく、もっと興味深いことに、話し手が何を言うつもりかを決める知的努力の表れとして起こる。こういうデータに E 言語としての資格を与えるということは、不必要で余分な手段であり、何の利益にもならないと思えるし、特に「非文法的」な発話の場合は、非常に奇妙な構造、すなわち文法的語連続と非文法的語連続の双方から成る構造、を引き起こす手段となる。

言語能力と I 言語とのあいだの差異に関しても同じ混同がある。チョムスキーは、あるときは "grammatical competence"（文法的言語能力：形式と意味に関する知識）を "pragmatic competence"（語用論的能力：適切な使用の条件と方法に関する知識）から区別して使っていたが、あるときはまた、修飾詞を何も付けない "competence" を使って、単に「話し手・聞き手の母語に関する知識」を指すときもあれば、彼の言う「知識と理解」を指すときもあった。この混同は、次のこと、すなわち、「I 言語」とは言語理論

上の術語であって、心・頭脳を指すものであり、それに対して「言語能力」とは、非公式ないし準公式な用語であって、「言語の知識」という概念に関する関連のない議論を避けるために導入されたものである、[128]ということに気づけば消散する。これまで存在を続けてきた混同の多くは、一部では知識を構成しているものは何かに関する哲学的先入観に起因し[129]、他の一部では1980年代半ばにI言語という用語が導入されて用語法の精巧化が起こる前は、「言語能力」がI言語に相当する術語として使われていたという事情に起因する。現在の「言語能力」には非公式の解釈のみが残っているのである。

このセクションの題目で匂わせてしまったかもしれない2つの二分法とは違って、我々の言語機能はI言語（非公式には我々の言語能力と呼ばれているが）と、統語解析を含む言語運用の一連の体系から成っている。前世紀後半の探求の焦点だったI言語の研究は、その精巧さにおいて、次第次第に経験科学に近づきつつある。言語運用体系の論考は進歩が遅れているが、急速に追いつきつつある。[130]第4章でI言語とE言語の区別を再び論ずるが、その前に、我々がどうして今の我々になったかを簡単に考えてみる必要がある。

6　進化と生得性

人類の複雑性は、他のすべての有機体と同じく、進化に由来するものである。進化の結果、我々の身体的特性の部分集合がどのように発生するかの運命が決まったわけである[131]。我々は翼ではなく腕を生やすように、また複眼でなく単眼を備えるように前もって決まっている。[訳注52]チョムスキーによるもっと印象的な所見は、我々の知的体系の遺伝的発生決定[132]が、原則において、我々の複雑な身体的特性の遺伝的発生決定とは異なるとする理由は一切ない、というものだろう。人間の本質の多く —— その中には言語機能も道徳感覚も含まれる —— は生得的であるという推定である。チョムスキーのここ半世紀にわたる急進的提言の中でも、これこそが最大の論争を巻き起こしたものと言える。[133]

我々の眼の色が生得的、つまり遺伝的構成法によって決定されたものであることを疑う人はどこにもいない。同じように、我々が物を読む能力は生得的ではないことを疑う人も存在しない。読書力は「言語機能、もっと一般的な手や眼の技巧、さらには他の機能の相互作用による学習結果」である。[134]遺伝的決定（後成的決定も含めて）[訳注53]が、学習と相携えて、我々のさまざまな属性や能力を余すところなく支配しているという前提に立てば、これらの件について素因をどう選択するかは明瞭である。

もっと複雑な領域になると、選択は上のように簡単明瞭ではなくなる。中でも最大の難題は言語機能という領域である。カエルやクモが決して人間言語を獲得しないという事実からして、我々が、おおよそのレベルで、カエルその他の別の有機体が持ってい

ない言語獲得の素質を持っていることは明白である。それに対して、個別言語が互いに、ときには驚くほどに、相異なるという露骨な事実は、我々の言語知識のいくつかの側面が幼児期の環境から来ているに違いないということを示している。アムハラ語でなくて英語を獲得するように遺伝的に決定されている人はいないし、ブタのことはフランス語でcochonと言う（もちろん英語ではpigと言う）ということを知って生まれてくる子どももいない。個々人のⅠ言語が子ども時代にどのように発達するのかは、いろいろな要因の中でも、その個人が生まれ育つ言語共同体の言語によって違ってくる。英語のように主語が動詞に先行し、目的語が動詞の後に来る（例：Frogs eat flies）タイプの言語か、それとも（アマゾン川流域で使われているヒシュカリアナ（Hixkaryana）語のように）その逆の語順、つまり同じ意味を表すのにFlies eat frogsに相当する語順の文を使う言語かによって、Ⅰ言語はその限り差異を持つのである。

　我々の言語知識のうち、一部は生得的であり、一部は学習によって得られる、と言えないわけではない。しかしこれはいささか誤解を呼ぶ言い方である。なぜかと言えば、「生得的な（innate）」も「学習された（learned）」も専門的科学用語ではなく、研究の理論前の段階に属する語だからである。我々が欲しているのは非公式の性格づけではなく、遺伝的因子、環境的因子、そしてその他の因子がどのような相互作用を起こし、結果として人間という有機体が成人として持つ各機能の状態を生み出すかという因果関係の説明なのである。人類に関するそのような理論の中には、その理論が運動組織、性的成熟、視覚、言語等のいずれに関するものであれ、必ず、遺伝的構成要素と環境的構成要素とのあいだの釣り合いがある。だが「構造」とか「行動」といったものは、「学習された」ものでも「生得的な」ものでもない。なぜなら「構造」とか「行動パターン」という考えは、それ自身非公式で理論前的概念だからである。これらの理論前的概念は、発展を進めつつある理論では専門用語（c統御とか反応時間など）によって置き換えられる。これらの専門用語は、その非公式な対応用語とはごく希薄な関係しか持っていない。この但し書き付きで言うのだが、チョムスキーの功績の1つは、我々の言語知識の中で生得的に決定される部分の割合がそれ以前に考えられていたよりもはるかに大きいということを主張しただけでなく、その主張に正当性を与えたことである。この主張は、通常、言語を獲得する有機体の「初期状態」の性格という観点から表現される。人間の新生児には（クモやカエルやサルや、さらにはコンピュータとは違って）言語を獲得する能力があり、クモその他にはその能力がなく、人間はやがてその言語の健常な成人の使用者を特徴づける「安定状態」に到達するわけだが、人間のこの能力にどのような特性を帰すべきだろうか？　初期状態と安定状態に明示的な性格づけを行うのはあきらかに可能である。しかしだからといって、安定状態のある側面を指して「この部分は生得的だ」とか「この部分は学習されたのだ」などと有意義な形で言うことが可能だということにはならない。なぜならどの特性も、ゲノムに指定されたものと環境中にあるものとの相互作

用の結果であるのだから。

　我々の知る限り、個別言語のあいだには遺伝的に決定された差異はない。ただ、この相互作用の例であるかもしれない興味深い事実が、基底的な DNA 配列の差によってではなく、後成的効果 ── つまり遺伝子がどのように表現されるかによって決まる効果 ── によって与えられる。この場合も、言語機能内部には説得力のある例は存在しない。しかし、「完全音感」つまり「絶対音感」が発揮される範囲は、中国語のような音調言語の使い手の方が、英語のような非音調言語の使い手よりも高いという事実は印象的である。[136]

6.1　言語獲得

　個々人の第一言語獲得の際に起こる遺伝的要素と環境的要素の相互作用を理解するためには、成人となった使い手が使いこなすことのできるものとは正確に何であるかを知る必要がある。一方に視覚、他方に折り紙を置いて比較すると話が分かりやすくなるだろう。人間の幼児（および他の動物の幼獣）はあるタイプの視覚能力を持って生まれてくる。直観的に言うと、ものを立体的に見る能力が発達するのは、学習の成果ではなくて、遺伝的に決定されたプログラムが成熟に伴って開化するのである。これに対して、誰かが紙を折りたたんでクジャクの形にする能力を発達させたとすれば、我々としてはこれを学習過程の結果であると記述することに何のためらいも感じず、これが遺伝的に決定されたプログラムの成熟の結果であると言われたら、当然、びっくりする。我々は、この2つのプロセスが、どちらも個人が何かをできない状態からできる状態に移るプロセスではあるものの、全く相異なるものであることを直観的に知っている。ただし注意が必要である。我々は学習によって物が立体的に見えるようになる、という言い方が適切でないのは確かだが、環境からの何らかの入力が必要なのだ。暗闇で育てられたサルは機能的な視覚体系を発達させられない。逆に、折り紙を学習するには多量の環境的影響が必要とされるのは事実だが、折り紙を折る手先の器用さは、かなりの程度、生得的能力成熟の結果である。折り紙は学習の産物、視覚の発展は生得、というのは正しくない。どちらも生得性要素・環境性要素の産物であって、ただ生得性と環境性の割合が違うのである。言語でも同じことであって、言語獲得においては、遺伝的因子と環境的因子の割合の異なった共生が予想できるのだ。

6.2　刺激の貧困

　3D で物を見る能力を得ることと折り紙学習は、遺伝的因子と環境的因子双方の、割合の違う組み合わせから生じるという見方の正しさを裏付ける証拠はたくさんある。第[137]

1 に、明白に病的な場合を除けば、誰もが 3D で物を見るようになるが、折り紙でクジャクを折れるようになる人の数は少ない。立体的な視覚の発達は、普遍的であることから、折り紙能力の特定的な発達からは明確に区別される。環境的条件が、視覚の健全な発達を排除する場合があるにしても、視覚体系の構造が遺伝的決定に起因する程度は、折り紙能力の場合よりずっと高いことについては、意見の不一致は存在しない。第 2 に、この 2 つの能力が出現する年齢が驚くほど異なる。視覚の発達には、言語の成長と全く同じく、「臨界期」が存在するのに対し、折り紙のような学習される技能は、それに必須な手の器用さが発達しさえすれば、どんな年齢でも獲得可能である。生後数か月の幼児は折り紙を学習することができず、それと反対に、生まれつき盲である人は、もっと成長してからある程度の光の感覚を発達させえたとしても、物を正確に見ること、いわんや 3D で見ることなど決してできない。さらに、人々が最終的にたどり着く言語知識はその言語共同体の中で驚くほど同一に近いのに対し、それに比して折り紙技術の個人差はかなり大きい。我々は、皆が皆、その言語知能を同等の流暢さで使えるわけではないのだが、雄弁家でも舌足らずの人でも、文の整式性についての判断では一致するのが通常である。この点は、手先が器用な人でも不器用な人でも、紙でできたクジャクのうち、上手に折られたのはどれかについての意見が一致するのに似ている。第 3 に、個々人が言語知識を獲得するのに用いる環境上の情報は、その知識の深さ、多様性、複雑性の説明としては、あきらかに妥当性が不足している。

チョムスキーは、第一言語獲得が「刺激の貧困（poverty of stimulus）」の例であるという主張で有名である。つまり、我々は、成熟したときには、我々が経験する発話に存在するものを超えた知識を獲得している、ということだ。「手に入れうるデータと、到達する状態のあいだには、巨大なギャップがあり、これはすべての成長と発展に共通した特性である」のだ。バートランド・ラッセルは、この一般的疑問を、チョムスキーが好んで引用する修辞的語法で次のように表現している：「どうして人類は、世界との接触が短く、個人的で、有限であるにもかかわらず、このように多くを知ることができるのか？」

言語という領域では、このことは、それまでに出会ったことのない文に関する、その言語の使い手の直観が一致するという事実によって例証される。我々著者は、John speaks fluently English に関する論議のところでこの一致を利用したが、それは読者諸氏が我々と同じ判断をするという前提 —— この前提は正しかったと思うが —— のもとに行ったのである。このような例にはいくつかの問題が伴う。第 1 に、これは、John speaks fluently English が理解不可能だとか、不明瞭だとか、単に文体的に不適切なだけだという主張ではないことを強調しておく必要がある。この文は要するに非文法的なのだ。英語を母語とする者であれば、この文の奇妙さには、疑いも躊躇もなしに直ちに気づくし、最良の言語理論によれば、この場合の直観はこの文の非文法性によって（前に

討議した中央埋め込みによって生じた文のように統語解析不可能性によってではなく、意味的な奇妙さ、あるいはその他の因子によるのでもなく）引き起こされたものなのである。第2に、この文は特に長くも複雑でもないし —— 4つのありふれた単語だけから成る ——、哲学的な重要性があるわけでもなく、ユニコーンがこの世に存在するとか、イルカは倫理的に他より優れているとかいった、論争を呼びそうな主張をしているわけでもない。第3に、この文が「悪い」という反応で一致した人の誰しもが、この文が悪いということを明示的に教えられていた、という事情もあるとは思えない。このような知識は、「英語を知っている」という状態の一部なのだ。この時点でよく出てくる反応の1つは、この文それ自体は以前に教えられていないにせよ、「名詞・動詞・副詞・名詞」という語順は論理的推論からして非英語的だし、実際に起こらないではないか、というものである。この反応は言語獲得の上で興味深い論点を引き起こすもので、その論点は第3章で取り上げるが、ここでも直ちに反論しておこう。直観を上の文よりもっと複雑度の高い例にまで押し広げて考えればよいのである。たとえば前に取り上げた寄生空所の関係する This is the man John hired without speaking to が良い例である。

　このような例は学校では決して教えないし、通常の書き物や会話に出てくることも、ゼロに近いほど稀であろう。これが正しいとすれば（そしてこれはもちろん事実を反映した主張である）、我々が上に述べたような直観的判断をするのはなぜか、という問題に直面することになる。チョムスキーの答えは、我々がこの知識を持つのは、こうした文を構成している英語の辞書項目（≒単語）を獲得したことと、普遍文法（UG）—— すなわち、我々が人間であるがゆえに生まれつき与えられている言語的原則の集合 —— が提供する枠組みの中にそれらの辞書項目を埋め込んだことの両方からの共同作用の結果である[143]、というものだ。この議論が少しでも説得力を持つとすれば、ここに引いた例に類似した例が頻繁に起こっていなければならない。どんな教本でもよいから覗いてみれば、半世紀にわたる生成統語論の研究がこの種の例を数えきれないほど発見したことが判明するし、同時に、寄生空所を持つ文などを、我々が教えられたものであるかのように扱う、もう1つのもっともらしい説明法を生成統語論が排除したのだということが了解できるのである。[144]これが正しいとすれば、我々が最終的に到達する知識の大部分は初期状態、つまり UG に帰すべきであって、我々が直接触れ合う言語的入力に帰すべきではない、ということが明確に示されているのである。要するにこの知識は生得的なのである。

6.3　語の意味

　生得性の証拠、つまり子どもが第一言語を獲得する際の初期状態が備えている特徴の証拠は、これまで挙げた証拠よりいくぶん思いがけないものかもしれないが、語彙の発

達からも同様に得られる。語の意味もほとんどの場合、生得的なのだ。例によってこの主張にはまともな解釈と非常識な解釈とがある。我々は量子力学の語彙の意味や暗意の知識を持って生まれてくるわけではない。しかしきわめて短い期間のうちに膨大な数の単語に関して我々が勝ち取る知識の中で、我々が接する刺激によって決定される要素というのはほとんどないと言って過言ではないのである。この見方は刺激の貧困の古典的例である。5年を少し上回る期間に、子どもは目覚めているあいだの1時間ごとに約1つの単語を獲得する。そして獲得された知識はごく入り組んだものであり、予想もつかないほど詳細を極めているのだ。

　near という語と house という語を例にとろう。これらの語を使うために専門科学的素養は前提として不要である。これらの語は英語の使い手なら基本的に誰でも知っている語だが、これらの語に関する我らの知識は驚くべく複雑である。私が自分の家を茶色に塗ったと言えば、（それ以上の情報がない限り）家の外側の表面を茶色に塗ったと解されるわけで、家の内側の表面を茶色に塗ったとは解されない。これは箱でも、イグルー（イヌイットの冬の家）でも、山でも、さらにはありえない物体である球形の立方体にでも当てはまる所見である。つまり、球形の立方体を茶色に塗ったと言えば、やはり、その新しく色を塗られたのはその外側ということになる。どうやら人間言語は、家のような存在を外側の表面として扱う特性を持っているらしい。だがこれは我々の知識の表面をひっかいただけにすぎない。我々としては、家の「内側を」茶色に塗った、と矛盾なしに言える。つまりこのときは家を内側の表面として扱っているのだ。だが他の語法を見ると、家がいつでも表面として概念化されているわけではないことがあきらかとなる。もし家が表面（外側・内側を問わず）にしかすぎないのであれば、家の中にいようと外にいようと、家の「近くに（near）」いることができるはずだ。だがそれは真実とは明白に異なる。ジョンが家の中にいてメアリーが外にいるとしよう。さらに2人はお互いを隔てている壁から同じ距離にいるとする。この場合ジョンが家の近くにいるとは言えないが、メアリーは家の近くにいると言えるかもしれない。「かもしれない」というのは、発話時点でのコンテクストによって、「近さ」の定義が違ってくるからである。

　コンテクストということを言い出すと、この種の例に込められる知識は言語的ではなく百科全書的であると示唆しているように思えるかもしれない。つまり、「家を茶色に塗る」と言った場合、言語機能から得ることを必要とするのは、何らかの茶色のペンキが、ある家との関連で存在するということだけで、詳細は世界に関する我々の知識を基盤にして充塡されるのだ、ということになるだろう。しかし、世界に関する知識も解釈の因子かもしれないが、ありえない状況（球形の立方体に色を付ける場合のような）に対する人々との反応の一様性と、子どもたちはおそらく建物の外側よりも内側を塗るという状況により頻繁に接触しているという事実を考えると、言語的貢献こそが卓絶していることがあきらかとなる。これらの事実のこうした記述が少しでも正しいとすれば、そ

うした知識がなぜあのようなスピードと統一性を以て生まれるのかという疑問が誘発される。答えは、再び、人間という有機体は先天的に、つまり生得的に、そのような発達の方向と本質の大部分を決定する構造を持っているから、ということになる。

6.4 普遍性

刺激の貧困を基盤とする議論が正しければ、そこからさらに興味深い予見が生まれる。すなわち、我々の直観は、部分的に普遍的原則から来ている、という主張である[150]。そうであるとすれば、それらの原則の効果は、教育程度の高い英語話者だけでなく、すべての個別言語のすべての使い手に現れていなければならない。生成文法的枠組みが挙げた一層素晴らしい業績は、とりも直さず、この予見を確証したところにある。我々は今や世界中から集まった証拠によって、すべての言語において、それがどこで使われていようと、完全に同一の制約が作用しているのだということを知っている。*What kind of books do you laugh while reading?[訳注57] のような（意味は完全に分かるが非整式的な）文の奇妙さは、この文が中国語やハンガリー語に訳されてもやはり奇妙さとして反映される、と聞くと、最初はまず驚きを感ずるだろう。しかし中国の子どももハンガリーの子どもも、獲得の出だしは同じなのだ、ということを考え、また中国やハンガリーの子どもがこの種の文に関する明示的な教訓を与えられる可能性がきわめて低いことを考えれば、驚きは減るに違いない。逆に驚きがもっと増えるのは、この立場が持つさらなる意味合いだろう。これはチョムスキーの言に示されている：「日本語から得られる証拠は、英語獲得の初期状態に関する想定に直接の関わりを持つ。」[151] もしも人類の子どもすべてが言語獲得の最初は同じ状況にあるのだとすれば、また、言語獲得と、成人の持っている言語知識の分析が、子どもだったときの初期状態解明に光を投げかけるのだとしたら、どの個別言語の分析も、その他のすべての個別言語にとっても関連性を持つことになる[訳注58]。

上で述べたとおり、言語知識は（一部を除けば）生得的であるという我々の主張の証拠は、本来、論議を呼ぶものではないはずだ。この主張に対する反対は、チョムスキーが最初にそれを唱えた頃に比べると少なくなっているが、この主張がすべての人に受け入れられている状態にはまだ至っておらず、さまざまな種類の反論が出されている[152]。そうした反論については、第4章でそれらがどの程度妥当性を持っているかの検討を行うが、その前に、「普遍」という概念をもう少し詳しく見ておく必要がある。

「普遍」という用語は多くの異なる解釈を許し、そのうちのいくつかは言語学の内部で使われてきた[153]。一番皮相的レベルにおいてではあるが、ある程度の興味を感じさせることとして、すべての人間言語が同じ範囲の要素 —— 母音、子音、名詞、動詞、句等々 —— を使うという事実がある。言語ごとにいくつか違いがある。どの言語にも子音があるが、全部の言語が摩擦音（英語のfやvなどがその例）を持つわけではない：全

第1章 心の鏡 | 55

言語が名詞と動詞を持つが、冠詞、形容詞[訳注59]、分類辞、補文標識[訳注60]等を持つ言語は全部ではない[154]。となると言語理論は、これらの要素全部を出現可能な要素の普遍的目録という形で記述する方法を準備しなければならない。この目録を普遍的と呼ぶのは、それが言語の全分野を考慮の対象に置くだけの豊かさを持つという意味であって、個別言語のすべてがすべての可能性を利用するという意味ではない[155]。

この主張は上記リストが有限でかつ短い限りにおいて興味深い：調べてみるまでもなく、どんな言語にせよ四角い動詞とか赤い名詞とか、あるいは重いものを指すための新しい品詞などというものを使うはずがないことが、我々には分かっているのだ。こういった例はばかげているが、基底にある原則はもっと興味深い。子どもが自分が習得すべく直面している言語について見出す必要のあることすべてが、すでに生得的に指定されているのだ。子どもがしなくてはならないことは、リストにある項目から正しいものを選び出すことだけなのである。

このことを示す簡単な例は、him や himself という項目とその先行詞 —— これらの代名詞が受ける項目 —— とのあいだにある前方照応性の存在である[156]。John likes him と John likes himself という2つの文で、him は John を受けることができないが、himself は受けなければならない[訳注61]。どんな言語にも代名詞による照応関係の表現があり、たいていの言語はここに示したような区別を持つが、いくつかの言語 —— たとえば古英語、フィジー語、グーグ・イミディル語[訳注62]（Guugu Yimithirr）は形態論に明瞭に現れる区別を持っていない[157]。この二分法に加え、言語間の違いは少なくとも3つある。英語では John told Bill about himself のような文は解釈が2つある。項目 himself は John を受けるとも Bill を受けるとも解される。そのドイツ語版 Hans hat dem Bill etwas über sich gesagt[訳注63] は、sich（himself に相当）が Hans を受けるという解釈しか持たない。ドイツ語では、再帰代名詞が受けられるのは主語だけである。Hans は主語だが Bill は違う。だからこの文では解釈が1つだけになるのである。これに対して英語では再帰代名詞は主語も目的語も受けられる。もう1つの相違点は John said that Bill should stop injuring himself のような文から得られる。この場合、himself は Bill を受けることはできるが John を受けることはできない。だからこの文は両義的ではない。日本語版では「ジョンはビルは自分を傷つけるのをやめるべきだと言った」であり、両義的である。つまり「自分」（-self に相当）はジョンをもビルをも受けることができるのだ。英語では再帰代名詞の先行詞は「局所的」だが、日本語の場合もっと距離が離れた項目を受けることができる[158][訳注64]。最後の例を挙げると、英語では myself, yourself, himself, herself, themselves のあいだに、人称、性、数に関する区別がある。ヒンディーではすべての再帰代名詞が形の等しい apne（「自分自身」）となっている。以上の3点が前方照応の依存関係についての各言語間の相違のすべてであると言って差し支えあるまい。普遍的なのは、「前方照応」という概念があるということ、何らかの先行詞を受けるという解釈に依存しなければならない項目

があるということ、そして、照応形とその先行詞とは、特定の構造関係になくてはならないこと、である。違いが出る可能性があるものとしては、先行詞が主語でなければならないか、どういう配置関係（局所的か非局所的か）になければいけないか、その言語の文法の他の部分に特徴的な性や数の区別のようなもっと細かい下位区分があるかどうか、といった点がある。となると、こうしたこと全体が普遍的であり、推定上生得的であるという見方に道理があることになる。つまり、UG に具現化されている理論は、個別言語が使用しうるすべての可能性をもれなく指定しており、子どもがしなければならないことは、自分が直面している可能性はどれであるかを選択することに限られる、ということになる。ここには、遺伝的因子と環境的因子のあいだの紛うことなき相互作用があるのだ。

　これらの例を検討する中で、我々はさまざまな言語で何が可能であるかに加え、何が不可能であるかという重要な問題点に触れてきた。恣意的に与えられた例に接して、それが自分の母語の文であるか否かについて、我々は即刻の判断を下すことができる。整式性についての我々の判断を反映した文法を書くことは、それだけで十分難しい。何らかの語連続を非整式的であると性格づける能力を写し出すのは一層困難である。チョムスキーの貢献の１つは、こうした否定的判断に光を当て、それを一般理論的根拠から説明する道に踏み出したことである。繰り返す価値のある点が２つある。第１は、こうした直観を説明するということは、言語を発話 ── 現実の発話であれ、可能な発話であれ ── の集合として扱う言語観とは全く相容れないものであるということだ。第２に、ある理論的説明を提案することから必然的に生ずることは、その説明が、こうした事実は人間言語の普遍的特性を反映したものであり、それゆえ考察対象のどの言語にもそれらに匹敵する事実が確認される、という趣旨を主張しているということである。

7　自然言語と思考の言語

　　　　言語は思考の道具である。　　　　　　　　　　　　　　（Chomsky, 1992a: 49）

　我々は皆、少なくとも１つの言語を知っている。そしてその知識の一部は生得的であり、その他は学習されたものであることはあきらかだ。だが、この複雑な体系に目的があるとすれば、それは何だろう？　すぐ思いつく答えとしては２つある。コミュニケーションと思考である。言語はコミュニケーションのためにあるという非常に広く行き渡った見方については後に扱う（第４章参照）として、ここでは言語と思考の関係について予備的な考察を行おう。思考というものは、言語に似たメディアを通じて行われるのか、言語の代替物としての心像を介して行われるのか、それともその２つの結合に

よって行われるのか？　もし言語に似たメディアによって行われるのであれば、そのメディアが自然言語と同じなのか異なっているのかを確定する必要がある。つまり、我々は我々が使っている個別言語 —— 英語、フランス語、ベトナム語、その他何でもいい —— で考えるのか、それともそれとは別個の何か、つまり、ポウプの「何度も思考されたが遂に適切な表現が与えられなかったもの」に関するアフォリズムを理解させてくれる「思考の言語（language of thought）」で考えるのか？もし我々が自然言語とは異なる何かを用いて思考するのであれば、自然言語と思考の言語との関係はどういうものなのか？

　これは奥が深く、頭を悩ませる問題である。そしてまたチョムスキーがこの領域について何か確実なものを発見する可能性に懐疑を抱いているのも事実である。とはいえ、ある程度の部分は明白であると思え、しかもその部分は、チョムスキーの一般的な立場と密接に結びついている。

　フォウダーは、英語（自然言語の一例として取り上げた場合の）は思考の言語ではないと主張している。その理由は、まだ言葉のできない幼児や、また動物でさえも、思考であるともっとも正確に性格づけられる活動を自由に行う能力をあきらかに示しているから、というのである。実のところ、この結論は強引すぎる。フォウダーの論は、単に英語は唯一の思考のメディアではなく、第一言語を習得するのは生得的に指定された思考の言語を自分の母語で置き換える、あるいは補足する過程である、と言っているかのように解釈されうるからだ。そしてこの生得的な思考の言語の特性は、動物が生まれ持ってくる体系 —— それが何であれ —— の特性と一部を共にしているのだ、と。

　実際には、思考のメディアは自然言語であるという提議はこれまでいくつか出されている。チョムスキーはこれまでに何度か、意識に上る思考の多くは、事実上、自然言語の文の形をしている —— つまり意味も、構造も、そして、印象的なことだが音声も持っている —— と示唆している。つまり我々の思考は、たとえば、韻を踏む —— 音として口から出るわけではないが —— というのだ。しかしながら、自然言語は思考に関係のない、どころか思考を阻害するような性格を持っている。たとえば、自然言語はすべて、省略とか両義性など、思考の言語には対応物のないものを持っており、このことが、省略・両義性を持った命題を記憶から取り出す上の問題となるため、有用性の妨げとなる。私が「チョムスキーは毎朝自分の研究室に行き、ハーマンもそうしている」と言えば、聞き手はどちらの解釈が意図されているか —— ハーマンはハーマン自身の研究室に行くのか、それともチョムスキーの研究室に行くのか？ —— を判定しなければならない。そしてこれを記憶の中に（たとえば）「ハーマンは毎朝ハーマン自身の研究室に行く」という考えとして記録せねばならない。つまり、この命題は「…もそうしている」を含んだ文によって効果的かつ能率的に伝えられているのだが、発話された単語だけでは不完全にしか指定されていないので推理が必要である。この種の省略の例の

場合は推理のプロセスは努力不要に見えるので、思考体系の形式的特性の本質が持つ言外の意味は通常は気づかれない。だが語連続の多くは1つを超える思考を表現しており、おそらく（典型的な場合）どういう思考を思考者が抱いているかについては、対応するいくつかの事実があると言えよう。したがって、思考の内容は、あきらかに、表層の語連続と同一ではありえない。

となると、我々が思考するのは、省略や曖昧性が解決されたレベルでの文ということになるのかもしれない。つまり、表層的な語連続のレベルではなく文構造のレベルで、ということだ。しかし、ものごとを略さずに書くのでなく、暗黙裡に表現するやり方は自然言語の構造にあまねく広がった特徴である。He's ready という文を例にとろう。この文は、構造のレベルでも、he の指示対象は誰か、その誰かが何について準備ができているのかを明白に指定していない。おそらく話し手は誰のことを心に描いているのか、その人物が何について準備ができているのかが分かっているはずだ。話し手は、これらのことを聞き手がコンテクストから割り出すと信じているので、このことをわざわざ説明して明白にしない方が効率的で実際的だと思っているに違いない。だが、このタイプの意味の可変性というか「特定化不十分性」を思考の言語の文に帰する理由は我々にはない。

同じように、思考の言語は自然言語には起こらない仕組みを展開する。友達のイメージ、感覚の喚起、色彩の抽象的カラーコードが我々の思考の中で重要な役を演ずることは確かである。「バラは赤い」という思考が、それ自身赤いわけではない。それはちょうど「バラは赤い」という文が赤インクで書かれねばならないとか、その文はピンク色のジンを飲んでから言わなければならないなどということがないのと同じである。そうではなしに、心に、あるシーンを呼び込んだと想像しよう。そのシーンにはバラが描かれていて、その色（赤）が、言葉で表されることなく何色であるか明確であるとする。このような写像主義的喚起は、辞書項目と同種の役割を演ずるものと言えよう。つまり、そうした喚起は自然言語の文の構造と同じ構造を持った思考の中に埋め込まれているが、使用される語彙 —— 名詞対イメージ —— が部分的に相違するのである。

相違しているのは語彙だけではなく、文法構造も相違している。整式的でない文は整式的でない思考に一致する必要はない。それは次の章で扱う「島（island）」[訳注66]の効果から見てあきらかである。チョムスキーの例を1つここで示そう。They asked if the mechanics fixed the cars（彼らは修理工が車を修理したかと尋ねた）という文に対応しうる疑問文についての議論の中で、チョムスキーは「how many cars（何台の車を）や how many mechanics（何人の修理工が）を使った疑問文を作ることができる」と言っている。作ると、次の（1a）と（1b）という2つの文ができる。

（1） a. How many cars did they ask if the mechanics fixed?

b. How many mechanics did they ask if fixed the cars?

チョムスキーはこれに続けて「あきらかにこの2文はその資格においてはっきり異なっている：[(1b)]は思考としては整っているが、これを表現するには何らかの回りくどい言い方が必要である」と言っている。つまり（1b）の文は間違いなく非文法的だからである。[165]この性格づけが正しいとすれば、思考の中には自然言語中に直接の対応物を持たないものがある、ということだ。

さらに病理的事例からも、思考は、それに相当する複雑度を持った自然言語体系が存在しなくても、盛んに機能することが可能であるという証拠が得られる。スーザン・カーティス（Susan Curtiss）[訳注67]は、第3章でより詳しく論じられる「隔離児」ジーニー（Genie）の認知的輪郭を要約して「Iシステム[訳注68]やCシステム[訳注69]の機能的要素のすべてを含む機能的構造や、「移動（move）」[訳注70]や「一致（agree）」[訳注71]の統語的操作を欠く、ひどい制限を持った文法しか持たないにもかかわらず…文法の領域の外にある複雑で階層的な構造を理解する素晴らしい能力を持っている」と言明している。[166]もう1つの例は、思考が、言語の欠如にもかかわらず活動する場合と違い、言語への接近が欠如しているにもかかわらず活動することを示すもので、これは交連切開[訳注72]を受けた患者の症例からもたらされる。[167]第3章に記述されているように、重度のてんかんを持つ人は、脳の両半球をつないでいる脳梁の切断手術を受けることがある。その結果として、この人たちは視覚による知覚能力も言語能力も両方とも使えるのだが、両方を同時に使うことができなくなるのである。[訳注73]あきらかに、すべての思考が自然言語による支持応援を義務付けてはいないことが分かる。その支持を行う能力が健常であっても、だ。

こうした差異を除けば、文の構造は思考の構造にきわめてよく似ていると主張してよさそうだ。思考に構造があると当然のように前提しての話ではあるが。[168]英語の文 Roses are red は、[訳注74]Delphiniums are blue, Roses were red, Roses are pink という文と構造上さまざまな形で関係している。同じように、「バラは赤い」という思考は、「（ある種の）花には色がある」「バラには自然科学的に定義可能な性質がある」等々の他の思考と関係を持っている。「バラは赤い」という事実から「花には色がある」という結論を出すことが妥当であるとする根拠は、論理学と言語とのあいだの関係に由来している。ただし、この場合「論理学」は伝統的な使い方に従って用いられており、ブール（George Boole, 1815-1861）の名句を使えば、「思考の法則」[169]の記述を指す。形式論理学の言語構造は、自然言語の豊饒な特徴に比べると、劇的に簡単化されたものである。だがこの簡単化自身は、自然言語を使ってのみ可能なのである。

思考をするということは、言語か、または言語にきわめて深い関係のある体系を用いて行われる。この意味で、言語は心の鏡である。しかも、我々が論じてきた心の区分化は圧倒的に言語的である。頭脳構造のいろいろな側面 ── 心の理論から倫理的判断ま

で、錯視の同定から顔認識まで —— に関する我々の知識は、言葉の出力から寄せ集められたものである。しかしながら、言語機能というものは、心の他の区分のモデル（＝模式的な仮説）というわけではない。視覚や嗅覚の語彙や原則は、言語のそれと必然的に共通なわけではない。言語は心の鏡なのであって、心のモデルなのではない。[170]

8　要　約

　我々はカエルではない。違いにはいろいろあるが、もっとも興味深いのは、我々には言語があり、カエルにはないという事実だ。言語を持っているので、我々は心の中を洞察する能力を持つ。この章で我々が見てきたことは、チョムスキーの業績の主要部分は、言語を洞察可能になるよう切り開き、そのことによって人間の心を写し出す鏡の存在をあきらかにしたことである。

　チョムスキーは、言語能力と言語運用を峻別し、また我々の言語知識が数学や社会学の一分野ではなくて、自然科学の一部として正規の科学的研究法によって探究されうることを論証した。このことによって彼は、言語学に科学の主流としての地位を与えたのである。それと同時にチョムスキーは、人間の心の他の側面にも光を当て、我々の諸能力がモジュール性を持つという見方を分析し、証拠立てる方法を示唆した。これを行ったことが、言語と心に関するかつての見方の崩壊を必然的ならしめ、知識と知識の使用との違いを明示化するための創造的革新を生み出し、人間の特定な能力の生得性についてデカルト以降最上の証拠を誕生させたのである。心の他の構成部分は、これから次章で扱う言語の興味深く微妙な性質や性格を分け持ってはいない。だが、「人間言語…の研究は、人間能力の他の領域への探求にとって示唆に富むモデルを与えるだろうと考えても、決して不合理ではない」。[171]

訳　注

[1] 日本ではガマガエル（ヒキガエル）は名称からしてカエルの仲間と見られているが、英語では frog と toad は区別されており、*Oxford Advanced Learner's Dictionary* は toad を "a small animal like a frog but with a drier and less smooth skin" と定義し、比喩的な意味として "an unpleasant person（嫌な奴）" を挙げている。

[2] 系統の異なる動植物が個別に類似する形質を進化させること。

[3] 最初の文は、speaks の直後に fluently という目的語以外のものが来ているので英語話者には容認されない。大ざっぱに言えば、他動詞の後に目的語以外の要素が来る文は非文法的である。第2の文は speaks の直後に目的語の English が来ているので文法的であり容認される。

[4] 奥本大三郎・藤原多伽夫（訳）（2011）『ヴィクトリア朝の昆虫学 —— 古典博物学から近代科学への転回』東洋書林．（F. M. Clark（2009）*Bugs and the Victorians*, Yale University Press.）参照。

[5] ガリレオの実験は伝説であるという説が強い。野本陽代（訳）(2007)『ガリレオ・ガリレイ：宗教と科学のはざまで』大月書店．(James MacLachlan (1997) *Galileo Galilei*, Oxford University Press.) 参照．
[6] 1971年アポロ15号の飛行士スコットは月面（空気はない）で羽毛とハンマーの落下実験を行い、地球上のテレビ視聴者は両者が同時に着月するのを見た。訳注［5］の書を参照。
[7] 万有引力や電磁気のクーロンの法則のように2物体間の作用の大きさが，その間の距離の二乗に逆比例すること。
[8] [mː] は [m] だけを（＝後に母音を付けずに）ある程度長く発音すること。
[9] [œ] は [e] と同じ舌の位置を使い、唇を丸めて出す母音。
[10] ガリレオは「形あるいは密度によって、空中を落ちる速度が変わることを認め」ていた。訳注［5］の書を参照。
[11] 発話の言い出しを、言い間違えや気持ちの変化などによって言い直すこと。「佐藤、じゃなかった、斎藤が怪我したんだ」「反対！ いや反対じゃないけど賛成でもないね」などが例。
[12] 正誤を示せば、言うまでもなく

[13] ある脳機能が1つの局所的な脳部位に存在すること。
[14] ある脳機能が脳の半球の一方（右脳か左脳か）に偏って存在していること。
[15] 藤原定家『明月記』にも陰陽師からの伝聞としてこの超新星の発見が記録されている。
[16] The Tichener illusion.「エビングハウス（Ebbinghaus）の錯視」とも呼ぶ。左右の円の配置に中央にある円は、同じサイズなのだが、大きい円に囲まれた左図中央の円は、小さい円に囲まれた右図中央の円よりも小さく見えてしまう。
[17] このパラグラフの意味を掴みやすくするため、原注［49］にある Carey (2001) からの図 (p.20) をかかげる。

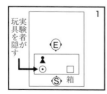

[18] 原注［51］参照。
[19] subitizing:「即座把握」（提示された対象の数を瞬時に知覚すること）。
[20] cardinality: 一対一対応がつけられるという意味で測った集合の要素の個数。
[21] 原注［58］に言及されている文献は共にインターネットで読める。そこに掲載されている実験装置の図を参照すると、この実験の詳細が分かりやすくなる。
[22]（他人が有している）事実と異なる考え。
[23]「サリーとアンのテスト」の図

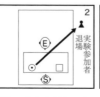

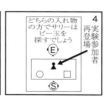

[24] 眼球の反射光を捉え、視線の動きを追うこと。
[25] Oliver Sacks (1985) *The Man Who Mistook His Wife for a Hat, and Other Clinical Tales,* Summit Books.
[26] Capgras's Delusion. 家族・恋人・親友・ペットなどが瓜二つの偽物に置き換わっていると信じる

妄想。
[27] 訳注[18]のPET、fMRI（機能的核磁気共鳴撮像法：今井邦彦「語用論」、中島平三（編）(2005)『言語の事典』朝倉書店 pp.109-143; Kunihiko Imai (forthcoming) "On the Neural Basis of Utterance Interpretation", In Tomoko Matsui (ed.) *Pragmatics and Theory of Mind*, John Benjamins. 参照)、ERP（事象関連電位）、MEG（脳磁図）（萩原裕子 (2005)「言語と脳」『言語の事典』pp.297-323 参照）。
[28]「軽度」はIQ50〜70、「中度」はIQ35〜50を指す。
[29] 正しい形は What fell off the chair?
[30] 正しい形は Which cat did Mrs. White stroke?
[31] 正しい形は Which coat did Professor Plum wear?
[32] ものごとや事実の表示ではなく「表示の表示」を指す。花子が「もう遅いわ」と言ったという事実について、太郎が「花子は"もう遅い"と言った」と言うのは一時的表示だが、花子の気持ちを察して「花子は家へ帰りたがっている」と思ったり言ったりするのは二次的表示である。
[33] 普通の言葉で言う「全体でなく、一部」を指す。
[34]「彼らは飛行機を飛ばしている」の読みと、「それらは飛んでいる飛行機である」の読みの両方を持つ。
[35] I want to really understand linguistics（私は言語学を本当に理解したい）のような言い方。これは、いわゆるto不定詞（to understand など）のtoと動詞のあいだに副詞（この場合 really）が入っているから誤用で、really to understand と言わねばならないというのが「勝手な言い分」である。We need to carefully examine the results のような例では副詞を先に出すと、*We need carefully to examine the results という非文法的文ができてしまい、分離不定詞を避けた場合には We need to examine the results carefully のように動詞句の最後に出す必要がある。また、You really have to watch him と You have to really watch him とでは意味が異なる。前者は「彼のことを注意するのがあなたにとって非常に重要です」を意味し、後者は「彼を十分に注意することがあなたにとって必要です」を意味する。現在、分離不定詞は標準的語法として使われている。
[36] hopefully は「希望をもって」の意味にしか使ってはいけないという「取り決め」だが、現在は Hopefully, we can play polo together（うまくいけばあなたと私で一緒にポロができるかもしれない）などのように普通に使われ、この語が「希望をもって」の意味に使われることはむしろ稀である。
[37] この容認可能・不可能の差を、生成文法の立場から説明すると、概略、次のようになる。長い方の文の all the languages of Western Europe and most of those of North Asia は speak の目的語なので、本来 speak の直後に置かれたものと考えられる。しかしこの目的語は非常に長い（＝重たい）名詞句なので、この位置にあると文がいわば分かりにくくなる（＝文中で安定していない）。そこでこれを文の終わり（＝fluently の直後）に移動させると、「経済性の原理」が満たされる。一方、I speak English fluently の speak の目的語 English は「重たい名詞句」ではないので、これを文末に移動させた I speak fluently English は、何の効果もなく、「経済性の原理」に反するので排除される。
[38] この文の主語は advantage（単数）なのだから be-動詞の形も単数の is であるべきだが、この話し手は be-動詞のそばにある affairs が複数なので、それにひかれて複数形の are を使ってしまった。このように「語が、文中の他の語の影響で、異なった形態をとる」ことを伝統文法では「牽引 (attraction)」と呼ぶ。... the woman whom Jane thought was John's girlfriend ... の whom も was の主語なのだから who であるべきところ、thought の目的語のように錯覚され、目的格 whom の形をとった例。

　牽引は、高名な文人を含む教養ある人々もよく犯す"誤り"で、中には牽引された用法が標準化

されたケースもある。

[39] すぐ後に出てくる This is the man John hired without speaking to は man の後に whom という関係代名詞があり、これをいわば消し去った文と言える。消し去った後には「痕跡」が残る。一方、to の後にも意味から考えて目的語があるはずだが、「空所」になっている。この空所は、上に言う「痕跡」があるときのみ、それに寄生する形で現れるのでこう呼ばれる。

[40] 意図された意味を意訳すれば、それぞれ「これはジョンが面接した男だ；面接は、あなたがその男にやった本をジョンが読む前のことだった」「これはジョンが面接した男だ；面接はその男に話しかけるプランをジョンが宣言する前のことだった」。

[41] ニュートンの錬金術師としての主要な目的は、卑金属を金に変えると信じられていた物質の発見であったとされる。彼は、その多くは火災によって焼失しているものの、錬金術に関する著書を数多く書いた。

[42] 最初の文について、読み手は通常 The cotton clothing（木綿の衣類）がこの文の主語だと思い is made of まではたどり着くが、その後の grows in Mississippi とはつながりようがないことに気づく。2番目の文については her friends を persuade の目的語だと思い込み、Mary persuaded her friends を「メアリーは彼女の友達に…と説き聞かせた」と解釈するが、そうすると were unreliable とつながらないことに気づく。

[43] 「それ（食べ物）は熱すぎて／辛すぎて食べられない」、「気温が暑すぎて（食欲が出ず）ものが食べられない」、「そいつ（たとえば犬）はさかりがつきすぎて、餌も食べないんだ」等、少なくとも3通りに曖昧である。

[44] 節（clause）の中に節を加えることを言う。Dogs I like don't bite は、Dogs don't bite という文（= 節）の中に [(that) I like] という節を「埋め込んだ」ものである。これは次のように書き表すと分かりやすくなる：Dogs [(that) I like] don't bite.

[45] Dogs bite に [(that) dogs bite] を「中央埋め込み」した構文：Dogs [(that) dogs bite] bite と書き、さらに説明的訳の「他の犬に噛まれた犬には、噛み癖がつく」を見ればより分かりやすくなろう。

[46] 中央埋め込みが2回行われているため「お手上げ」になる。Oysters [(that) oysters [(that) oysters split] split] split と書き、説明的訳として「最初のカキに割られた第2のカキに割られた第3のカキが割れた」を見ればより分かりやすくなろう。なお最初の2つの split は他動詞（割る）で、最後の split は自動詞（割れる）である。

[47] to bark up the wrong tree は以前から使われている句で「見当違いの非難・反論をする」の意味だが、wrong を right に替えたこの言い方は、2000年代になってから非難され始めた新語法である。無理に日本語にすると「見当当たりの非難・反論をする」になろうか。

[48] 環境が等しいために互いに近似してくること。

[49] いくつかの可能性についてあらかじめ対策を立てておくこと。

[50] 「推意」、「含意」という訳語もある。

[51] 命題論理と呼ばれることの方が多い。命題 ── 「強風が吹いている」「桜の花が散っている」などが命題である ── を P, Q などの記号で表し、論理計算を行う分野。下の左はいわば計算式、右の（　）内はその意味を表したもの。

   P → Q （P ならば Q）
   P   （P である）
  ∴ Q   （ゆえに Q である）

P, Q に上の命題内容を当てはめれば、およそ、「強風が吹くと桜の花が散る。今、強風が吹いて

いる。だから桜の花が散っている」の意味になる。
[52] より正確には「カメラ眼」であろう。
[53] DNA配列自体は変化させず、細胞分裂後に継承される後天的な制御・修飾。
[54] エチオピアの公用語。
[55] 文中の単語同士の関係を表す生成文法の用語。
[56] システムが指令に反応するのに要する時間。
[57] ほぼ「どんな本を、あなたは読みながら笑いますか？」の意。
[58] このパラグラフで述べられている主旨、すなわち「普遍的原則は、すべての個別言語のすべての使い手に現れている」は正しい。しかし普遍的原則の選び方が、この優れた原著者にしては意外なことに、誤っている。*What kind of books do you laugh while reading? を禁ずる制約は、疑問文で疑問要素を文頭に移動する英語等の言語では成り立つが、そのような移動がない日本語のような言語では成り立たない（訳注［57］に挙げた日本文が文法的であるのはその証拠である）。したがってこの制約は普遍的原則ではないのだ。中国語にもこの制約は適用されないことは、訳者の一人・外池の調査により、次の文が中国語ネイティヴスピーカーによって文法的と認められることにより、あきらかである。

  (1) Ni   du   nazhong   shu   de   shihou   xiao-le?
       you   read   which-CL   book   DE   time   laugh-ASP
  (2) ni   du   naben   shu   de   shihou   shuizhao-le?
       you   read   which-CL   book   DE   time   fall asleep-ASP

普遍的原則に属する制約としては、「"肯定平叙文の語順をさかさまにすると否定文になる"という"規則"はない」「"文の語順の奇数番目には必ず副詞が来なければならない"という"規則"はない」などが挙げられよう。英語国の幼児は、Roast beef goes well with Yorkshire pudding（ローストビーフはヨークシャー・プディングとよく合う）の否定文として *Pudding Yorkshire with well goes beef roast を作るなどということは決してしないし、日本人も、ハンガリー人も、中国人も、母国語習得の際に同じようなことはしない。
[59] 名詞の類別を指示する語。ヨニン（四人）、ゴハコ（五箱）ハチマイ（八枚）等の「ニン」、「ハコ」、「マイ」の部分がそれに当たる。
[60] 補文（≒文の中の文）の最初に来て、その文の特徴を表す語。I agree that Nanao is sexy. I wonder whether Nanao likes me などの that, whether が例。
[61] 第1文は「ジョンは"自分以外の男性"を好んでいる」という意味しか持たず、第2文には「ジョンは自分自身を好んでいる」という意味しかない。
[62] オーストラリア先住民の言語。
[63] sagen には、英語の say と同じように間接代名詞に zu を付けてもよいが、tell と同じように付けなくてもよい。この文は付けない例である。また dem は定冠詞 der の3格（≒与格；Bill が間接目的語であることを示す）。ドイツ語（特に南の方言）では形容詞による修飾がない場合でも固有名詞に定冠詞を付けることがある。英語でも、The New York today is safer than in the 1960s のように、制限的な修飾表現 ── この場合 today ── が付けば、固有名詞に定冠詞 the が付く。

[64] John said [that Bill should stop injuring himself] で、himself は内側の（=［ ］で囲まれた）文の中

にあり、同じ内側の文に中にある Bill しか受けることができず、外側にある John を受けることはできない。英語の himself は、同じ（内側の）文の項目しか受けられない、と言う意味で「局所的 (local)」だと言われている。それに対して、日本語の「自分」は "ジョンは［ビルは自分を傷つけるのをやめるべきだ］と言った" に見るとおり、内側の文の中にあるが、受けることができるのは、同じ内側の文中の「ビル」だけでなく、外側にある（＝距離が離れた）「ジョン」をも受けることができる。

[65] Alexander Pope（1688-1744）。イギリスの詩人。

[66] ある要素 a がある構造 b の中にある場合、b 外部に a を移動させたりすることができなければ構造 b を「島」と呼ぶ。たとえば [$_b$ Exporting some cars] $_b$ became difficult という文の some cars の部分を疑問詞に変えて疑問文を作ると Which cars did [$_b$ exporting] $_b$ become difficult? ができあがるが、これは非文法的である。（意図された意味は「どういう車が輸出困難になったのか？」。）つまり [$_b$ exporting some cars] $_b$ という構造は島なのである。詳しくは第2章参照。

[67] 1957年生まれ。異常性格の父親によって、生後すぐに一室に監禁され、父親からも、また父親から命じられた母親からも話しかけてもらえず、自らも声を出すと父親に殴られた。13歳のときに保護され、Genie [dʒíːniː] という名を与えられた。

[68] I-system（intentional system）：志向的システム。後述（第2章「表示レベル」参照）の概念－志向インターフェイスの（文法から見て）外・先にある志向を司るシステム。

[69] C-system（conceptual system）：概念的システム。後述（第2章「表示レベル」参照）の概念－志向インターフェイスの（文法から見て）外・先にある概念を司るシステム。

[70] 第2章の図（15）のような構造から図（22）のような構造を生み出す操作。現理論では併合（merge）という操作に繰り込まれている。詳しくは同章参照。

[71] This dog barks 対 These dogs bark に見るように単数・複数の区別を付けたり、I believe she is honest 対 I believe her to be honest に見るように主格・目的格の区別を付けたりする操作。詳しくは第2章参照。

[72] 「交連」とは体内の接合部を指す医学用語で、ここでの交連切開は脳内の連結帯である脳梁の切断を指す。

[73] 脳梁を切断され左右半球間の視覚的情報の交換がなくなった患者の右視野にある物体を見せ（ということは右視野からの情報を処理する左半球に「見せ」）て何を見たかを問うと、患者は言葉で正しく答える。ところが左目で物体を見せると患者は何を見たか言葉では答えられない。しかしいくつかの物体を描いた図を見せると、まさに見せられた物体を指す。つまり右半球はその物体を確かに「見た」のだが、左半球との連携がないため言語化できなかったのである。（原注［167］にある資料より。）

[74] ヒエンソウ（飛燕草）：観賞用植物。

第 2 章　言語の基盤

　　　自然言語の特性を研究することによって … 人間の知性に固有の特徴について何らか
　　の理解を得ることが期待できる。　　　　　　　　　　　　　（Chomsky, 1975a: 4-5）

1　序　説

　哲学と心理学における諸問題に取り組む際に言語を考慮すべきであるとする議論をチョムスキーは提示しているが、それらの多くが説得力に富んでいるのは強固な言語的基盤を持っているからである。彼が言語の形式的研究において一連の記述的問題、説明的問題を定式化し、それらを解明して来たと捉えられていることの結果、彼の他の考えも真剣に受け止められているのである。そのような姿勢は理にかなっている。たとえば、生得性や合理主義を擁護する彼の議論は、決定的な点で彼の言語の見方の有効性に依拠している。合理主義とは、チョムスキーの知的先祖に当たるデカルト[1]（René Descartes）の著作にもっとも良く代表されるものであるが、「我々の概念や知識は、重要な意味において、感覚的経験とは独立に獲得される」という考えである。[2]チョムスキーは我々の言語の知識のある側面に生得性があるということに対して、そして、その意味で、デカルト的合理主義の現代版に対して、最善の証拠を提出しているのである。これに対して、彼の言語学研究と政治活動とのあいだにはそのような直接的な関係は存在しない。彼のさまざまな活動の 2 つの系統のあいだにつながりはあるが、彼の政治的な著作は、彼の哲学的著作の多くが彼の統語論への洞察によって支えられているのと同じような形では支えられてはいない。そして、彼はしばしば彼の 2 つの活動のあいだにはせいぜい弱い関係しかないことを強調する。

　彼の著作の一方の系統を知り、称賛する人が他の系統に対して共感を覚えるのはもちろん何ら驚くべきことではない。チョムスキー自身が、部分的にはゼリッグ・ハリス（Zellig Sabbettai Harris, 1909-1992）の政治的見解への関心と共感のために言語学に引きつけられたのであった。多くの言語学者と同じく、著者（ニール・スミス）もチョムスキー[3]の言語学を知っていたために、彼の政治的理念に関心を持ったのであったし、チョムスキーの政治的少数反対意見への称賛ゆえに言語学に関心を持ったという言語学科目

の履修希望者を面接したことが一度ならずあった。しかしながら、チョムスキーの政治的貢献を評価するためにはそのような背景知識は必要ないが、彼の哲学的、心理学的貢献を評価するためには、ある程度の言語学の背景知識を必要とする。本章は、彼の言語学の中心的な諸概念の（ときに歴史的な）概観である。ここでは最近の言語学の歴史を包括的に述べることも、生成文法への幅広い序論を提供することもできない[4]（いずれにせよ、二次的な文献は今や膨大なものになっており、そのようなことをやっても屋上屋を重ねることになる）。むしろ、チョムスキーの概念を分かりやすいものにするのに十分な情報と洞察を提供し、それによってチョムスキーの業績の真価をある程度理解できるようにし、そして、それらの概念に基づく結論の妥当性について、知識に基づいて評価できる基盤を提供することを意図したものである。

1.1　何が達成されたか？──3つの妥当性

言語学は我々が言語について持つ知識の研究である。つまり、言語とはどんなものであり、言語をどのように我々が獲得し、そして使っているかの研究である。この研究は文法、すなわち、この知識についての仮説、を構築することにより追求される。当初、統語論についてのチョムスキー等の研究の主たる目標は文構造を生成する文法を定式化することによって個別言語の事実を発見し、明示的に記述することであった。この企てに成功するとそれは「観察的妥当性（observational adequacy）」を達成したと言われた[5]。ある文法が観察的に妥当であり、かつ心理学的に根拠を持つデータの記述をも与えるならば、それは「記述的妥当性（descriptive adequacy）」という、より高いレベルを達成する。このレベルはさらに「説明的妥当性（explanatory adequacy）」というレベルと区別される。それは言語がいかに獲得されるかを説明する理論によって達成される。言語獲得を理解しようという関心は当初からあったものであるが、異なる言語の文法はすべて同じ基本原理を有していて、「パラミタ（parameter：媒介変数）」として知られる狭い範囲においてのみ異なりうるという仮説とともに表舞台に踊り出てきたのである。さらに最近では、多くの研究者、特にチョムスキー自身は言語がいかにして進化により人類という種に出現したのかという問題に中心的な関心を持っており、これがミニマリスト・プログラム（Minimalist Program: 極小主義プログラム）に出現している変化の多くのものの背後にある。彼らは今や「説明的妥当性よりも深いレベルの説明を探して、言語の特性が何かではなく、なぜそのような特性があるのかを問題としているのである[6]。

観察的妥当性と記述的妥当性は著しい成功を収めた[7]。文構造を形式的に、つまり、完全に明示的に、生成する規則を定式化するというチョムスキーの言語学の方法は、この分野に革命をもたらし、確固たる地位を築いている。この道筋を追求して、チョムスキーと他の言語学者たちはすでに知られているデータのより良い分析を開発し、伝統的

な文法では述べることができなかった統一的な原理についての仮説を定式化し、さらなるデータについてそれらがもたらす予測に基づいてこれらの仮説の中で正しいものを選ぶということができるようになってきた。こうして、言語学者は以前には知られていなかった文法についての諸事実を発見してきた。一言で言えば、文法の研究は科学的になったのであり、大幅な進歩が数十年のあいだに達成されたのである。ある著名な統語論者が最近この局面を「ステロイド文献学[訳注1]（philology on steroids）」と形容した[8]（文献学とはつまり伝統的言語学のこと）。第1章で述べたように、この記述的な研究において行われた発見、中心的発見の1つは、以前に一部で考えられていたのとは違って、言語は恣意的に変異しないということである。つまり、表面的な多様性の背後には普遍特性が存在するということである。

普遍特性（universals）が存在するということから、説明的妥当性をどのように達成すればよいかという問題の解決法が示唆される。各々の言語はきわめて豊かで複雑なシステムであるように思われるが、チョムスキー等はすべての言語は同じ布から裁断されているということを説得的に主張している。このことの理由は簡単で、すべての言語は特別に割り当てられた生得的な心的構造に依存するというものである。つまり、人間の子どもは押し並べてすべて、言語獲得装置を持っていて、それは不変の原理を内蔵し、（おそらくは）幼年期にどれかに設定されるスイッチである「パラミタ」により補完されているのである。このような全体像からすると、第一言語の文法を獲得することはこれらを設定することにほかならない。説明的妥当性を目指すこの2番目の段階での成果のいくつかは、その前の最初の記述的妥当性を目指す段階での成果に比べると議論が分かれるところである。

現在のところ、この研究分野は、（やってみると難しい問題であることが分かったのであるが）パラミタが何であり、それらがどのように設定されるかを理解しようという研究者とパラミタに代わる代案を追求する研究者のあいだで、分断状態にある。これらの論争がどのような結果になろうと、言語獲得の性質についての研究にはかなりの進展が見られた。原理とパラミタのアプローチになって初めて、言語がいかに獲得されるかについての蓋然性を有する、原理的な説明の概略があきらかになったのである。

1.2 ミニマリスト・プログラム

研究対象をある種の社会的なシステムとか、発話の集合 —— 外在的言語 —— と見なす考え方から、我々が言語を獲得し、話すことを可能にする生物学的システムと見なすという考え方への転換は、第1章で論じたとおり、それ自体が革命的な進歩であって、チョムスキーの研究の基盤をなすものである[9]。ここに来て初めて、言語学者は記述し、説明しようとしているものがいかなるものであるかを明確に理解するようになったので

ある。大人の中にあるシステムの安定状態を捉える理論が得られれば記述的妥当性が達成され、他方、説明的妥当性の達成のためにはそのシステムの初期状態の明確化と実際の安定状態への移行の説明が必要となる。

　第3の、もっとも最近の研究の段階である、ミニマリスト・プログラムは、もっとも意見が分かれるものでもある。その目指すところは、ここに至る研究の諸段階において発見された言語機能の諸特性を実行可能な限り手間を惜しんで説明することである。それはたとえば、それらの諸特性の可能な限り多くのものを認知と自然の法則の一般諸特性から導くことによって達成されるものである。ここでは、包括的な理論はまだなく、この方向が実りあるものであるかどうかについてもほとんど意見の一致をみていないが、これまで行われた主張は、それまでの研究に比べてより深い、より原理的な説明を提供できる可能性を秘めているゆえに興味深いものであることは確かである。

　この序論のあと、本章は生成文法の相互に重なり合う部分を持つ発展段階を辿る4つの、大体において歴史的順番に並ぶセクションからなる。最初のセクションでは、語の知識、構造の知識、言語学者が扱うデータの種類、言語学者が与えようとする説明の種類についての予備知識を提供する。それに続くセクションではいくつかの妥当性のレベルを扱う。「記述的妥当性」では、初期の研究から得られた基礎的要素を提示する。「説明的妥当性を目指して」では原理とパラメタの枠組みへの移行を解説する。そして、「説明的妥当性を越えて」では、研究の最前線について、ミニマリズム（Minimalism：極小主義）と、言語の能力の進化についてのチョムスキーの最近の提案を扱う。

2　言語の知識

　言語の知識は一枚岩のものではなく、語彙の知識と、語彙を組み合わせて文を作る方法についての知識、という我々が持つ2つの知識に分けられる。英語を話し、理解する人は頭の中に豊かな情報を蓄えている。この知識のある部分は誰でも発見でき、特に議論を呼ぶこともない。たとえば、frogというのは英語の単語で、frostと同じ音で始まり、dogと韻を踏み、ある種のカエル属の両生類を意味する、等々というようなことである。この種の語彙についての知識は、長年目立たぬ存在であったが、最近表舞台に登場した（心的）辞書、すなわちレキシコン（lexicon：語彙目録）の研究領域に属する。

2.1　レキシコン

　　　「例外」のリスト。　　　　　　　　　　　　　　　　　　（Chomsky, 1995b: 235）

生成文法の初期にはレキシコンにほとんど注意が払われなかった[10]。語彙項目は言語構造を定義するのと同じ規則により導入されただけであった。伝統的にチョムスキー革命の始まりとされるチョムスキーの記念碑的著作の『言語理論の論理構造』も『統語構造』も、独立したものとしてレキシコンに言及していないのである。60年後の今日、レキシコンは中心的重要性を持っており、言語間のすべての変異の場所である可能性があるものとしてさえ扱われていて、その結果レキシコンにおける相違を除いては「1つの人間言語しかない」とされるほどである[11]。

　レキシコンはまずは辞書、つまり言語のすべての単語のリストと同じであると考えてよい。しかし、決定的な相違もある。レキシコンは伝統的な辞書には際立って欠けている情報を含んでおり、辞書が典型的に含んでいる情報を欠いている場合もある。ask と wonder は共に動詞であること[12]、そして I asked what time it was（私は何時か尋ねた）や I wondered what time it was（私は何時かしらと思った）のような文に生じうることを知っているだろう。また、I asked the time とは言えるが、I wondered the time は不可能で、英語の文ではないということも知っているだろう。その他の点ではこの2つの文は瓜2つであることからすると、この違いは問題の2つの動詞のあいだの特性に違いなく、この情報は心的レキシコンの中に何らかの形で記録されているに違いないが、たいていの標準的な辞書では明示的に述べられていないのである。逆にそのような辞書には ask は古フリジア語の askia、古高地ドイツ語の eiscon と関係があると出ているが、それは英語話者の本質的な知識の一部ではない。「心的レキシコン」という用語を用いるのは、個人が頭の中に蓄積している知識と一団の学者が一冊の本の中に蓄積した知識のあいだの、まさにこの違いを強調するためである。

　辞書と同じようにレキシコンも、実際は、単なる単語のリストよりはるかに多くのものを含んでいる。bury the hatchet（和睦する）や it's a hard life（（そうでもないことを知りながら）大変だね／よ）のようなイディオムや、non-occurring や non-transparent に見られる non のような生産的な接辞もきっと登場するであろう。このような広い領域をカバーするために、通常レキシコンは単なる語ではなく、「語彙項目」の順序のないリストからなるものと言われる。個々の語彙項目はそれと関連する個癖的で、予測不可能な情報をすべて、そしてそれのみを指定する、素性（features）と呼ばれる特性の集合として特徴づけられる。つまり、レキシコンには、記述対象の言語についてか、言語一般についての、より深い一般化から帰結するような情報はのせるべきではないのである。たとえば、発音と文法範疇の相関関係を考えてみよう。import という語は（Imports are going up again（輸入が再び増加している）や John imports jute（ジョンはジュートを輸入する）のように）名詞でも動詞でもありうるが、その発音は一貫して異なっていて、名詞のときには強勢は第1音節にあり、動詞のときには最後の音節に置かれる[13]。この発音上の相違にもかかわらず、それをレキシコンで記述することは不必要（であり、したがっ

て望ましくないの）である。というのも、それは強勢と品詞のより広い一般化の一部だからである。torment, present, compact, pervert などすべてが同じである。同じ強勢の対比が the devils will subject you to endless torment（悪魔どもはお前を果てしのない拷問にかけるだろう）と The devils will torment you endlessly（悪魔どもがお前を果てしなく責めさいなむだろう）に見られるのである。一言でいうと強勢は予測可能であり、レキシコンは「予測可能なものはすべて排除しなければならない」[14]ので、これらの語の音韻表示（つまり、その発音の指定）は、そのような情報を排除するように簡素化されるべきであると言語学者は考えるのである。[15]その結果、ある語彙項目の語彙記載の音韻形（つまり綴り）とその発音（音声表示）とのあいだには相違があるのである。[16]

　表示の経済性、余剰の回避をこのように強調することは、構造主義と自然科学からの共同の遺産であり、長年にわたってのチョムスキーの言語学研究のすべてに特徴的である。[17]やや異なる種類の例として、英語とフランス語の相違が挙げられる。英語では単語は f と v という 2 つの唇歯音のどちらでも始まるし、fr という連続でも始まるが、その親戚の vr という連続では始まらない。フランス語では 4 つのすべての可能性が実在する。このことから英語では音声的に類似した f と v のあいだには対比が存在する（だから fat と vat とは異なるものを指す）が、経済性の要請からすると、frog の語頭子音はレキシコンでは v と対立するものとして f であると指定する必要はないのである。なぜなら英語では vr は可能な語頭連続ではないからである。意味の表示においても同じような議論を使うことができる。カエルが両生類であることから、それが動物であることを指定することが不要となる。すべての両生類は動物であるから、カエルが両生類であると指定すれば、さらにそれが動物でもあるということは不必要であるからである。指定する必要があることは、もちろん、音と意味の対応関係である。つまり、frog にはそれが持ついろいろな意味があり、そのうちの 1 つがフランス語の grenouille に対応するということである。ここで、もっとも複雑で、文における語の振る舞いともっとも緊密に結びついているがゆえにもっとも興味あることは、特定の語に内在的な統語情報である。frog は名詞であり、さらに詳しく言えば可算名詞であるので、two froths（泡）とは言えないが two frogs と言うことができる。そして frog は普通名詞であるから、the Fred とは言えないが、the frog と言うことができる、等々。[18]

　この種の内在的素性に加えて、それぞれの語彙項目について、その「選択（selectional）」素性を指定する必要がある。polish という動詞は特定の範疇、the silver のような、それに続く名詞句を選択し、in a minute のような前置詞句を選択しないということを指定することが必要である。（John polished the silver（ジョンは銀器を磨いた）のような文は立派な文であるが、John polished in a minute は容認不能である。）このような範疇選択は問題の動詞の他の意味的特性から予測可能であればレキシコンにおいて指定する必要がないということもありうる。論理学的には polish は 2 項述語で、磨く行為を

行う動作主（Agent）と磨かれる被動作主（Patient）という「θ役割（θ-roles）」と呼ばれる2つの意味的な項を選択する動詞である。被動作主は常に名詞句であるので、この情報は polish の語彙記載からは省くことができる。動作主や被動作主という「主題役割（thematic roles）」あるいは「θ役割」と呼ばれる概念は語彙項目の意味指定において中心的な役割を果たし、John underwent the surgery reluctantly（ジョンは渋々手術を受けた）と John undertook the surgery reluctantly（ジョンは渋々手術を引き受けた）のように John と undergo と undertake のあいだの関係が決定的に異なる事例を区別する[19]。より徹底した記述においては、レキシコンの特性ははるかに詳細に指定されるが、ここの語彙項目に含まれなければならない他の種類の情報には、以下に扱う構造的な情報から容易に推論できるものもある。

2.2 構造の知識

我々の言語についての知識の多くは、語彙の知識ほど容易に内省によって確認できるものではなく、明確にするためにはかなり綿密な分析を必要とする。我々が言語について持っている微妙な区別をする能力をあきらかにする例をチョムスキーはいとも簡単に考案する。以下の（1）-（8）はチョムスキーの賢明な例の選択と、それらが何故に興味あるものであるかについての短い説明である。（(7b)のアステリスクは、それが非文法的であることを示す[20]。）

(1)　Is the man who is tall in the room?
　　　（その背の高い人は部屋にいますか？）

(2)　Flying planes can be dangerous
　　　（飛行機の操縦は危険である可能性がある／飛んでいる飛行機は危険である可能性がある）

(3)　a. John is easy to please
　　　　　（ジョンは喜ばせやすい）
　　　b. John is eager to please
　　　　　（ジョンは人を喜ばせたがっている）

(4)　a. I persuaded the specialist to examine John
　　　　　（私はジョンを診察するようその専門医を説得した）
　　　b. I expected the specialist to examine John
　　　　　（私はその専門医がジョンを診察するものと思う）

(5)　When did John decide which car to fix?
　　　（ジョンはどの車を直すかを何時決めましたか？）

(6) a. John is too stubborn to talk to
（ジョンは話しかけるには頑固すぎる）
b. John is too stubborn to talk to Bill
（ジョンはビルに話しかけるには頑固すぎる）
(7) a. Who do you think saw what?
（誰が何を見たとあなたは思いますか？）
b. *What do you think who saw?
（何を誰が見たとあなたは思いますか？）
(8) 　I painted my house brown
（私は家を茶色に塗りました）

　(1) の例、Is the man who is tall in the room?（その背の高い人は部屋にいますか？）は至るところに見られる基本的な構造依存（structure dependence）の特性を例示するのに使われる。[21] (9) のような一対の文が与えられて、陳述文から疑問文を形成する方法を見つけなければならないとしよう。

(9) a. The man is tall
b. Is the man tall?

　一連の論理的に可能な解決方法がある。3番目の語を文頭に移動するということが考えられる。これは (9a) ではうまく行くが、John is tall では、tall John is? という不可能な文を生むことになる。最初の助動詞を文頭に移動するということを試してみることもできる。(助動詞とは is, can, might などの語で、この例では is である。) しかし、The man who is tall is in the room では、このやり方では Is the man who tall is in the room? という非文法的な文を生んでしまう。助動詞に言及することは問題ないが、我々が必要としているものは、「1番目」とか「3番目」という数学的な概念に言及せずに、「主語」とか「助動詞」とかという構造的な概念にのみ言及する規則である。英語で疑問文を作るためには、主語の直後にある助動詞を文頭に移動するのである。The man is tall の主語は the man であり、The man who is tall is in the room の主語は The man who is tall であって、単に The man ではない。この例は些末な例であるが、そこから学ぶべきことは決定的に重要である：すべての言語のすべての規則はこのように構造依存的（structure‐dependent）である。「3番目の語を移動せよ」とか「xyz という連続を zyx に逆転せよ」などという規則の述べ方は論理的に簡素であり、そのことは自尊心のあるどの火星人にとっても魅力のあるものであるかもしれないが、いかなる人間言語のいかなる規則もそのような定式化を用いないのである。文法の規則は数を数えることができないのである。[22]

2.3 構造関係の知識

(2)の例 Flying planes can be dangerous は曖昧(ambiguous)である、つまり、2つの異なる意味を持っていて、それぞれ、Flying planes is dangerous(飛行機の操縦は危険である)と Flying planes are dangerous(飛んでいる飛行機は危険である)に対応している。このような曖昧性があることは、文の形式と意味は思った以上に直截的ではないということを示している。語彙的曖昧性はよく知られており、語のすべての意味をレキシコンで列挙することによって処理できる。たとえば frog は両生類を意味するだけでなく、馬の脚の蹄叉(蹄の中央の軟骨)も意味するし、将校の制服の飾りも意味する(ただし、これらのどれを知っているかは個々人で異なる)。しかし、(2)の種類の統語的曖昧性は、2つの関係している語が全く同じであるから、語の意味を列挙することによる解決法にはそぐわない。すべての曖昧な文をリストするということをすぐに思いつくかもしれない。しかし、そのような曖昧な文の集合は無限であるため、そのような解決方法は本質的に不可能である。このことから、この種の例を産出、理解する際に我々は語彙の知識に加えて、異なる文法的規則を用いているに違いないということになる。

(3)の例 John is easy to please と John is eager to please は、文がどのように分析されるべきかを示す目印を付けているわけではないということを、また別な形で示すものである。(3a)は It is easy to please John(ジョンを喜ばすことは容易い)と言い換えることができ、ここでは John は please の目的語である。しかし、(3b)ではそのような言い換えはできず、むしろジョンは誰か明示されていない人を喜ばすことを切望しているという意味である。(4)の一対の文 I persuaded the specialist to examine John(私はジョンを診察するようその専門医を説得した)と I expected the specialist to examine John(私はその専門医がジョンを診察するものと思う)も同様に、表面的な類似は構造への間違いのない手引きにならないことを示している。(4a)が(4b)と平行関係にないことは I persuaded the specialist that he should examine John(私はジョンを診察することをその専門医に説得した)と不可能な I expected the specialist that he should examine John(*私はジョンを診察することをその専門医を期待した)との対比からあきらかになる。ask と wonder の場合と同じように、ここで起こっていることを説明するためにはレキシコンと統語論の相互作用を考えることが必要なのである。

言語学者は曖昧性が大好きである。Flying planes can be dangerous の例のように、曖昧性を構造的な差異が隠れているかもしれない最初の兆候として使うのである。これに対して(5)の When did John decide which car to fix? は、曖昧性があってもいいところに意外なことに存在しない例である。John decided to fix the car on Saturday は曖昧である：ジョンはどこかの時点で車を修理することを土曜日に決めたかもしれないし、土曜日に

車を直すことをどこかの時点で決めたかもしれない。これに対応する疑問文 When did John decide to fix the car? も全く同じように曖昧である。このような例からして、(5) も同じ2つの意味を持つことが期待されるが、実際はそうではない。この文は when が decide についてのもの、つまりジョンが何時その決定をしたのかと解釈されるが、fix についてのものとは解釈されない。これらの事実がここで述べたとおりであることを確信するのに、少し考えてみる必要があるかもしれない。驚くべきことは、この種の文が学校で通常教えられるものではないという事実にもかかわらず、少し考えたあとでは、実質的にすべての話者の意見が一致することである。

(6) の対比する例 John is too stubborn to talk to と John is too stubborn to talk to Bill は、類推 (analogy) ではうまく説明できない別の形の複雑さの例である。(3) の例 (John is easy to please と John is eager to please) のように、これらの例は (John is too stubborn to talk to Bill では) John は talk の主語であるのに対し、(John is too stubborn to talk to では) John は to の目的語であるという点で対比があることを例示している。しかし、特筆すべきことは、表面的には類似したこれら2つの文には解釈の平行性がないことである。これらの例を使って、チョムスキーは伝統的な類推という考え方が我々の統語論の知識を説明する上では有用でないことを示しているのである。John ate と John ate an apple のあいだの違いは、単に後者では見える目的語が前者では欠けているということである。したがって我々は John ate をジョンが何かを食べたということを意味するものとして解釈する。もし、この類推が有効なものであれば、(6) の場合にも一般化することができることを期待するが、実際はそうではない。John is too stubborn to talk to はジョンが誰かと話をするには強情すぎるということを意味するものとしては解釈できない。

(7) の例は話の相手が言ったことに対して不信を表したり、ちゃんと聞こえなかったためにもう一度言ってもらうときに使われる「問い返し疑問文 (echo question)」である。後にこれらを使って「局所性 (locality)」の一般的経済性の原理の根拠を示すことになる (例 (87)、(88) 参照)。しかし、それらはまた、「星付き例文」がいかに広範囲に使われるかを示すものでもある。伝統的に言語学者は、非文法的な形式を頭にアスタリスクを付けて示す。これは生成文法とともに目立って使われるようになったものである。文法的であるものと非文法的であるものとの区別の重要性からすれば、この表記法は重要な意味を持つ。我々は不適格なものと適格なものとを即座に直観で区別できる。そのような情報は「否定的知識 (negative knowledge)」と呼ばれるが、母語話者にとってのみ確実に入手可能である、それゆえ古英語、ラテン語、サンスクリット語のような「死語」に関しては一般的に利用不可能である。

最後に (8) の I painted my house brown は、我々の言語の知識は思いがけない形で意味論と語用論の領域にも広がっていることを示している。前の章で見たように、通常の場合、自分の家の内側をその色に塗ることを妨げるものは何もない (し、そのように言

うことを妨げるものも何もない）にもかかわらず、茶色になるのは家の外側であることを我々はみんな、特に考えることもなく知っているのである。

　単純な、しかし思いがけない事実をあきらかにするような例を見つける特異な才能に加えて、チョムスキーは、バラバラの現象を統一的に特徴づける属性を見つけることにも長けている。この結果、文法の重要な簡素化が可能になってきたのである。たとえば、(10) に見るように、疑問文、関係節、分裂文、その他のさまざまな構文が wh 語の存在と wh 語の節頭への移動を共通して示す。

　　(10) a. Which film did she see first?　　　　　　[疑問文]
　　　　　（彼女はどの映画を最初に見ましたか？）
　　　　 b. The film which she saw first was *Casablanca*　[関係節]
　　　　　（彼女が最初に見た映画は『カサブランカ』です）
　　　　 c. It was the film which she saw first　　　[分裂文]
　　　　　（彼女が最初に見たのはその映画です）

　この特性を見つけて、それを定式化することにより[23]、文法の変形部門を大幅に簡素化する道を拓いたのである（下の (33) の例参照）。チョムスキーはまた、表面上は類似した文のあいだに微妙な対比を見つけることにも同じように長けている。それにより、たとえば himself が John でも Bill でも指せるという意味で (11a) は曖昧であるのに対して、(11b) では him は John しか指せないという意味で一義的（unambiguous）であるという違いを見つけることができるのである。

　　(11) a. John wondered which picture of himself Bill liked
　　　　　（ジョンはビルがどの自分の写真を気に入ったかと思った）
　　　　 b. John wondered which picture of him Bill liked
　　　　　（ジョンは彼のどの写真をビルが気に入ったかと思った）

　後に見るように、このような洞察が理論の基本特性群、この場合は「位相（フェイズ）(phase)」「循環性（cyclicity）」や、より一般的には経済性の概念の基礎となっているのである。

　いかなる言語理論であれ、これらの数えきれない観察、しかも、きわめて短い簡潔な文に基づいた観察を記述できなくてはならず、また説明しようとするのである。上に引用した例文はすべて 10 語未満の長さである。

第 2 章　言語の基盤　77

3 記述的妥当性

3.1 形式的背景

　生成文法の企ての主要な貢献は、その一部の例示を上で見たが、膨大な数の新たな事実の発見であった。これらの事実をどのように説明することができるだろうか？　まず、言語理論は単なる記述ではなく説明を求めるという主張を考慮すると、チョムスキーが数学と言語学を融合する前にはこれらの現象の多くのものについては記述することすら不可能であったということは強調に値する。ほとんど知られていない西アフリカの言語[24]に取り組んでいる大学院生として、著者は説明することはおろか、記述することもできないデータにしょっちゅう出くわしていた。今日の学生にとって、状況はより良いとも言えるし、悪いとも言える。奇妙で不思議な構文の豊かな蓄積を記述する際限のない記述的な道具立てを手にすることができるという点で、より良いと言えるが、はるかに複雑な問題に直面し、ますます抽象化する技術に精通していることを期待されるという意味で、より悪いとも言える。文法の規則は「3番目の語」とか線的反転のような代数的な概念を用いないが、再帰関数理論（recursive function theory）として知られる数学分野によってもっともよく捉えられる特性を有している。この領域において、チョムスキーはマルコ・シュッツェンベルガー（Marco Schützenberger, 1920-1996）と共同して、重要な貢献を行っている。[25]数学を利用して新しい記述の道具を考案したこと、特に句構造と変形文法理論を考案したこと、統語素性の使用、指標の使用で、これらの事実を統一して捉えることを可能にした。これらの技術的な革新はチョムスキーの研究が持つ哲学的意味合いに共感しない人たちによってさえ使うことができるようになった。チョムスキーの哲学的主張に何の関心も持たなかったか、あるいはそれらについて深い懐疑心を持っていた多くの言語学者も彼の記述的道具立ての利点を認め、哲学的道具主義（philosophical instrumentalism）の精神でそれを進んで用いるようになった。

3.2 表示レベル

　文法は意味を発音と、つまり意味論を音に関係づけなければならない。[26]専門用語ではこのことは普通、LF（論理形式 Logical Form）を PF（音声形式 Phonetic Form）に関係づけると言い、さらに最近では（「概念-志向インターフェイス（conceptual-intentional interface）」での）思考を（「感覚-運動インターフェイス（sensori-motor interface）」での）音声または身振りに関係づけると言う。[27]曖昧性があることは、この関係がしばしば間接的で構造的－

統語的-分析に訴えなければならないことを示している。この関係の基礎は、語彙のすべての項目についてその音韻的、意味的、統語的特徴づけを与えるレキシコンが提供する。文構造についての我々の知識を扱うにはさまざまな種類の記述法が必要である。生成文法のもっとも初期の段階から、決定的に重要な概念は「表示のレベル」であって、文についての異なる種類の一般化を捉えるために異なる表示レベル（levels of representation）が想定されていた。[28]

発音と文の音声構造についての一般化を捉えるために、文法は PF という表示レベルを用いる。意味と文の論理的特性を捉えるために文法は LF という意味表示のレベルを用いる。[29] このことは、先に論じた曖昧な文は同じ音声形式を持つが、異なる論理形式を持つということになる。All the children came と The children all came のように同じ意味を持ち同じ単語を用いる異なる文は同じ論理形式を持つが、異なる音声形式を持つことになる。同様に every と each のような数量詞（quantifier）のあいだの部分的な類似（そして部分的な相違）はレキシコンにおける異なる意味的指定によって記述されることになる。[30] これにより Each child came と Every child came のあいだの対比は直接的に説明され、The children each came と不可能な The children every came のあいだの対比は間接的に説明されることになる。

専門用語の違いを除けば、この程度のことはありふれたことである。チョムスキーの研究について当初から顕著であったことは、彼の統語表示の精巧さと複雑性であった。とりわけチョムスキーは統語論の中に2つ以上の表示レベルが必要であることを詳細に論じ、深層構造（deep structure）と表層構造（surface structure）の有名な区別を立てた。[31] この用語上の区別はもっとも初期の研究では明確には現れてこず、初期の段階でもまた（変形による）派生という概念を用いる枠組みでも暗黙のものであった。この区別に何が関わっているかを理解するためには、文法内において用いられるさまざまな規則のタイプを見る必要がある。

3.3　構成素と規則

文は語からなる。単なる単語の連なりではなく、構造を持った一連の単語である。(12) のような例は標準的に (13) において鉤括弧で示される単純化された構造を持つものと分析される。

(12) Harry stirred the stew
　　　（ハリーはシチューを掻き混ぜた）
(13) [[Harry] [stirred [the stew]]]

つまり、[the stew] は単位または構成素 (constituent) である (直観的に言えば the は stirred とより、stew と (より) 緊密に結びついている)。[stirred the stew] も構成素であり、文全体 [Harry stirred the stew] も構成素である。これに対して、[Harry stirred] も、[stirred the] も構成素ではない。これらの鉤括弧でくくられた一連の語は、構成素であることに加えて、異なる種類の範疇 (category) でもある。[the stew] は名詞句 (Noun Phrase: NP) で、名詞 (Noun: N) とそれに先行する決定詞 (Determiner: Det) からなり、[stirred the stew][32] は動詞句 (Verb Phrase: VP) で、動詞 (Verb: V) とそれに後続する名詞句からなっている。全体は文 (Sentence: S) である、等々。この追加の情報は標準的には (14) に示すように、鉤括弧に下付き文字を加えて表示されるか、(全く同じ情報を表す) (15) に示す樹形図によって示される。[33]

(14) [$_S$ [$_N$ Harry] [$_{VP}$ [$_V$ stirred] [$_{NP}$ [$_{Det}$ the] [$_N$ stew]]]

(15)

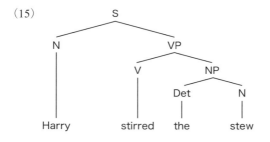

生成文法の初期の研究では、この種の樹形図は (16) に見られる種類の句構造規則 (Phrase Structure rules: PS rules) により生成された。

(16) a. S → N VP
　　 b. VP → V NP
　　 c. NP → Det N

この規則群は、文は (矢印 → で示されるように) 名詞とそれに続く動詞句から成り立ちうる、動詞句は動詞とそれに続く名詞句から成り立ちうる、等々ということを意味している。より豊かな文法であれば、さらに何十、あるいは何百というこのような規則を含むかもしれない。正確な数字を言えないのは (このような形で書かれた文法で完成間近にすらなったものがないことの他に) 規則の数は構想されている省略の慣行の種類に大いに依存しているからである。何年間かのあいだ、英語やその他のさまざまな言語について、そのような規則群を拡大し、再定義することに多くの努力が払われ、その結果膨大

な数の異なる種類の構文（construction）を説明（「生成」）できるようになった。前章で見たように、我々は、単に膨大な数の文ではなく、無限の文のどれでも産出し、理解できる。文法はこの能力を再帰的（recursive）であることによって復元しているのである。[34]

再帰性（recursion）というのは単純な数学の概念である。再帰的な規則や手順とは、それ自身の出力を入力としてとるものを言う。第 1 章で触れたように、たとえば I know that John smokes, I know that you know that John smokes, 等々と言ったように、文は他の文の中に何度でも埋め込むことができる。したがって、適格な文の数には制限がなく、これらのすべての文のリストを頭の中に我々が持っているということはありえない。むしろ、我々は言語の規則（文のリストよりはおそらくはずっと数少ない規則）を知っていて、それらがこれらの文すべてが文法的であることを指定しているのである。そのために規則は再帰的でなければならないのである。

生成文法のもっとも初期の研究においては、再帰性は「一般化（generalized）」変形──1 つの樹形図を別に生成された別の樹形図に埋め込む規則──により取り扱われていた。[35] (12)のような文を生成する (16) の規則は、最小限の修正を加えるだけで、Mary regretted it を生成することができ、その中に、(12)を挿入して、Mary regretted (it) that Harry stirred the stew を産出することができる。(1965 年出版の)『統辞理論の諸相』における重要な進展は、再帰性の責任が句構造部門に委譲され、一般化変形という 1 つの変形の種類を完全に除去することにより理論を簡素化したことにある。[36] つまり、(16) の規則に加えて、(17)のような規則も含むことになったのである。ここでは、個々に、あるいは他との組み合わせにおいて、矢印の左側にすでにある範疇を矢印の右側に導入している。

(17) a. VP → V S
b. NP → NP PP [37]
c. PP → P NP

どちらの道具立てを使おうと、この再帰性は普通「離散無限性（discrete infinity）」[38]と呼ばれる特性を捉えている。つまり、文が整数の語彙項目からなること（たとえば5.5語ということは決してないこと）、文中の語彙項目の数は無限であることである。これらの規則の最初のもの (17a) は文がより大きな文の中に埋め込まれて生じることを許し、そのため Mary thinks [Harry stirred the stew] や I suspect [Mary thinks [Harry stirred the stew]] 等々と際限なく生成できる。2 番目のもの (17b) は名詞句がより大きい名詞句の構成素になることを許し、the girl with a blue bonnet や the girl in the car with a blue bonnet のような例を生成する。これらのきわめて単純な結合操作を同時に使うことで最後の例の曖昧性が初めて説明される。車に青いボンネットがあれば（北米の読者は bonnet を

hoodに置き換えてください)、(18a)の構造が該当し、もし女の子が青いボンネットを持っているなら(18b)の構造が該当する。[39]

(18) a.
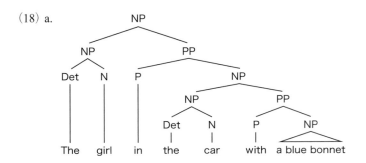

b.
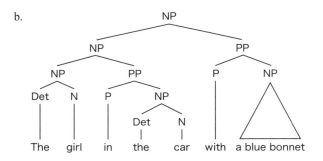

3.4　深層構造

　この種の句構造文法は伝統的な直接構成素分析（immediate constituent analysis）をチョムスキーが形式化したものであり、それは文の厳密な統語表示を可能にしたという点で、それ以前の分析を技術的に大きく前進させるものであった。しかし、同時にこの形式化によって、チョムスキーは、句構造文法だけでは原理的に不適切にしか記述できない構文が言語にはあることを示す議論を提出したのである。この証明の技術的細部は今では歴史的関心を満たす意味しかないが、その結果変形が導入されたことには大きな意味があったし、現在もある。[41]この問題に移る前に、句構造文法の不適切性は英語やその他の言語の特定の文を生成することができないとされたことに（主に）あるのではなく、句構造文法を使った記述が皮相なレベルにとどまっていることにあるということは断っておく価値がある。特に句構造文法は(9)のような一対の文のあいだの関連性を捉えることができなかった。

　変形がなぜ必要であるか（したがって、深層構造がなぜ必要であるか）が論じられた例

として、次の状況を考えてみよう。誰かが（12）Harry stirred the stew と言ったのを聞き違えたとしよう。自然な反応は、驚きあるいは不信の音調を伴って（19）の質問をすることであろう。

(19) Harry stirred what?
（ハリーは何を掻き混ぜた（の）？）

このような問い返し疑問文（echo question）はもとの文の語順と構造を保持していて、句構造文法をほんの少し拡張することで、いとも簡単に作り出すことができる。しかしながら、（問い返しでない）通常の wh 疑問文は、大きく異なる語順と構造を示す。(wh 疑問文とは what, who, which, when, how などの wh 語を含む疑問文のことである。)

(20) What did Harry stir?

(20) のような例を句構造規則を追加して生成することは不可能ではないが、その結果はエレガントではなく、多くのさらなる疑問を提起する。たとえば、(20) の what は (19) の what と同じく、stir の直接目的語であり、(21) の「非有界依存（unbounded dependency）」により示されるごとく、それを統率する動詞からいくら離れていても直接目的語のままであるということはあきらかである。[42]

(21) a. What did Mary want Harry to stir?
　　　（メアリーはハリーに何を掻き混ぜてほしかったのですか？）
　　b. What did you think Mary wanted Harry to stir?
　　　（何をハリーに掻き混ぜてほしいとメアリーは思っているとあなたは思いましたか？）

彼の師のゼリッグ・ハリスの洞察を発展させて、チョムスキーが提案したこれらの問題の解決方法は、全く異なった種類の規則、変形を導入することであった。[43] 句構造文法はある特定の句や文の内部構造を明示的に表すものであるのに対して、変形は1つの構造全体的を別の構造に変える。そうすると (20) のような文は 2 段階で生成されることになる。句構造規則は (15) のような樹形図を作り出し、次に新しい変形規則がその樹形図全体を (22) に示す別の樹形図に変える。

(22)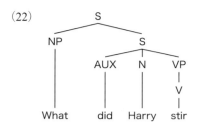

　変形が正確にはどのような効果を持つか、そしてそれがどのように達成されるべきかということについて多くの細部の問題がある。余分の「S」がどのように出現したかとか、どのように助動詞 did が魔法のように現れたのかについて、ここでは何の説明もしていない。これらは興味ある、そして実りある問題であるが、技術的細部は（今は）我々の関心事ではない。重要なこと、そして、今でも論争の的であることは、統語論に今では2つの表示レベルが存在することである。ある特定の一般化、たとえば「直接目的語」という概念は、たとえそこで発音されていなくても、動詞の直後の位置と関連づけることができる、というような一般化をできるだけ単純に捉えるためには、理論をより複雑にしなければならない。すべてのことを単一のレベルで説明しようとする代わりに、現在の理論は、それぞれが異なる種類の一般化を捉えるように設計された2つのレベルを仮定する。記述的妥当性（descriptive adequacy）を理論の複雑化という代価によって達成するのである。[44] 直観的に言えば、変形というのは音楽の主旋律の変奏（variations）に、あるいはグリューネヴァルト（Matthias Grünewald, ca 1480-1528）の『磔刑（Crucifixion）』のような特定の絵のピカソ（Pablo Picasso）による度重なる変態（metamorphoses）に似ている。しかし、これらの変態と異なって、変形は形式的に明示的で、文の厳密な構造的特性の記述を与え、そして、解釈の幅を許さない。

　変形には何も神聖なものはないことに着目することは重要である。変形は巧妙な記述の道具であって、言語の有意味な一般的特性であると広く受け入れられているものの記述を容易にするものである。この点で、生成的企ての最初の数年で変形の役割は大幅に縮減されたことは重要な示唆を含んでいる。再帰性の責任は（一般）変形から、句構造規則に譲渡され、一般化変形は理論から完全に除去されたのである。[45][訳注2]

　いかなる記述の道具であれ、それを正当化するのはその説明の成功と理論上の簡潔性である。特に、想定されるレベルの名前や特性には特段重要な意味はないのである。句構造規則により生成される樹形図は、定義上、深層構造（deep structure）であり、深層構造に対して変形が働いて産出される樹形図は、同じく定義上、表層構造（surface structure）である。「深層（deep）」と「表層（surface）」は理論が形式的構築物に付けたラベルにすぎず、哲学的深淵とか心理学的優位性とのあいだには相関関係は全くないのである。深層構造は別の意味で深いという、広く見られる誤認は、おそらく、ある時点で

深層構造は文の意味を決定するために必要かつ十分であると見なされ、意味はもちろん哲学者が、そして、事実誰もがとりわけ関心を持つものであるという事実によるものであろう。深層構造が意味を決定するという主張はやがて放棄されたが、用語とその考えの誘惑が解消するにはずっと長い時間がかかった。[46]

3.5 記述 対 説明

　チョムスキーが変形文法を開発する前は、自然言語には適切に記述（description）することが全く不可能な多くの構文があった。たとえば（21）が例示する非有界依存（unbounded dependency）を扱う適切な表記法すらなかったのである。この新しい理論が多くの賛同者を勝ち得たのは、それまで分析を拒んできた事実を記述する方法を提供したこと、これらの分析が、それにより記述したばかりの事実に一致する新しい事実の存在をしばしば発掘したこと、そして、多くの場合に、この新しい記述の装置がそれまでは無関係であると思われた一連のデータを結びつけたことによる。しかしこの成功は高い代償を伴った。ボブ・リーズ（Robert B. Leeds, 1922-1996）の博士論文に始まった、1960年代の統語分析は、新しい句構造規則と、ますます奇異になっていく変形規則の爆発的増大のため、おそろしく複雑になった。新しい装置をマスターし、操作することはある程度の知的満足を伴ったが、1つの煩わしい問題が議論の中心になってきたのである。つまり、いったい子どもはどうやってこのような複雑な規則の殿堂を獲得することができるのだろうかという問題である。文法は今や何百という異なる種類の規則からなるばかりか、多くの規則は互いに順序付けられていたのである。つまり、文法的な文のみを生成し、非文法的な文を生成しないためには、規則Aが規則Bに先行すると規定することが必要であったのである。[47]

　最大限に単純な例を考えてみよう。当時、（23a）のような命令文は（23b）のような単純な陳述から、主語のyouを変形により削除することにより派生されると考えられていた。

(23) a. Stir the stew
　　　　（シチューを掻き混ぜなさい）
　　 b. You stir the stew
　　　　（君がシチューを掻き混ぜなさい）

　同様に、（24）のような再帰文は、同じ項目の2つの（同一指示的）生起を含む（25）のような構造から、2番目のJohnをhimselfに変えることにより派生されたのである。[48]

(24) John hurt himself
　　（ジョンが怪我をした）
(25) John hurt John

この想定のもとで (26) のような文を生成するためには、

(26) Wash yourself
　　（体を洗いなさい）

(27) に示すように2つの段階を経ることが必要であった。

(27) You wash you → You wash yourself → Wash yourself

まず再帰変形が適用し、その後で命令文変形が適用するのである。もし、これらの規則を (28) のように逆の順に適用しようとすると

(28) You wash you → Wash you

*Wash you という非文法的な連続を引き当ててしまうのである。順序付けをする規則が2個しかなければ、2つの順序付けしかないが、3個の規則では6通りあり、4個の規則では24通りあり、10個の規則であれば50万通りの順序付けがある[49]。チョムスキー自身の修士論文は25個からなる現代ヘブライ語の形態音韻論で、規則の順序付けの複雑さを示した[50]。問題は明白であろう。規則をすべて学ぶという巨大な任務に加えて、第一言語を獲得中の子どもはこれらの規則のあいだの天文学的な数の可能な順序付けを検証しなければならないのである。この新しい言語理論は大きな潜在的記述力を与える代償として、言語獲得、そして言語の知識そのものを、どう見ても説明 (explanation) できないものにしてしまったのである。ジョージ・ミラー (Geroge Armitage Miller, 1920-2012) との共著の初期の論文でのチョムスキーの言葉を借りると、「子どもが 10^8 秒しかない幼年期に 10^9 のパラミタの値を学ぶということを真面目に提案することはできない[51]」。この記述と説明との緊張関係は、しばしば記述的妥当性だけでなく、説明的妥当性を達成する必要性があるという形で表現されるが、その後の言語学研究を支配してきて、その結果必要とされる記述的道具立ての数と力を縮減することが何度となく試みられることになった。しかしながら、重要なことはこの縮減が、文の分析力を犠牲にすることなく、そして、子どもにとっても、言語学者にとっても新たな問題を引き起こすことなく、行われなければならないことである[52]。事実、説明的妥当性の追求は、継続的な

記述的妥当性の研究と手を携えて進んできており、下で見るように両方の分野においてかなりの進歩があったのである。

4 説明的妥当性を目指して

4.1 規則から原理へ

　文法の説明力を増大させる試みの第一歩は普遍原理（universal principles）の開発であった。普遍原理というのは、言語理論に帰されるもので、それゆえ、個々の言語や人々の文法を越えたものである。[53]この方向への転換は「Aの上のA条件（A-over-A condition）」を提案した1962年の国際言語学者会議でのチョムスキーの論文ですでに始まっていたのである。[54]この原理は規則の適用を論理的な可能性の小さい下位集合に限るという効果を持つものであった。（たとえば名詞句のような）ある範疇がその構造の一部として同じ範疇の別の例（つまり、もう1つの名詞句）を含んでいた場合、「名詞句」を名指しするいかなる規則も、より大きい方に言及しているものと解釈されねばならないというものであった。たとえば、(19) と (20) で what は名詞句 the stew と同じように直接目的語として機能しうることを見た。(29) に見るように、目的語はこの例よりも構造上もっと複雑であるかもしれない。ここでは直接目的語がその中にさらに名詞句を含む名詞句からできている。

(29) a. Harry stirred [NP [NP the stew] and [NP the pudding]]
　　　（ハリーはシチューとプディングを掻き混ぜた）
　　b. Harry stirred [NP [NP the stew] that tasted of [NP turnips]]
　　　（ハリーは蕪の味がするシチューを掻き混ぜた）

　(12) と (20) で what が the stew に取って代わることができたように、(30) の質問と答えの対が示すとおり、what は [the stew and the pudding] にも、[the stew that tasted of turnips] にも取って代わることができる。

(30) Q. What did Harry stir?
　　　（ハリーは何を掻き混ぜましたか？）
　　A1. The stew and the pudding
　　　（シチューとプディング（です））
　　A2. The stew that tasted of turnips

(蕪の味がするシチュー (です))

しかし、驚くべきことに (31) の例が不可能であることから分かるように、これらの名詞句の一部を、それらが名詞句であっても、問うことはできないのである。

(31) a. *What did Harry stir the stew and —?
（ハリーはシチューと何を掻き混ぜましたか？）
b. *What did Harry stir — and the pudding?
（ハリーは何とシチューを掻き混ぜましたか？）
c. *What did Harry stir the stew that tasted of —?
（ハリーは何の味がするシチューを掻き混ぜましたか？）[訳注3]

これらの例は取るに足りないものであるように思われるかもしれないが、その重要性は、それらが、単なる英語の1つの規則の個別的性質ではなく、言語の一般的特性を例示しているという事実にある。すなわち、すべての言語はある種の構成素をそこから何者も抜け出すことができない「島 (island)」として取り扱うのである。この普遍性は、それまで記述的問題であったものを説明的解決へ変化させる。これが意味することは、子どもが第一言語の規則がどういうものであるかを解明しようとしているときに論理的には可能であるが、普遍原理によって言語的には排除されている代案分析の全体を無視できるということである。この原理の一般性は子どもが言語習得の仕事に援用する心的構造の一部であって、子どもが学ばなければならないものではないということを示唆する。

チョムスキー流言語学では、島の研究の歴史が示すように、観察される事実の背後にあり、それを一般的に説明するより深い理解の方が、事実は捉えるが、理論的な見地から見ると根拠に乏しい規則を述べることより優先される[55]。文の（目的語ではなく）主語、(31a) と (31b) が示す等位構造、wh句と移動を受けた句など多くの種類の島が発見され、それぞれに相当する島の制約が仮定された。しかし、問題もあった。1つの問題は提案された島のほとんどには反例があることであった。たとえば、少なくとも最初に定式化された形では、Aの上Aの原理はすぐに間違っていることが証明された。それは強すぎて、(32) にあるような例が名詞句から名詞句の取り出しを含むので非文法的であると誤って予測してしまうのである。

(32) a. Q: What did Harry stir [$_{NP}$ — that tasted of turnips]?
（蕪の味がする何をハリーは掻き混ぜましたか？）
A: The stew

（シチュー（です））

b. Which author did you read [NP a book about —]？
（どの作家についての本をあなたは読みましたか？）[訳注4]

　提案された制約は普通、それらを取り込むように何らかの形で修正が可能であるので、このような反例は必ずしも致命的であるわけではない。ただし、通常はその制約をより複雑にするという代償を払わなければならない。
　上で示唆したように、これらのより複雑化していく制約が増殖することは理論的な根拠に乏しかった。統語論者等は島のタイプについて網羅的であってもあきらかに恣意的なリストを作ることより、なぜある種の構成素が島であり、他のものは島でないのかを知ることにより関心があった。したがって、島の一般的な理論を作ることにより制約を統一しようとする試みが行われたが、そのもっとも影響力が大きいものがチョムスキーの『障壁（*Barriers*）』の枠組みであった[56]。さらに最近の島のような局所性の条件はしばしば「位相」から帰結するものと理解されている。この概念については下で説明する。
　初期の生成文法に話を戻そう。普遍的な原理に訴えることにより、個別言語の文法を簡素化することに加えて、記述と説明の緊張関係は規則のあいだの共通要素を部分的に因数分解することにより解消された。次の類推を考えてみよう。諸元素は一見したところ、体系のないリストのように見えるが、メンデレーエフ（Dmitri Ivanovich Mendeleyeev, 1834-1907）が行った有名な発見で分かるように、周期表として知られるある特定の順に並べると特性が規則的に繰り返し現れることが分かる。これにより、遷移元素、ランタン系列元素、等々の元素の自然類が区別される。これと同じように、上の（10）で示したごとく、さまざまな変形は共通の特性を共有していることが観察され、これらも自然の類を構成していることを示唆している。On WH-Movement で初めてつまびらかにされたこの洞察が変形の数の劇的な縮減へと導いたのである[57]。（33）に見られるとおり、疑問文（33d）、関係節（33b）、「分裂文（cleft sentence）」（33c）と「擬似分裂文（pseudo-cleft sentence）」（33d）に関わる規則はすべて、ダッシュで示す統率する動詞の隣の位置から目的語を移動し、さまざまな他の特性も共有する[58]。

(33) a. What did Harry stir —?
　　　（ハリーは何を掻き混ぜましたか？）
　　b. The stew which Harry stirred — was full of turnips
　　　（ハリーが掻き混ぜたシチューは蕪でいっぱいだった）
　　c. It was the stew that Harry stirred —[59]
　　　（ハリーが掻き混ぜたのはシチューだった）
　　d. What Harry stirred — was the stew

（ハリーが掻き混ぜたのはシチューだった）

　一旦これらの共通点が発見され、定式化されると、上述の一連の規則は「wh 移動 (Move wh)」[60]という単一の一般化に還元できる。もちろん wh 句（すなわち wh 語を含む句）だけが移動できるのではない。名詞句が移動できる受動のようなさまざまな構文があるが、その他の特性ではやや異なっている。移動の先は典型的には主語のような項 (argument) の位置であるので、このような移動は「A 移動 (A-Movement)」としても知られている。(21) の例で示されるように wh 移動は非有界的 (unbounded) であるのに対して、NP 移動は通常有界的 (bounded) である、すなわち、移動される要素は同じ節の中にとどまらねばならないとされる。[61]したがって、(34b) は (34a) の受動文で、文法的であるが、(35a) の受動文である (35b) は、John が遠く動きすぎて、that Mary loves John という元の節の外に出ているため、不可能である。

　　(34) a. Mary kissed John
　　　　　（ジョンはメアリーにキスした）
　　　　b. John was kissed by Mary
　　　　　（ジョンはメアリーにキスされた）
　　(35) a. It is evident that Mary loves John
　　　　　（メアリーがジョンを愛しているのは明白である）
　　　　b. *John is evident that is loved by Mary
　　　　　（* ジョンはメアリーに愛されているのは明白である）[訳注6]

　実は、「有界性 (boundedness)」に関するこの相違は異なる規則の表面的な特性にすぎないように思われる。すべての移動は、有界的であろうが（見かけ上）非有界的であろうが、「局所的 (local)」でなければならない。つまり、移動は単一の節の境界の中で生じなければならないのである。このことは非境界的に移動するように見える要素も実際は一挙に移動するのではなく、実際はいくつかの段階に分かれて移動しなければならないということである。そのような移動は「循環的 (cyclic)」または「連続循環的 (successive cyclic)」と呼ばれる。その心は同じ規則が連続した循環で繰り返して適用し、そのたびごとに、より大きな領域を作って行くということである。(21) と平行的な、(36) の例を見てみよう。[62]

　　(36) What might Mary think [Harry stirred —?]
　　　　　（何をハリーが掻き混ぜたとメアリーは思うでしょうか？）

ここでは what がダッシュの位置から文頭まで移動している。これには二通りの移動の仕方が考えられる。what が一挙に移動したか、または2段階に分けて、最初は、鉤括弧で印を付けた埋め込み節の頭に、次に全文の頭に移動したかのどちらかである。この2つの可能性は（might や Mary の位置から来る複雑さを無視すると）(37)(38) に例示される。

(37) [Mary might think [Harry stirred what?]] →
　　 [What might Mary think [Harry stirred —?]]

(38) [Mary might think [Harry stirred what?]] →
　　 [Mary might think [what Harry stirred —?]] →
　　 [What might Mary think [— Harry stirred —?]]

(37) では、what がまっすぐに文頭まで移動している。(38) では、what は2段階に分かれて移動している。まずは埋め込み節の頭に、次に全文の頭に移動している。このように対比させると、2つの分析のあいだの選択は明白であると思われる。(37) の方がより単純で、したがって (38) より好ましいものとして選ばれるべきであるように思われる。しかしながら、面白いことに、(38) が実は正しいことを示す立派な証拠があるのである。もっとも単純なそのような証拠は英語ではなくて、スペイン語、アフリカーンス語、スコットランドゲール語などのさまざまな他の言語から得られる。スペイン語は、英語と違って、自由な語順を許し、適切な語用論的文脈があれば主語は動詞句の後にも現れうる。そのため (39) のどちらの例も可能である。

(39) a. Maria contestó la pregunta
　　　（マリアがその質問に答えた）

　　 b. Contestó la pregunta Maria
　　　（マリアがその質問に答えた）

wh 疑問文ではこの「主語倒置」は義務的で、(40a) は文法的であるが、(40b) は全く非文法的である。

(40) a. Qué contestó Maria?
　　　（何にマリアは答えたか？）

　　 b. *Qué Maria contestó?

そうなると興味深いのは、(41) のように「非有界的」移動がある場合である。

(41) a. Juan pensaba que Maria contestó la pregunta
(ホアンはマリアが質問に答えたと思った)
b. Qué pensaba Juan que contestó Maria?
(ホアンはマリアが何に答えたと思ったか)
c. *Qué pensaba Juan que Maria contestó?
(ホアンはマリアが何に答えたと思ったか)

 (40b) と (41c) の平行的な非文法性をどのように説明できるだろうか？　このような例は wh 語（ここでは Qué）をその最初の位置に含んでいるどの節においても倒置が義務的であることを示している。(40) での Qué の存在が主語 (Maria) と動詞 (contestó) の倒置を強制する。同様に、(41b) の文頭に Qué があることが、Juan pensaba ではなく、pensaba Juan の語順を強制するというわけである。しかし、そうなると Maria contestó ではなく、constestó Maria の語順が説明されないで残ってしまう。しかしこのことは、埋め込み節においても wh 語は全文の頭の位置に行く途中で、埋め込み節の頭の位置を通ったことを示唆している。そのことは見かけ上単純である (37) ではなく、(38) が正しいことを意味する。

　見かけ上の有界性だけが NP 移動と wh 移動のあいだの相違ではない。wh 移動の行き先は典型的には節の左の周辺の非項位置（non-argument position）である。だから wh 移動はしばしば A バー移動と呼ばれる（A バーとは項（argument）でないということである）。これらの追加の相違は、また総じて予測可能である。そのため、すべての移動規則を単一の「α 移動（Move α）」という一般化に還元することが順次可能になってきた。（ここで α というのはどのような構成素でもという意味である。) 移動は言語理論が許す 1 つの可能性であるということを述べているだけのこの原理は、今やどの個別文法からも抽出して、言語機能に帰すことができるのである。

　これは 2 つの著しい結果をもたらす。1 つには規則の数の縮減は子どもの獲得の任務がそれまで考えられていたことに比べて劇的に容易になったということである。特に今や少数しか規則がないので、規則の順序付けはもはや問題にもならず、言語習得者がやらなければならないことは、目下触れている言語において α が正確に何を指すかを発見することである。2 番目には（受動文、関係節、疑問文などという）「構文（construction）」という概念が、理論から除去できることがある。文法規則は今やすべての言語現象を、たとえば、移動を受けた wh 語を含むすべての文を、適格として特徴づけることができるのである。今や文法規則は構文に言及せず、「属性 X を持つすべてのもの」のようなより抽象的な範疇を対象とするものとなったのである。属性 X はたとえば「wh 語を含

む」という具合である。さらに、構文を問題とすることはしばしば誤解を招く場合がある。多くの文は複数の構文のタイプに属する属性を持っている。たとえば John was expected to leave は受動文の例でもあり、「繰り上げ（raising）」と呼ばれる構文の例でもある[67]。この例がこれらの構文のどちらであるかということを問題にしても助けにならない。構文は今では付帯現象、すなわちより抽象的で一般的な原理の副作用と見なされているのである。

4.2　句構造規則の廃止

変形部門の簡素化が進むと同時に、句構造規則も除去されつつあった[68]。これは2つの方法で実行された。一方で、1960年代から1970年代初期に考えられていた文法では、句構造規則に存在する情報がレキシコンにおいて繰り返され、事実、何度も、繰り返されているという意味で、文法が余剰性を示すことが久しくあきらかになってきていた。たとえば上で見た bring と polish という2項述語は他動詞的に、つまり、目的語を伴って使わなければならないが、これに対して dither（おろおろする）とか stumble（つまずく）のような動詞は自動詞的に、つまり目的語を伴わず、単独で、または前置詞句を伴って使われなければならない。したがって（42）(43) のような対比する文法性の判断が生じるのである。

(42) a. John brought the wine
　　　（ジョンはワインを持ってきた）
　　 b. *John brought
　　　（*ジョンは持ってきた）
　　 c. *The wine brought
　　　（*ワインが持ってきた）

(43) a. The government dithered (about disarmament)
　　　（政府は（軍縮について）うろたえた）
　　 b. *The government dithered disarmament
　　　（*政府は（軍縮を）うろたえた）

このような情報は予測可能ではないので、レキシコンにおいて、たとえば、動詞 bring は名詞句に後続されねばならないという形で、規定しておかなければならない。しかし、動詞が名詞句に後続されるということは、まさに (16b) の規則、VP → V NP が与える情報にほかならない。個々の動詞の分布上の可能性は（その意味から多く予測

可能であるが）部分的には個別的であるから、そのような情報はそれぞれの動詞の語彙記載に任せるべきであり、したがって、句構造規則からは除去されねばならない。

　3つのことを強調しておかねばならない。まず、すべての句構造規則がそのように簡単に除去可能であるわけではなく、句構造規則を除去しようとする試みは結果として理論の興味ある、そして根源的な改訂に至ったということである。[69] 2番目に、現在の統語理論では句構造規則は全くなくなったけれど、文法は、それまで句構造規則がしていたこと、つまり、文構造を構築するための何らかの方法を持つ必要があるということである。レキシコンからの語彙項目を組み合わせる、あるいは「併合（merge）」して、より大きい構成素を形成し、これらをさらに他の語彙項目と併合して、さらに大きい構成素を形成する方法がなければならない。たとえば、the wine は the と wine を併合することにより作られ、brought the wine は brought と the wine を併合することにより作られる。言語理論において生じた記述装置における変化は、この単純な記述では十分に捉えきれないほど重要なものであった。当初の「生成」文法は S という記号から始めて、上の(16) にあるように、それが何から成り立ちうるかを指定していた。つまり、この規則は「上から下（top-down）」に構造を作っていったのである。新しいシステムでは、文法はレキシコンから語彙項目を選択したもの、専門用語では「枚挙（numeration）」と呼ばれるものを取り出すことから始め、それらを順次組み合わせて、文を構築するのである。つまり、文法は「下から上に（bottom-up）」構造を作って行ったのである。[70] 3番目に、ここで例示されている種類の余剰性が理論改訂の必要性を見極めるよい印であるということは、特筆すべきである。いくらかなりともエレガントであろうとする理論であれば、節減、対称性、非余剰性などの基準を厳守しなければならないというのは自然科学において当たり前のことである。チョムスキーのプログラムは、これらと全く同じ基準が言語理論の構築においても働くことを示すことであった。生物学的なシステムにとっては、このことは物理的なシステムよりも驚くべきことであり、言語学をこのように自然科学と同化させることが可能であり、また実り豊かなものであることを、何度も示すことができたことは、大きな貢献である。

4.3　X バー理論

　句構造規則の除去の2番目の流れは一般化へのもう1つの試みであった。[71] 動詞句は動詞を含み、名詞句は名詞を含み、形容詞句は形容詞を含む。あきらかな一般化は X 句はその主要部（head）として X を含んでいるということで、だから、個々の文法においてこれが成り立っていることを規定する必要はない。さらに、X が名詞であろうが、動詞であろうが、形容詞であろうが、X に後続しうるものは同じものである傾向がある。(44) に示すように動詞が他動詞的であったり、自動詞的であったり、節補部を従えた

りできるが、それぞれ（45）（46）に示すようにこのことは名詞にも形容詞にも当てはまる。[72]

(44) a. John <u>mended</u> the car　　　　　　　　［他動詞］
　　　（ジョンは車を直した）

　　 b. John <u>vanished</u>　　　　　　　　　　［自動詞］
　　　（ジョンは消えた）

　　 c. John <u>thinks</u> that frogs are mammals　［節補部動詞］
　　　（ジョンはカエルは哺乳類だと思っている）

(45) a. John is a <u>student</u> of linguistics　　　［他動詞的名詞］
　　　（ジョンは言語学の学生である）

　　 b. John is a <u>hero</u>　　　　　　　　　　［自動詞的名詞］
　　　（ジョンは英雄である）

　　 c. John regrets the <u>fact</u> that frogs are amphibians　［節補部名詞］
　　　（ジョンはカエルが両生類であることを残念に思う）

(46) a. John is <u>fond</u> of Mary　　　　　　　　［他動詞的形容詞］
　　　（ジョンはメアリーが好きだ）

　　 b. John is <u>comatose</u>　　　　　　　　　［自動詞的形容詞］
　　　（ジョンは昏睡状態にある）

　　 c. John is <u>sure</u> that frogs are vertebrates　［節補部形容詞］
　　　（ジョンはカエルが脊椎動物であると確信している）

ここでも教訓は明白である。各々の範疇について別々に可能性の範囲を繰り返す必要はなく、その情報はすべての範疇をカバーする X バー（X-bar）式型と呼ばれる抽象的な式型ですべてについて一度述べておけばよいのである。つまり、統語構造は（47）に示す配置をとるのである。

(47)

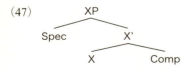

Spec ＝ 指定部、Comp ＝ 補部

(47) の樹形図が示すように、X バー理論（X-bar Theory）はまた各々の句は指定部（Specifier, Spec）を持つことを仮定している。この「指定部」という名前は、(47') のような文のその位置にある項目が果たす意味役割から来ている。それは主要部がどのように理解されるべきかを「指定」することによって、主要部を修飾しているのである。たとえば (47') において、Government は名詞の指定部にあり、主要部の plans を修飾している。つまり、関連する計画は政府の計画であることを指定しているのである。[73]

(47')
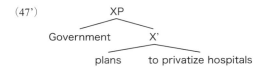

X バー理論の出現により、多量の句構造規則を除去する道が開かれ、その後 X バー理論の名詞、動詞、形容詞などの範疇から、たとえば（the のような）決定詞、（I know that penguins are fattening の that のような）補文標識などのすべての範疇を含む形への一般化とともに、[74]統語理論はこの文法の簡素化を可能にし、子どもの言語習得の負担がより軽いものであることを捉えることになった。[75]

この段階でこのように理論的発展が見られた背景には、言語の知識を説明する責任をいくつかの自律的な体系（「モジュール」と呼ばれることがある）のあいだに分け持たせることが望ましいという考えがあった。これらの体系の各々は極度に簡素なものであるが、それらの体系の相互作用に従うと、我々の諸直観が持つ複雑性のすべてが正確に特徴づけられるのである。多くの事実がまだ説明されずに残っていることは皆が率直に認めていたが、可能な構造的関係の集合の分析に対する責任を X バー理論と α 移動の一般的な移動の特性に割り当てることにより、広範な統語的現象をきわめて簡潔な陳述により捉えることが可能になった。個々の言語に特有な規則から言語機能の普遍原理への移行は、強調が記述から説明に移行したことを反映するものであるが、文法のモジュール化という特徴を持っている。これは精神（mind）のモジュール性と軌を一にするものであった。それ以前は個々の構文が、その記述専用の 1 つの規則あるいは規則群を必要とするものと見なされていたのに対して、今や少数のモジュールがレキシコンの個々の項目についての陳述と合わさって、観察される範囲の効果を生むよう協働することになり、言語理論の徹底した簡素化が成立したのであった。

この段階の理論は、そこで用いられていた 2 つの概念が中心的な重要性を持つものであったため、統率・束縛理論（Government and Binding theory: GB theory）として広く知られていた。[76]そうではあっても結局は言語の記述や説明において重要であるかもしれない

が、重要でなくなるかもしれない2つの専門用語に言及するだけであるので、チョムスキーはこの呼称が気に入らなかった。「本当のアプローチは原理とパラメタのアプローチであって、それは統率と束縛を含むかもしれないが、含まないかもしれない。」[77] つまり、研究のこの段階での中心的な考えは個々の言語の文法は言語の普遍原理という言葉に置き換えてより深い形で理解されるべきで、言語間の変異は普遍文法の働き方におけるごく少数の可能な相違点、すなわちパラメタによって説明されるべきであるということであった。

下で説明する意味での統率はミニマリスト・プログラムにおけるチョムスキー自身の研究においては今や姿を消してしまったけれど[78]、現在の生成文法研究は「統率 (government)」という概念とそれと関連するモジュール (module) の両方について、ある程度の知識があることを前提としている。先導的統語論者であるノーバート・ホーンシュテイン (Norbert Hornstein, 1951-) が最近言った言葉を借りれば、「ミニマリストの企ては ⋯ GB の結果をほぼ経験的に正確なものであると捉え、その特性群を認知的演算のより一般的な特性群から演繹しようとするものである」[79]。本章の上で述べたように、研究のこの段階で、自然言語の統語論の記述はかつてないほどに花開いたのである。統語論研究者は文構造の記述のための新しい道具を手に入れて、新しい種類の文や許される構造について、以前にはその存在に気づかなかった制約などを含む多くの新しい事実を発見した。さらに、記述的妥当性におけるこの改良は説明的妥当性の問題、言語はどのように獲得されるかという問題への答えの概要と並んで進行した。その答えは X バー理論と α 移動だけでなく、束縛 (binding)、格 (Case)、θ 理論 (theta theory) などの、文法のさまざまな下位モジュール（後述）は生得的に指定されており、獲得される必要が全くないというものである。言語間の統語的差異は、これらのモジュールの機能の仕方の比較的些細な相違と個々の語彙項目の異なる特性として説明される。

チョムスキーの過去20年間の研究の目標は主に GB 理論の相当な成果をより原理的な、そしてより簡素な理論で再現することである。だから、これらの最近の発展を説明する前に、どのような種類のデータを GB が説明してきたか、そしてこのことが原理とパラメタによる言語獲得の説明とどのように結びつくのかということを示す必要がある。

4.4 統率・束縛理論

X バー理論と α 移動に加えて、特定の種類の一般化を捉えるための部門あるいはモジュールがいくつか分かれて存在していた。このようなモジュールの増殖は人間の言語がどのように進化したかを説明する必要から、ミニマリズムにとっては後に困惑の種となり、モジュールをなくそうとする試みが行われた。にもかかわらず、これらのモジュールによって理解できる現象は厳として存在し、いまだに説明される必要がある。

もっとも最近の（ミニマリストの）研究では（統語論研究者のセドリック・ブック（Cedric Boeckz）によると）「モジュール自体は素性と名を変えて生き残っている」[80]。そこで、融合によっていくぶん話を単純にしながら、何らかの形で現在の研究にまだ残っているものに主な注意を払いながら、各々のモジュールをざっと順に見て行くことにする。束縛理論、θ理論、などの標準的な用語を束縛のモジュールの理論、θモジュールの理論を意味して使うことに注意されたい。

すでに X バー理論と α 移動は論じたので、以下のモジュールを論じることとする。

　　束縛理論
　　局所性（下接の条件）
　　θ 理論と制御
　　格理論と統率
　　空範疇原理

4.4.1　束縛理論

束縛理論は himself のような照応詞（anaphor）、him のような代名詞（pronominal）、そして John のようないわゆる指示表現（referring expression）と（48）に見るような文における可能な先行詞との関係を説明する。[81]

(48) a. John$_i$ likes him$_j$
　　　（ジョンは彼が好きだ）
　　b. John$_i$ likes himself$_i$
　　　（ジョンは自分が好きだ）
　　c. Bill$_i$ thinks [John$_j$ likes him$_i$]
　　　（ジョンは彼が好きだとビルは思っている）
　　d. Bill$_i$ thinks [John$_j$ likes himself$_j$]
　　　（ジョンは自分のことが好きだとビルは思っている）[訳注7]
　　e. He$_i$ likes John$_j$
　　　（彼はジョンが好きだ）

一般的に、代名詞と照応詞は反対の分布を持つ。異なる下付き文字で示されているように（48a）では him は John を指示できないが、（48b）では同じ下付き文字で示してあるように himself は John を指示しなければならない。（48c）では him は Bill を指示できるが、John は指示できないのに対して、（48d）では、himself は John だけ指示でき、（48e）では（48a）と同じく、名詞と代名詞は異なる人を指さなければならない。25 年

の研究の結果、照応詞はある局所領域の中で束縛され、他方代名詞は同じ領域で自由でなければならず（つまり束縛されてはならず）、John のような指示表現はどこでも自由でなければならないということが中核的一般化として抽出された。「束縛」というのは「と同一指標を持ち」（つまり、同じ下付き文字を持ち）下の（50）に示すような樹形図において低い位置にあることを意味する専門用語である。

束縛理論はまた、この時点で樹形図における節点間の構造的な関係である「c 統御」という統語理論のもう1つの中核的概念を説明する良い例になってくれる。専門的な定義はこうである。樹形図の中の節点 A が別の節点 B を c 統御（c-command）するのは、A を支配する最初の枝分かれ節点が B も支配するとき、そしてそのときに限る。(49) の例を考えてみよう。

(49) a. The duchess has disgraced herself
　　　（公爵夫人は恥をかいた）
　　b. The mother of the duchess has disgraced herself
　　　（公爵夫人の母親は恥をかいた）
　　c. *The brother of the duchess has disgraced herself
　　　（公爵夫人の兄／弟は恥をかいた）

(49a) は herself が the duchess を指示する解釈で問題のない立派な文である。意外なことに (49b) は曖昧ではない。herself は the mother (of the duchess) だけを指すことができ、the duchess 自身を指すことはできない、そして (49c) は非文法的である。c 統御はなぜこうなるのかに対して説明を与える。(49) の例の (50) と (51) の樹形図が、その仕組みを示している。[82]

(50)

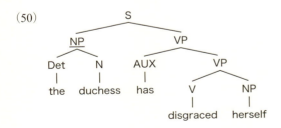

(51)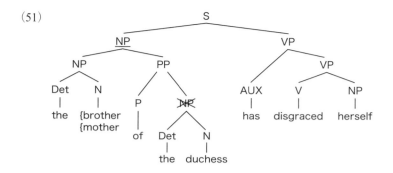

どちらの樹形図においても下線のNP((50)ではthe duchess、(51)では、the brother / mother of the duchess)はherselfをc統御するが、(51)の×印付きのNPのthe duchessはherselfをc統御しないので、その先行詞にはなれないのである。これも構造依存性の例であるが、階層的な構造が決定的に重要であることを強調する例でもある。(49b)と(49c)において the duchess は他のNPより、線形的には近くにあるが、重要であるのは階層的な関係なのである。

もちろん、残る問題も多くある。たとえば(52)のようないわゆる絵画名詞(picture noun)の再帰代名詞は、理論をさらに複雑化することを要求する。[83]

(52) John's$_i$ campaign required that pictures of himself$_i$ be placed all over town
（ジョンの選挙運動は彼自身の写真が町中に張り出されることを要求した）

束縛理論の基本的洞察が(53)や(54)のような複雑な文を単純に処理することを可能にしているのである。

(53) a. John$_i$ expects to visit him$_j$
（ジョンは彼を訪ねる予定だ）
b. I wonder who John$_i$ expects to visit him$_i$
（彼を訪ねることを誰にジョンが期待しているのだろうか）

予想されるとおり、(53a)の him は文脈中で名指しされていない誰かを指すことしかできず、John を指すことはできない（それゆえ異なる下付き文字が付いているのである）。しかし、この同じ語の連鎖が(53b)のようにより複雑な構造に埋め込まれると、再び下付き文字で示されるように、同一指示が可能になるのである。チョムスキーはこれらの際立った例を使って、この段階の理論の形式的な優美さを擁護しただけでなく、伝統

的な学習の概念（第3章参照）が有効でなさそうなこと、知識は意識的なものでなければならないとする要件（第4章参照）が好ましくないこと、等々を示そうとしたのである。さらなる例はさらにより意外なパターンをあきらかにする。（これらの例を完全に分析するには、理論の他の部分をより詳しく説明することが必要になる。）

(54) a. The knowledge that John$_i$ might fail bothered him$_j$
  （ジョンが失敗するかもしれないと知って彼は悩んだ）
 b. The possibility that John$_i$ might fail bothered him$_i$
  （ジョンが失敗するかもしれないという可能性が彼を悩ませた）
 c. The realization that John$_i$ might fail bothered him$_{i/j}$
  （ジョンが失敗するかもしれないと悟ったことが彼を悩ませた）

(54a) では him は（通常では）John を指すものとは解釈できないが、(54b) では、him は典型的に John を指しているととることができる（ただし、ここでも文脈にある名指しされていないある人を指すこともできる）。この意外な相違は our knowledge that so and so という表現が適切であるのに対して、our possibility that so and so という表現は不適切であるという事実と相関している。(54c) では選択的下付き文字が示すように、指示に関するどちらの可能性も開かれており、異なる解釈のどちらが選ばれるかはジョンが失敗するかもしれないことに誰が気づいているかによる。これらの判断は微妙で、いくぶん個人間で変異がある。そのため、ここで示されている直観を自分も共有するかどうかを確かめるにはかなりの内省の努力を必要とする。たとえば、著者の一人（ニール・スミス）は (54a) を John と him とが同一指示的であるとして解釈できないというチョムスキーの判断を共有するが、もう一人（ニコラス・アロット）は、この解釈を完全に容認可能であると判断する。このような解釈の微妙な点に関する体系的な差異が存在することは我々の言語の知識の豊かさと、現在の理論がそれに対して持ち始めている説明力をまぎれもなく示している。長年にわたって束縛理論に払われた関心を考えると、それが現在用いられている文法の他の仕組みと正確にはどのように一体となるのかが、最近の理論的前進では不明確になってしまっていることを発見すると、いくぶん反省させられるところがある。その最終的な運命がどうであれ、束縛についての何らかの理論がそれでも不可欠であるということには、広く意見が一致している。

4.4.2　局所性

束縛理論の中核の洞察が照応形は局所領域（local domain）で束縛されねばならないというものであったということを論じた。たとえば (48d) Bill$_i$ thinks [John$_j$ likes himself$_j$] において、再帰要素 himself は同じ節の中にある局所的名詞 John を指すことができる

が、局所的でない Bill を指すことはできない。(5) の例 When did John decide which car to fix? には曖昧性がないことの理由も、同様に局所性(locality)の問題である。when は局所的動詞の decide とのみ解釈できて、局所的でない fix とは解釈できない。3 番目の局所性の制約は、当時は文法の別な下位理論としてリストされていたが、有界理論あるいは下接の条件として知られていて、要素が移動していく距離に境界を設定していた。もっと正確に言うと、この制約は移動する構成素が NP などの境界節点をいくつ越えられるかを決定し、(55) の例のあいだの対比を説明していた。[84]

(55) a. A rise in the price of oil was announced
(石油価格の上昇が発表された)
b. A rise was announced in the price of oil
(石油価格の上昇が発表された)
c. *A rise in the price was announced of oil
(石油価格の上昇が発表された)

(55a) は (56) に示す簡略化された構造を持っていると考えられた。

(56) [NP [NP A rise] [PP in [NP [NP the price] [PP of [NP oil]]]] was announced

(55b) を産出するには前置詞句 in the price of oil が、一番外側の鉤括弧を越えて文末に移動される。(55c) を産出するためには前置詞句 of oil を文末に移動しなければならないが、この移動は(一番外側のと、the price of oil を囲んでいるのと)2 つの NP 節点を越えることになり、これは下接の条件に違反する。of oil という句は in the price of oil という句より遠くに移動しているようには思われないけれども、より深く埋め込まれた位置から移動しなければならないということであり、これが有界条件に違反しているのであるということに着目することが重要である。前の節での c 統御の例と同じように、重要なのは階層的構造である。[85] この分析が、「2 つの NP 節点」に言及しているので、文法の規則は数えることができないという以前に行った主張と食い違うように見えるかもしれない。実際に必要なことは隣接要素(adjacent elements)という概念である。1 つ 2 つという数に言及しているのは便利な省略表現にすぎない。「局所性」のもとにさまざまな例を挙げたが、これらの例が統一的扱いを受けることができるような段階にまで理論が発展するには何年もかかっており、局所性の問題は、下で見るように、今でも論争点である。[86]

4.4.3　θ理論（と制御理論）

　θ理論（theta theory）は、先に bring と dither についてみた種類の特定の述語と結びついている項構造を扱う。[87] これらの相違は、統語特性が関連する動詞の意味から派生するという意味で、意味論的に予測可能であり、それゆえ（57a‑d）の対の例のあいだの差異は単に行為に関係する存在物の数によって決まっているように思われる。笑うことは1人だけでできるので、（57d）は奇妙である。2人の人間が笑うことができないということを言っているのではない、しかし、1人がもう1人を笑うことはできない。[訳注8] 同様に、誰かに同行するためには2人の人間が関係していなければならず、（57b）が異常であるのも当然である。しかし、意味論だけで常に統語論を予測することはできない。食べることは食べる人と食べられる何かが関係している、だから、（57f）のようにその両者に言及できるのは当然であるが、それなら食べられるものに言及がない（57g）もちゃんとした文であるのは意外である。特に eat の代わりに近い同義語の devour を代用すると予測通りに非適格性が生じることを考えるとなおさらである。（57g）は省略、つまりさまざまな個別的語彙的変異を受けるプロセスの例である。

　（57e）のようなより複雑な例を作ることができるが、（57c）と（57d）のあいだの容認可能性の対比は100％明確であり、動詞の意味がその統語的分布を決定するという一般化はひとまず正しいと言える。

(57) a. John accompanied Mary
　　　（ジョンはメアリーに同道した）
　　b. *John accompanied
　　　（ジョンは同道した）
　　c. John laughed
　　　（ジョンが笑った）
　　d. *John laughed Mary
　　　（ジョンはメアリーを笑った）[訳注9]
　　e. John laughed Mary off the stage
　　　（ジョンは笑い倒してメアリーを舞台からおろした）
　　f. John ate the fish soup
　　　（ジョンは魚のスープを食べた）
　　g. John ate
　　　（ジョンは食べた）

　これらの事実を説明することを可能にしているθ理論の中核概念はθ基準（theta criterion）であって、「各々の項は1つのそして1つだけのθ役割を担い、各々のθ役割

は 1 つの、そして 1 つだけの項に付与される」というものである。(57a) と (57c) では θ 基準は満たされていて、これらは文法的であるが、(57b) では accompany は 1 つの θ 役割が付与されないままに残っていて、(57d) では laugh は 2 つの項をとっているように見えるが、それらの 1 つにしか θ 役割を与えることができない、それゆえこれらは容認不能である。(57e) が意外にも容認可能であるのは、Mary が off the stage から θ 役割を貰っていることに帰すことができる。

これまでのところ、θ 理論は他動詞性と自動詞性により表される（下位範疇化）情報を単に繰り返しているにすぎないように思われるかもしれない。しかし、実際は θ 理論はもっと多くのことを行う。まず、θ 理論は基本的で最小限の意味的情報の明示的足がかりを提供する。それは動詞と結びついた項の数、laugh は 1 つの項をとり、accompany は主語と目的語の 2 つの項をとるということのみならず、これらの主語や目的語がどのような特性を持つかも指定することによって行う。undertake も undergo も主語と目的語を要求するが、レキシコンの論述で見たように、それらの意味解釈は (58) に示すように根底的に異なる。

(58) a. John undertook the surgery reluctantly
 （ジョンは渋々手術を引き受けた）
 b. John underwent the surgery reluctantly
 （ジョンは渋々手術を受けた）

この対比は、undertake の主語は動作主 (Agent) であるのに対して、undergo の主語は被動作主 (Patient) であるということで記述される（ただし、すべての例がこのように適切に区別できるとは限らない）。

θ 理論の 2 番目の機能はいわゆる虚辞要素 (expletive elements) の分布に見られる非対称性の説明を提供することである。it と there のような要素は、統語的機能は持つが意味的機能はほとんどあるいは全く持たないように見える。この点で、(59) の対比を見てみよう。

(59) a. John tried to learn Afrikaans quickly
 （ジョンはアフリカーンス語を短期間に学ぼうと試みた）
 b. John seemed to learn Afrikaans quickly
 （ジョンはアフリカーンス語を短期間に学ぶように思われた）
 c. It seemed that John learned Afrikaans quickly
 （ジョンがアフリカーンス語を短期間に学ぶように思われた）
 d. *It tried that John learned Afrikaans quickly

（* ジョンがアフリカーンス語を短期間で学ぶことが試みられた）

　try が 2 項述語である、つまり、主語（John）と補部節を要求するのに対して、seem は 1 項述語である、つまり、補部節だけを要求する。したがって seem の主語の位置は主題的（thematically）（そして意味的）には空である。しかし、英語はイタリア語やその他の代名詞脱落言語と違って、主語の存在を要求し、その役割を虚辞の it が果たしているのである。[89] そのような虚辞は（あるいは替え玉（dummy）としても知られるが）意味的に空疎な位置にのみ現れる。try の主語はこの意味では意味的に空疎ではない。そこから、(56d) は容認不能であり、そして (56a) が John が try と（推定上の）learn の両方の動作主であると言っているものと解釈される一方、(56b) は John が seem の動作主であると言ってはいないという事実が出てくる。この分析はしかし、また別の問題を提起する。もし (56a) において John が try と learn の両方の動作主であるならば、θ 基準の違反が起こっているように見える。同じ動作主という θ 役割を 2 つ担う 1 つの項があるからである。この場合の問題の解決は PRO（「抽象的な」代名詞的（PROnominal）要素）[90]と呼ばれる目に見えない項が問題の θ 役割を担っていると仮定することである。これにより θ 基準の違反はないことになる。そのような空範疇の存在の独立の根拠はすぐ下で示す。

　いくつの θ 役割を想定する必要があるかについても、それらの正確な意味的特性が何であるかについても、意見の一致を見たことがない。しかし、θ 基準そのものが除去されたミニマリスト・プログラムの現在の版においても、θ 役割は使い続けられている。[91]

4.4.4　格理論と統率

　格理論（Case theory）は he saw him の he と him の対比と、そのような形が (60) に見られる定形性などの相違に依存している事実を説明する。

(60) a. I believe him to be a werewolf
　　　（彼を狼男だと信じる）
　　b. I believe that he is a werewolf
　　　（彼が狼男だと信じる）

　これらの例において、he / him は be a werewolf の節の主語であるが、動詞（be）が非定形（すなわち時制を担っていない）ときには斜格（oblique）または対格（accusative）で現れ、動詞（is）が定形であるときは主格 he で現れる。[92] このような形態論的な相違は、英語をはじめ多くの言語では周辺的な重要性しか持たない。たとえば中国諸語ではそのような相違は全く存在しない。しかし、現代の生成文法では、(60) に見られる種類の

対比はすべての言語において働いていて、その影響は個々で例示する単純な相違をはるかに越える（通常大文字でCaseと書かれる）はるかに広範囲な、抽象格（abstract Case）の体系の現れにすぎないと見なされている。格理論の中心的な主張は、文が適格であるためには、文中のすべての名詞句が格を付与されねばならないという格フィルター（Case Filter）に具現化されている。いかなる名詞句であれ、格がないと、それを含む文は濾過される、あるいは非文法的と記される。

　伝統文法からの概念を借りて、格は統率（government）のもとで付与されると言われる。伝統的な言語学では、統率というのはある種の語のあいだの関係である。動詞はその目的語を統率し、前置詞はその補部を統率する。形態論的格は動詞と前置詞により統率されると言われる。たとえば（61）では動詞 introduce は直接目的語 him を統率し、その対格に責任があり、her とそれが持つ対格は前置詞 to に統率されている。

(61) John introduced him to her
　　（ジョンは彼を彼女に紹介した）

　統率・束縛理論も「統率」という用語を同じように用いて、その概念を形式的に定式化して、より一般的なものとして捉える。主格（Nominative Case）は定形動詞がその主語に付与する。[93] 斜格（Oblique Case）は動詞と前置詞がその目的語に付与する。だから He gave it to me とは言うが He gave it to I とは言わない。これに対して、他の配置形は統率を許さない。たとえば（62）の文のあいだの容認可能性の対比は（62a）では her が for により格を付与されているが、（62b）では seems は her を統率せず、それに格を付与するものは他に何もないため、格フィルターに違反する、という事実に帰される。

(62) a. For her to go there seems unthinkable
　　（彼女がそこへ行くことは考えられないことに思われる）
　　 b. *Her to go there seems unthinkable

　これで、複雑な事実が数個の単純な下位モジュールの相互作用からいかに引き出されるかという、統率・束縛理論の素晴らしさを例示するのに必要な理論的道具立てを手にしたことになる。たとえば、（63b-e）の容認不能な例との対比において（63a）のような例の適格性は、これまで論じて来た原理のいくつかの相互作用から生来する。[94]

(63) a. Bill expected John to hurt himself
　　（ビルはジョンが怪我をすると予想した）
　　 b. *Bill expected John to ambition himself

    (* ビルはジョンが自らを野心することを期待した)
  c. *Bill expected Mary to hurt himself
  d. *Bill expected there to hurt himself
  e. *Bill expected I to hurt myself

　(63a) の容認可能性は語彙項目が生じうる可能は配置形を定義する X バー理論と、himself の先行詞でありうるのは John だけであって、Bill ではないことを保証している束縛理論と、expect と hurt の項構造を指定している θ 理論と John は動詞 expected により適切に認可（license）されていることを保証する格理論の相互作用により決定されている。これに対して、(63b) は動詞ではなく名詞を含んでいて X バー理論を破っており、(63c) は女性名詞の存在により一致が不可能であることから束縛理論に違反しており、(63d) は虚辞の there が項ではありえないことから θ 理論を破っており、(63e) では代名詞 I が格付与の違反をあきらかにしている。「認可（license）」という用語は、あたかも語が特定の位置に生じるためには認可が必要であるかのように、文中に現れるすべての語彙項目が「合法（licit）」でなければならないという必要性があるものと想定している。もし認可されていない語があると、文は非文法的になる。

　expect の特別な認可能力は、他の関係する言語ではなく、英語の語彙特性であり、節境界を越えて John を格表示することを許す。標準的な分析では、John は埋め込み節 John to hurt himself の主語であるが、その一方で expect は主節にある。この現象は格が統率のもとで付与されるという点で興味ある問題を提起し、統率のもっとも単純な定義からすると (63a) そして、(60a) も非文法的であると予測する。というのは当初の単純な仮定は統率は節の内部においてのみ成り立ち、節境界を越えては成り立たないというものであったからである。このような例にはさまざまな分析が提案されてきたが、英語の形態的格システムの貧弱さのために、適切に一般化できる分析を提供することを難しくしている。[訳注10]

　前章で、そのような問題の解決のために言語横断的なデータを使用する可能性を示唆し、この章ではスペイン語のデータを英語の分析に光を当てるために使った。1980年代からのエレガントな研究においてピーター・コウル（Peter Cole, 1941- ）とガブリエラ・ハーモン（Gabriella Hermon, 1949- ）は全く同じことをした。つまり、彼らはここで言及している問題について想定されている解決法の1つだけが英語とエクアドルの言語ケチュア語の両方を説明できることを示したのである。彼らが対比させた立場は、「繰り上げ」分析と「非繰り上げ」分析であった。[95]繰り上げ分析では (60a) の him と (63a) の John は埋め込み節の主語の位置から、主節の動詞の目的語の位置まで「繰り上げ」られるとされる。非繰り上げ分析では、そのような変化は起こっていないとされる。次に彼らはケチュア語では繰り上げ分析のみがうまく行くことを説得的に示した。

もしどちらの分析も言語Aではうまく行くが、1つの分析のみが言語Bでうまく行くのであれば、後者の分析が両方の言語にとって正しいものと仮定される。2つの言語が異なる分析を必要としているということは論理的には可能である。しかし、1つの分析が両言語に一般化できるのであれば、理論的倹約はそれが両者にとって正しいものとして選ぶことを要求する。

以来、理論は進展し、中核的な概念も根本的に変化した。たとえば、ここで言及した繰り上げ分析は節境界をまたぐ格表示の記述とは相容れないため、長年のあいだ、統率が果たした中心的役割にもかかわらず、最近の（ミニマリストの）理論の発展では統率の概念を用いないのである。統率の概念がかつて説明していた現象は実態のあるものであるということは受け入れられているが、ミニマリズムはより簡潔でより深い説明を求める。この種の例についての現在の記述の専門的細部は重要ではないのである。重要であるのは理論がデータを説明し、それを他の言語に、そして究極的にはすべての言語に一般化するような形で行うことである。

(63a) の例は文法のいくつかのモジュールの相互作用を例示するが、それは（目に見える形では）移動を示さない。しかしながら、それと密接に関係している (64) においては、

(64) John was expected by Bill to hurt himself
　　（ジョンはビルにより怪我をするものと予想された）

John が expect の直接目的語の位置から移動している証拠が見えるし、さらに上でそれとなく言った空範疇の証拠も見えるのである。[96] 空範疇を仮定することは多くの人の目には常識に対する侮辱であるように思われたが、空範疇はチョムスキー流言語学にとっては中心的な存在であり、見かけにかかわらず空範疇がそこに存在するわけを理解することが重要なのである。

4.4.5　空範疇

クランマー（Thomas Cranmer, 1489-1556）によると「自然は真空を嫌う」。これと同じくらいの嫌悪が、文が空の要素を含むという主張にまとわりついている。確かに音韻的に空の語があるという考えは言語学研究者集団の多くのメンバーを憤慨させるか、困惑させてきた。事実、空範疇の理論の発展は言語学者が興味ある一般化を捉え、文法の構造を簡素化し、究極的には子どもが第一言語の獲得の任務に動員する生得的能力についての証拠を提供することを可能にする。

言語の伝統的な記述はしばしば、見えない（聞こえない）がその存在を仮定することが便利である「了解済み（understood）」の要素というものに言及する。[97] この伝統は命令

文の主語の変形文法における扱いでも、先に言及した PRO の想定においても、採用され、定式化された。より最近では空範疇の使用は大幅に拡大され、文法における必要な表示のレベルに対して興味ある影響をもたらしている。(65) の一対の文を見てみよう。

(65) a. John wants Bill to go
　　　（ジョンはビルに行ってほしい）
　　b. John wants to go
　　　（ジョンは行きたい）

(65a) で Bill が行き、(65b) では John が行くということは直観的に明白である。この直観は、実際 θ 理論が要求するように、各々の場合に、たとえ (65b) のようにそれが見えなくとも、go は主語を持っていると仮定することにより、文法的な明示化が達成できる。そうすると (65b) の構造は (66) のようになる。

(66) John wants [ec] to go

ここでは ec は空範疇[98]（empty category）の略号で、John が指示するのと同じ人物を指示していると解釈される。それは同義の John wants himself to go の場合と同じである。
　一般的に空範疇は統語特性を持つが、発音されない範疇である。上で見たような単純な文では空範疇を想定することによって得られる利点はさほどでもないが、より複雑な場合にいかにその利点が大きいかが分かる。たとえば、want to の2つの可能な発音に関わる有名な議論がある。英語の多くの方言で (67) を、

(67) I want to go
　　　（私は行きたい）

綴り通りに発音するか、(68) に示すくだけた綴りに示されるような縮約形で発音できる。これは一般的には wanna 縮約というプロセスの結果であると呼ばれる。[99]

(68) I wanna go
　　　（私は行きたい）

この変化が起こる環境の幅は注意深く指定しなければならない。特に、(69a) と (69b) とのあいだには興味ある対比が存在する。

(69) a. Teddy is the man I want to succeed

　　　（テディーは私が成功してほしい人です／テディーは私が跡を継ぎたい人です）

　　b. Teddy is the man I wanna succeed

　　　（テディーは私が跡を継ぎたい人です）

　（69a）は曖昧である。自動詞の succeed（成功する）を含む I hope Teddy to succeed（私はテディーに成功してほしい）を意味することもできるし、他動詞の succeed（後を継ぐ）を含む I hope to succeed Teddy（私はテディーの後を継ぎたい）を意味することもできる。これに対して（69b）は曖昧ではなく、I hope to succeed Teddy しか意味しえない。なぜこうなのであろうか？ 空範疇が統語構造に現れうる統語的存在物（syntactic entities）であるとの仮定のもとでは、（69a）は 2 つの分析を持っていて、それぞれは、（70）に大幅に簡略化して示してある 2 つの解釈の各々を持つ。

(70) a. Teddy is the man I want to succeed [ec]

　　b. Teddy is the man I want [ec] to succeed

　この時点で、(69b) が 1 つの解釈しか持たない理由があきらかになる。wanna 縮約は want と to が隣あっている場合にのみ生じるのである。（70a）ではそうなっているので、（69b）は（70a）と同一の解釈を持つ。（70b）では両者は隣あっていないので、縮約は生じることができず、(69b) は (70b) と結びついている解釈を持てないのである。空範疇はそれ自身発音されていないが、それは統語特性も、そして周囲の要素の発音にも影響を持つのである。

　しかしながら、1 つ問題がある。(70) に示す空範疇と同じものが構成素 the man をそのもとの位置から移動するたびに生じる。しかし、以前の PRO の論述は (70a) が実際には 1 つだけではなく、2 つの空範疇を持つことを示唆する。そのため、(70) の分析は (71) によって置き換えなければならない。

(71) a. Teddy is the man I want [PRO] to succeed [ec]

　　b. Teddy is the man I want [ec] to succeed

　そうなると正しい陳述は、wanna 縮約は痕跡（trace）として知られるある種類の空範疇によっては阻止されるが、PRO によっては阻止されないということになる。この結論は 2 つの異なる目に見えない存在物のあいだに区別を立てることを含むという点で、望ましくない複雑性を持つように思われるかもしれない。確かに、1 つの種類の空範疇

のみが存在し（PRO が現在の理論から除去され）うるならば記述は簡素になる。しかし、2つの文法的な存在物を仮定するのであれば、それらが異なる特性を持つことが期待され、そのような分析に原理的には異論はないことになる。

　この時点で、人々はしばしば、彼らにとって（そして、事実我々にとっても）wanna 縮約は不可能（あるいは「標準以下」）であるから、それに基づく議論は弱いと反対する。これは間違いである。そのような反論が示していることはせいぜい、そのような人たちの方言はそのような立場を指示する証拠を提供することはできないということにすぎない。それによって仮説に対する反証を提供しているわけではない。ドアノブに付いた指紋は侵入者の家宅侵入の証拠を与えるかもしれない、しかし、指紋がないことはその人が無罪であることの証拠ではないのである。研究者が自分の仮説を支持して使う証拠はどの言語から引き出してもよいのである。そして、我々が話す比較的証拠に乏しい方言でさえ、次に行うように、その少し先を見るならば、相当な証拠を提供する。

　wanna 縮約だけが縮約ではない。我々にとって、そして英語のほとんどの変種のほとんどの話し手にとって、(72a) のような文は典型的に I am が I'm に縮約されている (72b) に示すような別の発音を持つ。

(72) a. I am the greatest
　　　　（私がもっとも偉大だ）
　　b. I'm the greatest
　　　　（私がもっとも偉大だ）

　ここでも、そのような縮約が正確にどのような条件の下に可能であるかを述べることは簡単なことではない。(73b) は全く非文法的である。

(73) a. John is planning to come at the same time as I am
　　　　（ジョンは私と同時に来ることを計画している）
　　b. *John is planning to come at the same time as I'm
　　　　（ジョンは私と同時に来ることを計画している）

　(73a) は John is planning to come at the same time as I am *planning to come* と同じ意味で解釈される。このイタリック体の語は重複していて、そのため典型的には、了解されているが、発音されず、空範疇として統語的に存在している。このことは、また、(73b) の不可能性の説明を示唆する。縮約は空範疇と隣接する場所では生じえないと仮定することが考えられる。am は planning to come の省略で残された空範疇に隣接している。だから (73b) は排除される。

(74) に例示される、もう 1 つのちょっと考えると不思議な対比が、同じ説明で処理できる。

　(74) a. Tell me whether the party's tomorrow
　　　　　（パーティーが明日かどうか教えて）
　　　 b. Tell me where the party is tomorrow
　　　　　（パーティーが明日どこであるか教えて）
　　　 c. *Tell me where the party's tomorrow
　　　　　（パーティーが明日どこであるか教えて）

なぜ (74c) は非文法的なのだろうか？[101] 答えは (19) の Harry stirred what?、さらに、(75) に見られる種類の問い返し疑問文を考慮することから示唆される。

　(75) a. The party's where tomorrow?
　　　　　（パーティーは明日どこであるの？）
　　　 b. The party's when tomorrow?
　　　　　（パーティーは明日何時にあるの？）

これらの例で where と when は、(76) で示される普通の場所と時の句と同じ場所に現れている。

　(76) a. The party's in the hangar tomorrow
　　　　　（パーティーは明日格納庫である）
　　　 b. The party's at 11 o'clock tomorrow
　　　　　（パーティーは明日 11 時にある）

whether は場所表現でも時の表現でもないので where と when が生じうるどの環境にも生じえない。そのため (77) は非文法的である。

　(77) *The party's *whether* tomorrow?
　　　　　（パーティーは明日あるかどうか？）

議論の次の段階はあきらかであろう。(74b) の構造は (78) である。

　(78) Tell me where the party is [ec] tomorrow

空範疇が where の移動前の出所を示していて、これが is を 's に縮約することを阻止しているのである。

　この議論は上で示唆したように、何かが移動すると後に空範疇、元の居所の痕跡を、残すという仮定に依存している。簡素性と理論的一貫性からして、すべての移動は統一的に扱われるべきであり、移動規則の痕跡理論（trace theory）ではこの仮定が明示的に実行されていて、(20) 構造は 84 ページの (22) に示してあるが、(79) に示してあるように事実空範疇を含むことになる。

(79) What$_i$ did Harry stir [ec]$_i$

下付き文字が束縛理論との平行性を明示的に示し、痕跡が移動された構成素と結びついていることを保証している。このことは、この場合の例のように単純な文においては問題にはならないが、いくつかの項目が移動する場合には重要になる。さらに空範疇は文構造のどこでも構わず放り込むことはできない：空範疇原理（Empty Category Principle: ECP）と呼ばれる普遍的な条件[102]がすべての空範疇は適正統率（properly governed）され、空範疇とその先行詞（たとえば (79) における what$_i$ と [ec]$_i$）が一緒になって「連鎖（chain）」を構成することを要求している。ここでも文法のさまざまな異なる原理が互いに矛盾なく成り立ち、よって、共謀して文を（比較的）適格または不適格であると特徴づけることが必要である。一旦ある程度の複雑性が達成されると、一貫性すら厳しい要求になるが、空範疇を仮定することは理論の他の部分と完全に一貫しており、事実さらなる劇的な影響があるものと広く解釈されてきている。空範疇原理は変形の根拠を危うくし、ひいては文が派生的に生成されるという基本的な考え方に対する根拠も危うくするものと考えられている。つまり（変形による）移動の結果連鎖が生じるのではなく、そのような移動を必要とせず直接的に表示に導入されうるということである。

4.5　変形の地位

　深層構造と表層構造という変形で結ばれた 2 つの分かれた表示レベルを想定する主要な根拠の 1 つは、異なるレベルでの異なる一般化を捉えることを許すからであった。wh 疑問文や受動文における構成素の規範的な位置からの転移が、項目が本来の位置を実際に占めていた深層構造という別箇のレベルがあるという主張の根拠となっていた。Blair has been elected を例にとると、通常目的語によって埋められる elected の後の位置が音声的に空で、意味的にその位置を埋めるものはどこか別の場所、つまり文頭で発音されているということにすべての理論が同意する。このような転移の現象は 2 つ以上の[103]

位置か特別な地位を持つ1つの位置を仮定することによって扱うことができる。チョムスキーはこれらの2つの選択肢を、それぞれ「変形的（transformational）」と「非変形的（non-transformational）」と呼ぶ。この段階では用語の選択がいくぶん誤解を招く。[104]

「変形的」選択自体が、いくつかの異なる形で生じて、どのような形になるかは表示と派生のどちらにより強調が置かれるかで異なる。変形に強調が置かれる場合、派生はもっぱら変形により実施されることになる。マイケル・ブロウディー（Michael Brody, 1954- ）のような何人かの研究者にとっては、派生という概念は不必要である。派生なしに表示は存在しうるが、表示なしに派生はありえないから、純粋に表示のみの理論の方が、派生を含む理論より制限的であるということを説得的に論じている。[105] 生成文法における派生は言語運用（performance）ではなく言語能力（competence）を特徴づける方法であるということを考えると、論点は微妙な部分を含むことになる。[106] 移動を仮定するとき、統語論研究者は、ある時点である語がある場所にあり、次の時点で別の場所にあるということを意味しているのではない。派生理論と表示理論の区別は、むしろ次のようなものである。派生理論では、どの文が文法的であるかを、それらをより小さい構成素から合成的に「生成」する規則とシステムの出力の構造に対する制約の両方により指定するものである。純粋な表示理論は、容認可能な構造に対する制約しか持たない。

表示理論において関連する位置からなる連鎖を仮定することが派生理論において移動を仮定することの表記上の変異にすぎないのであれば、オッカムの剃刀（Ockam's razor）という形式の倹約の原理は派生なしで済ますことを要求する。[107] 2つの理論が経験的に異なる主張をするのであれば、意見の相違は何らかの形で決着を付けることができるが、派生を支持する議論はより制限的な表示理論を放棄する強力な根拠でなければならない。制限的であるという主張が正しいのであれば、派生によらず、表示だけで扱うことができるデータを見つけることは原理的に不可能である。

さまざまな立場を支持する議論は複雑で、派生理論を支持する経験的証拠がしばしば提示されるが、その説得力についてはまだほとんど意見の一致がない。問題は、どのようなデータであれ、それを説明しようとすると多くの仮定と原理の相互作用に訴えることになり、その議論は潜在的には、そのうちのどれかを論破することにより覆すことができることである。しかしながら、派生のアプローチを支持するような状況を考えることは難しくない。LFにおける表示だけでなく、派生の途中の段階の特性に言及することが必要であるということを示すことができれば、派生の必要性に対する強い証拠となる。明白な例は、wh語が派生のある段階でLFでは生じない位置に現れるという上の(38)(41)で例示した「連続循環的（successive cyclic）」wh移動の扱いである。同様にジェームス・マクロスキー（James McCloskey, 1951- ）はアイルランド語での長距離wh移動の場合にその反映の補文標識((80)のa)がすべてのC位置に現れるということを示している。bhiの後の下線は移動した要素an t-ainmの出所を示している。

(80) an t-ainm a hinnseadh dúinn a bhí — ar an áit
    the name C was-told to-us C was __ on the place
    "the name that we were told was on the place"

マクロスキーが記述するこの「連続循環的移動の形態統語論的証拠（morphosyntactic evidence for successive-cyclic movement）」は派生の循環理論では即座に説明できるが、表示理論ではそれほど直截に説明することはできない。[108]

チョムスキーにとって、変形は 1950 年代半ばに持っていた守備範囲を今でも持っている。[109]以来変化したのは変形の複雑さが因数分解され普遍文法の原理として取り出され、残りは非常に簡素なものになったということである。

この点はもう少し説明が必要である。チョムスキーは簡潔性という概念は明快なものではないということをしばしば指摘してきている。[110]他のどのような装置が用いられるかによって、変形を持たない理論の方が変形を用いる理論より簡潔であるかもしれない。上で言及した一般化変形の除去はそのいい例である。他の部分が同じであれば、そのような理論の方が好ましい。しかし、他の部分が同じでないかもしれないのである。言語理論の 1 つの根本的な課題は言語獲得が可能であることを説明することである。言語理論は人間の言語の文法がどのような形を取りうるかを指定することによってこれを行う。そうすると最善の理論は、この特徴づけを子どもにとって接近可能な形で、できるだけ制限的に与えるものである。この場合制限性と利用可能性は共に重要である。変形を仮定することがこれをもっとも効率よく行うのであれば、そのような主張をするためには証拠を提出することがあきらかに必要であるが、変形を持つ理論の方が好ましいということになる。[111]派生主義と表示主義の対立についての最終的な判定がどうであれ、チョムスキー自身の研究は、一貫して派生のアプローチを前提としている。これは下で概説するミニマリスト・プログラムの理論的革新の多くを動機づけている前提でもある。

4.6 原理とパラミタ

個別的な規則を一般的な原理によって置き換えることが可能であっても、それでも言語がしばしば互いに際立って異なっているという事実を説明することも必要である。第 1 章で見たように、英語は S（主語）V（動詞）O（目的語）という語順を持つのに対して、日本語は SOV という語順を持ち、論理的に可能な語順のすべてが世界中の言語のどこかで生じている。それぞれの可能性に対して別な規則群を書く代わりに、今ではこれらの相違は「パラミタ的変異（parametric variation）」と呼ばれるものに帰される。[112]チョムスキーのもともとの捉え方では、この概念はすべての可能な変異形を前もって狭く規

定する集合を指定する普遍原理と結びついていた。たとえばXバー理論の説明の箇所で、すべての句は「主要部（head）」を持つという趣旨の言語の原理があるように思われることを見た。VがVPの主要部である、NがNPの主要部である等々という具合である。しかしながら、主要部が補部の前に現れるか後に現れるかについての選択の幅がある。SVO言語（英語）とSOV言語（日本語）とのあいだの主要な相違は、そうすると、この「主要部先頭・主要部後続（Head‐first/Head‐last）」のパラミタで選択された異なる値の結果であるということになる。別の用語を使って、チョムスキーはときにパラミタを2つの位置のどれかに設定できるスイッチの列に譬える。[113] 日本語や類型的に類似のトルコ語やヒンディー語ではある位置を選択し、英語や、類型的に類似のフランス語や中国語は別の位置を選択する。

　原理とパラミタの枠組みの主要な利点は「プラトンの問題」を解決する潜在能力にある。[114] つまり、子どもがいかにして第一言語を目覚ましい速度と効率で獲得できるのかという問題である。他の領域、特に免疫学では、[115] これは選択という任務であって、何かをせよという指示とか何らかの外在的なシステムを取り込むというような任務ではないと見られている。言語的な可能性の全範囲が指定済みで与えられ（つまり、「遺伝子型に属し（belong to the genotype）」）、[116] 子どもの任務は正しいものを選ぶだけということである。この考えはすべてがすでに子どもの心（mind）に配列済みで、言語獲得は特定の選択を、「つるしから選ぶ（off the peg）」だけであるというものである。この概念は急進的であるが、本当に維持できるものであろうか？

　今日世界では5千から1万の言語が話されている。[117] これはあきらかに、子どもがそこから選ばなければならない、過去、現在、そして未来の可能な人間言語のほんの一部でしかない。そこで、100万、プラスマイナス数千の言語の中から選ばなければならないと仮定しよう。すべての選択が二者択一であるならば、この選択は「20の扉（twenty questions）」をもとに行うことができる（2^{20} = 1,048,576）。[118] 言語機能は可能性のチェックリストを最初から持っていて、子どもの第一言語の「習得（learning）」の任務は入ってくるデータをもとに子どもがさらされているのがどのシステムであるかを決定することである。1つの質問に明確な答えを見出すたびに、子どもは対象としている概念的探索領域を半分にし、残りの半分の選択肢の可能性を却下することができる。たとえば、動詞はそれを含む動詞句の主要部であるから、子どもが英語タイプの言語を学習しつつあることを決定するのに子どもが必要とすることは、Eat this のような発話において、どの語が動詞で、どの語が目的語であるかを見つけることだけである。これはそれ自身大変な成就であるが、子どもが eat と this をそのように同定し、それらに適切な意味を結びつけることができるとすると、構造的な知識の残りのものはただで手に入るのである。Xバー理論の普遍原理が、すべての動詞は動詞句に投射することを規定しているが、動詞句が [V + NP] という構造を持っているか [NP + V] という構造を持っているかは、

未決のままにしている。Eat this を適格に解読すると、子どもはそれがこれらの可能性の前者であることを知るのである。

より重要なことに、原理とパラミタのシステムは増幅効果（cascade effects）がある。このようなパラミタの値をセットすることにより、子どもは（45）と（46）で見たように、名詞も形容詞もその補部に先行する言語を習得していることが分かる。つまり、この知識は学習される必要がない、事実、特定のタイプの明示的な入力を必要としないのである。ここでもまた、子どもが直面する学習の任務が劇的に簡素化される例を見ることができる。子どもは名詞と形容詞の補部との語順が動詞の場合と異なる稀な場合には、それらについて語順を別に学べばよいのである。一見すると、これは空疎な主張のように思えるかもしれない、子どもは学習する必要があることを学習しているだけだからだ。しかし、2つのことに着目することが重要である。まず、普通の「無標（unmarked）の」場合、子どもは1つの事実だけを学べばよく、他のことは自動的に帰結するのである。[119] 2番目に、子どもへの入力に追加的な複雑さがある場合には、子どもが間違いをするとすればまさにこの分野においてであることが予測される。

このプロセスによく似たものが、細胞分化を横断する「後成的風景（epigenetic landscape）」である。[120] 人間の受精卵が発達するにつれ、異なる遺伝子のスイッチを適切な時点で入れたり切ったりすることにより作り出される約350の異なる細胞の型が生じる。発達の初期の選択は選択の時点では明白でないかもしれない広範な影響を持つ。胎児における発達のパターンは、ある程度の詳細にわたって理解され始めている。言語の発達のパターンは、これまで我々が到達した予備的な段階でも、驚くほど類似している。

この筋書きにはあきらかな問題がある。子どもが出す答えが正しければ、子どもの探索スペースは減る一方で、ある言語間には（たとえば語順のように）際立った相違があるばかりか、ほとんどの言語は文頭の変異を許す。I sometimes eat caterpillars と言うことが可能であるばかりか、Sometimes I eat caterpillars とも、I eat caterpillars sometimes とも言える（が I eat sometimes caterpillars とは言えない）。データが決定的でない、つまり子どもが文法的選択を一義的に行うことを許さないときに何をすべきかということは現在集中的に研究されている問題であり、パラミタ的変異それ自身の理解にも変化をもたらす問題である。[121]

4.7 語彙範疇と機能範疇

どの言語についても、語彙項目は通常、語彙範疇（lexical categories）と機能範疇（functional categories）と呼ばれる、2つの類に分かれる。[122] この呼び方は、どちらの種類の範疇もレキシコンに列挙されねばならないので、やや誤解を呼ぶものではある。語彙範疇は名詞、動詞、形容詞からなり、機能範疇はその他のもの、決定詞（Determiner） (a, the)、助動詞（Auxiliary）(can, may など)、(that, if, for のような)節を導入する補文標識 (Complementizer)、Frogs croak と My frog croaks のような例で下線部の出現を認可する時制（Tense）と屈折要素（Inflection）と、その他さまざまなものからなる。（前置詞は問題であって、両方のグループに属するように見える。）[123] 語彙範疇は容易に新しい語を受け入れるという意味で「開かれた（open）」集合である。新しい動詞や名詞が始終入り込んでくる。blog（ブログ、weblog の短縮形）と quark（クオーク）がいい例である。他方、機能範疇は「閉じた（closed）」あるいはほとんど閉じた集合である。新しい代名詞や助動詞はきわめて稀である。語彙範疇はまた内容語（contentive）としても知られる。語彙範疇はそれらが生じる文とは独立した意味や内容を持っている。これに対して、機能範疇は典型的には記述的内容を持たない。tree や walk の意味を説明することは、木の絵を描くなり、歩く動作を指すことによって、難なくできるが、the や if の意味を説明することはそれほど容易くない。

　言語が語彙項目全体に関して異なりうることは常識である。一方では mother（mère または Mutter）の自然な種類の語の普遍性と他方で Schadenfreude（人の不幸を痛快がること）、taboo、koan（（禅宗の）公案）のような典型的には借入の結果であるような概念については時々翻訳の問題が生じることも、誰にとってもおなじみのことであるが、言語間の差異がレキシコンに制限されていることはそれほど明白ではない。それどころか、事実、第二言語を学んでいる人なら誰にでもあきらかな文法的相違からすると、全く間違っている。音韻的（そしてもちろん正書法的）対比は忘れても、すべての文法的対比を機能範疇の特性における差異に、そしてそれのみに還元することは、それにもかかわらず可能である。

　簡単な例として、さまざまな言語における補文標識と助動詞の異なる特性が挙げられる。先に本章で疑問文を論じたときに What did Harry stir? のような例で wh 語の what がどこに移動したのかについて、明確にするのを避けてきた。下に再録する（22）の構造ではなく、本当は（81）に示すような構造が主張されているのである。

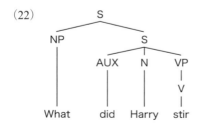

(81)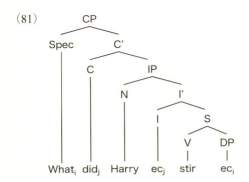

　技術的な細部は問題ではないが、いくつかの点は説明を要する。まず、文は補文標識の位置を含み、そのため、樹形図の一番高い節点は CP（補文標識句）[124]である。2 番目に、下付き文字と空範疇は what が動詞の後の直接目的語の位置から、[Spec, CP] と表記される CP の指定部として知られる位置に移動したことを示している。3 番目に、助動詞 did はもはや Aux に支配されていなくて、下付き文字と空範疇で示されているように（屈折要素 Inflection の略号の）I の位置から C に直接支配される位置に移動している。最後に S というレベルは（屈折要素句 Inflection Phrase の略称）IP に置き換えられている。これは、すべての文が定形性を表すためには何らかの屈折要素を必要とするという事実を反映しているのである。[125]

　2 つの疑問が生じる。なぜこれらの移動が生じるのか？　英語は他の言語とどのように異なるのか？　両方の疑問に対する答えは機能範疇 I と C の特性に還元されうるということである。英語では疑問の C は「強く（strong）」、フランス語では「弱い（weak）」[126]のである。その結果、英語は I-C 移動を持つ。英語の C は磁石のように助動詞を牽引することができるほどに強いが、フランス語の C は弱いために移動の牽引が起こりえず、移動が起こらず、その結果（82）の対比が生じるのである。

(82) a. John has come — Has John come?
　　　b. Jean est venu — *Est Jean venu? [127]

　強素性と弱素性の対比は規定的（stipulative）であり、英語とフランス語のあいだの相違のこのよく知られた事実を仰々しく言い直したにすぎないものであるように思われるかもしれない。しかし、この区別は他の語順の相違をも捉えることを許すので、より一般的である。英語では I は弱いが、ドイツ語では強いと主張されている。したがって、ドイツ語では I は、疑問文で英語におけるように助動詞を牽引するだけでなく、主動詞をも牽引し、結果（83）に見られる対比がある。

(83) a. John eats bananas — *Eats John bananas?
b. Hans isst Bananen — Isst Hans Bananen?

　もちろん強弱の対比それ自体が説明を要する。現在のミニマリスト統語論ではこの区別は一般的にすべての素性は他のシステムによって解釈可能（interpretable）であるか、またはこれらのシステムに送られる前に構造から除去される必要から生ずるものと理解されている。解釈可能性についてはさらに下で論じ、第 3 章で強素性、弱素性について話を戻す。

　他の言語を見るとさらなる変異が見られる。たとえば中国語や日本語では、What did Harry stir? に相当するのは、Harry stirred what と（19）の英語の問い返し疑問文でのように、wh 語を元位置に残している形ででてくる。[128] しかしながら語順の相違にもかかわらず、そのような文の解釈は中国語でも、日本語でも英語でも全く同じであって、それらの構造は LF では同じであることを示唆している。[129] そうすると、2 つの例のあいだの唯一の相違は wh 語が英語のように顕在的に（目に見える形で）移動したか、日本語のように非顕在的に（目に見えない形で）移動したかである。

　パラミタ的差異を最初に見たところでは、パラミタを普遍文法の原理と結びつけていた。ここでのより最近の扱いでは、それらを異なる言語の個々の語彙項目と結びつけている。[130] このことは一見すると、より大きい優美さと予測力からの残念な後退のように思われるかもしれない。変異を個別的な語彙項目ではなく、普遍的な原理と結びつけておく方が直観的に優れているように思われる。しかし、この直観はさらなる吟味に耐えない。必要なことは、可能性の集合が狭い範囲に収まり、第一言語習得者によって容易に達成できることである。他の場所で興味ある主張と予測を同時に行う新しいシステムであれば、これは達成可能である。これらはまず、特定のパラミタの選択に関して、全面的に一貫していなくもよく、1 つの語彙項目はある値を選択し、他の語彙項目は別の値を選択するということであってもよいということである。次に、そしてもっとも重要なことは、言語間の差異は、もっぱらレキシコンにおける相違に限定できるということである。

　さらにより狭く、変異は機能範疇を含むレキシコンの下位部分、そしておそらくは強弱の二価的選択だけに制限できるかもしれない。(81) の簡略化した樹形図は直観に反し、仰々しく思えるかもしれないが、この複雑化は豊かな見返りがある。それは、一見すると異なっている文のあいだの関係を明示的にする。複雑化のほとんどが普遍文法の一部であり、学習する必要がないため、それは、子どもの第一言語習得のより簡素化された説明を可能にするという意味合いがある。そして、それはまた、言語間の相違に対して単純で直截的な説明を許す。

これらの利点にもかかわらず、原理とパラミタの理論は現在も鋭い論争とときに激しい討論の的である。生成論者のほとんど全員が一般的な原理があることを受け入れているが、パラミタ的変異の存在と推定されている特徴について、(84)に列挙するように、少なくとも5つの異なる立場がある。

(84) a. もともとの洞察、特に増幅効果の概念を維持し、その一方でマクロパラミタ（macro-parameter）とマイクロパラミタ（micro-parameter）を区別する。[131]この立場の主な提唱者は、マーク・ベイカー（Mark Baker, 1959-　）とおそらくはチョムスキー自身である。[132]
　　　b. パラミタの同一性基準（identity criteria）を定義することにより判定を試みる（ニール・スミスとアン・ロー Ann Law, 1973-　）。[133]
　　　c. パラミタの概念をマイクロパラミタにのみ限定する。指導的な主唱者はリチャード・ケイン（Richard Kayne, 1944-　）、ジュゼッペ・ロンゴバルディ（Giuseppe Longobardi, 1955-　）、リタ・マンジーニ（Rita Manzini）、オイスタイン・ヴァングスネス（Øystein Vangsnes）である。この立場では指定される選択の数は数十から数百ありうる。たとえば、ロンゴバルディの最近の論文は名詞句だけで50以上のパラミタを指定している。[134]この立場は、さらに細かく次の2つに分かれる。
　　　d. 混合・合致アプローチ（mix-and-match approach）とでも呼べるもの（アンダース・ホルムベリ Anders Holmburg とイアン・ロバーツ Ian Roberts, 1957-　）。[135]
　　　e. パラミタという概念を完全に除去する（セドリック・ブックの「強画一性命題（Strong Uniform Thesis）」、ノーバート・ホーンシュティン Norbert Hornstein、フレデリック・ニューマイヤー Frederic Newmeyer, 1944-　）。[136]

ここではこれらの立場のすべてをそれぞれに相応しく十分に詳しく論じることは望むべくもない。第3章での言語獲得の論述で見るように、もっとも懐疑的な人たちを除くほぼすべての研究者が何らかの形のパラミタを想定している。その理由は原理とパラミタの枠組みが説明的妥当性の問題への答えの素描を与えてくれるからである。パラミタのようなものがあるとすれば、細部についてはまだ論争が続いていても、言語がいかに獲得されるかは分かるからである。これまで見たように、鍵となる考えは、I言語が何通りに異なりうるかをUGが制限していて、そのために言語獲得装置の仕事は原理的には、少数のパラミタの値を決定するだけであるということである。

5 説明的妥当性を越えて

5.1 ミニマリズム（極小主義）

　チョムスキーが自らの提案を繰り返し改訂してきたことが、彼の知的活力のより顕著な現れの一つである。彼の考えの中核部分とその哲学的、心理学的影響は65年間ほぼ変わらないままである（チョムスキーのその後の研究に広く使われることになる多くの考えを含んでいる『現代ヘブライ語の形態音素論（*The Morphophonemics of Modern Hebrew*）』は1949年初刊である）けれども、これらの考えを実際にどのような形で実行するかは常に変化している。この革命の中の革命のもっとも最近の現れがミニマリズムで、おそらくチョムスキーの思考における周期的大変動の中でももっとも急進的なもので、チョムスキーが「多分私が考えついたもっとも面白いもの」と考えているものである。[137][138]

　この章の、序論で触れたようにミニマリスト・プログラムは「説明的妥当性を越えて」進もうとする統合的試みである。[139]目標は言語現象の説明のできるだけ多くの部分を、認知一般の特性として捉えるか、物理学の法則の結果として捉えることにより、言語機能の外に置くことである。突拍子もないかもしれないが、これに譬えられるもっとも近いものは、称賛と当惑と無理解をそれぞれ同程度に引き起こした「仮借なきまでに革命的な」ピカソ芸術の発展である。青の時代とピンクの時代の絵を高く評価した人々にとって、キュビズムは襲撃のように思われた。キュビズムの絵を評価するようになった人にとっては、シュールリアリズムや溶接した彫刻への脱線は不可解であった。しかし、『アヴィニョンの娘達』が好きになれない人たちですら、この作品が美術に革命をもたらしたことに同意するし、『ゲルニカ』を戦争中に禁止していた人たちですら、それが持つ恐ろしい力を評価したのである。[訳注11]チョムスキーは数度にわたり、自分が作ったシステムを覆して、それにより、多くの人を混乱させ、かなりの人を疎外し、少数の人を鼓舞した。そのたびごとに彼の目的は理解の深度を高めることであり、それまでの洞察を犠牲にすることであってもそれを厭わなかった。

　記述を強調する姿勢から説明を最優先する姿勢に移行することは、用語と概念の混乱で、見失われる危険がある。この章で触れたモジュール理論（modular theory）はかつて、その理論で使われた2つの中心的な概念にちなんで「統率・束縛理論（Government and Binding Theory）」として知られていた。それはD構造とS構造として知られていた、確立した、伝統的ですらある、表示レベルの区別を含んでいた。（これらの用語は深層構造、表層構造というその前の用語が、専門的な意味ではなく、「深い」「浅い」という比喩的な概念として誤解され、混乱を生じていたために新たに使われることとなった。）しかし、基

本的には50年間の不断の研究の結果統語論をより根拠のある基盤に据える試みであるミニマリズムでは、ほとんど20年間「中心的役割（central role）」を果たした「統率（government）」は消え去り、深層構造（D構造）と表層構造（S構造）との区別は廃止されたばかりか、どちらの表示レベルも生き残っておらず、句構造の理論ですら大方除去されてしまったのである[141]。では何が残ったのだろうか？ 後でミニマリズムについてはいくぶん詳しく記述するが、ざっと概観すると以下のようなことである。

　ミニマリズムになって、句構造規則と変形の区別が併合（merge）と移動（move）という2つの操作に大幅に簡素化され、さらに最近では簡素化がさらに進んで、移動は併合の1つの形として見なされるようになった。ここでの主張は語彙項目は考えうるもっとも簡素な形で組み合わせられるということである。どのような構造が生成されうるかについての制約は、以前のすべての研究のように表示のレベルに対する独立の制約ではなく、すべて併合の適用の仕方によって捉えられるべきものになった。

　他のすべての理論的道具立ては派生がどのように進行するかに関係している。以前の研究でのように、語彙項目は素性を持つものと仮定されている。これらの素性は、レゴのブロックの出っ張りや、化学における結合価にいくぶん似て、どの語彙項目同士が結合できるかを決定している。だからこれらの素性が派生のプロセスを駆動すると言える。加えてある種の素性は、他の語彙項目が持っている素性と組み合わせられることにより、派生の過程で「照合（check）」され、除去されねばならない。これが移動を駆動するのである。この他に導入された用語と概念は、「探査子（probe）」、「目標子（goal）」、「位相（phase）」と「周縁（edge）」であるが、下で説明するように、これらの基本操作の進み方に関係している。

　ミニマリズムを理解するためには、これらの変更の背後にある目的を見失ってはならない。説明を求めることは、理論中の恣意的な規定を避けることを意味する。「周縁」というような概念を用いることにより言語の基本特性を、それらを単に規定しなければならないのではなく、認知についてのより一般的な事実から予測することを可能にするのである。

5.2　スパルタ式言語学（Spartan linguistics）──ミニマリズムの成分

　ミニマリスト・プログラムという言い方に注意することが重要である。それは言語機能についての正式の理論ではなく、そのような理論はどのような条件を理想的には満たさなければならないかについての、施政方針である。このことを念頭において、ミニマリスト・プログラムの香りを感じてもらうために、まず、「経済性（economy）」の概念を見て、次に理論の基本的前提を見、最後にこれらの前提がこれまでの年月のプログラムの発展においてどのように実施されてきたかの特定の例を見ることにする[142]。

5.3 経済性

ミニマリスト・プログラムの中心要素は、何らかの最小努力（least effort）の原理が言語機能を特徴づけるものであるという主張である「経済性」の考えに肉付けをする試みである。[143]経済性にはいくつかの概念があり、解きほぐしておく必要がある。[144]音韻的経済性、語用論的経済性を見て、次に統語論を見ることにする。

異なる要素がある特性に関して同じ値を持つ（帯びる）という同化（assimilation）という音韻プロセスを考えてみよう。たとえば、英語では ten の最後の /n/ という音素は ten pears や ten bears のように、/p/ や /b/ の前では、典型的には [m] と発音される。この同化はあきらかに惰性の現れである。調音器官にとってある位置から別の位置に移動するより、1つの位置にとどまる方が易しい。[145]しかし、注意深い発音では、ten years をもともとの /n/ を保って発音することは可能である。だから、この同化の現象を言語能力ではなく、言語運用に帰すものと考えたいと思うかもしれない。しかしながら、それは割り切り過ぎである。まず、すべての言語が同じ同化を示すわけではない。だから、個々の文法が、何が可能で、何が不可能であるかを指定するにあたって役割を果たしているに違いないのである。2番目に、語の内部においても /n/ が /p/ や /b/ に後続されることはありえない。つまり、レキシコンにおいて可能な組み合わせに対する制約があり、それが同化の規則の機能をそっくり写しているのである。[146]このことは、もともとの（歴史的な）動機づけが発音の容易さで、言語運用の問題であっても、今やそれは文法そのものの問題になっているということを示唆している。

2番目の語用論的経済性は、ある種の文法的な連結語（connectives）の機能から例示できる。moreover, anyway, after all のような語は、それらを含む文の真理条件的内容に何かを追加することはなく、むしろ、これらの文が進行中の議論の論理構造において互いにどのような関係にあるものとして解釈されるべきかについて指示を与えているのである。[147]

(85) Chomsky has changed the way we think of ourselves. After all, he's a genius
（チョムスキーは我々の人間観を変えた。なんと言っても彼は天才である）

(86) Chomsky has changed the way we think of ourselves. So, he's a genius
（チョムスキーは我々の人間観を変えた。だから彼は天才である）

だから、(85) と (86) の差は、その内容にあるのではなく、2つの命題のあいだの関係にあるのである。(85) では、after all で導入される he's a genius という節は彼が

我々の人間観を変えたという事実の説明として与えられている。(86) では、同じ節がsoで導入されているが、それは安全に引き出すことができる結論として与えられているのである。加えて、after all によって導入される節はすでに聞き手に既知であると想定されているが、so の場合にはそのような含意はない。これらの語を使う動機は言語処理を容易にすることにある。入ってくる信号を解釈する聞き手の努力を、話し手が意図する解釈へ誘導することによって、軽減するのである。同様にそのような語は言語ごとに異なり（それらの正しい翻訳は通訳者の永遠の悩みの種で）、それらの知識は母語話者の言語能力の一部をなしている。

統語論に関わる経済性の中核概念は何度も見てきた種類の wh 移動を含む文で例示できる。そのような移動は英語では至るところで見られるが、無制限ではない。(87) の文はすべて可能であるが、(88) のものは不可能である。

(87) a. I think John saw a buffalo

（私はジョンがバッファローを見たと思う）

b. What do you think John saw?

（あなたはジョンが何を見たと思いますか）

c. Who do you think saw a buffalo?

（あなたは誰がバッファローを見たと思いますか）

d. Who do you think saw what?

（あなたは誰が何を見たと思いますか）

(88) *What do you think who saw?

（あなたは何を誰が見たと思いますか）

（who や what のような）wh 語を一語含む疑問文では、その語が典型的には (87b, c) のように文頭に誘引されて、CP の指定部（[Spec, CP]）を占めている。(87d) のように2つの構成素が質問の対象となるときには、wh 語の1つだけ（who）が節頭に生じ、他のもの（what）は元の位置にとどまっている。問題は、なぜ (88) のように what も節頭に移動できないのかということである。なぜ (88) は非文法的であるのか？ 可能な答えは、(88) と (87d) とは全く同じ語を含んでいるが、who は what より、CP の指定部に近い位置で出発するという意味で、(88) は (87d) より経済性において劣るからであるというものである。2つの要素のどちらも移動できる場合には「最短移動（shortest movement）」条件が、移動距離の短い方、より局所的な方が、移動を許されるということを決定しているのである。この例は単純化しすぎている部分があるが、他の種類の文にも一般化でき、そのような経済性の原理が正しい方向にあることを示している。その

1つが、(89)にあるような yes / no 疑問文で、助動詞を移動する I-C 移動の例である。

(89) a. John might have come
   (ジョンが来たかもしれない)
   b. Might John have come?
   (ジョンは来たかもしれませんか？)
   c. *Have John might come?

ここでは、C の位置にもっとも近い最初の助動詞のみが動ける。経済性による分析や説明はすべて何らかの問題を提起するが、それらの予測は非常に豊かで、追求する価値があることは強調しておくべきである。

　ミニマリスト綱領のもう 1 つの経済性の重要項目は、余分な記号が存在しないという考えである。つまり、文中のすべての項目は存在理由を持つということである。この考えは（LF と PF の両方においてそのすべての要素は適切に認可されていなければならないという要件である）完全解釈（Full Interpretation）の原理の形で、ミニマリズム以前から存在し、いくつかの有用な効果を持つ。最初のものは、(90) にあるような余計な構成素の出現を防ぐことである。

(90) a. I was in England last year [the man]
   b. John was here yesterday [walked]

鉤括弧の中の連続は何ら概念的役割を果たしておらず、いかなる範疇によっても認可されておらず、そのため派生を「破綻（crash）」させる、つまり、それらを含む文を非文法的にする。より興味あることに、この原理は、音声的に解釈可能な素性だけが PF まで生き残り、論理的に解釈可能な素性だけが LF にまで生き残るということを保証する。つまり、「他動詞的（transitive）」というような発音には無関係の素性は LF に到達する前に除去されねばならず、「帯気（aspirated）」というような意味に無関係な素性は LF に達する前に消去されねばならない。ここから、it と there のように、意味的な内容を持たないと想定される虚辞的要素は、解釈不能で、LF 以前に消去されねばならないということになる。もしこの原理が言語理論に取り込まれれば、(91) の例がほぼ同等であることを間接的に説明する。

(91) a. There's a unicorn in the garden
   (庭にユニコーンがいる)
   b. A unicorn is in the garden

(ユニコーンが庭にいる)

この意味での解釈可能性は現在の統語理論の中で中心的な役割を果たしている。[153]

　特に示唆に富む種類の経済性は「最適の演算（optimal computation）」および、言語的プロセスと、いかなる種類のプロセスにも当てはまる一般的な神経生物学的・物理的制約とのあいだのあきらかな平行性となって現れている。明確な例は、チョムスキーの研究と、哲学者クリストファー・チャーニアック（Christopher Cherniak, 1945- ）の研究のあいだに見られる類似性である。脳の構造の研究でチャーニアックは「非遺伝的生得論（non-genomic nativism）」の主張を発達させた。それは「最適の脳の構造は、遺伝子の介入の必要なく、単に基本的な物理的プロセスを用いることにより生じるように見える」というもので、彼は少なくともある場合には動物は「すべての可能な脳の中で最適のもの」を持っていると推測している。[154] チャーニアックは（コネクショニストのある人たちとは対立しているが、現実主義的に）脳の資源は限られており、その解剖学的な構造は適切な機能を保証するのに必要な神経「配線（wire）」の量を最小にすることにより最適化されていると想定している。注目すべきことに、「配線の節約（saving wire）」は物理の法則の直接的結果である。チョムスキーはチャーニアックをしばしば引用する。チャーニアックの配線節約とチョムスキーの派生の段階を最小化するということのあいだには魅力的な対応関係がある。このことが（アルームタイリ（Fahad Rashed Al-Mutairi, 1973- ）[155] の最近の本から引用した）チャーニアックの立場（92a）とチョムスキーの立場（92b）を表す（92）の式を生むことになる。[156]

(92) a. 物理学 → 最適化　　　→ 神経構造
　　　b. 物理学 → 最適の演算 → 言語構造

　もし正しければ、これは「第三要因（third factor）」（つまり、遺伝的形質にもよらず、経験にもよらないもの）の特筆すべき場合になり、これまで言語に固有であると考えられてきた何かに対して、生物学的な、そして究極的には物理学的な説明を与えるものである。

5.4　(実質上の) 概念的必然性

　概念的に必要であるからか、または経験上避けがたいかの理由で、それなしでは済まされない理論的構築物（theoretical constructs）だけを採用するのは科学が正しくあるための必須条件である。言語機能に関して考えると、言語機能にどのような「概念的必然性（conceptual necessity）」を帰すべきであるのかを決定することは容易いことではないこと

が分かる。しかし、構成素構造を生成するための併合のような操作はあきらかに必要であり、チョムスキーは常に、文法が意味の表示を音の表示に結びつけることが不可欠であると考え、概念・志向（conceptual-intentional）が感覚・運動（sensori-motor）に対して優位性を持っていると考えている。表示の役割と性質についての意見の不一致は言語学者のあいだには広範囲に見られる。多くのものの1つの例として、著者の一人ニール・スミスは第一言語獲得理論では、音韻表示はかなり簡素化できると主張してきて、神経ネットワークにより産出される子どもの出力は、「表示されて（represented）」いないと論じている。むしろ、たとえば、子どもの duck の心的表示（mental representation）は、子どもへの入力である、大人の [dʌk] と同じであるが、子ども自身の発音、つまり出力、たとえば guck（[gʌk]）は、そもそも表示を持たないということである。

　現在のミニマリズムはさらに急進的である。ミニマリズムは、一見すると言語の特性のように見えるものを、より一般的な認知原理やさらに一般的な自然法則、いわゆる「第三要因」の考慮から導くことにより、人間の言語機能の理論を簡素化する欲求に駆動されているものである。インターフェイス、つまり言語機能本体の外において、表示が必要であるということからして、ミニマリズムは PF と LF というレベルすらなしで済ませようとするのである。

　統語論の簡素化がどれほど徹底したものであるかを真に理解するためには、統語論の内部にあるレベルと操作を、統語論の外部にあるレベルと操作と区別し、それらを感覚・運動領域と概念・志向領域とに連結することが必要である。一見したところでは文法にはまだ2つの表示レベル、音声形式（PF）と論理形式（LF）があるように見える、しかし、「位相循環（phase-cyclic）」演算と呼ばれるもののもとでは、これらも除去可能である。下で論じるが、位相が一旦確立されると、統語論には1つの生成の循環があり、以前の（PF と LF の）レベルは外的なシステムとのインターフェイスにすぎないのである。この変化は大変衝撃的なものであって、人々は「統語論の終わり（end of syntax）」を話題にし始めている。この時点で読者は、その見通しに大いに安堵したかもしれない。しかし、これはもはや何もすることがなくなったということを主張しているわけではない。我々は「［興味ある］疑問を少なくとも定式化することができる」段階に達し始めたという意味で、実際は、ミニマリズムが統語論の始まりであるというのがチョムスキーの見方である。

5.5　第三要因の考慮

　　生成文法の現代の歴史をとおして、FL［言語機能］の特徴を決定するという問題は「上から下に（from top down）」取り組んできて、言語獲得を説明するためにはどれほどのことを普遍文法に帰す必要があるであろうかということを問題とした。MP はこの問

題に「下から上に (from bottom up)」取り組むことを目指して、達成されるⅠ言語の変異を説明しながら、どれほど少しのことを UG に帰せば済むであろうかを問題にするのである。
(Chomsky, 2007a: 4)

　我々の言語の知識には 3 つの出所がある。1 つは UG の領域である我々の遺伝的資質 (genetic endowment) である。もう 1 つは、たとえば成長過程で触れた 1 つまたはそれ以上の言語を含む我々の経験である。そして 3 つ目は、処理の速度と方法[164]、入力の統計的特性[165]、記憶制約のような認知の一般的な側面から派生する考慮である。たとえば、思考の言語は無制限の概念化の可能性を取り込むためには再帰性を認めなければならない[166]。しかし、もしこれが正しいならば、自然言語を定義する特性として再帰性を再び規定する必要がなくなる。自然言語は単に思考の言語から再帰性を「継承 (inherit)」することができ、それにより言語機能の複雑性を減らすことができる。同様に言語演算の特性のいくつか、たとえば局所性、は認知演算の一般的特性から出てきて、そのため指定される必要はない。これらの特性はさらに神経伝達の速度、人間の頭の大きさ、等々というような基本的物理的制約から出てくる。

　にもかかわらず、言語学が責任をとらなければならない部分が多く残る。概念的必然性の範疇にはレキシコンが含まれなければならない。また、文法の役割が音と意味を結びつけるということであるなら、統語論から、一方では調音と知覚、そして他方は概念・志向の (「中心 (central)」) システムとの、両方へのインターフェイスとの変換を行う手段も含まれねばならない。このことは今度は「判読可能性 (legibility)」の要件を含意する。つまり、聞き手が聞いた文を解読し、その意味を長期記憶に統合することを保証するためには、言語的表示は精神 (mind) の運動部門と認知部門という言語の部門とは異なる他の部門によって判読できなければならない。チョムスキーの言葉を借りればこうなる。「言語が使用可能なものであるためには …、L により生成された表現は思考と行動に関わる他のシステム … にとって接近可能でなければならない。[167]」LF と PF の除去の前に、2 種類の表示をつなぐ、言語の内部構造が何かあると考えられていた。これは「書き出し (spellout)[168]」と呼ばれる段階までは共通の派生を想定することによってなされていた。書き出しとは統語体が一方では音声的解釈に、そして他方では論理的解釈に送られる時点であった。この 1 つの含意は、書き出しと LF とのあいだに (つまり普通の言い方をすれば「書き出し後」に) 起こる移動操作は「不可視 (invisible)」になり、先に言及した wh 句の顕在的 (overt) 移動と、非顕在的 (covert) 移動の対比を生じる。そうすると文法の構造は、レキシコンからの項目を選択して枚挙 (numeration) を形成する部分を無視すると、(93) のようになる。

第 2 章　言語の基盤　129

(93)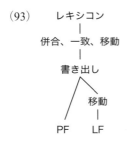

この文法の構成についていくつかの経験的な問題が生じた。たとえば、「書き出し」それ自体は、そこで述べられるべき言語的一般化がない、つまり、派生のこの段階に特有の制約がないという理由から、表示のレベルではないと主張された。以前は、LF と PF は完全解釈の原理が満たされるべき表示であると定義されていた。しかし、この認可要件は今ではインターフェイスで成立するものである。言語機能のどれほどが全く個別的であり、どれほどが判読性条件を満たす必要から導かれるかが、活発に論議されている。(93) に取って変わるべき現在の構造は (93') に示すものである。

(93')

人間言語の統語論の著しい複雑さと、特に我々が他の生物と我々を区別する遺伝的に決定された言語機能を持っているというチョムスキーの度重なる議論からすると、我々は、その言語機能の特性がそれに相応しく豊かで不透明であると期待するかもしれない。ミニマリズムの目的が「経験的に不可避であることは、"外的諸システムの設計仕様 (design specifications)" により課せられたものである」ということを示すことであるということを聞かされると、意外に思うのは当然である。これはチョムスキーが「強ミニマリスト命題 (strong minimalist thesis：SMT)」と呼ぶものである[170]。つまり、文法的プロセスに対するすべての制約は知覚の考慮か、概念的考慮により動機づけられていて、「言語は[判読可能性]の条件に対する最適な解である」ということである[171]。たとえば、チョムスキーは、文法のモジュールであると記述した束縛条件は、「外的解釈システム (external interpretive system)」であると主張する[172]。つまり、文法本体の外から課せられた条件であるということである。

同様に、移動が思考にとって概念的に必要であるとはあきらかに言えないが、移動が広範囲に見られる理由は、統語論自体の外からくる別の要請に応じたことにあるかもしれない。つまり、古い情報を新しい情報の後に置くというようなコミュニケーション上の要請に応じたことにその理由はあるのかもしれない。チョムスキー自身の見方は異なっている。彼は、以下で説明するように、移動は、統語システムの基本操作である併合の当然の結果であると論じるから、この場合統語論の外に説明を求める必要はないと言う。[174]

　強ミニマリスト命題は言語学全体を改めて考え直す道を開き、すべての部門の再分析を迫るものである。これまでと同じように、概念上の主張と、それらの主張を形式的なシステムで技術的に実施することを区別する必要がある。これらの前者の中でも、概念的に議論の余地のないものと、言語は音と意味の表示を結びつけるという問題に対する「最適な解（optimal solution）」であるという大胆で、一見したところ奇妙な推測とを区別しておくことが必要である。前者はその立場を形作って行く中で、根源的な論争が生じるとしても、本質的にはオッカムの剃刀に訴えることである。

　したがって、次にミニマリズムが必要とする範疇と（併合と一致などの）プロセスの存在論（ontology）を見て、技術的な実装（implementation）の詳細のいくつかを吟味し、言語がどの程度「完璧（perfect）」であるかを見ることにする。この最後の部分は言語の進化の説明に対しても影響がある。というのは、もし、言語が「判読可能性に対する最適な解である」[175]ならば、このように短時間のあいだに言語が進化したことは、それほど不可解なことではなくなるからである。もし、第三要因の考慮の結果、言語機能が生物学的にも物理学的にも可能である限り単純であり、これまで考えられてきた以上に他の生物と共有するものが多いということであるならば、そのことは言語の出現についての進化論的説明の複雑さをそれに応じて縮減できる。

5.6　実　装

　ミニマリスト的存在論は、少なくとも一部においてはおなじみの線に沿って実装（implementation）されている。[176]すでに見たように、いかなる文法もレキシコンと（人間言語（HL）の演算システムという意味で、CHLと通常呼ばれる）演算システムを含まなければならない。レキシコンはそれぞれ素性の集合である実詞と機能範疇の2種類の語彙項目からなる。これらの素性にはさまざまな種類がある。それらは［± N, ± V］のような語彙範疇を定義するもの、項目が生じる文脈を定義する［± 他動詞的（± transitive）］のようなもの、先に言及した機能範疇のあいだの相違を特徴づける［強］と［弱］（［± 強（± strong）］）のようなものである。演算部門 C_{HL} には、併合と一致という2つの中核部門がある。これらと少し性質が異なる第3の部門が（「書き出し」に取って代わった）「転

送（transfer）」で、統語体がどのようにインターフェイスに到達するかを決定する。長いあいだ文法の不完全性を構成しているものと考えられた移動という追加の部門があると考えられて来た。今では移動は併合の適用例であると考えられている。その考え方は論理的には2つの可能性があるというものである。併合はレキシコンから何かを取り出し、それをすでに構築されたものに追加するか、すでに存在する樹形図の中から何かを取り出し、それを同じ樹形図に加えるかのいずれかをすることができる。前者は、加えられるものが既存の樹形図の外からくるので、外部併合（external merge）と呼ばれ、後者は、樹形図に併合されるものがその内側からくるので、内部併合（internal merge）と呼ばれる。例（95-97）が、この対比を例示する。

この枠組みでは統語論研究者は（94）の疑問を提起して、これらに答えなければならない。

(94) a. 何が何時併合されるか？
　　　b. 併合は内部か外部か？
　　　c. 何が何と一致するか？
　　　d. 転送は何時起こるか？

これらの疑問に答えるためには「探査子（probe）」「目標子（goal）」「位相（phase）」という現在の理論の新しい技術的専門用語のいくつかを導入する必要がある。これらの革新は主に用語上のものであるが、位相はより実質的な進展である。これらの用語の各々の中心的な例を見て、それらがどのような予測をするかを見ることにする。というのは、これらは技術的な詳細が正しい（または正しくない）こと実証し、かつ概念的発展を支持するからである。

5.6.1　併合と一致

併合、特に外部併合はレキシコンから引き出された個々の項目から、より大きい構成素を作る。たとえば動詞と名詞の eat と marzipan を組み合わせると [eat marzipan] ができるが、ここで、NかVのどちらのラベルがこのより大きい構成素を特徴づけるべきかという「投射（projection）」問題が生じる。この単純な場合には答えは直截である。eat marzipan は分布においては、marzipan ではなく、eat と同じように振る舞う。たとえば eat marzipan は I like to eat の eat に置き換えて、I like to eat marzipan にできるが、I like white marzipan の marzipan に置き換えて、*I like white eat marzipan にすることができない。だから、全体は動詞的であって、名詞的でなく、[$_{VP}$ [$_V$ eat] [$_N$ marzipan]] という構造になる。

残る唯一の操作は一致（Agree）である。一致は（this girl sings と those girls sing のあいだ

の対比に見られるような種類の）一致、((60) において he と him を正しく区別することを保証する）格照合、文中の他の関係などを、1つの操作によって説明しようというものである。一致は語彙項目とその領域にある何らかの他の素性とのあいだを関係づけて、伝統的な一致や格照合を生み出すものである。

最後に内部照合はすでに外部併合より作られた樹形図の一部を見つけて、そのコピーを作って、それを樹形図の別の部分と併合し、よって順により大きい構成素を作る。[180] (95) の例のあいだの関係を考えて見よう。

(95) a. What can Hannibal eat?
　　　（ハンニバルは何が食べられるか？）
　　b. Hannibal can eat what?
　　　（ハンニバルは何が食べられる？）

(95b) の問い返し疑問文は、一連の外部併合によって生成された (96) の構造を持っている。(95a) を生成するためには、can と what をそれぞれ C の下の位置と文の前の位置に内部併合することにより、この構造を (97) の構造に転換することができる。can と what の取り消し線は、それらが発音されていないことを示している。（樹形図を (81) のような以前の例と一致させるために簡略化している。）

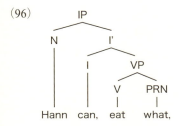

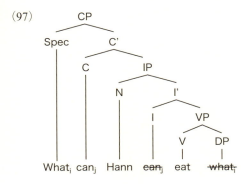

理論的簡素化をなにより重要であると考えることからすると、一致も移動もない論理的計算論法のような人工言語のように、外部併合が唯一必要な操作であったかもしれないと言うことは指摘するに値する。しかし、経験的な事実として、すべての自然言語は移動（内部併合）を持ち、また一致も持つ。外部併合が「何らかの形で不可欠である」ことはあきらかである。それなしでは、一語発話しかないことになってしまうからである。ただし、内部併合が不可欠であるかどうかはそれほど明白ではないが。先に触れたようにチョムスキーは移動が人間言語における不完全性（imperfection）であるとする以前の見方を修正して、「転移（displacement）は言語の不完全性ではなく、転移がないことの方が不完全性である」と主張している。これは、一旦併合を認めれば、それを内部的に適用することは2つの論理的な可能性の1つにすぎないという観察から帰結する。併合（X, Y）が与えられれば、Y が X の一部であるか、そうでないかいずれかだからである。内部併合として移動を捉え直すことのチョムスキーの目的は、まさに移動を外部併合と同じように「原始的（primitive）」または「通常（ordinary)」であり、したがって何か意外なものでも、「不完全性」でもないものとして理解することであった。このような必然性は一致についてはそれほど明白には成り立たないが、チョムスキーはそれも究極的には「人間言語の設計条件」によって説明されるものと推測している。

5.6.2　探査子と目標子

　言語における一致のパターンはさまざまな、そしてときに意外な形で現れる。(63) の例で、再帰代名詞はその先行詞と人称、数、性で一致していなければならないことを見た。My brother admires himself は問題ないが、My brother admires herself / myself / ourselves はすべて非文法的である。他の例にはこれほど透明でないものもある。(98) のフランス語の例で、女性複数の les tables と repeint のあいだに一致がないのに、(同様に女性複数の) les と repeintes のあいだには一致があるのはなぜであろうか？　そして、(99a) において、(99b) と平行的に are と離れて後続する several prizes のあいだに一致があることをどうすれば説明できるだろうか？

(98) a. Paul a repeint les tables
　　　（ポールはテーブルにペンキを塗り直した）
　　b. *Paul a repeintes les tables
　　c. Paul les a repeintes
　　　（ポールはそれらにペンキを塗り直した）

(99) a. There are thought likely to be awarded several prizes
　　　（いくつかの賞が授与されそうであると思われている）

b. Several prizes are thought likely to be awarded
　（いくつかの賞が授与されそうであると思われている）

　チョムスキーは一致の現象を理解するもっとも単純な方法は、解釈不能素性の除去と密接に結びついた形での探査子と目標子の効果として見ることであると主張した[185]。主語が動詞と（単数対複数の）数において一致する this girl sings と these girls sing の例をもう一度考えてみよう。this girl のこの素性「単数 (singular)」は解釈可能であるが、他方 sings のこの素性は解釈不能である。つまり、主語の girl と girls のあいだの相違は意味があるが、動詞 sing と sings のあいだの相違は、主語から予測可能であるという意味で、余剰であるか無意味である。（もし強ミニマリスト命題が正しい、つまり言語のシステムは最適の解であるならば、それは余剰性を避けるということが前提となっているのである。）これが一致を見る正しい見方であるならば、sings の解釈不能素性は概念・志向インターフェイスに至るまでに除去されねばならない。sings が一致できる相手として名詞的な目標子を探し、それを見つけると、それ自身の解釈不能素性が削除されると仮定することにより、これは実行できる。

　技術的な詳細はおそろしく複雑であるが、使う概念はおなじみのものである。たとえば、探査子は目標子を c 統御しなければならない[186]。重要なことはシステムがいくつかの一見するとバラバラな現象の統一を可能にし、かつ演算上の影響を持つことである。ここで開発中の理論はコンピュータや天使を扱うのではなく人間を扱っていて、我々が細部を決定しようとしている言語能力の理論は言語運用の理論と噛み合わなければならないということを念頭に置いておくことが、この文脈では、重要である。たとえば、文解析の役割と、人間言語の複雑性に直面するいかなる装置でもその働きを破綻させかねない指数関数的爆発を避けることの望ましさを視野に入れておかねばならない。ここで併合が二価的である、つまり、どの一回の操作でも、一対の要素だけが併合されるのであって、大きな数の要素が併合されるのではないという事実が演算効率の考慮から帰結し、二価的な併合だけを認めることから可能な文解析の可能性をもっとも低い数にしているということは、我々を勇気づけるものである。そのような「二価性 (binarity)[187]」の議論は、演算上扱いやすい言語使用のモデルを作ろうとしてジョージ・ミラーと行った研究にまでさかのぼって 50 年間続いてきたが、今になってやっと我々はそれを理解し始めたのである。同様に、文処理においての「先読み (look‐ahead)[188]」の性質においていくらかの進歩を達成することができる。一時的に曖昧である文の正しい解釈に我々はどのようにして到達しているのだろうか？　この問題についての適切なアプローチを開発する最後の段階が「位相」の導入に見られる。

5.6.3 位相と循環性

演算上の扱いやすさという概念は処理の考慮がそもそもI言語にとって関連性すらあるのかどうかという重要な問題を提起する。言語能力（competence）の文法、I言語は、知識のシステムであって、言語運用（performance）のシステムにとって接近可能でなければならないけれども、言語運用の考慮がそのようなシステム自身の基本的な特性に影響を与えるべきかは明白ではない。にもかかわらず、2つのシステムの特性が収斂すれば、その分この接近可能性を保証することが容易になる。もし、言語機能を共に我々の言語的知識を構成するレキシコンと演算システムからなるものと記述することが正しいならば、「演算（computation）」が2つの少し異なる形で用いられているものと見ることができる。つまり、オンラインとオフライン（それぞれ言語能力と言語運用）として考えることができるかもしれない。そうなると、演算が静的な意味で（つまり言語能力に関して）最小化されれば、言語運用のI言語にとっての接近可能性が強化されることになる。理論の原始要素に関連する事柄でしばしばそうであるように、明確な答えはなくて、いくつかの考慮点が、少なくとも派生システムの内部では、演算上の複雑性が問題にならないということを示唆する。これが正しいことが比較的あきらかな領域は局所性である[189]。局所的な関係は、部分的には必要とする記憶量がより少ないために、距離のある関係よりは演算しやすい。したがって、すべての演算は局所的であると仮定しよう。そうであれば、文法において、この要件を実施する何らかの手段が必要である。

ここでの考え方は「統語派生が小さな固まり、位相（phase）という単位で起こる」というものである。各々の位相は、「活性記憶（"active memory"）[191]」に取り出されたレキシコンから選択された語彙項目の配列の一部からなる下位構造からなる。そして、「記憶を最小化するために位相はできるだけ小さくなければならない[192]」。したがって位相が完了するとすぐに、それはインターフェイスに解釈のために送られ、その後はさらなる統語操作を免れる。事実上位相はその後の演算では1つの単位として振る舞い、システムの処理上の負荷を縮減する。これは、専門的な言葉遣いでは、いかなる（外部）の探査子も終了した位相の内側を見ることはできないということを定めた「位相不可侵条件（Phase Impenetrability Condition: PIC）」として知られるものにより実行される。

以前に見た（38）の What might Mary think [Harry stirred —?] または（80）のアイルランド語の例の wh 移動の扱いを見てみよう。上で、what はまず、埋め込み節の頭に移動し、そうして初めて、全文の頭に移動しなければならない、つまり連続「循環的」な移動があると結論づけた。PIC は wh 移動が起こりうる唯一の方法はまさにこの小さな段階に分かれてであることを保証する。言葉をかえれば、「位相」の概念の導入は文法に循環性を導く方法であって、循環性を恣意的に規定する必要はもはやないのである[193]。

位相の導入が説得的であるためには、何が位相を構成するかについて何らかの独立の考えがあることが決定的に重要である。これに対して提案されている答えは、位相

は「完全な構造的複合体（complete structural complex）」であるということである。位相は命題的に完全で、だから CP が位相であるか、θ 役割に関して完全で、だから VP が位相であるかのいずれかである。これらの定義の両方がインターフェイスでの条件による「自然な特徴づけ（natural characterization）」を持つという究極的要件を満たしている。つまり、「位相は意味的にそして音韻論的に一貫してかつ独立していなければならない[194]」。

いつものことであるが、説明の方向性について潜在的な疑念がある。デイビッド・アッジャー（David Adger, 1967- ）は「位相の概念は派生の一般的構造から、本質的には派生が短い記憶しか持てなくすることにより、導くことができる。つまり、派生は埋め込まれた位相の材料を忘れてしまうとすることである[195]」と提案している。上で簡単に触れた表示主義についての論争からすると、代わりに、「派生」の概念は「位相」の概念に寄生していて、位相に訴えることから得られるどんな積極的な結果も純粋に表示的なアプローチではなく、派生的なアプローチの根拠とするために使っていると主張することもできる。これらの概念が密接に関連していることはあきらかであるが、結論を出すには時期尚早である。

5.6.4　周　縁

次に論じる技術的な改新、「周縁」は統語論とも音韻論とも等しく関連していて、この両者の興味ある相互作用を許す。たとえば、韻律構造と統語構造の適切な相関関係を保証する[196]。

先に循環性の重要性、特に感覚・運動インターフェイスへの循環的接近の重要性との関係での書き出しについて論述した。そこから音韻論的循環と統語論的循環を統一する可能性が出て来る。書き出し（spellout）[197]（あるいは、転送）が音韻的内容を統語的節点と結びつけることに関係しているのであれば、連続循環的移動のような現象の領域である統語構成素はある種の音韻的構成素でもあるはずである。韻律構成素が統語的構成素でもある傾向があることは文の韻律の研究で長く知られていた[198]。この関係を形式的に明示化するためには、本質的にはルイジ・リッツィ（Luigi Rizzi, 1952- ）の 1997 年の論文以来、最近のミニマリズムでますます重要な役割を果たすようになってきている「周縁」という概念を導入する必要がある[199]。ある種の統語領域の「周縁」は、その領域の「中核」特に、θ 位置と対立する。中核は述語とその項からなるのに対して、周縁は他の特に情報構造のためにそこに置かれた要素の受け皿になる。(100)の話題化が簡単な例を与える。

(100) This example, I invented ＿ yesterday
　　　（この例を、私は昨日思いついた）

ここでは、＿＿ が移動された項目 this example の痕跡（つまり後述のコピー）を示している。this example は invented の目的語としての中核の位置に発し、節の周縁 [Spec, CP] に移動している。CP の周縁は韻律の境界を表し、イントネーション句の場所を定義し、CP はまた連続循環的移動の着地点を提供する。このように（101）の鉤括弧は、主要な韻律境界を表す。＿＿ は以前と同じように移動の痕跡、つまりコピーを表す。

(101) a. Izaak didn't say [where he caught the fish ＿]
   （イツァークはその魚をどこで捕まえたか言わなかった）
  b. Where did Izaak say [＿ that he caught the fish ＿]?
   （どこでイツァークはその魚を捕まえたと言いましたか？）

周縁という概念によりいくつかの現象に対する説明を統一し、理論を制約できることが望めるようになる。その意図は統語論と音韻論の平行関係を説明するだけでなく、下で見るように、統語派生は前に戻って、すでに構築された樹形図の内側に何かを追加することができないという明白な事実にも説明を与えることに貢献する。この制約は「拡大条件（extension condition）」と呼ばれ、樹形図形成の操作は派生の周縁にのみ適用することを述べる。[200] つまり、理論の基本的再帰メカニズムである併合は「すべての併合は周縁に対するものである」という要件に従い、これが構成素の中に、別の構成素を併合することができないこと、そして位相から外への移動は常に周縁を経ることを保証する。そうすると、周縁素性のみが併合を認可するということに意味が生まれる。これは文法の習得と構築においても望ましい制限である。[201]

次に、コピー理論（copy theory）による移動のミニマリスト的扱いと、さまざまな普遍的条件の開発に話を転じよう。移動は、生成文法の始まり以来その中心的な部分であったので、「移動」は「転移」の特性を捉える比喩でしかなく、他の技術的な実施法も可能であり、より好ましいかもしれないということはここで繰り返しておくに値する。上の空範疇の議論で 1 つの空範疇のタイプを移動の「痕跡」と呼んだ。しかし、この種の痕跡はミニマリストの観点からすると望ましくない特性を持つ。

5.6.5 普遍条件（universal conditions）

この問題およびその他の問題を解決するために、普遍制約とされるものがさまざま提案された。これらの制約すべてと、文法内部の表示レベルとしての PF と LF を除去することによる簡素化とを考え合わせると、上で（93）ではなく、（93'）に示し、下に（102）として再録するより倹約的な文法モデルを仮定することが可能になった。[202]

(102)

5.6.6 包含条件 (inclusiveness) とコピー理論

チョムスキーはインターフェイスの表示が「語彙的素性の配列だけからなり」、ゆえに派生の過程において樹形図に何も挿入できないということを定める「包含性 (inclusiveness)」の原理を提案している[203]。痕跡はこの条件に違反しているので、理想的には禁止されねばならない。「内部併合」をコピーの産出を含むものとして導入したが、そこに暗に含まれているように、現在の正統理論は痕跡ではなく、**コピー**を仮定している。上の (79) の [ec]$_i$ とは違い、(97) のコピーのように、先行詞と同一指示的なコピーがあるだけである[204]。コピーであるので、それは新しい理論的存在物ではなく、したがって (103) の代替構造は包含性に違反しないのである。

(103) What$_i$ did Harry stir [what]$_i$
　　　(ハリーは何を掻き混ぜたか)

このコピー理論を支持する議論は決定的なものではない。というのはレキシコンに「痕跡」を入れておいて、枚挙の一部として派生にそれらを導入することが可能であるからである。そうすると、それらはもはや「移動」の痕跡ではなくなり、「包含性」を満たすことになる。

しかしながら、コピー理論の利点は、それが理論的に優美であるだけではなく、経験的にも優位であることである。ホーンシュティンと彼の同僚が論じるように[205]、コピー理論は多くの記述的問題を解決する[206]。たとえば、この章の上で紹介し、例示した束縛理論は、そこで述べた以上に実は複雑であって、その複雑さを痕跡理論の中で扱うことは、深層構造と表層構造の区別を復権させることになり、これはミニマリストの立場からは大失敗である。問題のデータは (104) として再録する、77 ページの (11a) の例のようなものである。そこでは下付き文字で示すように、himself は John を指すこともできれば、Bill を指すこともでき、t は [which picture of himself$_{i/j}$] の痕跡である。

(104) John$_i$ wondered [which picture of himself$_{i/j}$] Bill$_j$ liked t
　　　(自分のどの写真をビルが気に入ったのかとジョンは思った)

これに対して、曖昧な (104) は、照応形の himself を代名詞の him に置き換えると、その結果得られる (105) (= (11b)) は一義的で、John のみが him の可能な先行詞である。

(105) John$_i$ wondered which picture of him$_{i/*j}$ Bill$_j$ liked t
　　　（彼のどの写真をビルが気に入ったかとジョンは思った）

2つの問題がある。(104) の曖昧性をどう説明するかと、代名詞と照応形が典型的には相補分布の関係にあるということからして、(105) の適格な表示をどうすれば得られるかである。最初の問題は2つの解釈を2つの表示レベル、深層構造と表層構造で調達することによって解決するかもしれない。2番目の問題も深層構造が利用可能であれば解決できるかもしれない。この問題にからむすべての絡まりを全部見ることはやろうと思えばできるが、問題の解決の本質は (104) の痕跡を (106) に示すようにコピーに置き換えることである。[207]

(106) John wondered [which picture of himself] Bill liked [which picture of himself]

この表示は2つの節に2つの himself を含む。これにより、1つの himself を John を指すものと、そしてもう1つを Bill を指すものと解釈することができ、これにより、異なる表示レベルに言及することなく曖昧性を説明できる。いくらかの追加のメカニズムを加えれば、(105) と平行的な、(107) に示す分析がその一義性を説明する。

(107) John wondered [which picture of him] Bill liked [which picture of him]

包含性には他の利点もある。たとえば、包含性から X バー理論の除去が帰結する。X バー理論の異なるバーレベル (X, X', X") は新たなものを樹形図に導入しているので「最小句構造 (bare phrase structure)」の禁止に違反する。[208] しかし、包含性は言語的プロセスに対する唯一の条件ではなく、追加の制約により、補完または、置換されねばならない。後3つの制約をざっと見ておこう。「拡大条件 (extension condition)」「改変禁止 (no tampering)」そして、「介在条件 (intervention)」[209]の特別な場合としての「相対化最小性 (relativized minimality)」である。包含性条件と拡大条件は「改変禁止」に還元できることを示すことができるが、(相対化) 最小性は、特に言語獲得を説明する上での説明的潜在力ゆえに単独で重要性を持つ。[210]

5.6.7 拡大条件

拡大条件（extention condition）はいくつかの異なる定式化を持つ。「併合の適用は根元（＝一番上の）統語体だけを対象にできる」と述べる場合は、統語操作は樹形図を上方に拡大することしかできないことを保証する[211]。簡単な抽象例をチョムスキーが与えている[212]。(108a) の樹形図が与えられると（β が樹形図の上に追加されている、(a) は (b) の下位樹形図として維持される）(b) のように拡大できるが、(β が樹形図の下に加えられている) (c) のように拡大することはできない。

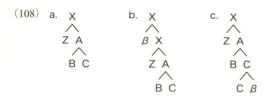

拡大条件は、循環性を保証する助けとなるという追加の利点を持つ簡潔性の考慮のさらなる現れである[213]。

5.6.8 改変禁止と統語論の境界

チョムスキーが「効率の良い演算の自然な原理で、おそらくは自然の法則の特別な場合」と記述しているが、「改変禁止」は2つの項目 X と Y が併合されるときに、それは「無変化で無順序」の状態にあり、樹形図の中の要素が消されたり、修正されたりする可能性がないという条件である。この程度の一般性で述べると、「改変禁止条件（No Tampering Condition: NTC）」は「包含性条件」も含意し、後者を不要なものにする[214]。しかしながら2つの条件は通常別物として扱われる。改変禁止は併合の結果が上の、[VP [V eat] [N marzipan]] ではなくて、最大限に単純で、順序がなく、レベルもない集合の {eat, marzipan} であることを保証する。

語彙項目のあいだには何らかの順序が必要である —— 英語では marzipan eat は不適格であるので、これは自滅的な改新であるように思えるかもしれない。しかし、その背後にある理由は、理論的容喙とは別に、線形順序は音韻論の責任であって、統語論の責任ではないということである。より一般的に言えば、それは一部には、真に統語的である（おそらくは思考の言語の統語論では働いている）プロセスを、「外在化（externalization）」、すなわち文を言ったり、手話で表したりすることのためにのみ必要なプロセスと区別する試みである。（議論の余地はあるが）ここでの想定は、思考の言語での表示には、階層的な構造はあるが、要素間の順序がないということである[215][216]。そうすると、音声言語における文の線形順序は我々の調音器官の制限、つまり、我々が一度に1

つの語しか言うことができず、そのため文は語の連続としてのみ発音することができるという事実の結果として説明される。赤ん坊のベッドの上にぶら下げられるタイプの装飾的モビールが有益な譬えとして使える。そのようなモビールは階層的な、樹形図のような構造を持っているが、構成素間には特定の線的順序がない。しかし、テーブルの上に平に置くと、それに固定した線形順序を与えたことになる。

改変禁止条件のさらなる経験的利点は、拡大条件の結果の大部分を導くことである。[217] 実際、チョムスキーは最近の論文では、拡大条件を改変禁止条件のもとに包摂している。「効率的な演算の自然な要件は『改変禁止条件』NTC である。X と Y の併合の結果は 2 つの統語体（Syntactic Object: SO）に変化を加えない。」[218] そうであれば、X と Y の併合は {X, Y} という集合を生むと解釈することができるが、それが考慮に値するもっとも単純な可能性である。併合は X と Y を分解することも、それらに新しい素性を追加することもできない。それゆえ併合は常に「周縁に対して」である。[219]

改変禁止条件、拡大条件、そして包含条件はすべて、統語論における構造保持というより深い原理の側面であるかもしれない。それらすべてをカバーする一般的陳述は、I 言語は後に改訂しなければならないようなものを作ることはないということになろう。これはきわめて強力な経済性の原理であることになる。したがって、ありそうもないものであると推定されるが、調査する価値はある。

5.6.9 相対化最小性

局所的関係の重要性はこれまで何度も強調してきた。もっとも洗練された記述はルイジ・リッツィによるもので、特に彼の相対化最小性（relativized minimality）の考えである。[220] 前に見た例では、2 つの項目のあいだに介在する同じ構造的タイプのより近い標的があるためにそれらのあいだの一見可能な依存関係が阻止される。図式的に言うと、(109) の配列で、もし Z が X か Y と同じタイプのものであれば X と Y を関係づけることができないということである。

(109)　... X ... Z ... Y

リッツィはこの制約を (110) と (111) の例の対比で例示している。

(110) a. I think [John left at five]
　　　b. I wonder [who left at five]

(111) a. When do you think [John left ____]?
　　　b. *When do you wonder [who left ____]?

（111b）の非文法性は wh 要素 who がもう 1 つの wh 要素 when とその痕跡（コピー）のあいだに介在することに帰される。（111a）が適格であるのは、同じタイプの介在する要素がないからである。[221]

「相対化最小性」の「相対化」は主要部移動、A 移動と A バー移動という異なるタイプの移動を、あるいはそれらを特徴づける異なるタイプの素性を、区別する必要から生じる。[222] だから主要部移動は介在する主要部により阻止されるが、他のものには必ずしも阻止されない。A 移動はたとえば介在する主語により阻止されるが、他のものには必ずしも阻止されない、等々ということである。

リッツィはデータのさらなる複雑さを指摘し、文解析から言語獲得にわたる多くの洞察を提供している。[223] 洞察はもちろん歓迎すべきものである。複雑さは当惑させるものである。なぜ言語はそのような問題を示すのか？　特に、（111b）や上で出て来た星付きの多くの文のような直観的には適格な思考を自然言語で表現することを我々に禁じているように思われるものは何か？　ここからチョムスキーのより驚くべき提案が出てくるのである。つまり、統語論は 2 つのインターフェイスのあいだの架け橋の問題に対しては「完璧な」解決である一方、思考に用いられる言語と、コミュニケーションに用いられる言語とのあいだには頑固な緊張があり、その緊張が解消されるときには、それは一貫して後者ではなく、前者を優先して行われるというのである。

5.7　完璧な統語論

ミニマリズムの中心的な考えを追求して、チョムスキーはときに統語論について「完璧なシステム」に近似するもの、音と意味とを関係づけるという基本問題に対する最適の解、という言い方をする。[224] 統語論が最適であると推定するのは、簡潔性、自然さ、対称性、優雅、経済性、つまり、言語のような進化によって生じた生物学的構造については一見したところ期待されない特性を示すという意味においてである。「説明的妥当性を越えて」でチョムスキーは「自然は完璧である」というガリレオの言葉を引用し、言語を自然の対象物と見なして、言語は背骨やキリンの首の骨よりはむしろ、ひとひらの雪のようであると言っている。[225] その言わんとしているところは、雪の美しい六角形は特定の物理的条件のもとで働く数学的法則の単純な結果であるが、背骨は工学的な観点からはお粗末に「設計」されており、進化の下手な繕いを反映している。この観察が正しければ、そこからすぐに 2 つのことが含意される。まず、言語を物理学における自然法則と同じように扱うことは、意外にも、正しいということ。2 番目に、上で概説した筋書きに沿って、統語論の一見して複雑で、個別的な性質はインターフェイスの特性から帰結するはずのものであるということである。[226] チョムスキーは、表面的にはごちゃご

ちゃしたデータにもかかわらず、「きれいな法則」が成り立つという仮定が、一般化の正しさを確証する実験へとつながったという、科学の歴史における示唆的な相似例をいくつか挙げている。[227]

　言語の場合、基本的なシステムは完璧であると考えられ、統語論の外見的な逸脱が生じるのは知覚と調音のシステムの要請による場合だけである。この素晴らしい仮説は、もちろん間違っているかもしれない。チョムスキーの言葉を借りれば、「現実を変えることはできない、ただ現実がこれらの驚くべき条件をたまたま満たしているかを問うことができるだけである」[228]。これまでのところ、このように「説明的妥当性を越えて」行けるという勇気づけられる兆候はある。つまり、言語機能の初期状態、すなわち、我々が第一言語獲得の任務に動員する認知的装置が、そのような形をとっている理由を説明し始めることができるようになったのである。我々は有機体の一般的諸特性、つまり、有限な有機体の持つ記憶の制限、聴覚に関わる脳の皮質の処理速度、そしてコミュニケーションの要件、に注意を向けることによってこれをすることができる。[229]我々は少なくとも、ダーシー・トンプソン（D'Arcy Thompson, 1860-1948）とアラン・チューリング（Alan Turing, 1912-1954）の件を思い起こさせる物理的な文脈に生物学的な議論を埋め込むことすらできる。[230]ここに、言語の研究は初めて自然科学の範囲の中に入り始めたのである。

　この楽天的な見通しにもかかわらず、問題もある。まず、（主に）チョムスキー自身というより、彼の信奉者が提案する物理的制約（詳しい実例についてはアルームタイリの本を参照）の大多数は厳密な証明というよりは、比喩的な類似に依存している。2番目に、この特徴づけが正しければ、問題の主張は反証不可能性に陥る危険がある。[231]3番目に、チョムスキーは言語がコミュニケーションのために設計されているという機能主義的な立場に頻繁に反論してきたが、時々、思考のために設計された別の種類の機能主義的主張に与しているように思われる。

　これらの論点のいくつかについては、後の章で立ち戻ることにする。

6　棚卸し —— 歴史的経過

　生成文法の初期の時代には、中心的問題は文に適切な構造を与える文法を構築することであった。[232]文法は規則の集合（または集合群）であって、なぜ（112）のような特定の連続が文法的であるか、非文法的であるか、曖昧であるか、一義的であるかという問題は、単に文法において仮定されている規則によって与えられる構造分析の結果でしかなかった。

(112) a. Harry stirred the stew carefully
   （ハリーはシチューを注意深く掻き混ぜた）
   b. *Harry stirred carefully the stew

　次の段階では、問題はなぜ規則はそのような特定の効果を持つように定式化されたのかということになった。外見上の複雑さにかかわらず、当時は規則を定式化することはいつも容易すぎた。真逆の効果を持つ「反規則」を定式化することも同じくらい容易くできた。さまざまな答えが提供された。典型的には、文法の規則が従わなければならない一般的（普遍的）条件があるというものであった。たとえば、*wash you と wash yourself の相違を説明するためには、規則には順序付けがあるとか、*What did Harry stir the stew and? のような（31）の例を説明するためには、規則は島の条件のような何らかの原理に従うというものであった。

　ここから次に、なぜ特定の島の条件が働くのかという問題が持ち上がった。その条件が普遍的で、したがって、すべての言語の文法に特徴的なものであるというその問題に対する答えは、ではなぜそうなのかという次の問題につながった。今度の答えは、それはより一般的な何か、つまり下接の条件の特別な場合であるというものであった。ある種の移動がなぜ不可能であるか、*Your brother, to whom I wonder which stories they tell が英語において非文法的である一方、イタリア語ではそれに相当するものが問題ないのはなぜかということの理由は、普遍的であるがパラミタ化された原理に帰されることとなった。しかし、下接の条件が今度は説明を必要とする。[233] そしてその答えは、それがある種の局所性の原理であるというものであった、[234] つまり文法操作は何らかの局所的領域で適用するように制約されているというものであった。「なぜ局所性の原理が成り立つのか？」という疑問に対して、ミニマリスト・プログラムでは最小努力（least effort）、つまり経済性の原理（economy principle）によって対処するのである。

　知的な三歳児なら誰でもするように、「なぜ」を問い続けると、答えはますます推測の域に入るが、それでも前進は可能である。最新の反応は、人間（そして他の生物）のより一般的な特性を用い、「効率的演算の基本的考慮（elementary considerations of efficient computation）」や、現段階の理論においては「探索と記憶を大幅に制限する」位相不可侵条件によって実施されている短期的記憶の制限、のような概念に関係づけることである。[235]

　この段階では、さまざまな他の問題や異論が生じる。1つの潜在的な批判は、「最小努力」はこれまでも長いあいだ存在した考えであるから、今の考えのどこが新しいのか？というものである。この発言は正しいけれど、無関係である。ニュートンとリンゴの木の場合のように、大事なことは観察されたことについてどうするかである。もう1つの問題は、これらの論理的には必然とは言えない原理が成り立つのかというものである。これに対する答えは、生得性という答えが、何十年すでに与えられてきているとい

うことである。この問題については第3章と第4章で立ち戻るが、進化論による答えを示唆する問題である。

　動物のコミュニケーションと進化生物学のさまざまな専門家との共著で、チョムスキーは今世紀のはじめ以来、言語機能の進化について、数編の論文を発表している。この研究はミニマリズムと関連しているが、しかし、別箇の問題である。

6.1　進　化

　普遍文法の生得性の1つの含意は我々の問題追求への答えの一部は進化（evolution）であり、普遍文法が進化により出現することについて物理的環境が重要な役割を果たしたということである。チョムスキーは言語が進化により出現しえたことを否定して、そのため擬似神秘的、あるいは宗教的立場をとっていると示唆する人たちがいる[237]。ライル・ジェンキンス（Lyle Jenkins）が細部にわたって確立したように、これは全く間違いである。人間の言語機能が何らかの形で進化により出現したことには疑いなく、チョムスキーは多くの機会に進化に言及して来た。彼は言語が進化により出現したこと以上には確信を持って言えることはほとんどないということと、進化の詳細は不明なままであるということを強調する点においても慎重である。より驚くべきことに、チョムスキーは言語機能の進化は、言語がある点では「使用不能」であるかもしれないことを我々に期待させるはずであると言う。つまり言語の発展は認知の考慮により駆動されているのであって、コミュニケーションの考慮により駆動されているのではなく、そのために言語のシステムがコミュニケーションの必要性によく適応していると期待する理由はないというのである。第1章の文解析の議論のところで使用不能な文の例をいくつか見た（この話題には次の章で立ち返る）[238]。にもかかわらず、マルク・ハウザー（Marc Hauser, 1959- ）とテクムセー・フィッチ（Tecumseh Fitch, 1963- ）との萌芽的研究において、チョムスキーは言語機能の正確にどの側面が他の生物にも相似物を持ち、それゆえ、あきらかにヒト属の特別な適応ではなく、どの側面が人類に独特のものであり、したがっておそらく比較的最近、必ずしもコミュニケーションのためにではなく、進化により出現したか、に関して詳しい提案を行っている[239]。

　ゾウの鼻やコウモリの反響定位を研究するのと同じように、人間の言語機能を生物界の特徴として、人類に固有の特徴として研究することは意味があるということが仮定されているのである。これはときに「生物言語学的視点（biolinguistic perspective）」と呼ばれる[240]。

　ハウザー、チョムスキー、フィッチの提案の中核は「狭い」意味での言語機能（FLN）とそれを内包する「広い」意味での言語機能（FLB）のあいだの区別である。彼らはこの考えをさらに広い枠組みの中に埋め込み、(113)の特徴付けを与えている。

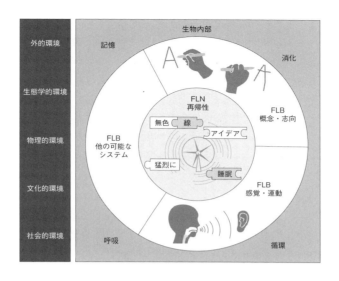

(113) 言語機能の図式的表示（Hauser *et al.*, 2002: 1570）

　言語機能は特定の有機体の、つまり人間の内部の特性として示されている。そして、一方では外部環境のさまざまな側面と連結しており、他方では有機体の他の残りと連結している。たとえば記憶のようなこれらの内部の関係のあるものは、言語機能と密接に結びついている一方、呼吸のような他のものは、言語機能が働くための必須条件でしかない。FLB は、音と意味をつなぐ生成装置である FLN をその一部として含む、我々の伝達能力のすべての側面を包含している。
　そうして、彼らは3つの代案仮説を立てた。まず、FLB はすべての動物のコミュニケーションと厳密に相同である。次に、FLB は人間に特有である。3番目に FLN だけが人間に特有である。より詳しく言うと、ここでは FLN は再帰性とインターフェイスへの写像だけに制限されている。彼らは多量の証拠を論じながら、「FLB の多くの側面は他の脊椎動物とのあいだで共有されている」ということを示唆する。調音・知覚の側では、このことは、音声的ものまね、聴覚的識別、行動・知覚システムの神経生理学、音産出の生体力学、範疇的知覚、等々を含む。概念・志向の側では、これは心の理論（theory of mind）、概念的表示を獲得する能力、志向システムの一部としての模倣、そしておそらくはもっと他のものを含む。
　にもかかわらず、彼らは「FLN の中核的再帰的側面［離散的無限性］は現在のところ、動物のコミュニケーションにはいかなる類似物もない」ように見え、ゆえに彼らの3番目の「試験的で、検証可能な仮説」が正しいと結論づける。彼らの論文は膨大な研

究のきっかけとなり、盲目的な同意から、高慢な敵対までのあらゆる反応を引き出した。最初のいくつかの質問は、自然数の特徴でもあるこの再帰的特性それ自身がどのように進化によって生じたのかというものであった。つまり、コミュニケーションとは異なる、たとえば数の概念や移動の際の進路決定の理由で生じたのか、FNLがどの程度適応的であるのか、等々というものであった。暫定的な結論は、「インターフェイスシステム、感覚・運動と概念・志向は所与のものであり、言語機能を生むに至ったのはこれらをつなぐ演算システムが進化により出現したことである」というものであった。もしこれが、我々だけが持つ我々の言語機能の唯一の部分であり、進化論的に最近生じた唯一の部分であるならば、その驚くべき単純性、つまりその「完璧性」は、最初思ったほどありそうもないものではないことになる[241]。

多くの他の疑問がこのリストに追加されている。もっとも問題となる論点の1つが、この筋書きが、概念・志向システム、すなわち、思考の言語が、まだ離散的無限性の特性を持ってはいない形で、それに先立って存在していたことと一貫させることがうまくできるかという問題である。

チョムスキーの見解は、言語機能の進化による出現は、思考と音の架け橋を提供する以上のことを行ったというものである。つまり、それにより、人間が新たな種類の思考を持つことが可能になったというのである。最初の突然変異はこれだけを達成し、思考が発音されうることをまだ可能にしなかったというのである。そのような変化が一旦始まると、なぜそれが存続し続けるかは容易に理解できる。He knows that I want the flint, but he doesn't know that I know where it is(奴は俺がその火打ち石を欲しがっていることを知っているが、それがどこにあるかを俺が知っていることを奴は知らない)のようなことを、音に発することができなくとも、考えることができることには適応的な価値があったであろう。この変化が持続したことの説明が何であれ、中心的な考えは、自然言語は思考の言語である、(あるいは、心象（image）でも考えるので、我々の思考の大部分の言語である)ということであり、その進化は7万5千年から10万年前に我々の祖先の精神生活を根源的に、そして突如として変化させたというものである[242]。

知られている最初の表象物、南アフリカで見つかった、幾何学的模様が彫られた飾り板は8万年前にさかのぼる。最初の装身具、穴のあいた貝殻もまたこの時代にさかのぼる。想定されていることは、これらが複雑な象徴的思考という「人間的能力（human capacity）」の出現を示して[243]、突然変異がすでに存在している概念を再帰的構造に組織できる能力を出現させたときに、これが生じたということである。

1つ問題がある。我々の語や概念は、他の動物の呼び声や誇示行動とは異なる。これらは、怒りのような内的刺激や、ヘビやヒョウのような観察される環境的刺激に対する直接の反応である[244]。これに対して我々はそこに存在しない事物を指して語を使うことができるし、数のような抽象的な存在、法律や競技のような社会的存在、一角獣やサンタ

クロースのような存在しないものについてすら、我々は語を持っている。事実（第4章で論じる）チョムスキーの見解は我々の語のどれも外部の存在物を指しているのではなく、むしろ語は世界について考える道具であり、それにより、我々は世界についてのさまざまな視点を持つことができるのであるというものである。したがって、人間言語を、そしておそらくは現世人類の思考をもたらした変化は、根源的に新しい種類の記号と記号を再帰的に組み合わせる能力ということになる。

最近の著作で、チョムスキーは、言語学と進化生物学のあいだには深く、興味ある相似がさらにあると論じている。両者には均一性と多様性について類似する根本的な問題があり、これらの疑問について進化発生生物学（evo devo）が提供する答えは、驚くべきほどうまく、言語にも当てはまる[245]。言語学者は言語がそもそもなぜ存在するのか、そして、なぜこれほど多くの言語が存在するのかを知りたがっている。これに対して、進化発生学のプログラムは、生物学上の種の膨大な多様性を背後にある遺伝的均一性によって説明しようとする。

遺伝子コードが大きさ、形、行動上の形質などの有機体の特性を生じさせるメカニズムはまだよく理解されていないが、発生遺伝子学研究者は遺伝子の中には他より重要なものとそうでないものがあることを発見した。他の遺伝子の発現の仕方に影響を与えるのでこう呼ばれるのだが「調節遺伝子（regulatory genes）」が特に重要である。種のあいだの多くの相違は調節遺伝子が他の遺伝子の活動を入れたり切ったりする仕方と、これが起こる順番によって決まるかもしれないのである。生物学者フランソワ・ジャコブ（François Jacob, 1920-2013）によると、「チョウとライオンとニワトリとハエの違いを説明するものは…有機体の化学構造ではなく、その有機体の調節回路を変化させる突然変異の結果である」。さらに最近、生化学者マイケル・シャーマン（Michael Sherman）は「後生動物（Metazoa）」（つまり多細胞動物）のさまざまな門（phyla）になくてはならない主要な発生プログラムのすべてをコード化する普遍的遺伝子が、5億年ほど前に単細胞または原始的多細胞生物の中に出現し、異なる種類の動物は「すべて類似した遺伝子を持ちながら、にもかかわらず、かくも異なっているのは、発生プログラムの特定の組み合わせを使うからである」ということを示唆した。適度に客観的な観点、つまり我々がカエルを見るように、我々を見る火星人科学者の目から見れば、1つの多細胞生物だけがあるということになるかもしれない[246]。

部分的には初期の発生生物学の影響を受けた言語の原理とパラミタモデルとのあいだには明白な類似点がある。ここでは、背後にある均一性は普遍文法であり、パラミタの異なる設定、すなわち生得的な人間の資性に内在する可能性を入れたり、切ったりすることにより、異なる言語は生じるのである。チョムスキーはしばしば火星人科学者は表面的な多様性の下に1つの人間言語があると結論づけるであろうと言っている[247]。

第2章　言語の基盤

6.2　第三要因

　相似性は、言語について論じた「第三要因（third factor）」の考慮の重要性にも拡大する。たとえば、生育しうる生物には、骨やキチンのような加重を担う材料はある大きさの生物を支えることしかできないというような物理的な制限がある。もう 1 つの要因は経路依存（path dependence）である。つまり、進化は遺伝子が許すすべての可能性を探る時間はなかったかもしれないし、進化は「もう一度試す」ために、その前の形に戻ることはできない。[248]

　すでに論じたように、言語についてのチョムスキーの最近の研究の中心テーマは、そのような「第三要因」の制約が人間の言語の能力の特性の多くのものを説明する可能性を探ろうとするものである。最近の講演の締めくくりに、チョムスキーは「第三の要因」の制約が、なぜ言語には転移、構造保持、解釈不能素性があるのかを説明するかもしれないと示唆している。これらは「すべて … もっとも単純な演算手順と自然の法則があるという仮定から帰結する蓋然性が高いように思われ、それが最善の結果である」、そして生物言語学的視点がこのように進歩へと導いてくれることを期待すべきである。「それ（＝その種の説明）が、表現型のすべての特性にもかかわらず、我々が探すべきものである。」[249]

　ということで、言語機能の進化論への冒険の意外な結論は、特に言語の原理は言語学の領域においても、また言語学があきらかにしてくれることを我々が期待するかもしれない「人間の知性の特定の特徴」においても、果たす役割はかなり小さいかもしれないということである。代わりに、人間の言語機能と人間の思考の特性の多くが認知システムと自然の法則一般のより一般的な特性により決定されていることが判明するかもしれない。このことで、それらの特性の興味も、またそれらの研究の難しさも低減するわけではなく、人間の言語の研究をもっと広く人間の心理一般に埋め込むことがますます重要になる。

訳　注

[1] ステロイド文献学とは、筋肉増強剤を服用した運動選手が通常以上の能力を発揮できることから、ここでは科学の方法論を取り入れたことにより性能が格段に向上したという意味。スポーツ界での薬物禁止違反という悪い意味はここではない。

[2] 但し「併合」と名前を変えて、ミニマリスト・プログラムで最大限に一般化されて復活した。

[3] それぞれの例文が意図する意味を表した括弧の中の日本語はいずれも文法的であるが、それは、「何」の部分が英語と違って移動されていないからである。「何」の部分を取り出すと、(31a-b) は「何をハリーはシチューと掻き混ぜましたか？」「何とハリーは掻き混ぜましたか？」となり、これらも文法的となるが、これは「Xと」は日本語では with X の意味もあり、「何」の部分を取り出し

たことにならないからである。これに対して（31c）に該当する「* 何のハリーは味がするシチューを搔き混ぜましたか？」は日本語でも非文法的である。
[4] この例の日本語訳では、「どの作家」の部分だけを文頭に置くと非文法的になる。* どの作家　あなたは ── ついての本を読みましたか？
[5] 日本語では分裂文と擬似分裂文を区別できないことに注意。
[6] 「ジョンがメアリーに愛されているのは明白である」とすると文法的になるが、これは「ジョンが」が従属節の主語として解釈されるから、（35a）に相当する構造を持っていることになるからである。日本語には英語の it のような仮主語（虚辞）を使わないことに注意。
[7] 日本語のこの例は、「自分」がジョンを指す解釈と、ビルを指す解釈と二通りに解釈できる。英語では himself は John しか指さない。
[8] 日本語では可能である。英語でも One person laughs at the other と言うことはできるが、*One person laughs the other は言えない。
[9] 日本語の「笑う」は目的語を直接とれるが、英語の laugh は前置詞 at を介さないと目的語がとれないから、このような差が生じる。
[10] かつてポウスタル（Paul Postal）が提案し、チョムスキーが頑強に反対していた分析が正しいということを、最近チョムスキー本人（Chomsky, 2008）が認めている。それは下に簡略化して示すように、従属節の主語が主節の動詞の指定部に繰り上がって、主動詞から対格を付与されるというものである。その主節動詞はさらに、その上の抽象的軽動詞に繰り上がって、あたかも何も動かなかったような外見になるのである。
　　(i)　　[Bill v [expect [John to hurt himself]]]
　　(ii)　　[Bill v - expect [John expect [John to hurt himself]]]
　　［参照：Chomsky (2008) "On Phases" in Freidin et al. Foundational Issues in Linguistic Theory: Essays in Honor of Jean-Roger Vergnaud. MIT Press, Cambridge MA.］
[11] スペイン内戦において1937年4月、フランコ軍と手を組んだナチスドイツ空軍がバスク地方のゲルニカに対して無差別絨毯爆撃を行った。これに抗議して画家パブロ・ピカソが、同年開催のパリ万国博覧会のスペイン館に出展のために作成した絵画（縦349cm×横777cm）が『ゲルニカ』で、世界各地で展示された後、1980年代初頭にスペインに返還され、現在はバルセロナのプラド美術館に展示されている。
[12] 実際の発音のこと。

第3章　ことばと心理学

　　　　言語学とは、ある特定の種類の安定状態、すなわち、発話や理解に用いられる認知構造、に関心を向けた心理学の中の研究領域にほかならない。　　（Chomsky, 1975a: 160）

1　序　説

　我々は、脳の中に文法を持っている[1]。これが、次のようなさまざまな疑問に対する答えとなっている。なぜ我々は無限にたくさんの文を作り出したり理解したりすることができるのだろうか。なぜ脳に損傷を負った人が言語能力の一部またはすべてを失うようなことがしばしば生じるのだろうか。なぜ我々が実験上の条件下で言語課題に取り組むと、脳の特定部位における血流の増加がPET（陽電子放出断層撮影）の走査画像に映し出されるのだろうか。こうした疑問は際限なく付け加えることができる。だが、いったい、我々の脳にあると考えられる文法（つまりI言語）は、神経生理学的にも心理学的にも「実在する」と言えるのだろうか？　この問いは、多くの言語学者にとっては必要以上に厄介なようであり、間違いなく膨大な量の議論を呼んできた。なぜ（実在性を）問題としなければならないのであろうか？

　多くの心理学者や哲学者は、我々の頭の中には上で例示したような現象を説明する何かが存在しているという考え方を、喜んで受け入れる。当惑させられるのは、我々が頭の中に持っているものについての言語学者の説明がきわめて複雑で不透明であるという点だ[2]。英語には動詞が目的語に先行することを定めた規則が存在すると示唆することには全く問題がない。というのは、この規則に違反するとどのような結果になるのか、すなわち、John eats onionsのようなこの規則にかなった文の代わりにJohn onions eatsのようなとんでもない文となることは、すぐに分かるからである。だが、John was too clever to catch（ジョンはとても賢いのでつかまえることができない）を正しく分析すると、前章で見たような3つの種類の空範疇が含まれているということは、それほど自明なことではない[3]。読者のみなさんはすでに、こうした空範疇を裏付ける証拠が十分にあるということに、納得されていることであろう。とはいえ、たった6語から成る文に3つものそうした空範疇を仮定することは、ちょうど宇宙には10（あるいは11または26）の次元が

153

あるという物理学者の主張が不必要に複雑すぎるように思われるのと同じように、依然として多すぎると感じる人がいるに違いない。

　そうした複雑な分析が実際に必要であるということに、ためらいを覚えたり、拒んだりするような反応が見られる。言語学者の中には、たとえば、たくさんの空範疇について論じはするものの、それらは心理的に実在しておらず、頭の中に名詞や動詞のようには表示されていない、とする者もいる。チョムスキーの見解によれば、こうした反応の仕方は、（言語学者が成熟しそのやり方の誤謬に気づいたときに見られるような）上からの物言いか、全く理解できていないか、それらの両方かのいずれかである。さまざまな事実を説明するために仮説として立てた文法が「心理的に実在する」と主張することは、それが心（精神）・脳のある側面に関する記述として正しいと主張しているにすぎないのだ。

　もちろん、このように主張するからといって、言語学者の言うことが特権的に最終的に正しいなどと主張しているわけではない。こうしたことに関して最終的に正しいなどと考える人は誰もいない。また、ことばがどのように神経生理学的に脳の中に実装されているかについて主張しているわけでもない。確かに脳の構造や機能についての研究における最新の発展は心躍らされるが、英語の話し手と日本語やスワヒリ語の話し手とのあいだに、あるいは雄弁な話し手と習慣的に口下手な人とのあいだに、どのような神経学的な相違があるのか、などについては依然として全く分かっていない。こうしたことがよく分かっていない現状からすると、I言語や普遍文法についての最新の理論は、必然的に、ある物理的な（多くは心・脳の）システムに関する特性についての抽象的な特徴付けであるということにほかならない。

　よく似た類比として、シモン・ウルマン（Shimon Ullman, 1948- ）の視覚における「固形体の原理」を挙げることができる。動きの様子から構造を推測する課題が与えられると、人間の視覚システムは、見たものが形を変え続けている静止体というよりも、運動をしている固形体であるという前提に則って作用する。視覚の領域では、人間の認知システムの設計は「ごくわずかな刺激が豊かな知覚になりうる」ことを保証する。視覚と同じように言語の領域でも、我々の生得的な資質は、2つの側面において ── すなわち、幼児期や児童期の発達（獲得）においてと、一旦それらを獲得した後の刺激の処理において ── 最小限の入力がきわめて豊かな知識を産み出している。刺激の貧困の考え方はこれら2つの領域（視覚と言語）において同じように成り立つのである。

　チョムスキーが言わんとしていることは、理論が正しいあるいは真実であると考える際に用いている我々の根拠は、物理学、生物学、あるいは化学の理論が真実であるか否かを決める際に用いられている根拠と何ら変わるところがない、ということである。つまり、その理論が、これまでの中で最善であり、真に説明力があり、これまでのところ反証されることがないということである。換言するならば、I言語に関して「心理的実在性」を主張することは、何か特別に新たな主張をしているわけではなく、心の外のシ

ステムではなしに、人間の特性およびその心（精神）の特性について語っているということを示そうとしているにほかならない。

「心」「心理」などの用語を用いるのは、研究領域の輪郭を示しているにすぎず、前理論的に「心の」と特徴づけられる現象のすべてを最終的に説明できなければならないとか、説明に「信念」「願望」「意図」など直観的（あるいは「俗説」的）な用語が用いられねばならない、などといったことを先験的に約束しているわけではない。

チョムスキーは、言語学者や心理学者たちが探究する心（精神）の自然主義的研究を、その下位領域の１つである直観的心理学の自然主義的研究から、はっきりと区別している。後者は、自分自身や他人が信念、願望などを抱いていると解釈することを可能にするような能力についての研究、つまり、第１章で見たような「読心術（マインドリーディング）」とか「心の理論」の研究のことである。科学的心理学が直観的心理学の範疇を活用するであろうと期待するべき特別な理由など何もない。ちょうど自然界の研究が直観的物理学（日常的な直観で理解できる物理学）と矛盾のない理論に限定されるべきだなどと考えるべき理由がないのと同じである。この点は、哲学者から多くの関心が向けられているので、次の第４章で改めて取り上げることにする。

本章では、ことばを心・脳の一機能と見なすことの帰結や、どのように文法研究が心（精神）や認知全般の他の機能と関連しているか、という点について見ていく。たくさんの興味深い問題があるが、それらの中でもっとも急を要する問題は、内在化された文法の原因的役割（発達の源）となっているものは何か、この文法の知識がどのように我々の認知の他の側面と統合されるのか、といった問題である。よく耳にする、科学は客観的で観察可能な現象だけに関心を向けるべきであるという要請について見た後で、この要請が心理学の分野で辿りつく緊迫状態（行き詰まり）を見て、さらに（観察できない）直観を証拠として用いることの役割について論じる。こうすることにより、心理学と生成言語学が興味と関心を共有し合う領域の中でも、主要な３つの領域、——すなわち、言語処理、子どもの言語獲得、そして病変の際の言語喪失—— について概説するための準備が整うことになる。これら３つの領域はいずれも、ことばは圧倒的に生物学的な現象であるという主張に支持を与えることになるが、同時に、チョムスキー流の枠組みに対するいくつかの代替案（対立する立場）についても論じることにする。最近流行っている領域一般的（domain-general）学習理論であるコネクショニズム（connectionism）と創発主義（emergentism）を取り上げ、これらの理論は生成的アプローチのような説明における深さや洞察を欠いていることをあきらかにしていく。そののちに、チョムスキー流の立場の正当性を再度確認し、言語機能の構成の多くの部分が認知と演算に関する一般的な特性に基づいて説明できるゆえ、UG（普遍文法）のごくわずかな部分だけがことばに特有である、とする最近のミニマリスト（minimalist）の可能性を探っていく。最後に、どのようにことばが個人によって —— UG を用いることによって

—— 獲得されるかという問題と、どのようにことばがヒトという種に —— ことばの特性の多くがすでに前言語的人間に存在していたという事実に訴えながら —— 進化していったかという問題とを、並列して考えることにする。

2　因果関係と説明

　いかなる理論でも、説明することを目指す。その上で、優れた科学的説明は、その射程に、原因あるいは原因となるメカニズムを含み、さらにわれわれの知識のさまざまな側面の統合を含むということがよくある。[8] 説明は予測とは区別しなければならない。古代の天文学者は、地球中心説（天動説）の宇宙観を信じていたときでさえ、食（日食と月食）を予測することができたが、彼らのこうした食の説明は、現代人が知っているように、正しくはなかった。逆に、現代人は、なぜ食があるのかその理由を知っているが、それを正確に予測することができない。おそらく、必要な観察や計算が実行できれば、我々も予測できるかもしれない。一方、古代ローマのプトレマイオスは正確に予測することができたが、正しい説明をすることはできなかった。もちろん予測が重要ではないということではない。理論を検証可能にしようとするならば、予測できることは重要である。というのは、どのような企てでも、検証を受けて、可能な証明または反証にさらされることによってのみ、科学的な威信が得られるようになるからである。だが、予測と説明はあくまでも別々の概念である。

　別の例を考えてみよう。その例は、同時に、我々の知識のさまざまな部分の統合または統一の必要性を示している。自動車が加速するにつれ、なぜその中のヘリウム風船が前方に進むかを説明するには、後ろ窓がその付近の分子に衝突することによって引き起こされる車内の空気分子間の圧力勾配に言及しなければならない。この圧力差は、ヘリウムの惰性を克服するには十分であるが、空気より密度の高い物体の惰性を克服することができないので、ヘリウムが入った風船は前方へ移動することになる。統一のレベルで、この現象をアインシュタイン（Albert Einstein）の等価原理によって重力理論に統合させることができる。同原理によれば、自然の法則は恒常的な加速下にあるシステムを均一重力場にあるシステムと同じように扱うと定められている[9]。

　物理学におけると同様のことが言語学でも当てはまる。なぜ John is coming at the same time as I am（ジョンは私と同じ時刻に来る予定だ）は容認可能であるが John is coming at the same time as I'm（最後の2語が縮約されている点に注目）は容認可能ではない（111ページを参照）のかを説明するには、構成素とか構造依存、空範疇などといった我々が知っている I 言語の抽象的な特性に言及し、どのようにそれらの特性が関係し合って上述のような容認性の判断を予測するのかをあきらかにする必要がある。さらに、なぜ状況に

よっては、John is coming at the same time as I am という文を用いて、舞踏会にエスコートすることができないというメッセージを伝える[訳注2]ことができるのかを説明するには、その言語学的な分析を、文脈とか、関連性、暗意などといった概念を含む運用に関する理論と統合する必要がある[10]。文法理論と語用理論の統合が必要なわけである。いずれの場合も、それぞれの理論の構成物（圧力、構成素、惰性、暗意、等々）がこうした説明における原因（基礎概念）として関わっていることが、自明の前提となっている。もしそれらの構成物が関わることがなければ、その説明にとって関係ないものであるか、その説明が理論的構成物に基づいて説明されていない分、妥当性に欠けるということになる。

2.1　理論とデータ

　説明は因果関係のメカニズムを扱うべきであるという主張が、観察可能性と結びつくと、ある種の緊迫状態（行き詰まり）を引き起こすことになる。原因というものは多くの場合直接観察することができないにもかかわらず、科学者たちは客観的であり、自分たちの理論を観察可能な現象に基づいて証明すべきである、と広く考えられている。19世紀に展開されたルイ・パスツール（Louis Pasteur, 1822-1895）とフェリックス・プーシェ（Felix Pouchet, 1800-1872）による自然発生に関する論争は、観察に基づいて決着がつけられた[11]。食器棚に残されたチーズと布切れからネズミが自然発生的に作り出されたと人々はかつて信じていたが、生命が本当に無生物から生まれるかを調べるのに周到な実験が行われると、細菌のバクテリアでさえ、そのように誕生することがないことが最終的にあきらかになった。興味深いことに、パスツールは、攻撃の対象にしていた［チーズと布切れからの］自然発生論の正しさを一見示しているかのように見える、彼自身の実験結果など少しも意に介さなかった。彼は自分の見解が正しいと大いに確信を持っていたので、単純に実験が何らかの点で間違っていたのだろうと考えたのである。実験は誤った方向に行くということがよくあることだし、理論には、それに執着するに値するような十分な利点があるので、理論を譲らなかったパスツールの姿勢は、合理的な反応であったと言える。

　似たような理論と観察が交錯する例を、アインシュタインの相対性理論に対する反応に見ることができる。それが最終的に受け入れられたのは、光が1919年の日食の最中に重力作用によって屈折しているように見えるであろうという理論的な予測が、実際に立証されてからである。だが若い物理学者たちは、同理論が正しくて、それ以前の理論が間違っているという決定的な証拠が無くても、さらに反例に直面したとしても、迷うことなくアインシュタインの理論を受け入れていた。というのは、その理論が宇宙の理にかなっていたからである。アインシュタイン自身は、「純粋に数学的な理論構成は、概念やそれらを結合する法則を発見することを可能にし、それらが自然界の現象を理解

する上での重要な手がかりを与えてくれる[12]」と信じていたのである。もちろん、提案された理論的な主張を裏付けるような実験的な証拠を探し出すことは重要である。だがそうした証拠が理論に反するようであれば、まず考えるべきことは、実験がうまく設計されていなかったか、またはうまく実施されなかったかのいずれかであろうと疑うことである。実験が期待通りの結果を生み出さないような実施方法はたくさんあるが、それらのほとんどが、問題となっている理論が間違っていることを示すものではない。単純な実験上の間違いは別にしても、結果を解釈するのに必要とされる他の理論に問題があることもありうる。仮に天文学者が理論からするとありえないと予測される場所に星を記録したとすれば、彼はまず、間違った場所に星を書き留めていないことを確かめてみる必要があるだろう。だが問題の原因は、用いた望遠鏡または自分の目の光学理論にあるのかもしれないし、より上空の大気圏の特性に関する膨大な数の仮定の中にあるのかもしれない。理論が確かであればあるほど、それに反する証拠を単なる見かけだけのものとして扱うべき理由が強まる。こうした考え方は、アインシュタインとマックス・ボーン（Max Born, 1882-1970）とのあいだで交わされた、特定の実験を検証して、（想定された）間違いがどこに生じているかを調べることは意味があるのか否かをめぐる議論の交信の中で、明確にされている。

パスツールとアインシュタインの成功は、歴史で記憶されているほど単純でも明確でもないにもかかわらず——つまり、問題となった観察は、議論の余地がないわけでもなく、また常に注意が向けられていたわけでもないが——、こうした事例は、科学者たちはデータに振り回されるべきではないが、ある種のデータはやはり重要である、という一般論を具体的に示したものである。理論と観察のバランスをうまくとらなくてはならない。

もう1つ、しばしば理論とデータの関係と一緒に論じられる問題に、すべての事柄が観察可能なものに還元できるかという問題がある。観察に還元できないような豊かな構造が地球上にあると措定することは理にかなっているのであろうか？　この問いは、言うまでもなく、言語学に限られたことではない。物理学の歴史でも、原子の現実性についての懸念を始めとして、物理学者が措定し続けている超次元時空の存在への疑念に至るまで、繰り返し生じてきた。その一例が、時間にはもう1つ別の次元があるという示唆である。その次元は「現実の物理的実在物というよりも抽象的な数学上の考案物の特徴を多く備えている[13]」として記述されている。しかし、この示唆の提唱者であるカムラム・ヴァッファ（Cumrum Vafa, 1960- ）が指摘しているように、単なる理論上の便宜として誕生したもの（たとえばクオーク）が、やがて現実に実在するとして受け入れられるようになることは、しばしば起きている。良い例が、電子スピンの措定である。ノーベル賞受賞者のヴォルフガング・パウリ（Wolfgang Pauli, 1900-1958）は「とても賢い考えであるが、もちろん現実とは何ら関係がない[14]」と述べていたが、今日では電子スピン

は、最新のコンピュータで実際に活用されている。こうした活用ほど現実的なことはない。

2.2 行動主義

> 生命体の構造を考慮しないような行動の発達や原因についての説明は、それに関わっている実際の過程を理解する上で何も役立たないだろう。　　　（Chomsky, 1959: 44）

　検証可能性や観察可能性の条件が心理学に持ち込まれると、結果的に、心的な対象に有効性を認めることのない何らかの行動主義ということになる。行動主義では、とりわけ心的な構造・状態・出来事など（「機械の中の幽霊[15][訳注3] (the ghost in the machine)」）は基本的に定義からして観察できないのであるから、有効性が認められていない。行動主義の祖であるジョン B. ワトソン（John B. Watson, 1878-1958）は「科学的な心理学はもっぱら"客観的"で"観察可能な"ものだけに関わるべきである」[16]と述べており、彼の後継者である B. F. スキナー（Burrhus Frederic Skinner, 1904-1990）は意図的に、観察可能な「入力・出力」関係の研究だけに甘んじていた。明かりが光ると（入力）、ラットは一片の食べ物を得るために横木を押す[17]（出力）。同様に、実験者が鉛筆を取り上げて「鉛筆と言って御覧なさい」と言うと、被験者は「鉛筆」と言う。行動主義は、チョムスキーが初期の言語理論を開発していた 1950 年代に、心理学の世界に、全面的ではないとしてもきわめて影響力の大きな後ろ盾を提供していたのである。

　行動主義によれば、心理学の目標は、生命体について（観察可能な）行動が（観察可能な）環境によって引き起こされていると理解することである。すなわち、生命体の行動を、刺激に対する反応として捉えることであり、それぞれの刺激に対する反応はそれ以前の刺激から受けた条件付けによって決められる。ラットが、明かりが光ると横木を押すのは、それ以前にそのようにすることによって報酬が得られたからである。行動はもっぱら環境の関数であり、心的状態が説明に姿を現す必要（さらに、余地）[18]など全くない。

　だが、問題がいくつかある。人間の行動を理解するには、概念とか目的、それらに類する心的な事柄に言及するのを避けて通ることなど、あきらかに、きわめて困難である[19]。さらに困ったことには、実験用動物の行動でさえ、条件付けされた反応としてだけでは説明することができない。迷路を用いた実験によると、ラットは、単純に肯定的または否定的な条件付けに基づいて選択をしているわけではなく、実際には環境の心的地図を描いている、ということがあきらかにされている[20]。

　しかしながら、行動主義は当時依然として心理学において隆盛を極めており、スキナーは 1957 年の著作『言語行動（*Verbal Behavior*）』の中で、言語の使用を行動主義的

な観点から説明しようと試みた。チョムスキーは1959年に出版された同書の書評の中で、この試みを激しく打ち砕き、行動主義は本質的に間違っていることを示した[21]。その結果、言語学や認知心理学の分野で心的構造について語ることに対して敬意が払われるようになってきたのである。

　行動主義的な言語学者は、言葉による行為を、刺激に対する条件付けられた反応として説明しなければならないだろう。つまり、刺激が、以前の条件付けからして、紙の上に特定のしるし（文字）または空気分子の振動（音声）を作り出しているということを示さなければならないだろう。たとえば、レンブラント（Rembrandt Harmenszoon van Rijn, 1606-1669）の絵画を見た人が「オランダ人」と発するのは、（こうした考え方からすると）その反応が過去において報酬を受けた（「強化された」）からであるということになるだろう。

　チョムスキーが指摘した問題の1つは、その絵画を見た人は代わりに、「壁紙に合わない」、「あなたは抽象画が好きだと思っていた」、「初めて見た」、「絵が傾いている」、「掛かっている位置が低すぎる」、「素晴らしい」、「ひどい」、「去年のキャンプ旅行を思い出して？」等々何でも言うことができるだろう。こうしたありうるすべてのさまざまな反応を説明するには、行動主義は、それぞれが同一の刺激に対して異なった性質の制御下にある、と主張しなければならないだろう。だがこのように行動主義を擁護しようとするならば、同理論にとって不可欠な客観性ばかりではなく、刺激に基づいて行動を予測できるという予測性の主張をも放棄しなければならない[22]。というのは、反応を聞いてから初めて刺激の原因となる行動特性を決めるからだ。

　同じように問題なのは、存在しないものや見たことがない物でさえ我々は話すことができるという事実である。チョムスキーがそっけなく言っているように、「私はアイゼンハワーとかモスクワという語をしばしば使ったことがあるが、それらに対応する事物によって刺激を受けたことなど一度もない。」したがって、言葉による行動が刺激によって直接引き起こされるという行動主義の考え方は、絶望的である[23]。

　行動主義のもう1つの大事な概念として、条件付けないしは「強化」がある。チョムスキーによれば、スキナーはこの概念が本来の目的を失うほどに、その意味を曖昧なものにしなくてはならない。というのは、スキナー自身の実験では、「強化の働きをする刺激は、強化された人に影響を及ぼす必要もなければ、（それを想像したり、希望したりするだけで十分なのだから）存在する必要もない」からである[24]。

> 　ある人が自分の好きなことを言い、好きなことを考え、好きな本を読むのは、そのようにするように強化が働いているからであるとか、本を書いたり、事実を他の人に伝えたりするのは、聞き手や話し手の最終的な行動となるであろうものによって強化されているからである、などといった言説をよく耳にするが、強化という用語は単に儀式的な（無意味

な）働きをしているにすぎないと結論づけることができる。「X は Y（刺激、事柄の状態、出来事など）によって強化されている」という言い方は、「X が Y を欲しがっている」「X は Y が好きだ」「X は Y が事実であることを望んでいる」等々をまとめた言い方として用いられているにすぎない、と結論づけることができる。[25]

このように、スキナーによって提案されたような行動主義は、絶望的に間違っているか、絶望的に不明確であるかのいずれかである。もし行動主義を厳密に科学的法則の集合であると見なすならば、環境と行動のあまりにも単純な関係を措定しているにすぎない。もう少し漠然と捉えるならば、人間がある行動をするのは、それを楽しむからだとか、希望するからだとか、他の人が感銘し恩恵を受けると望んでいるからだ、といった類いの常識的な説明の域を少しも出ていない。「刺激（による行動の）制御の話は、単に、心理主義的心理学への徹底した揺り戻しをごまかし隠そうとしているにすぎない。[26]」

もう少し洗練された行動主義の変種（次章で見る）がしばらくの間抵抗を試みるが、チョムスキーによるスキナーの著書に対する書評は、おそらくこれまで書かれた中でもっとも破壊力があるものであり、行動主義に終焉の前兆を告げるばかりではなく、より一般的には今日の［心理主義的］言語学や認知科学への基礎を築いたのである。こうした過度期において、現代言語学は、母語の獲得を可能にし、あらゆる言語的・認知的能力の背後にある「本来備わっている［生得的な］構造」に、正当な関心を向けるようになるという重要な進展を遂げたのである。[27]

3 心理的実在性と証拠の性質

　　心理的実在性 —— つまり、ある特定の理論にとっての真実。（Chomsky, 1980a: 191）

3.1 「心理学的」または「言語学的」証拠？

よくある誤謬として、説明には言語学的説明と心理学的説明という 2 種類の異なった説明があり、それぞれの説明がどちらか一方の領域だけに関わっている、という考え方がある。正しいと思われるのは、むしろ、心理学理論または言語学理論における説明が、漠然と「言語学的」あるいは「心理学的」と考えられている証拠を参照し合うことであろう。たとえば、ある特定の文の構成素関係は、それが他の文に関してなすであろう予測のような純粋に「言語学的な」データに言及することによって裏付けられる（逆に、反駁される）こともあれば、文の中のさまざまな位置に配置された「クリック音」が聞こえる位置を回答するような心理学的実験に言及することによって裏付けられる

(逆に反駁される）こともある[28]。こうした2種類の証拠は、原理的に同程度に有効であるが、深さと複雑さという点では現時点では純粋に「言語学的」証拠の方が「心理学的」証拠よりも一般的に抜きん出ている。もちろん、研究の目標となるのはI言語という心理的（そして究極的には生物物理学的）な存在であるというチョムスキーの見解が正しいとすれば、「言語学的」であるか「心理学的」であるかという区別は本質的な問題ではない[29]。

　もしある理論が広い意味での「心理学的」な主張を行い、それが正しければ、その理論は心理学的に事実なのである。しかしながら言語学者は、ある特定のデータについて1つだけの分析ではなく、いくつもの競合する分析に出会うことがよくある。しかもそれらの分析による異なる記述が本当に異なった内容であるのか、あるいは単に「表記上の変種（notational variants）」にすぎないのかが必ずしも明白ではないような場合がある[30]。もし指定した構成物が因果関係の力（予測力）を持っているならば、単なる表記上の変種は（予測の点で）区別がつかないのに対して、真に代替案となるものは最終的に異なった経験的な予測を出すであろう。ここでも天文学の歴史が恰好な例を提供してくれる。ガリレオ（Galileo Galilei）の望遠鏡による金星の諸相の発見は、プトレマイオス（Claudius Ptolemaeus, 83頃 -168頃）の天動説の不備をあきらかにし、コペルニクス（Nicolaus Copernicus, 1473-1543）の地動説を支持する圧倒的な証拠を与えたのだが、ティコ・ブラーエ（Tycho Brahe, 1546-1601）は、ガリレオの発見より以前に、惑星は太陽の周りを公転し、太陽と惑星の太陽系全体が地球の周りを公転するという「地天動説」（修正天動説）を唱えている。トビー・ハフ（Toby Huff, 1942- ）は科学史『科学革命（Scientific Revolution）』の中で、これら2つの説（共に天動説を否定する、コペルニクスの地動説とブラーエの地天動説）が全く異なった主張をしていることはきわめて自明であるにもかかわらず、観察に基づく証拠によってこれら2つの説から正しい方（地動説）が選ばれるようになるまでに、1世紀の歳月を要した[31]、と述べている。

　言語学における表記上の変種と経験的に異なる代替案との対比は、構成素関係についての異なる主張を用いて例示することができる。言語学者が文を表示する際に樹形図の代わりに括弧を用いても、その構造について、あるいは因果関係［そこから導き出される結果］について、異なった主張をすることにはならない。単に同じことを別の表記法で表示するにすぎない。つまり、John eats onions を (1)のように標示付き括弧［括弧の内側に文法範疇の標示を付けた表記法］で表示しても、(2)のように樹形図で表示しても、何ら違いがない。

　　(1)　$[_S [_N \text{John}] [_{VP} [_V \text{eats}] [_N \text{onions}]]]$

(2)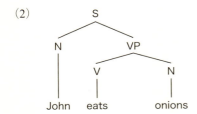

　これらは全く同じ情報を含んだ表記上の変種であり、記述的にも因果関係［予測や結果］の点でも完全に同じである。
　これに対して、同じ文を（3）のように表示する文法は、VP（動詞句）という構成素を含んでおらず、ある点に関して（1）とは経験的に異なった予測をすることになる。

(3)　[$_S$ [$_N$ John] [$_V$ eats] [$_N$ onions]]

　たとえば、（1）の分析は eats onions が構成素を成していると主張しているのに対して、（3）の分析は構成素を成していないと主張している。構成素は、非構成素ができないことをすることができる。たとえば、構成素は代用形による置換ができる。したがって、(1) は John eats onions and Mary does so too のような文が可能であり、John eats onions and Mary does so cheese のような文が奇妙であると予測する。最後の文は、代用形 do so の自然の解釈が、その前の例文におけると同じように、eats onions を意味するのであるから、「ジョンが玉ねぎを食べ、メアリーも玉ねぎ、チーズを食べる」という解釈で理解されることになり、容認可能性が疑わしいものになる。この解釈はほぼチンプンカンプンに近く、あえて解釈しようとするならばむしろ「ジョンが玉ねぎを食べ、メアリーがチーズ（動詞の目的語）に対して同じような関心事を行う (does so)」という具合に異なった意味で解釈されることになるであろう。
　大事な点は、（3）は単なる（1）の表記上の変種ではなく、ことばの知識に関する異なった理論を具体化しているという点である。[32] (3) の理論は間違っているが、人間は、実質的に耳にしたほとんどすべてのものを理解しようとする熟練者であるから、(3) が間違っていると結論づけるには、さらなる正当化が必要である。これは、言語能力と言語運用が複雑に絡み合っているもう1つの例である。我々の解釈能力は大変優れているので、こうした奇妙な例文の容認性の低い原因が、運用システムよりも文法（言語能力）の方にある、それゆえ、（3）よりも（1）の分析の方が文法として正しい、とは俄かには断定できないのである。さらに、こうした表現は単に「非文法的」であり考察から排除すべきものであるというわけではなく、むしろ I 言語によって生成され、その表現に特有な特殊な特徴を有していると考えるべきである、ということを示しているのか

第3章　ことばと心理学　163

もしれない。こうした観察は、第1章で見たもう1つの根本的な点を一層確かなものにしている。すなわち、文法とはある言語のすべての文を、そしてそれらのみを生成する装置であるという［チョムスキーの初期の］解釈は、あまりにも単純すぎると言わねばならない。我々の文についての容認性の判断は、こうした二分法が示唆するよりもはるかに複雑で微妙なのである。

　こうした単純な例は、（VPあるいは空範疇のような）I言語の構成物と、その構成物について言語学者が立てた仮説（すなわち、VPや空範疇についての理論）との違いを強調する上で役立つ。[33] (1) および (3) それぞれに責任を持つ文法は、問題になっている語の連鎖を含めて、語の連鎖の同じ集合を記述することができるが、文に対して異なった構造を与えるような異なったI言語を定義しているのである。第2章で見たように、言語学者は、心的に表示された、それゆえ心理的に実在しているVPを自らに帰することによって［つまり、VPという構成素を仮定する自らのI言語に基づいて］、この文およびその他の一連の文についての話し手の直観を説明しようとしているのである。この具体的な仮説（Vと目的語でVPという構成素を成すという分析）は間違っているかもしれない。だが、話し手は脳の中に言語学的に意味のある構造を持っているという主張は、非常に強力な証拠によって裏付けられている。

　こうした仮説が導き出されるような理論は、広範なデータを説明しようとしており、逆に言えば、特定のデータはいずれか一方の理論を裏付ける証拠となっている。だが、どのデータが説明されるべきかは、それ自体自明なことではない。チョムスキーの貢献の1つは、社会的あるいは政治的な構成物と理解されるような言語や、論理の言語のような形式言語と理解される自然言語について、言語学者が扱う必要はない、と（特に哲学界に向けて）論じてきたことである。第1章で述べたように、大事なのは、どのような領域が理論構築にとって有益であるかということである。チョムスキーは、彼の影響を受けた多くの他の言語学者たちと共に、ことばとは個人が有する知識であるという心理学的／生物学的見解がきわめて実りの多い研究領域となることを、これまで一貫してあきらかにしてきた。これはもちろん先験的(アプリオリ)に決められるべきことではない。領域を限定したり、思いのままに理想化を行ったりすることが正当であるか否かは、生じてくる結果から判断されるべきである。［チョムスキーにとって］もっとも重要な課題は、母語話者の知識をあきらかにしたり説明したりすることである。というのは、この研究領域に集中するのに払ってきた努力が、相応の洞察という結果によって報われてきているからである。しかし、こうした知識は直接的な観察から得られるものではないので、知識を特徴づけることを目指す理論にとっては、引用に値する証拠を見つけ出したり、それらを評価したりすることは、それほど簡単にいくものではない。

3.2 直 観

> 言語学的な分析は、直観を使わなくして行うことはできない。
> （Chomsky, 1975d [=1955c]: 87）

　もっとも簡単な、しかももっとも手に入れやすい証拠は、母語話者が自分の母語の文について容認性を判断したりダメな文を拒絶したりする際に用いる直観 —— 前章を通じてあきらかにしてきた直観 —— という形で生じてくる。語の連なりに統語解析器（parser）によって構造記述を与えたり、たとえば中央埋め込みのような事例に対して構造記述を与えることができなかったりするのは、我々が持っている直観に起因しているものと考えられている。その直観に基づいて、この文は良い、ダメだ、おかしいとか、この文は一定の意味で解釈できるなどと、判断を下しているのである。統語解析（parsing）がうまくいった際の構造記述は、I言語によって与えられる構造記述と合致しているのであるから、こうした直観はI言語についての証拠ということになる。

　哲学者や伝統的な言語学者の中には、こうした直観に訴える方法を嫌う者もいる。科学的客観性であれば、直観が信頼できるなどといった可能性を排除するものと考えられており、それゆえ直観に基盤を置くいかなる理論も本来的に間違っているに違いない。だがこうした反論は、2種類の直観の相違を正しく理解していないためである。一方の直観は、母語話者の自分の母語の文についての直観であり、もう一方はことばについての理論以前の「俗説的」な直観、つまり一定の範囲内のデータについての最善の科学的説明とは何であるかという分析上の直観（換言すれば、経験から生じる偏見[訳注4]）のことである。前者は、アヒルとウサギのだまし絵のような多義図形を見た際に得られる知覚的判断と同じような資格を持っており、この種の直観だけが、言語理論を作る際にデータとなりえるのである。後者は、証拠を特定の方向で見るように誘導するのに役立つかもしれないが、言語理論構築の証拠にはならない[34]。母語話者ならば誰もがこうした直観を持っているのに対して、言語学者はこうした偏見を持ちがちであるのかもしれない。

　言語学者が直観を用いることに対する別の反論が、哲学者のマイケル・デヴィット（Michael Devitt, 1938- ）から出されている。彼が論じるところによれば、統語的な直観はI言語があるからではなく、語や文の経験に基づく一般知性による瞬間的な判断にほかならない。したがって（だが間違っているのだが）、一般的に、言語学者は普通の話者よりもことばのことをより多く考え、言語についてのより優れた意識的な理論を持っているのだから、彼らの直観は普通の母語話者の直観よりも信頼できるものと考えられる[35]。

　この主張のもっとも根本的な問題点は、直観がI言語の証拠ではないと考えるべき正当な理由がないことである。デヴィットによれば、言語的直観とは樹形図やc統御のよ

うな言語学者が措定した概念や構造についての判断ではない。これは正しい。というのも、言語学者が関心を寄せている直観は、直接的に文法構造や文法関係についてではないからである（おそらく不幸なことなのだろうけれども、もし母語話者が直接的に文の構造について直観的に判断できるならば、言語学者にとって事は簡単だろう！）。むしろ母語話者の直観は、語の連続が母語話者にどのように感じられるか、つまり、容認可能であるかそうでないか、2通りに理解されるかされないか、ある解釈が成り立つか成り立たないか、についての判断である。こうした直観の考え方は、直観がその背後にある（直接見ることのできない）実在や構造に関する証拠であるとする考え方と完全に合致している。ちょうどアヒルとウサギのだまし絵についての直観が、我々の知覚能力についての証拠となるのと同じである。

　デヴィットが指摘するところによれば、背後にある言語能力がどのように言語直観という結果になるのかについて、言語学者は（今のところ）明確に述べることができていない。この点も正しい。だが、事態は知覚的直観と少しも変わらない。実際、チョムスキーが絶えず主張しているように、「我々は、なぜ知識のある要素は意識に接近することができるが他の要素はできないのかについて、あるいは、どのように意識的または無意識的な知識が実際の行動の中に現れるかについて、明確どころか、いかなる説明も持っていない」ということは、認知全般に関して当てはまることである。このことこそが、なぜ言語能力と言語運用を区別しなければならないのかの理由の1つとなっている。[36]

　ことばの場合には、言語能力がどのように直観を生み出すのかに関してなぜ詳しい説明が存在しないか、ということについてはある程度思い当るところがある。第1に、統語解析について詳しく分かっていないからであり ── 統語解析のどのような理論も議論の余地があるようなものであり ── 、第2に、容認性に関する直観にはおそらくいくつかの認知システムが複雑に絡み合っているからである。話し手が語の連なりを容認不可能と判断するのは、たくさんの理由のうちのいずれかの理由によるものである。たとえば、文法的であるが統語分析することが不可能であるかまたは困難であるからだ（この場合には文法構造に関して間接的な証拠を提供する）、あるいは意味的または語用的に不適切であるからだ、あるいは社会的に受け入れられないからだ、等々。ジェリー・フォウダー（Jerry Fodor）が言っているように「直観は尊重するに値する … が、インフォーマントは、自分自身を含めて、直観を働かしているものが何であるか述べようとすると、全くひどいことになる。ある直観が何についての直観であるのかを考えると、必ず収拾がつかなくなってしまう」。[37]

　どのような直観であっても、それをどのようにうまく説明するかは理論上の問題である。経験的な研究を行う前から、どのような心的なメカニズムが関与しているのかとか、どのような事実についてどのようなメカニズムで説明できるのかとか、そもそもいくつの心的メカニズムがあるのか、などといったことは分からない。チョムスキーはかつて、

束縛原理は中核的な統語メカニズムの一部ではない、と示唆したことがある。もしこれが正しいとすれば、それまで一律に文法性に関する事実とされてきたことは、異なった説明を受ける2種類（またはそれ以上）のグループに分けられることになる。直観はデータであり、他の科学者同様に言語学者は、そのデータに最善の説明を提供しようと努めるという役割を担っている。さらに、自然界から新たなデータを探り出して、それに基づいて提案したことを検証することになる。もちろん、興味深いデータとは、特定の理論を支持または否定する証拠となるようなデータのことである。

我々の直観は、生得的な言語機能が存在するというチョムスキーの主張を支持するような強力な証拠を提供する。というのは、次の(4a)と(4b)の対比のようなことを、どのように類推（analogy）などといった何らかの一般学習過程によって学ぶのか、とても理解することができないからである。また、(5)のような文は、意味が理解できるし、「ちゃんとした考え」を表しているにもかかわらずどこか変な文であるが、それを領域固有の能力（言語機能）の存在に訴えることなしにどのように説明することができるのか、理解することも難しい。

(4) a. John is easy to please
（ジョンは喜ばせやすい）
b. John is eager to please
（ジョンは喜ばそうと懸命だ）

(5) *Which book did you laugh before reading?
（どの本を読む前に笑ったのか？）

こうした例やそれに関する直観に関心を向けることにより、またそれらが原理的に説明できることを示すことによって、チョムスキーの初期の研究［(4)や(5)を扱った1950年代、60年代の研究］は、言語理論にとってかなりハードル（目標の水準）を引き上げることになった。これは、多くの哲学者、心理学者、生成理論以外の言語学者に十分に理解されていない事実である。直観がどのように具体的な理論的提案と関わるかについては第2章で例示されている。こうした研究は、生成理論の枠組み（およびそれに影響を受けた他の文法理論）以外では得られないような詳細の説明および予測を具体的に示すことによって、目標の水準を一層高く引き上げたのである。

よくある反論として、直観は話し手によって変動するのであるから信頼できないので、結果的に「事実」について科学の世界で受け入れられている合意を成り立たなくしてしまう、というものがある。だがこうした直観の変動は、個人を扱う領域であればどこでも予想されることである。さらに、別の2つの主張を支持する証拠の源として用いるこ

ともできる。1つは、こうした変動が存在するとなれば、言語とは、広く入手できる適格な文の集合（つまり、共有されたE言語）であるという見解を擁護することが、不可能ではないまでも困難となる。もう1つは、直観が変動したり不明確であったりするという事実自体が説明を要することになるし、不一致の正確な性質が分かれば、構造的に区別するべき証拠を提供してくれるかもしれない。たとえば、Sometimes John beats his wife も John beats his wife sometimes も容認可能で、ほぼ同じような意味（共に、ときおりジョンは妻を殴る）であることについては誰もが同意するが、John beats sometimes his wife となると一致した同意が得られない。ある話し手は即座にダメな文として無視してしまい、別の話し手はいろいろと試みて、John beats sometimes his wife, sometimes his father, sometimes his uncle — he's always beating someone（ジョンはときおり妻を、ときおり父を、ときおり叔父を —— 彼はいつも誰かを殴っている）といった文脈に入れれば（単独で生じるよりも）ずっと自然に聞こえることに気づく。さらに別の話し手は、他の文と同程度であるとして問題なく受け入れる。このように話し手のあいだで一致した判断が見られないという事実は、副詞が生じうる文内の位置（文頭や文末）と生じえない文内の位置（名詞句の前）とが文法的に異なる性質を有することを示す証拠として使うことができる。これらの位置についての適切な分析を得るにはさらに長い道のりを要するが、どのような分析上の結論にたどり着くにせよ、それは、部分的にはこうした判断の不一致が起点となって生まれてくるのである[40]。

　第2章で見た例のいくつかをもう一度見てみよう。ほとんどの母語話者にとって、(6a)、(6b) は良い文であるが、(6c) はおかしいか容認不可能である[訳注7]。

(6) a. Tell me whether the party's tomorrow
   （パーティーが明日かどうか教えて）
   b. Tell me where the party is tomorrow
   （パーティーが明日どこであるか教えて）
   c. *Tell me where the party's tomorrow
   （パーティーが明日どこであるか教えて）

　しかしながら、著者の一人（アロット Nicholas Allott）の米国人友人は、(6c) はそれほど悪くないと報告している。こうした種類の直観の相違に対しては、通常、次のような2つの反応がなされる。その1つは、多くの話者が (6c) を良くないとしているので、理論はまず、それらの話者のI言語を説明しなくてはならない。次に、真に大事なのは、問題のない (6a) と、尋ねたすべての人にとって大目に見ても限界ギリギリである (6c) とのあいだに対比があるという点である。このような容認可能性の対比は、ある文が全く容認不可能であるという直観と（少なくみても）同程度に有益なことである。

論じてきたように、I言語は、提示されたどのような文でも処理しようと試みることを可能にするような生成的な装置である。だから、容認可能性に段階が生じるということは［生成理論の］全体像と整合しているし、期待通りでさえある。ある種の判断の揺れは、個々人がそれぞれのI言語に微細な違いを持っていることによるものと考えられる。そのような場合、I言語という実質的に異なる[訳注8]言語から証拠を集めているのであるから、判断が完全に一致するなどということはありえない。もちろん、ある分析が、いかなる言語のいかなる話者にも見られないような直観的判断に基づいて行われるとすれば、事態は危うくなってくる。

　極端な例は、議論が1つの特定のタイプの例文に大きく依存して組み立てられているような場合である。その例文がダメとなれば、それに基づく議論も理論的立場も弱くなってしまう。簡単な例が、ヒンティカ (Jaak Hintikka, 1929-2015) とサンドゥ (Gabriel Sandu, 1954-) の数量化の分析に見ることができる[41]。彼らによれば、彼らのゲーム理論的意味論であれば (7) と (8) のような文の束縛関係を説明できるが、束縛理論ではできないようである。

(7)　Tom and Dick admired each other's gift to him
　　（トムとディックは、彼へのお互いの贈物を褒めた）

(8)　*Tom and Dick admired each other's gift to themselves
　　（トムとディックは、自分たちへのお互いの贈物を褒めた）

(7) は下記 (7′) に示したような解釈を持っているが、(8) は非文法的である。

(7′)　Tom admired Dick's gift to Tom, and Dick admired Tom's gift to Dick
　　（トムはディックのトムへの贈物を褒め、ディックはトムのディックへの贈物を褒めた）

　ところが、我々著者2人にとっても我々が尋ねた話者たちにとっても、(7) は実際には (7′) のような解釈を持ちえない。(7) は、him が Tom とも Dick とも異なる人を指しているという解釈のもとでのみ適格である。対照的に、(8) は複雑ではあるが、完全に容認可能である。あきらかに、これは自ら墓穴を掘っている典型例のようである。明確な予測がなされ、証拠は正しく予測と反対の方向に向いているのである。ただし、この主張をしている著者たち（ヒンティカとサンドゥ）は、彼らにとって第二言語である（母語ではない）英語で研究を行っている点を指摘しておくべきであろう。英語以外の言語からのデータに基づいて議論を再構成するべきかもしれないが、そうしたとしても期待通りの結果が得られるかは疑わしいと言わざるを得ない。再構成という方向の可能性

がどうであれ、この戒めとなる事例からあきらかになることは、母語話者の直観は、理論がそれに基づいて何を記述するべきかを決定するのであるから、その役割はきわめて重要であるということである。

　もう1つ強調しておくに値する点は、ある言語がある特定の主張にとって証拠にならないという事実があるからといって、その主張を否定する証拠にはならない、という点である。もし中国語系言語の音調特徴の特質や、（南部アフリカの）コサ語のような言語に見られる吸音[訳注9]の特徴の性質に関心がある場合、英語が有力な証拠になるということはありそうにない。音調や吸音についての主張をもっぱら英語のデータに基づいて裏付けようとするような言語学者がいるとすれば、当然のことながら、不適切と思われるだろう。だが、そうであるとしても、その主張自体は正しく、適切な言語からデータが提供されれば、正しいと見なされるようになる、ということは依然としてありえることだ。

　直観の不一致に関するもう少し偏向していない（誰もが納得するような）例は、能動態と受動態が同義関係になると考えられていた古典的な例である。初期の生成文法では、John loves Mary のような能動態と Mary is loved by John のような受動態は同じ構造から派生すると考えられており、［変形規則の適用は意味を変えないという］仮説からして、文体上の違いを抜きにすれば同義であると考えられていた。チョムスキーは当時すでに問題となりそうな例を出していたが、ジェラルド・カッツ（Jerrold J. Katz, 1932-2002）とポール・ポウスタル（Paul Postal）は、そうした例について、能動態と受動態の対の文は、実際に用いられるのが、文脈的に決まってくる異なった状況であるかもしれないが、両者のうち一方が真であれば他方も真になるに違いない、と論じている。意味分析が真理値分析に依存していた時期においては、重要な観点である。この立場は、1960年代の「標準理論」で中核的な原則であったが、Everyone in this room speaks two languages（この部屋のすべての人が2言語を話す）と Two languages are spoken by everyone in this room（2言語がこの部屋のすべての人によって話される）というような能動文と受動文の対によって、その不備があきらかにされた。能動文の方は、2つの言語が一人ひとり異なっていてもよい（私にとっては英語と日本語、あなたにとってはフランス語とドイツ語、等々）が、受動態の方は2つの言語が同じ（たとえば、誰にとっても英語と日本語）という具合に、能動態と受動態は規則的に意味が異なると論じられた。もしこの相違が本物であれば、能動態と受動態は、主張されていたように規則によって関係づけられているわけではない［同一の構造から派生されるのではない］か、あるいは、両者の関係づけは同じ意味を保持していない［変形規則の適用は意味を変えないわけではない］ことになる。どちらであるにせよ、理論の大幅な修正が必要になる。こうしたデータの分析に反して、単なるデータによって理論の誤り（または正しさ）が立証されるということは決してありえないが、理論の中核的な主張の一部が論破され、体系全体に深刻な結果がもたらされたように思われる。こうしたことはいずれも、対をなす例文についての話者の言語直観

に大きくかかっている。

　理論は結局のところ前へ前へと進んでいき、個々の問題の重要性は薄れていく。上で見た具体例について言えば、（少なくともある人々のあいだで）意見の一致が見られ、能動文、受動文どちらも両方の解釈が可能であり、違った状況によってどちらかが好まれる、という見解で落ち着いている。別な例となる能動文の Many arrows didn't hit the target（多くの矢がその的に命中しなかった）と受動文 The target wasn't hit by many arrows（その的が多くの矢によって命中されなかった）について言えば、それぞれの文に関して言われているような言い換え関係が成り立つかどうか不明確なままである。[46] その結果、能動文と受動文の関係づけの主張は保持され、両者のあいだに相違があるとすれば、深層構造および表層構造で行われるさまざまな解釈に帰されることになった。[47] 議論全体として、直観の役割は大変重要であったし、他のタイプの文についても依然として重要な役割を果たしている。

　似たような例が、明確な方言差が見られるような例からも得られる。著者の一人（スミス）にとっては、All the children haven't come は、「来た子どももいたが来ない子どももいた」と解釈され、「誰も来なかった」という解釈にはならない。[48] もう一方の著者（アロット）にとっては、事実は正反対である。他の多くの話者は、スミスと同様に第1の解釈が自然であるが、第2の解釈も認める。事がかなり重要なのは、両方の可能性を認める理論もあれば、こうした予測をしない理論もあるからである。言語データを用いて対立する理論に決着をつけようとするならば、そのデータがどういうものであるか知っておくことが大切である。もっと具体的に言えば、平均とかグループにとってではなく、各個人のI言語にとってのデータが、どういうものであるかを知っておく必要がある。平均値などは心理的な実在ではないからである。[49] 我々が作り出そうとしている理論は、もちろん、すべての人に当てはまらなくてはならないが、集団としてではなく個人としてのすべての人についてである。

　生成言語学は直観的データを大いに活用するが、考えられる限り多くの領域に証拠を見つけ出そうとしている。言語変化からも、言語獲得からも、文の産出や理解の心理的テストからも、正常な事例または病理的な事例の神経学的研究からも、その他からも、証拠を見つけ出そうとしている。強調しておくべき点は、これらの種類の証拠のいずれかが他の種類の証拠よりも本来的に優れているということはなく、さまざまな種類の証拠が一致する場合、すなわち、いろいろな種類の証拠がそれぞれ独立して同じ判断を出す場合に — ちょうど、生物間の進化的関係性について、生命体の観察可能な巨視的な特徴に基づく分岐論（生物の系統発生的分類）と微視的な分子生物学とが（ときとして）同じ結果を出すような場合に — 圧倒的に説得的であるということになる。[50]

　言語学者と心理学者のあいだの大きな意見相違の1つは、心理学者はしばしば他の何にも増して実験的な結果に重要性を置いている点である。[51] 直観などは、あまりにもはか

なく、捉えどころがなく、主観的なので、実験的に十分制御されている場合を除いたら、用いることができない。そこで心理学者は、さまざまな認知能力の記述に用いられている技術 ── たとえば、多様な状況下における発話の産出や理解、被験者が言語刺激を見ているあいだの視線追跡、それぞれの耳への異なった信号送信、反応潜時の測定など ── と同じような技術を（言語分析においても）開発している。

　上で、特定の統語的境界（構成素の境界）の措定を裏付けるためにクリック音の位置画定を用いた簡単な例を見た。実験の被験者は、文中のいろいろな位置にクリック音を含んだ文の録音を聞かされる。被験者は、実際の位置よりも、主要な統語的境界に対応する位置に近づけて、クリック音が聞こえた、と報告する傾向が一貫してある。これは、話し手が、言語学で措定されている構造と同じような構造に関する直観的概念を持っており、その影響を受けていることを示している。[52]結果は興味深いし、構成素構造に関する主張に支持を提供することになるかもしれない。ただ、こうした支持が言語学的分析によって与えられた支持に比べて強力であるというわけでない、という点には注意しておきたい。そのままでは、そうした証拠は、他の理論的構成物の密接な連携に基づく証拠に比べれば、実際のところ、はるかに十分動機づけられているとは言えない。その重要性が増すのは、より広範にわたって正当化された統語論研究者の主張と一致する場合である。さらに踏み込んで、聞き手はクリック音を構成素の切れ目ではなく、その真ん中にずらして聞き取り、たとえば、John［クリック音］ate onions ではなく John ate［クリック音］onions と聞き取ったとしよう。その場合でも、依然として NP － VP という分析（John と ate onions とがそれぞれ構成素を成しているという分析）を支持している、という結論を導き出すことができるであろう。というのは、ゲシュタルトの原則によれば、クリック音がその真ん中にずれているのは１つの実在の結合性が維持されているためであると考えられるからである。重要なことなのだが、言語学的分析がこうした簡単な例に対して間違っていないということが前提になっており、その言語学的分析にとって正しい結果が出るまで実験の設計の方に修正が施されることになる。一旦こうしたことが達成されれば、実験は、言語学的分析の不明確な事例に適用され、こうした事例に対して適切な独立した証拠を提供する道具となるであろうという（間違った）期待が寄せられることになる。ところがクリック音実験の場合、こうした不明確な事例における結果はどちらにもとることができ、この道具は結局のところ破棄されてしまった。今日ではもはや誰もクリック音実験を行う者はいない。

　同じような観察が反応潜時、つまり被験者が特定の刺激に反応するのに要する時間の長さを測定する実験についても当てはまる。使役動詞について考えてみよう。[53]Mary saw the cat（メアリーが猫を見た）と Mary killed the cat（メアリーが猫を殺した）のような対をなす文の意味には、疑問の余地のない対比が見られる。後者は使役的であり、メアリーが猫に死ぬようにさせる状況を描写しているのに対して、前者にはそのような使役

的な解釈はない。こうした解釈の相違は、時として、統語的な相違の反映であると（言語学者や心理学者によって）示唆されてきた。Mary killed the cat は統語的に複雑であり、CAUSE（～させる）のような抽象的な述語を含んでいるが、see が用いられている文ではそれを欠いている。おおよそ、Mary killed the cat は Mary caused the cat to die（メアリーは猫が死ぬようにさせた）という意味および構造を持っているが、Mary saw the cat はそのままであり、それ以上の内部的複雑さを含んでいない。こうした仮説をテストする方法の1つは、仮定されている統語的複雑さは統語処理の時間（潜時）に反映されるという前提のもとで、被験者は、実験の中で単純な文よりも複雑な文を理解する方がより多くの時間を要するかどうかを調べることである。実験の結果は、何の違いも示さず、この仮説に対して何の支持も提供することがなかった。支持が与えられないからと言って、もちろん、反駁したことになるわけではないが、この例に関して、もっとも単純な統語論からわざわざ逸脱するべき理由などはない、ということを間違いなく示唆している。

　こうした種類の証拠がどの方向に向かうにせよ、依然として確かなことは、現時点でもっとも強力な証拠は言語学内部の分析に基づく証拠である。というのは、単に、言語理論の演繹的論法の方が、いかなる関連した領域の理論の論法と比べても、比較にならないほど深いからである。これは主義や原則の問題ではなく、心理学の他の領域が同程度に洗練された理論を開発すれば、それらが提供する証拠は同程度の深さになるであろうと当然期待することができる。ところが現時点では、たとえば我々の内的文法に VP という構成素を設けるという言語学主張へと導いていく議論は、いずれも、多様な源の広範な言語学的分析に基づいている。それらの多様な源はいずれも特定の分析を生み出すように収斂していき、しかも統語分析の他の下位領域（格理論、束縛理論、局所性、その他）と適合するものでなくてはならない。それに対してクリック音実験の予測は比較的浅く、もっぱらそれだけで終わっている。

　言語学的証拠の基盤を多様化する1つの可能な方法は、前章のスペイン語とケチュア語の例で見たように、他のいろいろな言語に論究することである。もう1つ例を挙げれば、John ran and bought a paper（ジョンが新聞を買いに走った）や Which paper did John run and buy?（どの新聞をジョンは買いに走ったのか）のような連続動詞（serial verb）構文の分析である。これらの例では、下線部の動詞が「連続」を成している。[54] このような連続動詞の文は、豊かな記述的および理論的な謎を投げかける。たとえば、なぜ The paper was run and bought（新聞が買われに走られた）のように受動化できないのだろうか？　これらの文と John both ran and bought a paper（ジョンは走りかつ新聞を買った）のような both を含んだ文との正確な相違は何なのであろうか。だがこうした問いに答えるには、英語以上にこうした構文を広範に含んでいる言語からの証拠が必要となる。この分野での説明を模索する中で、アナベル・コーマック（Annabel Cormack）とニール・スミスは、ヌペ語、日本語、およびノルウェー語の諸方言、その他の言語からのデータを用いている。

あきらかになってくる点が2つある。1つは、議論展開の論理に関することである。以前見たように、2つの可能な分析があり、両方が共に1つの言語に当てはまり、一方だけがもう1つの言語にも当てはまるならば、両方の言語に当てはまる後者の分析の方が両方の言語にとって正しいに違いない。2点目は、1点目から導き出される結論であるが、広範な言語に論究することによって初めて、言語の考えられる限りの範囲の多様性を探究し、究極的には探究し尽くすことが可能になり、あらゆる人間言語の集合全体を対象にするような理論を構築することが可能になる。この議論は、さらに、どの言語も同じ布から裁断されたものであるという、ここ60年間の研究から裏付けられている前提の有効性をあきらかにすることになる。

チョムスキーが『統語構造』を出版した時期（1957年）には、マーチン・ジョーズ（Martin Joos, 1907-1978）は「言語はお互いに果てしなく、しかも予測できないほどに、相違しうる」と述べることができた。本書の第2版（2004）では、「それをもはや誰も信じないであろう。その点をあきらかにしたことこそが、チョムスキー理論の最大の功績の1つである」と、その著者のニール・スミス（本書の著者の一人）が述べている。ところがそれ以降、時計の振子は反対の方向に振り戻されてきている。第1章で触れたエヴァンズ（Nicholas Evans, 1956- ）とレヴィンソン（Stephen Levinson, 1947- ）の論文「普遍文法神話」は、先鋒となって、ジョーズが述べたような考えを甦らせようと試みている。この論争については、すぐ下で見る。

これまで「言語学的」と「心理学的」の方法および証拠の違いを強調してきたが、チョムスキーが言うように言語学は心理学の一部であるとするならば、両者の調和についても力説しておく必要がある。チョムスキーはスキナーの『言語行動』の書評で行動主義をこき下ろしたが、逆に彼の新しい統語理論は言語を研究する心理学者のあいだで大きな反響を呼んだ。特に彼とジョージ・ミラー（George Miller）との共著論文は大きな影響力を持ち、（変形）生成文法が人間言語の言語処理（processing）に関する広範な事実を直接的に説明できる理論であるということを、心理学の世界に理解させようとしていた。今振り返れば、こうした期待のうちのあるものは、ナイーヴすぎるところがある。チョムスキー自身は、彼の言語能力の文法理論と、その理論を組み入れた言語運用のモデルとの関係は、間接的なものであることを常に主張している。しかしながら、関係が間接的であるからと言って、両者の因果関係を否定するものではない。基になる道具立て［文法理論］は、考えられているよりもずっと控えめに組み入れなければならないということを示唆したまでにすぎない。実際、こうした関係が間接的であればあるほど、関わっている理論の演繹体系が豊かになるといった相関性が成り立つものである。ダーウィン（Charles Robert Darwin）のマルハナバチを考えてみよう。『種の起源（Origin of Species）』の中で、ダーウィンは、マルハナバチ（bumble-bees. 彼にとっては bumble-bee ではなく humble-bee であるのだが）だけが赤いクローバーを受精させることができる。し

がってマルハナバチが希少になるか絶滅してしまえば、それに比例してクローバーも希少になってくる。しかし、どの地域でもマルハナバチの数は、(蜂の巣を壊す)野ネズミの数に一部かかっている。また野ネズミの数は、(それらを食べる)猫の数にかかっている。猫はもちろん村や都市に集中する。「したがって、1つの地域にネコ科動物がたくさん存在することが、まずネズミとの関係で、さらに蜂との関係で、遠く離れた地域における特定の種の花の頻度を決定する」ということは、大いに信頼することができる[61]！

　変形規則は、マルハナバチのようなすぐに分かる魅力を持っているわけではないが、言語現象を説明する上での原因としての役割は、おそらく、もっと大きい。少なくともこうした受け止め方は、心理言語学の分野がチョムスキーの言語能力理論を用いる際に、間違いなく底流に流れている。その発展的活用は、言語処理、言語獲得、言語病理の3分野で見られる。これまで、言語学の多くの研究は、我々が母語話者の言語直観を確実に用いることができるという事実に大きく信頼を置いていることを論じてきたが、これらの3分野では、言語直観を直接的に用いることなしに言語能力を実験的に検証することができ、その結果を実験志向している心理学の世界にも直ちに受け入れられるようになっている。さらに第4の分野として歴史言語学が挙げられるかもしれない。ここでも同様のことが言えるが、上述の3分野に比べると心理学的研究には向いていない。というのは、歴史言語学では、データが多くの異なる人々から、ときとして長大な時間を経た異なる人々から、集められるので、1つの心の理論的構成を探究しているとは考えがたいという難点があるからである。たとえこの分野では心理的実在性が疑わしいとしても、また言語の歴史についてこれ以上言うつもりではないとしても、チョムスキーの枠組みによる興味深く説得的な研究が、言語の歴史的研究においても遂行されているということは、強調しておくに値するであろう。おそらくもっとも説得的な研究例は、歴史的に生じた変種と変化の計量的・社会言語学的研究がどのように生成理論に対して示唆[62]するかをあきらかにしようとする研究であろう。[63]

4　言語処理

　言語処理は慣例的に、言葉の産出 ── 我々が発話する際に起こること ── と、言葉の知覚 ── 他の人の発話を聞き理解する際に起きていること ── との2つに分けられる。言葉の産出、とりわけ、何を言おうとしているか、どのような意味を表そうとしているかについての諸相は、おそらく人類にとって謎であり、この先しばらくは人間の理解を超えている問題である。こうした困難な問題は差し置くにしても、多くの重要な結果が言葉の理解の研究から得られてきており、言葉の産出の研究も知覚の研究に追いつこうとしている。最近の画像法における進展は、特定の課題が処理される際の脳活動を

観察可能にしてきているので、言葉の産出の領域をずっと研究しやすくしつつある。過去10年余りのこうした進展の1つの成果は、理解と産出の関係が心理言語学研究の中心的テーマになってきたことである。具体的な主要課題を1つ挙げれば、産出と理解を行う神経心理学的メカニズムは、同一であるのか別個であるのかという問題である。この問題は、我々の知る限り、これまでチョムスキーが評言を加えたり、彼の研究計画に関係したりする領域とはなっていない。だが、彼の見方がどうであれ、この問題は、文法とそれを活用するメカニズム、とりわけ統語解析器との関係に関して、重要な問題を提起するテーマである。

4.1 複雑性の派生理論

心理学界の生成文法に対する熱烈な期待とそれに続く幻滅のもっとも分かりやすい例が、複雑性の派生理論と後にあきらかにされたその不備である。変形規則が文生成に初めて適用された役割は、陳述を表す文（肯定・能動・平叙文）の背後にある構造から受動文、疑問文、否定文を派生することであった。同理論の歴史の初期段階では、下記（9）のすべての文が同じ深層構造を共有しており（つまり、第2章で見たような同じ句構造規則で生成されており）、右側角括弧内に記したような名称の変形規則が1つまたは複数個適用して異なった文になったものである。

(9) a. The Seventh Fleet shelled Haiphong　　　　　［何の変形規則も適用せず］
　　　（第7艦隊はハイフォンを爆撃した）
　　b. Haiphong was shelled by the Seventh Fleet　　［受動］
　　　（ハイフォンは第7艦隊に爆撃された）
　　c. The Seventh Fleet did not shell Haiphong　　　［否定］
　　　（第7艦隊はハイフォンを爆撃しなかった）
　　d. Did the Seventh Fleet shell Haiphong?　　　　［疑問］
　　　（第7艦隊はハイフォンを爆撃したか？）
　　e. Was Haiphong shelled by the Seventh Fleet?　　［受動・疑問］
　　　（ハイフォンは第7艦隊に爆撃されたか？）
　　f. Haiphong was not shelled by the Seventh Fleet　［受動・否定］
　　　（ハイフォンは第7艦隊に爆撃されなかった）
　　g. Didn't the Seventh Fleet shell Haiphong?　　　［否定・疑問］
　　　（第7艦隊ハイフォンを爆撃しなかったか？）
　　h. Wasn't Haiphong shelled by the Seventh Fleet?　［受動・否定・疑問］
　　　（ハイフォンは第7艦隊に爆撃されなかったか？）

こうした例から、変形（規則）的に複雑な文になればなるほど、複雑さの度合いに比例して処理も困難になるはずである、という単純な仮説が導き出される。特に、否定文や受動文は対応する肯定文や能動文よりも処理に時間がかかるはずである[67]。やがて、被験者の反応をテストするように設計されたたくさんの実験が行われるようになった。それらの実験では、受動、否定、疑問、その他のあらゆる組み合わせについて、文の長さ、用いられる語彙の使用頻度、その他実験心理学者が大切にしている細部に至るまで適切に制御されている。初期の結果は仮説にとって有望なものであった。受動文は能動文より処理に時間がかかり、受動疑問文はさらに時間がかかり、否定受動疑問文はすべての中でもっとも時間がかかる。そこから導かれる結論は明解で、劇的であった。すなわち、変形規則は心理的に実在し、変形文法の正しさが立証された。チョムスキーはこの結果を、「言語と心的過程の研究において、創意のある実験が理論的研究とうまく結合しえることを示す素晴らしい例」と述べている[68]。

　だがもっと多様な構造がテストされると、（処理時間に反映されるような）複雑性と、それぞれの文の派生に含まれる変形規則の数とのあいだに、単純な相関性が成り立たないことがあきらかになってきた。下記（10）の2文は、一方の文が他方の文に含まれていない変形規則を含んでいるという点でのみ異なっているとされていたが、処理の困難さにおける相違は見られなかった。また（11）では、短く簡単に処理できる文（(b)と(d)）の方が長い文（(a)と(c)）よりも変形的に複雑であるとされていた[69]。

（10） a. John picked up the box
　　　　（ジョンは箱を取り上げた）

　　　 b. John picked the box up
　　　　（同上）

（11） a. Kennedy was assassinated by someone
　　　　（ケネディは誰かに暗殺された）

　　　 b. Kennedy was assassinated
　　　　（ケネディは暗殺された）

　　　 c. The man who was sitting in the corner ordered a drink
　　　　（隅に座っている男が飲み物を注文した）

　　　 d. The man sitting in the corner ordered a drink
　　　　（同上）

　心理言語学者の苦悩に追い打ちをかけたのは、理論が転々と変わることである。変形

規則は文の意味を、当初は変えうるが、やがて変えないとされるようになる。義務的規則と随意的規則の画定が一定しない。変形文法と名付けられた理論における変形の役割が徐々に、だが無情にも、削減されていく。やがてこの理論を適用してテストしようとする人々への、それとないあるいは露骨な敵意へと変わっていく[70]。結果として生じてくる言語理論全般とりわけ生成文法への幻滅は理解できなくはないが、あまりにもナイーヴすぎる。こうした論理の展開には、正しいとは評価できない出発点がある。すなわち、もしデータの分析が理論的予測に合わないならば、理論が間違っているからではなく、分析が間違っているのかもしれない。

　半世紀の洞察を経てあきらかになったことは、初期分析はいずれも、もはや攻撃に耐えられなくなった（そもそも「構文」という概念さえ言語理論から消えているのである）ということであり、また演算の最小化という強力な原理が登場してきたということである[71]。こうした最小化の原理はその半分を複雑性の派生理論から引き継いでおり、ミニマリズムの最近の研究はこの理論の暗黙裡の復活であると見る向きもある[72]。その優れた例がマスカティ（Vincenso Moscati）とリッツィ（Luigi Rizzi）の研究であり、彼らによると、「イタリア語におけるさまざまな一致の形態は、関与する移動操作の数に基づく複雑さの程度によって最小から最大まで序列化される[73]」。さらに「この複雑さの序列は、獲得におけるさまざまな形態の完全な習得の時期についての予測力を持っている。形態が複雑であるものほど、複雑ではない形態よりも遅くなって完全に獲得されるものと予想される」。コーパスを用いた研究および独自の実験を用いた研究に基づいて、3歳、4歳、5歳の子どもの行動が彼らの予測と一致していることをあきらかにしている。彼らは3種類の異なる統語的形態を選び、そのいずれもが義務的な一致を示すものであり、その一致のうちの1つは移動を含まず、もう1つは1回の移動を含み、もう1つは2回の移動を含んでいる。それぞれの一致の例は、下記（12）に、複雑さが増していく順に示されている。

(12) a. 移動を含まず：　決定詞 – 名詞：たとえば、le case（家）、両語ともに女性、複数形。
　　 b. 移動が1回：　主語 – 動詞：たとえば、Gianni parte（ジアンニが出発する）、両語とも3人称単数形。
　　 c. 移動が2回：　接語 – 過去分詞：たとえば、Gianni le ha viste（ジアンニが彼女らに会っている）、一致要素（下線部）が共に女性複数形。

（子どもたちが、正しいまたは間違った一致を示す文から選択する）「選択を迫る作業」において、予測どおりに、成功は複雑さとは逆相関し、年齢とは順相関することがあきらかになった[訳注13]。

複雑性の派生理論の歴史を見るにあたって、このほかにもいくつかの大事な点がある。第1に、次のような驚くべき根拠のない期待があった。すなわち、生成言語学は（あまり高度に発展すべきではなく）知的な停滞を甘んじて受け、他の領域も参入できるように素朴なままにとどまるのが適当であるばかりではなく、その方が望ましかった。第2に、こうした幻滅感は、言語と思考を区別し損ねていたことを反映していた。否定文を処理するのに肯定文を処理するよりも多くの時間を要するのには、[言語的な処理以外にも]いろいろな理由が考えられる。せめて、否定文がより複雑な文法的表示を含んでいるという可能性を、否定文が概念的により複雑であるという可能性から区別するべきであった。後者であれば、余分な時間を要するのは、否定文を思考の言語または状況の心的モデルの何らかの表示に関係づけるためである。第3に、そしてもっとも重要な点であるが、文法と統語解析器との区別（究極的には、言語能力と言語運用の区別）、ことばの知識とその知識を用いるメカニズムとの適切な区別をし損ねていたことをあきらかにしている[74]。こうした区別の問題は絶えず議論を呼び、文法と統語解析器とを区別する必要などないとか、もしどちらか一方を破棄するとすれば、文法なしで済ませることができるであろう、などといった主張が繰り返し出されてきた。もし、こうした主張が正しいとすれば、生成文法体系のかなりの部分が損なわれることになるかもしれないので、解析処理器とは何を行うのかを見ておくことが重要である。

4.2 文法と統語解析器

I言語とは、言語学者によれば、ことばの知識、と一般的に言われている。一方統語解析器は、発話を理解する（おそらく、産出する）際にその知識を用いている心的装置のことである。さらに、コンピュータに組み入れられる統語解析器、つまり、文を処理するのに用いられ、おそらく人間の能力をモデル化しているコンピュータ用プログラムというのもある。ここでは、もっぱら、話者が脳の中に持っている解析器に関心を向けることにする[75]。より成功を収めている機械の統語解析器のあるものは、文法家の洞察にほとんど関心を向けずに、全く力ずくで、毎秒何百万という選択的な可能性を分析することによって成功を収めている。ちょうど、チェスのコンピュータが、人間の勝ち方でチェスの試合に勝つわけではないのと同じように[76]、これらの統語解析器は、我々人間の分析の仕方で文を分析しているわけではない。したがって、人間の心（精神）を理解することに関心があるならば、こうしたコンピュータが用いているプログラムの詳細は、チェスにもことばにもほとんど関わりがない。

人間の理解で用いられる統語解析器は、I言語ばかりではなく、知覚の方策、記憶構造、おそらくその他の装置を組み入れているかそれらに接近しているものと、一般的に考えられている。統語解析器は、入力信号を受け取り、それに、文法によって生成され

る構造記述と、体系的に、だが多くはよく分かっていない方法でもって関係している知覚的特徴とを、割り当てる。それが、次に、これまた多くがよく分かっていない方法で、思考の言語における心的表示に関係づけられる。簡単に言えば、統語解析器は、文法を用いることによって、発話の音を思考に写像するのである。

統語解析器と文法が関わる分かりやすい例として、「最小付加」という（解析上の）原理が関係する例を見てみよう。(13)のような文は、「局所的曖昧さ」として知られている現象を含んだ事例である。

(13) a. Rita knew the answer to the problem by heart
　　　　（リタはその問題の答えをそらで覚えていた）
　　 b. Rita knew the answer to the problem was wrong
　　　　（リタはその問題の答えが間違っているのを知っていた）

どちらの文も、by heart または was という語句にたどり着くまでは、the answer to the problem が動詞の目的語として解釈される読みと、the answer to the problem was wrong という埋め込み文（従属節）の主語として解釈される読みとの両方で理解することができ、曖昧（二義的）である。これらの文が、Rita knew the answer to the problem のところまでが示された段階では、聞き手や読み手は普通その構造を未決定のままにしておくということはせずに、(14b)に示した後者の分析（補文主語としての分析）よりも、(14a)に示した前者の分析（目的語としての分析）が正しいという結論に飛びつく。

(14) a. Rita knew [NP the answer to the problem ...
　　 b. Rita knew [S [NP the answer to the problem ...

文が曖昧であることは、文法がそれらの文に2通り（またはそれ以上）の異なる分析を与えようとすることによって説明される。したがって、(14)の両方の分析が文法によって入手できるようになり、最小付加の原理に従って、統語解析器が自動的に、複雑さを最小化する分析を選択することになる。(14a)の方が、(14b)に生じている要素の真部分集合から成っている（(14a)のNPは、(14b)のSの一部として包含されている）という点で単純であり、the answer to the problem という名詞句NPを、動詞 know の姉妹である埋め込み文Sの娘としてというよりも、その動詞の姉妹として付加する。統語解析器がこうしたことを行う原理は、文法上の概念や構成物に言及しており、文法に寄生的である。この仮説（最小付加の原則）は、眼球運動の記録や、反応時間、誤解釈、その他のさまざまな実験的研究の結果から、独立的に動機づけられている。

生成文法の半世紀に及ぶ研究を経て ── と言っても、それ自体が何千年にも及ぶ伝

統的な言語研究の上に成り立っているのだが──、我々は文法全般および特定言語の文法について多くのことを学んできた。専門的な言語学者のあいだでは依然として多くの意見の不一致がみられる。またチョムスキー流の枠組みによるこうした研究が少数派であるということも、おそらく事実であろう。だが、劇的な進展が見られ、その多くがチョムスキーの影響によるものであるということは、異論を挟む余地がない。しかし、最小付加の原理に関連した示唆に富む結果があるにもかかわらず、我々は統語解析器についてあまりよく分かっていない。何らかの文法的表示があるとすれば、統語解析器が参照するのはどの表示レベルだろうか。統語解析器の基盤になるのは規則か、制約か、原理か[77]。操作する方向は上から下へか、下から上へか、左から右へか、右から左へか。演算（computation）が行われる表示の数は、一気にいくつもできるのか、一度に1つだけか。一度来たところを逆戻りすることができるのか、等々については意見の対立が見られる。(13a) のような文 Rita knew the answer to the problem by heart の文法的な分析は無理なく簡単に行えるが、統語解析器がどのようにそれを扱うのかはそれほどあきらかではない。(上から下への) 前提に基づき、処理の対象となるのは文であり、その構成素関係を (上から下へ向かって) 予測していくと仮定することも、個々の語が出揃うのを待って、それらの語の関係を (下から上へと) 演算していくと仮定することもできる。要素が1つずつ (左から右に) 現れるたびに捉えると考えることも、文の終わりまで待って (右から左へ) 逆戻りするとも考えることができる。いずれの場合にもはっきりとした代案が考えられ、たとえば、さまざまな可能性の折衷を図って、すべてを並行的に処理していき、上から下へ、下から上へと同時に進んでいくと考えることもできる。だがこうした折衷策を明確にする（そして、それをコンピュータに実装する）ことは容易なことではない[78]。異なるパラメタが表層的な構造における相違を定義する場合は別としても、統語解析器はすべての言語に対して一律に同じであるのだろうか。そもそも文法と統語解析器とのあいだにすっきりした適合関係が成り立つのであろうか、などといったこともあきらかではない。

　こうしたシステムと根本的に異なる代替案として、統語解析器に構築される表示はほとんど未表示であるとする、いわゆる「浅い処理理論」と呼ばれるものがある[79]。この考え方は、部分的に、日常のやり取りは大方手に負えないほど漠然としている（だから、ある代名詞の指示物が何であるかが分からなかったり、構わなかったりする）という観察や、(15) のタイプのような言語学的「幻想」[文法的・意味的に正しくないにもかかわらず、一見すると正しいと思われる文] を説明できるという観察によって、正当化される[80]。

(15) a. No head injury is too trivial to ignore
　　　（どの頭の傷もきわめて些細なので無視できないものなどない）
　　b. How many animals of each kind did Moses take into the ark?

（それぞれの種類の動物につき何匹ずつモーゼは箱舟に持ち込んだのか？）

（15b）に対するよくある回答は、動物を箱舟に持ち込んだのはモーゼではなくノアであることなどに気づかずに、「2匹」という答えである。ここでは、実際に問われたのとは異なる質問に対する答えであるにもかかわらず、一見納得のいく答えが容易に得られるために、深く考えずに浅い処理がなされているのである。

（15a）のような少し異なる事例でも、一見納得のいくような、しかし間違った解釈が成り立つ。ほとんどの人が、all head injuries are too serious to ignore（頭の傷はどれもが大変重傷なので無視するわけにはいかない）と同義であると解釈する。だが少し注意深く考えると、頭の傷が些細であればあるほど無視できないものはないという（おかしな）前提のもとで、すべての頭の傷が無視されるだろうと述べていることに気づくことになる。ここで浅い処理が強いられるのは、明示的あるいは暗示的な否定（主語に含まれる no）と too trivial（きわめて些細である）のような尺度的形容詞とが入り混じることによってかなりの困難が生じているためである。こうした例が全く意味不明であるのか、それとも浅い処理が絶えず発生していることを示しているのか、結論づけることはできない。処理が浅ければ、通常気づかずにいるのはおそらく、多くの場合、直観的に納得のいくように思われる解釈にたどり着くとそれが多かれ少なかれ正しいからである。

こうしたあまりはっきりしない状況に対するもう1つの反応の仕方は、文法と統語解析器は同一のものを違った見方で見ており、統語解析器とは別に文法など必要ない[81]、という初期の主張を復活させようとする試みである。ルイス（Schevaun Lewis）とフィリップス（Colin Phillips）は「ことばには1つの認知システムがあるだけであり、… その認知システムが作り上げる表示の記述を抽象化したものが文法にほかならない」と論じている[82]。これもまた、上で見た複雑性の派生理論の復活と矛盾しない。もしこのように文法が存在せずに、受動文、疑問文、などといった異なる構文をそれぞれ扱う解析過程があるとするならば、これらの操作が複数関与する場合に、処理に要する時間が累積的に増していくことが予想されなくもない。

一見しただけでは、こうした企ては誤解を招くかもしれない。文法と統語解析器の区別を否定することは言語能力と言語運用の区別、すなわち知識とその展開の区別を否定することである、と受け止める人もいるかもしれない。だがチョムスキーが言うように「言語能力と言語運用の区別を否定することがなぜ可能なのか理解できない … それは概念的な区別である。認知的な状態と行動との区別を支持する証拠、あるいは否定する証拠などはない[83]」。この点に同意する者は、言語能力と言語運用を区別することは統語解析器とは別に文法が存在することを含意するのであろうか、と疑問を投げかけるかもしれない。ルース・ケンプソン（Ruth Kempson, 1944- ）とロニー・カン（Ronnie Cann）とそのグループで開発された動的統語論（Dynamic Syntax）という理論では、言語能力と

言語運用の区別は維持しつつ文法と統語分析器の区別を狭めようと試みている[84]。ことばの知識（言語能力）は、言語処理にさまざまな可能な操作を許す道具一式を含むように概念化されるべきである、と論じている。したがって言語運用（統語解析と産出）はその道具一式の中から道具を選び、構造を組み立てる操作の際にそれらの道具を使用する、ということになる。しかしながら、おそらく道具の使用説明書が必要になるであろう。さもなければ、統語解析器はどの道具をいつ用いるかをどのようにして知るのであろうか？　使用説明書は、結局のところ、文法のようなものを復活させることにほかならないように思われる。

　文法と統語解析器との区別を放棄する説明では、次のような不適切な主張をすることになる。*John speaks fluently English のような非文法的であるにもかかわらず容易に理解できる文について、容認性が疑わしいのは単に統語分析がうまくできないからだ。その結果、こうした文は、[文法的であるが]話者が容易に理解できない中央埋め込み文や袋小路文などと同様に[統語解析がうまくいかない文として]扱われてしまうことになる、といった深刻な問題点が生じてくる。これは、良くても、興味深い区別を犠牲にし、悪くすると、言語学を無内容なものにしてしまいかねない。しかしながら、こうした反応は単純すぎるということが、説得的に論じられてきている。興味ある研究論文の中で、コリン・フィリップスは、別な区別の仕方を論じている。彼によれば、重要な問題は、文法を、リアルタイムで作用する認知システムとしてみるかどうかという点である。伝統的なチョムスキー流の立場によれば、文法は「無時間的」（時間と無関係）であるが、統語解析器（および産出器）はリアルタイムで作用している。このチョムスキー流の考えを放棄して、「文法は文をリアルタイムに組み立てるシステムである」という立場をとれば「文法、統語解析器、産出器を統合することが可能になる」[85]。注意しておくべきことは、これは決して文法性と解析可能性の区別を否定するわけではなく、同じシステムがリアルタイムにも無時間的にも用いられると主張している、という点である。重要なのは、文法をそのように違った方法で「使用する」際に、どのような付随装置（記憶や注意など）が関与するのかという点である。この点に関して、チョムスキーの昨今の理論体系では「演算的複雑性が認知的システムにとって重要になる」可能性をはっきりと述べており、「この仮説が正しいかどうか分からない」としつつも「正しいかもしれない」[86]という感触を表明している点は、印象的である。これが正しければ、それに伴って文法と統語解析の統合はますます妥当性を増してくる[87]。

　だが、文法と統語解析器は区別する必要があるという伝統的な見解が正しいとしても、特定の現象にどちらの方が責任を負うのかということは依然として自明ではない。興味深い事例が、前章で述べた下接の原理から提供される。下接の原理とは、*A rise in the price was announced of oil（値上がりが石油について発表された）のような文がダメであることを説明するものであった[訳注15]。ロバート・バーウィック（Robert Berwick, 1951-　）とエイ

第3章　ことばと心理学　183

ミー・ワインバーグ（Amy Weinberg）は、あらゆる言語に遍在するこうした局所性効果を人間の統語解析器の特性から導き出そうとしている。下接の原理のような局所性原理の効果はすべて構文解析器の特性に帰することができるので、文法の理論はそうした原理を含んでいる必要がない、という考え方である。統語解析器は一度に限られた量の材料しかスキャンできないので、その「窓（範囲）」に収まらない要素間の関係、つまり非局所的関係はその範囲外となり、処理できないことになる。理論の経済性は、同じ現象についての複数の説明（文法と統語解析器による両方からの説明）を拒むことになるので、文法の方からは下接の原理に関して何も口を挟まないように制限している。しかしながら、彼らの議論の論理は、説明が等しく反対方向から進んでもよいことを示唆している。つまり、統語解析器のしかるべき特性は文法の特性から導き出すこともできる。説明の方向が後者のように進むべきであることは、同じ文法の原理ならば第一言語獲得の諸相を説明することができるが、統語解析器がそれをどのように説明できるのかあきらかではない、という観察からも裏付けられる。統語解析器を言語機能の代替と見るのには、ほかにもいくつも問題がある。

4.3　解析問題

　すべての言語処理の研究は一般的に、次の点で共通している。すなわち、人間が文を解釈する際の速度と容易さを説明することが必要であり、そのような文解釈には当然統語解析器が関与していると考えられる。驚くべき、そして最初は戸惑わせる観察であるのだが、チョムスキーは、統語解析は「迅速で容易である」という伝統的な定説を否定し、逆に言語は一部「使用不可である」と示唆している。これはどういうことを意味しているのであろうか。第1章のモジュール性の議論の中で見たように、母語の文を理解することは「迅速」で「強制的」である。通常、普通の文の意味は基本的に瞬間的に把握される。ひどく漠然としていたり、ありえないような内容の文に直面したりしたときでさえ、我々は選択の余地なくそれを理解し、漠然としているとかありえない文として理解する。次の引用を考えてみよう。「チョムスキー流の文法では、"深層構造"というスキーマを持ったはるかに大きな現象学的深さへと着手していき、深層構造は一連の規則で生成され、"表層構造"つまり我々が実際に話したり聞いたりする"音声的事象"へと通じていく構造である」。このジョージ・スタイナー（George Steiner, 1929-　）の生成文法の説明は見当違いでしかも悪文であるが、その個々の節（clause）は大変容易に解析でき理解することができ、しかも間違っていると理解することができる。もっと興味深いことに、我々は、考えてみれば首尾一貫しておらず非文法的であると分かるような文を、大変容易に解析することができる。その有名な例は「誘惑的に自然」な（16）の例（おそらく第一印象に反して、「私一人ではなくもっとたくさんの人々がロシアを訪れて

いる」という意味にはならない文）である。

(16) *More people have visited Russian than I have
　　　（私が訪れたよりも多くの人々がロシアを訪れている）

　一見主張が矛盾しているように見えるが、チョムスキーはたくさんの説得的な例を提示して、解釈の際に、多くの場合、［解析の］第1段階でさえ阻まれることがあることを示している。(17)のような空範疇を含む例、(18)のような中央埋め込みを含む例、(19)のような「袋小路」を含む例は、構文解析器が自動的に処理するであろうと考えられるような種類の解読を試みても、簡単に処理することができない。

(17) John is too stubborn to expect anyone to talk to
　　　（ジョンはあまりにも頑ななので、誰かが話しかけるなどと期待できない）

(18) Articles linguists psychologists respect write are hard to understand
　　　（心理学者たちが尊敬している言語学者たちが書いた論文は理解しにくい）

(19) I convince her mother hated me
　　　（私は彼女のお母さんに・・・／私は彼女にお母さんが私を嫌っていると確信させた）

　これらのいずれの例も —— 上記(15)の「幻想」の例と同様に —— 統語解析は通常考えられているほど簡単ではないことを示す証拠となる。(17)を理解するには、いろいろな可能性を反芻しながら繰り返す中で、ようやく、より長いがさほど難しくない John is too stubborn to expect anyone to talk to Bill（ジョンはあまりにも頑ななので、誰かがビルに話しかけるなどと期待することはない）とは基本的に異なっているという結論にたどり着く。(18)は、もっと統語解析が容易な The book those linguists I met wrote is incomprehensible（私が会った言語学者が書いた本は理解不可能だ）と同じ構造をしているにもかかわらず、ひどく当惑させる。(19)は短い文であるが、ほとんど間違いなく her mother をひとまとまりの構成素と理解するように誘惑する。そのために、ほぼ同じ語連鎖から成る I convince him mother hated me に対する明確に容認可能な読み（私は彼にお母さんが私を嫌っていると確信させた）と同じように解釈することを阻んでいる。第1章で見たように、袋小路文は「局所的な曖昧さ」を示し、処理のある特定の段階で複数の解釈が許され、そのうちの1つだけが最後まで文法にかなった解釈となる。(19)では、her を動詞 convince の目的語と解釈することも、名詞 mother の所有格修飾語と解釈することも可能である。I convince her mother ... というところまで読んだときには通常計算

されるのは後者の方であり、その解釈では hated に割り当てる役割がなく［つまり、その主語に当たるものが見つからず、hated が宙に浮いてしまい］、困惑するという結果になる。

こうした事例によって引き起こされた問題を回避するような方策について考えてみることができる。実際いわゆる「知覚の方策（perceptual strategies）」の研究の多くは、この種の問題への対応である。こうした方策は、文法の規則とも原理とも別であり、認知の侵入可能性 —— つまり、文法の領域内作業が中央システムに接近できるのか[94] —— に関する興味深い問いを生み出す。だが方策が当面の議論に関わってくるのは、文法の構成物と「統語解析器」のメカニズムを区別する必要があるということをあきらかにしてくれるからである。[95]こうした試みがはっきりとみてとれるのが、すべての種類の袋小路文現象がなぜ、どのように、それらに特有な効果を呈するのかを説明しようとするブラドリー・プリチェット（Bradley Pritchett）の研究である。彼は、チョムスキー流の文法の特性に全面的に依存している統語解析理論を開発した。統語解析は、「処理が行われているあいだどの地点においても文法の原理の局所的な適用」を行っている。局所的な曖昧さを示す特定の文が袋小路文であるか否か —— つまり、その文が統語解析器の処理を覆すかどうか —— は、その処理にどの文法原理が適用されているかにかかっている。[96]

(19) で見た例が混乱を引き起こすのは、まず her mother が 1 つの構成素として分析されるからである。こうした分析が成り立つのは、her がすでに処理されていて mother が処理される段階で、もし mother が her と同じ構成素であると解釈されなければ、mother は格を欠き文法の原理に違反してしまうからである。[訳注16]続いて、読み手または聞き手が hates を文の解釈の中に取り込もうとすると、この段階で問題が生じてくる。hates は主語に θ 役割を付与しようとするのだが、［her と mother は 1 つの構成素として主節動詞の目的語としてすでに処理されているので］それを付与すべき主語が見当たらず、her mother という連続を 2 つの構成素［her が主節動詞の目的語、mother が hates の主語］として再解釈することを余儀なくされる。このように再解釈すると、今度は θ 役割の再分析、つまり θ 役割付与の変更［her のみに主節動詞から θ 役割を付与し、mother には hates から別の θ 役割を付与する］という、計算的に複雑な過程が必要となり、統語解析器にストレスを与えることになる。

これに対して、her の代わりに him が用いられている例では、mother までたどり着いた地点で格理論の局所的違反［その地点では mother に格が付与されていないので、上述の「格フィルター」に違反している］が生じるが、統語解析器は him mother を単一の構成素と誤解することはありえず、hates は格と θ 役割の両方を mother のみに付与するので、θ 役割付与の再分析をする必要がない。技術的な詳細は複雑で、議論の余地があるが、意味しているところは明白である。文法と統語解析は別々でなくてはならず、両者の関係は明確であることもあれば、混乱を引き起こすこともある。幸い、明確である方が一般的である。

どのような袋小路文でも、局所的曖昧さの解除や、一時的に未決定の意味の解消が必要であり、そのために解析を行っている人は2つの分析を同時に行うか短時間に連続して行わなくてはならないので、不本意な負担が課せられることになる。こうした処理過程は、概念的な最小限度を超えた資源のやりくり —— すなわち、1つだけの最適な分析の代わりに2つまたはそれ以上の分析 —— を行わなければならないという意味で、「不経済」である。言語理解は通常努力などせずして行われるので、我々が操作しているシステムが複雑であることをしばしば忘れてしまっている。複雑さに直面しても通常は努力など必要としないということからすると、我々の言語システムは、その過程の経済性を最大化するように設計されているのである。最新の研究では、どのようにこの「経済性」という概念をより正確に定義できるのかをあきらかにしようとする試みに、多くの関心が向けられている。

4.4　経済性

　　　簡潔性は … 派生の長さを縮めることによって … 増す。
　　　　　　　　　　　　　　　　　　　　　　（Chomsky, 1979b [=1951] : 52）

　経済性は言語能力、言語運用どちらの問題にもなりそうだが、言語運用としての概念という方が直観的にいくぶん把握しやすい[97]。たとえば、ディヴィド・マー（David Marr, 1945-1980）の視覚に関する重要な議論の中で示唆しているところによれば、「運用が流暢である」領域ではどこでも、「最小関与の原則」[98]、つまり、後になって後悔して取り消そうとするようなことをさせない原則が、働いているはずである。統語解析の文脈で言えば、この考えは、戻って文処理を再開始するやり直し（バック・トラッキング）は最小限にとどめるかあるいは排除されるべきである、という要請として言い換えることができる[99]。統語解析は運用の一部であり、チョムスキーが言う「最小努力（least effort）」の考え方も、言語運用に関わっているに違いないと感じられる。とりわけ彼が、経済性の条件は「もっとも経費のかからない派生が用いられるように要請する」[100]と述べていることからすると、そのように感じられる。しかしながらチョムスキーの経済性の原理は、言語機能内部の表示および派生に関わるものであり、インターフェイスを超えた関係については含まれないのであるから、まぎれもなく言語能力に関わるものである。ミニマリズムの初期段階では、経済性の原理はD構造、S構造、LF間の関係に対して用いられていた[101]。前2つが消滅したのに伴い、昨今では概念・志向体系および知覚・運動体系に送られる表示を構築する段階に関わっており、重要なことだが、それらを超えた解釈や産出のシステムにまで及んでいない。経済的でなければならないのは、個々の文に関する文法内部における特徴づけである。経済性の中には、派生における「より少ない歩

数」や「より短い移動」も含まれる。

　純粋に文法に関わる経済性の事例として、(20) と (21) の英語とフランス語の違いについての標準的な説明を考えてみよう。

(20) a. John often kisses Mary
　　　（ジョンはよくメアリーにキスをする）
　　b. *John kisses often Mary

(21) a. Jean embrasse souvent Marie
　　　（ジャンはよくマリにキスをする）
　　b. *Jean souvent embrasse Marie

　これらの文の意味解釈は同じである。つまり、大事な点ではこれらは同じ意味を持っている。したがって、生成意味論（Generative Semantics）の主張によれば、意味関係が捉えられる文法レベルでは同じ意味表示を持っているものと一般的に考えられていた。[102][訳注17] この表示を作り出すには、主語と動詞の一致が照合できるように動詞（kiss / embrasse）が抽象的な構造的位置へ移動して行かなければならない。[103]

　両言語間の自明な語順の相違は、移動の「可視性」に帰せられている。第 2 章で論じたように、可視的な移動は、「書き出し（spellout）」と呼ばれる派生段階よりも以前の段階で適用される。書き出しの段階では、それまでに派生したものが発音できるように PF へと送られていく。書き出し以降の、LF に向かう途中（または LF）での移動は発音に影響を与えないので、（表面的には目に見えない）不可視的ということになる。

　フランス語では、動詞の移動が顕在的（または可視的）な効果を伴っているので、書き出し以前に起きている。それに対して英語では、それが潜在的または不可視的であるので、書き出し以降に起きている。そのために、副詞 often は動詞と主語のあいだに現れる。英語で (20b) がダメであることは、不可視的な移動は可視的な移動よりも経済的であるという仮定から導き出される。この仮定は、より一般的に、移動はなるべく遅くまで、具体的には書き出し以降まで適用するな、という趣旨の「先延ばし」の原則として具体化される。[104] (20b) を作るには、（動詞を可視的に移動するのであるから）「先延ばし」の原則に違反することになる。あきらかに、同じ説明がフランス語では機能していない。フランス語で動詞の移動が「先延ばし」に違反しないのは、フランス語と英語の形態論的体系が大事な点で異なるためである。フランス語では動詞の素性が「強」であり、強い素性は PF で可視的であるので、PF 以前に照合されて除去されている必要がある。照合は一般的に移動後に行われるので、この動詞の移動は書き出しの前に行われていなければならず、それゆえ可視的な移動となる。一方英語の動詞の素性は「弱」であ

り、弱い素性は音韻論では不可視的であるので、LFに至るまで除去される必要はない。よって動詞の移動はLFまでに行われる必要がない。このように、両言語の重要な相違は、素性の強弱というパラメタにおける相違に帰されることになる。現時点では、これが規定 —— つまりそれ以上説明することができない仮定 —— の域を出ないが、次の2点に注意しておきたい。第1に、素性の強弱の対比についての仮定が与えられ、独立的に動機づけられた原理が存在するとなれば、(20)(21)の事実は英語とフランス語のごく些細な相違から導き出される。第2に、「先延ばし」の経済性原理は、もっぱら言語モジュール内部のものである。話し手と聞き手のあいだで中立的であり、統語解析に含意するところは何もない。表示の特性だけに関与しているのであるから、言語能力の原理であり、言語運用の原理ではない。

たとえこの分析が(20)(21)のような事実を記述することができたとしても、素性の強弱の違いを規定するのは、英語ではある種の副詞が動詞に先行することができ、フランス語ではできないと規定するのと、何ら変わらないのではないかという反論があるかもしれない。こうした反論は、もし強弱の区別がうまく働く事例が引用した例だけであるならば、正しいのかもしれない。だがこの区別は、英語およびその他の言語の一連のさまざまなタイプの構文にも適用される。つまり、「強」対「弱」という1つの規定が、数多くの異なる現象に一貫して当てはまるが、副詞の位置による規定の方は一般化することがない。

もっと一般化して言えば、第2章で、「最短移動 (shortest movement)」という姿をした経済性の原理が、*Have John will left? と Will John have left?（ジョンは出発し終えているだろうか）のような例の容認可能性の対比を説明することを見た。実際この経済性原理は一般化して、*John is likely for it to seem to have left（ジョンが出発してしまっていそうであるらしい）や *What did you persuade who to buy [ec]?（何をあなたは誰に買うように説得したのか）のような例がダメであることについても説明できる[105]。つまり、文法に経済性原理を規定することにより、単なる個別的な記述ではなく一般性の高い説明へと発展していくことを可能にする。

素性の強弱の対比がそれ以上説明できないことについては、今後の研究の課題として残される。この課題は、素性の解釈可能性、つまり、素性は概念体系または感覚・運動体系のいずれかで解釈されなければならないという要請として捉えられるべきものである[106]。この点についての今後の発展の詳しい結果がどうであれ、それが、言語獲得の問題 —— つまり、どのように子どもが母語を努力なくして迅速かつ的確に獲得できるのかという問題 —— にもたらすだろう洞察に関わるものであれば、現時点でもその洞察について論じることができる。もし言語獲得に必要な中核部分が、限られた数の素性の値の選択であるとするならば、かつて謎めいていた獲得の過程がようやく分かり始めてきたことになる。第一言語（母語）獲得のテーマは、チョムスキー流の考えが心理言語学の共同

体によって広く取り入れられ適応された第2の領域であり、我々が次に関心を向けていく領域である。

5 言語獲得（プラトンの問題）

チョムスキーは、よく知られていることであるが、ことば —— あるいは、少なくともその統語（文法）—— の獲得において環境の果たす役割はごくわずかであると主張しており、また言語獲得は、社会・文化的な体系を内在化するというよりも、大方生得的な能力の成長と成熟の過程と見るべきであると主張している。この考え方を動機づけているのは、我々は教えられたであろうことよりも、またゼロから学んだであろうことよりも、ずっと多くのことを結果的に知っている、という観察である。通常の子どもは誰もが生後数年で文法を獲得するが、言語学者の世界では何十年間研究を続けても、さらに異なる言語や心理学的な証拠、給料、研究助手、同業者の査読などが手に入るにもかかわらず、いずれの言語の文法についても十分詳しく解明できていない。

したがって問題は、「世界と接する時間がまだわずかで、個人的であり、限定的である人間が、どのようにして現に知っているようにたくさんのことを知るようになれるのか」という問いを説明することである。環境的な入力が「わずかで、個人的で、限定的である」という観察は、いわゆる「刺激の貧困（poverty of stimulus）」の問題であり、刺激の貧困にもかかわらずどのようにしてことばが獲得されるのかという疑問に対してチョムスキーが付けた名前は、プラトン（Plato, BC427-BC347）が知識全般に関して同様の疑問を抱いていたので、「プラトンの問題（Plato's problem）」と呼ばれるものである。プラトンの答えもチョムスキーの答えとよく似ており、我々が知るようになることの多く、少なくとも、その基礎となるものの多くが、生得的で備わっているに違いない、というものである。

だとすると、言語獲得を説明するには、子どもの言語機能の初期状態を具体的にあきらかにし、大人の最終的な「安定状態」に至るまでにどのように推移していくかを示すことが必要である。チョムスキーは、この問いの答えには学習が含まれておらず、我々は母語の文法を学ぶのではない、とたびたび述べている。

紛らわしいことに、「学ぶ」という語は、習得／獲得の議論の中では、少なくとも次の3つの問いに対応して3通りの異なる意味で用いられている。（ⅰ）我々は母語を教えられるのか、それとも教えられることなしに学ぶ（獲得する）のか？（ⅱ）我々は言語環境から外的体系である文法を学ぶ（内在化する）のか、それとも獲得とは主に心の中のⅠ言語の成長の過程であるのだろうか？　さらに、（ⅲ）環境的入力が異なると言語の相違が生じることからすると、大人の文法は環境的入力から学ばれるのであろうか、

それとも単にそれによって誘い出されるだけであろうか？

5.1　教えるのか、それとも教えられることなしに学ぶのか

　　　　ことばは、教えられることの全資料だ。　　　　　　　　　（Ryle, 1961: 223）

　哲学者のダグフィン・フェレスダール（Dagfinn Føllesdal, 1932-　）によれば、「私の両親が"雨が降っている"の意味を私に教えたのは、彼らの意見によれば、雨が降っているときに"雨が降っている"と言ったのに対して褒美を与えることによってである[108]」。ほとんどの人の子どもはこれとは異なっており、この問題を考えたことのある人ならば誰もが、親は子どもに母語を積極的に「教える」のではない、と一般的に考えている。理由は簡単で、どの親も教えるべき必要な明確な知識など持ち合せておらず、仮に親が適切な指示を与えることができるとしても、子どもがそれを理解できる状態よりもずっと早い時期に、母語の知識をとにかく獲得しているからである。一体どのようにして3歳児に関係節などを教えることに取り組むのだろうか？

　母語のある側面、たとえば、書記表示の綴りの約束、専門用語の形式（発音や綴り）、It's me のような社会的に批判されている型の扱い方などは、学校で明示的に教えることができる。こうした約束のうちのあるものは有用であり、あるものは無用であり、あるものはひどく逆効果である。しかし注意しておくべきことは、それらはいずれも周辺的なことである。世界中には非識字（文盲）の人がたくさんいるが、非識字でも自分たちの言語の知識を持っている。誰もが、フットボール、音楽、生化学など一連の専門用語を身につけており、それらが日常の接触の中で獲得されたのか、明示的に教えることによって獲得されたのかは、ほとんど重要ではない。このような専門用語は、ある人の語彙全体の中の取るに足らない一部にすぎない。ボギーとバーディの違いを知らなくても、ゴルフクラブのメンバーから締め出されることはあるとしても、その言語社会のメンバーから排除されるわけでもないし、発達したI言語を欠いているということにもならない。二重否定や、分離不定詞、文が前置詞で終わることなど「正式な」英語におけるご法度のような、文法において批判されている型は、自分の言語の供給源のごく些細な部分についての社会的意識の現れにすぎない。チョムスキーが［上流社会の英語に矯正しようとした］『ピグマリオン（*Pygmalion*）』について嘲笑的に述べているように、そうしたことを学ぶことは言語獲得とは全く関係がなく、むしろ「文化的上流社会気取りの体系の習得」と関係している[109]。

5.2　学習か成長か

　明示的に教えることは、母語の獲得においては高々ほんの周辺的な重要性しかない。また「学習（学ぶこと）」という用語も、用いるのに不適切な概念であるとはそれほど広く受け入れられていないようだが、チョムスキーは繰り返し、学習は言語獲得にとって大方意味がないという明解な主張を述べている。「ある種の本質的なところでは、我々はことばを学ぶのではなく、むしろ文法が心の中に成長するのである」[110]。彼が言わんとしているところは、歩行を「学ぶ」際や歯の成長と同じように、生得的な資質が主導的な役割を演じている、ということである。これらは、刺青の入れ方や掛け算九九の学習のように環境がより大きな役割を果たす習得過程 —— もちろんこれらも、肌の吸光性や長期記憶の容量などある程度生得的な資質にも依存しているが —— とは対照的である。

　ことばの成長は、あきらかに、外的環境条件に制約されており、そのうちのあるものは、予想される以上に微妙な、しかも興味深い結果を示す。たとえば、ラムスカー（Michael Ramscar）とそのグループによると、子どもは大人が mice と言うべきところを mouses のように過剰一般化するが、成長するにつれてきっと耳にするであろうとの期待に基づいて、そうした過剰一般化から「撤退」[111]することができる。つまり、その期待が達成されない（期待に反して周囲から聞かれない）ことが、ある種の間接的な「否定証拠」とな（って過剰一般化から撤退す）る[112][訳注19]のである。

　だが、言語獲得が成長の一形態であるという主張には、2つの大きな含意がある。第1に、「学習」過程をどんなに精緻に記述してみても、母語の獲得の特性を網羅することはできない、したがって、母語の獲得はごく一部が「学習」の標準的な例と同じように進むものの、そのほかの部分は子どもにおける立体視の発達や胎児における複眼ではなく単眼の発達などと同じように進んでいくはずである。第2に、こうした発達は成熟的（内因的）に制御されており、獲得される言語間の個別的な違いや、獲得がなされる環境の違いに関わりなく、すべての個体が同じように、臨界期を経て、同一の発達段階を示しながら進んでいくはずである。以下では、これらの点を順番に見ていき、まず言語の音声的基盤との関係で、次に言語獲得に関するチョムスキーの「パラミタ設定」理論との関係で、議論を展開していく。[113]

　関連してはいるものの別の問題として、ことばが心の中で成長するという主張を裏付けるようなデータは、言語獲得が依然として学習の問題であるとする見解と、うまく折り合いが付くのだろうかという問いがある。この見解では、学習とは、子どもがさらされる言語についての仮説を点検し確認していく過程のことである。一方、生得的資質が果たす役割は、考えられうる仮説の幅を大きく絞り込む働きということになる。そう

であれば、言語獲得は、きわめて限られた証拠に基づいて周囲で用いられている言語のモデルを作り上げることが可能になる。この（主に哲学的な）問題は第4章で取り上げる。

5.3 パラミタの設定

学校や心理学者の実験室で行われている学習の種類は、一般的に、連想、帰納、条件付け、仮説形成と検証、般化などの何らかの組み合わせである。しかしながら、子どもに見られる間違い（および、間違っていないもの）のパターンからすると、汎用的学習（general purpose learning）はあきらかに言語獲得の基盤として不適切である。確かに類推と般化が（限られた）役割を果たしているように思われる領域がある。形態論がそのはっきりした例である。よく知られているように、子どもは音韻論および形態論のパターンを（過剰に）一般化するので、大人が three sheep came というところを three sheeps comed のような例を作り出す。こうした例は、子どもが独自の規則から成る文法を開発しており、完全に模倣によって言語を獲得しているのではないことの証拠となる。親たちは、通常、子どもが発するのと全く同じような形式（sheeps や comed）を手本として提示しているわけではない。

注目すべきことは、こうした間違いは獲得の他の領域、とりわけ統語論では見られない点である。類推はどんな大人にも火星人の科学者にもあきらかではあるが、子どもは(23) の文に対して、(22) のような例を手本にして（それとの類推で）、代名詞 he が疑問詞 who に束縛されているという解釈となるような類いの過ちを犯すことはない。同じ下付き文字は束縛関係（同一指示関係）を示しており、(22) では he が who のことを指しているという解釈が可能であるが、(23) ではそのような解釈が成り立たない。[114]

(22) Who$_i$ thinks he$_i$ is intelligent?
　　　（誰が自分が知的だと思っているの？）

(23) Who$_i$ does he$_{j/*i}$ think is intelligent?
　　　（誰を彼は、知的であると思っているの？）

つまり、(22) の文は、「どの人に関して、その人が自分自身を知的であると思っているということが当てはまるのか」と質問しているものと解釈できるが、(23) の文はそのようには解釈できない。この違いは、第2章で論じた束縛原理で説明することができる。説明の要点をかいつまんで言えば、(23) では who の痕跡（発音されないコピー）が(think のすぐ右にあり) 代名詞 he の領域内にある。一方 (22) では who の方が he よりも

第3章　ことばと心理学　193

前方にあり、he の領域内にはない。wh 痕跡（疑問詞の痕跡）は、どこでも自由でなければならないという趣旨の束縛原理 C に従う。そのために、(23) で、wh 痕跡が代名詞に束縛されているという読みは非文法的になる［he は who とは別の人を指すという読みしか許されない］。

　目下の目的で重要なことは、これらの例は、大事な点ですでに見た stubborn 文［本章 (15) や (17) のような例文］と並行関係にあるということである。もし言語獲得が類推に基づいて進むとすれば、こうした解釈が成り立たないのは謎のままである。一方、言語獲得、とりわけ統語論の獲得が、原理とパラミタによる接近法が主張するように、スイッチの設定の問題、すなわち前もって指定されている可能性の中からの選択の問題であるとするならば、これらの例は容易に理解することができる。子どもは (22) と (23) のような文の対比的な特性（相違点）に気づく必要はない。パラミタの設定と（束縛理論の原理のような）生得的原理から自然に導き出される。したがって説明の必要があることと言えば、パラミタの設定がどのように獲得されるかということだけである。おそらく、観察される文の中にもっとはっきりと現れるような特性に基づいてなされるのであろう。

　この議論の展開法はあまり一般的ではない（それゆえ、異論の余地がある）2 つの点を利用している。1 つは、ある現象の非存在 ── 上の例で言えば、文についての存在しない読み ──、2 つ目は、従来の理論の代替案となるような本質的に新しい獲得理論の出現、という 2 点である。第 1 の点は、それ自体かなり驚くべき考え方であり、新たな問題を生む。何かが見つからないだろうという主張に証拠を見つけ出すのは難しい。見つけ出そうとしなければ別だが。仮に見つからないはずの証拠が見つかったならば、むろん、非存在が導き出された理論は論破されたことになり、一見検証可能性という基本的な要請を満たしているように思われる。だがチョムスキーが他の所で強調しているように、理論を論破するのは生のデータではなくデータの分析によってのみである。[115]

　ありえないことだが、大人であれ子どもであれ、ある人が (23) で「ありえない」類推［(22) との類推で he が who と同一指示関係という解釈］をしたと仮定しよう。それを受け入れるには、この類推が本当にその人の言語能力の一部であって、単なる言語運用の問題ではないということをあきらかにすることが必要になろう。だが、それは容易なことではない。人は、ある文が適格であるか不適格であるかの判断を下す際に、往々にして、内容が理解しやすいかし難いかに基づいて同意してしまうからである。しかしながら繰り返し強調してきたように、理解の難易だけでは話が片付かない。

　特定のタイプの間違いが生起しえないという主張を利用した面白い例として、アド・ニールマン（Ad Neeleman）とフレッド・ウィアマン（Fred Weerman）の研究がある。英語とオランダ語は基本語順が異なり、英語は動詞－目的語、オランダ語は目的語－動詞の順であるが、どちらの言語でもこの基本語順が獲得しやすく、実際早い時期に獲得さ

れる。もしこの獲得が、単なる構文の学習の結果ではなく、特定のパラメタの設定によるものであるならば、パラメタ理論は、オランダ語の子どもは副詞が目的語と動詞のあいだに介在している発話を発するが、英語の子どもは決してそのような発話を作らない、と予測するだろう。というのは、動詞句内の副詞の移動はオランダ語のような目的語－動詞の基本語順の言語でのみ起こるからである。この予測はそのとおりになっているようである。オランダ語の子どもは実際（24）のような文を作る。

(24) ik wil de youghurt even   pakken
　　 I want the yoghurt quickly get
　　 "I want to get the yoghurt quickly"
　　 （ヨーグルトをすぐに欲しい）

ここでは、副詞 even が目的語 de yoghurt と動詞 pakken のあいだに介在している。一方、英語の子どもは（25）のような目的語の後ろに副詞が生じている文を作り出す。

(25) didn't have a nap today
　　 （今日は昼寝しなかった）

ここでは、副詞 today が目的語 a nap の後ろに続いているが、（26）のような創作した例を発することはない。

(26) didn't have today a nap

ここでは、副詞 today が動詞 have と目的語 a nap のあいだに介在している。つまり、（26）のような存在しない文は、（理論的に）「起こりえない間違い」の例である。子どもはこのような例を決して発しないなどと言うことは、もちろん証明できることではないが、データを調べて検証することはできる。本書の著者たちは、そうした予測をチェックするのに、子どもの発話のデータのもっとも巨大な国際的コーパスをくまなく調べたが、幸いにも反例が1つも見つからなかった。

　第2の、目下の議論で同じように重要な要因である、新たな理論の入手可能性に関しては、免疫組織による抗体の発達との類比を用いることにより具体的に示すことができる。免疫組織による抗体の発達は、生命体が何か有害な影響にさらされることによって誘発されるような、ある種の「指令的な」学習過程であると長いあいだ考えられてきた。たとえば、身体がジフテリアや破傷風の原因となるバクテリア（抗原）に侵入されると、それが引き金になって、免疫組織がそれらと戦うために、急に活動し始め、抗体

第3章　ことばと心理学　195

を作るように促される。この常識的な考え方は、経済性と新奇性を考慮することによって支持されていた。病気と闘うのに使える膨大な数の抗体が事前に決められているなどということは先験的にはありえないことである。後になって、抗体が発達するのは、進化の記録に全くなかった人工物質に対して反応するためであることがあきらかになってきた。しかしながらここ半世紀のあいだに、こうした見解は放棄され、代わりに、抗体の形成は「指令的」ではなく「選択的」な過程であるという新たな考え方が今日では広く受け入れられてきている。「生得的な総量（レパートリー）がきわめて莫大であることが分かってきて」おり、侵入者と戦うのに用いられる「親和力の強い抗体が前もって存在している」[120]のである。言語獲得との並行性は驚くほどよく似ている。外的体系の内在化（それがたとえ教えることによらないとしても）という意味での「言語学習」が子どもの母語発達についてのあきらかに正しい概念化の方法であるとする立場（「指示的」な立場）から見ると、現在我々がとっている立場は、望ましい概念化は原理とパラメタ理論のスイッチ設定の比喩で譬えられるような選択過程である、とする立場（「選択的」な立場）の方である。

　もしこの立場が、第2章で論じたような際立った問題があるものの、正しいとすると、さらに踏み込んで、前章で論じたように、パラメタによる選択は機能範疇だけに限定されるという趣旨の議論が正しいとするならば、言語獲得は、単なる外的刺激への反応ではなく、大部分は内因的に駆動されるという予測が得られることになる。他の生物学的な組織の発達は成熟上のコントロールに従い、「臨界期」と呼ばれる一定期間の時機に起こる。言語獲得が臨界期、より正確には、（ことばの下位部門ごとの）いくつもの臨界期、の期間だけで起こることを示す証拠や、言語の実際の発達は成熟の観点からもっとも適切に捉えられることを示す証拠が、続々と増えてきていることは実に興味深い。[121]

5.4　臨界期仮説

　臨界期仮説によれば、遺伝的に決められている言語獲得のための「一定期間の時機」というものがある。もし子どもが母語をその期間のうちに獲得しないと、その言語を完全に母語話者並みにものにすることができなくなる。この考えは、エリック・レネバーグ（Eric Lenneberg, 1921-1975）によって初めて整然と一貫した形で示され、彼は、鳥（とりわけ、ガチョウのひな）の刷り込みとの明確な類比を指摘している。[122]赤ん坊のガチョウは孵化するとすぐに、初めて見る動くものに愛着を抱き、それが母親ガチョウであるという（通常間違いのない）前提のもとで、その後を追いかけ回す。こうしたことがうまくいくためには、刷り込みが孵化後数分間のうちに行われなくてはならない。母語獲得は、猶予される時間がもう少し長いが、原理的に同じで、遅くとも思春期の前までに行われなくてはならない。

この仮説を裏付ける証拠は、多数のさまざまな方面から示されている。もっとも分かりやすい証拠は、第一言語（母語）と9歳か10歳以降に獲得された第二言語との最終的な達成状態における相違である[123]。驚くべきことであるが、どのような子どもでも、わずか生後数年のあいだに、周囲の言語を完璧に獲得することができる。それとは対照的に、成人してから別の環境に移された人たちが、母語話者と同じような流暢さおよび言語直観を身につけて第二言語を獲得するなどということは、よく知られているように、おそろしく困難である。これは、動機づけや、その母語話者にさらされる程度などとは関係なく、ほぼ間違いないようである。確かに母語話者のような能力を身につけることができる才能のある人もいなくもないが、それはきわめて稀である。それに対して、言語病理の場合を除けば、誰もがその第一言語を完璧に身につけることができ、第二、第三言語でも、それらにさらされる時期が十分早ければ、完璧に獲得することができる。もし、誕生直後からその後最初の10年までに及ぶ、獲得のための時機というものが実際にあると考えれば、こうした実態がすっきりと説明される。

　もう少し別の種類の証拠は、ある種の病理的な事例から得られる。一般に受け入れられているように、言語機能は脳の一方の半球に側化されており、通常の右利きの人の場合言語機能のほとんどが左半球に存在している[124]。失語症（脳の損傷によって生じることばの喪失）は、したがって、典型的に左半球の損傷と関係しており、右半球の同様な障害では患者は言語的に何の影響も受けない[125]。癲癇(てんかん)発作が手に負えないような場合、唯一の治療法は大脳半球切除術（正確に言えば、半球皮質切除術）と呼ばれる大脳の一部を外科的に除去する方法である。こうした手術からの、とりわけ言語能力の回復または発達は、年齢と相関している。もし手術が幼児期に行われれば、回復は多くの場合良好である。それよりも遅くに手術が行われると結果はあまり思わしくなく、思春期までになると言語能力の回復はきわめて稀になる[126]。人によって個人差が見られるので、臨界期は厳密に画定できないとか、いくつかの臨界期があるとかいったことを暗示している。だが相関性は重要であり、臨界期仮説がその事実に1つの説明を提供する。

　臨界期が働いていることを示すさらなる証拠が、程度が異なるダウン症候群の子どもたちの違った領域の言語発達の様子から得られる。ダウン症候群の子どもは多くの場合言語の獲得においても運用においても速度が大変ゆっくりであるが、獲得の程度が通常の範囲内に収まっていることを示すいくつかの事例がある[127]。一方重度の場合には、母語の統語（文法）の正常な獲得がなされないことがある。語彙の発達は生涯続くにしても、統語の発達はおおよそ思春期の年齢で断ち切られてしまう。ここでも言語発達は語彙的発達と統語的発達という2つのグループに分かれているようである。語彙的発達は成熟的要因によって比較的制約されることがない（とは言っても、一定の期間中1時間におよそ1語というペースの目覚ましい語彙発達は、思春期を過ぎると続かなくなる[128]）が、パラメタによって決定されると考えられている統語的発達の方は、臨界期の終盤と共に止まっ

てしまうのである。もし思春期の時期が臨界期の完全な終了時であるとするならば、こうした観察が容易に説明される。

　さらなる示唆的な証拠が、異なった年齢の聾者（強度な聴覚障害者）による手話言語の違った獲得の様子から得ることができる。ここでの議論はいくぶん複雑になる。レイチェル・メイベリ（Rachel Mayberry）の洗練された論文によると、「幼年期後にアメリカ手話言語を第二言語として獲得した被験者は、ちょうど同じ時期にそれを第一言語として獲得した被験者を凌いでいる[129]」。第二言語の方が優れているということは、一見すると、第一言語獲得が特別な資格を持っているという主張に対する反例であるかのように思われる。だが、メイベリの被験者は次のような点で特殊なのである。通常、10人の聾の子どものうちおおよそ9人が健聴な親のもとで生まれ、残りの約1人が聾の親のもとに生まれる。この後者のグループは、生まれたときから通常の手話言語 ── 手話言語は、異なった手段（身振り）で伝えられるだけであり、他の音声言語と同じように言語である ── の入力にさらされているという点で、言語的に特別な資格が与えられている。それに対して健聴の親のもとに生まれた被験者は使える言語入力（手話）に全く接していないという危険にさらされている。メイベリが次のようなことに気づいたのは、2つのグループを比較する上で大変重要である。すなわち、1つのグループは、すでに音声言語を獲得しており、その後聾になり、大人になってからアメリカ手話言語を第二言語として獲得しなければならなかった。それに対して、もう一方のグループは、生来的に聾であり、手話入力に接することなく、基本的に言語なしの状態で成長したのである。こうした人々にとってはアメリカ手話言語が第一言語ではあるが、臨界期を過ぎてから獲得されたのである。こうした状況の下では、何らかの（音声言語の）言語基盤が前もって存在していることが、たとえ直接的に使用されることがなくなっているとしても、臨界期後になされた第一言語獲得よりも、言語機能のより高度な発達を誘発する上できらかに有力なのである。つまり、第一言語獲得が完璧になるには、「時機」の期間の中で行われなくてはならない。

　最後の種類の証拠は、幼児期に放棄されたか孤立させられ、正常な言語入力が奪われた条件下で育てられた、オオカミ少年として知られている子どもたちの悲しい事例からのものである。こうした子どものもっともよく知られ、もっともおぞましい事例が、すでに触れたジーニー（Genie）である。[130] ジーニーの母親は弱視であり、父親は精神障害者であった。およそ2歳の頃から13歳に至るまで、ジーニーは室内に閉じ込められ、日中はおまる（便器）に縛り付けられ夜間は檻に入れられ、半ば餓死状態で、音を出したと言っては父親や兄にしばしば殴られたり、怒られたり、どなられたりしていた。そして、基本的に全く話しかけられることがなかった。偶然発見されたときには、「ガラガラ」、「うさちゃん」、「赤」など数語を知っていたということが分かったが、全く統語（文法）を身につけていないようであった。身振りで反応することがあり、認知的に

は、言語運用の点から想像されるほどには劣ってはいないようだった。彼女は保護されて、集中的に言語（およびその他の）入力にさらされ、その結果臨界期仮説の予測を検証することができるまでになった。勇気づけられるような初歩的な進歩を遂げたのちに、ジーニーはさらなる虐待とも思われるほどの間違った管理の犠牲者になったが、彼女は我々にいくつかの証拠を提供してくれている。救済された直後の数年間に、彼女の発達は目覚ましく、とりわけ語彙は量的に劇的に成長し、形や色の微妙な識別もできるようになった。しかしながら、新しい発話を作り出す力を発揮しているとみられる事実があったにもかかわらず、彼女の統語は全く発達しなかった。彼女のさらされている刺激は正常な言語成熟を誘発するには遅すぎた —— 臨界期を逸してしまっている —— ことを示しているようである。この事例が完全に明快であるわけではないのは、彼女が被った心の傷、あるいは初めて閉じ込められたときの精神状態が、ことばを発達させることができないほどのものであったのかどうか知る由がないからである。しかしながら、他の認知領域に大きな損傷がある場合でも言語が正常に発達するような事例が多く知られていることからすると、彼女が通常の言語を身につけることができなかったのは、実際、臨界期に普通の生活を剝奪されていたためである、と考えるのがもっとも理にかなっているだろう。印象的なのは、彼女に欠けていたのは、まさしく、仮説からして、パラミタ設定に伴う遺伝的プログラムの成熟的な開花の帰結として生じるような、ことばの属性である。語彙の獲得は、我々が一生を通じて語彙増加をしていくという事実からも窺えるように、それほど厳しく制限されていないが、母語の中核的な統語的特性 —— パラミタ的変異を除いては遺伝的に指定されている中核部 —— の獲得は、臨界期に限定されている。もし臨界期にこうした中核的な特性を少なくとも1つの言語に関してだけでも獲得していないと、後になっていかなる言語についても獲得できないようである。[131]

　いったいなぜ臨界期があるのだろうか。刷り込みの場合は、その有用性があきらかである。ガチョウのひなは、生存するために、なるべく早くに母親を特定する必要がある。重要なのは、一旦母親が特定されると、それ以降動くものを刷り込まないという点である。つまり、刷り込みの装置は、一旦仕事を終えると、スイッチが切られてしまうに違いない。ことばの場合、継続的な変更が加えられることなく、完全に完成した状態でシステムを使うことができるように、できるだけ早くパラミタを固定しなければならない。二言語使用とか多言語使用の（統計的に通常の）場合には[訳注21]、おそらくパラミタがそれぞれの言語についてなるべく早くに固定されなければならない、といった込み入った事態が起きているに違いない。一般的に、モジュールの中に前もって入っているものをわざわざ環境から内在化するなどという必要はない。誘発する経験が与えられさえすれば、実質的に一瞬にして利用可能になるのである。「一瞬にして」というのは相対的な言い方で、大きな生得的に定まっている部門（生得的な原理体系）を持っているにして

第3章　ことばと心理学

も、ことばの場合には、同種のガチョウを見つける場合以上に、内在化すべきものがたくさんあるので、統語を確立するだけでも1年や2年の時間を要する。

この説明は、なぜ言語がそもそもお互いに相違しているのか（異なったパラミタの値設定をするのか）という厄介な問題を未解決のままにしてある。ミニマリスト・プログラムが示唆しているところによれば、音と意味とを結びつける「方程式」が幾通りかの同程度に優れた解を認めるからである。「心・脳の概括的な設計によって課せられている条件」というものがあるが、これらの条件は幾通りものさまざまな方法で満たされることができる。[132]それらの中からの選択は、恣意的になされるか、さもなければ、ことばの外側からの圧力への対応としてなされるかのいずれかである。外側からの圧力として、言語処理を容易にする必要性や、それ以外の語用論的働き（たとえば、文の中のどの構成素が相対的に優勢であるかをあきらかにする）を考慮する必要性などから生じてくる圧力といったものが挙げられる。こうした問題に対するより焦点の絞られた答えは、今後の研究に委ねられる。[133]

5.5 成 熟

遺伝的仮説からすると、ことばの発達について、次のような推論が導き出される。すなわち、子どもがさらされる言語の違いに関わりなく、臨界期内で獲得されるという点ばかりではなく、ことばの発達はすべての子どものあいだで同じように進むはずである。たとえば、異なる言語間に同一のパターンが現れるはずである。説得的な例が、子どもはある種の統語構文を驚くほど遅くに獲得するというキャロル・チョムスキー（Carol Chomsky）の古典的な観察についてのアドリアナ・ベレッティ（Adriana Belletti, 1954- ）[134]とルイージ・リッツィによる最近の説明から、得ることができる。キャロル・チョムスキーが関心を向けたのは、John promised Mary to go（ジョンはメアリーに行くと約束した）のような「主語制御」[訳注22]の文である。Mary の方が John よりも不定詞に近いにもかかわらず、不定詞 to go の意味上の主語が、間接目的語の Mary ではなく主語の John となっている。彼女はローゼンバウム（Peter Rosenbaum）の「最短距離の原理」[135]に基づいて説明しており、この原理からするとこのような文は排除されるのだが、原理の例外は獲得が遅れるというのが彼女の主張である。ベレッティとリッツィは、この説明を介在効果、より重要なことだが「相対化最小性の原理（relativized minimality）」として一般化しており、ローゼンバウムの原理はその特殊な一例として包摂される。[136]彼らの解決法を要約すれば、こうした主語制御の例は、[相対化最小性の原理からすると]目的語制御の例よりも大きな複雑性を含んでおり、それゆえ獲得が遅れると予想されるが、実際にその予測通りになっている。彼らは、この主張を裏付けるのにヘブライ語、イタリア語、英語の実験を報告している。

異言語間の共通性を示すもう1つの例として、いわゆる機能範疇の成熟を挙げることができる。子どもは、機能範疇が欠けている言語獲得期を経て、その後特定の段階（おおよそ2歳くらい）に、機能範疇が成熟、つまり「出現して」くる。[137]

　この仮説は、非常に初期の子どもたちの言語に見られるさまざまな現象、とりわけ、2歳周辺の発話の統語（文法）における注目すべき類似性を説明可能にする。大人の言語に多種多様な構文が存在するのは、発達の特定の段階で成熟してくるとされている範疇や原理があるためであると考えられている。したがって、こうした範疇や原理が子どもの文法に出現するまでは、それらが関与する構文が見られないはずである。第2章で論じたように、ほとんどの、いやおそらくすべてのパラメタ的相違は、機能範疇の作用のためである。機能範疇がまだ成熟していないために不在であるならば、異なる言語の初期段階 ── たとえばギリシャ語、英語、フランス語、アイルランド語、台湾語の幼児語段階 ── では、パラメタ的相違が見られないはずである。

　この主張を、1つの特定のパラメタ的相違を参照して調べてみよう。世界中の言語は、しばしば言われているように、主語の代名詞が自由に省略されるギリシャ語やスペイン語のような空主語（null-subject）言語と、主語の代名詞が義務的である英語やフランス語のような非・空主語（non-null-subject）言語の、2つのタイプに分類される。このパラメタ的対比が、(27) に見るようなスペイン語（左側）と英語（右側）の対比を生み出す。[138]

(27) baila bien　　　　　He or she dances well
　　　　　　　　　　　（彼（女）は上手に踊る）

baila は「踊る」、bien は「上手に」を意味する。スペイン語では、he or she dances well の代わりに単に dances well に相当する表現が容認されるばかりか、実際に普通であるが、英語では、代名詞の he または she の一方を保持しておかなければならない。ところが、小さな子どもたちはどの言語でも空主語にしているようである。ギリシャ語、英語、フランス語、イタリア語からの例である (28)-(31) に見られるように、主語の脱落という類似性を生み出している。[139]

(28) 〈ギリシャ語〉
　　a. kani padhl　　　　She's making a puzzle
　　　（逐語英訳："makes puzzle"、kani は3人称単数）
　　b. thelis tili　　　　　I want cheese
　　　（逐語英訳："want cheese"、thelis は2人称単数）

(29) 〈英語〉
    a. want Daddy   I want Daddy
    b. eating cereal   I'm eating cereal

(30) 〈フランス語〉
    a. veut lait   He wants some milk
    （逐語英訳："wants milk"、veut は 3 人称単数）
    b. est pas gros   It's not big
    （逐語英訳："is not big"、est は 3 人称単数）

(31) 〈イタリア語〉
    a. tanti ocattoli porta   She's bringing lots of toys
    （逐語英訳："many toys brings"、porta は 3 人称単数）
    b. pendo chetta   I'm taking this
    （逐語英訳："take this"、pendo は一人称単数）

こうした類似性は大いに注目に値するが、もしかしたら素朴な方法で説明できるかもしれない。特に文が発せられる文脈からして主語が何であるかがあきらかであるような場合には、主語を明示しないままにしておくことによって省力化が得られる、という点に訴える素朴な方法が考えられる。ギリシャ語の例からすると、主語が誰であるかを伝えているのは文脈であって、一致によるのではないことが分かる。子どもはよく一致（主語の性・数・人称に基づく動詞の変化）を間違えることがあり、(28b) では、子どもは自分自身のことを指示するつもりで 2 人称の動詞 thelis を用いており［意図している主語と］動詞とのあいだに不一致が生じている。

だが、この文脈に訴える素朴な方法は、アイルランド語の獲得を説明できない。動詞句の構造は、普遍文法が定めるように、主語 S と目的語 O はそれぞれ動詞 V の右側または左側のいずれか一方に現れる。O に関して言えば、V の右側に現れて V－O になるか、左側に現れて O－V になるかである。それに S が加われば、SVO、SOV、VOS、OVS の 4 通りの可能な語順が生じるが、これらの語順ではいずれも、V と O が互いに隣り合っている。もし機能範疇が存在しなければ、論理的に可能なはずのあと 2 つの語順、すなわち S が V と O のあいだに入り込んでいる VSO と OSV の語順を作り出す可能性はない。というのは、これらの語順は V を樹形図の上方位置へ移動する（「繰り上げる」）ことによって作り出されるが、繰り上げは機能範疇が存在しなければ操作することがないからである。機能範疇だけが、移動する要素が引き寄せられていく「着陸場所」を提供できるのである。したがってこの分析によると、VSO の語順は、そのよう

な語順を周囲の大人たちが通常の語順として持っているような言語においてさえも、子どもの初期段階では普遍的に不可能である、と予測される。アイルランド語は、通常VSOの語順を持っており、こうした言語の1つである。アイルランド語を母語として獲得している子どもからの例である（32）に見られるように、その子どもは（周囲で聞かれる）入力をSVOの語順に転換しており、まだ未成熟な（機能範疇を持たない）体系の制約に合致している。イアンティ・ツィンプリ（Ianthi Tsimpli）が言うように、「入力は、どれほど重要であれ、初期の文法の性質によって制御されている制約を無視することはできない」[141]。

(32) a. Aoife ithe bruitin　　　　Aoife is eating potatoes
　　　（逐語英訳："Aoife eating potatoes"）
　　　（イーファがじゃが芋を食べている）
　　b. Dadai amuigh baint pratai　Daddy's gone out to get potatoes
　　　（逐語英訳："Daddy out getting potatoes"）
　　　（お父さんがじゃが芋を買いに出かけた）

　これは注目すべき例である。子どもが耳にする入力には典型的なVSOタイプの例文が含まれているにもかかわらず、子ども自身が作り出す文は、機能範疇の不在によって制限されているために、異なるタイプのSOVとなっている。
　これらの文およびその意味の解釈には、もちろん、問題がないわけではない。もっとも深刻な問題は、アイルランド語はVSO言語ではあるが、特徴的に助動詞Auxを文頭で使い、「Aux S V O」（Vが主動詞）という（単純化した）語順を作り出す。こうした語順の文は大人の言語の典型的な文である。したがって、子どもがSVOを作り出すのは、こうした語順を耳にしており、（直接関係のない）何らかの理由によって助動詞Auxを省いている、と考えることもできる[142]。
　予測可能性が重要であるという点に鑑みれば、将来的に他のVSO言語、望むべくはアイルランド語のように自由に文頭の助動詞を使用しない言語、について検証してみることが喫緊の課題である。こうした調査の結果がどうであれ、機能範疇が年齢とともに成熟することを裏付けるとされる証拠や、それゆえ、発達中の文法が（部分的に）遺伝的に決定されていることを裏付けるとされる証拠は、大いに注目に値する。

6　言語病理

言語機能の特質に関するもっとも明確な「直観に頼らない」証拠は、遺伝子上の欠損

が原因で適切に発達しないためか、病気や外傷のために、ことばの発達が妨げられているような事例から得ることができる[143]。こうした病理的な事例は、発生してくる特殊な「機能分離（dissociation）」という症状からして、I言語が他の能力とは別の心的システムであるという見解に対して強力な支持を与えることになる。さらに、もしI言語がさまざまな内的部門（音、統語、意味などに関する部門）から成り立っているとするならば、機能分離はそれらの部門間でも起こりうるはずである。ここでは次の3つの具体例を見る。脳の（脳梁などの）部位を持たない子ども、すでに触れた多言語使用の天才（savant）、特異言語障害（Specific Language Impairment）を持った被験者。

6.1 脳梁発達不全

　臨界期仮説を見た際に、大脳半球切除術からの回復の例を引用した。この手術は、手に負えない癲癇（てんかん）の症状を楽にするために施される劇的な措置である。それに代わる、同じように劇的な処方として、癲癇の重い症状を制御したり、悪性腫瘍の拡散を防いだりするために行われる交連部切開術と呼ばれるものがある。2つの半球を接続し、両半球間の交信を可能にする脳部位である脳梁を切断するのである[144]。すでに見ているように、ある程度のバラつきがあるものの、言語機能は通常圧倒的に左皮質半球に位置しており、その他のさまざまな機能は右半球にある。異なる機能の統合は一部脳梁の責任で行われる。「分離脳」と呼ばれる外科処方は、さまざまな異常な機能分離を引き起こす。たとえば、もし被験者が左手で鉛筆を触る（それゆえ、その触覚が主に右半球に達する）とすると、鉛筆を正しく認識している証拠を示すのだが、その事実を言葉で報告することができない。言語行動が、（脳梁切断のために）接近できない左半球の管轄にあるからである。

　ときとして、この種の「分離脳」が、出産事故の場合のように、誕生時から発生することがある。ヘイク・タッペ（Heike Tappe）は、脳梁を持たずに生まれた子どもの事例を報告している。その子どもの統語的発達が、同年齢の正常な子どもたちと量的に同程度であることからして、（左半球に集中している）統語能力は半球間の交信を必要としていないことを示唆している。それとは対照的に、意味的、百科事典的知識、とりわけ、語による命名機能の獲得および処理は、半球間の交信を必要としているようであり、それが原因して、これらの機能の発達が不全となる[145]。すでに論じたように、チョムスキー理論が主張するところによれば、言語機能の中のレキシコンと「演算システム」とのあいだに基本的な区別がある。タッペが記述している事例[146]は、その区別が、人間の脳設計上の相違によって裏付けられていることを示している。というのも、異なった言語部門の獲得が分離しているばかりではなく、そのような機能分離がどのようにして生じるかを知る上での端緒となるような神経解剖的証拠となっているからである。神経学的範疇と言語学的範疇が一対一で対応するなどということは望むべくもないが、言語学的な区

別がここで見たような何らかの定義可能な神経学的反応を示すであろうことは、大いに期待される。

6.2 多言語使用の天才

前章で導入し前節でも論じた、レキシコンと演算システムの相違は、示唆されてきたよりも実際にはもっと複雑である。多言語使用の天才（polyglot savant）・クリストファーについての研究の中で、イアンティ・ツィンプリとニール・スミスは、レキシコンの構造と区割りに関してもっと細かい区別を設ける必要があると提案している。[147] とりわけ、レキシコンでは、語彙項目の「概念的」特性が、純粋な「言語的」特性から分離されるように区別されるべきであると論じている。語彙項目は標準的には、統語素性、音韻素性、意味素性の3者から構成されており、同時に百科事典的情報とつながっているものと考えられている。たとえば tiger は、名詞であり、語頭が /t/ と発音され、トラを意味し、それに加えて、虎は典型的に縞模様であることを、我々は知っている。このような伝統的な立場をさらに精緻化する方法として、彼らは、補文標識、決定詞、時制などといったすべての機能範疇、そしてそれらのみの情報を含んでいる自律的な部門を措定している。

こうした示唆は、クリストファーの能力に見られる2種類の非対称性から一部動機づけられている。彼の第二言語およびそれに続く言語を獲得する能力は目覚ましいものではあるが、完全とは言えない。特に、彼の新しい語やそれらの形態的特性を学ぶ能力の卓越ぶりには感銘させられる。だが、おそらく臨界期を過ぎているためであろうが、一貫してこの知識を言語機能のその他の部分と統合することができず、そのために、この複雑な形態的特性の統語に及ぼす含意的な効果を獲得することができない。たとえば、彼は、いくつかの言語の動詞の形態的な語形変化を素早く容易に身につけ、この知識を、pro 脱落言語で省略されている主語の指示物を適切に同定するのに用いることができる。だが彼は、この形態的知識を、pro 脱落言語では通常主語が動詞の後ろに後置されて現れることができるという統語的事実を学ぶ上での手がかりとして用いることが、一貫してできない。[148] つまり、スペイン語のような空主語言語では、「彼または彼女が踊る」という意味を（主語が欠けている）baila と言えるばかりではなく、「ジョンが踊る」という意味を（主語が後置されている）baila Juan と言うこともできるのだが、クリストファーは常に、主語が後置されているこのような例文を非文法的として拒否する。

彼の英語の統語能力は他の英語母語話者のそれと同じようであるが、彼の第二言語の統語能力は不完全であり、その統語的パターンが彼の出発点となっている英語の基礎的統語的パターンから逸脱しているものが多かった。この場合［pro 脱落言語の空主語の例］、彼は主語を単に省略することによって対応することができるが、この構造の獲得を他の

統語的に関連した構造（たとえば、主語の後置）に一般化することができない。したがって、外国語の彼のレキシコンは部分的には損なわれていないどころか平均的以上であるが、部分的には（特に統語に関係した部分では）欠損している。こうした結論は、上で示唆したように、まず言語的知識は重要な点で非言語的知識とは別であり、さらに、それがいくつかの部門に分かれているとする枠組みであれば、少しも驚くべきものではない。

だが、この事実の分析が疑わしいことを示すような、他のいくつかの証拠がある。クリストファーは、第二言語の統語における困難を興味深い方法で回避する中で、イギリス手話言語（BSL）の語順獲得においてごくわずかではあるが問題を抱えているようなふしが見られる。BSL では、疑問詞が典型的には文末に生じるので、What is your name?（名前はなんと言うの？）の意味を表すときには YOU NAME WHAT のようになる。スミスらによると、この種の文およびその他のタイプの文において、彼は見事に英語では許されぬさまざまな語順を作り出している。クリストファーはあきらかに「BSL を、自然言語に特有なあらゆる特性を備えた自然言語として扱っている」が、そうであれば、新たに利用可能になった表現手段が、この分野（語順）においてより成功的な学習を可能にしたとしても不思議ではない。[149]

クリストファーの特異な能力と欠損は、通常一緒に作用する諸機能の能力間でも分裂や機能分離を示しており、チョムスキーが何年間にもわたり弁護してきた枠組みに対しさらなる証拠を提供している。新しい語彙項目およびそれらの屈折語尾の獲得はいかなる種類の臨界期の影響も受けないが、複雑なパラミタ的多様性やそれに依拠した統語パターンの獲得は、その時機の期間（臨界期）内においてのみ起こる。[150]彼の優れた能力にもかかわらず、第二言語を獲得する以前に、すでにこの時機を（ほとんど）逸してしまっていたのである。ただし手話の BSL に関する事実は、何らかの能力がその後も残存していることを示唆している。

もちろん多くの人が大人になっても、外国語をある程度の流暢さまで学習することができ、統語能力ではクリストファー以上に成功を収めることができるかもしれない。これは、統語のパラミタ設定には臨界期がないということを示しているのだろうか。あきらかに、そうではない。大人の第二言語獲得は、方法の点でも結果の点でも第一言語獲得とは著しく異なる。第二言語獲得は多くが暗記と類推によるものであり、その結果はすでに見てきたように、大人の学習者が母語話者並みの完璧な文法や完璧な直観を有するような状態になることはほとんどありえない。

6.3　特異言語障害

言語病理は、ことばが脳の中でどのように、どこに、表示されるのかについてもっともはっきりと示唆する領域ではあるが、言語機能の（理論的）構成物と神経解剖的な構

造とのあいだに単純な関係が成り立つ、などという誘惑にかからないように注意することが大切である。実際この領域では、何ひとつとして異論が唱えられないような主張など何もない。しかしながら、徐々にではあるが、ますます多くの症例研究が考究されるにつれて、いくつかの合意が形成されつつある。いくつかのきわめてはっきりした結果が、K家族と名付けられた特殊な1家族に関する詳細な研究、および彼らが患っていると思われる障害についてのより一般的な研究から得られてきている。[151]

　もしチョムスキーの主張 ── たとえば、ことばが遺伝的に決定されているとか、言語機能のかなりの程度が生得的である ── が正しいとすると、1つまたはいくつかの特定の遺伝子における異常と関係した言語障害が見出されるものと期待される。K家族は正しく「常染色体優性遺伝」、つまり、家族の中の患者の性別に関係なしに病状が世代から世代へと伝わっていく、こうした言語障害の事例である。こうした主張を裏付けるのに必要な証拠は、当然のことながら複雑なものになる。というのは、(より一般的な認知能力の欠損ではなく) 言語の欠損が存在すること、およびそれが遺伝子的に決定されていること、の両方を示す必要があるからである。幸いなことに、病因が遺伝的であることの疫学的証拠は、(33) の家系図から明白である。[152]

(33) K家族の特異言語障害罹患（りかん）

```
         ♀＝(♂)              第1世代
    ♀  (♂) ♀ ♂ ♀            第2世代
   (♀)(♂)(♀)(♂) ♂            第3世代
    ♂ (♀)(♀)(♀)
   (♀)    ♀  ♀ (♂)
    ♂     ♀  ♀ (♀)
           ♂  ♂
             (♂)
              ♀
             (♂)
              ♀
```

　♀と♂は女と男を表す標準的な記号、下線はその人物が言語障害の罹患者であることを、また括弧は非罹患者であることを、それぞれ示している。第1世代では、母親が罹患しており、彼女の夫は正常な言語を持っている。彼らは5人の子どもを第2世代として持っており、3人が女性で全員が罹患しており、2人が男性で1人が罹患し1人が罹患していない。第3世代には24人の子どもがいて、11名が罹患しており（うち5名が男性、6名が女性）、13名が罹患していない。「罹患」「非罹患」の判断が正確である（お

そらく問題ないだろうが）ものと仮定して、この数字からして、病因が遺伝子によるものであることを疑う者はいないであろう。より最近になって、その病変を引き起こしているのは FOX　P2（フォックスピーツー）という遺伝子であると特定化されている。そうだとすると、重要になる問いは、この家族を悩ませている問題は本当に言語の疾患であろうかということである。

　罹患者は語彙にはほとんどいや全く問題がなく、非言語的能力も正常であるのだが、複数、時制、（文法上の）性、相など抽象的な形態素性が関係している部分に問題を抱えている[153]。ここでは時制だけに焦点を絞ることにしよう。この領域では watch と watched を混乱し、彼らの自然発話の中には、She remembered when she hurts herself the other day（彼女は、先日いつ怪我をするかを覚えていた）のような文が含まれている。彼らは自己修正する場合、We did it // We do it last month のように（時制の点で）間違った修正をする。彼らの日記には、Monday 17th October: On Sunday I got up and I wash myself and I get dress and I eat my breakfast and I watched TV all day and I went to bed. On Sunday I got up and ...（10月17日月曜日。日曜日に私は起きた、そして顔を洗い服を着て朝食をとる。そして終日テレビを見て床に就いた。日曜日に私は起きた、そして…）のような（時制変化が一貫しない）文章が見られる。こうした間違いは枚挙にいとまがないが、注目すべきことには yesterday（昨日）、today（今日）、tomorrow（明日）のような時の副詞を用いることにも、理解することにも、何も問題がないので、「罹患者は時を表す概念には何も困難をきたしていないが…時制が動詞にマークされるという文法の要請には無頓着なのである」。そこでマーナ・ゴプニク（Myrna Gopnik）は次のような結論を下している。「文法規則による処理と語彙記憶とは、心理学的にも、言語学的にも、神経学的にも、2つの異なった過程であり、一方は他方に比べて損なわれやすい[154]」。もし正しければ、これは、生得性に関する一般的なレベルでも、言語の仕組みに関する主張の詳細部においても、チョムスキーの枠組みにさらなる証拠を提供することになる。

　この分析は、（当然のことながら）疑問の余地がないわけではない[155]。大部分の罹患者の言葉がきわめてはっきりと異常であるので、彼らの困難の原因を、文法的要因よりも、処理の障害あるいは一般的な認知の問題に帰そうとする試みがなされている。判定を下すのは簡単ではないが、こうした事実についての機能分離主義的な解釈を裏付ける証拠は説得的であり、また、別の特異言語障害（SLI）の事例もそうした解釈の正しさを一層確実なものにしている。ヘザー・ヴァン・デア・レリー（Heather van der Lely, 1955-2014）は、きわめて顕著な1人の個人に焦点を絞って、SLIの子どもが示す一連の障害の調査を実施している[156]。AZと名付けられた少年は平均以上に知的であるが、簡単な埋め込み、時制の標示、人称代名詞と再帰代名詞の区別など、言語機能の中核と通常考えられている側面を操作することが、一貫してできない。こうした特定の機能の能力における機能分離は、それらの能力（特定の文法機能）の自律性に対する直接的な証拠となり、それらが遺伝的に決定されていることに対する間接的な証拠になる。しかしながら

K家族に関しては、罹患者の困難は言語に限られたことではなく、言語的性質というよりも失行症的性質とみられるさまざまな他の問題を含んでいる、ということで今日では意見の一致が見られる。

7 行動主義者の反撃

7.1 コネクショニズム

これまでの議論はいずれも、心は、何らかの表示に演算を行う一種のメカニズムと見なすのが有効であるということを前提にしている。言語分析の規則や原理はいずれも暗黙の裡に、「語」、「文」、「構文」、あるいは最近の理論におけるより精密な代替物（語彙項目、主要部、句、など）について言及するのが意味あることとして、受け入れてきた。認知心理学に一般化すると、いずれも、認知は心的表示の操作を含んでいるという前提に基盤を置いている。

ここ35年間のあいだに、心の研究に、根源的に異なる接近法が台頭（再台頭）してきている。「コネクショニズム」、「ニューラルネットワーク」、「並列分散処理」などいろいろな名称で知られているが[157]、こうした接近法は記号による表示を一切認めていない。あらゆる複雑な思考や言語は、異なった活性化値をとる一式の処理単位間の相互作用から生じてくる、とされている。コネクショニズムの立場のネットワーク（回路網）は、ノード（接点）の集合から成り立っており、ノードは（システム内外の）さまざまな源から入力を収集し、それらの入力を他のノードに伝達していき、今度はそれらのノードを活性化する。ノード間の結合は一方向であることも両方向であることもあり、異なった重みがかけられ、それによって次のノードが抑制されたり活性化されたりする。「学習」は、獲得すべきパターンに夥しい回数さらしてネットワークを訓練することによって生じてくる。さらに、ネットワークは汎用的学習装置なので、いかなる領域固有的な構造も措定する必要がない。言語学者や心理学者が主張するモジュール、とりわけ遺伝的に決定されているようなものは、余分であり不要である。モジュールから成る心の複雑な構造は、もっぱら入力および領域一般的な学習装置に基づいて、発現してくる心の特性である。とりわけ特定の刺激が入力として現れる回数が重要である。換言すれば、入力となるトークン（具体例）の統計的頻度が、ネットワーク学習の成功にとって鍵となる。統計的頻度は、我々が語の頻出効果のようなものへ反応するという事実を説明可能にする1つの要因である。頻出効果のほんの一例を挙げると、人は一般的に、マングースの一種であるスリカータのような語に反応する方が、ゾウのようなありふれた語に反応するよりも多くの時間を要する。ゾウのような多頻出な語に短時間で反応するのは、ネッ

トワークが自動的にシミュレーションしている証である。

　ネットワークの構造は、あきらかに、脳の神経回路設計を思い起こさせる。この類似性をどのように理解するかについてはコネクショニズム主義者のあいだに2つの異なる主張があり、それらを混同しないようにする必要がある[158]。ニューラルネットワークについての1つの見解は、ネットワークは、脳がどのように表示を処理しどのように演算するかについての優れたモデルである、とするものである。この種のコネクショニズムは、ときとして「実装コネクショニズム」と呼ばれるが、演算と表示がどのように脳の中に具体化されているか、あるいは実装されているかについての1つの理論である。それゆえ、言語学や認知科学における標準的な演算・表示の理論と矛盾することがない。

　しかしながら、「コネクショニズム」というラベルが通常付けられる立場では、ニューラルネットワークによる説明は、演算・表示のモデルにとって代わると主張されている。重要な点は、ネットワークは、記号とか、言語に類似した構造的な表示を一切用いないという点である[159]。要するに、言語学者や心理学者、哲学者に寵愛されている記号の使用につきまとう複雑なことを、なしで済ませることができるのである。ネットワークは人間の認知に必要なパターン認識能力を再現するのにきわめて長けているので、結果的に、興味深い一般化を失う必要がないのである。次のような事実はいずれもあまり問題にならない。たとえば、多くの場合、こうしたネットワークがどのようにして結果を生み出すのか分かっていない。分かっていることと言えば、一般的に、ネットワークが統計的なパターンに敏感であるということぐらいである。また Boys like girls（少年たちは少女たちを好きだ）という文が適格であることを認識するには、25万回くらい繰り返し訓練しなければならない。こうしたことも心配には及ばない。

　もし記号やそれらに対する操作を用いることなしに、人間の心的能力の全領域にわたって実際に説明できるのであれば、その方が理論的に倹約的であり、望ましいのであるが、ある種の疑念が予想される。確かに、ニューラルネットワークが、言語機能のような心的な能力の実行装置として働くということは、ありえぬことではないかもしれない。つまり、我々が前提としてきた種類の記号理論を、脳内で実際に行われる心理学的および物理学的なプロセスと関係づけることが、確かに必要であろう。そして、こうした実装のある側面は、コネクショニズムが得意としているところである。しかしながら、そうだからと言って、コネクショニズムのニューラルネットワークが記号・操作の理論にとって代われるということと、最初から遺伝的に決められている領域固有の構造は不必要であるということの両方を主張する（コネクショニズムの立場）となると、それは全く別問題である。

　だが、こうしたコネクショニズムの主張は広く行き渡っているが、それはことばについてのかなり奇妙な考えに基づいているように思われる。行動主義者にとってと同様に多くのコネクショニズム主義者にとって、ことばは単なる技能（スキル）であって、

ジェフリー・エルマン（Jeffrey Elman, 1948- ）とそのコネクショニズムの同僚が重要な発言の中で強調しているように、十分頻繁に訓練されれば「任意のどんな技能でも自動的に目的を達成できる」[160]。この見解が単なる思い違いではないことは、彼らの議論の残りの部分で述べられる次の言明からもあきらかである。「文法は、構造化された意味を直線的配列の音に写像するという問題に対する、複雑な行動による解決策であり」、また「学習と成熟の境界はいかなる行動領域においても明確ではない。ことばもこの点に関して例外ではない」[161]。

　いくつか議論するべき点がある。文の適格性を判断する直観の背後にあることばの知識は、「技能」という語で通常意味されるものではない[162]。そして、それは単なる行動の問題ではない。というのは、たとえば殴られて意識を失ったときのように、その知識を外に表すことが（一時的であれ永続的であれ）できない場合（つまり、言語行動ができない場合）でも、ことばの知識を保持しているからである。また、ある種の現象は学習と成熟のあいだの境界線上にあるので両者のあいだに明確な一線を画すことは確かに難しいが、だからといって両者の区別がないというわけではない。視覚において、立体的視覚の発達と、異なった種類の蛾（が）の区別の学習との相違は、あきらかである。ことばにおいて、束縛原理を獲得することと、生化学の語彙を学ぶこととの相違は、同じように議論の余地がない。顔の認識や語順の獲得が境界線のどちらにくるか定かではない（これらが成熟によるのか学習によるのか定かではない）という事実は、単に今後研究されるべきことにほかならない。

　もしことばの知識および使用を、チェスやテニスなどの専門的な技術のような、その活動が「技能」と名付けられるに相応しい領域と比較するならば、あきらかに能力の種類が異なっている。あらゆる領域でパターン認識は重要であるが、それだけで言語学的あるいは心理学的問題のすべてを解決できるというわけではない。確かにコネクショニズムがもっとも得意とするのはパターン認識をモデル化することであるが、問題となるのは、コネクショニズムのネットワークだと、人間ならばできないようなものも含めて、必要以上に多くのことを認識するということである。そのような例として、エルマンは(34)の行列の例を挙げている。課題は、左側の数字の連続に基づいて、右側の欄に1または0のいずれが起こるかを予測することである[163]。

(34)　101101　1
　　　000000　1
　　　001100　1
　　　010110　0
　　　110011　0
　　　000111　0

そしてエルマンは、ネットワークが次の（35）をどのように処理するかを問うている。

(35) 011101 ?

彼は検証できるさまざまな可能な仮説を挙げている。たとえば、左右対称である［ときは、1］、左右3つの数字の和が同じ［ときは、1］、5番目の位置に1が生じている［ときは、0］。これらのいずれも、数字を数える計算法であり、文法は、すでに見たように、決して数字を数えることはしない。あらゆる言語操作は構造に依存している。同じデータに対して、コネクショニズムと記号的という2種類の競合する説明があることになる。したがって、端的に問えば、どちらが正しいのか、ということである。多言語使用天才・クリストファーの研究で、ニール・スミスと彼の同僚は、この問いに答えるべく実験を行っている。[164]

彼らは、クリストファーと多くのコントロール群に「エプン（Epun）」[訳注23]と呼ばれる人工的に作られた言語を教えた。エプンは、ほとんどの部分で通常の人間言語と同じなのだが、人間言語にありえないような構造に依存しない多くの規則を含んでいる。実験者が立てた仮説は、クリストファーの一般的に劣った認知能力からして、こうした構造に依存しないパターンを獲得することはできないのに対して、正常な（大学生の）コントロール群は一般知性を使い、知的な問題解決練習をするかのように、しかるべき規則を作り出しそれを使いこなすことができるであろう、というものだった。彼らが被験者に取り組ませたのは、強調を形成するための -nog を文中の3番目の単語の語末に付けるという、あきらかに数えることを必要とする、構造に依存しない規則を学習する作業であった。たとえば、エプンの語彙との違いを無視すれば、The man went yesterday（男は昨日出かけた）に対応する強調文は The man went-nog yesterday となる。予想通り、クリストファーはこの規則を使いこなすことが全くできなかった。彼は数えることは十分うまくでき、「3番目」という概念に対応することができたのだが、この過程があまりにも言語学的に異質なので彼はそれを獲得することができなかった。さらに興味深いことには、大学生たちも獲得できなかったのである。コントロール群の推定される高い知性にもかかわらず、実験の言語的体裁［順番を数える言語規則を作るという課題］が、構造に依存しない適切な一般化を作り出すことを妨げたようである。ことばとは関係のない文脈であれば、同じような問題を容易にやり遂げることができたのであろうが。

この結果が重要なのは、コネクショニズムのネットワークであれば、このような構造に依存しない規則性を学習することには何の困難もないからである。ところが、人間の言語獲得能力を再現することを目指す場合には、そのような規則性を学習することができないのである。もちろん、人間の被験者の行動を正しく再現して、構造に依存しない操作を学べないように、ネットワークを装備することはできなくはないが、そのように

手を加えることは、ネットワークが避けようと努め、ほとんどのコネクショニズムの人たちにひどく嫌われている「生得的な」領域固有の構造を組み入れるように要望することにほかならない。問題が深刻なのは、人間は、このようなパターンをパズルのような文脈ならば見つけ出すことができるのに、言語学習の文脈になるとあきらかにできないことである。こうした領域の区分は、正しく、どのような種類のモジュール性仮説でも目論まれていることである。モジュール性と構造依存性は言語獲得の結果として生じてくるのではなく、前提となっているのである。

注目しておくべきことは、コネクショニズムが（曲がりなりにも）成功を収めている言語領域は、音韻論と形態論に限られており、統語論、意味論、さらに言語機能全般についてはほとんど言うべきことがない。チョムスキーがかなり辛辣に述べているように、「ことばの場合、コネクショニズムのモデルを支持する証拠は、現時点では、ほとんどゼロであり」、心の他の（中枢的な）特性を特徴づける上でのこうしたモデルの有効性を示す証拠もほとんど皆無である。

7.2 構成主義と統計的学習

コネクショニズムは、言語獲得を、いかなる生得的な言語固有の心的構造にも依存することなしに、説明しようとする方法の1つである。もう1つの手法は、統計的な装置を用いて獲得をモデル化しようとする試みである。たとえば、隣り合う2語（「バイグラム」）、より長い連続（たとえば「トリグラム」）、あるいは一般的に「n-グラム」のような、文の集合の中で語が互いに隣り合って現れる頻度を測定する手法である。どちらの手法も、哲学的および心理学的な命題である経験主義を再興しようとする試みである。経験主義によれば、心または脳に生得的に存在するのは汎用的学習能力だけに限られており、それゆえ赤ん坊は「一種の普遍的な学習システム」と見なせる。言語獲得の現代の研究では、こうした見解は「構成主義（constructivism）」と呼ばれており、一方、何らかの普遍文法が存在すると仮定する立場は「生成主義者（generativist）」または「合理主義者（rationalist）」と呼ばれている。

経験主義者は、言語専用のシステムなど存在しないとする議論として、よく脳の可塑性を引き合いに出す。可塑性というのは、脳が損傷した場合に、通常ある領域でなされていた機能を行うのに別の領域が用いられるようになることである。したがって、この可塑性はモジュール・システム、とりわけ、言語システムの遺伝的確定論を反駁する議論として、また新生児の脳の「等潜在能力」を支持する議論として用いられる。言わんとすることは、ある領域の力を「配置転換」することによってその領域の損傷を償おうとする脳の力（可塑性）は、生得的なモジュールなど存在しないことを示している、という主張である。もし子どもが、（左半球が半球切除のような形で）損失を被ったならば、

言語機能は右半球で代行される[170]。したがって、モジュール性は前もって確定しているわけがなく、大部分が環境によって決定されるような、後天的に生じる特性である[171]。

しかしながら、可塑性が、生得論者のモジュール的見解に何らかの問題を引き起こすのかは、定かではない。1つのモジュールは広範に分散した神経組織によって支えられているという事実を別にすれば、そもそも可塑性という概念は、病理的状況でない限り、特定の領域には特定の機能が前もって定められている、ということを前提にしている[訳注25]。興味深いことに、神経学の文献では、ある特定の機能とある脳部位との相関性に関するますます詳細な分析が次々と発表されてきている。認知神経科学者のスタニスラス・ドゥアーヌ（Stanislas Dehaene, 1965- ）は、「脳の設計は、周辺的な可塑性はあるものの、強い遺伝的な制約によって制限されている」と観察している[172]。

母語獲得中の幼児が直面する多くの課題の1つとして、周囲で使われている言語の音素の一覧を獲得することが挙げられる。この課題は、子音と母音の区別が普遍的であるという事実によって、容易に成し遂げられることになる。これも、言語機能の生得的特性、すなわち学ぶ必要がないことの、1つの例となるであろう。しかし、その普遍性は言語機能の構造というよりも、人間の生理機能や人間の認知の一般的特性から生じてくるものであるかもしれないので、このように結論するのは尚早すぎるという議論もある。

そうした議論は、子音と母音の区別は、幼児がさらされる音の流れについての統計的推測によって獲得できるので、生得的な言語機能に備え付けられているなどと措定する必要はない、という考えに基づいている。これが正しいか否かは進行中の研究のテーマであり、その多くが、幼児の統計的能力のより詳細な研究およびそうした能力についての解釈に焦点が当てられている。

当初、1990年代にジェニー・サフラン（Jenny Saffran）と同僚たちが生後8ヵ月の子どもに行った実験（最小限構造化された音の連続からどのように正確な統計的規則性を見つけ出すことができるかを示した実験）の結果は、生得性に関するチョムスキー的立場を反駁するものとして褒めちぎられた[173]。いささか単純な読み方に基づいて、エリザベス・ベイツ（Elizabeth Bates, 1947-2003）とジェフリー・エルマンは次のように断じている。サフランらによれば「赤ん坊が学習できることを証明した」、そのことは「チョムスキーがことばは学習できないと40年間言い続けてきたような、広く受け入れられている定説に対し公然と挑んでいる」[174]。実際は、すでに見たように、チョムスキーの立場は、ことばが学べないというのではなく、きわめて明白なように、入力から推論できるものよりもはるかにたくさんの知識を獲得する、ということである。これがあきらかに正しいことは、いかなる文の集合とも —— 重要なことであるが、子どもが耳にした文の集合も含めて —— 矛盾しないような論理的に可能な文法が無限に存在する、ということからも分かるだろう。したがって、ことばの知識についての最適な説明は、理論以前に「母語を学ぶ」と呼んでいることの多くが先天的能力の成熟の過程によるものであり、

しかもその能力のあるものは言語に固有のものであり、ごく限られた範囲でのみ周囲の引き金の影響を受けているのである。

　ベイツやエルマンのような構成主義者と生成主義者とのあいだで真に問題となっているのは、生得的に備わっているとされるものの中に、何らかの言語的区別についての生来的な知識を含めて、ことばのための領域固有な能力が存在するのか、それとも、汎用的な学習能力だけが存在するのか、ということである。あきらかなことだが、幼児が音節間の推移の相対的頻度に敏感であることが示せたとしても、それは興味深いものの、目下の問題に決着をつけることにはならない。たとえこの統計的能力が言語専用ではなく領域一般的であるということが判明したとしても、である。我々の生得的な心的装置が、言語獲得と他の領域の両方に用いられる何らかの能力を含んでいることは、あきらかなことだ。しかし、それは、言語固有の範疇や原理が生得的であるかということとは別問題である。

　実際、母音と子音の区別は生得的であるという、興味深い最近の証拠がある。小さな子どもは、子音と母音を上手に区別できるばかりではなく、生後1年頃からそれらに別々の機能上の特殊化を割り当てている。ホハマン（Jean-Remy Hochmann）とメーラー（Jacques Mehler）は、多くの研究を要約して、「子音はレキシコンの獲得で有利に働き、母音は主に統語論の発達に役立っている」と報告している。彼らによると、幼児が母音と子音の頻度を意識することは語彙の頻度を意識していることを裏付けている。とすると、これは、高頻度の語彙は統語論の獲得の手がかりとなり、低頻度の語彙は意味論を獲得する手がかりとなっているという考え方を認めることになる。

　こうした結果が生成的枠組みに対して含意することは、「統計的学習」理論についての否定的な結論がひどく膨らまされすぎているということだ。ハウザー（Marc Hauser）とチョムスキーとフィッチ（Tcumseh Fitch）は、現在の経験主義的提案にも、この流れの将来的研究の展望にも、否定的評価をしている。

　　知られているいかなる「一般学習装置」も、肯定的あるいは否定的証拠だけに基づいて、自然言語を学習することはできないし、こうした領域独立的な装置が見つかるという展望などありそうにない。この問題（自然言語の学習）は大変難儀であるために、それに携わるシステムがどのようなものであれ、ある種の方法で前もって方向づけられていたり制限されていたりしているに違いない、という仮説へと導かれていくことになる。こうした制限は歴史的に「生得的傾向」と呼ばれ、言語の背後にある生得的傾向は「普遍文法」と名付けられてきた。

　構成主義者たちからすれば、これは間違っており、現代の統計的学習は、行動主義全盛期に比べてはるかに発展しており、言語に固有な生得的傾向など措定する必要がない

ほどに、十分に洗練されている[177]。

　簡単な例が、文法範疇の発達から見ることができる。名詞とか動詞という範疇がどの言語にも普遍的に存在していることは、それらの範疇が経験に先立って —— つまり生得的に —— 子どもたちに備わっていることを示唆しているが、構成主義の接近法によれば、「子どもが動詞とか名詞という文法範疇を持って生まれてくるのではなく、彼らが耳にする大人の発話から一般化することによって学習するに違いないと考えられる」[178]。

　これに対する反応として2点関係がありそうである。第1に、幼児の統計的能力が、言語獲得の研究者が30年前、40年前、50年前に考えていたのよりも、はるかに優れているのであるかもしれない。だが、構成主義者はこれまでのところ、子どもが、文法の構造依存規則や、母音や子音、名詞、動詞のような概念など、大人の知識の重要な側面を獲得できるということを示してきていない。また獲得がどのようになされるのかについて納得いくような説明を素描すらできていない。

　シュウ（Fei Xu）とクシュナー（Tamar Kushnir）の最近の研究は、子どもの直観的な統計的能力をあきらかにすることに力点をおいている。しかも、この種の研究がいくつかの領域におけるプラトンの問題を解決できるという、過剰に楽観主義的な見解を述べている良い例である。彼らは一連の見事な実験に基づいて、次のように論じている。子どもたちは、「先入観、知識、傾向などを周囲から提供される新しい証拠と統合する」という点で「合理的」であり、また「知覚的（そして、おそらく原概念的）原基（プリミティブ）から出発して、入力データが与えられると」、並列的に複数の仮説を形成し検証することによって「新しい概念や新しい帰納的傾向を獲得できる」という点で「構成主義者」でもある[179]。

　彼らが報告しているいくつかの実験では、生後11ヵ月、それゆえ前言語期の幼児（女子）のピンポン玉操作に対する反応が観察されている。実験者は、いくつかの白いボールと、圧倒的に多数の赤いボールが入った箱を持っており、被験者が目隠ししているかしていないかのような条件をいろいろと変えて、さまざまな操作を実施している。1つの実験では、女児が箱に手を入れて、5つのボールを取り出し、うち4つが赤で1つが白、すなわち「高い確率」の結果になるか、うち4つが白で1つが赤、すなわち「低い確率」の結果になる。女児は確率の高低を評価できるばかりではなく、実験者が何か特定の意図を持っているのかどうか、目隠しされているかどうか、ボールが動くかどうか、等々によって、一貫して異なった反応を示す。実験からあきらかになったメカニズムは「言語学習、物理的推理、心理的推理、特性の推論、因果学習などの領域に適用されるような、領域共通的なものであるようだ。」

　したがって、幼児は、大変洗練された統計的推論者である。だが、こうしたことが、概念や言語的概念をどのようにして獲得するかを説明できるのであろうか？　確実に、

否である。ベイズ推定[訳注27]は、（すでに用意されている）仮説への信頼の度合いをデータに基づいて理性的に調節していくという類いにすぎない。だから、データは、用意された仮説の集合の中からどの仮説が正しくなりそうだということを告げるだけにすぎず、求めている仮説自体を見つけ出してくれるわけではない。言語には、たとえば、厳密なVC（母音・子音）の構造があるという仮説を設定し検証するには、母音および子音という範疇が子どもの獲得装置にすでに存在していなくてはならない。

　同じような問題が、エイミー・パーフォーズ（Amy Perfors）とエリザベス・ウォナコット（Elizabeth Wonnacott）とその同僚たちによる、統語規則の獲得に関する構成論的研究についても当てはまる。[180]彼らによれば、領域一般的なベイズ推定は、幼児に向けて発せられた発話（child-directed speech）のコーパスからの生のデータが供給されるならば、周囲で話されている言語に階層的構造があるということを、子どもに推定させることができる。しかしながら、この作業は、子どもには3つの選択肢のみがあるということを前提にしている。その1つは、全く非現実的であるが、耳にする文型の単純なリストを丸ごと暗記しているというものであり、他の2つは、有限状態文法か、文脈自由文法であり、どちらでも階層的な構造を作る。こうしたことが前提となっているのであるから、彼らの研究からは、汎用的学習者が全くゼロの状態から、自然言語に階層構造があることを推定できるということが少しもあきらかにされていない。[181]

　フローレンシア・レアリ（Florencia Reali）とモーテン・クリスチャンセン（Morten Christiansen）による統語論についての構成論的研究は、数年前に多くの関心を惹いた。その理由は、統語論の知識を前もって組み入れられていない汎用的学習装置が、単純な英語の文で訓練されると、(36)のような関係節を含んだYes/no疑問文の標準的な語順を推定することができたからである。この種の文（第2章、73ページ）は、チョムスキーが早い時期に「構造依存」の重要性および刺激の貧困に関連した問題をあきらかにするのに用いたものである。[182]もしUG（普遍文法）を持たない装置が、(36)のような文を制御している規則を本当に獲得できたならば、注目すべき結果である。

(36) a. Is the man who is hungry ordering dinner?
　　　　（腹を減らした男が食事を注文しているところか？）
　　　b. *Is the man who hungry is ordering dinner?

　レアリとクリスチャンセンが作ったプログラムは、ある語が別の語に続く相対的確率のみを感じとることができる。(37)のような実際のコーパスによって訓練がなされたが、そこには、疑問文または関係節を持った文は含まれているものの、関係節を持った疑問文の例は含まれていない。

(37) a. Are you sleepy?
　　　（ねむいのか？）

　　b. That's the cow that jumped over the moon
　　　（あれが月を飛び越えた雌牛だ）

　その装置は、(36a) は文法的だが (36b) は非文法的であることを正確に推定できた。しかしながら、ジャネット・フォウダー（Janet Fodor, 1942- ）らと共同研究しているファン＝グア・カオ・カム（Xuân-Nga Cao Kam）があきらかにしているように、このモデルが成功したのは偶然にすぎない。このモデルが (36b) よりも (36a) を好んだのは、(36a) には who is というよく生じる語の連鎖が含まれているからである。これは、英文のどのような代表的なコーパスでも頻発する連続である。だがその理由は、who が (36a) のように関係詞であるか、疑問文 Who is coming to dinner? におけるように疑問詞であるのか曖昧であるという、（関係詞の who が is とよく隣接することとは）別な理由による。who is の連続が高頻度であるのは、主に、疑問詞 who を含む文に原因している。（関係詞とは関係ない）別の文の高確率のために (36b) よりも (36a) が好まれるという説明がたまたま英語でうまくいくのは、両語（関係詞と疑問詞）が同じように発音されるからであり、（ノルウェー語のように疑問詞は hvem、代名詞は som であるような）両語が同音異義語ではない多くの言語には用いることができない。
　こうした接近法のより深刻な問題点は、ロバート・バーウィック、チョムスキー、他の共著者が指摘しているように、この接近法では、すべての言語に階層構造や構造依存規則があるという事実を、全く説明していない点である。こうした接近法でとれる策は、パーフォーズとウォナコットのように、階層性や構造依存性を、学習者が最初から備え持っている前提事項の一部として組み入れるか、あるいは、構造を無視して語連鎖の生成だけに関心を向けて、階層性などの問題を単に看過するかのいずれかである。語連鎖だけに焦点を合わせるのであれば、生成文法の誕生時からの関心であった文構造の生成を意味する「強生成」ではなく、語連鎖の生成を意味する「弱生成」に関心を向けているにすぎない。以上のような理由からして、こうした接近法は、上で見たクリストファーと大学生の実験結果を説明できないばかりではなく、1950年代以来生成文法研究を動機づけてきた文の解釈に関する次のような事実も説明することができない。たとえば、なぜ (38a) の疑問文は、(38c) の陳述と対をなすような解釈だけになり、(38b) の陳述と対をなすような解釈にならないのだろうか？　つまり、なぜ (38a) は飛ぶワシは食べることができるかどうかについての質問であって、食べるワシは飛ぶことができるかどうかについての質問ではない、と解釈されるように制限されているのだろうか？　その説明は、(39) の文に関する事実にも一般化できるはずである。

(38) a. Can eagles that fly eat?
　　　（飛ぶワシは食べることができるのか？）
　　b. Eagles that can fly eat
　　　（飛ぶことができるワシは食べる）
　　c. Eagles that fly can eat
　　　（飛ぶワシは食べることができる）

(39) a. Was the hiker who lost kept walking in circle?
　　　（敗れたハイカーはグルグル歩き続けさせられたのか？）
　　b. The hiker who was lost kept walking in circle.
　　　（道に迷ったハイカーはグルグル歩き続けた）
　　c. The hiker who lost was kept walking in circle.
　　　（敗れたハイカーはグルグル歩き続けさせられた）

　標準的な生成文法研究者の説明によれば、統語規則は、移動または転位（すなわち、発音される位置とは別の文中位置での語の解釈）を制御する規則を含めて、いずれも構造依存であると考えられる。(38a) と (39a) では、前置された can / was は、埋め込まれた関係節内の動詞 fly / lost についてではなく、主節の動詞 eat / kept walking について質問していると解釈される。こうした事実に対しては、汎用的な統計的学習モデルからは、いかなる説明も出てきていない。

　それでは、構成主義や、コネクショニズム、その他の汎用的学習理論は、言語学者に提供できることがあるのだろうか？　確かに、1つ有用な役割を演じることができる。それは、どのようなことを示せば刺激の貧困についての健全な主張になるのかをあきらかにするのに役立つ、ということである。言語学者たちは、領域固有の規則、原理、構造が生得的であるという主張を擁護しようとして、こうした考えを気軽に、むしろ安直すぎるほどに、申し立てている。汎用的学習理論ができることは、こうした主張がどの程度正当化されるかをあきらかにすることである。第1章で、言語の普遍的特性を弁護するために刺激の貧困からの議論として、人間は (40) のような「寄生空所」構文を獲得できることに言及し、入力にはこうした文の事例があまりにも少ないので、寄生空所の複雑な特性を通常の帰納法で推定できるなどということは、ありえそうにないと論じた。

(40) Which book did you judge true before reading?
　　　（どの本を、読む以前に、正しいと判断したのか？）

　ニール・スミスは、本書の前の版 (2004) で、この議論が正しいことに大いに自信を

持っていると述べたものの、彼も他の人も、関係したデータを集めたこともなければ、ある程度さらされれば寄生空所についての人間の判断を再現できるような汎用的学習者（学習モデルやプログラム）を作り出そうと試みたこともない、とも述べた。ところが、最近になって、リサ・パール（Lisa Pearl）とジョン・スプラウズ（Jon Sprouse）は、全部で675,000語を含む9種類の幼児向け発話の資料を調べて、寄生空所が生じている文は1つもないことを突き止めた。そうであれば、統計的学習モデル（彼らによれば、島の制約のあるものも学習することができる）が寄生空所の統語論を獲得することができずに、間違って文法的な（40）を非文法的な（41）と同程度にダメであると判断したとしても、驚くべきことではない。[186]

(41) *Which book did you laugh before reading?
（どの本を、読む前に笑ったか？）

構成主義者や現代の経験主義者はこうした研究を有効的に用いることができるだろう。たとえば、幼児向け発話の実際の用例に基づいて、汎用的学習者は何を獲得でき、何を獲得できないかを示すことができるだろうし、同時にチョムスキーの理論体系の一部を切り崩すこともできるだろう。だが、たとえ汎用的な統計的学習者が、実際のデータから統計的帰納によっていくつかの文型を弱生成できるように学習できたとしても、依然として、（強生成できないのだから）表示主義のモジュール理論の代替になりうることを示したとは到底ならないことに留意すべきである。[187]バーウィックとチョムスキーが強調しているように、語の表面的な連鎖を再現できるというのでは十分ではない。成功を収めるような接近法であれば、文のありえない読みについて説明したり、言語規則の構造依存性について説明したりすることも必要である。

統計的学習から最近得られた知見のより優れた用い方は、それを、生得的かつ領域固有の部門を仮定するモデルに用いることである。本章の始めの方で見たように、UGは、生得的に固定されている原理と、獲得期間中にいずれかの値に設定される必要があるパラメタとの、両方から成り立っていると考えられる。チャールズ・ヤン（Charles Yang）によれば、子どもは統計的学習によってパラメタの値を設定していく。彼のモデルでは、候補になりうる文法があらかじめUGで決められている。そして、子どもが文を聞くと、これらの可能な文法に統計的に「加重値」が与えられる。入力文を生成することができた文法にはそれぞれ「報酬」が与えられ、できなかった文法はそれぞれ「罰せられる」。最終的に勝利を収めた文法が、大人のI言語である。

これが本当に子どものパラメタ設定の仕方であるかは、今のところ分かっていない。ジャネット・フォウダーと同僚たちは、パラメタ設定の決定論的（つまり、非統計的）モデルの方が心理学的に正しそうであるということを示そうとしてきた。この研究で中

核となっているのは、ある特定のパラミタの特定の値を持った文法によってのみ生成されるような文または文の特性が存在し、それがパラミタ設定の確定的な引き金となっている、という主張である[188]。子どもは、こうした文を1つでも耳にすれば、そのパラミタを確実に設定することができる。

統計的学習を組み入れた合理主義的研究のもう1つ別の例として、ガグリアルディ（Annie Gagliardi）とリヅ（Jeffrey Lidz）によるナフ・ダゲスタン語族・ツェズ語の名詞類の獲得に関する研究がある[189]。彼らによれば、子どもは一般的な洗練された統計的能力を持っているが、異なった言語領域の統計的特性に対して選択的に敏感に反応する。意味的データおよび音韻的データは、新しい語がどの名詞類に属するかの証拠となる。意味的証拠の方が一貫して音韻的証拠よりも当てにできるのだが、子どもは、おそらく音韻を好む生得的偏向からして、通常音韻的証拠の方により信頼を置いている。著者たちは、学習には統計的部門と合理主義的部門の両方が必要である、と結論づけている。

7.3　創発主義

21世紀の最初の15年間は、チョムスキーのUGに基盤を置いた枠組みに対立する「創発主義（emergentism）」の反撃によって特徴づけられてきた。創発主義は、特に言語獲得の構成主義的研究において影響力があるが、（今日では）1つの十分整理された理論というよりも広い理論的傾向のことを意味している[190]。言語を、心の外にある社会・文化的システムと見なし、言語の特性は人間の処理や学習の能力によって課せられる制約によるものであるとし、さらに、重要な点であるが、言語特有の領域固有な能力、つまりUG、によるものではない、と主張している。心は、（この運動の経験主義的立場の人々のように）ある特定の偏り（バイアス）を持った完全に汎用的学習装置であるか、あるいは、ある特定の領域 —— たとえば、社会的認知 —— 専用のシステムはあるものの、生得的に言語に特有なシステムなど一切持っていないようなシステムであるか、のいずれかと見なされる[191]。どちらであれ、心の情報処理能力および学習能力が、比喩的に言えば「有機体」と見なされる言語を進化させるための「環境」を創り出す。学習、処理、産出を容易にし、コミュニケーションやおそらく説得のようなその他の社会的機能を容易にするような、淘汰圧が言語に課せられる。したがって、言語とは、「複数の設計上の制約を満たす、安定した工学的な解（ソリューション）」であり、これらの淘汰圧が長い歳月にわたって互いに影響し合う中から結果として生まれて（創発して）くるものである[192]。言語の普遍性というものがあるとすれば、それは、成功を収めた「解」の繰り返し現れる特徴にほかならない。

創発主義は、先行するいくつかの理論的思潮の上に立っている。認知の一般的特徴によって言語に課せられた制約がUGに取って代わるという考えは、古典的経験主義の主

張を言い直したまでにすぎない。チョムスキー以前の言語学からは、言語は無限に相違し合うことができるという考えを採用しており、また機能主義からは、言語を研究するにはその用法を見なければならないという考えを採用している。この創発主義は、言語の研究が心に関して何を教えてくれるかということよりも、言語の詳細部を研究することに興味を抱いているような言語学者に訴えるところがある。こうした人々の中には、現代の理論言語学は、類型論的に多様である言語を無理やりプロクルステスの寝床に押し込めようと ── つまり、無理やり UG に合わせようと ── している、と感じている者もいる。[訳注29]

　残念ながら、多くの関心を惹きつけた創発主義の研究 ── ダニエル・エヴァレット（Daniel Everett, 1951- ）の研究、およびニコラス・エヴァンズとスティーブン・レヴィンソンの研究 ── は、あまり良い研究とは言えない。どちらの研究でも、初歩的な論理的誤りと、チョムスキーの UG についての主張のひどい誤解のために、説得力のない議論になってしまっている。加えて、言語データのいい加減さによって、議論の価値がさらに損なわれている。もちろん、ある考えについての議論の仕方がまずいからと言って、その考えが間違っているということにはならない。そこで、モーテン・クリスチャンセン（Morten Christiansen）とニック・チェイター（Nick Chater）によるもう少し注意深い研究についても見ておこう。

　かなり関心を呼んだ論文「普遍文法神話」の中で、エヴァンズとレヴィンソンは、「消え失せるように言語の普遍性はほとんどなくなってきている」と主張している。彼らはこの主張を、多くの異なる言語からの多様な現象を広く見渡すことによって裏付けている。意図されている教訓は、「言語は互いに、どの記述レベル（音、文法、語彙、意味）でも根本的に著しく相違しているので、それらの言語に共通する構造的特性を1つでも見つけ出すことはきわめて難しい」ということであろう。これまで提案されてきた言語の普遍性はいずれも反例に突き当たっている。それゆえ、「普遍文法の主張は、厳密な普遍性というよりも傾向を述べているにすぎず、経験的に間違っているか、反証不可能であるか、あるいは紛らわしいものか、のいずれかである」。[193]

　問題が2つある。第1の問題は、表面的な違いは、どんなに大きいとしても、UG の研究で意図されているような意味での言語の普遍性が存在するという主張を反証することにはならない、という点である。高々、すべての言語に共通するような表面的な特徴など存在しない、ということを示したにすぎないのだろう。たとえば、エヴァンズとレヴィンソンは、中国語、日本語、（アメリカ先住民の）ラコタ語では疑問詞が移動しない ── そのために、これらの言語の wh 疑問文では、疑問詞がその場にとどまり、Your cat ate what? のようなエコー疑問文のようになる ── ことに触れ、これは、wh 移動が普遍的であるという主張を反駁すると論じている。だが、これは混乱しているにすぎない。wh 移動は、すべての言語において、あるかもしれないし、ないかもしれない（お

222

そらく、疑問詞が全く存在しない言語もある)。だが、可視的な wh 移動がない言語においても、可視的な wh 移動がある英語のような言語と基本的に同じ解釈を許す(許さない)ということを示すような証拠がある。

　(42)の文を考えてみよう。(42b)は、問題の解き方を問うような読みとしては非文法的である。つまり、この文は、how が埋め込み文の動詞句 to solve と結びついていると解釈されるような読みを持つことはできない。これに対して、(42a) の通常の読みは、which problem が to solve と結びついていると解釈されるような読みである。どちらの文でも wh 句 (which problem と how) が wh で始まる間接疑問文の中から取り出されており、いわゆる wh の島制約(wh-island constraint)の違反をひき起こしている。両文の容認可能性の違いは、空範疇原理(ECP, empty category principle)と呼ばれる、wh 句の移動によって残される痕跡を含めた空範疇全般に課せられている極めて一般性の高い原理によって説明される。ECP によれば、空範疇は項の位置にあるか、第2章で見た「相対化最小性」を満たしているかのいずれかでなければならない。(42a) の which problem は元々動詞 solve の目的語として項の位置にあり、移動したとしても後に残される痕跡が ECP を満たすので、文頭へ移動することができる。一方 (42b) の how は元々埋め込み文の動詞句に関係した副詞(つまり、非項)であり、移動によって残される痕跡は(項の位置でもなく相対化最小性を満たしてもいないので)ECP に違反するので、文頭へ前置することができない。

(42) a. Which problem don't you know how to solve?
　　　（どの問題をどのように解くか知らないのか？）
　　 b. *How don't you know which problem to solve?
　　　（どのようにどの問題を解くか知らないのか？）

　wh 語(疑問詞)がその場で発音される標準中国語でも、項の位置であるか非項の位置であるかによって、英語と同様の違いが見られる。(43) の文は、(44a) の解釈になるが、(44b) の解釈にはならない。

(43) Akiu xiang zhidao [women weishenme jiegu-le shei] ne?
　　 Akiu want know [we why fire-Perfect who] Question particle

(44) a. "Who is the person x such that Akiu wonders [why we fired person x]?"
　　　（Akiu がなぜ我々が解雇したのかしらと思っている人 X とは、誰か？）
　　 b. "What is the reason x such that Akiu wonders [whom we fired for reason x]?"
　　　（Akiu が誰を我々が解雇したのかしらと思っている理由 X とは、何か？）

可視的な wh 移動のあるなしに関わりなく許される解釈が類似していることからして、標準中国語では不可視的な移動が行われており、その移動は、英語で見た移動と同じ制約に従う、と考えることができる。つまり、どちらのタイプの言語でも、wh 語に関係した 2 つの位置があり、その一方の位置が英語（およびフランス語、その他）では発音される位置に当たり、もう一方の位置が標準中国語、日本語、ラコタ語のような wh 語の元位置停留（wh-in-situ）の言語において発音される位置に当たる。こうした標準的な見解からすると、スモレンスキー（Paul Smolensky, 1955-　）とデュプー（Emmanuel Dupoux）が述べているように、「可能な解釈を制限するのは、wh 語の表面的な位置ではなく、これら 2 つの位置のあいだの統語的関係である」。また、「このように仮定されている認知的な普遍性は、形式理論の全装置と全面的に交戦することによって初めて反証されるのであり、中国語では wh 語が前置されていないという表面的な事実を指摘したとしても、何も証明したことにならない」。もちろん、wh 疑問の解釈に共通の制限が課せられているという標準的な説明法は、間違っているということになるかもしれないが、エヴァンズとレヴィンソンの批判は、それと交戦するまでにも至っていない。[195]

エヴァンズとレヴィンソンの主張の 2 番目の問題点は、彼らが依拠しているデータが間違っていたり、間違って記述されていたり、その両方であったりする点である。その一例だけを挙げてみよう。多くの言語で、数に関していずれかの語を屈折させる。たとえば、英語では、cat, cats のように、ほとんどの名詞が単数または複数の 2 通りに屈折をするが、アラブ語、スコットランドゲール語など多くの言語では、単数、（2 つの集合に対して）双数、（3 つ以上に対して）複数のあいだで、屈折上の区別がある。双数と複数の区別がどのようなものであるかを理解するのに、英語の both と all、neither と none の対比を考えて見よ。これらは、英語の歴史的祖先が持っていた双数と複数の区別の名残である。

（アメリカ先住民の）カイオワ語の文法上の数を論じるに当たって、エヴァンズとレヴィンソンはカイオワ語の代わりに、関連した言語のジェメス語からのデータを引用しており、彼らの記述は間違っている。さらに、ダニエル・ハーバー（Daniel Harbour）が指摘しているように、彼らの主張はカイオワ語とジェメス語の両方にわたって間違っている。彼らの主張は次のとおりである。すなわち、カイオワ語（あるいは、おそらくジェメス語）のある種の数の接尾辞は、「～の 1 つ」または「～の 2 つ」ではなくて、「～の予想外の数」という意味であり、これは、提案されている（普遍論者の）素性体系にうまく当てはまらない。この主張に対してハーバーは次のように論じている。（エヴァンズとレヴィンソンの）データのまとめ方は、はなはだしく間違っている。そのことは、[「～の予想外の数」という意味の] 接尾辞が実際にモノのどの数に適用されるかを考えてみればあきらかである。「ジェメス語に適用すれば、1 つは鼻に関して予想外の数で

あり、2つは足に関して予想外の数であり、3つまたはそれ以上はアリに関して予想外の数ということになる。カイオワ語に適用すれば、1つは頭（あるいはペニス）に関して予想外の数であり、3つまたはそれ以上はバッファローまたはイナゴに関して予想外の数であるが、2つはリンゴまたは髪の毛に関して予想される数ということになる」。[196][訳注32]

　この例はまた、エヴァンズとレヴィンソンの犯している根本的な論理的過ちの例でもある。ハーバーがあきらかにしているように、2つだけしか普遍的な素性を持たない体系は、(英語、フランス語、ホピー語、サンスクリット語ばかりではなく、)カイオワ語およびジェメス語の文法上の数の体系についても説明できる。そればかりではなく、「どの言語でも、特定の数の語彙を用いずに、文法的に表現できる最大の数」は3であるという興味深い予測をする。[197][訳注33]この理論は間違っているということになるかもしれないが、一見したところ多様であるように見える現象に説明を与えようとするまともな試みである。このような背後に潜む簡潔さを求めようと取り組まなければ、エヴァンズとレヴィンソンの表面的な言語特徴の羅列——ペゼツキー（David Pesetsky, 1957- ）に言わせれば「幻怪部屋」、タレーマン（Maggie Tallerman）に言わせれば「珍品蒐集」——では、興味あることについて何も証明できない。[198]

　マギー・タレーマンが言うように、疑いもなく、「言語は、よく研究されているヨーロッパ言語に見られるよりもはるかに多様な現象を示すであろう」。だが、彼女や他の人が指摘するように、そうであろうと、UGが存在しないことを証明する上での糸口にさえなっていない。[199]論理的位置づけは、ほぼ正反対である。UGがあるとすれば、どのような言語からの証拠も、これまで見てきたように、あらゆる分析に影響してくる。そして、言語学者が措定する普遍性は、多様性の背後に潜んでいるものを説明する上で大いに役に立つ。

　ここから学ぶべき重要な教訓がある。統語論者のロバート・フリーディン（Robert Freidin, 1945- ）がエヴァンズとレヴィンソンへの応答で指摘しているように、未分析の生のデータでは仮説を反証することはできない。チョムスキーは絶えずこの点を力説しており、これは何も生成文法に特有なものではなく、自然主義的研究全般について言えることである。フリーディンが言うように、「データだけでは、UGの中身についての明示的な提案に支持を与えることはできない。必要とされるのは、明示的な分析である…これは、どのような言語理論であるかに関わりなく、方法論についてのコメントである。科学では、データの明示的な分析を提供する以外に道がない」。[200]

　もっともよく知られている創発主義を支持する議論は、エヴァレットのピダハン語（Pirahã）[訳注34]についての研究である。[201]ピダハン語は、ピダハン族と呼ばれる隔絶されたアマゾン種族が話している言語であり、エヴァレットはピダハン族の中で多年にわたり研究を続けてきた。彼によれば、ピダハン語は再帰性（recursion）という特性を欠いており、これは、再帰性が人間の言語機能の中核であるというハウザー、チョムスキー、フィッ

チの推測を反証するものである。彼はさらに次のように主張する。言語は「文化的道具」であり、ピダハン族のあいだでは「コミュニケーションは、会話者の直接的な経験に限定されており」、ピダハン語はピダハン族が関心のあることを表現するのに適している[202]。

ここでは、再帰性をめぐる主張に焦点を当てることにしよう。残念ながらエヴァレットは、2つの別個の概念を混成しており、さらに悪いことには、ハウザー、チョムスキー、フィッチの主張は記述的普遍性というよりも、認知的普遍性であることを理解していない。エヴァレットがピダハン語に不在としている再帰性の種類は、ある構成素をそれと同じ種類の別の構成素に埋め込むというものであり[訳注35]、(45) では DP（決定詞句）が別の DP の中に埋め込まれており、(46) では関係節が別の関係節の中に埋め込まれている。

(45) John's mother
　　（ジョンのお母さん）
　　John's mother's friend
　　（ジョンのお母さんの友達）
　　John's mother's friend's cat
　　（ジョンのお母さんの友達の猫）

(46) This is the house that Jack built
　　（これが、ジャックが建てた家だ）
　　This is the cheese that lay in the house that Jack built
　　（これが、ジャックが建てた家に置いてあったチーズだ）
　　This is the rat that ate the cheese that lay in the house that Jack built
　　（これが、ジャックが建てた家に置いてあったチーズを食べたネズミだ）
　　This is the cat that chased the rat that ate the cheese that lay in the house that Jack built
　　（これが、ジャックが建てた家に置いてあったチーズを食べたネズミを追いかけた猫だ）

彼自身のデータについてのエヴァレットの解釈は、手厳しく批判されてきている。ネヴィンズ（Andrew Nevins）らは「ピダハン語が埋め込み文を欠いているという…いかなる証拠も見出せない。むしろ、その存在を裏付けるような統語的、意味的な強力な証拠が見られる[204]」。しかしながら、たとえピダハン語には埋め込みがないというエヴァレットの主張が正しいとしても、それは再帰性が不在であることを示しているわけではない。チョムスキーが意味している再帰性とは、数学における標準的な概念のことであ

り、ある操作によって作られたものを取り上げ、それを同じ操作の入力として用いるという、1つのシステムまたは手順の能力のことである。したがって、「再帰性が言語機能として具現化すれば、生成的な手順を定義する一連の特性のことであり、その出力のことではないので、（手順の出力である（45）（46）のような）埋め込みと同一視すべきではない」[205]。

最新のミニマリスト研究の用語を用いれば、文法は2つの語AとBを取り上げ、それらを併合して {A, B} を作り、次にその結果を別の語Cと併合して {C, {A, B}} を作る。もちろんこのようにしていけば、文法は原理的に、（45）や（46）のような自己埋め込み構造を作ることができるが、再帰性はもっと根源的な理由で措定されている。すなわち、「再帰性は … 有限な要素の集合から、無限な表現の列を生成する能力を提供する」ものである[206]。もう1つ重要なことは、再帰性は階層構造を生成するという点である。loves books は John loves books の構成素であるが、John loves はその構成素ではない。言語がこうした根源的な意味での再帰性を欠いていることを示すには、文を作るのにその言語の記号の持ち駒（語）が結びつくことができない —— ちょうど、モンキーの警戒の叫び声の場合のように —— という証拠を見つけ出す必要があるだろう。あるいは、その言語の「文」は階層構造を欠いており、語の連鎖の中には、語よりも大きく、連鎖全体よりも小さな構成素がないという証拠を示す必要があるだろう。エヴァレットは、ピダハン語についてこうしたことを何も示していない[207]。

さらに基本的な問題点は、エヴァレットの議論は論理的に、言語機能（faculty）が再帰性を欠いているということを示しえていないことである。言語学者が、言語機能がある特性を持っているという場合、それは認知について、具体的に言えば、我々の言語能力に関係した心・脳の側面についての主張である。たとえピダハン語が再帰性を示さなかったとしても、言語機能に再帰性がないということの証拠にはならないだろう。フィッチ、ハウザー、チョムスキーは次のように書いている。

> 現代言語学者は、人間のことば、つまり、この惑星に現存する多様な言語を含みかつそれらに限られているわけではない集合[訳注36]、を獲得する生物学的能力についての問いを問いかけている。これらの言語のうちの1つにはっきりとした再帰性がないらしいということは、3母音だけの言語があるからといって、5母音言語、10母音言語を獲得する人間の能力に疑問を投げかけることがないと同様に、再帰性を獲得する人間の能力には何ら関わりのないことだ[208]。

ダニエル・ハーバーの有用な喩（たとえ）を借りるならば、彼と彼の母親のアイフォンは共にたくさんの機能を持っているが、そのうちのあるもの（カメラ、着信音）は2人とも用いており、あるもの（GPS機能）は彼は用いているが母親は用いていないようなものであ

る。あきらかに、彼の母親が GPS を用いないからといって、彼女のアイフォンがそれを欠いていることを意味するものではない[209]。全く同じことが普遍文法と個別文法についても言える。「我々の言語機能は言語を構築するための工具一式を提供するが、すべての個別言語がすべての工具を使うわけではない[210]。」

　こうした主張へのよくある、だが間違っている反論は、その主張は UG 理論を反証不可能にし、それゆえ非科学的にしてしまう、というものである。そうした例が、クリスティーナ・ベーム（Christina Behme）の最近の書評論文の中で出されている[211]。彼女の主張が前提にしている科学方法論についてのあまりにも素朴な見解など無視しても構わないが、主張自体が間違っている。本章でも見てきたように、UG の理論は多くの予測をすることができる。フィッチらは、目下の議論に特に関係すると思われる点を指摘している。すなわち、もしピダハン族出身の子どもが、ポルトガル語とか英語とか台湾語のような問題なく再帰的な言語が話されている環境で育てられたならば、他の子どもと全く同様に再帰的言語を獲得することであろう[212]。同じように、本章前半のエプン語の議論の中で見たように、「否定形を作るのに、-na を文中の 3 番目の語に付けよ」とか、「疑問文を作るのに、単語の語順を逆転せよ」などという規則は、論理的には可能であるが、自然言語では起こらない —— 絶対に起こりえない —— ということを予測することができる。

　クリスチャンセンとチェイターは、創発主義を証明しようと別のやり方を試している。彼らによれば、言語学者は間違った問いを設定してきたのである。「なぜ脳は言語を学習するのに適しているのか？」と問う代わりに、「なぜ言語は脳によって学習されるのに適しているのか？」と問うべきである。彼らの答えは、「言語は文化的進化の漸新的な変化過程を通じて、産出したり理解したりするのを学びやすくなるように適応してきた、と提案する[213]」という、創発主義的なものである。背後にある動機づけは、経験主義である。観察される言語の特徴や言語全般が、すべて「汎用的学習や処理上の偏りの効果」によるものとして説明される、ということを示そうとしているのである。彼らの見解では、言語の普遍性はあるかもしれないが、脳に組み込まれた言語特有の知識や言語獲得に向けられた生得的な能力など何もないという意味で、先天的な UG など何もない。

　彼らの主張は、彼らが言っている予測と必ずしも同じではないが、興味深い予測をほのめかしている。「ある言語では別の言語と比べて、ある意味を学習するのも処理するのも難しい」ことを示す証拠について論じている。これには疑問を挟みにくい。しばしば、ある言語では（その意味に対して）専用の単語や文法的構文があるが、他の言語ではパラフレーズで対応しなければならない。たとえば、ノルウェー語には進行相がなく、進行している行為を表すのに、さまざまな異なるパラフレーズ的な成句を用いなければならない。「彼女は読書しているところだ」を表すのに、「彼女は座って読書する」に相当すること（Hun sitter og leser）を言うことになり、著者の一人ニック・アロットの居る

ビルのエレベーターの「エレベーターが降下しています」を表す音声は、文字通り「エレベーターが下へ向かう途中です」に相当する表現（Heis på vei ned）となる[214]。このような文の獲得が一方の言語で他方の言語よりも一貫して早いとしても、また英語の表現の方が大人の使用において処理コストが低いとしても、何ら驚くべきことではない。いずれにせよ、ある意味を学習したり処理したりする難易が言語間で異なると主張することは、あきらかに創発主義ともUGとも矛盾していない。

　だがクリスチャンセンとチェイターは、さらなる議論なしに、ある種の文や構文の異なる難易さは、ある言語の方が他の言語よりも、進化論的に「より適している」ことを暗に意味している、と主張している。ここで困惑させられるのは、「適性」が言語に用いられると、疑わしい概念になるということである。それを差し置いても、クリスチャンセンとチェイターの主張には別の問題がある。言語間で異なる適性が、個々の構文や文タイプの用法における難易差によって含意されるなどということはありえない。というのは、構文や文タイプは1つの言語全体でバランスをとっているからである。いずれにせよ、産出の容易さが「適性」の有力な指標であるなどということはありえない。しかしながら、言語間で適性が異なるという考え方は、適合主義者と創発主義者の機能的仮定から導き出される結論にほかならない。

　創発主義者が予測するところによれば、より広く見られるタイプの言語、つまり進化論的により「成功している」言語は、他の言語よりも、その目的 ── おそらくコミュニケーションと考えられる ── により良く適している。だがチョムスキーが進化生物学者および言語獲得の専門家との最近の共著論文の中で指摘しているように、(英語のような) 主語 − 動詞 − 目的語（SVO）というよくある語順の言語の方が、(マダガスカル語のような) 動詞 − 目的語 − 主語（VOS）という比較的稀な語順の言語よりも、コミュニケーションにおいてより優れていることを示すような証拠など何もない[215]。それ以上に、ある言語の方が他の言語よりも獲得しにくいということを示すような、言語獲得研究からの証拠もほとんど、いや全くない。彼らも気づいているように、言語変化は、コミュニケーション上の必要性とは別問題であり、ときとしてその必要性にとって不利にさえなるような方法で、しばしば「機械的に進む」ことが、ずっと以前から知られている。意味的な相違を音韻的に区別することは、間違いなくコミュニケーションの上では有効なのであるが、英語の北アメリカ方言で起きているcaught（「捕まえた」）とcot（「小屋」）の母音の融合（共に発音が[káːt]）のように、しばしば音韻的区別が失われている。これは、適合主義者や創発主義者の反証にはならないが、あきらかにチョムスキーの立場とより良く適合している。

　同じような創発主義にとっての困難は、繰り返しになるが（41）のような文が、全く問題のない思考を表現しており理解可能であるにもかかわらず、なぜ非文法的であるかを説明するのが難しい点である。

第3章　ことばと心理学　　229

(41) *Which book did you laugh before reading?
（どの本を、読む前に笑ったか？）

　チョムスキーの答えは、ことばの「設計」に競合する要請がある場合には、コミュニケーションよりも思考の方があきらかに優先されているという点に帰している。一般に、「島」の現象はコミュニケーションの不全となるようであるが、では、なぜ我々の文法は、我々がどのような方法を選ぶにせよ、考えをことばで表現するのを阻むのであろうか？　「ことばの設計の何かが、もっと複雑な遠回しの言い方をするように求め、コミュニケーションを妨げるのである」[216]。創発主義者や経験主義者の仮定のもとでは、どのようにしてこうした「否定的な知識」を手に入れるのかということさえ謎のままである。

　本章の前の方の節で、生得的な言語固有の能力を裏付ける証拠として、普遍性（ただし、病理の場合は除く）、臨界期の存在、機能分離、子どもの個体または言語の違いを超えて類似している発達パターンなどを挙げた。エリック・レネバーグは1960年代に、これらの項目は、生物学的現象であるか文化的現象であるか、あるいは、ことばの発話や顔認識のような主に生物学的な現象であるか、識字や折り紙やピアノ演奏のようなかなりの程度文化的な現象であるかを、区別する基準となることを提案している。創発主義者は、本章で見てきたような（ことばの生得性へと）収斂する証拠と、言語が文化的・生物学的混成であるとする —— といっても、文化的な方により力点を置いている —— 彼らの見解[217]とが、どのように折り合うようになるかを説明できるような道を切り開かなければならない。

8　結　論

　言語学と心理学にまたがって非常にたくさんの証拠が、言語機能が存在するというチョムスキーの提案を裏付けていることを見てきた。すなわち、我々は、文法原理や、母音と子音の区別などを持って生まれてきているのである。コネクショニズムや創発主義のような領域一般的学習理論は現在流行しているが、（チョムスキー理論に）匹敵するような説明力や経験的裏付けを持っているとは言えない。
　ところが、チョムスキーは最近になって、第2章の最終節で見たように、心の中でことばに固有なものは最小限であるということを示そうと試みている。この見解は、本章で見てきたこととどのように整合するのだろうか？
　確かに統語論におけるミニマリズムは、言語機能の構造の中の多くの部分が、経済性のような認知と演算に関する一般的な特性に基づいて説明できるという可能性を探って

いる。目指すところは ── 言語学的な目的でとられたわけではないが ── UG とされていたもののうち、可能な限りわずかなものだけがことばに特有であることを示すことである。チョムスキーが言語機能の進化に関するフィッチ、ハウザーらとの共著論文の中で述べていることによれば、FLN（狭義の言語機能）、つまり、人間だけに特有で、言語機能に固有なものは、1つには再帰性、もう1つには統語論の出力が概念システムおよび感覚・運動システムによって読み取れるという要請の、2つだけに限定されるかもしれない。その論文ではさらに、FLN は心的諸システムを調整することだけに限定されるのかもしれない、とも推測している。

　チョムスキー研究の同志の中には ── それに多くの論敵たちには ── こうした最近の一連の研究は経験主義への譲歩であると受け止めている者がいる。だが、これは正しくない。重要な点は、ミニマリズムも進化の研究も、どのようにしてことばが子どもによって獲得されるかについて何も主張をしていない点である。ミニマリズムが言語獲得について主張をしていると考えている人々は、2つの異なる問いに対する答えを混同しているのである。1つの問いは、どのようにことばが獲得されるか（個体発生）、換言すれば、どのようにプラトンの問題が言語学の領域で解決されるか、ということである。もう1つの問いは、言語機能はどのように進化してきたか（系統発生）であり、これはことばにとっての「ダーウィンの問題（Darwin's problem）」[218]である。

　すでに見たとおり、チョムスキーの第1の問いに対する答えは、普遍文法、つまり生得的な言語固有の能力が存在し、それが環境的な引き金に接すると子どもの中に成長していく、というものである。より最近の研究の中でチョムスキーと彼の同僚たちが示唆するところによれば、第2の問い（「ダーウィンの問題」）に対する答えは、我々の言語能力にとって必要なものの多くがヒトという種にすでに存在していて、我々に固有な特性の大部分が第3要因とされる要件（物理学的、生物学的な原理）によってすでに決定されているのである。前言語的な現生人から言語的なホモサピエンスへの進化的移行に必要であったのは、単一の変異に帰することができるようなごくわずかな遺伝子の調整にすぎなかったのかもしれない。

　この点では、創発主義者や他の経験主義者を喜ばせるようなことは何もない。ことばの進化とはおおむね、心の既存の諸部門を前例のないような方法で結合することによるものであるという主張から、獲得において子どもは、非言語的な諸能力の結合によってことばを学習するという結論が、導き出されることにはならない。

　類推をしてみよう。ゾウの鼻は、既存の組織形成過程を特定の方法で新たに活用するという効果をもたらす、単一の遺伝子の変異によって突然進化した、ということが正しいと判明したとしよう。さらに、ゾウの祖先はすでに短い鼻管を形成するのに関与した資質を持っており、それに生じた変異は、単に操作（組織形成過程）の反復回数に影響を与えるだけである、と仮定してみることができる。こうしたことが正しいとすると、

それは鼻の進化についての一種のミニマリズムである。鼻の進化に関して、反復回数の特性を除いては鼻に固有なものなどは何もない。しかしながら、このことはあきらかに、鼻についての経験主義や創発主義の立場を証明することにはならないだろう。つまり、ゾウの赤ん坊は、鼻を形成するために、どのようにして一般的な筋肉形成能力や、骨形成能力、その他を結合するかを、環境から学んでいるに違いない、などということは到底ありえないだろう。

ことばにとってのプラトンの問題とダーウィンの問題は別々の問いであるので、それらの問いに対する答えを混同してはならない。しかしながら、両者には論理的な類似性がある。最終的な大人の文法と UG は共に、研究のある段階で、かなり複雑で豊かな体系であると考えられていた時期があった。初期の生成文法で提案された変形規則やその他の規則の複雑さや言語固有性は、言語学者にとっては厄介な問題であった。というのは、それらの規則が複雑になればなるほど、どのように子どもがそれらを獲得するのかが分かりにくくなるからである。UG が原理とパラミタに分解されるという考え方は、統語能力が獲得可能となりうる方法を示したので、注目しないわけにはいかない。

同じように、GB 理論時代の統語論におけるモジュールの増殖も、どのように言語機能が進化したかを理解しにくくするので、問題であるように思われた。それぞれのモジュールが独自の進化履歴を持っているはずであり、それらがすべて違った時期に発生して、異なった機能を果たしていたということになるかもしれない。だが、個々のモジュールが、他のモジュールがない状態で何を行っていたのかを理解するのは難しい。そこでミニマリズムは、この謎に対する答えとして、統語論の特性の大部分がより一般的な認知能力から受け継がれている、と提案している。FLB（広義の言語機能）と FLN（狭義の言語機能）の研究によれば、ことばにとって必要なものはほぼすべてが FLB の中、つまり、ことばの使用に関与しているもののそれに固有ではない複数の認知システムの中にあり、それゆえ、それらのシステムは進化時間の膨大な時間の中で別々に発生してきて、さまざまな非言語的目的を果たしていた、と考えるのが妥当なようである。このように考えれば、いかにことばが進化しえたかを示すことができる。

我々の心がどのように現にあるようになってきたかを解明することは、とりわけ脳が化石化していないので、きわめて困難なことである。それとは対照的に、心と脳が現在どのようであるかについては、本章で見てきたように、たくさんの証拠がある。もちろんそうした証拠の解釈は簡単ではないが。

我々は頭の中に文法を持っており、生得的なことばの能力を持って生まれてくる。こうした簡潔な仮定は、チョムスキーおよび彼の賛同者による 60 年間にわたる研究の中で弁護されてきており、純粋に言語の規則性ばかりではなく、心理学的研究の 3 つの主要な領域 —— 言語処理、言語獲得、言語病理 —— における結果に対しても、原理的な説明を提供することを可能にしている。

訳 注

[1] 本章では、「ことば」「言葉」「言語」を原則的に次のように表記している。人が脳内に持っている思考やコミュニケーションに用いられる記号体系またのその能力を「ことば」(ほぼチョムスキーのI言語に相当)、音声や文字で表された実際の発話や用例を「言葉」(E言語に相当)、日本語や英語などの個別言語を「言語」と表記する。ただし、「言語能力」「言語機能」などの漢熟語は慣例に従う。

[2] 話し手とジョンがライバル関係にあることを聞き手が知っており、the same time が舞踏会会場への到着時間であるような状況下では、件の英文がこのようなメッセージを暗意する。

[3] 「機械の中の幽霊」については第4章、245ページの議論、および同章の[訳注5]を参照されたい。

[4] 科学的な説明は観察可能な範囲のデータに限定すべきである、とするような分析上の偏り。

[5] 純粋に統語論(言語機能)に起因しているものと、それ以外に起因しているもの。

[6] (4a)と(4b)は「表面的なパターン」が同じであるのだから、類推で学習しているとすれば、同じように解釈されるはずであるが、母語話者であれば誰もが、主語の John が (4a)では不定詞内の目的語に当たり、(4b)では不定詞内の主語に当たるということを直観的に理解する。

[7] (6c) が非文になる原因は、where が is の後ろの位置から移動しており、空になったその位置の手前で縮約が行われているためであるとされている。

[8] I言語のI は individual の頭字であることを想起せよ。

[9] 音声は通常、空気をはきながら発声器官を調整することによって作られるが、吸音は、空気を吸い込むことによって作られる。

[10] マルハナバチの例は、ダーウィンが進化論を論じる上で、bumble(へま)な例ではなく、humble(ありふれた)例である。

[11] 文の複雑さはその派生に用いられる変形規則の適用回数に比例するとする理論。

[12] 著者のニール・スミスによると、最小化の原理は派生および表示の両方を対象にするが、その内の半分(派生の最小化)は複雑性の派生理論の考え方を引き継いでいる。

[13] 原著では、成功が年齢とも複雑性とも逆相関するとなっているが、年齢が増すにつれて成功も増していくのであるから、成功と年齢とは逆相関ではなく順相関する。原著者もこの点を認め、原著者の同意を得て、本文のように修正してある。そのために、内容的に原著とは異なっている。

[14] (14a)、(14b)の関係する部分を樹形図で示すと次のようになる。

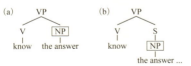

(a)では問題の NP が主節の動詞 V と同じ高さにあり、親族関係で言えば「姉妹」に当たる。一方 (b)では主節の動詞 V と姉妹であるのは埋め込み文(従属節)のS であり、問題の NP はそのS の下にあり、親族関係で言えばS の「娘」、V の「姪」に当たる。

[15] 文末の of oil は、主語の名詞句 NP から移動(外置)されている例。もともとは [NP A rise in [NP the price [of oil]]] のように二重に埋め込まれた NP の内部にあった of oil が、移動に課せられている下接の原理に違反して外置されている。

[16] 名詞句は格を有していなければならないという趣旨の「格フィルター」。her と mother を別々の構成素であると見なすと、他動詞の convince は her のみに格を与え、mother が格を欠く状態になる。それを回避するために、両者を1つの構成素として再分析すれば、her mother 全体に convince から格

が与えられることになる。

[17] 1960年代から70年代にかけてジョージ・レイコフ（George Lakoff）らが提唱した生成意味論では、文の一番基になる構造はその文の意味を表した意味表示である。したがって、意味が同じである2つの文は同じ意味表示を持っていると考えられた。

[18] 文否定（たとえば、No one has any money）に否定辞を2つ用いる二重否定（No one has no money）や、不定詞の to と原形動詞の間に副詞が介入する分離不定詞（たとえば、I wake up early to surely take the train）、前置詞句の前置詞が後ろに残る前置詞残留（たとえば、Who did you talk to?）などは、実際には用いられているにもかかわらず、「教養ある人の英語」としてはご法度とされている。

[19] したがって、外的環境がことばの成長に、わずかではあるが、何らかの微妙な制約を与えている。

[20] 実際は副詞が移動するのではなく、動詞が副詞の後方へ移動する。

[21] いずれの言語も、統計的に見て同程度に獲得がなされている場合。

[22] いわゆる不定詞の意味上の主語が主節の主語と同一であるような文。John persuaded Mary to go（ジョンはメアリーに行くように説得した）のように主節に名詞句が2つある構文では、「目的語制御」になるのが一般的であるが、promise はその例外で「主語制御」となる。

[23] 正確に国際音標文字で記せば、/ˈɛpʊn/。

[24] 脳皮質のある領域で行う機能を、訓練によって、他の領域で行うことが可能になること。

[25] 可塑性は脳機能の局在性を前提にしており、脳機能の局在論はある種のモジュール論である。したがってモジュール性を否定する経験主義者が可塑性を持ち出すのは矛盾している。

[26] たとえば母音と子音の区別、名詞と動詞の区別など。

[27] 観測されたデータ（結果）に基づいて、その原因と考えられる複数の候補の中から確率論的に1つの原因を推定していく方法。

[28] 弱生成できる文法であれば、語連鎖の順番を数えるような規則を獲得できるはずだが、212ページで見たように、実験ではそのような規則を獲得できなかった。

[29] ギリシャ神話に登場する追剥のあだ名で、旅人を捕まえては自分の寝台に寝かせて，身長が短すぎると槌でたたいて引き延ばし，長すぎると切り落として短くした。

[30] 原著では、(42a) と (42b) の容認可能性の相違が「付加部の島制約」によって説明されるとしているが、同制約は、移動を受けた要素が項であるか非項であるかの違いによる容認可能性の相違を説明する原理としては不適切である。原著者もこの点を認め、原著者の同意を得て、本文のように修正してある。そのために、内容的に原著とは異なっている。

[31] (43) の疑問文の埋め込み文（角括弧内）に項の疑問詞 shei と非項の疑問詞 weishenme が含まれており、その解釈は、項を質問している (44a) のような意味にはなるが、非項を質問している (44b) のような意味にはならない。

[32] したがって、「〜の予想外の数」という接尾辞は、単数や複数のような文法的な数を表す接辞ではない。

[33] 数に関する2つの普遍的な素性として、例えば、[±1（single)] と [±3以上（more than 2)] を仮定すると、これらの素性の±の値（+または−）を組み合わせて、[＋1] かつ [−3以上] であれば1（単数）、[−1] かつ [＋3以上] であれば3以上（2以外の複数）、[−1] かつ [−3以上] であれば2（双数、または2という複数）、[＋1] かつ [＋3以上] は論理的にあり得ない。2つの素性によって、〈単数 (1)〉・〈2を含めた複数〉という区別も、〈単数 (1)〉・〈双数 (2)〉・〈3以上の複数〉という区別も記述することができ、しかも素性によって文法的に表現できる最大の数は3であることを予測する。

[34] 英語では Pirahã [piraˈhã]（ピラハ）。本書では、Everett, *Don't sleep, there are snakes: Life and language in the Amazonian jungle* の翻訳『ピダハン』（屋代通子訳、みすず書房）に従っている。発音に関しては同訳書388ページを参照。
[35] 従来名詞句とされていた構成素は、the や this など決定詞（Determiner）を中心としてできる決定詞句 DP というまとまりを成していると考えられる。
[36] 現存する言語以外に、新たに誕生するクレオールや絶滅した言語などを含めた集合。

第4章　哲学的実在論
── チョムスキーが与(くみ)する立場とそれをめぐる論争

　以前は、誰も真剣に取り上げることもなかったある種の可能性を、信憑性の高いものとして提示することによってある領域についての人々の思考方法を根本的に変革するような傑物が思想史上、ときおり登場する。… ノウム・チョムスキーはあきらかにそのような人物である。… 彼が我々の注意を引きつけた言語構造と生得的能力に関するその種の事実は、今や、我々が心を理解する上で、本質的に重要な要素となるものである。
（Rey, 1997: 107-108）[1]

1　序　説

　チョムスキーは、言語と心（mind）についての我々の考え方を根底から変えた。前章までで述べてきたとおり、チョムスキーが示したことは、我々人間は言語能力（linguistic abilities）を備えているものの、その中身はきわめて複雑であり、およそ子どもが経験をとおして得られるレベルをはるかに超えていること、そして、このような言語能力は、人間の心が豊かな生得的構造を有していると見なして初めてもっともうまく説明できるものであること、の2点である。これは、経験主義（empiricism）の考え、すなわち、人間の心は汎用的学習装置（general-purpose learning device）にすぎず、子どもは主として環境をとおして大人の心へと形づけられていくのだとする見解にたいする痛烈な一撃である。[2]チョムスキーの見解は合理主義（rationalism）の現代版と言える。[3]合理主義は、プラトン（Plato）やデカルト（René Descartes）を含む多くの哲学者によってかつては支持されてきたものの、20世紀の中頃までにはほとんど誰も信奉する人がいなくなった立場である。

　50年以上ものあいだ、チョムスキーによって鼓舞されてきた研究は、人間の心に関する実在論的、かつ自然主義的な見解を再び強く主張することとなったが、これは、当時、哲学と心理学界で支配的であった反心理主義的見解のいくつかに真っ向から反対するものであった。この反心理主義的見解には、心的状態や心的事象なるものはそもそも存在しないという見解（心的現象についての消去主義（eliminativism about the mental））、また、心的状態や事象について語るのは、あくまでそれが現象を予測するという目的にかなっ

ているからだけであり、実在の真の姿を語るわけではないとする見解（心的現象についての道具主義（instrumentalism about the mental））、さらには心理学は、公に観察可能な行動についての研究に限定すべきであること、とりわけ、行為が刺激による条件付けにたいする反応としていかに理解されうるかという研究に限定すべきであるとする見解（行動主義（behaviorism））が含まれている。第3章で見たように、チョムスキーはスキナー（Burrhus Frederic Skinner）の著書『言語行動』にたいする痛烈な批判論文でもって、心理学における行動主義の終焉に直接、寄与したと言える。哲学の文脈においては、チョムスキーが心的構造を言語学と心理学の中心に据えることによって始動させた認知革命は、20世紀を支配していた反心理主義の思潮に深刻な疑いを投げかけるものとなった。そのような反心理主義には、クワイン（Willard van Orman Quine）の高度に洗練された行動主義が含まれているし、行動を内的な心的状態によって説明しようとすることはともかくも必要ないと考えるウィトゲンシュタイン（Ludwig Wittgenstein）およびその一派の主張も含まれている。

　したがって、チョムスキーの言語学上の研究は現代哲学にとって重要である。実際、チョムスキーは、生涯をとおして、哲学上の論争にも直接、深く関わってきたのであり、哲学史上のいくつかの見解、とりわけ合理主義思想の復権に意識的に取り組んだのである。しかしながら、哲学にたいするこのような重要な貢献にもかかわらず、哲学者側からは、チョムスキーの思想の多くにたいしてかなり敵意ある反発が見られた。

　このような反発のいくつかは誤解によるものである。言語学において、チョムスキーは、「能力（competence）」とか「文法（grammar）」といった馴染み深い語を、いくぶん新しい意味といくぶん専門的な意味を込めて用いてきた。ところがチョムスキーは彼の理論を提示するに際して、「知る（know）」のような日常語を、その語にたいして他の哲学者たちが込めた意味合いに同意するつもりはないにもかかわらず、そのまま用いることもあった[4]。誤解のもう1つの理由は、チョムスキーの議論のスタイルにあるかもしれない。彼は胸がすくほど率直であり、そのため、彼の書いている内容は相手の議論の力を正当に評価していないと見る向きもあった[5]。

　哲学者側の反発の3番目の理由は、チョムスキーが哲学について語る大部分はきわめて議論の多いものであるという点にある。チョムスキーは、20世紀を代表するもっとも重要なアメリカの哲学者の2人、クワインとネルソン・グッドマン（Nelson Goodman）のもとで哲学を学んだが[6]、現代哲学の主潮は言語と心に関して大きく間違っていると考えた[7]。心的なものにたいするチョムスキーの実在論や、かなり豊かな生得的な心的構造が存在するといった彼の新たな見解のいくつかは、哲学者からは真剣に考慮すべき対案として受け入れられるようになった。したがって、チョムスキーの見解にたいして1960年代および1970年代になされた反論のいくつかは、今日、哲学者のあいだではほとんど通用していないと言える。しかしながら、チョムスキーの、意味に関する内在主

義（internalism）の主張をはじめ、心身問題（mind-body problem）はきちんとした形で述べることなどできないとする主張、さらには、言語の本性に関する彼のいくつかの見解（つまり、言語の目的 —— 仮りに言語に目的があるとして —— はコミュニケーションではないとか、言語はいかなる興味深い意味でも慣習の問題ではないとか、人々のあいだで共有された社会的対象としての言語なる概念は言語科学にとって有用ではない、といった彼の見解）はいまだに議論を呼び起こす問題である。本章の最後の節で議論の多いこれらの問題を取り上げる。

　チョムスキーと哲学者とのあいだには、根本的な点で意見の相違が1つあるので、これを最初に説明しておかねばならない。それは、人間の心とは何か、心的なものについての実在論とは何かという問題である。チョムスキーの見解は、言語学者は心・脳（mind-brain）のある側面についての理論を抽象的なレベルで提供するというものである。ここで言う「抽象的」とは、その理論は神経細胞やシナプスなどについて明示的に述べるものではなく、「名詞」、「動詞」、「c 統御（c-command）」、「併合（merge）」のような術語で言い表されているという意味である。前章で述べたように、このレベルでの言語理論が脳についての事実とどのように関わっているかについて詳細なこと、たとえば、英語の話し手の脳が日本語の話し手の脳といかに異なるかとか、脳組織のある配列が名詞を表示する状態であると見なされるために何が必要か、などはまだ何も分かっていないのである。もちろん、言語知識は心理過程ではっきりと現れるし、その心理過程はおそらく生理機構によって実行されるであろうし、生理機構はともかくも物理的システムの中で具現化されるであろう。しかしだからといって、このような「高次の」言語学的一般化が物理的な術語、たとえば神経生理学上の術語で述べることができる、というわけではない。今のところ、説明力はすべて抽象的な（言い換えれば、「言語的な」）レベルにとどまるのである。言語理論の詳細は今なお発展しつつあるとはいえ、基本的な仮説は確証されていると言える。もし理論が真であれば、それは自動的に、その理論が措定する対象（entities）が実在しているということになる以上、言語理論における抽象的な対象を実在すると見なす十分な根拠がある、とチョムスキーは考えるのである。

　大多数の哲学者は、心的事象や状態のきわめて重要な性質はそれらが志向的（intentional）であることだと言うであろう。志向性とは、ときには、それらが「〜についで性（aboutness）」と呼ばれる性質を有していることを意味する。思考は典型的に何かについての思考である。つまり、たとえば陽子や岩は主題を有さないのにたいして、思考は主題を有するのである。今、私の猫が家にいると私が信じているとしよう。その場合、私は、私の信念という心的状態を有しており、その信念は私の猫についての信念である。そして、私の信念はある意味でいくつかの要素を有しているように思われるが、それらの要素は、何かを表示する（represent）という点で、これまた志向的である。つまり、当の思考の1つの「部分」は私の猫を表示している（私の猫についてのものである）

が別の「部分」は、家に居るという属性を表示している（属性についてのものである）。そして当の思考は全体として、私の猫を家に居るものとして表示しているのである。

心は志向性の源泉であるように思われる。発話、本、地図のような心的でない対象も何かを表示しているかもしれないが、おそらく、それらがどんな志向性を有するとしても、思考と関わったことから派生したものであろう。したがって大部分の哲学者にとって、心的なものを実在していると見なす者は、少なくともいくつかの心的状態は実在していると論じる人にほかならない。この見解は、心的現象についての消去主義、つまり、いかなる心的現象も存在しないという見解と対立する。後者の見解は、陽子、電子、脳、神経細胞などは存在するが、信念も意図も文の表示も頭の中には存在しない、とする立場なのである。

志向的な心的状態について実在性を主張したからといって、あらゆる心的状態についてその対象が存在すると主張することにはならない。ドラゴンやアースシー（Earthsea）[訳注1]、さらには最大の素数のような存在しない対象についても思考することは可能である。dragons like gold（ドラゴンは黄金が好きだ）という信念は、ドラゴンが存在するかどうかと無関係に、黄金を好いているものとしてドラゴンを表示しているし、アースシーの地図は、アースシーが架空の世界のものであるにもかかわらず、アースシーを表示している[10]。しかし、志向性というものが見たところ関係づけられる対象（relatum）を必ずしも必要としないような関係であるというのは確かに奇妙である。これがプラトンを悩ませた問題であり、19世紀の後半に、フランツ・ブレンターノ（Franz Brentano, 1838-1917）が志向性を知的検討課題として再び議論にあげて以来、現代哲学の難問であり続けている。しかし、「[対象を欠いた]空の」表示は事実として存在するように思われる。

もし大多数の哲学者と同様、言語学者や心理学者によって論じられている心的状態もまた志向性を有していると仮定するならば、ある時点における脳組織の何らかの配列を名詞表示の状態にさせているのは何かという問いにたいして、その配列は名詞を表示しているのだ、という図式的な答えが得られるであろう。この見解に従えば、言語学者によってなされた抽象的な記述が正しいということは、とりもなおさず、語や音素などの関係的表示が、我々の頭の中にあるということを意味する。

さて、チョムスキーもまた「文の表示」などについて語るが、彼が「表示」で意味するところはこれとは異なる。生成言語学者にとって、表示なるものは、単にある条件を満たす心・脳の状態でしかなく、したがってそれについて演算可能である[訳注2]。生成言語学者にとっての表示は（実在のものであれ、そうでないものであれ）何かについての表示と理解されるべきではない。つまり、表示は関係的ではないのである。生成言語学者にとっての表示は、世界や世界の一部を表示する必要もなければ、世界を何らかの仕方であるものとして表示する必要もないのである。つまり、表示は、志向的である必要が全くないのである。ジョン・コリンズ（John Collins, 1969- ）の言い方を借りれば、それは

「表示対象（representata）を欠く表示」である[11]。これは、チョムスキーの徹底的な内在主義と合致している。つまり、チョムスキー理論は心・脳の機能を記述しているのであるから、説明的な作業は、社会的慣習の記述によってでもなければ、空気の振動や紙の上の印の性質の記述によってでもなく、脳の状態の抽象的な記述によってなされるのである。

　話し手・聞き手が言語的範疇を表示していると言語学者が言うとき、言語学者は、言語理論と話し手・聞き手の心とのあいだの関係について語っているのである。つまり、我々が名詞を表示していると言うことは、とりもなおさず、名詞を措定する言語理論が我々の脳の中で何らかの仕方で具体化されているということ —— すなわち我々の脳について当てはまるということ —— にほかならない。そして、誰かが頭の中に文あるいは名詞の表示を有している、と言語学者が言うとき、そこで意味されていることは、何らかの脳の状態が存在するということであるが、その脳の状態は、言語理論における抽象的なレベルで（文あるいは名詞として）記述されている対象を具体化したものなのである。

　したがって、心についての考えおよび心の研究の仕方には大きく異なる2つの考え方がある。1つの考え方は、心は「対象を何らかのものとして表示する」ためのシステムであると仮定し、これがいかにして可能であるかについての科学的探求が光を投げかけてくれることを期待するというものである。心的現象について実在論に与する哲学者はほとんど全員、この考え方をとっている。しかし、チョムスキーがよしとする提案はこれとは異なる。チョムスキーが示唆するところはこうである。「心的なもの」は、推論能力、言語能力、数学能力、そして心の理論（theory of mind）といった諸現象を包みこむ緩いグループに付けた、漠然とした前理論的なレッテルとして捉え、我々は、抽象的な記号理論を仮定することによってこれらを探求し、そのような抽象的な理論が向かうがままに任せて探求を進めていくべきである、と。この研究は、信念、欲求などといった、「志向的な言い回し」でなされる日常的な言い方に光を投げかけてくれるかもしれないが、そこで志向的な言い回しが説明において用いられるということは想定できないのである。

　しかしながら、表示対象を欠く表示という概念は整合的であろうか、このような概念であっても、言語理論で要求される研究を遂行できるであろうか？　哲学者の中にはこういう疑問を投げかける人もいる[12]。これにたいして、言語学者は、諸々の制約が適用される対象としてひとまず表示を定義し、言語理論はこの種の抽象的な記述に焦点を当てることによって進歩してきたのだ、と答えるであろう。

　以下で、我々が心的現象についてチョムスキーの実在論を論じる際、これは志向的状態についての実在論を意味しているのではないということを心に留めておかねばならない。それは、言語学において仮定されているものを含めて、科学的な心理学によって仮

定されている抽象的な諸々の状態、諸事象、諸原理についての実在論なのである。それにもかかわらず、心の哲学者にたいしてチョムスキーが与えた影響の多くは、彼の実在論が志向的な心理状態は実在しているとする議論を提供してくれた —— おそらく、その議論を先導的に提供してくれた —— というものであった。どうしてこのようなことになったのであろうか？　その理由は、表示についてのチョムスキーの考えが大多数の哲学者の考えと大きく異なっているということにしばしば気づかれなかったことにある。他方、哲学者の中にはその違いに気づいていた者もいるが、彼らは、チョムスキーが、彼の考えや主張以上のことを確立したと見なした。彼らの考えでは、チョムスキーの言語理論は、徹頭徹尾、志向的であり、したがって、心的なものに関する実在論を擁護する彼の議論は志向的なものと関係しているのである。[13]

したがって、心に関するチョムスキーの見解はしばしば誤解されているにもかかわらず、彼は、心の哲学にたいして多大な影響を与えた。一方、ひょっとしたら驚くかもしれないが、言語の哲学にたいしてチョムスキーが与えた影響はそれより少ないのである。これは、哲学者側からのチョムスキーにたいする抵抗の3番目の理由にも関係する。つまり、哲学者にとって言語についてもっとも興味をひく問題は、言語の意味論と語用論に関わる側面であり、具体的には、概念についての問題、真と偽の問題、（陳述すること、同意すること、同意しないこと、より一般的に社会に参与することのごとく）言語を用いて多様な研究をする仕方の問題に、哲学者は関心を持つのである。ところがチョムスキーの言語学上の研究の大部分は、言語の構造に関するものであり、また普遍文法に関するものであって、真理や指示、あるいは言語使用の問題ではなかったのである。彼の見解では、言語の使用を真剣に研究するということは、すぐ後でその理由を述べるように、全く見込みがないのである。そして彼は、哲学的意味論は奇怪な幻想であるという大胆な推測までしている。つまり、チョムスキーにとって、言語は少なくとも大多数の哲学者の興味をひくような意味での意味論（semantics）をまさしく有していないのである。

近年の多くの哲学者は、「哲学的問題は、言語を形成し直すか、あるいは我々が現在用いている言語についてより多くのことを理解するかのいずれかによって、解決されうる（もしくは解消されうる）問題である」と考えてきた。そして、哲学は、1900年頃、この「言語論的転回（linguistic turn）」を経験したとしばしば言われる。[14] 確かに、英米の分析哲学の伝統をひく論理実証主義者や日常言語派の哲学者、そしてヨーロッパ大陸哲学における中心人物らを含む20世紀におけるいくつかの哲学的潮流は、その他の点では互いに異なりながらも、「言語はともかくも哲学の中心テーマであった」という見解は共有していた。[15] となると、1950年代におけるチョムスキーの初期の研究以来、言語学が著しく進歩したにもかかわらず、大部分の哲学者がそれに注意を払わなかったのは奇妙である。若干の顕著な例外はあるものの、哲学者は、言語学者が文構造や言語獲得

装置について発見してきたことについてことさら関心を持つということはなかったのである[16]。

チョムスキーの論じるところでは、たとえば、語が何を指示するかについての問題や文の真理条件についての問題、といった多くの哲学者の興味をそそる、言語に関するある種の問題は言語学の領域外であり、実際、彼の考えでは語はそもそも指示しないし、文は真理条件を有さない以上、このような問題を設定すること自体が間違っているのである。ここでチョムスキーは、J. L. オースティン（J. L. Austin, 1911-1960）や後期のウィトゲンシュタインの「日常言語派」の哲学に近い考えをしている。彼ら2人とも、意味は言語使用をとおしてこそ理解されるべきであると考えていた[17]。チョムスキーは、何かを指示すること、また、真もしくは偽である何かを語ることは、人が言葉を用いて行うものとしてこそ正しく理解されうるという点で、彼ら2人と同意見である。さらにチョムスキーは、この分野についての科学的探求はおそらく実を結ばないであろうとするウィトゲンシュタインの見解にも同意している。ただし、チョムスキーは、人間の心について科学的に言えることは何もないとするウィトゲンシュタインの見解には反対している。

言語使用を理解することはなぜそんなに難しいのか？　それには区別されるべき2つの理由がある。第1の理由は、第3章で見たように、言われた内容を理解したり、話したりすることには、文法ばかりでなく、統語解析器（parser）および推論や社会認知のシステムといったいくつかの心的システムが関わっているという点にある。これらのシステムの相互作用は高度に複雑であるため、現段階ではそれを法則のような仕方で述べるわけにはいかない。前章で見たように、統語解析器や解釈システムの他の諸部門のごとく、問題の一部については少しばかり進展は見られたものの、これらのシステムの相互作用を法則のような仕方で説明することは、おそらく我々の手に余るであろう。

チョムスキーは、我々人間の認知的構成を考慮に入れるならば、人間が理解できることにはおそらく限界があり、したがって答えのない問い（unanswered questions）は2つの範疇に分けられる、と考える。つまり、一方で答えを発見し、理解することができるような問題（problems）があるが、他方で、それに対して意味が通るような答えを得ることはおそらく人間の能力を超えているような謎（mysteries）もある[18]。謎とされる候補の1つは、我々は、自然法則に支配されている世界にあっていかにして自由意志を（一見）持つのであろうかという問いであり、チョムスキーはここでデカルトが示唆していることに同意している[19]。したがって、言語使用を理解することがそんなに難しい2番目の理由は、何かを言うということは自由意志を駆使しているという点にある。つまり、我々は何を言うかについても、そもそも何かを言うべきかどうかについても自由に選択できるのである。

しかしながら、これまで見てきたように、チョムスキーは、ウィトゲンシュタイ

ン、クワイン、スキナーとは鋭く意見が対立している。チョムスキーは、彼らと異なり、我々が心的能力を実際にどのように使用するかという側面を捨象する限り、つまり、言語能力（competence）と言語運用能力（performance）を区別するならば、その種の心的能力を心的表示を用いて科学的に理解できると考えている。[20]

　本章の残りの部分で、チョムスキーの言語学上の研究が哲学にいかに関与しているかをより詳細に検討し、彼の哲学上の他の見解のいくつかを検討する。そして、他の哲学者の意見といかなる点で相違しているかについて、いくつか説明を試みる。なお、節の見出しに、「チョムスキーが与する立場」と「チョムスキーをめぐる論争」を用いたが、ある立場へのいかなる関与も論争を呼び起こさないものはないし、また一方で、論争の方はある立場への関与を反映している。したがって、両者の境界は決してはっきりしたものではない。

2　チョムスキーが与する立場

　上で簡単に説明したように、チョムスキーは、実在論、自然主義、合理主義を擁護すべく、力強い議論を展開してきた。これらの絡み合った3本の糸は、彼の思考の中で1本の糸へと束ねられ、E言語に対立するI言語に研究を集中するという内在主義者的な立場へと導いたのである。[21]本節では、チョムスキーが提案するいくつかの見解をそれと競合する見解と比較し、彼の与する立場がもたらした多様な影響を検討する。

2.1　心についての実在論

> 我々は説明理論をできる限り最良のものとして構築し、考案可能な最良の理論で指定されているものは、それが何であれ実在していると見なす。なぜなら、「実在している」という概念について、それ以外の概念はないからである。そして、我々は世界の他の諸側面についての研究との統一化（unification）を追求していくのである。
>
> （Chomsky, 1996a: 35）

　チョムスキーの実在論は彼の自然主義と心理主義から切り離して理解することはできない。言語にたいして自然主義的な探求をすることによって発見された、空範疇（empty categories）、束縛条件（binding conditions）のような対象や規則については、前の各章で述べたが、彼の実在論では、それらは実在しており、心・脳の特徴であるという強い主張を行うのである。つまり、チョムスキーが主張するところでは、化学や生物学の対象が世界の実在的な特徴であるのと同様に、チョムスキーや他の言語学者が展開する

理論の中で、何かを説明するという機能を果たす対象は世界の実在的な特徴にほかならない。もしある理論が正しいならば、その理論の本質的な構成部分である対象は実在しているのである。[22] もちろん、どの対象が、ある理論の本質的な構成部分であるかを知ることは常に容易であるわけではない。しかし、それは理論について一般的に言えることであって、言語学に特有の問題ではない。たとえば、哲学者たちは、物理学が成功を収めていることを根拠に、数が実在しているということが言えるかどうかを議論してきた。いずれの場合でも、科学における実在論は自然主義と連動しているのである。言語についての最良の理論が心的表示によって述べられるとするならば、その理論に本質的な心的対象が何であれ、我々はその心的対象の実在性を認めていることになる。つまり、そこから心理主義もまた導き出されてくるのである。

　チョムスキーが1950年代に研究を始めた頃、このような考えを受け入れる学問的環境は良好なものとは言えなかった。[23] 当時の哲学や心理学で影響力のある人々は、心的状態について語ることは空虚であって、真剣に扱うべきではないとか、およそ人間行動の科学的説明においていかなる役割も果たさないと考えた。このような主張をした理由はさまざまな学派ごとに異なり、彼らは異なる解決法を提案したが、彼らは、心的状態なるものは受け入れがたいほどに神秘的な対象だと考える点では大方一致していた。つまり、彼らにとって、心的状態なるものは、哲学者ギルバート・ライル（Gilbert Ryle, 1900-1976）の有名な言葉でいう「機械の中の幽霊 (the ghost in the machine)」であった。[24][訳注5]

　多くの哲学者をこれまでとりわけ悩ませた（し、今なお悩ませている）問題は、心的状態や事態なるものを、世界についての科学的見解の一部として、どのように理解すべきかがはっきりしないという点であった。つまり、「説明上のギャップ」が存在するように思われるのである。[25] 意識的な心的状態が持つ主要な特性は、その心的状態が体験者にどのように感じられるかということであるが、まさにその点で、心的生活が物理的な説明にどのように結びついているかを理解することを困難にさせているのである。物理的対象であれば、測定可能であるし、測定結果は、他の観察者によっても再現可能である。ところが、心的事態や状態については、その主観的側面を考慮すれば、同様のことが可能であるとははっきり言えない。ある人が痛みをどの程度感じているかや、ある色の色調をどのように感じているかは、そのときの脳の状態は測定可能であるとしても、測定できないように思われる。痛みや他の意識的な心的状態はしばしば「論理的に私的 (logically private)」であると言われているが、この主張は、人が他人の痛みや色感覚などを体験することは論理的に不可能であるということである。多くの哲学者を悩ませたもう1つの問題は、我々がある行為をしなければならないとか、する必要がないということを直観的に感じる自由なるものは、（量子力学を別にするならば）根本的な科学的説明に特徴的である決定論と両立しないように思われるという点である。こういったことを考慮した結果、多くの哲学者は心的状態や事態についての話は科学から締め出すのが最

良だと確信するに至ったのである。[26]

　こういった反心理主義の見解は、伝統的なデカルト哲学にたいする過剰な反動である。17世紀、デカルトは、各個人が自分自身の心について有する確信から出発することによって、知識にたいする新しい基礎を与えようとすでに試みていた。(つまり、"I am thinking, therefore I exist"「私は今、考えている、ゆえに私は存在する」である。[27]) 心的なものと物理的なもののあいだにある見かけ上の違いに関するデカルトの理論は二元論、つまり、心的なものと物理的なものという、根本的に異なる2つのタイプのものが存在するという考えであった。デカルトの思想は近代西洋哲学の広範囲にわたってこれから扱うべき問題を提示した。しかし、20世紀の中頃までには、二元論は好まれなくなり、知識に関する基礎づけ主義（foundationalism）はその妥当性が強く疑われていた。その頃までに好まれなくなっていたデカルト的な世界像のもう1つの柱は合理主義であった。つまり、我々が生得的に、すなわち、経験から独立に知っているものが存在するという考えである。生得的知識および心的なものに関する実在論を擁護するチョムスキーの自然主義的な議論は、知識に関する基礎づけ主義を前提にしていないし、二元論にまつわる懸念材料も、またどのようにして心的状態が「内から」感じられるのかという問題も回避しているのである。―― というよりも、すぐ後で見るように、チョムスキーの自然主義的な議論は、最近の哲学者たちが関心を持っている問題に関わらないのである。まず、心的対象に関する実在論に取って替わりうる考えの中から、道具主義と行動主義という2つを検討しよう。

2.1.1　道具主義にたいする反論

　哲学者や言語学者の中には、言語学的表示について（そして、ときには、より一般的に心的対象について）、道具主義の一形態に固執する者がいる。この見解によれば、言語理論は、ただ演算する装置にすぎず、実在について真なる主張をするものではないとされる。[28] それがあればデータの簡潔な記述が可能になるという理由だけで生成文法の技術的な装置を利用する人もいるかもしれない。そういう人は、これらの装置が心理的実在性を有するとは主張しない。つまり、これらの装置は当の理論家にとって単なる道具でしかないのである。彼らがなぜ道具主義に惹かれるかというと、それは、観察不可能な対象の存在に関与しないで済むからである。チョムスキーは、これとかなり類似したケースが科学史上いくつか生じたことを論じている。たとえば、ニュートン（Sir Isaac Newton）の重力理論とボルツマン（Ludwig Boltzmann, 1844-1906）の気体分子理論にたいする道具主義的解釈のケースとか、著名なフランスの化学者、ベルテロ（Marcellin Berthelot, 1827-1907）が、フランスの文部大臣として、原子論は「単なる仮説」であって、実在の記述ではないからとして、学校でそれを教えることを阻止したケースである。[29]

　もちろん、理論の中には道具として理解するのが一番良いものもある。相対性理論や

量子力学を含む物理学における発展を考慮すると、我々は、ニュートン力学は世界の正しい見方ではないことを承知している。しかしながら、ビリヤードの球の動きとか、太陽から離れた惑星の動きなどのように、［量子力学の対象としては］大きすぎる対象が、［相対性理論の対象としては］（光速よりもはるかに）低速で動く場合について予測するときにはニュートン力学である程度正確なのである。もちろん、ニュートン自身は道具主義者ではないが、我々は、現在、彼の理論を便利な道具として使用しているのである。我々は今や、$F = ma$（ニュートンの運動の第二法則）が厳密には偽であることを知っているが、しかるべき状況では、ニュートンの法則を演算装置として用いることは有用である。要点はこうである。我々は、真の理論であるどのようなものに関しても、その理論について実在論者でありうるが、他方、有用ではあるものの偽であるような理論についてはそれがいかなるものであれ、道具主義者でもありうるということである。

　上の例は、ある理論を単なる便利な道具として扱うための基準が何であるかを示唆している。つまり、その理論は、問題の現象についての最良の説明（すなわち、もっとも深い説明）ではないと考える十分な理由がなければならないという基準である。また化学者が、ある原子がある数の電子を「欲しがっている」と語るときのように、いかなる科学にも、字義通りにとるべきでない言い方がある可能性がある。もちろん、言語学の内部において、競合する理論は存在するがそれらの理論はいずれも言語学的表示や規則（あるいは原理）を本質的に重要なものとして用いているのであって、比喩的に用いているのではない。したがって、このような基準に照らしても、これらの言語学的対象についての道具主義は支持されないのである。

　さらに困るのは、ある特定の理論装置のうちどの部分が理論にとって本質的であるかがしばしばはっきりしないという点である。単純な例を1つ挙げれば、言語学者は、樹構造が心的にもそのとおり実在していると見なしているのだ、ともし考えるとしたらそれは間違いである。第3章で見たように、樹形図は、記号化されている内容を変えることなく、標示付き括弧によって常に置き換えることができる。言語学者がここで実際に与している内容は、これら両方の表記上の規約が表示しているもの、すなわちある種の階層構造が実在しているということである。すでに述べたように、より一層、議論を呼び起こす問いは、文構造や言語学上の諸規則（や諸原理）が心的に表示されていると言うとき、生成言語学は正確に何を主張しようとしているかということである。ただ、少なくともこうは言えるであろう。チョムスキーや彼の影響を受けた他の言語学者たちの研究が数々の成功を収めたのは、人間の言語能力に特有の内部構造を仮定したからであり、したがって、立証責任を負うのはチョムスキー側ではなくて、内部構造を否定する、道具主義者側に移っている、と。

　道具主義、とりわけ科学者のあいだで信奉されている道具主義の考えは、しばしば、途方もない思弁を回避し、証拠に基づかずに対象をいくつも措定することのないように

する試みであった。生成理論において、道具としての役割を担うものが仮にあるとすれば、おそらく空範疇がその候補であろう。しかし、空範疇が説明理論の本質的部分であることを考えると、チョムスキーの実在論は空範疇にも当てはまるのである。彼は、その具体例として、「発音されないとはいえ、痕跡 t は文の心的表示に実際に登場することを示す直接の証拠」について語っている。[31]

2.1.2 行動主義にたいする反論

> 生命体の構造を考慮しないような、行動の発達と原因についての説明は、それに関わっている実際の過程についての理解に何も役立たないだろう。（Chomsky, 1959: 44）

道具主義と同様、行動主義は神秘的とされている観察不可能な心的対象をまっとうな科学的説明から排除したいという欲求に動機づけられていた。第 3 章で見たように、B. F. スキナーをはじめ他の行動主義心理学者たちは、行動という 1 つの観察可能なものを、その生命体の環境というもう 1 つの観察可能なものによって引き起こされているとして理解し、予測しようと試みた。行動は環境の刺激にたいする反応からなるが、個々の刺激にたいする反応は、主に、それ以前の環境から受けた条件付けによって決められるのである。たとえば、ラットは、明かりが光るとバーを押すが、それは、以前にそうすることによって食べ物のような報酬が得られたからにほかならない。行動は環境の関数であり、心的状態が説明に登場する必要（さらに余地）などないのである。[32]スキナーはそのような心的状態を無用な「中間段階（way stations）」と呼んだ。[33]

第 3 章で述べたことであるが、スキナー流の行動主義言語学は、チョムスキーがその有名な書評で示したように見込みのないものであった。スキナー理論は言語行動を説明するものになりえない。なぜなら、この理論は内的な事象や状態を措定することを拒否しているからであり、また、刺激と実際の行動とのあいだの関係は、いくつかのシステムが相互作用して複雑に絡まった結果であり、およそ科学法則を求める領域として適切ではないからである。言語学が進歩していくためには、運用面を切り離すことと、心的表示のシステムとして根底にある能力を理解することの両方が必要なのである。

クワインによって提唱されたより洗練された行動主義は、第 3 章における我々の議論では論駁できないが、言語構造についての数々の言語学上の発見とやはり両立しないのである。[34]クワインにとって重要であったことは、心理学の諸理論は、「行動への性向（dispositions）」と「観察語（observation terms）」だけを本質的なものとして使用しているという点である。後者は、たとえば、計器読み取りや、他の客観的な物理的事象と状態である。クワインの行動主義は、いくつかの生得的な傾向性と認知における性向を考慮に入れていた（し、実際、前提としていた）。クワインにとって、心は全く白紙ではな

かったのである。条件付けがうまくいくためには、心は、いくつかの刺激を他の刺激よりもお互いにより類似しているものとしてみなしうる性向がなければならない。たとえば、犬を鈴の響きに反応するように訓練するためには、犬は、鈴の響きに関わるさまざまな状況を、実際はそれらはいろいろな点で互いに異なっているにもかかわらず、同様の状況として処理することができなければならない。このような条件付けのプロセスが動き出すためには、これらの性向のいくつかは生得的でなければならないのである。[35]

　クワインからすれば、「任意の話し手にとって、文の刺激意味は、話し手がそれを前にして質問されれば、その文にたいして同意するようなすべての刺激状況の集合である」[36]。たとえば、話し手は、This is Dutch（これはオランダだ）という文を多くの異なった状況において与えられて、そこから同意もしくは不同意を促されることもありうるであろう。彼は、ゴーダチーズや風車、そしてレンブラントの絵画を前にすればこの文に同意するかもしれないが、スティルトンチーズやイグルー、あるいは北斎の版画を前にすればこの文に同意しないかもしれない。前者の状況、および話し手の同意を促すような他の状況が、彼にとってこの文の意味にほかならないのである。[37]

　クワイン流の行動主義は他のいくつかの変種と同様、有限の手段で無限の言語使用を可能にするという意味での言語の創造性をうまく説明できない。すでに述べてきたように、チョムスキーは、我々が産出したり理解できる文の数は無限であり、その大部分はこれまで聞いたこともない文であること、そして実際、その大部分はかつて誰によっても使われたこともないような文であることを示した。したがって、我々は、いかなる種類の行動主義者の条件付けプロセスを用いても、当の「同意への性向」を学習できるはずがないのである。我々は、語を無限に多くの仕方で統合するための規則の体系、つまり、心的文法もしくはI言語を持たねばならないのである。

　第3章で見たように、語やある種の文のフレーム── たとえば、[冠詞 名詞 他動詞 冠詞 名詞]のような連鎖── は条件付けのようなものをとおして学習できるのであり、したがって、人間の言語的性向は、語をこれらのフレームにはめこんでいくことを基礎に築かれているのだという主張がときおりなされることがある。[38]しかし、そこでも指摘したように、この学習理論では、寄生空所文（parasitic gap sentences）のように、出くわすことがありそうにないタイプの文について話し手が有している直観を説明できないであろう。さらにこの学習理論では、いまだかつて出くわしたことのないような無限に多くの非文法的な単語列について、我々がどうして直観を持つことができるのかをも説明できないであろうし、子どものときには有限個の文しか耳にしなかったにもかかわらず、いかにして、大人になると、無限の数の文および文タイプのいかなるものについても産出したり、理解する能力をもつに至るかをも説明できないであろう。

　これらの事実を説明できるような、心理文法の行動主義者版── つまり、純粋に性向に基づく見解── は存在するであろうか？　1つの可能性は、我々が獲得しているの

は、今しがたどの語が発話されたかに基づいてある語を発話する確率的性向の集合にほかならないというものである。たとえば、there の後には、is や were が来る確率が高く、he が来る確率は（There he stood のような文を認めるとしても）低い。子どもが、個々の対になる語を耳にする頻度をとおして、このような確率を習得しており、子どもはそれらを何らかの仕方で頭の中に蓄積し、文を産出するときにそれらを使用するということもあながち考えられないわけではない。

　数理言語学では、この種のシステムは有限状態文法として述べられている。有限状態文法は、文を、隣接する語の連鎖の一種として構築し、無限に多くの文と、新奇な文の生成を可能にする。しかし、言語は、より複雑なことも可能である。つまり、無限に多くの埋め込み節を有し、また、語と語のあいだの一致のように無限に長い文法的依存関係を有している無限に長い文も可能なのである。(1) の文はその点を例示している。

(1) The houses that Jack asked a friend to tell his wife to ask her uncle to build were of poor quality
（ジャックが友人に依頼して、友人からその妻に、妻から彼女の叔父に建ててくれるように頼むように、と言ってもらった家は、質が悪いものだった）

　この文の主動詞 were は文の主語 houses と一致しなければならない。houses は複数形であるので、動詞形も was ではなくて were でなければならない。主語 houses と were のあいだにいくつも他の名詞があり、それらは Jack, friend, wife, uncle のようにいずれも単数形であるがそのことはこの一致には影響しない。実際、to build の前に "to tell his dog to get the cat" のような連鎖を常に挿入できるのであるから、主動詞と主語とは無限に離れていても構わないのであるが、それでも houses と were のあいだの文法的依存関係は常に保持されるのである。

　このことは、別に主語と動詞の一致についてだけ言える何か特別なことではない。同様のポイントは、第 2 章で見た他の文法的依存関係、たとえば、照応詞（anaphora）、束縛（binding）、wh 移動についても当てはまるのである。そのうえ、個々の文には無限に多くの長距離依存がありうるのである。しかし、無限に長い文法的依存関係を無限に多く有した文を、原理に裏付けられた仕方で生成できる唯一のシステムは、再帰的（recursive）規則（もしくは、それと同等の力を有する、形式的に等価な装置）、すなわち、自らの出力に繰り返し適用できるような規則を有しているシステムである。[39]

　行動主義は 2 つの根本的誤りを犯した。第 1 に、行動主義は心的状態や事象について語ることを禁じた結果、心的構造による説明を先験的に拒否するのである。しかし我々の言語能力は、我々が心的構造を備えていることを示している。言語学は、生命体の構造がどのように言語の産出と理解に関わっているかを究明しなければならない。した

がって、行動主義は、言語のまっとうな研究と両立しない。行動主義が、生命体の内部構造についての十分に洗練された考えをこのように考慮し損なったのは、チョムスキーが後に述べているように、行動主義の背後に経験主義の思想があったからである。なぜなら、「経験主義者の思弁に特徴的な想定は、知識の獲得のための手順とメカニズムだけが心の生得的特性を構成する」というものであったからである。行動主義は経験主義のとりわけ急進的な変種でしかなかった。しかし乳児の心は学習のための汎用型手順よりもはるかに豊かなシステムを備えたものとなっている。チョムスキーは、神経心理学者、エリック・レネバーク（Eric Lenneberg）と合理主義の流れをくむ思想の影響を受けて、大人の言語能力は、主として、言語に特有の、生物学的に与えられた生得的な心的構造によって決定されているということを示した。言語の生得的な知識、すなわち、普遍文法 UG が存在するのである。

　行動主義が抱えている 2 番目の問題は、それが能力と運用の区別をしていないという点である。上で見たように、チョムスキーは、人間の行為の原因について何か理論をつくるということに懐疑的である。したがって、チョムスキーは、言語学は、どの文がいつ発話されるかを予測しようと試みるのではなくて、言語能力の方を、つまり、我々の言語使用を可能にさせる認知的資源（cognitive resources）の方を研究すべきであると論じる。チョムスキーは時たま、この点について誇張しているように思われる場合がある。言語学者はこれまで、言い誤りのような偶然的な現象から、話し手が自分の発話を聞き手の興味と能力に合わせようと試みる仕方に至るまで、言葉の産出のいろいろな側面を研究し、いくらか成功してきているのである。しかし、我々は何を伝達したいと思うのかとか、我々はなぜ沈黙しないで何かを言うのかといったことを説明する理論は存在しないという点でチョムスキーは正しい。言葉の産出についての言語学的研究は、当の話し手が何かを伝えようと決めたと仮定し、話し手がそのためにどのように取り組んでいるかを説明しようと試みるのである。

　とにかく、行動主義を拒絶することによって心理学と言語学は妙で無益な制約から解放されるのである。今にして思うに、人間の心に関心を持つ科学者や哲学者が、行動の中で直接観察可能なものに限定して研究をするということはばかげているように思われる。ジョージズ・レイ（Georges Rey, 1945- ）が述べているように、それはまるで物理学者が「ガイガーカウンター（放射線量計測器）で検出されうるものに限定して素粒子間の区別をした」のと同様である。科学的な理論の目的はそもそも説明することである。説明は、一般に、表面的には現れていない対象や状態、そして過程を指定することをとおして行われるのである。

2.2 生得的構造

本章の序論で述べたように、チョムスキーは、心の構造は主として環境によって決定づけられるとする経験主義の主張を否定したが、これは、合理主義、すなわち、デカルトに関連づけられる思想の現代版にほかならない。しかしながら、チョムスキーの議論は、デカルトの有名なコギト（Cogito：われ思う）の見解、つまり、人間一人ひとりが内省してみると、確かな事実 ── とりわけ、自分が思惟しているという事実 ── を知ることができるという見解に依拠しているわけではない。そうではなくて、チョムスキーはコギトほどよく知られていないデカルトの別の主張を取り上げている。

デカルトによれば、人間の認知は動物や機械の認知と全く異なっている。デカルトは、17世紀の単純な自動機械（オートマトン）しか知らないのに、そこから先見の明を持って推測して次のように述べた。「機械はある種のことではいかなる人間とも同じ程度に、あるいはおそらく人間よりももっとうまく遂行できるが、他のことでは間違いなく人間よりも劣る」、なぜなら、機械は、「知識に基づいて行動するのではなく、その仕掛けに備わっている性向に従って行動するにすぎないからである。」デカルトの見解によれば、人間は異なった状況にたいしてそれぞれ柔軟に対応することができるが、機械は人間と違って、その行動はあらかじめプログラムに組み込まれていなければならない。つまり、機械は、「あらゆる個々の行動にたいして何らかの特別の適応」を必要とするのである。この見解は今日のコンピュータの時代にあっても、きわめてうまくそのまま当てはまるのである。我々は、機械が（たとえば、チェスの世界チャンピオンを負かすように）特定の課題を非常にうまく実行するようなプログラムを組むことができるが、良識を有したり、多様な領域の全体を考慮する見解を持つようなプログラムを組むことはできない。

デカルトが指摘しているように、我々の言語使用は、人間の心的柔軟性の鍵となる例であり、それは機械にはとても模倣できないものである。彼の見解では、機械が次のように仕組まれていることは十分考えられうるであろう。

> 機械は、言葉を発するように、そして、体の動作がその仕掛けの中に変化を生じさせ、その動作に応じて言葉を発するように仕組まれている［ことは十分考えられうるであろう］（たとえば、機械のある所を触れば、何をしたいのかと質問し、他の所を触れば、痛いと叫ぶ、といった具合である）。しかし、そのような機械は、目の前で言われたどんなことにたいしても、言葉をいろいろ並べて発し、言われた内容に意味ある仕方で適切に答えることなどは考えられないのである。ところが人間ならどんなに頭の鈍い人でもこれができるのである。（デカルト『方法序説』第5部）[45]

この見解は、今日からすれば、先見の明があったと言えるように思われる。なぜなら我々は、まさにこのような性質を持つ機械、つまり、グーグル翻訳のような自動翻訳サービスやアップルの Siri のような自然言語解析・認識インターフェイス・システムに話しかけることができるからである。これらのシステムは短時間接しただけでは知的であるように思われるかもしれないが、実際はそこでは何も理解していないことがすぐに自明となる。[46] デカルトが予言したように、このような機械は狭く限定された課題だけをこなすのであり、特定の領域外の課題を全くこなさないのである。

　デカルトは、「人間は、純粋に機械的な基礎では説明できない独特の能力を持つ」[47] と結論づけた。デカルトとその追随者はこのことは、人間が完全に物理的ではありえないこと、つまり、これらの能力を説明するためには、「思惟する実体」が措定されなければならないことを示したと解釈した。大部分の現代哲学者と同様、チョムスキーは、二元論、すなわち、心的なものと物的なものという 2 つの根本的に異なったタイプのものが存在するという見解を容認しない。しかしチョムスキーは、人間言語の創造的使用と、自然科学が求めている、因果的で形式的な類いの説明とのあいだにあきらかなある種の緊張関係があるということに実際、同意しているのである。

　チョムスキーは、創造的な言語使用がいかにして可能かについての難問を「デカルトの問題」と呼ぶ。チョムスキーの見解ではデカルトの問題は 2 つに分かれる。[48] 第 1 に、我々の文産出能力をいかに説明するかという問題である。我々が文を産出するとき、それはおおむね状況にたいして適切であり、状況によって促されるが、（文は「刺激の統制から自由」であり）状況によって決定されるわけではない。上で見たように、チョムスキーはこの能力を、問題ではなく、謎であると見なし、今後も謎であり続けるであろうと考えている。なぜなら、この能力は人間の自由意志に関する諸問題と結びついており、自由意志なるものは常に説明を阻むものだからである。

　デカルトの問題のもう 1 つの側面は、無限の領域に及んで新奇な文 —— これらの文はそのスコープに限界がない —— を産出し理解する能力であり、これは一般的な知能とは独立である。（そのような能力は「どんなに頭の鈍い人」でも有している。）第 2 章でその詳細を述べたように、チョムスキーおよび他の言語学者たちは、この能力は内的文法、すなわち、I 言語によって理解されうることを示してきた。つまり、それは、心的表示について操作が可能な言語規則によって特徴づけられる機能にほかならない。そのうえ、チョムスキーは、獲得された特定の I 言語は個々の人が子どものときに受け取る入力だけではほとんど決定されないということを考慮して、これらの能力にたいする最良の説明は次のようなものであることを示した。これらの能力は、言語獲得に特化した生得的な認知的資質（innate cognitive endowment）に、成熟と環境が引き金となっていることに部分的に依拠しているのである。（これは言うまでもなく、第 1 章、第 3 章で論じ、以下でも再び論じる「刺激の貧困（poverty of stimulus）」のテーマにほかならない。）

2.3 方法論的自然主義

チョムスキーのⅠ言語および普遍文法を擁護する議論は「仮説的推論」による議論（"abductive" arguments）である。つまり、最良の説明への推論（inference to the best explanatioin）の例である。この議論は、All humans are mortal; Socrates is human; therefore Socrates is mortal（人はすべて死すべきものである、ソクラテスは人間である、それゆえ、ソクラテスは死すべきものである）のような演繹的議論と異なっている。妥当な演繹議論は（定義からして）、もし前提が真であるならば、帰結もまた真であるとする議論である。一方、最良の説明への推論は、このような確実性を持つものではない。原理的には、常により良い説明が発見される可能性があるのである。[49]しかし、まっとうな代替案がない場合は、現在、得られている最良の仮説を正しいものと受け取ることは理にかなっている。したがって、チョムスキーおよび他の言語学者たちによるかなりの量の研究は、その説明力をⅠ言語および普遍文法を措定することに依拠しており、しかも、（第3章で、我々は、現代コネクショニストの試みを検討したが）まっとうな競合する経験主義者の説明がない以上、Ⅰ言語および普遍文法の存在を支持し、さらには、心的なものと特定の生得的な心的構造が実在していることを支持する強力な議論を提供しているわけである。

この類いの最良の説明への推論に関して、あるいは最良の説明の中で措定される対象を実在していると見なすことに関して、特別なことは何もないという点を理解することは重要である。上で指摘したように、これは科学におけるごく当たり前の手順にほかならない。もしある現象にたいする最良の説明がヒッグス粒子が存在するということであるならば、我々はそれが存在すると結論づけることができる。対立する理論を信じている科学者なら、しばらくはこの推論に抵抗するかもしれないが、ヒッグス粒子による説明の方が競合する説明よりも良い説明を提供するような証拠がさらに発見されるにしたがって、推論はより説得力を持つものとなり、スティーヴン・ホーキング（Stephen William Hawking, 1942-2018）が最近そうであったように、[50]反対論者は次第にヒッグス粒子の存在を認めざるをえなくなるであろう。科学の歴史は同様のケースで満ちあふれている。たとえば、アインシュタイン（Albert Einstein）は、主として光電効果の発見という功績でノーベル賞を受賞したが、それは、光は粒子から成ることを証明するという当時の大多数の物理学者を驚かせたものであった。

もちろん、チョムスキーは十分気づいていることであるが、成功した理論に基づいていかなる結論を引き出すかについては難しい問題がある。

　　　我々がある理論が正しいと見なすとき、正確には何を意味しているかをめぐって、よく知られている厄介な諸問題がある。すなわち、その理論的構成物、その原理、その理想化

はいかなる地位を持っているのか、実験の状況、我々の知覚および認識能力という媒介物をとおして、事実はいかに捉え直されたのか、などである。(Chomsky, 1980a: 104-105)

　しかし、チョムスキーの主張はこれらの問題の解決が容易だということではなくて、この種の推論に関して、他の諸科学では生じないにもかかわらず、心理学の分野では生じるような特別な問題は何もないということである。[51]生成言語学が成功を収めたのは、この学問が、チョムスキーが「方法論的自然主義（methodological naturalism）」と呼んだこの仮定、つまり、言語学は、物理学あるいは地質学、生物学、細菌学といったいわゆる「特別科学」のいかなるものとも同じく、経験的な学問であるという仮定に基づいて築かれたからである。
　これと対立する見解は、心と言語に関する理論にたいしては、他の科学には適用されない先験的な制約があり、心は異質なものとして、あるいは特別なものとして扱われなければならないとする考えである。チョムスキーはこれを「方法論的二元論（methodological dualism）」と呼んでいる。彼が見出したところによれば、この考えは、哲学では、実在論者や自然主義者と自認している人のあいだでも、驚くほど普通なのである。[52]そのもっとも重要な例は、科学は陽子を措定することは正当化できるが、文法という心的規則を措定することは正当化できないとするクワインの見解である。そのような哲学者たちの主張がどのようなものであれ、彼らの考える方法論的二元論は、人間の首から上を、他の自然世界から質的に異なっていると見なしているのである。以下では、クワインやスコット・ソウムズ（Scott Soames, 1946- ）による方法論的二元論の主張を検討する。

2.4　再びＩ言語について

　チョムスキー言語学の核心にあるのはＩ言語という概念である。この術語は、チョムスキーの初期の研究で登場した「文法」という術語の用法の１つを置き換えたものである。「文法」は、我々が頭の中に備えている内容を指す用法と、我々の心・脳の当該の側面に関する言語学者による理論を指す用法との両方があり、曖昧であった。チョムスキーの現在の使い方では、「文法」は、今日でも言語学者による理論を指すが、その理論の対象、すなわち、我々の言語能力の根底にある心・脳の構造は、今日では「Ｉ言語」という語で指されている。ここで、"Ｉ" は内在的（Internal）、個人的（Individual）、そして内包的（Intensional）ということを想起するために付されている。
　「内在的（Internal）」とは、言語学者が研究している領域は、話し手と聞き手の外に存在するものであるとか、心と外部世界との関係を表現するものであるとかいうのではなくて、個々の話し手と聞き手の心・脳に内在していることを意味する。チョムスキー

は比較的初期の著作で、「ある言語の話し手なら誰でも、その言語についての自分の知識を表している生成文法を身につけ、内在化している[53]」と述べた。このような言い方は、第一言語獲得の過程で、外的な何かが生命体に組み込まれる（内在化される）ことをチョムスキーが考えていることを示唆しているという点で、誤解を招く可能性がある。言語獲得の引き金となるためには、外的刺激を何らかの形で受けることが必要であるのはあきらかであるが、チョムスキーの見解では、結果として得られたシステムは、心の外にある世界における何らかの文法のモデルではない。これまで見てきたように、我々の言語知識が ── それが少しでもあるとしたら ── いったい何を表示しているかについての問いは、チョムスキー言語学に大筋では同調している哲学者のあいだでさえ、かなりの不一致が見られる話題なのである。我々はこのトピックにすぐ後で戻る。

"I" に込められた2番目の「個人的（Individual）」は、内在主義から自然に出てくるものである。もし言語学がI言語に関するものであり、I言語は心的表示およびそれらの表示同士の関係の問題であって、心的表示と外的世界との関係の問題でないのであるならば、I言語は個々の人間の心・脳に内在的なものでなければならない。ここで、心的な事象（究極的には脳の状態）はそれ自体、集団的なものではなく、個人的なものであるということを仮定している。

"I" に込められた3番目の「内包的（intensional）」[これは「志向的（intentional）[54]」とは別であることに注意されたい]は、数学から借りてきた術語である。集合論では、集合は内包的に ── たとえば、「1と9のあいだの偶数」のように ── 記述によって規定されるか、あるいは、外延的に $\{2, 4, 6, 8\}$ のように集合のメンバーを列挙することによって規定される。チョムスキーがこの「内包的」を用いるとき、これには2つの異なった含みがある。まず最初に、我々の文法を構築している規則と原理のシステムは、いくつかの手順を用いて動くのであるが、それら手順の形式が重要であることをこの術語は示唆している。人間も電卓も $6 \times 17 = 102$ の演算はできるが、人間はおそらく電卓と同じ手順で演算していないであろう。人間も電卓も同じ答えを出すということからして、人間が用いる手順は電卓のそれと外延的には同じであるが、内包的には異なるのである。言語の知識を考察する際、言語学者は人間がどのように操作しているか、実際、いかなる手順で文が生成されているかを発見したいと思っている。同じ結果が他の何らかの装置を用いて、根本的に異なった仕方の操作で得られるという事実はここでは無関係なのである。

[「内包的」が持つ2番目の含みはこうである。] もし言語が文法的文の集合ではなくて、内在的な構造もしくは手順であるとするならば、それは文法的な文ばかりでなく、文の断片、孤立した語、さらには不適格であったり非文法的であるような文についてもそれを処理し、何らかの解釈をあてがうことができると考えることはごく自然である。[55]これは事実と合致する。たとえば、ある言語を知っているとき、何度も見てきた類いの

整式文ばかりでなく、文の断片や非文法的な文についても解釈することができるからである。我々は、**I speak fluently French**（私はフランス語を流暢にしゃべる）の類いの例は容認不可能だということを承知しているが、この例を誰が口にしようと、この文によって何を伝達しようとしたのかということもまた我々は知っている。つまり、我々は、不適格であるにもかかわらず解釈を与えるのである。

2.5 表示と演算

　チョムスキーがI言語へ深く関与するのは、I言語の構造および働きに関するとてつもなく詳細な説明がその基礎づけをし、かつ、支持しているからである。この説明の核心には、言語能力は心的表示に加わる演算によってこそ理解されうるという見解がある。

　心的能力を演算的に説明するという考えは、［今日］言語学ばかりでなく認知心理学の主流になっているが[56]、それは、数学者（でありまた、第二次世界大戦中、暗号解読者でもあった）、アラン・チューリング（Alan Turing）の研究に部分的に触発されたものである。チューリングは、すべての演算は、原理的には、記号の集合体にたいする、その内的性質に応じた変形操作として、純粋に機械的に（すなわち、「形式的に」）理解されうるということを証明した。現代のコンピュータでは、これらの内的性質は、シリコンチップ上のある位置における電圧の高低、あるいは、CDのアルミニウム面における物理的なくぼみの有無といった典型的に二値的性質である。コンピュータが国の負債を演算するとき、あるいはスクリーン上の映像を動かすとき、あるいはベートーヴェン（Ludwig van Beethoven, 1770-1827）の弦楽四重奏曲を再生するとき、コンピュータが操作を加えている内的表示の「意味」を知る必要はない。それは組まれたプログラムに従って個々の記号に反応しているだけなのである。

　今日のパソコン時代にあっては、こういった観察はかなりありふれたことと思われるかもしれないが、20世紀の中頃では、それは革命的なことであった。なぜなら、それらは記号の形式的な操作でもって、すなわち、それ自体、知能や洞察力を前提としない方法で、知的な思考の側面をモデル化する仕方を示唆したからである。この種の説明から出てくる［2番目の］利点は、それが心理学や言語学を神経科学と統一化する方向に道を開いているという点である。なぜなら、演算が関与するような表示の持つ形式的性質は、神経学上の（そして究極的には物理学上の）性質として最終的には解される可能性があるからである。もっとも、チョムスキーがしばしば指摘するように、これまでのところ、この面で多大な進歩が見られたとは言いがたいし、言語能力について我々が理解していることのほとんどすべては、まだ心的表示のレベルにとどまっている。つまり、神経科学は人間の言語能力の理解にたいしてほとんど貢献するところがまだ見られないのである。[57]言語学にたいする演算モデルの3番目の利点は、特定のプログラムを実行し

ているコンピュータは、限りのない能力 —— なぜなら、その出力は潜在的には無制限であるから —— を有している装置にほかならないという点である。したがって、これは、有限の手段で、無限個の新奇な文を産出し、理解するという我々の能力を理解する正しい方法である可能性がある。

我々は、演算 – 表示モデル（computational-representational model）および、コンピュータとのアナロジーをどの程度言葉通りに受け取るべきであろうか？　何人かの哲学者は（そのもっとも有名な人はジェリー・フォウダー（Jerry Alan Fodor）であるが）、心はコンピュータにほかならないこと、そして認知とは実際、演算である、いや、むしろ、いかにして思考が働くかを説明する他の理論がない以上、少なくとも、我々が理解できる限りの認知の一部は演算であると論じた。

チョムスキーの立場はもう少し慎重である。彼は、「個人の心の中に何が実際に表示されているか」について語ったり、「脳は ⋯ のような表記を用いる」（ここで ⋯ の部分は、前の各章で論じられた種類のラベル付きの角括弧で仮に埋められるものとする）と書いたりするときには、演算と表示に関して実在論の立場をとっている。[58] しかし、チョムスキーは、コンピュータとのアナロジーはいくつかの点で誤解を招きかねないと考えている。[59]

演算 – 表示モデルが言語能力と言語運用の区別とどのように適合するかを理解する際、注意が必要である。言語学において、文法性についての我々の直観や言語運用の他の諸側面を説明するために、演算が要請されるわけだが、だからといって、我々が当の直観を有しているときに演算が実際に行われていると仮定されているわけでない。第3章における統語解析の議論で見たように、演算は時間 – 空間の中に位置づけられる必要はない。言語能力のモデルは、I言語が言語運用システムでいかに使用されているかという側面を捨象する仕方でI言語を記述する。もちろん、統語解析器のような言語運用システムもまた演算 – 表示システムでありうるかもしれないが、だからといって、任意の文について、統語解析の演算がI言語の演算と同一もしくは同型であるということにはならない。実際、両者は同一でないと考える強い理由がある。統語解析の方は、文の始まりから終わりに至るまで（言語学者の言い方では、「左から右へ」）リアルタイムで生じるが、I言語の標準モデルは、文を下から上へと築くのであり、もっとも深く埋め込まれた要素を出発点にして上へ上へと、つまり、（おそらく正確ではないが）おおむね逆の「右から左へ」の順序で処理されるのである。これらのシステムが互いにどのように関係しているかについては、第3章で、最近の興味深い研究をいくつか見たものの、まだ多くのことは分かっていない。言語学者や哲学者の中には、このような説明上の脱落は演算 – 表示モデルの深刻な欠陥の現れだ、と論じる人もいる。しかしチョムスキーの見解はこうである。自然界の未解決の分野と同様、認知について、我々が理解できていないことがたくさんあるし、将来、それらについての研究と統一化されることを期待しながらも、

今のところ進歩が可能であるように思われる領域で経験的探求にもっぱら集中することが賢明である、と。

コンピュータとのアナロジーに慎重になるもう1つの理由は、コンピュータが処理する表示は、プログラマーや使用者の目的の帰結としてある種の意味を有しているように見える、という点にある。記号の操作自体は同一であると仮定すると、どうして、私のコンピュータは私の銀行残高を演算しており、何か抽象的な数学上の問題を演算しているのでもなければ、宇宙船の軌道を演算しているのでもないことになるのであろうか？ おそらく、私の銀行残高は私が知りたいと思っていることだからであろう。チョムスキーの見解では、そのような問いは人工物について生じるのであって自然物について生じないのである。彼は次のように述べる。

> ある物体が鍵なのか、テーブルなのか、コンピュータなのかは、設計者の意図、標準的な使用、解釈の様式などに依拠している。… このような問題は、有機分子、線虫、言語機能、あるいは他の自然物においては生じない。… それらは人間の興味や関心事といった高度に入り組み、絶えず変容しているスペースにおかれているのではなく、ありのままのものとして考察されているからである。(Chomsky: 1993b: 43-44)

要点を述べればこうなる。人間や他の自然物はプログラマーを持たないので、人間の頭の中の表示が意味している内容は、私の銀行残高を表すコンピュータ上の表示と異なり、意図された表示の使用法によっては決定されえないのである。これはよく知られた問題である。[しかし] 哲学者の中には、生物体も、(心臓の機能は血液を送り出すことであるという例のように) おそらく進化上の役割によって決定された、自然的な目的や機能を有していること、そして、心的表示も同様であること、さらには、我々の心的表示の生物学的機能が表示の意味を決定する、ということを主張した人もいる。

(哲学者の言い方であるが)「志向性を自然化」しようとするもう1つの試みは、思考や発話の意味を、それらが、ある種の因果関係によって有している情報の問題として理解しようとするものである。我々は、Smoke means fire (煙が立つということは、火があることを意味する) とか、Those tire tracks mean that he was traveling at 80 mph when he braked (それらのタイヤの跡は、彼がブレーキをかけたとき時速80マイルを出していたことを意味する) という文を言って、煙が立つことは火があることの十分な証拠であるという事実や、タイヤの跡はその車の速度と方向についての確かな証拠であるという事実を表そうとする。なぜかといえば、火は煙を生じさせるし、時速80マイルで走行中の車にブレーキをかけるとタイヤのゴムが道路に跡をつけるからである。哲学者ポール・グライス (Paul Grice, 1913-1968) は、「意味する (mean)」のこのような使い方は、"water" means H_2O (「水」は H_2O を意味する) とか three rings of the bell means that the bus is full (ベルが3

回鳴ると、バスが満員であることを意味する）のような、語、概念、あるいは発話の意味について語る場合と、一見大いに異なるということを指摘した。ところが、フレッド・ドレツキ（Fred Dretske, 1932-2013）、フォウダー、それにグライス自身を含む何人かの哲学者は、語や概念の意味を、「煙が立つということは、火があることを意味する」の意味と同化しようと試みてきた。ドレツキやフォウダーの見解では、火が煙を生じさせるのと全く同様に、世界における対象や属性とそれらに関する我々の概念とのあいだには、確かな因果関係がある、とされる。たとえば、照明状況が良いところで一匹の猫を見ることは、一般に、概念 CAT を含む思考を生じさせる。彼らは、この種の因果関係こそが、我々の概念がそれらの対象を指示するという事態をもたらすのだと主張する。[62]

チョムスキーはあきらかに意味の進化論的理論にも、因果的／情報論的理論にも納得していない。そして、彼は、科学的な観点（すなわち、努めて客観的である観点）から考えられた心的表示がそもそも意味（meaning）を有するかどうかはっきりしないと考えている。さらに、チョムスキーが「表示（representation）」という語を使用するとき、この語は、単に、「措定された心的対象」、すなわち、それに演算操作を加えることが可能であるようなモノであって、心の外の世界における何か「の表示」のように関係的に理解されるべきでないことをも思い起こそう。

いかに演算－表示モデルを深読みしすぎないかについての上の議論をふまえるなら、チョムスキーが与する演算主義的な立場から導き出される次のことが強調されなければならない。我々の言語知識を言語学者が記述する際、重要な役目を果たしている言語記号の、心・脳における相対物、そして、名詞、動詞、補文標識のような心的表示の要素、さらにはそれらによって構成される階層構造は、母語話者の言語知識や直観のいかなる説明にあってもその根底にあるという意味で因果的性質を有している。たとえば、あなたが、Bill thinks John likes him（ビルはジョンが彼のことを好きだと思っている）における him を、Bill もしくは、John 以外の第三者、のいずれかとして解釈するという事実は、あなたの頭の中の I 言語によるものである。I 言語が異なれば、異なった表示を生成するので、（他の条件を同じにしても）この文について異なった判断が得られるであろう。

表示理論を擁護する議論を構成する主要な特徴は、表示理論は、非－表示理論ではできない仕方で有意義な一般化が可能になるという事実から来る。[63] これはいまだ我々の信念の表明以上のなにものでもないが、我々の知識が何らかの種類の神経学上の術語で具体化されていることには議論の余地がない。[64] しかし、素粒子物理学が氷河作用や経済学、あるいは発生学について適切な一般化を可能にしそうにないのと同様、神経学上のレベルは、言語に関する有意義な一般化を可能にしそうにないように思われる。伝統的および現代の言語学者が何世紀もわたって産み出してきた一般化はすべて、名詞、動詞、句などの言語学的範疇の体系、そして、言語学的表示、すなわち、それらの範疇から要素を構造的に配列したもの、さらに、これらの表示について定義されるような文法規則

や関係や操作を前提にしているのである。したがって表示理論を擁護する最良の議論は、それら表示によってどこまで説明が成功するかであり、競合する非−表示論者によってそれに比肩する説明上の成功があきらかに得られていないことである。最近数十年のあいだに、現代言語学は言語についての我々の理解を深めてくれたが、このことは、表示理論の確からしさをかなり高めているのである。

2.6 心理主義

　チョムスキーの見解では、「心的 (mental)」や「心理主義 (mentalism)」という術語は必要以上に人を悩ませている術語である。チョムスキーは、自然科学の枠内で人間の心の働きを理解しようと試みているという意味では心理主義者である。電気技師は「電気的」という術語の正しい境界を引くことに悩まないし、化学物理学者は「化学的」という術語の正しい境界を引くことに悩まないが、それと同様、チョムスキーは、彼が言語は「心的」現象だと言うとき、別に形而上学的な主張をしているのではないと考える。むしろ、彼は、「心的」という術語で、ある特定分野における前理論的な関心事を表現しているにすぎない。彼は、「現代の心理主義は … 物理科学の枠内で心理学と言語学を同化する方向へ進んでいる」[65]とも言う。フランスの著名な哲学者、ピエール・ジャコブ (Pierre Jacob) はチョムスキーに同意して、「物理科学の哲学者は誰も、何が機械的、光学的、電気的、あるいは化学的な現象を構築するかについての基準を自分たちが提示すると期待されているとは考えないであろう」[66]と述べている。であれば、なぜ心的現象だけはそれらと異なるのであろうか？

　しかし、「心的」をめぐる議論のこのようなデフレ論[訳注7]的なチョムスキーのコメントは、他の哲学者たち —— その中には、チョムスキーの初期の研究にとりわけ影響された哲学者も何人か含まれるが —— を驚かせた。チョムスキーが合理主義を復権させ、経験主義を否定する際、彼が展開した多くの主張 —— とりわけ、生得的観念があるという主張や、我々が持つ言語の知識は部分的に生得的であるという主張 —— は、実際、心的対象についての大胆な形而上学的主張であったし、それだからこそ良いと、彼らは考えているのである。チョムスキーと彼らとのあいだの見解の不一致のいくつかは、「言語の知識」でもってチョムスキーが何を意味しているかによるが、次節でこの点について述べることにしよう。

2.7 合理主義と言語の知識

　経験主義者と合理主義者とのあいだの見解の不一致は、哲学上の大論争の1つである。合理主義者は、我々は生得的観念を有すると主張する。生得的観念は、経験から独立し

て我々が有している概念や知識であり、現実に我々が有している場合もあれば、性向として有している場合、つまり生得的に存在し、いつでもアクセス可能な状態になっている場合もある。一方、経験主義者は、我々の概念や知識は我々の感覚をとおして得られるのであるから、経験から独立に知っているものは何もないと論じる。経験主義者によれば、我々が生得的に有しているものは、我々の感覚と汎用的学習メカニズムだけである。合理主義は由緒正しい歴史があり、プラトンとデカルトがその先導的な擁護者であった。しかし、20世紀の中頃までには経験主義が優勢となり、合理主義は時代遅れの、非主流派の理論であり、いささか奇異な理論とさえ見られていた。

それ以来、チョムスキーは、我々は言語の知識を生得的な性向として有していることを示すことによって、たった一人で合理主義を復権させたのである。彼は、1960年代の中頃、いくつかの講演および著書『デカルト派言語学（*Cartesian Linguistics*）』において、生成文法という新しい学問分野を、デカルトや、言語学者ヴィルヘルム・フンボルト（Wilhelm von Humboldt）といったデカルトの影響を受けた17、18世紀の思想家たちと結びつけた。この議論の核心部分についてはこれまで見てきた。要するに、言語を学習し、使用する我々の能力を科学的にもっともうまく説明する仮説は、〈（言語病理の人は別にして）人間個人であれば誰でもが有している、言語に特化した生得的観念のシステムが存在する〉というもの、すなわち、〈普遍文法が存在する〉というものである。

しかしながら、チョムスキーが確立したことをめぐって多くの混乱があった。その1つの理由は、合理主義と経験主義とのあいだの論争は、実際、区別されるべき少なくとも2つの不一致点があるからである。プラトンとデカルトのような古典的な合理主義者は、2つの問題、つまり、我々はいかにして知識をもつに至るかという問題 —— この問題にたいする彼らの答えはその大部分は生得的だから、というものである —— と、この生得的知識はいかにして正当化されるのか、つまり、その生得的知識を信じることが理にかなっているとさせるものはいったい何かという問題の両方に関心を持っていた。古典的な合理主義者は、我々の知識の多くを真と見なすとき、それは経験とは独立に正当化されると考えた。経験主義は、合理主義のこれらの主張のそれぞれに対応して、少なくとも2つの逆の主張、すなわち、すべての知識の源泉は経験であり、すべての知識にたいする合理的な正当化は経験にこそ依存するという主張をするのである。[67]

2.7.1　知識と正当化

正当化の問題がどのようにして論争の的となるのであろうか？　そのことを見るためには、生得的知識の一例を挙げる必要がある。たとえば、三角形の基本性質についての知識のごとく、我々が生得的に知っている幾何学上の真理がいくつか存在するという点で、プラトンとデカルトは正しいと仮定しよう。さらに、子どもが初めてこれらの真理を心に抱くために要求されることは、教師が子どもを正しい方向へ向かうように促すこ

とで十分だと仮定しよう。このような合理主義の立場を支持する議論は、刺激の貧困による議論であり、馴染みがあるはずである。我々の感覚経験には、正確な三角形は存在せず、三角形に近似しているものしか存在しない。正確な三角形に関する数学上の真理は、物理的世界における、それら近似の三角形には当てはまらない。したがって、我々は、それらの真理を、多くの近似の三角形を計測することによって習得するのではなく、推論によって習得するのである。感覚上の入力は、その子どもが獲得する知識を決定するにはあまりにも貧困なのである。したがって、その知識は主として生得的に決定されなければならない。

　さて、感覚をとおして獲得する知識がいかにして正当化されうるかを理解することは容易である（もっともその詳細に立ち入ると、それはかなりきわどいことが判明するが）。人は、今週の当たりくじ番号について、まぐれか、それともくじが引かれるのを観察するかのいずれかの仕方で、ある信念をもつに至り、それが真であることもありうるだろう。直観的に言えば、注意深い観察をとおして信念を持つことは理にかなったことであるが、単なる推測によって信念を持つことは一般に理にかなっているとは思われない。なぜかといえば、単なる推測は大部分、間違っているからである。ところが、三角形に関する真理のように、観察とは独立に自分の頭の中に見出されるある種の観念を真と見なす場合、それがいかにして正当化されうるかを理解することは容易ではない。人が有している生得的観念がいかなるものであれ、それが世界におけるものごとの実際のあり様に対応していることは何によって保証されうるのであろうか、あるいは対応していると考えることがそもそも理にかなっているとさせているものはいったい何であろうか？　この問いは、合理主義者によって生得的だと考えられてきたいくつかの種類の知識、つまり、数学的真理と同様、倫理学的真理や形而上学的真理について生じるのである。[68]

　しかし、チョムスキーや他の生成言語学者が関心を持つ類いの言語の知識については上のような問いは実際、生じないのである。言語学的規則の知識、すなわち、原理とパラミタの知識は、それが人間自身のI言語の知識にほかならない以上、自動的に真になるのであり、それゆえ、どのように正当化の問題が関連しうるかあきらかでない。チョムスキーが述べているように、「外在的な基準は存在しないので、可能な事実と現実的な事実の領域は同一なのである。Xの文法は、Xの心が構築しているものにほかならない。」[69]障害により、正常な言語獲得が妨げられている病理異変の場合ですら、言語学者は獲得された内容を「偽」とは見なさず、正常でないとか非典型的と見なすであろう。

　このことは、人のI言語はなんらかの外的言語の表示やモデルではない（し、その人の親や教師の頭の中にあるI言語の表示やモデルでもない）とするチョムスキーの見解と関係している。しかし、言語学者が実際に何をしているかということに目を向けることにして、正当化の問題に関連する論争をとりあえず脇においておくこともできる。話し手の言語知識を研究している言語学者にとって、その話し手が親や自分と同じ環境にいる

人たちと同じ規則を獲得した（あるいは同じようにパラメタの値を設定した）かどうかは直接は、問題ではない。生成言語学者は、主として、話し手／聞き手が頭の中に有しているものに関心があり、またそれが、どのような仕方で彼らの言語能力の根底にあるのかに関心があるのである。それがまさに定義上、彼らの「言語の知識」であり、それがたまたま、他の人の頭の中にあるものと同じであるかどうかは問題ではないのである。[70]

2.7.2 志向性にたいする反論

かくして、もしチョムスキーの合理主義が、正当化が経験から独立していることに関わらないならば、それは合理主義が持つ他の主張、すなわち、知識の中には、経験とは独立に、生得的に得られるものがあるという主張に関わるに違いない。驚くことに、チョムスキーの見解をこのように述べることは議論の余地のあるものとなる。哲学者の中には、チョムスキーにとって重要なものは実際のところ、知識ではないのであり、したがって、彼の言語学は合理主義と経験主義の論争と無関係であると主張した者もいる。

ここでの見解の不一致は、「知識」で何を意味するかという点による。哲学者は一般に、知識を正当化された真なる信念として考える。つまり、何かが知識であるためには、最小限、それは信念でなければならないと彼らは考える。[71] これとは別の見解は、知識は、技能とか能力のように、何かをいかに行うかについての知識であるというものである。しかしながら、文法の規則や原理についての我々の知識が信念の集合か技能かのいずれかであるというのは全くはっきりしない。

あるものが信念であると言えるための、いささか時代遅れとなった哲学的基準は、それは報告可能なもの、あるいは少なくとも、その信念の持ち主に意識的にアクセス可能なものでなければならないということである。我々はペンギンが南極に住んでいるということを知っている。そのうえ、我々は、我々がこのことを知っているということも知っている。つまり、我々はその事実を再考することができるし、他の人にその事実を告げることもできるし、我々が一般的知識を知っていることを自画自賛することもできる。あるものが信念と見なされるための基準としてしばしば採用されるのは、意識にたいするこの種の接近可能性である。この見解によれば、もしあるものが、少なくとも原理上、意識に上らないのであれば、それは信念ではありえないし、したがって知識ではありえないことになる。[しかし] 我々の英語についての知識は、部分的にしか、これに近いとは言えない。[72] 我々は、penguin（ペンギン）は英語の語であること、penguin は飛ばない鳥の一種に付された名前であること、penguin は /p/ から始まることを知っている。これらすべては意識的に接近可能であり、我々の一般的な百科全書的知識と同類の英語の知識の一部である。しかし、我々はこれよりはるかに多くのことも知っている。たとえば、Penguins eat voraciously fish（ペンギンががつがつ魚を食べる）という英文は間違っている、といったことである。これもまた、ある人の言語についての命題的知識で

あり、意識的に接近可能である。しかし我々はまた、この文は間違っているということを規定する文法規則をある意味で「知っている」。そしてこれらの規則がいかなるものでありうるかは、我々の意識的内省に照らしても得られないのである。チョムスキーが生成文法の初期の頃、書いているように、

> ある言語の話し手なら誰でも、その言語についての自分の知識を表している生成文法を身につけ、内在化している。こう言ったからといって、彼が自分の文法の規則に気づいているとか、それらの規則に気づくようになりうるということを言っているのではない。
> (Chomsky, 1965: 8)[73]

我々は、言語学者として、Penguins eat voraciously fish という英文の奇異性は、「先延ばし（procrastinate）」の原則が働いた結果だということに気づくかもしれないが、あきらかにそれは普通の人間に意識的に得られる類いの知識ではないし、また、「先延ばし」の原則を我々が意識的に知っているからといって、その知識が、我々が会話で、Penguins eat fish voraciously（ペンギンはがつがつ魚を食べる）を口にして、正しくない形の方は口にしないということを決定づけているわけでもない。[74]

哲学者の中には、このことは、チョムスキーの言語学は知識とは関係ないことを示していると論じた人もいる。クワインは、「もし行動する人が規則を知っていて、その規則を言明できる、というのでなければ、行動がその規則に導かれることはない[75]」と述べた。サール（John Rogers Searle, 1932- ）は、「話し手は、原理的には、規則がどのように行動に介入しているかに気づくことができるはず[76]」と主張する。ダメット（Michael Dummett, 1925-2011）、ネーゲル（Thomas Nagel, 1937- ）、ギャレン・ストローソン（Galen Strawson, 1952- ）および他の哲学者も、類似の要求をしている[77]。しかしながら、今日の大半の哲学者は、認知科学の成功の影響により、我々は無意識の信念、もしくは「暗黙の」の信念 ── 実際は、おそらくいくつか異なった種類の信念 ── を持ちうることに同意するであろう。

チョムスキーと哲学者のあいだに見られる見解の不一致で、より最近のものは、表示と志向性という昔の問題を回想させる。大半の哲学者は信念と知識を志向的状態として、つまり、世界のある側面に関する心の状態であり、世界をしかじかの様態にあるものとして表示する心の状態である、として考えている。ところが、チョムスキーにとっては、「言語の知識」という言い方は、心・脳の状態、すなわち、我々の言語能力、とりわけ、文について判断する能力の根底にある状態を、単に略式の仕方で特徴づけるものにほかならない。すでに述べたように、それは、心・脳のある部分が世界を表示することを主張していると理解されるべきではない。チョムスキーが、文法は心的に表示されている、と言うとき、彼が意味していることは、I言語に関する言語学者による理

論は、心・脳に実在している対象や構造を述べているのだ、ということにほかならない。このことは、これらの対象それ自体が世界をしかじかの様態にあるものとして表示するということまでをも意味しないのである。

このような議論を避けるために、チョムスキーは新しい造語「識る（cognize）」を考案した。[78] これは次のように定義されている。我々が、さしたる議論を呼び起こさない普通の意味で使う know（知っている）は、cognize（識っている）でもある。それに加えて、我々は自分のI言語における規則や表示を識っているのである。したがって、英語の母語話者は、Penguins eat voraciously fish が奇異であることを知っていると同時に識っており、その知識を生み出す文法上の原理 —— 具体的には「先延ばし」の原則 —— を識っているわけである。その基本的な考え方はこうである。文法の諸規則およびそれらの規則がもたらす諸判断は、科学的探求にたいする自然なクラスを形成している可能性があり、したがって両方をカバーする1つの術語として「識る」を用意することは有益である。また、言語学者は、「識る」という術語を用いることによって、哲学における「知る」に付随する無用の含み、つまり、意識的な接近可能性とか、正当化とか、関係的かつ志向的な知識の概念、といった含みを避けることができるのである。とりわけ、（大部分の哲学者に従えば）〈ということを知ること〉、〈ということを信じること〉、〈ということを望むこと〉が命題にたいする態度であるのと異なり、〈識ること〉は必ずしも命題にたいする態度ではないのである。

実は、「知識」や「識る」という語のいずれをも用いないでチョムスキーの研究プログラムを正確に定式化することは可能である。彼は、心・脳のシステムであるI言語が存在するということを措定するが、このI言語は言語形式と意味のあいだの関係を規定するという点で、言語使用の根底にあり、言語使用を可能にさせている。また彼は、注意持続時間や記憶の限界、二言語併用、疲労、などのような言語運用上の考慮を捨象してこそ初めて実りのある研究が可能であるということを提案する。さらに、彼は、このシステムの多くは生得的に決定づけられていること、すなわち普遍文法（UG）であることを措定している。言語学者は、生命体の内的構造がどのようにして言語獲得と言語行動を可能にしているかを研究するのであり、上で見たように、言語学者は、表示にたいする演算という観点で抽象的にI言語を記述するのである。

何人かの哲学者は、チョムスキーの研究は合理主義と経験主義のあいだの古典的論争と関係がない、と論じてきた。ジョン・コッティンガム（John Cottingham, 1943- ）は、チョムスキーは知識に関心を持たず、「生得的な構造上の特質」に関心を持つのであるから、チョムスキーが自らの理論と伝統的な合理主義者による生得観念の教義とのあいだに存在するとした平行性は、有益であるどころかむしろ誤解を招きかねない、と言う。デイヴィッド・クーパー（David Cooper, 1942- ）は、チョムスキーは自分の生得性仮説がデカルトやその追随者によって主張された伝統的な生得性仮説と同じであることを誇

張しており、したがって、「ひょっとすると、チョムスキーの教義の中に哲学的な論点はほとんど含まれていないことが判明するかもしれない」と主張する[79]。

　ジョン・コッティンガムの主張の背後にある考えは、「もし当該の理論が志向的な状態に関わらないのであるならば、それは合理主義を擁護する議論にはなりえない」という条件文で表すことができる。なぜなら、脳の神経化学のような非志向的な構造については、合理主義者と経験主義者で、必ずしも見解が異ならないからである。ジェリー・フォウダーやジョージズ・レイのような、チョムスキーが合理主義を復活したと考えている何人かの哲学者は、この条件文には同意するであろうが、彼らは、生成文法は、チョムスキー自身がなんと考えようと、志向的状態を実際は措定していると考えるので、そこから逆の結論を引き出すのである。

　上で見てきたように、チョムスキーの見解は、心を研究するためには心的なものにたいする基準は必要ない、というものである。生成言語学者は、認知システム、つまり、文についての判断をし、文を産出し、文を理解する、などの能力の根底にあるシステムに関心がある。彼らの現在の最良の理論は、言語に特有の、生得的な心的構造、すなわち普遍文法（UG）が存在するという措定に依拠している（これにたいする証拠については、本章の後半で立ち戻る）。合理主義は、意義のある生得的な心的構造が存在するという主張であるので、言語学はこの領域における合理主義を支持するわけである。

　より詳しくはこうなる。

>　合理主義者の考え方では、知識体系の一般形式は心の性向としてあらかじめ決定されており、経験の働きはこの一般的なスキーマ構造を具現化し、より十全に分化させることである、と仮定してきた。(Chomsky, 1965: 51-52)

　可能なI言語はある種のものに限られるように思われる。第2章で見たように、言語には語を数えるような規則はなく、したがって文中の語の順序を入れ替える操作によって疑問文を構成することはない。そのようなシステムは普遍文法と相容れないのであり、我々はそのようなシステムを、少なくとも言語機能を用いては獲得できないのである。同様に、三角形の観念は生得的であるとデカルトが主張したのと似た意味で、ある種の範疇はあらかじめ組み込まれており変更できないように思われる。おそらく名詞や動詞がそうであり、おそらく、これらは他のより基本的な、生得的な言語素性の束から構成されているであろう。子どもは、彼らが出会う経験が何であれ、ジーニー（Genie）のケース（第3章でこの不幸な話を見た）のような、おそろしく劣悪な幼時環境は別にして、誰でもこれらの生得的な範疇を利用するシステムを持つようになっているのである。

　上の条件文に同意する哲学者たちは、この事実はことごとく的外れだ、なぜなら、このことは、もしそれが志向的でないならば、いずれも心的な構造でないからだ、と反

論するであろう。［さもなければ］言語学者は、内分泌構造のような、心的でない、何か他の生得的構造を発見すればそれが合理主義を支持すると言いかねなくなるだろう（と哲学者たちは論じるであろう）。しかし、チョムスキーは、心的なものにたいする彼らの基準を受け入れていないので、彼らは論点先取を犯していると反論できる。チョムスキーは、我々は心的なものにたいする基準を現在持っているとは考えていないし、認知科学が十分進展する前から、そのような基準を持つことが必要であるとも考えていない。チョムスキーにとって心的なものというのは、「人間の知能とその産物」といった、研究の領域に関する大ざっぱな考えを示しているにすぎないのである。

2.7.3 〈の知識〉と新「器官学」

かくして、生成文法のプログラムは「知識（knowledge）」という語を使用しないで正確に特徴づけることができるし、チョムスキーは、言語的知識にとって、意識的な接近可能性、正当化、志向性といった哲学上の伝統的な基準が必要であるとは考えていない。もっとも、だからといって、チョムスキーは、広義の知識について何も述べていないとか、合理論を擁護する議論をしていないと結論づけるのは間違いであろう。哲学は伝統的に、「‥‥だと知っていること（knowing that）」［事実的知識］をずっと問題にしてきた。事実的知識とは、何らかの命題（すなわち、真や偽でありうるようなもの）──たとえば、that John is at home（ジョンは家にいること）という命題──についての知識として理解されるものである。また、その伝統においては、あまりにも狭いクラスの例にも焦点が置かれている、というのがチョムスキーの見解である。たとえば、宝くじの番号を見るといった、主として特定の外的経験によって信念が決定されるように思われる事例は問題にされたが、生得的に与えられた知識の内的システムやそれらのシステムから生じる判断については扱われてこなかった。そして、事実的知識でない知識は、自転車の乗り方やボールの捕え方の能力あるいは技能のごとく、「‥‥する仕方を知っていること（knowledge-how）」［遂行的知識］であると見なす傾向にあった。[80]

チョムスキーの考えでは、哲学者たちは事実的知識と遂行的知識に関心を集中させた結果、統合的であり、主に生得的である心的システムの役割を無視してきた。そのような心的システムは技能ではないし、事実的知識を生み出しうるものの、それ自体は事実的知識の例でもなく、我々が「識るシステム（cognizing systems）」と呼びうるものである。[81] 我々の言語知識は、まさに、このような統合的なシステムの1つなのである。認知科学の他の諸領域における探求のおかげで、我々の「コモンセンス（常識）」による判断の多くは、暗黙の知識が持つ生得的なシステムに基礎を置いていることが分かってきた。我々は、質量保存や物体の時間的持続性を信じているが、この信念は、通常、「素朴物理学」と呼ばれている、「物体の振る舞いについての知識」を扱うシステムによって生成されているように思われる。[82] 第1章で見た「心の理論」は、人の意図的行為に

たいする動機を、信念や欲求の点から扱う知識システムである（たとえば、「彼女がその箱を開けた理由は、彼女がその中に褒美が入っていると思い、それを得たいと思ったからである」のごとく）。

チョムスキーは次のように述べる。そのようなシステムによって生成された諸々の信念は、「それらの起源が何であれ、私の理解する限り、まさに知識を構成しており」、それらの信念（もしくはそれらの信念を生成する原理）が真である必要はない —— 質量は常に保存されるわけではなく、エネルギーに変えられることもありうる —— とはいえ、おそらく、我々の素朴物理学はそれが真であるという前提で働いているであろう。さらに、信念や欲求などといった素朴範疇は、実在している心的対象を選び出していない可能性がある。もっとも、我々は、自分以外の人間の行為をそれらの素朴範疇の用語で捉えざるをえないのである。チョムスキーの見解では、

> もし我々が、人間知能とその産物に関する研究をできるだけ自然科学と同様の仕方で進め、この方法で人間本性について何かを学びたいと思うならば、私の考えでは、外的環境とは最小限の接点しかない状況にありながら、豊かで複雑な心的構造が生じるような領域にとりわけ集中して取り組むのがよいであろう。(Chomsky 1980b: 15)

チョムスキーは、これを指して「新器官学（new organology）」と呼ぶ。これは、(「…だと知っていること」や「…する仕方を知っていること」ではなく)「の知識（knowledge of）」を研究するものである。「の知識」という言い方は、日常的な言い方から借りてきたものである。ある人が英語や日本語を知っているとき、我々は、その人の英語の知識とかその人の日本語の知識という言い方をする。チョムスキーが「の知識」という言い方をするとき「知識」という語は、研究対象が認知的能力システムであって、運用面ではないこと、つまり、我々が何を知っているかであって、その知識をいかに使用するかではないことを示している。生成言語学者は、抽象的に特徴づけられた基底構造に注意を集中しているので、この意味での〈言語の知識〉を研究しているわけである。そして、チョムスキーが1980年に、この研究方略を提唱して以来、離散的な心的機能を研究する心理学の他のいくつかの分野、つまり、「素朴」物理学や心の理論、さらに、視覚の科学、倫理文法、そして数感覚において、目を見張るような進展が見られた。

もし合理主義なるものを、我々が知っていること、あるいは知るようになることの多くは知覚によって決定されるのではなく、生得的な心的資質によって強い制約が課せられているという見解として特徴づけるならば、チョムスキーが主張していることは、徹頭徹尾、合理主義者の探求である。もっとも、それは、あるタイプの「正当化された真なる信念」として哲学の伝統的な術語で考えられた知識を研究するものではない。

2.7.4 機能と限界

　本書の著者の一人（ニール・スミス）は、チョムスキーによる哲学的用法の解明を「貢献」として特徴づけたが、これにたいしてチョムスキーは異議を唱える。「私は、"知識"という術語を日常的な仕方で用いることを示唆しただけなのに、なぜそれが"貢献"であるのか分からない。… 少なくとも、何らかの理論が提示されて、これまでよりも一層、説明力のあるレベルにまで移行することができるようになるまでは、その術語を、哲学的教義での用法ではなく、日常的な用法で使うのがよいであろう。」[87]なるほど、そうかもしれない。ただし、何らかの明示的な理論の枠組み内においてのみ、知識のコモンセンス（常識）的な概念から逸脱することが意味をなすということを強調することは重要であるし、また、我々が知りうる内容には原理的な限界があることに注意すべきであることは重要である。そのような限界の存在はもう少し詳しく述べるに値するのである。

　チョムスキーは、我々の知識一般には、そしてより具体的には我々の科学形成能力（science-forming capacity）には、避けがたい限界が存在するということを観察し、そこから、我々の能力は必然的に我々にたいする制限を課すという注目すべき観察を導いた。つまり、もし人がxをすることができるように設計されているならば、人は、まさにそのことによってyをすることができない可能性がある。[88]コウモリは、我々人間ができないことができ、またその逆も成り立つ。我々はコウモリのように、周囲の状況を知るのに、反響定位機能を用いる能力はないが、そのことは不幸な制限ではなく、むしろ他の才能が機能しているということである。そのような才能のいくつか —— たとえば言語機能 —— は、もし我々に反響定位機能が備わっていたとすれば、犠牲にならざるをえなかったであろう。[89]コウモリは進化の結果、喉頭が20万ヘルツまでの周波数を持つパルスを発し、その耳は反響を探知して、脳はそれらを適切に分析することができる。我々の知覚システムはこれとはいくぶん異なった仕方で進化したのだが、言語の伝達と受容の多様な側面に関してコウモリの場合の特殊化に匹敵するような特殊化を伴うものだった。人間であることの一部は、といっても実際は人間であることの大部分であるが、我々がこの種の言語を有している点にある。人間であることのもう1つの側面は、他の領域では限界のない能力を有していないという点である。我々はそもそも、あらゆる可能な方向に進化したはずがなかったのである。そのような制限からして、いくつかの知的な問題は、おそらく原理上、永遠に人間の理解を超えたままであろう。つまり、チョムスキーの用語でいう「問題」ではなく「謎」ということになろう。[90]

　コウモリは大変器用に反響定位を行うことができる。しかし、反響定位の物理学を理解することはおそらくコウモリの能力を超えているであろう。我々人間は、後者はなんとか成し遂げることができるが、前者は不可能である。同様に、我々は、自由意志を意識的かつ創造的に行使することはできるが、それにもかかわらず、我々がそれをいかに

行使しているかを理論的に理解することは決してできないだろう。おそらく、その理由は、「人間の科学形成能力は、… 自由意志が関与するいかなる領域についても拡張して適用することはまずない」[91]ということであろう。

3 チョムスキーをめぐる論争

　心が実在するという見解は、チョムスキーの言語学研究および、それに関連して生じた心理学や認知科学における非－行動主義理論の台頭のおかげで、今では一般に受け入れられているが、心的表示、意味、言語の性質についてのチョムスキーの見解は、いまだに、きわめて議論の多いところである。これらについての見解に共通しているのはチョムスキーの急進的な内在主義である。彼は、心・脳の一器官である言語機能こそが、我々が言語を獲得し、使用し、産出する能力の根底にあることを示してきた。それにひきかえ、言語を、共同体で共有されている公的なものとして捉える見解は、[チョムスキーによれば] 言語についての科学的探求にとって重要ではない、とされる。このようなチョムスキーの考えは、言語獲得は外的システムが内在化したものではなくて、主として、生得的な資源からの選択の問題であるとする彼の見解とぴったり符合する。そのうえ、哲学的意味論を先導している伝統的な考えでは、意味論は語の指示対象および文の真理条件についての研究と見なされているが、これは完全に間違っていると彼は主張する。チョムスキーの見解では、主張したり、対象を指示したりするのは話し手であり、話し手が使用する語や文が、話し手が意味する内容を可能にし、ある仕方でその内容に制約を課すのであるが、語や文自体が話し手の意味する内容を決定するわけではないのである。

3.1　言語についての内在主義

> 　私はなぜ以前、そのことに気づかなかったのか分からないのであるが、言語の概念は文法の概念よりもはるかに抽象的であるということは、考えてみればあきらかなことである。その理由は、文法なるものは実際に存在していなければならない、つまり、文法に対応する何かが人の脳の中に存在している … という点にある。ところが、言語に対応するものは実在世界に何もないのである。　　　　　　　　　　（Chomsky, 1982b: 107）

　言語に関するチョムスキーの内在主義には2つの要素がある。第1は言語の本性に関するものであり、第2は語と世界との関係に関わるものである。ここでは、最初の問題を検討し、2番目の問題は後に検討する。

多くの哲学者は言語を心の外にある何か、つまり、適格文の集合、あるいは社会的慣行や慣習の集合体と考えている。言語についての外在理論は、言語は数学と同様、抽象的で非物理的なシステムであると主張する理論と言語を社会的な対象であると考える理論とに二分される。チョムスキーは、心－外在的システムとして理解された言語は言語学にとって基礎的なものではない、と論じる。なぜなら、我々の言語の獲得や言語使用を説明するのは言語機能、すなわち、心・脳の言語能力システムにほかならず、言語能力は心－外在的なものを理解する能力ではないからである。言語共同体の所有物と見なす言語についてのインフォーマルな概念は、日常の会話としては結構であるが、言語理論はそのような概念を必要としないのである。

3.1.1　言語と個人

　言語知識は個人に特有なものである。特定の文についての適格性の判断は一般に（かなり驚くほど）一致しているにもかかわらず、同一の言語知識を持つ英語話者は2人といない。(2) の例文の解釈および相対的な容認可能性については誰もが一致する傾向がある。(2a) と (2b) の文は 文法的、意味的に同一であり、それらは、構造的には異なるものの、形としては同等に適格な (2c) と同様の意味を有している。それに反して、(2d) は、この文で想定されている意味ははっきりしているとはいえ、また、(2d) は (2c) との明白な類推から形成されているとはいえ、(2d) が (2c) と異なる ── (2d) が容認不可能である ── ということは驚くべきである。[訳注9]

(2)　a. It is likely that El Niño governs our climate
　　　　（おそらく、エルニーニョ現象が気候を左右するだろう）
　　 b. It is probable that El Niño governs our climate
　　　　（おそらく、エルニーニョ現象が気候を左右するだろう）
　　 c. El Niño is likely to govern our climate
　　　　（エルニーニョ現象は、おそらく気候を左右するだろう）
　　 d. *El Niño is probable to govern our climate
　　　　（エルニーニョ現象は、おそらく気候を左右するだろう）

ところが、(3) の対の例文となると、たいていは意見が分かれる。

(3)　a. That asteroid will probably hit us
　　　　（あの小惑星が地球に衝突するだろう）
　　 b. That asteroid will likely hit us
　　　　（あの小惑星が地球に衝突するだろう）

(3a) は誰でも容認可能とするが、(3b) はある人にとっては容認可能であっても、(本書の著者、NVS（ニール・スミス）や NEA（ニック・アロット）を含む) 他の人にとっては容認不可能である。[92] 我々は、(3b) のような例を聞いたことがないから、というわけでもないし、何を意味しているか分からないから、というわけでもない。それはニール・スミス、ニック・アロットのいずれの言語の一部でもないということにすぎない。この場合は、適格性判断の違いは、方言の問題である。(3b) はイギリス英語よりもアメリカ英語により特徴的である。しかし、他のケースは、年齢層の特徴かもしれないし、完全に個人特有の特徴かもしれない。ニール・スミスにとっては (4) は完璧であり、だいたい、(5) と同じ意味を表す。

(4) I promised John to go
（私は、ジョンに行くことを約束した）

(5) I promised John I would go
（私は、ジョンに、私が行くことを約束した）

ところが、ニック・アロット（やニール・スミスの息子）にとっては、(5) だけが可能であり、(4) は非文法的である。ここでも、それは、これらの文を理解できるかできないかという問題でもなければ、誰かが間違っているという問題でもなく、内的文法における個人差の問題なのである。そのような個人差は容易に記述できる。そして、きわめて近い関係にある方言同士の中での変異は、他のあらゆることを一定に保持したまま、1つの特定の統語現象を研究することを可能にさせるので、そのような個人差は言語学的にかなり重要である。しかし、そのような個人差は、「英語」を特徴づけるものは何かを知りたいと思っている人にとっては問題を生じさせる。[微妙に異なる I 言語の集合体としての]「英語」なる概念は、英語の文法には規則 x があるのか、それとも、規則 y があるのかとか、(3b) や (4) はそもそも英語の文なのかどうかといった、一見、理にかなったように思われる問いを、その問いに答えることができないとしてしまうからである。ここから得られる1つの可能な結論は、言語なるものは不明瞭であり、適格に定義されておらず、おそらく、それについて科学理論を構築できる適正な領域ではないであろう、というものである。[93] この結論は、「共有された言語」という伝統的な概念については多分正しいであろうが、I 言語という論理的に先立つ領域については幸運なことに正しくない。

3.2 言語についての外延主義的見解

　言語についての外在主義者の多くは、言語は、文法的な文もしくは発話の集合であるとする外延主義的見解をとってきた。これは厳密な意味でE言語にほかならない。I言語は実在しており、言語理論において説明的な役割を実際、果たしている。それにたいして、もしこの厳密な意味でのE言語が存在すると言えるならば、それは派生的な仕方でのみ、あるいは、その場の目的に合った非標準的な定義によってのみ存在するのである。そしてE言語を導入することは不要な問題を導入することになる。1人の個人についてのE言語を、その人のI言語が生成するすべての語の連鎖の集合として定義しようと試みることも不可能ではない。しかし、このように定義されたE言語は、文法性の段階性については何も言えないし、我々の文法能力は、それが生成しない文をも処理することを可能にする（第1章参照）という事実についても何も言えないという点で、無益な抽象となろう。また、I言語は、それが生成しうるいかなる集合よりも理解にとってより基本的であるということはあきらかである。なぜなら、文の特定の集合のいかなるものについても、それを生成しうる異なったI言語が多数存在するからである。文法的な文の集合は、話し手が発話する文の集合とも大きく異なるであろう。なぜなら、その人のI言語が生成する無数の文の大部分は決して発話されないであろうし、発話された多くの文は運用上の誤りのために非文法的となるからである。

　とにかく、言語について外延主義的見解を擁護する議論をしてきた人は、個人のE言語ではなくて、共同体のE言語を意味していることになる。しかし、これはすでに触れた問題を解決するのではなく、新たな問題を作り出す。前節で述べたように、ニール・スミスとニック・アロットのように、同じ言語の同じ方言を話しているとしてインフォーマルに分類されている話し手についてさえ、文法的とされる文が異なるのである。したがって、文法的な文のいかなる集合も、いかなる方言や言語をも正確に特徴づけることはないであろう。もちろん、多くの言語学者はコーパス、すなわち、発話資料の集積を用いて研究をする。しかし、コーパスは言語と同一ではないことははっきりしている。なぜなら、発話の有限の集積はいずれも、無限に多くの文法的文の例を必ず欠いているからである。

　かくして、言語についての外延主義的な考えは言語理論にとって考慮に値しないものであるように思われる。ところが、この考えは哲学においては現在まだ生きているのである。外延主義の見解を擁護する人々がI言語にたいして浴びせた影響力の大きい反論の1つはクワインの異議申し立て（Quine's challenge）[94]である。それはこうである。なぜ、外延的に等価な言語理論の一方をもう一方より好ましいとするのか？　つまり、もし2つの異なった言語理論 —— 文法規則の2つの集合体RとR' —— が全く同じ文の集合を

生成するならば、なぜ片方が正しくて、他方が間違っていると考えるのか？　他方が間違っていると考えない立場では、こうした場合には、「事実なるものがそもそも存在しない」のである。なぜなら、「普通の人が、外延的に等価な公理集合のうち、一方の公理集合にたいして心理的関係を有し、他方の公理集合にたいしてはいかなる心理的関係をも有さない、と考えることは経験的に意味」がないからである。

　上の議論にたいするあきらかな答えは、文法性の判断や一般に言語運用の根底にあるものとして仮定された心的構造、すなわち、I言語が存在するということ、そしてこの心的構造は、心・脳のある側面であるので、心理学的および（原理的には）神経生理学的証拠が関連するということである。さらに、そのI言語は、大部分、人間という種に特有である普遍文法によって決定されているため、他の言語の話し手からの証拠もまたあきらかに関連するのである。

> 何か他の言語を研究すれば、R'ではなくてRを認めるような、言語理論上のある一般的な性質にたいする経験的証拠が存在することがはっきりしてくる可能性がある。あるいはまた、RとR'は、（たとえば、長さのような）ある性質において異なる派生をもたらす可能性もあり、したがって心理言語学的実験をしてみれば、一方の帰結が支持され、他方の帰結が支持されない可能性もある。(Chomsky, 1980c: 56-57)

　科学の理論を立てる際、あらゆる種類の最良の説明への推論の場合と同様、どの類いの証拠が関連する可能性があるかについて、研究に先立ってあらかじめ述べるわけにはいかない。（第1章で述べたが、ウサギの絵のついた土器が宇宙物理学上の証拠となったケースを思い起こそう。）皮肉なことに、これは、クワインがこの主張に大いに責任があるため、「クワインの等方性」として知られている。ところが、彼は、自分が信奉している行動主義がゆえに、言語の自然主義的研究において、その力を理解しなかった。クワインは、言語的構造に関する証拠はすべて社会的もしくは行動的でなければならないという想定をしていた。

　［上の議論にたいするクワイン側からの］可能な応答は、我々のクワインへの反論は論点先取を犯している、というものである。なぜならロバート・カミンズ（Robert Cummins）とロバート・ハーニッシュ（Robert Harnish, 1941-2011）が指摘しているように、「言語的証拠それ自体は、言語学が心に関するものか否かを教えてくれない」のであり、その点がまさに問題である。つまり、「言語的分析の結果や記述において本質的な役割を果たす理論上の術語は、心的状態についてのものだと解釈されるべきか否か？」という点が問題なのである。

　［しかし］この反論は見当違いである。「言語的証拠」という定まった範疇はもともと存在しない。言語、心、などといった（不明瞭な）用語についての前理論的概念とは関

係なく、経験的（証拠に基づく）研究は、向かうがままのところへと向かっていく。類似のばかげた見解は、電子軌道の研究は化学にとって関連がない、なぜなら（滴定、リトマス試験紙などの）「化学的証拠」自体は化学が電子に関するものか否かを教えてくれないから、というものであろう。しかし、たとえ、心理言語学的証拠や異なる言語からの証拠を無視して言語学を人為的に制限することに同意したとしても、クワインの異議申し立てにはまだうまく対応できるであろう。なぜなら文は単なる語の連鎖ではないからである。文は内部構造を有している。

クワインは、自分の主張の要点を例示するために、記号列 ABC という抽象的な例を選ぶ。これは、構造 [AB] [C] もしくは構造 [A] [BC] のいずれかを持つものとして記述することができるであろう[98]。クワインは、文法の規則が ABC という連鎖を生成する限り、これらの分析のいずれが選択されても違いはないと主張する。これは経験的に言って間違いであるので、2つの実例を見て、なぜ間違いであるかを示すことにしよう[99]。まず、第2章で分析した Harry stirred the stew （ハリーはシチューを掻き混ぜた）もしくは Mary cut the cake （メアリーはケーキを切った）のような例の場合を考えよう。容易に、2つのミニ文法（mini-grammar）を考えだすことができる。最初の文法は、これらの文および同様の無限の文を、第2章で（15）として示した（6）の構造を持つものとして生成するものであり、第2の文法は、それらの文を（7）で示すように、（6）における VP を欠いた類似の構造を持つものとして生成するものである。

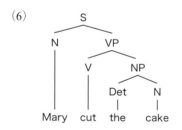

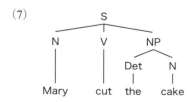

これらの構造は、両方とも同じ語の連鎖を許容するという点で「弱い意味で等価」である[100]。しかし最初の構造は、2番目の構造が予測しない多くのことを予測する。たとえば、cut the cake という連鎖は（7）では構成素ではないが、（6）においては構成素であ

る。そして cut the cake という連鎖は（8）や（9）のような他の例で再現されるのにたいして、構成素でない Mary cut the という連鎖はそのようなコンテクストでは再現されえない、ということが予測される。

(8) Mary intended to [cut the cake], and [cut the cake] she duly did
（メアリーはケーキを切るつもりでいて、実際うまくやってのけた）
(9) What should I do next? [Cut the cake]
（次は何をしたらいい？［ケーキを切ってくれ］）

　文はその構造に VP を含んでいるとする仮説は、関係する広範囲の例を経済的に、しかも最小の仕方で記述することを可能にする。そのうえ、これらの例が互いに関係しているということは、当該言語の話し手の心的組織体についての事実にほかならないと主張されている。（6）のような分析だけがこの関係を捉えることができるので、他の条件が同じである限り、（6）の分析の方が強く望まれるはずである。
　一般に、クワインは自然主義の立場をとっているが、行動主義を信奉しているために、心理学における理論と物理科学における理論で、異なった要請を課すという方法論的二元論を採用するに至った。クワインの主張では、心理学においては（ましてや、言語学においては）説明は、物理科学では免れている「非決定性（indeterminacy）」の問題を抱えるとされる。そこからクワインは、心理学や言語学における諸観念について語ることは有益ではないと論じた。そして、彼は、言語規則は行動パターンを純粋に記述するものであって、その行動と因果的に関係するものではありえないと考えた。言語規則は「話し手の行動パターンにうまく当てはまる」が、話し手を「導く」のではない。クリプキ（Saul Kripke, 1940- ）によれば、同様の関心は、別の行動主義者であるウィトゲンシュタインも有していたとされる。つまり、関与する物理的事実をすべて知っていると仮定した場合、どの規則が正しいかをいったい何が決めるのであろうか？　ここで言う「正しさ」は、物理的事実に加えて「規範」に訴えることを意味しないであろうか？　しかし、このような懸念は、言語学者によって理解されている限りの文法規則に関しては不要である。その種の文法規則は、話し手の知識の一部を記述しているものであって、道路交通法規や国法のような、いかに行動すべきかを指示する規範的な規則ではない［からである］。
　［以下に示す］2 番目の例はクワインの抽象的な例がとりわけ不適切であることを浮き彫りにしてくれる。というのも、2 つの分析はどちらも正しいのだが、その正しさは［実は］異なる例についてのものであって、それぞれ異なる意味を担っているからである。ニール・スミスはラジオを聞いていて、"black cab driver" が逮捕されたことを報告するニュースが耳に入ったので、これを [black] [cab driver]（黒人のタクシー運転手）の構

造を持つ表現として解釈し、レポーターは運転手の人種が重要だと考えているなんてと、いささかムッとした。しかし、レポーターが意図していたことは、[black cab] [driver]（黒塗りタクシーの運転手）であって、運転手の人種についての示唆はなかったことがすぐ分かった。この例は意義深い。というのも、異なる句表現であれば、合理的に解釈するのに要請される分析も異なるからである。たとえば、magnetic soap holder（《磁石付き石鹸を置く台》と《磁気を帯びた、石鹸台》）や speckled trout cooker（《斑点マス用の料理鍋》と《斑入りのマス料理鍋》）は、black cab driver と同様、構造的には曖昧であるが、それぞれ片方の解釈のみが我々が生きている世界ではおそらく適切であろう。

　統語（文法）の面白さは、部分的には、それが意味論的相違を反映するという点にあるが、それと同等に重要なことは、それが、豊かな理論を支えるのに十分な程度の複雑性を備えた、人間に特有の能力に特徴的であるという点にある。決定的に重要なことに、そのような理論が提供する分析は、経験的な数々の予測をし、正しいか間違っているかのいずれかであろう。ここでは、事実なるものが存在するのである。

3.2.1　数学としての言語

　何人かの哲学者や言語学者は、言語の研究は心理学の一側面としてではなく、数学に近いものとして扱われるべきであるとする[104]。彼らは、言語を、それを話す人間から独立に存在する抽象的な、非物理的な（「プラトン的な」）対象と見なしている。述語演算のような人工言語の研究にとっては、この見解は有効な主張であるが、人間によって話される自然言語にこれを適用したとすると、それは信憑性が高いとは言えなくなる。この立場の古典的な表明は、哲学・論理学者、リチャード・モンタギュー（Richard Montague, 1930-1971）によってなされた。彼の有名な論文の1つは、次のような表明で始まる。「私は、形式言語と自然言語のあいだに理論的に重要な違いがあるという主張を否定する[105]。」モンタギューは真理理論を展開することを目的としており、意味論の付随物としてしか統語（文法）に関心を示さなかった。彼が、自然言語の統語（文法）の複雑さをひどく過小評価したこと、そして、彼が批判した生成文法家の目的を誤解したことはかなり明白である。しかしこのような誤りはプラトン主義者に固有なことでもないし、形式的、数学的方法を使用する立場に固有なことでもない。

　言語についてのプラトン主義者としてよく知られている人には他に、スコット・ソウムズとジェラルド・カッツ（Jerrold J. Katz）がいる[106]。彼らの見解を評価する前に、プラトン主義を、抽象化と形式的記述に関する3つの独立した問題から区別する必要がある。第1に、言語学は他の科学と同様、実在世界の対象を研究するが、第1章で見たように、摩擦や処理上の困難といった関連のない要素を捨象することによって初めてそれらの本当の性質を理解することができる。第2に、本章の序説で見たように、チョムスキーは、言語学的規則や表示は、心・脳の物理的なシステムを抽象的に述べたものであるという

見解をとる。一方、プラトン主義者は、チョムスキーとは違う意味で言語は抽象的であるとし、言語は実在しているけれども物理的ではないという見解をとる。

第3の問題は、言語学者によってなされた言語学的分析の公理化や論理的形式化に関わる。チョムスキーにとって言語学的分析が興味深く、重要であるのは、それが哲学的および心理学的な問題にたいしていろいろ含むところがあるからである。このことが言語学的分析の数学的公理化と矛盾しないことはあきらかである。実際、チョムスキーの初期の研究はその数学的厳密さで有名であったし、彼は、とりわけ、今日、「チョムスキー階層」[107]として知られている術語によって（形式的）言語を分析したという点で、初期の数理言語学の分野に貢献した。しかし、形式言語は自然言語と性質をほとんど共有しておらず、そこから経験的に興味深いことはほとんど得られない。[108]

さらに最近では、生成理論において形式化を強調することはかなり減じてきており、そのため、中には生成理論は不鮮明で検証不可能になってきたと言う人も出てきた。[109]これにたいするチョムスキーの良識ある応答は、「形式化のための形式化にはいかなる意義も見出さない。形式化しようと思えばいつでも可能である」[110]というものである。分析や原理は、形式化されていなくても、それらが生成する予測を検証することを可能にする程度に十分、明示的であるならば、チョムスキーのこの応答は説得力がある。もっともこれはそれ自体、常に容易だとは限らない。なぜなら、原理なるものは、もしそれが何らかの複雑性と演繹の深さを持つものであれば、その程度に応じて異なる想定に基づき、一定の範囲内でさまざまに解釈されうるであろうからである。現在の知見では、形式化はしばしば報われないものである。なぜなら、論理学や数理言語学で現在見られるタイプの形式的システムは、なされた一般化を表現するにはあまりにも貧弱であり、適正に理解されない事柄については恣意的な決断を要求するからである。形式化は注意深い実験のようなものである。それは、特定の目的がはっきりしているときとか、ある特定の仮説がテストされるときになされるべきものである。形式化はそれ自身の目的のためになされるものではない。

話をプラトン主義に戻そう。カッツは、「自然言語の文はあまりに多く存在するのだから、それらが具体的な聴覚的実在、あるいは心理的実在や神経的実在のいずれかを有するわけにはいかない」[111]と主張した。個々の自然言語は無限に多くの文法的文を有している以上、乱暴に言えば、それらがすべて口にされることはありえないし、また、それらがすべて頭の中に収まっていることもありえない。これは正しい。しかし、そこから、言語は非物理的で抽象的な対象の無限集合でなければならないとするカッツの結論が正当化されるわけではない。心的／脳神経的対象であるとして措定されているのは諸々の表現を生成する手段、すなわちI言語であって、それが生成する整式の集合ではない。我々は、道徳的、社会的、倫理的、視覚的、認知的領域、といった多様な領域において、無限の数の何らかの操作を行うことができるが、そのそれぞれの領域について、無限個

の抽象的対象を措定する必要はない。[112]

　ソウムズが行った言語に関するプラトン主義擁護の議論は、前に論じた、E 言語を支持するクワインの議論と関係している。ソウムズによれば、我々は次の2つを区別すべきである。1つは、言語を獲得し、使用する能力で、これは心理的な能力である。もう1つは、言語そのもの、すなわち「言語の獲得や熟達化を因果的に引き起こす認知機構を抽象したものとして考えられる」[113] 言語である。ソウムズによれば、心理学的証拠は前者にだけ関わるのにたいして、適正な言語学的証拠だけが後者に関わる。しかしながら、ソウムズの主張は言語学が実際に現場で行われている仕方と両立しないように思われる。言語学的直観は確かに心理学的証拠であり、しかもそれらは自然言語に関するデータの一番重要な源泉である。[114] もし言語学的直観がないならば、我々は、母語話者にどうしても接近できないコーパス言語学者の立場に立たされるであろう。そのようなコーパス言語学者は、コーパスの中のどの発話が文法的であるかを知らないし、どれが文であるかさえ知らないのである。上で述べたことから、言語学者は、心理言語学的証拠の果たす役割をはるかに超えて、なによりも認知メカニズムを研究していることが示唆されている。もちろんそのことは、プラトン的な外在的言語も存在するということを否定する証拠にならない。[115] しかし、そのようなプラトン的な外在的言語を措定することは、言語学においては正当な理由がない。その点、言語学は、研究の中心的方法が表示の形式特性に基づいて定理を証明することにある数学や論理学の場合と異なるのである。

3.2.2　言語と共同体

　多くの哲学者がとる見解は、言語は社会的な対象あるいは構成物だというものである。つまり、それは、特定の共同体や国に関連づけられたコードもしくは慣習に基づく実践であり、人々は多かれ少なかれ、正しさと効率と上品さを備えた仕方でこれを学び、使用する。[116] このようなアプローチは、言語を人間に依拠する何かとして、ただし、なによりも心理学的なものとしてではなく、クリケット、通貨、法律に似たものと見なしているので、言語学を社会学の一分野と捉えている。[117]

　第一言語獲得というコンテクストで言えば、この見解が暗に意味するところは、子どもは（英語、スワヒリ語、あるいは台湾語の）ひとかたまりのデータにさらされると、それに応じて当該言語を学ぶということになろう。より具体的には、子どもは全データの部分集合にしかさらされないであろうから、ある人がクリケットの規則の一部だけを知っている可能性があるのと同じように、子どもは、結局、当該言語の部分集合しか知らないことになるであろう。その結果として、ある人は他の人よりも当該言語についてより良く知っており、論争となった問題や特別の専門知識の領域について、権威ある判断を与えることができる。

　そのような公的言語の筋書きには、とりわけ語彙に関する限りでは、一見、真実味が

ある。主要な辞書に記載されたものとしての英語の完全な語彙をだれも知っていないことはあきらかであるし、また、語彙の領域では、話し手は、ときには、権威ある人に屈服することも同様にあきらかである。[118] もし photon（光子）や funky（ファンキーな）の意味がはっきりしなければ、それらを辞書で調べることもできるし、物理学者や学生に聞くこともできよう。そしてもしその権威を信頼するならば、おそらくそれに応じて言語の使い方を部分的に修正するであろう。しかしながら、さらに詳しく調査してみると、この見解の信憑性は消えていく。それは語彙の一部にしか適用できないからである。人々は、学者先生が要求したからといって、それに従って "hopefully" のような語の用法を修正することには大いに抵抗するものであるし、is, of, the あるいは and のような機能語に見られる言語の中核にある語については、我々はほとんど用法を修正することをしない。権威への信頼はここでもまた、当該言語の文法のごくわずかな部分以上のものには働かないのである。たとえば、我々は、再帰代名詞の用法を明確な形で教えてもらうことはないし、第2章で立証した複雑な容認可能性の判断をする人は誰でも、それと同等の明示的な入力にさらされていたということは自明ではない。

　我々は、チョムスキーが、I言語という概念を展開することによって、社会という集合体ではなくて個人の心の研究へと言語研究の方向を変えたことを見てきた。そのようなアプローチを正しいとする根拠は、究極的には理論構築にとって何が適切な領域であるかに関する判断にある。適切な状況において、無限に大きな数の文のいかなるものをも産出し、理解することができたり、文や句について適格性と非適格性の直観的判断ができたり、あるいは間違うことすらできる、といったことを証拠として、ひとたび個人が言語知識を有していることを認めるならば、その知識を明確に特徴づけ、どのような種類の一般化がそれを支配しているのかを理解し、その知識を他の種類の能力から区別し、それがどのようにして獲得されるかを見出す、などと試みることは意義がある。そのような企ては、どんなに困難をきわめるかもしれないが、筋は通っている。我々は、人間の視覚についての理論を有しているのと同様、人間の言語知識についての理論を持つことが可能であり、実際、その理論は大いに進歩してきたのである。それと対照的に、人々によって共有された社会的言語なるものを言語の基本概念として用いる理論を提供するという研究は、とても手に負えないことが分かってきたのである。

　言い換えれば、個人における言語を理解するということは、共同体における言語のいかなる理解よりも説明上優先されるのである。我々は、言語共同体を、多様な仕方で相互作用しているI言語を備えている人々の集団としてモデル化することもあるいは可能であろう。もしことを逆にして、各個人の言語知識を、統一的共有言語を部分的に捉えているものとして理解しようと試みてもうまくいかない。もちろん、我々は、日常の非科学的な談話では、異なった大陸で、また別の世紀に話されたものとして、「英語という言語」なる対象があたかも存在するかのごとき語り方をしばしばする。「言語」のこ

のような通俗的な用法は、ときには言語学者にとっても便利であるが、この意味での言語は自然主義的研究にはほとんど、いや、いかなる役割をも果たさないという事実を覆い隠すのである。英語はSVO言語であるという言明は公的言語「英語」についての主張であるように思われるかもしれないが、実際は、類似しているI言語の集団について語ることを簡略化した便利な言い回しなのである。

もちろん、言語の共同社会の側面については、社会言語学、歴史的言語学、そして接触言語学のように、非常に多くの研究が行われてきた。そして、グリムの法則のような、規則的な史的音変化の規則が19世紀に発見されたといった注目すべき数々の成功があった。言語学におけるチョムスキー革命の観点から見ると、これらを今や、I言語の集団の展開を近似的に記述したものと見ることができよう。こう見ることは、歴史言語学者たちが十分承知していることを説明するのに助けとなる。歴史言語学者が有するもっとも成功した一般化は、卓越した接触言語学者、サリー・トマスン（Sarah Thomason）の言葉にあるように、「絶対的な制約よりもむしろ傾向性に焦点を置く」のであり、「言語変化に関する決定的な予測を行ういかなる試みも失敗する運命にある」のである。[119]

3.3 言語とコミュニケーション

言語の本質的な目的がコミュニケーションであるとする見解は、哲学の文献では珍しくない。[120]この見解はしばしば自明のこととして考えられているため、正当化の必要もなく、デイヴィドソン（Donald Davidson, 1917-2003）が「言語、すなわち、他人とのコミュニケーション」というセリフで、両者を即座に同一視しているように、ただそう仮定されているわけである。[121]もう1つのよく見られる想定は、コミュニケーションが可能なのは、話し手と聞き手の両方が理解する、個人から独立の何らかの共有された言語が存在するとき、そしてそのときに限る、というものである。[122]したがって、コミュニケーションが存在するというまさにそのことが言語が社会的対象であることを証明するとしてしばしば受け取られている。

しかし、この議論は間違っている。言語を共有するということはコミュニケーションにとって必要でもなければ十分でもない。[123]我々は、指差しのような非言語的ジェスチャーをとおして、また身振りをしたり、砂地に地図を描いたりなどといった仕方でコミュニケーションすることができる。したがって、言葉の発話はコミュニケーションにとって必要ではないし、[124]ましてや共有された言語は必要ではない。共有された言語はコミュニケーションにとって十分であるはずがない。なぜなら、話し手が意味している内容は、発話された文の内容とせいぜい関係づけられるにすぎないのであって、文の内容によって決定されるわけではないからである。話し手が意味していることの多く

は明確に述べられていないのが典型であり、一般的に、文によってコード化されているものが何であれ、聞き手もまた、その内容にたいする話し手の態度を突き止めていく必要がある。They should never have built a barn there（彼らはそこに納屋をつくるべきではなかった）という文の発話を考えよう。話し手は真剣な断定を意図していた可能性があるがひょっとしたら皮肉として話しているかもしれない。後者の場合、話し手は「文の意味」（これは問題の多い概念で、すぐ後で戻る）を主張しているのではない。聞き手の側もまた、話し手が they で何を意味しているかを、つまり、人々のある集団か、それとも人々一般を意味しているかを決める必要があるし、話し手が there で何を意味しているかを決める必要がある。それは、おそらく話し手が指差している場所もしくは言及したばかりの場所であろうが、必ずしもそうとは限らない。他に考えられる可能性として、話し手は誰かの発話を引用しているかもしれない。あるいは詩の一行を一人で朗唱していたのかもしれないが、この場合は一切コミュニケーションをしていないのである。[125]

　コミュニケーションがいかに遂行されるかについての伝統的な見解はコードモデルである。つまり、ある人によって、ある思想が言語体系内の信号にコード化される。この信号は何らかの媒介物 —— それは通常、話された言葉の場合は空気、書かれた言葉の場合は紙である —— をとおして伝播される。それから、その信号は、聞き手あるいは読み手によって本質的に同一の思想へと解読される。しかし、理由はすぐ後で述べるが、これで話が終わるわけではない。コミュニケーションは言語がない場合でも可能であるし、文が発話されるとき、話し手の意味は文によって固定されないのである。そのうえ、すでに見たように、I 言語は、人が異なれば、同一ではないため、話し手は聞き手にとっては異なった解釈を有するような文を使用することもありうるし、また、ニール・スミスがニック・アロットに（4）の I promised John to go（私は、ジョンに行くことを約束した）を言ったときのように、話し手が聞き手にとっては文法的でない文を使用することもありうる。

　では、コミュニケーションはどのようにして首尾よくいくのであろうか？　言語使用の体系的な研究、すなわち語用論（pragmatics）にたいしてもっとも大きな影響を与えたのは、哲学者、ポール・グライスの研究である。彼は、話し手が意味している内容は、聞き手にどんなことを把握してもらいたいと話し手があらかさまに意図しているかの問題である、と論じた。グライスはまた、話し手が、言っていることよりもはるかに多くの内容を伝達できるのは、その発話は情報があるとか、関連性があるといったことが意図されているという想定のもとで、聞き手は、話し手の意図した内容を突き止めていき、話し手は聞き手がそうすることを当てにできるからだ、ということを示唆した。これらの示唆、および、それに続く、ダン・スペルベル（Dan Sperber, 1943- ）とディアドリ・ウイルスン（Deirdre Wilson, 1941- ）や他の人々による研究のおかげで、コードモデルは推論モデルにとって代わられた。推論モデルは、（コードとして理解された）言語を出発[126]

点と見なすが、発話解釈を、本質的に、最良の説明への推論の過程として理解するのである[127]。きわめて入り組んだ文でさえ、ある人から別の人へ伝達されるメッセージに関しては、その手がかりしか提供しないので、言葉によるコミュニケーションが可能であるからといって、話し手と聞き手が同一の言語を共有し、その言語の文が同一の意味を共有しなければならないと考えるのは誤りである。

コード化された情報と推論による情報とのあいだの対比は、言語学における意味論と語用論の区別に対応する。後者については次節で述べるが、その前に、術語上の要点を強調しておくことは意義あるであろう。一般に言語学者にとっては、（ちょうど、統語（文法）が文の構造を扱い、音声学および音韻論が言語音やそれらの構成を扱うのと同じように）意味論は、意味に関連する、語彙項目や文の諸特性を研究する分野である。ところが、哲学者にとっては、意味論は心的もしくは公的表示とそれらが表示する中身とのあいだの関係（と称せられているもの）を指すのである[128]。

3.3.1 意味論と語用論

コミュニケーションが成功するかどうかは完全に言語的コードに依拠しているという考えは、統語（文法）と意味論によって与えられるコード解読から区別された、語用論の推論システムの役割を認識し損なったところから生じた考えである、ということを我々は見てきた。発話された文は手がかりを与え、その手がかりは、聞き手の語用論的能力によって活用されて表示を構築するが、その表示の性質の多くは、臨機応変に創造されたコンテクストによるところが大きく、その結果、発話解釈が可能となる。

簡単な一例を考えよう。誰かがあなたに Fred can see him now と言うとしよう。あなたがまずやらなければならないことは、話し手が、Fred という名前で、また、him という代名詞で誰を指しているのかを突き止めることである（これは指示対象付与という仕事である）[129]。さらに、フレッドは、前の訪問者との面会を今しがた終えたところであるのか、それともフレッドは、眼の手術から回復したところであるのかを突き止めなければならない（これは曖昧性除去（disambiguation）という仕事である）。さらに、その発話は、何の理由を述べたものとして捉えるべきか、たとえば、あなたの子どもを隣の部屋へ連れて行く理由を述べているものとしてか、あるいは2階へ上がる理由を述べているものとしてか、あるいは走って逃げる理由を述べているものとしてか、あるいはあなたがネクタイを整える理由を述べているものとしてか、あるいはこれらや他の可能性をいくつか組み合わせた理由を述べるものとして捉えられるべきかどうかを突き止めなければならない（これは暗意（implicature）の認定という仕事である）。

これは、最良の説明への一連の連結した推論である。それは一般に、聞き手であるあなたが話し手や状況について知っている内容、および、話し手があなたとあなたの関心事について知っている（あるいは、話し手が知っていると思っている）とあなたが想定

する内容、などなど無数のことに依拠している。もちろん、これらの情報の大部分は、与えられた発話に登場する言葉の中ではほとんどコード化されていない。したがって、(非言語的コミュニケーションも珍しくないとはいえ) この種のコミュニケーションは言語に寄生しているが、同時にまた背景的知識にもかなり依存しているのである。発話された文は、話し手が心に抱いている内容についてのヒントを与えているだけである[130]。そして、たとえば、話し手は、Fred can see him now という文をフレッドが自分自身を今見ることができるということを言うつもりで使うことはできないように、発話された文は、ある仕方で意味に制約を課している。コミュニケーションが成功することは決して保証されているわけではない。聞き手が伝達されたと受け取っている内容はもっともありそうな説明への推論にすぎない。話し手は、発話を誰かに向けることによって、相手が注意を向けるに値するであろう何かを言おうと試みている、ということを相手に示している。そうすることによって、[聞き手側で] 考慮されねばならない解釈の候補がかなり狭まるのである[131]。それでもなお、話し手は、とりわけ、話し手もしくは聞き手が互いの知識や信念を取り違えているならば、話し手が意図したことを伝達し損なう可能性がある。そして、話し手は、コミュニケーションに完全に失敗するかもしれない。

　コミュニケーションにたいするこの種の説明は、コミュニケーションには、意識に上らない多くの過程が関与していることを示している。我々は、発話内容や発話相手は意識しているかもしれない。しかしだからといって、それらの意識的な過程の根底にある心的手順についても、また命題を伝えるために使用している個々の語 (the や individual のような語) の意味についても意識しているとか、潜在的に意識しているということにはならない。Fred can see him now の例を論じた際に言及した類いの曖昧性の除去を考えよう。我々がこの文の曖昧性を処理している仕方にたいする推論的な説明 (たとえば、関連性理論による説明) には、人間の心的活動 (mentation) についての数々の興味深い主張が関わっており、その点では (後述する) チョムスキーの語の意味についての分析と同様である。正しいにせよ、間違っているにせよ、これらは心的状態や過程についての仮説であり、人がちらっと見たり、微笑んだりすることを解釈する仕方に関与する心的過程が意識に上ることのないのと同様、典型的には意識に上ることがないのである。心的過程の結果 ── それは部分的には意識的に接近可能である ── と、心的過程そのもの ── それは意識的に接近可能でない ── とを峻別することが重要である。

　言語がコミュニケーションにたいして重要な寄与をしているということは、とりわけチョムスキーによってこれまで否定されたことはない。しかし、この事実から言語の構造について具体的なことはほとんど何も帰結しない。もちろん、言語は「コミュニケーションのためにデザインされた」わけではない。なぜなら、厳密に言えば、何か「のためにデザインされた」自然物など存在しないからであるからである。しかし、言語機能、あるいは言語機能の一部は、進化の過程で「選択されて」きたかどうかについては問う

ことができる。進化を問題にするとき、一方で、思考の言語、および言語と思考の言語のインターフェイスについての進化の問題、他方で、聴音・知覚システム、および言語と聴音・知覚システムのインターフェイスについての進化の問題とを区別することは意義がある[132]。コミュニケーションの要求は、あきらかに後者の発展の動機づけとなったが、前者の発展にとってはおそらくほとんど重要な要素とはならなかったと推定される。コミュニケーションを促すことが、概念システムと感覚運動システムのあいだの対応づけの進化に何らかの重要な役割を果たしたかどうかは興味深い問題ではあるが、これについては、現在、きわめて思弁的な答えしか可能ではない。たとえば、冗長性は、言語のあちこちにいっぱい見られるように思われ、コミュニケーションを容易にし、またそれゆえ、冗長性がコミュニケーションによって動機づけられるということは正しいかもしれない。しかしながら、哲学的、あるいは心理学的に関心をひくような言語の諸特性（言語の創造性、言語の再帰的力（recursive power）、言語の生得性）と見なされているもののいかなるものも、そのような冗長性にどのような仕方でも左右されないように思われる。もし言語が多くの点で、コミュニケーションのためにデザインされていないとすれば、言語は使用に最適なものではないとしても驚くに値しない。解析可能性［という使用可能性］は何ら保証されていないのである[133]。それでも、言語がなければ伝えることが不可能であった思考を、言語のおかげで伝達できることもあきらかである。次のような考えを身振りでもって表そうとすることを想像してみよ。「もしコロンブスが1492年にアメリカ大陸を「発見」しなかったとすれば、英国国民健康保険制度がタバコ関税によって基金を提供されることはなかったであろうに」［これがいかに大変であるかが分かるであろう］。

　チョムスキーの言語使用に関する見解は、言語使用についての理論構築の見込みに懐疑的であるという点で、グライスやスペルベルとウイルスンよりも、J. L. オースティンの見解に近いと言える。チョムスキーは、ある人が言っていることから、その人が考えていることを突き止める作業には、ほとんどいかなる情報も関わる可能性があるということ、そして「自然科学や他の分野において、合理的な探求の場合、"あらゆることについての研究"のような研究題目は存在しない」ということを指摘した。言語の産出と解釈は両方とも、文法と統語解析器に加えて多様な心的機能が関与するが、そこにはおそらく、「語用論的能力」、すなわち文法の知識を使用することができる力の根底にある知識も含まれるだろう。言語の産出の研究はさらなる困難に直面する。話し手が何を言うかを選択するかは、自由意志の謎と結びついているからである。これらの理由で、チョムスキー自身は言語使用についてはほとんど何も発言してこなかったし、「使用についての理論は存在しない」[134]とまで言うのである。スペルベルとウイルスンによる、関連性理論における、おおまかに言ってグライス流のコミュニケーションについての説明が成功したことを考慮すると、チョムスキーのこのコメントは過度に悲観的であると考

える向きもあろう。いつもながら、ここでの問いは、現実の状況の複雑性の多くを切り捨てることによって生産的に研究できるような法則性を持つシステムが存在するかどうかであり、それはやってみなければ分からないことなのである。

とにかく、チョムスキーの示唆するところによれば、コミュニケーションは、［話し手と聞き手の知識状態のあいだの］いくつかの違いを別にすれば、重要な点において、対話者と自分が同一であるという想定に依拠しているというのはしごくもっともなことである。ただ、それらの違いを［聞き手が］突き止めるという「課題は、易しいかもしれないし、難しいかもしれないし、あるいは不可能であるかもしれない」のであり、これこそが、コミュニケーションという「おおよそのところで成り立っている行為」にとっては十分な基礎となるわけである。[135] そのような想定は、言語の音の体系の話になれば、議論の余地はない。チョムスキーの英語の発音は、我々著者2人とは体系的に異なっているが、彼の言葉を理解する我々の能力にほとんど影響を及ぼさない。我々は、解釈できるように、大部分、意識しないうちに、なんとなく必要な調整をしているのである。［このように言語音の場合］I言語は同一ではなく類似しているのが普通である。意味の場合は事情が異なるということを示した人は誰もいない。

何人かの哲学者は、首尾よくいくコミュニケーションは「おおよそのところで成り立っている行為」以上に優れたものであるということを想定しているが、それは決して明確ではない。成功した話し手は、聞き手を、話し手の認知状態と近似の状態にさせるにすぎない可能性がある。なぜなら、彼の発話が、背景となる想定の集合 —— それらの想定を、それら全体として共有することは可能でないかもしれない —— に照らして解釈されるからである。

3.3.2　権威

我々の言語知識は、チェスやペンギンについての知識と異なり、主として無意識的、あるいは暗黙のうちにあるものである。それを獲得するのに、きちんとした形で教えられる必要はないし、また、それを適時に使用するのに、あれこれ熟慮する必要もない。もし人が John thinks Peter betrayed himself（ジョンはピーターがピーター自身を裏切ったと思っている）という文を聞くならば、裏切った相手はピーターであること、そして話し手がもし裏切った相手がジョンであることを意図していたならば、himself ではなくて him を言わなければならなかったということを知っている。この知識に関して、いかなる外的権威なる概念も無関係である。我々は通常、たとえば、ペンギンは北極に住んでいないとか、idiosyncrasy の最後のスペルは sy であって cy ではない、といった百科全書的知識に関する権威ある言明についてはそれを受け入れる用意はある。ところが、我々は、自身の文法にたいする訂正については、次のケースのようなわずかな一部は別にして、受け入れることをよしとしない。その例外となるケースでは、分離不定

[訳注11]詞のような表面的な現象が非難されてきたが、その理由は、厳密に言語学的な根拠でもって常に擁護しやすいわけではない。たとえば、もしある人が我々に、I deplore your behaving like this（私はあなたのこのような行動を嘆かわしく思う）は英語の文として適正ではないと言うならば、我々はためらわずにそれを無視するであろう。この文はその人にとって文法的でないかもしれないが、たとえ我々が皆「同じ言語」を話していると思われているとしても、別の話し手の文法にとっては決定的ではないからである。このことの意味するところは、我々の能力を構築している文法規則は、周辺的な例外はあるものの、距離の判断を可能にさせる視覚上の規則と同様であり、英国では自動車は左側通行することを指示している道路交通法規のようなものではない、ということである。もちろん、話し手はしばしば、自分自身や他人の運用上の誤りを正すが、それは別の問題である。

　ときには権威に頼ることも適切である。ある人が私よりも、その道の専門であれば、その分野では私は進んでその人の意見に従う。おそらく、その人は yawl（ヨール）と[訳注12] ketch（ケッチ）[訳注13]の違いが言えるだろうが、私には言えない。その代わりに、ある人が腰の痛みを指して arthritis（関節炎）という語を使うのにたいして、私が医者として、その語の正しい使い方ではその可能性はないということを知っているとき、私は正しいと主張するかもしれない。通常、ある人が mitigate（軽減する）[136]という語を、私が militate（不利に作用する）という語を使用する仕方で使用するときのように、話し手のあいだで違いがある場合、私はそれに応じて斟酌して、私自身の用法に特徴的でない仕方でその人が言っている内容を解釈するのである。それは、私が、違ったアクセントを持つ話し手の発音を正しく解釈するときと同様である。しかし、このような可能性があるからといって、各個人が知っている内容に加えて、共有された社会的対象を措定することが必要だということにはならない。

　我々が従う規則は社会的規約によって取り決められたものではなくて、主として我々の生得的な言語的資源によって決定された、心理学的（心的）対象である[137]。言語能力の研究は社会学、哲学、あるいは数学の一部ではなく、むしろ心理学の一部である。新奇な発話を産出し、理解する我々の能力を説明するために、言語学者は言語規則の暗黙の知識を話し手および聞き手に帰する。そしてこれらの規則のあるものは一人ひとり異なる可能性がある。いかなる科学的試みもそうであるように、そのような規則の公式化と形式化の詳細は人間の心にたいする我々の理解が改善されるにつれて変化するであろう。しかし、我々は心的対象を扱っているという主張の本質は確立されている。我々は、社会的構成物を扱っているのではなくて、個人、個人の諸性質を扱っているのである。

　一般に人間のあいだで、唯一の（事実上）「共有されている構造」は言語機能の初期状態である。それ以上は、成長し、発展する他の自然物のケースと同様、近似的なのものしか

見出すことが期待されないのである。(Chomsky, 2000a: 30)

　読者は、我々があまりにも多くのことを確立したことに懸念を抱くかもしれない。たとえば、我々は、「英語」という共有された社会的対象は存在せず、したがってChomsky speaks English（チョムスキーは英語を話す）という言明は偽であるということを示したのであろうか？　さらに、直観に反することであるが、この言明は、Chomsky doesn't speak English（チョムスキーは英語を話さない）や、Chomsky speaks Nupe（チョムスキーはヌペ語を話す）[訳注14]という言明と同等であるということを我々は示したのであろうか？　答えは否である。我々は、言語についての外的、社会的概念は、言語学における自然主義的探求の基礎にはならないと考えるべき理由をいくつか提示してきた。しかし、日常言語でなされた言明の適切性は、どの概念が科学において根本的であるかという問いには依拠しないのである。

　実際、日常言語での語りは、かなり特異な対象を表す語を用いても、あるいは全くいかなる対象も名指さない語を用いても、完全にうまく運ぶのである。The average family has 2.5 children（平均的な家庭は、2.5人の子どもがいる）や、The sky is darkening（空が次第に暗くなってきている）といったことを言うことができるし、またそのような言明は真であり、適切でありうるが、そのことは、the average family（平均的な家庭）、あるいはthe sky（空）のいずれかが的確な対象を名指すということを意味しない、とチョムスキーは指摘する。

　チョムスキーの考えでは、Noam and Neil speak the same language（ノウムとニールは同じ言語を話す）のような「言語」についての語り方は、Birmingham is near to London（バーミンガムはロンドンに近い）のような文におけるnear（近い）という語の語り方と同様である。我々は、これらの文を使用して断言することができ、それらの断言は適切であり、しかも真でさえあるかもしれないが、何が「近い」とか「同じ言語」と見なされるかは、人の関心や人の捉え方と結びつくことは避けられない。ロンドンとバーミンガムは、ヨーロッパ地図作成のコンテクストでは近いが、英国ウォーキング推進・環境保護団体のコンテクストでは近くない。人間的な関心の外に出て、科学が目標とする見方をとり、バーミンガムはロンドンに客観的に近いかどうかを問うことは、不可能である。

　日常言語で言語について語る言葉は、不明瞭な社会的対象 —— つまり、国や銀河に比較できる不明瞭で入り組んだ境界を有する集合体ではあるが、おそらく互いに関連するI言語の集合体 —— を指示しているのだ、ということを示そうとして、上のアナロジーに抵抗することもあるいは可能かもしれない。

　「言語」、「英語」などといった語の意味は興味深いが、それは言語学にいかなる直接の含みをもたらさない可能性がある。日常的な語りにおいて使用されているものとして語の意味を研究することは、自然言語の形而上学 —— エモン・バック（Emmon Bach, 1927-2014）の巧みな言い回しを借りれば、「あたかも存在するかのごとく我々が話す内

第4章　哲学的実在論 —— チョムスキーが与する立場とそれをめぐる論争　　289

容」──を確立することにすぎない。しかし、それは、実際に何が存在するかについての問い、つまり、本当の形而上学の問題を解決していないのである。それを見極めるためには、科学することが必要である。チョムスキーはさらなる区別を指摘する。世界についての我々の直観的な概念化は、世界が現にある様態とも異なるかもしれないし、自然言語の中に組み込まれた形而上学とも異なるかもしれない。我々の直観的な範疇や概念について見極めるために、我々は、他人の心を読む理論、素朴物理学、などといった、本章の最初の方で触れた「識るシステム」を研究するのである。

これらの所見は、チョムスキーの指示と真理に関する見解へと直接つながるので、次にこの問題に向かうことにしよう。

3.4 意味についての内在主義

> 我々が言語使用を理解する限りでは、(内在主義的な統語(文法)的意味論(internalist syntactic version)の見解はさておき)指示に基づく意味論(reference-based semantics)を支持する議論は弱いように私には思われる。自然言語には、統語(文法)と語用論しかない可能性がある。もし自然言語に「意味論」があるとすれば、「この自然言語という装置が──その形式的構造と表現の潜在的可能性は統語(文法)的考察の対象であるが──発話共同体の中で実際にどのように使用されているかを研究する」という意味においてのみである。
> (Chomsky, 2000a: 132)

チョムスキーは、20世紀半ばの「日常言語」の哲学者と同じく、言語的意味を語の指示対象や文の真理条件によって理解しようとすることは間違っており、その代わりに、話し手が言語でもって何を遂行しているか、言語が我々に何を遂行することを可能にさせているかに焦点を置くべきであるという考えに賛成する。彼の見解では、第1に、言語が我々に遂行可能にさせているものは、無数の思考のいかなるものをも有するということにほかならない。第2に、言語は我々がこれらの思考をことばとして表現することを可能にする。

チョムスキーの見解では、哲学的意味論の主流は2つの点で間違っている。第1に、それは、語自体がモノを指すという誤った想定を立てているが、事実は、モノを指しているのは話し手がしていることなのである。第2に、言語学的な術語や構造によって思考にたいしてなされた寄与は複雑で豊かであるにもかかわらず、哲学的意味論はそのことを無視する傾向にある。

3.4.1 語の意味

語彙項目は我々に、世界の中の事物であると我々が見なすもの、もしくは他の仕方で我々が心に抱くものを捉えるためのある範囲の見方を提供してくれる。これらの語は、事物を見たり、我々の心の産物について思考をめぐらせる手段を提供してくれるフィルターやレンズのようなものである。語自体は、少なくとも「指示する (refer)」という術語が自然言語の意味で用いられているならば、指示しないのである。人々は、ある特定の観点からそれら事物を捉えながら、それらの語を用いて事物を指示するのである。

(Chomsky, 2000a: 36)

　意味論の領域は伝統的に、意義 (sense) と指示 (reference) という2つの部分に分けられる。「意義」は、the morning star (明けの明星) と the evening star (宵の明星) のような表現間の意味の違いを表すのにたいして、「指示」は、これらの表現に対応する世界の中の対象、この場合は同一の対象を選択する。[140]チョムスキーの研究は、統語 (文法) 的な領域、おそらくはその中の意義の領域での説明をやり遂げようと試みつつあるものとして解釈できるが、指示は説明の範囲外であり、したがって意味論は存在しないことを主張するものとして解釈できる。

　この主張は少し入念に見ておく必要がある。もし文法が音と意味を結びつける手段であり、意味論は意味の研究であると定義されるならば、チョムスキーが述べているように、「音韻論を脇におくなら、LSLT 以来私がこの分野でなしてきた研究のすべては意味論に収まる」。[141]チョムスキーがここで否定しようと意図した意味論にたいする解釈はこの意味での意味論ではなく、伝統的な専門的な意味での意味論、つまり、語とその指示対象 (これは、「外延表示 (denotation)」とも呼ばれる) を対にすることを指す意味論である。意味論にたいするこの解釈では、調音体系にたいして指令を与える音声学ではなくて、音韻表示を世界における音と結びつけるような、自然言語にたいする音声学が存在しないのと同様、自然言語にたいする意味論は存在しないことを信じる十分な理由がある、とチョムスキーは述べる。言語学的意味論は、たとえ「形式意味論」であっても、厳密には内在主義的なのである。

　一例を考えよう。意味に関心を持つ言語学者は、「book (本) という語の意味性質を見極めようと試みる。つまり、それは名詞であって動詞でないこと、人工物を指すために使われるのであって、水のような物質を指すのでもなければ、健康のような抽象的なものを指すために使われるものでもない、といった性質である。」一般に、言語学者は、語の使用を調べることをとおして、「語は、物質的材料、デザイン、意図された用法、特徴的な用法、制度的役割などといった要因を用いて解釈されるということを見出し」、かくして言語学者は、語はこのような類いの意味特徴を有していることを措定する。語の用法はこれらの特徴と複雑に絡み合っているのである。たとえば、book は物質的な意味と抽象的な意味の両方で用いられうる。ジョンとピーターが『戦争と平和』

第4章　哲学的実在論 ── チョムスキーが与する立場とそれをめぐる論争　｜　291

の異なったコピーを読んでいるとしよう。彼らは同じ本を読んでいるのだろうか？　もし抽象的対象としての本に焦点が置かれているのであれば、答えは「然り」であるが、もし物質的対象としての本に焦点が置かれているのであれば答えは「否」である。しかし、book は、bat（バット／コウモリ）、や bank（銀行／土手）のような〔曖昧な〕語かというと、それほどはっきりしない。His book is in every store in the country（彼の本はその国のあらゆる店にある）という文におけるように、我々は両方の観点を同時に表すことができる。また、The book that he is planning will weigh at least five pounds, if he ever writes it（彼が執筆を計画している本は、もしそれを書けば、少なくとも5ポンドの重さはするであろう）という文におけるように、代名詞 it で両方の意味に呼応している。チョムスキーの見解では、「私の机の上の本は、その内的構成のおかげで、これらの奇妙な性質を有してるわけではない。むしろ、人々の思考の仕方に基づいて、そしてこれらの思考が表現される言葉の意味に基づいて、本はこれらの奇妙な性質を有するのである」。

　book をめぐる振る舞いのうちどこまでがこの語に特異な性質であり、どこまでが名詞や概念の持つ一般的な性質によるものであるかは未解決の問題である。多くの名詞は抽象的意味と物質的意味の両方をもって使用されうる。したがって、おそらく二通りのこの多義性（polysemy）は言語学的範疇が持つ一般的特徴であろう。しかし、多義性というのはこのケース以上に複雑である。newspaper（新聞）という語および *The Times*（タイムズ紙）のような新聞名は抽象的意味でも物質的意味でも用いられるが、book と異なり、新聞の発行会社を指すためにも用いられる。そのような問題を探求することは、言語学的意味論の課題であり、人間の概念的資源の研究にほかならない。[142]

　もう1つのタイプの例は話し手の見方を考慮しなければならないことを示している。あるものが desk（机）であるか、それとも a hard bed for a dwarf（小びと用の堅いベッド）であると思われるかどうか、あるいは、一杯の液体が tea（お茶）と記述されるか、それとも polluted water（汚染された水）と記述されるかどうかは、我々のものの見方に依拠しているのであって、世界についての物理的事実にのみ依拠するわけではない。もし貯水池が、そこにお茶が放り込まれることによって不純になったならば、蛇口から出てくるものは、あなたが慎重に用意したお茶と化学的には区別できないかもしれない。それにもかかわらず、それは（不純な）water（水）として正しく記述され、片や、あなたが用意したものは tea（お茶）として正しく記述されるのである。[143]

　今日、指示的意味論の伝統が支配的であるが、これにたいするチョムスキーの異議申し立ては2つの部分からなる。まず、上記の類いの事実は、（曖昧の場合は除いて）個々の語は、対象のある種の集合を外延表示する（denote）という主張といかに整合的でありうるか？　第2に、意味にたいする指示的見解は、上で論じた研究の類いに、いったい何を付け加えるのか？　チョムスキーの示唆するところでは、外延表示的な見解は、これらの問いにたいする理解を妨げるだけである。

チョムスキーによるこのような批判は、London（ロンドン）のような固有名辞に対してまで拡張する。固有名辞は、しばしば指示する語の模範例と考えられており、ある見解では、固有名辞には指示はあるが意義はないとされる。一見したところ、London が指示している対象を規定することは容易であるように思われる。それは、英国の首都である都市である。しかしチョムスキーは、ロンドンを指示するためにその語を我々が使用するということ —— それは何ら問題ではない —— と、我々がその語を指示するために使用しているのだから、その語自体が世界の中のある対象を外延表示するという主張とを区別する。我々の日常的な会話に関する限り、ロンドンは破壊され、おそらく何年も後に、別の場所で再建されることもあるかもしれないが、それでもある状況下ではそれはなおロンドンのままでありうる、ということをチョムスキーは指摘する。London という語は、ある場所、そこに住んでいる人々、建物や施設を指示するために、あるいは、London is so unhappy, ugly, and polluted that it should be destroyed and rebuilt 100 miles away（ロンドンはあまりにも悲惨で、醜くて、汚染されているので、破壊されて 100 マイル離れた所に再建されるべきである）のように、それらの組み合わせを指示するために使用することができる。我々は、これらの性質をすべて備えた対象が存在するということ、あるいはそのような対象が存在することを話し手が想像する、ということを主張すべきであろうか？　もしそう主張すべきでないとすれば、London の指示対象はいったいなんだろう？

　チョムスキーが統語（文法）と語用論しか存在しない可能性があると主張することによって何を意味していたかは、これらの例を見ればよく分かる。言語機能に内在する「語の意味的性質」なるものが存在する。それらの意味特徴は、他の心的機能と相互作用しながら可能な用法を実際に許したり、それに制約を課すのである。語は、「心の資源によって利用可能となるさまざまな見方を用いて世界について考え、語るために使用される」。指示や志向性は、言語哲学の主要な焦点であったが、言語使用の側面であり、語や文の性質ではない。したがってそれは語用論の対象であり、大部分、体系的な研究の外に位置するのである。これは、チョムスキーが気づいているように、あくまで大胆な憶測であり、彼が考慮している例文に直面してでも伝統的な考え方の一部が保持されうる仕方が確かにいくつかあるのである。さしあたり、大部分の言語哲学者はこのより保守的なアプローチを好む。しかし、言語哲学、語用論、そして語彙意味論における、もっとも好奇心をそそる最近の成果は、チョムスキーの見解と共有しているところが多い。自然主義的研究はいつもそうだが、決定的な基準は、推測に基づいて打ち立てられた理論がどこまで成功するかである。

3.4.2　外延表示的意味論

曖昧性、合成性（文の意味は、文の部分の意味と、文の部分同士を結合する統語構造の両

方から予測可能であるという事実)[149]、そして量化をめぐる無数の複雑性、といった他の伝統的な意味論的概念はすべて統語（文法）的もしくは語彙論的に表現される。ここで統語（文法）的というのは、心的表示の統語（文法）的特性、すなわち、形式的な特性が我々の意味論的直観の説明の根底にありうるという意味である。

照応と束縛はその良い例を提供する。(10)における文を考えよう。

(10) a. He thinks the young man is a genius
（彼はその若い男が天才だと思っている）
b. The young man thinks he is a genius
（その若い男は彼が天才だと思っている）
c. His mother thinks the young man is a genius
（彼の母親はその若い男が天才だと思っている）

(10b)と(10c)において代名詞（それぞれ he と his）はその指示を the young man に依存しているが、(10a)においてはそうではない。これらの事実は、young（若い）を average（並みの）に置き換えたり、the young man を（典型的な並みの男と解された）Joe Bloggs に置き換えてみても変わらない。このことは、束縛と照応で問題になっていることは、文構造と句のタイプについての事実だということを示しているように思われる。つまり、the young man、Joe Bloggs, the average man はすべて DP であるので、それらは代名詞を束縛しうる。しかし、Joe Bloggs とか the average man が、現実のものであれ、想像上のものであれ、ある対象を指示するものとして理解されるかどうか疑わしい。

照応や言語学的意味論における他のトピックに関する多くの研究は、指示もしくは外延表示を用いて言い表されてきた。チョムスキーはこのことは、指示的な哲学的意味論を擁護するものとはならないということを主張する。そのような理論における「外延表示する（denote）」[150]は、個々の語とその「意味論的値（semantic value）」とのあいだの関係を指示する専門用語として理解できる。「意味論的値」は、これもまた専門的概念で、おそらく心的モデルにおける対象を指示している。Joe Bloggs や the young / average man の有する意味論的値は、重要な点で互いに類似していると推定されるであろう。しかし、そのような「意味論的値」と「現実であれ、想像上であれ、他の何であれ、世界の中の対象」とのあいだに体系的な関係があると仮定することは別の話である[151]。実際、チョムスキーはまた、外延表示的アプローチが言語学的意味論を進める正しい方法であるかどうか疑わしく思っている。彼の要点は、外延表示的アプローチを上で述べたようなやり方で進めることは、「世界の中に在る（あるいは、在ると思われている）モノへの指示」[152]を前提としないという点である。したがって、外延表示的アプローチが広まり、成功したとしても、それは言語学的意味論が内在主義的であるという見解と両立するのである。

3.4.3 真理

　意味は真理（truth）という術語を用いてこそ有効に記述されうるという見解、すなわち、文の意味はその真理条件によって与えられるとする見解は広く支持されている。文の真理条件とは、その条件が満たされればその文の真が保証される条件の集合のことである。[153] 一見したところでは、この考えはきわめて道理にかなっている。もし Scandinavians are dolichocephalic（スカンジナビア人は長頭だ）という主張が真かどうかを尋ねられたならば、その問いに答えることができるために前もって必要なことは、dolichocephalic（長い頭を有している）という語の意味する内容を知ることである。Scandinavians are dolichocephalic が真であると言うことは、Scandinavians are long-headed（スカンジナビア人は頭が長い）が真であると言うことと等価であるように思われる。すなわち、Scandinavians are dolichocephalic は、スカンジナビア人は頭が長いことを意味するように思われる。

　真理条件的意味論が文と文のあいだのそのような意味論的含意（entailments）を捉えることができるのは、意味論にたいする真理条件的アプローチの主たる魅力である。ある文が別の文を意味論的に含意するのは、最初の文が真であるとき2番目の文が偽になりえないとき、そしてそのときに限る。John lives in London and Mary lives in Oxford（ジョンはロンドンに住み、メアリーはオックスフォードに住んでいる）は、John lives in London（ジョンはロンドンに住んでいる）を意味論的に含意する、なぜなら、最初の文が真で2番目の文が偽になるような状況がないからである。Scandinavians are long-headed と Scandinavians are dolichocephalic は、互いに意味論的含意関係を持つ。これらの文はまさに同じ状況のもとで真になるからである。このような場合は、真理と意味は、まあまあ単純な仕方で互いに言い換え可能であるように思われる。しかし、実は、驚くことに、このことは議論の余地がある。この点をめぐる論争は、そもそも何らかの分析的な文が存在するかどうかという問題にもっぱら集中して行われてきた。

　分析的な文は、文の意味だけで真であることを知ることができる文である。それにたいして、綜合的な文は、世界についての事実によって真と言える文である。そもそも分析的な真理が存在するか否かをめぐっては相当な論争があったが、多くの哲学者はクワインに従って、分析的な文は存在しないと結論づけた。その主たる理由は、分析的な真と堅い信念とのあいだの原理上の区別を具体的に示すことが難しいという点にある。昔は、Marriage is always between a man and a woman（結婚は、常に男と女のあいだでなされるものである）は、この文に登場する語の意味だけによって真であると多くの人によって思われていた。ところが、今や、この文は分析的でないばかりか偽である。"marriage"（「結婚」）の意味が変わったのであろうか、それともこの語が指示する制度について、驚くべきことが見出されたにすぎないのだろうか？　この種の論争をいかに原理に裏付けられた仕方で解決するかを知ることは難しい。もう1つのタイプの古典的な例は All cats are animals（猫はすべて動物である）のケースである。この文は必然的に真であるかどうか？　仮に猫を精査したところ、それは火星人のロボットであることが判明したとしよう。その場合、猫は動物であるだろうか？[154]

　チョムスキーが示唆するところでは、この論争の焦点は 2 つの点で見当違いである。[155]第 1 に、哲学者は典型的に cat, animal, marriage などといった名詞に関心を示してきたが、これらの語に関する分析性の良い例を見つけるのに苦労してきた。しかし、他の例を考慮すれば、もっと良い分析性の例があることが確かなものとなる。それは動詞の性質によるものである。チョムスキーの挙げる例は、If John persuaded Bill to go to college, then Bill decided or intended to go to college（もしジョンがビルに大学へ行くように説得したならば、ビルは大学へ行くと決めたかその気になっている）や If John killed Bill, then Bill died（もしジョンがビルを殺したならば、ビルは死んだ）の類いである。彼の直観は（我々の直観もそうであるが）、世界の事実についての知識をどんなに得ようとも、これらの文は真であり続け、したがって If John persuaded Bill to go to college, then he is a fool（もしジョンがビルを説得して大学に進学させたならば、ビルは馬鹿だ）のような例 —— これは綜合的に真である可能性がある —— とは決定的に異なる、というものである。第 2 に、これは、言語機能内の意味論的特性に関する事実の反映だという点である。ここでの論点は「あることが真であると想定したり、仮定したり、措定したりすることが、その文を真とさせることができるかどうかである」と多くの人はこれまで考えてきたが、チョムスキーはそれは間違った問いだと考える。正しい問いは、「生得的要因と環境的要因の相互作用をとおして心の中で発展する概念体系が、事実として分析的関係に関与し、その結果、これらの概念と連結している言語表現のあいだの分析的関係を決定するかどうか」である。[156]

　チョムスキーが（暫定的とはいえ）分析性を受け入れたということは、文は真理条件を有するという主張に彼が与している、と考える向きもあるかもしれない。しかし、必ずしもこれは出てこない。すでに見てきたように、彼の見解は、語や文の意味論的特性は、それらの多様な仕方での使用に制約を与えるということである。たとえば、persuade（説得する）や intend（意図する）の意味特性からして、If John persuaded Bill to go to college, then Bill decided or intended to go to college（もしジョンがビルに大学へ行くように説得したならば、ビルは大学へ行くと決めたかその気になっている）という文が、——ジョンもビルも存在し、しかもこの文が字義通りに用いられており、比喩や皮肉として用いられていない限りは —— 真である、ということについては間違いなく言える。

3.5　生得性

　「学習（learning）」と呼ばれるものの中心的部分は、環境によって誘発された影響、および部分的には環境によって形成された影響のもとで、内的に定められた方向に沿って、認知構造が成長してゆくこととして、実際はよりよく理解されるのではないか、と私はなんとなく考える。人間言語の場合には、環境によって形成された影響が見られることはあきらかである。人々は異なった言語を話すが、それは彼らの言語環境における相違を反映しているからである。しかし、発達するシステムが、どのような点で、経験によって誘発された本来的な過程と構造を反映したものでなく、むしろ本当に経験によって形成されたものであるか、という問題は依然として残っている。

（Chomsky, 1980b: 3）

　チョムスキーの研究のうちで、もっとも有名であり、またある人々にとってはもっとも悪名が高く、またそれゆえ彼がもっとも激しい批判の的になっているのは、言語機能の実質的部分は遺伝的に決定されているという彼の主張である。つまり、それは「遺伝子のある種の発現である」[157]。この主張は、我々が見てきたように、デカルトの合理論を思い起こさせ、これを経験論と明確に対置させるものであるが、その明確な表明は「言語は生得的である」[158]というものである。この主張はあまりにも急進的であり、また世界にはおおよそ 10,000 もの異なった言語が存在するという事実を前にすると、あまりにも直観に反するので、この主張にたいする証拠の要点を述べ、評価し、さらにこれまで提示されてきた多様な種類の反証の土台をくずそうとすることは必要である。さまざまなときにチョムスキーは、言語は主として遺伝的に決定されているという主張を支持する多くの多様な証拠を提示してきた。これらの証拠には、獲得のスピードや年齢依存性、諸々の文法が 1 つに収斂していくこと、視覚をはじめ他のモジュール的能力との類似性、ヒトという種の特異性、聴覚障害者や視覚障害者、あるいは聴覚 – 視覚障害の子どもにおける言語獲得の「過剰決定性（over-determination）」が含まれるが、（第 1 章で述べたように）なによりも、一方では普遍性の存在、他方では刺激の貧困の考慮が含まれるのである[159]。

3.5.1　刺激の貧困

　刺激の貧困を考察するにあたって常に重要なことは、人は、入力から得る以上のものを知ってしまうという点である。つまり、入力は、人が有していることに誰も異論を挟まない知識や能力を決定しないのである。どうしてこれが可能かは、第 3 章ですでに論じた「プラトンの問題」である。そしてチョムスキーが示唆した答えは、プラトンに

よって与えられた答えの最新版、つまり、大部分はすでに生命体の中に現存しており、それが活性化されることだけが必要だ、というものである。

　チョムスキーが好んで使う例は、胚が発達して、翼でなく腕が成長することを選択したり、青い眼ではなく茶色の眼を持つことを選択するわけではない、というものである。これらのいずれになるかは、遺伝的に決定されている。言語もそれに似ていることが期待される。同様に、子どもは、12歳あたりでいかにして思春期に達するかを学習しないし、もちろん教えられることもない。これまた遺伝的に決定されているのである。もっとも、この場合は、栄養不良のために初潮が遅れるケースのごとく、環境からの寄与がよりあきらかである。この場合においても、言語がそれに似ていることが期待される。思春期に達するためには（そして、眼が成長するためにでさえ）身体は栄養素となる入力を必要とするのと全く同様に、言語を獲得するためには、心は言語的入力を必要とする。しかし、これまで見てきたように、子どもが最終的に得る知識の豊かさは、その入力をはるかに超えているのである。

　これは、特定の結論を支持する議論というよりもむしろ、［分かり切った事実のように見えるものにも］あえて不思議さを感じる気持ちであり、また、環境だけでなく、生命体が持つ遺伝的な資質、および、「第三要因（third factor）」── すなわち、物理法則などによって課せられた発達にたいする諸制約[160] ── の貢献を虚心坦懐に考えようとする気持ちにほかならない。偏見はさておき、言語獲得が、他の生物体系と同様、高度に生得的に決定された道筋に沿っていることは信憑性が高いものとなっている。チョムスキーは最近、「刺激の貧困の問題を持ち出したのは戦略的には失敗だった。その理由は、あたかもそれが言語のみに関わるものであるかのように見えてしまうのであるが、刺激の貧困の問題は成長の普遍的特性だからである」[161]と書いている。この見解では、言語獲得は、まともに機能する視覚系の獲得や大人の歯の成長と似ているわけである。

　刺激の貧困による主張は多くの人が想像する以上に強力である。この問題をめぐっては、何らかの種類の汎用的学習装置が大人の文法を構築することが<u>できる</u>ほど十分な情報が入力に含まれているかどうかという問題にしばしば論争の焦点が置かれてきた。しかし、ジョン・コリンズが述べているように、「論点は、子どもがあれやこれやの経験を欠いているということではない。もっとも彼らはそのような経験を欠いていることは確かであるが。むしろ論点は、彼らが経験を有しているかどうかは重要ではないということである」、なぜなら、子どもの最終状態は環境によってではなく、大部分、生命体によって決定されるからである[162]。すでに見たように、デカルトの古典的な例は次のようなものである。我々は、おおまかに言えば三角形に近い多くの対象を見ることはあっても、完璧な三角形は何ひとつ見ることはない。ではなぜ、我々は<u>三角形</u>の概念を持つようになるのか？　おそらく、我々は、そのような概念を持つように生得的に仕組まれているからである。その概念は、生得的であるか、生得的な資源から容易に構築され

るものかのいずれかである。
　一般に、我々の最終状態は主として生得的資質に依拠している。ある特定のタイプの鳥の歌にさらされた人間の幼児は、耳にする鳥のレパートリーの例がどんなに完璧であっても、鳥の歌を獲得しないであろう。逆に、ある種類の鳥では、歌は完全に生得的に決定されている。ひな鳥は、典型的には、ある種の汎用的学習装置が歌を学習するのに必要とする量をはるかに超える入力にさらされているということは重要ではない。なぜなら、ひな鳥はそもそも歌を学習することはしないからである。第3章で見たように、言語獲得を遺伝的に決定する要素のうち、どの側面が言語機能に特化したものであり、どの側面がより一般的な認知に関わるものかを決めていくことは、今日、熱心に探求されている問題である。これらの側面の区別は重要であり、この区別をめぐってチョムスキーが立場を修正している。しかし、どんなに詳細な事実が判明するにせよ、我々の第一言語を学習する能力の主要な部分は遺伝に基礎を置いているということは議論の余地がない。

3.5.2　普遍性
　世界にはおびただしい数の言語があるにもかかわらず、言語学者の知る限りでは、それらはすべて近似的には等価と言える程度に複雑（あるいは単純）であること、そして子どもは、さらされるどんな言語でも学ぶということは注目すべきである。どんな言語にも優劣はないし、音調言語、屈折語、あるいは他のどんなタイプの言語であれ、言語の種類にも優劣はないことは明白である。そして、子どもは誰でも、彼らが浸った言語体系をわずかな年月で身につけるのである。この観察の意味するところは、すべての言語は、適切な種類の生命体、すなわち、人間の赤ん坊によって獲得されることが可能である程度に互いに十分、似ているに違いないということである。すべての赤ん坊がチェスをしたり、ペンギンを捕えたり、ディジェリドゥーを吹くことを学習するわけではないが、病理学的異常のケースを除いて、赤ん坊は誰でも第一言語を身につける。実際、もし人が第一言語を身につけないということは、病理学上の条件を反映していると解される。ある人が代数学やピッコロを身につけないからといってそのような含みはないのである。
　このような背景に照らすと、第2章で詳細を論じたように、諸言語は共通の諸特性を共有しているはずだということが予想される。これらの言語普遍性は、子どもが獲得する言語の形式を決定する。少なくとも文法の範囲では、きわめて多くのことがすでに決められているため、通常の意味での学習はほとんど不要である。つまり、言語は、何らかの引き金となる入力に基づいてただ発展していく可能性がある。我々が見てきたような類いの普遍性が本当にあるのであれば、それらは説明されなければならない。そのような説明のもっとも簡単なものは、言語の普遍性は生得的であり、したがって「生得論

者」の立場が支持されるということである。

　第3章において、我々は、上の見解にたいして、N. エヴァンズ（Nicholas Evans）とレヴィンソン（Stephen Levinson）、そしてクリスチャンセン（Morten Christiansen）とチェイター（Nick Charter）のような言語学者からの最近の異議申し立てをいくつか検討した。エヴァンズとレヴィンソンは、言語普遍性は存在しないと主張する。どちらのグループも、諸言語のあいだにどんなに類似性が見られても、それは認知の一般的な特性によるものであって普遍文法によるものではないことを示そうとしている。しかし、エヴァンズとレヴィンソンの研究は言語間の表面的な相違にのみ関わっており、その種の相違は、現代言語学が有する深い、説明的な類いの普遍性とは両立するのである。そして、クリスチャンセンとチェイターのような強い経験論は彼らの証拠によっては支持されず、また文法の構造依存の諸規則を獲得するという事実を何ら説明できないのである。

3.5.3　学習と引き金

　第3章におけるパラミタの設定についての議論で見たように、学習は通常、仮説形成と検証（testing）、同化と適応の過程、条件付け、抽象化、そして帰納が関与していると見なされている。しかしこれらのどれかが言語獲得、とりわけ、統語（文法）の獲得の中核にあるということはあきらかではない。

　では、言語はいかにして獲得されるのであろうか？　チョムスキーが支持している考えは次のようなものである。普遍文法は、子どものときに出現するある種の資源を活用できるようにする。環境が役割を果たすとすれば、それは、どの資源が活性化されるかを決定することにある。たとえば、子どもたちは、再帰形という範疇を生得的に備えている。英語を話す人々（より正確には、そのような言い方で、きわめて大ざっぱにそして直観的に特徴づけることができるI言語を有している人々）の中で育つ子どもは、himselfという言語音を（動詞や植物の名前ではなく）「再帰形の照応表現」という範疇と結びつけ、さらに、再帰形が束縛されている領域のサイズについてのパラミタを節（clause）に設定する可能性がきわめて高いであろう。これらの事実は、生得的文法諸原理と相互作用して、上で挙げた例文 John thinks Peter betrayed himself（ジョンはピーターがピーター自身を裏切ったと思っている）において、ピーターが裏切った相手はピーターだということを決定する。同様に、子どもは /buk/ という言語音を名詞、つまり、ある種の人工物にたいする語と結びつける必要がある。ひとたびこのことが分かれば、多くのことが後に続く。一般に、言語獲得の過程は、免疫学における過程と同様、指令や内在化ではなくて、主として選択の過程であるように思われる。この見解は、文法はほとんどの部分に関しては成長するだけであるというものである。もっとも、上で注意したように、成長の最終結果は、言語獲得の過程で、ある種の言語音がある種の範疇と連合し、パラミタは何らかの仕方で設定されるという点で、環境による影響を受けるのではある。

上のような成長と引き金（triggering）による言語獲得モデルには、区別されるべき2つの主張が含まれている。1つは、文法の諸規則（そして他の多くのこと）は大部分、生得的であり、選択されるのを待っているという主張である。もう1つの主張は、選択の過程は、主として引き金による誘発過程であって、仮説の形成や確証の過程ではない、というものである。チョムスキーの初期の研究では、最初の主張が前面に出ていた。第2章で見たように、1980年頃、原理とパラミタの枠組みが、関与していると思われた選択の種類を簡潔化した。初期の研究では、子どもは、規則および規則が適用される順序をあらかじめ学習する必要があったように思われた。ところが、原理とパラミタのモデルのおかげで、少ない数のスイッチを設定するという軽減された課業となった。文法獲得は引き金であって、仮説確証（hypothesis confirmation）ではないという2番目の主張へチョムスキーが傾く姿勢が顕著になったのもこの頃であった。

　さて、ある規則が生得的であるということからその規則を学習できないということは論理的には出てこない。子どもは、耳にする内容からそのような規則が成立することをなんとか推論している可能性もあるし、普遍文法（UG）によって可能となる大人の文法が仮説の役割を果たし、子どもはそれらの仮説のうちいずれかの仮説を選択しようとする可能性もある。チョムスキーは初期の研究で、言語獲得の過程をしばしばこのような言葉で述べた。もっとも、チョムスキーは、一般に、「形式的な観点からすれば」といった言葉を濁した言い方をしており、これは、彼が、言語獲得自体が推論をとおしてなされるという考えには与しないで、むしろ制約を課せられた推論と言語獲得との構造上の平行性に関心があったことを示唆している。その詳細は主として歴史的には興味深い。というのも、チョムスキーが引き金説に与していることがその後明らかになったからである。しかし、［制約を課せられた推論と言語獲得とのあいだの］主たる類似性は、大人の文法（現代の術語でいうI言語）は、子どもが耳にしたデータからの一般化によっては到達することができないということであった。それは科学における状況と似ている。科学者は、観察する限られたデータをはるかに超えて適用できる隠れた構造を大胆に推測する。さらにまた、可能な大人の文法の範囲は高度に限定されているがこれは、科学においても日常生活においても、狭い範囲の可能な仮説だけが考慮に値するものとして見なされている仕方と類似している。ネルソン・グッドマンの有名な「帰納をめぐる新しい謎（new riddle of induction）」はこの点をはっきりさせる1つの方法である。いま、「グルー（grue）」とは西暦3000年まではグリーンを意味するが、それ以降はブルーを意味するとした場合、我々が今、緑色であるエメラルドを見たならば、我々はそこからそれはグリーンであると推論するだろうか、それともグルーであると推論するであろうか？　いずれの仮説も我々の目の前の証拠と両立するが、我々はグルーのものを見たとは考えないのである。同様に、データと矛盾しない、論理的に可能な無数の文法のすべての中から選択したごくわずかなものだけが普遍文法（UG）と両立し、可能な大人

の文法なのである。

　生成文法の主張に大筋のところ同調する哲学者の中には、文法の獲得は仮説形成と確証の過程であり、普遍文法によって課せられる、可能な仮説にたいするきわめて強い制約はあるものの、科学における理論形成と検証とかなり似ているということは文字通り正しい、と主張する者もいる。科学と同様、文法の獲得とは、推測に関わってくる証拠を持ってくる問題となろう。それは、哲学者の術語で言えば、「合理的な」過程であり、言語の獲得は、証拠に基づいて理論を形成し、改善していくという意味で、「合理的な成就（rational achievement）」ということになろう。[169]しかし、チョムスキーは言語獲得を主として成長と引き金の問題と考えており、そこでは定義からして、引き金はそれが引き起こす過程に対する証拠ではないし、結果として得られたＩ言語はいかなるものについての理論でもないということは、原理とパラミタの枠組みが登場して以来、きわめてはっきりしてきている。チョムスキーの見解では、Ｉ言語はある種の成長の過程の最終状態であり、成長は主として生得的に決定される。もっとも、（隔離児ジーニーのケースのように）環境があまりにも劣悪のために正常な成長が阻止されうることもあるし、環境が正常でも、引き金次第で、限定された結果しか得られないこともある。引き金説と仮説確証説とを混合した見解もまた考えられうるだろう。つまり、文法は引き金によって促されるが、概念に言語音をあてがう作業は、仮説確証が関与しているという可能性である。

　どちらの見解が正しいかをいかにして決めることができるだろうか？　合理的成就説の唱導者は、引き金モデルでは、子どもがある種の文を聞くと、なぜその種の文を文法的にする規則を獲得するに至るかが不可解になってしまう、と論じる。感知された文が、選択された文法にたいする証拠とはならないのであれば、SVO文を感知することに基づいてSVOの文法が選択され、VSO文やペンギンなどを感知することによってはそうならないのはなぜだろうか？[170]　この議論にたいするあきらかな応答は、これはまさに人間という種がそのように「構築されている」からにほかならない、というものである。つまり、我々の言語獲得装置は、ある種の文や文の一部が引き金となって、その文を発した話し手のＩ言語におけるパラミタ設定と必ずしも同一ではないものの、類似のパラミタ設定を促すように仕組まれているのである。[171]「合理的成就」説の唱導者は、おそらく、それを行う過程はまさに推論過程であり、結果として得られたＩ言語は、個々の言語についての理論にほかならないと応答するであろう。しかし、乳幼児保護者や周りの仲間の言葉におけるパラミタ設定と類似の設定を通常は獲得するような、推論によらない（「理性とは無縁の因果的な」）言語獲得装置（LAD）が進化の結果、構築されたということもあながち不可能ではないように思われる。もちろんそれは、ある装置や過程が推論的であると解釈されるために何が必要かによる。一般に、ある過程が推論的であると判断されるのは、それが証拠の異なった情報源に敏感に反応し、正当化された結論

に達する能力を有しているときに限られる。したがって、問題は結局、言語獲得が証拠についてのこの類いの評価判断に関与しているかどうか、あるいは、言語獲得の多くの研究が示そうとしてきたように、もし引き金にさらされれば、自動的に引き金を引くことになるのかどうかという問題に帰着する。[172]

「合理的成就」説の唱導者は、また、第3章で見た類いの、子どもたちによる（three sheeps comed などのような）過剰一般化の例を考えてみればよいとして、仮説形成にたいする証拠が圧倒的にあると言うかもしれない。しかし、これには2つの返答がある。第1に、確かにこれらは過剰一般化の事実を示しているが、仮説検証が存在することを確立しているわけではない。子どもたちは、彼らの立てた仮説が間違っていることの証拠を直ちに提供するようなタイプの修正には非常に抵抗するものである。このことは、子どもたちは、仮説検証に全く関係していないことを示している可能性があるか、あるいは獲得モジュールは推論的であるけれども、ある時点である種のタイプの証拠だけを活用できること、すなわち、ある形式の遮蔽性が存在することを示している可能性がある。

第2の返答はさらに決定的である。子どもたちが間違いを犯さない領域がある。sheeps や comed のように屈折する形態素では過剰一般化が頻繁に見られるものの、パラミタ設定が関与している領域では、過剰一般化はゼロに近いと言っていいほどめったに生じない。子どもたちは形態論的な類推を形成することはあっても、第3章で見た didn't have today a nap の類いのような統語（文法）的な類推を形成しないのである。実際には生じない間違いという範疇は重要である。なぜなら、仮説形成と確証過程が、実際には生じないような間違いを犯すことを完全に回避できそうにないからである。

言語獲得が仮説の検証であるという主張についてのもう1つの問題は、この主張が、I言語は理論であることを、つまり、I言語は関係的で志向的な対象であり、おそらく、個々の共有された言語についての理論であることを前提としているという点である。[173] 我々はすでに見たように、共有された共同体言語なる概念には深刻な問題がいくつもあり、それゆえ、それについての理論が可能であるような共有された言語などは存在しない可能性があるように思われる。外在的言語の一番悪くない概念はI言語の集合 ── ただし、ある言語がその集合に入るかどうかは漠然としたままにしておくとして ── であるように思われる。しかし、子どもがそのようなものについて仮説を形成していると考えるのはかなり奇妙である。

上の議論にたいする1つの可能な応答 ── それはジョージズ・レイが提唱したものであるが ── は、言語を獲得するとは、言語が外在的対象としてあたかも実在しているかのようにみなしたうえで、[そのような外在化された]言語に関する仮説を形成したり確証したりすることだ、というものである。たとえ外在的言語なるものが存在しないとしても、この考え方は成立する。これは、色のようないわゆる「第二」性質は、たとえ、我々はモノを赤い、青い、などなどとして見るとはいえ、世界の中には存在し

ないという理論と比較されうる。これと類推的な言語獲得にかんする見解は、我々は、個々の外的言語の中で、主語も目的語も感知されるものとして実際は存在しないとはいえ、主語は目的語に先立つということを学ぶのだ、と言う。しかし、この見解では、言語を獲得する子どもは誰もが、完全に偽である理論を結局身につけてしまうということを考慮するならば、言語獲得は仮説確証だという見解を救うために払うべきコストが高いように思われる。

3.5.4　生得性による説明にたいする反論

　パラミタの値の選択が引き金によるものであろうと、仮説確証によるものであろうと、文法は大部分、生得的であるという主張は今日では信憑性の高いものになっているはずである。おそらくこの主張は必然的でさえあるだろう。ところがこの主張にたいして多くの反論がなされてきたのである。チョムスキーはこのような反論には困惑していると公言する。「そのような考え方は、私の孫娘、彼女のペットの子猫、岩、チンパンジーのあいだに（重要な）相違など存在しないということを言おうとしているのであろうか？　誰もそんな気狂いであるはずがない。しかし、もしそれらのあいだに重要な相違が見られるならば、我々は『生得論者のシナリオ』を受け入れなければならない。したがって、生得的資質の本性についての議論を別にすると、そもそも何が論争になりうるのだろうか？」これはもちろん完全に正しい。しかし、合理主義者と大部分の経験主義者のあいだで問題になっている点は、実際、生得的資質の本性なのである。筋金入りの行動主義者と消去主義者だけは、生得的な心的資質は全く存在しないと主張する。伝統的な経験主義者は、そもそも生得的な知識の存在を否定する。彼らの主張では、生得的なものは、我々が知覚するものを手がかりに学習する能力である。そして、言語学における経験主義的傾向にある者は、言語に特有の、特化した生得的な心的構造などは存在しないと主張する。彼らが生得的と考えているものは、統計的な学習能力、仲間の人間に関心を持つというような傾向性、そしておそらく心の理論のような非言語的な心的モジュールである。

　言語の知識などは存在せず、存在するのは「言語行動への性向」だけであるとする行動主義者による異論（この考えは今日、幸運にもすたれているため）はさておくことにして、最初のもっとも単純な経験主義者による異論は、子どもは大変多くの入力にさらされているので、文法を学習する時間がたっぷりあり、強い生得的制約は必要ないというものである。要するに、刺激の貧困など存在しないということである。しかし、これは上で論じた重要な点を捉え損なっている。我々は、何らかの仮定上の汎用的学習装置に何が可能であるかには関心がなく、環境の入力が実際に果たす役割に関心がある。経験主義者にたいする反論には、このほかに、「否定証拠（negative evidence）」の欠如にからむ「貧困」という概念の精緻化を図るものもある。

子どもたちが膨大な量の入力にさらされているのは確かである。おそらくは何百万にも達する発話に出会うであろう。しかし、数え方にもよるが、たとえ、最大限に誇大な主張を認めるとしても、反－生得論者の議論がうまく行くということには、それでもならないのである。これはさまざまな理由からしてそうである。第1に、「入力」は「理解」と共起しない可能性がある。[176] ある子どもが無数の発話を耳にしたという事実は、子どもがそれを理解した、解釈した、分析したとか、それらの発話から得るところがあったということを意味しない。子どもたちは、周囲からの修正には影響されず、同じ間違いを何度も何度も繰り返すということはよく知られている。

　上の議論にたいする応答として、生得性に反対する論者は、マザリーズ（母親言葉）の役割を持ち出すかもしれない。マザリーズは、典型的には子どもの世話をする保護者が子どもに向けて使用する簡略化した言語形式であり、そこでは文法は簡略化されており、発話は常に短くなされ、抑揚パターンは誇張されており、できるだけ子どもの限定された能力に適応するように図られている。ここでの考えは、マザリーズは言語獲得を促進するという目的に合っているということである。しかし、これは、単純化された言語は複雑なシステムの学習を促進しない可能性があるという問題をはらむ。言語はあらゆる類いの異なった文法によって生成されることが可能である。したがって、子どもが異なった構文タイプの形で受け取る証拠が多ければ多いほど、選択しなければならない文法の集合は小さくなる。論理的に言えば、マザリーズは、子どもの研究を単純にするよりも、むしろ一層複雑にしているのである。[177]

　マザリーズは言語獲得にとって不必要であり、（入力データからある種の証拠を外すので）おそらく有害ですらあるという主張と、第1章で展開した我々の主張とのあいだには潜在的な緊張関係がある。我々は、第1章で、均質性への理想化は擁護できるし、望ましいものであるばかりか、変異は言語獲得にとって重要でないという想定のもとでは、均質性はおそらく概念的に必要であるということを論じた。マザリーズは、複雑さをいくらか欠いているものの、異なった種類の変異を提供している。したがって、第一言語を獲得している子どもは、パラミタを固定するのに十分なデータにさらされるためにはそのような変異を必要とするか、あるいは少なくとも子どもは、そのような変異から何か得るところがあるだろう、ということも考えられうる。しかし、興味深いことに、このような論理的可能性が実際に成立していることを示す証拠はどこにもないのである。

　子どもたちは学習可能性を保証する程度に十分な入力にさらされているとする議論は、大人が第二言語を習得しなければならない環境に何年も置かれていながら、子どもたちの言葉の流暢さに近づくことがまずできないのはなぜなのかを不明なままにしてしまう。第二言語の習得が第一言語の習得のように成功することはめったにないのである。[178]

　これらの考察は別にして、何らかの生得的構造を持ち出さざるをえない、さらに強力な議論がある。それは否定証拠の欠如である。[179] つまり、第一言語を獲得している子

どもたちは、自分たちの間違いについて（体系的な）情報を与えられない。子どもたちは、嘘をついたり、粗暴であったりすれば周囲から叱られるが、発話が非文法的であっても訂正されないのが典型的である。チョムスキーの言語学的議論の大部分は、前の各章で何度も見てきた類いの母語話者の直観を利用し、説明しようと試みるものであった。我々は、(11) の両方の文が文法的であることはすぐ分かる。

(11) a. John told a story to Bill
　　　（ジョンは話をビルにした）
　　b. John told Bill a story
　　　（ジョンはビルに話をした）

しかし、(12) においてはいずれの文も理解可能であるとはいえ、(b) と (d) は我々の言語ではないことがすぐ分かる。[訳注20]

(12) a. John recounted a story to Bill
　　　（ジョンは詳しい話をビルにした）
　　b. *John recounted Bill a story
　　　（ジョンはビルに詳しい話をした）
　　c. John said something nice to Bill
　　　（ジョンは何か素敵なことをビルに言った）
　　d. *John said Bill something nice
　　　（ジョンはビルに何か素敵なことを言った）

どうしてこれが分かるのであろうか？　この問いにたいしてすぐ思いつく答えは、我々は (12b, d) をこれまで聞いたことがないから不可能であることが分かるのだ、それは、我々は (13) をこれまで聞いたことがないから不可能であることが分かるのと同じだ、という見解であるかもしれない。

(13) *Bill a story recounted John

このような答えは、(13) についてはうまく行くように思われるかもしれないが、(12) についてはうまく行かないのである。第1に、我々は英語の非母語話者が (12b, d) あるいはそれらに類する文をいくつも発するのをしばしば耳にしてきたが、だからといって、これらの文を文法的として扱おうとは思わないし、（もしそうすることが社会的に適切であれば）我々は喜んでそれらの間違いを指摘するであろう。第2に、このような答

えは、話し手は自分の言語の一部として受け入れることのできる文の大部分を以前に聞いたこともないという事実とあきらかに抵触する。文ではなくて、構造や文のフレームを用いて処理しているはずだという主張ですら、少しデータを精査すれば、うまく働かないであろう。

すでに見たように、子どもたちの言語のもっとも際立った側面の1つは、彼らは過剰一般化するということである。単純な規則のそのような過剰一般化には制約が全く課せられていないわけではなく、ある言語的領域内で生じるように制限されている。過剰一般化がしばしば生じる1つの領域は、(12)における例と平行した(14)における例に見られる。

(14) a. I said her no
　　　(私は彼女にいいえと言った)
　　b. Don't say me that or you'll make me cry
　　　(そんなことを言わないでくれ、でないと私は泣いちゃうよ)
　　c. Shall I whisper you something?
　　　(ちょっと内緒の話があるんだけど)

興味深い問いは、子どもたちはどのようにして、(14)のような例を適格とする文法から撤退して、それらを不適格とする大人の文法へ乗り換えるかである。子どもたちは首尾一貫した仕方で間違いを訂正されるわけではない ── つまり、そのような文をめぐる大人の話し手のあいだの直観が1つに集中していく様を説明するのに十分な体系的な否定証拠は存在しない ── ように思われる。それにもかかわらず、とりわけ2歳前後の子どもたちの言語発達に役割を果たす可能性がある間接的否定証拠の1つの形式は存在する。これは、子どもたちの間違った発話を、周囲の大人が正しい、完全に文法的な形で述べ直すということである。たとえば、the plant didn't cried は、大人によってthe plant didn't cry と直した形で述べられることもありうるだろう。そのような手がかりは子どもによって利用されることもありそうではあるが、すべての子どもたちが、自分たちの文法から撤退することに関わる完全な範囲の例を説明するのに十分な情報を、それぞれ関連ある年齢のときに、受け取っているということはありそうにない。[180][181] したがって、子どもの文法から大人の文法への移行は内的にコントロールされていなければならないし、それゆえ、一般的な、生得的に与えられた言語学的原理によって基礎づけられなければならない。[182]

クワインからハリデイ(Michael Halliday, 1925-2018)を経由して今日のコネクショニストに至るまで経験主義者は多様であるが、彼らは、言語獲得に必要なものは一般的な知能だけであると、つまり、言語に特有のいかなる生得的メカニズムも措定することは不

要であると論じてきた。エルマン（Jeffrey Elman）と彼の同僚が述べているように、「領域一般的なパターン認識装置で十分であろう」。つまり、言語獲得は、視覚、知能、顔認識などを含むあらゆることにたいして十分機能する未分化ネットワークによって促進される。しかし、この立場には重大な問題がいくつかある。それは、第 1 章で資料によって立証した機能分離の類いを無視している。そして、第 3 章である程度示したように言語学的領域でのパターン認識とそれ以外の領域（たとえば問題解決の領域）でのパターン認識との違いを完全に無視し、これらの領域における過程の特殊性を説明していない。視覚における剛性原理の発生や言語における下接の条件（subjacency）を、それに先立つ構造 ── そのうえ、構造はそれぞれの領域に特有である ── が欠けたところでいかに説明できるかは、控えめに言っても自明ではない。さらに、言語の発達を、遺伝的な決定要素という観点で、視覚の発達と平行的に扱うことを拒否することは理由のないことである。

　第 3 章の結論で見たように、この点は、ここ 20 年にわたるチョムスキーの研究と両立するということは注目に値する。この研究が措定していることは、文法の中核は「極小的（ミニマル）」であり、他の心的システムと共有されていないようなものは言語機能にほとんど存在しないということである。これは、どのようにして比較的短い進化の時間規模の中で言語機能が進化したかを理解しようとするここ 20 年にわたる試みの一部である。それは、言語獲得が領域一般的なメカニズムによって達成されているということを提案するものではない。ここでの主張は言語機能の進化についてである。進化は、生命体にたいするわずかな変化から生じたものであり、その変化は大部分、既存の一般的な認知メカニズムを採用したものである。

　生得性にたいするそれほど直接的でない反論は、普遍性は言語単一起源（monogenesis）の結果であり、それゆえ生得論者の説明は不要であると主張することによって、普遍性の存在を論拠にする生得性支持の土台を弱めようとするものである。言語単一起源説は、すべての人間言語は単一の祖語の子孫であるというものである。我々は、英語とドイツ語が互いに関係しているような仕方では、英語と中国語は互いに関係していないということを承知しているが、もし我々が時間を十分（たとえば 10 万年くらい）さかのぼるならば、今日のすべての言語はおそらく互いに関係しているということが示唆されている。そして、このような言語間の関係の存在は、言語の普遍性を、それがどんなものであれ、十分説明できる。したがって、普遍性の存在は、生得性にたいする議論を信憑性のあるものにするわけではない。

　すべての言語が互いに関係しているという主張が正しいとしてみよう。現存するすべての言語の話し手は誰でも、たとえばすべての規則は構造依存である、といった同じ種類の制約に従うという事実を、上の主張によって説明するためには、言語間の関係性の効果は、これらの話し手の心の中でもなお作用しているということにならなければなら

ない。これは、次の2つの想定のいずれかに依拠しなければならないことになる。つまり、第一言語を学習している子どもがさらされている一次言語資料が文法の形式を決定するか、それとも言語の普遍的特性が子どもたちの遺伝情報の中に書き込まれているかのいずれかである。もし刺激の貧困にたいする議論が正しいならば、これらの選択肢のうちの前者は妥当であるはずがない。諸言語は表面的にはあまりにも大きく変化するので、言語単一起源説が一見自明ではなさそうである。しかしこの事実は、単に一次言語資料は世代ごとに変化することを示しているにすぎない。そのうえ、すでに見てきたように、子どもたちはこれまで聞いたことのないような新しい例を創造する一方で、彼らが間違いを犯しても不思議でないにもかかわらず、実際には決して犯さない誤りがあるということに注目すべきである。このことから、言語単一起源説が持つ説明上の効果それ自体が、言語単一性（を特徴づける本質的な特性）がゲノムの中に組み込まれているからこそ効力を持つという想定に依拠しているということが暗に意味される。我々は、生得性による説明に反対するこの議論や他のいかなる議論も信憑性が高くないと結論づける。生得的であるのは正確には何か、そのうちのどれだけの部分が言語だけに関わるのかは、現在進行中の研究の焦点である。実際、それこそが言語学の主題にほかならない。[187]

3.6 心身問題

デカルト以来、哲学者たちはいかに心的なものが物理的なものと関係するかという問題に専念してきた。1つの問いは、いかにして、あきらかに実質を欠いたものが空間的に位置づけられた対象に変化を引き起こすのかというものである。言い換えれば、いかにして心が身体を動かすかという問いである。デカルト自身は、松果体にそれを引き起こす力があるとしたが、これは、なぜ心がそこ（松果体）でのみ物理的世界に作用することができるのかという問題を生じさせた。

我々がこれまで見てきたとおり、チョムスキー言語学は心理主義であり、措定された心的表示は因果的な特性を有していることを明言している。したがって、チョムスキーはデカルトを悩ませた問題と同じ問題に直面していると一見思われるかもしれない。［この点についての］チョムスキーの応答は、心身問題はその問題を定式化することさえできない、と主張して快刀乱麻を断つものであった。これは、我々が心について、限られた理解しか持てないからではなくて、何が身体（物体）（body）を構築するかの基準を持ち合せていないからである。チョムスキーは、彼らしく、大胆に明確化を試みて、接触力学の終焉をめぐるニュートンの洞察のおかげで、デカルト的な身体（物体）の概念は拒否され、それ以来、いかなる概念も身体（物体）概念にとって代わらなかったと主張する。ニュートンが「機械を追い払った。そして幽霊は手つかずのままになっている」。そして、「身体（物体）」についての整合的な概念が欠如している以上、伝統的な

心身問題はもはや概念的に位置づけられないのであり、因果をめぐるいかなる特別の問題も生じない。チョムスキーが述べているように、「プリーストリー（Joseph Priestley, 1932-2002）やその他の18世紀の名高い人々の基本的な主張に、議論の余地はないように思われる。つまり、思考と言語は有機物の特性であり、この場合、主として脳が持つ特性である」。

現代の心の哲学者の大部分は唯物主義者もしくは物理主義者であり、チョムスキーの上の最後の言明に同意するであろうが、心身問題は問題として明確に述べることができないという彼の主張に説得された者は多くなかった。本章の2.1節で言及した「説明上のギャップ」は今なお議論の焦点なのである。つまり、我々の意識的な心的経験がいかにして物理的過程から生じるのか、あるいはある特性がいかにして物理的と心的の両方でありうるのかという問題を理解することはとりわけ困難なままになっている。多くの人は、レヴィン（Joseph Levine, 1952- ）の言う「［説明上のギャップが］残る限り、心身問題は残るであろう」に同意する。そして、多くの人は心的状態は脳の状態と何らかの仕方で同一であると考えている（実際、いくつか異なった「心身の同一性理論」があるのである）。そこから、これは、心理学が生物学に（そして究極的には物理学に）還元されることを示している、と解する向きもある。チョムスキーと心の哲学の主流がここで同意していることの1つは、我々の言葉や概念がこの論争を組み立てるまさにその仕方によって我々は混同している可能性があるという点である。ウィトゲンシュタインは哲学の研究は概念上の結び目を解くことであると言った。それらの結び目を解いたあとも、解決可能な問題が残るか、それとも解決不可能な謎が残るか、あるいは全く何も残らないかは、我々が探求している問いに依拠するに違いない。

チョムスキーの見解は、ひとたび、「身体（物体）」や「物理的なもの」についての混同を乗り越えるならば、「世界を理解しようとする努力の至るところで生じる統一化（unification）の問題は残るものの、それ以上に〈説明上のギャップ〉や意識について何も気のとがめる理由はない」ということである。言い換えれば、我々の持つ科学的知識には多くの説明上のギャップがあるが、そもそも科学的知識は世界についての直観的に理解可能な説明を目指すものではなく、（バートランド・ラッセル（Bertrand Russell）の言い方を借りれば）「世界の因果的な骨格」を発見することを目指すものなのである。

3.7 統一化と還元

科学的理解が進歩するということは、しばしばある概念を別のより基本的な概念によって説明するということに関係していた。（かなりの部分の）数学を集合論で説明すること、遺伝形質を生化学で説明することなどがその例である。その結果、ある学問分野を別の学問分野に還元するということが科学の自明な目標であるとしばしば受け取られ

ている。化学の物理学への還元や、最近の生物学の化学への還元はその模範例である。
　この意味での「還元（reduction）」は何を意味するのだろうか？　還元の強い概念は、1つの分野が持つすべての有意義な一般化が、より基本的な分野の枠組みで、究極的には常に物理学の枠組みで表現されうるということである。さらに強い還元の概念は、「高い」レベル（たとえば心理学）で成立する法則はことごとく、「低い」レベル（たとえば神経学や物理学）で成立する法則から派生されうるというものである。これよりもさらに強い還元の概念は、一般にありそうにないと思われるものであるが、より高いレベルでの法則はことごとく、より低いレベルでの法則と、何らかの意味で同一である、というものである。
　19世紀における電子の発見は、化学結合の本質を、新しい観点から、とりわけ物理学の観点から理解されうることを意味した。20世紀後半における分子生物学の発展は、細胞の構造が同様に、新しい観点から、とりわけ生物化学の観点から、理解されうることを意味した。そのような成功を繰り返そうと試みて、心理学者や比較行動学者は自分たちの分野を生理学に還元しようとした。たとえば、ある実験であるラットがバーを下に押したと言うのではなく、関与している筋肉メカニズムについての生理学的説明が与えられるのである。空腹について語るのではなく、視床下部における神経中枢の活動について語るのである。
　我々が、（名詞、動詞、素性、句などのように）言語学や認知心理学について記号的レベルで知っていることは、脳が物理的に機能している仕方について知っていることよりもはるかに多いということを考慮するならば、これらの還元の試みは時期尚早であるように思われる。チョムスキーはもっと大胆に次のように言う。言語学を神経科学に還元することを期待するいかなる理由もない。なぜなら、この場合、高いレベルの科学である言語学の方がよりよく理解されているからであり、さらに、還元がうまくいくことはそれほどないからである。物理学自体が量子力学の導入によって根本的に改変されたとき初めて化学と物理学の統一化が可能になったのであり、したがって、「還元」というのは正確には正しくない言い方であると言えよう。そのうえ、この改変されたタイプについても、首尾よくいく還元の実例は、めったにないのである。
　チョムスキーが、脳の電気活動と多様な種類の言語学的刺激とのあいだの相関関係について指摘しているように、「それらの発見は、好奇心をそそるものにすぎない。なぜなら、脳の電気活動についての適切な理論が存在しないからである。つまり、なぜ、他の結果ではなくて、このような結果が発見されるのかについての理由が分からないからである」。それにたいして、言語の演算的性質については、今や、かなり理解が進んでおり、したがって、知られていることを、比較的さほど知られていないことに還元しようとすることはかなりひねくれた方略のように思われる。チョムスキーは、彼の言語学を何らかの将来の脳科学や語用論、さらには関連領域内で解明が進んでいる何らかの理

論と統一化する立場に原理的には与している。今日の脳内活動の画像化は、やっと精巧になり始めたばかりであり、「諸システムの一般的な構成を描きだすという点で、また、それらシステムの相互作用の仕方を描きだすという点で、とりわけ貴重なものになるであろう」。それにもかかわらず、言語理論の精巧化は、現在、他のいかなる分野の精巧化よりもはるかに前へ進んでいるため、両者の統一化はその兆しがわずかに見えているにすぎない。[196]

確かに、言語使用をも含めて、人間の諸々の行為は物理法則に従って遂行される。話すという行為はエネルギー保存の法則に違反しないし、我々は光速よりも速く文の意味を捉えることはできない。もっとも、言語研究にとって（あるいは、そういうことで言えば、地質学や経済学の研究にとって）特徴的な一般化が、物理学の語彙で —— たとえば、基本的物理力によって仲介された素粒子間の相互作用でもって —— 言い表しうるかどうかは、全くはっきりしない。フォウダーは、グレシャムの法則（悪貨は良貨を駆逐する）のケースを引用し、そのような法則を物理学に還元しうることはおよそ信じがたいということを強調した。ここで言う「通貨」には、コヤスガイの貝殻、小切手、クレジットカードも含まれるであろうが、そのような「通貨」にたいして（物理学的な）特徴づけを与えることはありそうもないからである。[197]おそらく同様のことが言語学にも当てはまるであろう。少なくとも、フォウダーの示すところによれば、我々は、一見するとそれ以上小さくできないほど交差分類が生じているいろいろな科学と、今まで長いあいだ完全にうまくやってきたのである。[訳注21]

4 結 論

言語学およびその哲学的基礎づけに関するチョムスキーの研究は哲学に強い影響を与えた。心を「白紙状態」と見なす経験主義者 —— それには行動主義のような「中身が空の生命体理論」も含まれる —— にたいする彼の攻撃、および、ある形式の合理主義の復権は、途方もなく重要である。もっとも、いったい何が生得的かという問題、また、生得性、引き金、学習のあいだの関係についての問題が、いまだ未解決であることは別に驚くことではない。心理学におけるチョムスキーの急進的な理想化の方法、とりわけ、言語能力と言語運用の区別は我々の心およびその研究についての考え方を根本的に改めた。さらに、我々は、世界を解釈する（construe）ために区別された多様な心的能力を研究することによって知識を研究するのだ、とするチョムスキーの考えはこれまた、心の哲学に相当の影響を与えた。ただしそれは、主として、他人の心を読むこと、「素朴」物理学、数感覚などといった、個人の心的諸能力について考察する心理学者の研究をとおして間接的に影響を与えたのである。

一方、言語について、そして意味についてのチョムスキーの徹底的な内在主義は、哲学者のあいだで、かなり激しい抵抗にあった。I言語こそがなによりも重要であるとするチョムスキーの見解、そして、言語を社会的であり、共有された対象と見なす考えは、「経験的探究の領域ではあまり馴染みのないものであり、経験科学では解決不能と思われるような問題［を引き起こす］」とするチョムスキーの見解は、議論を呼ぶものである。しかし、生成文法と関連領域においては数々の成功が見られるのにたいして、他の分野ではさほど進歩が見られないということを考慮すると、チョムスキーのこの見解を真剣に受け取る必要がある。[198] 自然言語には哲学的な意味での意味論はないというチョムスキーの主張はさらなる議論を呼ぶものとなった。しかし、彼の主張は、話し手が主張している内容はたいてい、その発話で用いられた言葉の言語的意味をはるかに超えていることを示している語用論研究からかなり支持されており、[199] さらに分析性をめぐる古い問題についての彼の解釈と同様、言語哲学における興味深い最近の研究へと導いたのである。[200]

訳 注

[1] 「アースシー」とは、アメリカの女性作家、アーシュラ K. ル・グウィン（Ursula Kroeber Le Guin, 1929-2018）によるファンタジー小説『ゲド戦記（*Earthsea*）』シリーズの舞台となる架空の世界のこと。『ゲド戦記』は1968年から2001年にかけて執筆され、全部で5巻から成る。その世界では、有色人種が住民の大半を占め、白人は辺境に暮らす野蛮人とされている。

[2] ここで、「演算可能である」とは、記号表示を生成・変換していく形式的操作が可能であるという意味であり、日常的な意味での「計算できる」とか、人間が頭の中でコンピュータのようなプログラム処理を行っているということを意味しない。

[3] 「空気の振動」、すなわち音声のこと。これは脳の外にあって観察可能なものである。チョムスキー理論は、このような脳の外にある現象についての説明を目的とするものではない。

[4] 「紙の上の印」、すなわち文字のこと。「音声」と同様、脳の外にあって観察可能なものであり、やはりチョムスキー理論の説明対象ではない。

[5] 分析哲学者ギルバート・ライルは、心を身体と異なる実体とするデカルトの心身二元論を「機械の中の幽霊のドグマ」だとして徹底的に批判した。デカルトは、心が物と同じようなカテゴリー（範疇）として存在していると考え、心が身体を動かしているとしたが、ライルは、それは心の概念についての〈カテゴリー・ミステイク〉に基づく根本的な誤謬であると批判した。ライルは、そのような誤謬の源泉を我々の日常の用語法の中に見出している点で、ライルの著書『心の概念』は、日常言語学派哲学的方法の確立の宣言書とも見なされている。

[6] 行動への性向とは、現実になされた行動だけでなく、もしかくかくの状況に遭遇すれば、しかじかの行動をとるであろうという可能性を含むものを言う。

[7] 「デフレ論」とは、心的対象にたいして、形而上学的・認識論的に特徴づけられるような本性を帰すことにきわめて抑制的である立場を言う。

[8] ただし、素性の強弱という概念を必要とする「先延ばし」という概念はその後のチョムスキーの枠組みからは姿を消した。

[9] (2c) は、(2a) の補文主語 El Niño が主文主語の所に移動（繰り上げ）することによって派生する。

一方、主文の述語が（2b）のように probable の場合には繰り上げが許されない。主文述語が likely であるか probable であるかによって繰り上げの可否が異なるのは、likely はその主語に与える θ 役割を欠いている場合と、θ 役割を持っている場合のふた通りあるのにたいして、probable は常に θ 役割を持っているという違いのためであると考えられる。(2c) が可能であるのは、El Niño が主文主語に繰り上がっても、新たな θ 役割が与えられず、θ 基準違反が起こらないが、(2d) では、El Niño に2つの θ 役割が与えられるために θ 基準違反が生じるのである。

[10] 等方性を持つとは、ありとあらゆる領域の知識、信念が関与するという意味。

[11] 分離不定詞とは、I got up early to surely catch the first train（私は始発の電車に確実に乗るために、早起きした）のように、to と動詞 catch のあいだに副詞が入る不定詞を言う。

[12] yawl（ヨール）は、2本マストの小型帆船。バランスをとるため、ミズンマストは船尾にある。

[13] ketch（ケッチ）は、2本マストの縦帆船であるが、推進力を得るため、ミズンマストが舵の前にある。

[14] ヌペ語は、西アフリカ、ナイジェリア中央部に住むヌペ族の言語。

[15] ディジェリドゥーとは、オーストラリア先住民の木管楽器のこと。

[16] これは、グッドマンの「グルーのパラドックス」とも呼ばれている。「グルー（grue）」は、緑色を意味する green と、青色を意味する blue から作った仮定上の述語である。「エメラルドは緑色である」という命題について、今の段階で我々が持つ証拠はすべて、同時に「エメラルドはグルーである」という命題の証拠でもある。したがって、この2つの命題は同程度に強く確証されている。しかし、西暦3000年以降に観察されるエメラルドがどういう色を持つかについては、帰納的な推測によって、この2つの命題は全く異なる予測をすることになる。もしそのエメラルドがグルーであるならば、青色であり、緑色ではないからである。このことは、経験主義者が仮定している「帰納的一般化の原理」に重大な問題があることを示している。

[17] 英国の近代哲学者ロック（John Locke, 1632-1704）の認識論上の術語。ロックによれば、モノの性質には第一性質と第二性質があるとされる。第一性質は延長、堅さ、形態、運動、数などのように、認識とは独立に対象そのものに客観的に備わる性質であるが、第二性質は色、音、香り、味などのように、対象それ自体にはなく、認識と相対的な主観的、心理的な性質である。

[18] 心の理論とは、他者の心を推察し、理解する能力を言う。たとえば、ある少年が犬の前を血相を変えて半泣きで走っているのを見て、その少年は犬から逃げたいと思っていると推察する能力である。乳幼児が心の理論を持っているかどうかについては、サリーとアンのテストで代表される誤信念課題（false belief task）によって調べられるとされる。この課題で他者の信念についての質問に正しく答えることができた場合に、心の理論を持っているとされる。一般的に4歳後半から5歳の子どもはこれらの課題にパスすることができるとされる。

[19] 「否定証拠の欠如」とは、子どもの言語獲得プロセスで、子どもの統語（文法）的な誤りを周囲から指摘されることがほとんどないということを言う。

[20] to のある（11a）は「与格構文」と呼ばれるが、これは（11b）のような「二重目的語構文」に交替することができる。この交替から類推すると、(12a) から (12b) への交替や (12c) から (12d) への交替も可能なはずである。だが英語母語話者であれば、(12b)、(12d) のような二重目的語構文は非文であると判断できる。それらの文が非文であるという「否定証拠」は存在しない。それにもかかわらず英語母語話者がこれらを非文と判断できるのは、そうした直観に関する知識を文法として持っているためである。その知識の中身は概略、以下のようなものであると思われる。

（11b）のような二重目的語構文を許す動詞 give や tell は直接目的語、間接目的語のどちらも前置

詞を介さずに生じることを許す。これは、この種の動詞が両者に与える格素性（対格と与格）を持っているからだと考えられる。たとえば、give や tell では次のような v*P 構造が考えられる。

(i) a. [John v* [Mary gave a book]]
　　b. [John v* [Mary told the truth]]

give / tell はその補部に対格を、その指定部に与格を与えることができると仮定すれば、間接目的語、直接目的語の両方が格フィルターを満たすわけである。英語では V は v* に繰り上がるので、(ii) の語順が得られる。

(ii) a. [John v*-gave [Mary a book]]
　　 b. [John v*-told [Mary the truth]]

このように、give / tell などは、与格と対格を指定部と補部に付与する動詞（二重目的語動詞）でもあり、指定部に対格を付与する動詞（与格動詞）でもあるとしてレキシコンに登録される。一方、recount / say のような動詞は与格動詞としてしか登録されず、DP の項を2つとると、補部の位置の直接目的語に格が付与されず、格フィルター違反になる。（recount / say は二重目的語動詞としての肯定証拠がないが、与格動詞としての肯定証拠はある。したがってデフォルトとして、二重目的語構文を形成しないものとしてレキシコンに登録されることになる。）なお、(11a) のような与格構文と (11b) のような二重目的語構文とでは、意味合いが微妙に異なることも指摘されている。

[21] 交差分類は、区分特性が複数あることから生じる結果を言う。たとえば、「言語」や「人間の心」は、言語学、心理学、脳科学、医学などいろいろな科学が研究対象としており、現状では、それらの科学が1つに統一化されることはなく、対象は同じでも、観点やデータの精密度は異なっている。それにもかかわらず、我々はその事実を受け入れて、これまでうまくやってきたのである。

原　注

序論

[1] チョムスキーは、もっと強調的な言い方をしていることも多い。たとえば、「火星から来た科学者は、人間は、煎じ詰めると、単一の言語しか持っていないという結論を下すであろう。」例：Chomsky（1991b: 26）。

[2] 引用符を付けたのは、注意を惹くためで、それは「知識」という用語が論議を喚ぶものだからである。この問題に関する論考については第4章を参照のこと。

[3] 「西側諸国の良心」という表現は N. Smith（1985: 105）から引いたもの。

[4] 非常に啓発的なインタヴューとして、デイヴィッド・バーセイミアン（Chomsky, 1992a, 1994b, 1996b, 1998c, 2001a; Chomsky & Barsamian, 2005, 2012）、ラリッサ・マクファークア（MacFarquhar, 2001）、ジェイムズ・ペック（Peck, 1987）によるものがある。

[5] 野球の話は Chomsky（1994b: 270）から；ボクシングの話は Chomsky（1994b: 99）から。

[6] 「修道者」に言及する引用は Barsky（1997: 34）から。

[7] 「主題···は個人的な問題にすり替えられてはならない」は Chomsky（1991a: 3）からの引用。

[8] ハイスクールに関する引用は Peck（1987: 5-6）から。

[9] ハリスについては Chomsky（1988b: 261）を参照のこと。

[10] この修士論文は1951年のもの。

[11] キャロル・チョムスキーの業績については、たとえば C. Chomsky（1969, 1986）を見るとよい。キャロルの履歴等については Hughes（2001）を参照のこと。Piattelli-Palmarini & Berwick（2013）は、事実上、キャロル没後の彼女に捧げられた記念論文集である。

[12] 「望外の悦び」は2014年12月の私的伝達による。

[13] 「言語学において見せかけの芝居」は Postal（2012）の題名の一部である。「虚偽にしがみついている」はこの論文の7ページに出てくる。

[14] "Li abbreviatori [delle opere] fanno ingiuria alla cognizione [e allo amore]"（[ものごとの] を縮約する者は知識 [と愛] に損害を与える。）これについての論考は K. Clark（1989: 111）にある。

[15] "「偏執狂的な努力」に身を捧げる" は Chomsky（1988b: 741）から、"強固なエゴ" は同書742ページから、"ガリレオより一歩前" は同書418ページから。

[16] Berlinski（1988: 80）

[17] もう少しニュアンスに富んだ性格づけを知るには Huff（2011）を参照のこと。

[18] モンタギューのこの言葉は、Berlinski（1988: 140）に引用されている。

[19] ポウスタルのこの言葉は、MacFarquhar（2003: 77）に引用されている。

[20] この悪口は de Beaugrande（1991: 441）から。

[21] "常軌を逸したアメリカ人"、"知的な義務履行能力の範囲を越えた人" という評言は Chomsky（1993d: 85）に引用されている。

[22] 何回かの拘留時の一例の様子が Mailer（1968: 180）によって叙述されている。

[23] 殺すという脅しについては Chomsky（1994b: 12）を見ること。

[24] "誇大妄想的である" については、たとえば Lau（2001）を見ること。

[25] "故意に単純愚直を装っている" は Powell（2002, p.F4）から。

[26] "ある場合は自分が間違っていることを認めようとしているのだ" という引用は Billen（2002: 5）から。

[27] キャロル・チョムスキーの言葉の引用は Hughes（2001: 45）にある。
[28] 責任に関する引用は Chomsky（1995e: 34）から。
[29] 我々著者自身の専門知識と称することが許されると願うものについては、本書文献欄と Smith（2002e）をご覧願いたい。
[30] チョムスキーが受けている典型的な過褒の一例が、彼に捧げられた *Frontline* 誌の特別号（New Delhi, December 21, 2001）に見られる。
[31] "この世にヒーローはいない" は Chomsky（1994b: 145）から。他の書で、チョムスキーは徴兵拒否者や第三世界で闘っている人々を、自分にとってのヒーローだと言っている。
[32] こうした回答拒否については Chomsky（1988b: 774）を見ること。
[33] ウィトゲンシュタインからの影響については Chomsky（2003a: 295）を見ること。
[34] ラッセルについての評言は Chomsky（1994b: 144）から。
[35] アハド・ハアム（1856-1927）は、本名アシェル・ギンズベルグ（Asher Ginzberg）である。"合理論の過剰" は『ブリタニカ百科事典』から。
[36] ウィリアム・チョムスキーについては Chomsky（1988b: 260），Barsky（1997: 19），MacFarquhar（2003: 68）を見ること。
[37] ダーウィンの言葉の引用は、Burkhardt（1996: 99）から。

第 1 章 心の鏡

[1] チョムスキーは Chomsky（1995a: 21, 1997c）でカエル（および魔女）に言及している。Searchinger（1995）も見ること。カエルのコミュニケーションと人間言語の比較については、Hauser *et al.*（2014）を見るとよい。
[2] カエルに関する我々の主張は、考えてみれば、論争を喚ぶものかもしれない。Lieberman（2001），および N. Smith（2002a）を見ること。
[3] ボノボとその能力に関しては、N. Smith（2002b）（今井邦彦訳（2003）『ことばから心をみる――言語学をめぐる20話』岩波書店）と同書の参考文献を見ること。
[4] 鳥の鳴き声については、Berwick *et al.*（2013: 90, 95）を見ること。
[5] 「深因相同」は Fitch & Mietchen（2013）から。さらに第2章の「進化発生生物学（"evo devo" biology）」に関する論考を見ること。
[6] 知的能力の差に関する説得力に富んだ論考については、たとえば Dennett（1996）を見るとよい。
[7] Hockett（1942: 3）
[8] Hjelmslev（1961: 11）
[9] 構文文法については Fillmore *et al.*（1988:504）および Goldberg（2003）を見ること。
[10] 「それぞれの言語は…」は Evans & Levinson（2009）の冒頭文である。これに加えて *Lingua* の続報特別号、特にその序論、また、Rooryck et el.（2001）、さらに本書第3章の論考も読んでほしい。
[11] 語順については Dryer（2007）および N. Smith（1989: ch.6）を見ること。
[12] もう1つ、7番目のタイプが、いわゆる語順自由型言語であるサンスクリット、ウオールプリ（Warlpiri: オーストラリア先住民族・ウオールプリ族の言語の1つ）、カイオワ（Kiowa: アメリカ合衆国先住民族の言語の1つ）等によってもたらされるという議論もある（Hale, 1982; Adger *et al.*, 2009 を見ること）。論理的に言えば、さらに「混合型」を加えることを考えられぬでもない。混合型とは、ドイツ語のように、主節か従属節かによって語順が違う言語である。ただこのようなケースでは、片方の語順が基本的であることを示す証拠が常に存在する。
[13] 手話について、イギリス手話に関しては Sutton-Spence & Woll（1999）を、アメリカ手話につい

ては Neidle et al.（2000）を見ること。手話の語順の違いについては Sandler & Lillo（2006: ch.19），Kimmelman（2012）を見ること。

[14] ヌペ語については N. Smith（1967）を見ること。

[15] I言語は本章で詳しく論じられている。I言語という名称は Chomsky（1986a: 22）において初めて使われたが、その概念はチョムスキーの初期の業績にさかのぼる。初期にはこの概念は「文法（grammar）」という曖昧な語で表されていた。この後で述べるように、I言語とは、一人の個人にとって文法的である文の集合（これは「個人言語（idiolect）」と呼ばれることがある）ではない。I言語とは、各個人の心・頭脳の中にある言語機能の状態の1つなのである。この機能は、思考の土台となり、その個人が文を生み出しかつ統語解析し、それらの文が整式（適格）か否かを判断することを可能にするものである。言語学者は、上記の個人が知っている言語規則、すなわち言語原則を見出すことによって、その個人のI言語を理解し記述しようと努める。Barber（2010）も参照のこと。

[16] 卵を割る（break）のと、脚を折る（break）のとでは、その人の意志という点では違いがある。しかし厳密に言えば、どちらの例文も2つの解釈が可能である。

[17] 言語学は経験科学であるというチョムスキーの主張に対しては、言語学者・哲学者中のある人々が異議を唱えている。この人々は、言語学は、数学や論理学と同じように、抽象的な対象を研究する学問であると主張している。このような「プラトン的」見解については、第4章を見ること。

[18] 「言語的な不服従」は Brodsky（1987: 136）から引用。

[19] ガリレオについては Chomsky（1988b: 242），Chomsky（2002a）の特にチョムスキーがガリレオを「巨匠」と呼んでいる第2章「言語と心（精神・頭脳）に関する展望」（ガリレオに関する講話）；Chomsky（2004a: 105）を見ること。

[20] ボイルの法則は、一定の温度下では、気体の圧力が体積に逆比例することを主張している。理想的気体については Chomsky（1988b: 270）を見ること。

[21] 「真実の歪曲（distortion of reality）」は1998年4月における口頭伝達である。Chomsky（2002a: 99）の "distortion of the truth"（真理の歪曲）を参照のこと。また、「『理想化』という語は、真実をより深く理解しようとする努力を指す用語としてはかなり誤解を喚ぶ言葉である（'idealization' is a rather misleading term for the effort to gain better understanding of reality")」。Chomsky（1998b: 270）も比較してほしい。

[22] この引用は Chomsky（1965: 3）から。「理想化」を強調しているのは本書の著者である。

[23] 「探究者を ･･･ 守ってくれる」は Chomsky（1994c/2000a: 90）から。他の論考（Chomsky, 1979a: 57）では彼は「理想化に反対するということは、合理性に異を唱えることにほかならない（Opposition to idealization is simply objection to rationality）」と言っている。

[24] このインタヴューは Chomsky（1991f）で、引用は27-28ページからである。チョムスキーはこれは優先度の問題であると説明した。つまり、自分は、「言語が権威を助長するために使われる方法を研究するよりも、エルサルバドルの農民を助けるために」（28ページ）時間を割きたいというのである。

[25] 口ごもり現象については Goldman-Eisler（1968），Clark & Fox Tree（2002）を見ること。ゴールドマン＝アイスラーは、口ごもりは典型的に「言葉の接続の確立が低い箇所で」起こることを指摘している（Levelt, 2013: 556-557）。

[26] 臨界期については、本章の後の方と、第3章を見てほしい。

[27] 瞬時獲得という理想化については、たとえば Chomsky（1981c: 224, 1986a: 52）を見ること。

[28] 子どもによる否定表現の使い方については、たとえば Klima & Bellugi（1966）を見ること。

[29] 「プラトンの問題」がそう呼ばれるわけについては第3章を見ること。

[30]「不合理な理想化」は Chomsky（1993a: 11）のアダム・スミスに関する論述から。「文法（grammar）」は適切な理想化ではない可能性があるという趣旨の短い論評は Chomsky（1979: 189）にある。

[31]「不純」「言語共同体 ⋯」は、それぞれ Duranti（1997: 74-75 および 72）から。

[32]「人間であることの条件」は Duranti（1997: 75）から。

[33] Pierrehumbert et al.（2000: 292）が、「差異は獲得を容易にする（けれども差異が獲得にとって必要なわけではない）」と主張している点に注目すべきである。

[34] 文処理のメカニズムに関する引用は Chomsky（1980a: 200）から。他の記事（Chomsky, 1999c: 393）では、チョムスキーは自分が「言語処理に関しては、分かり切ったと言えるほどのこと以上に特定な見解を持ったことは全くない」と主張している。

[35] Fromkin（1988: 131）

[36]「あえて不思議さを感じる」は Chomsky（2013b: 61）から。

[37] 物理的理論については Chomsky（1994c: 193）を見ること。

[38] モジュール性については Chomsky（1975a, 1984, 1988b: 239, 1999c, 1999d），N. Smith（2003a, 2011），Curtiss（2013）を見ること。

[39] 脳損傷の歴史については Fromkin（1997: 8）を見ること。

[40] 偏在については Lenneberg（1963）を見ること。言語処理において右半球が果たす驚くべく豊かな役割については Beeman & Chiarello（1997），Chiarello（2003）を見ること。

[41] 言語はほとんどの人の場合、左半球に一側化しているが、ある人々（一般人の10％に満たない）では右半球に一側化している（Knecht, Deppe et al., 2000）。一側化は利き手にも差をもたらす。右利きの人の5％ほどは右の一側化を持つが、左利きの人の一側化の割合は25％である（Szaflarski et al., 2002; Knecht, Dräger et al., 2000）。事例には連続体があるようで、一側化が弱い人たちもいるようである（Knecht, Floel et al., 2002）。

[42] 視覚システムに関しては Tovée（1996: 14）を見ること。

[43] 共感覚（ある色を見るとある匂いを感じるような感覚）には興味深い諸例があり、これらを知ると本文の「共通するものはない」の「ない（little）」の意味が非常にはっきりする。

[44] Fodor（1983）を見ること。

[45] チョムスキーはフォウダーの主張の他の側面、たとえば文処理の速度や義務性についても、賛同を見合わせている。Chomsky（1986a: 14）や、本章の残り部分を見ること。Fodor（2000）には類似性や差異についての有用な論考がある。

[46] ウサギの絵の付いた土器や超新星については Antony（2003）に論考がある。

[47] ファインマンに関する引用は Gleick（1992: 228）から。

[48] 視覚システムが意識に達する可能性については Motluck（1997）を見ること。意識に上る知識がない場合の視覚的能力を表す標準句は、「盲視」（光源や他の視覚的刺激に正確に反応する盲人の能力）から来ている。これについては Weiskrantz（1986）を見ること。

[49] ティチェナーの錯視については、たとえば D. Carey（2001），Franz（2001）を見ること。ムカデについては、クラスター（Craster）夫人（Katherine Craster, 1844-1874）作とされるの韻文 "The Centipede's Dilemma"（1831）を思い出してほしい。

> The centipede was happy – quite,
> Until the Toad in fun
> Said "Pray which leg goes after which?"

> And worked her mind to such a pitch,
> She lay distracted in the ditch
> Considering how to run.
> （ムカデはそれまで満足していた ── 完全にね。
> ところがガマガエルがふざけて訊いたんだ：
> 「ねえ、どの脚がどの脚のあとに動くんだ？」
> そしたらムカデは考え込みすぎて
> 心乱れて溝の底だ
> どうしたら歩けるか分かんなくなっちゃったんだ。）

[50] Schacter *et al.*（1996）。また Motluk（1996）, Gazzaniga（2002）も見ること。
[51] PET は Positron Emission Tomography（陽電子放射断層撮影）の略。被験者は放射能を帯びた液体を注射され、脳内の陽電子放射をモニターすることにより、どの活動が最大かが調べられる。
[52] 海馬は側脳室の一部で、ことに記憶に関係している。
[53] 視覚については Marr（1982）, Palmer（1999）を見ること。
[54] 出力システムとしての言語については、たとえば Chomsky（1986a: 14）を見ること。フォウダー、チョムスキーそれぞれのモジュール性に関する考えの要約に関しては N. Smith（2003a）を見ること。
[55] すべてのものに解釈を与えることについては Chomsky（1987a: 37）に言及がある。Marina Nespor（2014）は「弱強格・強弱格法則（the Iambic-Trochaic Law）」（強度に関して対照をなす要素は頭音の卓立と自然なグループ分けを組む）［訳注：Brett Hyde（2011）: 'The iambic-trochaic law', in Marc van Oostendorp *et al.*（eds.）*A Companion to Phonology*, 1052-1077. Blackwell. 参照］の言語獲得における効果は、排他的に言語的ではなく、聴覚の領域では音楽的入力に、視覚の領域では身振りの入力に一般化するという証拠を提示している。
[56] 言語と視覚の相違については Chomsky（1984: 16）を見ること。
[57] 別々の知的機能を合体させる上で言語が果たす役割については Spelke（2003b, 2010）を見ること。対象物のシステムとおおよその数のシステムを合体させることについては Spelke（2003a: 43-44, 2003b: 297ff）を見ること。
[58] 空間位置確認と言語に関係する実験については Hermer & Spelke（1996）, Hermer-Vasquez *et al.*（1999）を見ること。
[59] 顔認識については Johnson & Morton（1991）を見ること。
[60] 自閉症は病理学的状態であり、その特徴には社会的引きこもり、自己専念、言語的支障があり、そして、ときおりにではあるが、1つの狭い領域において桁外れの才能を示す。Frith（1989 [2003]）には、自閉症に関する明快な全体像と、心の理論の障害・欠如という観点からの自閉症の症状についての説明がある。
[61] サリーとアンのテストについては Baron-Cohen *et al.*（1985）を見るとよい。
[62] 1歳3ヵ月の子どもが、実験参加者に帰せられた誤信念を基礎としてその人の行動を予測することを示した論文は Onishi & Baillargeon（2005）である。2歳児の視標追跡実験は Southgate, Senju & Csibra（2007）に報告されている。Surian, Caldi & Sperber（2007）も見ること。
[63] 子どもの発達・成長過程での言語と心の理論との関係には、密接な双方向性があるものと考えられる。具体例を挙げると、大人のそれと同じ心の理論の能力が完全に出現するためには、言語が持つ表示的な表現能力 ── 特に（I believe John is angry などの）that-節の発達が必要であることが証拠立てられているし、逆に、心の理論をメタ表示的に表現する能力が出現すれば、それは、た

とえば、You must be unmarried などに代表される法助動詞の「認識様態的」用法と「義務的」用法の差（前者では「君は未婚に違いない」、後者では「君は未婚でなければならない」の意味となる）の差を区別する言語的能力の下支えとなる（Garfield *et al.*, 2001; De Villiers & de Villiers, 2000; Papafragou, 1998, 2002; N. Smith, 2002c）。心の理論と語用論との関係については Sperber & Wilson（2002）を見ること。

[64] 機能分離の二方向性に関する論考については Fromkin（1997）, N. Smith（2003a）を見ること。二方向性一般については Shallice（1988）を見ること。

[65] カプグラ症候群については Coltheart *et al.*（1997）, Ellis & Lewis（2001）を見ること。

[66] 言語を「器官」と見る見方については Chomsky（1980a）ほかを参照のこと。

[67] ピアジェの理論については、たとえば Piaget & Inhelder（1966）を見ること。認知的前提条件に関する論考については Bellugi *et al.*（1993）を見ること。チョムスキーとピアジェ間の名高い「論争」については Piattelli-Palmarini（1980）を見ること。第3章であきらかになるとおり、フェイ・シュウ（Fei Xu）およびその共同研究者たちによる「合理的構成主義」は、ピアジェの業績のいくつかの側面に対する支持となっている。

[68] ウィリアムズ症候群の身体的特徴に関する記述は Karmiloff-Smith *et al.*（1995:198）より。

[69] 言語と知力に関する引用は Bellugi *et al.*（1993）から。言うまでもなく、言語を所有するに至るためには、最小限の認知能力が前提となることは事実として残る。Smith & Tsimpli（1997）を見ること。

[70] 「微妙な欠陥」についての引用は Annette Karmiloff-Smith（2002年9月の私的伝達）から。Thomas & Karmiloff-Smith（2003）も参照のこと。

[71] クリストファーの症例については Smith & Tsimpli（1997）, Morgan *et al.*（2002）および同論文の参考文献, Smith *et al.*（2011）を参照のこと。

[72] クリストファーが数の大小を区別する作業を行えないことを示すテストは、彼に、同じ数のビーズをとおした2本の糸を与えることにより行われた。一方の糸のビーズの間隔を他方の糸のそれよりも広くすると、彼は、例外なしに、最初の糸のビーズの方が数が多いと答えた。2本の糸のビーズの間隔をせまくすると、彼は判断を翻した。

[73] 「天才の断片」は Hoe（1989）の題名である。

[74] Haverkort（2005）を見ること。脳卒中患者の機能分離の範囲については Shallice（1988）を見ること。痛切な例が、Sheila Hale（2002）の夫君の言語喪失の記録によってもたらされている。

[75] SLI については、たとえば Van der Lely（1997a, 1997b）, Leonard（1996）を見ること。

[76] これらの例文は、高い知能を持った男の子（言語以外のIQは119）の15歳のときの発話からとったものである。Van der Lely（1997b:7）を見ること。

[77] 「警告的な見方を提供する」という言葉と、これからくみ取られる教訓は Fitch *et al.*（2005）からである。

[78] 失書症が起こらず失読症が生ずる症例は Greschwind & Kaplan（1962）, Greschwind（1965）に記されている。

[79] チョムスキーは、中央システムは研究の対象となりうると考えているが、一般的知力と知的行動を研究するための現状の見通しについては、フォウダーの場合と似た理由から、悲観的である。このことは、言語能力（これは理論的研究の主題となりうる）と言語運用（これは理論的に対する従順度が低い）が区別される理由の1つである。この点に関する考察は第4章にある。

[80] モジュールと準モジュールについては Smith & Tsimpli（1995）, Tsimpli & Smith（1998）, Smith *et al.*（2003）を見ること。

[81] 数学的知能の本質については Dehaene（1997）, Spelke & Tsivkin（2001）, N. Smith（2002c）を見ること。チョムスキーは、いわゆる「未開の」社会における複雑な血縁システムは「一種の数学である」という、実に興味深い考察を行っている。
[82] 自閉症とダウン症については Frith（1989）, Karmiloff-Smith（1992a）, Rondal（1995）を見ること。
[83] モジュール性に関するこの立場は、Jackendoff（1997）の「表示的モジュール性」を想起させる。
[84] メタ表示については Sperber（1994）を見ること。
[85] 学習については Chomsky（1980a: 136-140, 1991a: 17）および本書第3章を見ること。
[86] 「モジュール化」については Karmiloff-Smith（1992a）を見ること。
[87] 「能力」と「運用」の典拠は Chomsky（1965）だが、Chomsky（1963: 326）も見ること。N. Smith（1994a）には入門的論考がある。
[88] 失語症からの治癒については Chomsky（1988a: 10）を見ること。
[89] 哲学の分野では、直観というものが専門的な意味での「判断」── つまり、ある命題の受け入れ ── であるのか、それとも単なる「もっともらしさ」であるのかに関する論議がある。Textor（2009）を見ること。
[90] 直観と flying planes という語句の解釈については Chomsky（1975d [=1955c]: 62ff）を見ること。
[91] 規則については Chomsky（1980a, 1986a, その他多くの著作）を見ること。入門的論考が N. Smith（1989）にある。「頭の中に表示された」のいろいろな意味については本書第4章を見ること。
[92] 文の数の無限性と言語使用の創造性については Chomsky（1966a/2009c）、さらに Winston（2002: 17）を見ること。
[93] テディーベアを含む例文は N. Smith（1989: 5）から。
[94] I言語とE言語については Chomsky（1986a: 21ff）, Anderson & Lightfoot（2002: 12-17）, M. Baker（2001）を見ること。
[95] 言語を文の集合として見る見方、そしてその見方のどこが間違っているかについては Chomsky（1957: 13 ほか）を見ること。この問題に関する論考は Smith & Wilson（1979: ch.1）, Carr（2003）にある。
[96] チョムスキーの考え方は、常に内在主義であった。この点は彼の仕事がもっぱら言語の形式面に焦点を置いていたため、彼が文法の出力の特徴に関する探求に集中せざるを得なかったときでも変わりがない。
[97] 焦点の移行に関する引用は Chomsky（1986a: 24）から。
[98] 「自然界の側面」は Chomsky（1986a: 26）からの引用。言うまでもなく、脳は自然界の中にある。チョムスキーは、心に関する理論は脳を抽象的レベルで記述するのだという前提に立っている。
[99] これに関連した論考を知るには本書第4章、および Sperber & Wilson（1998）を見てほしい。
[100] 言語を種に固有な特性と見なすことについては Chomsky（1988a: 2）を見ること。
[101] 言語を興味の焦点と見なすことについては Chomsky（1957）を見ること。
[102] メカニズムに関する引用は Chomsky（1997b/2000a: 5）から。高名な構造主義言語学者レナード・ブルームフィールドは、言語学は外的な言語現象を説明することに集中すべきで、いかなる特定の心理学理論にも依拠すべきでないと考えた人々の一人であった。Scholz et al.（2014）を見ること。行動主義、つまり観察可能な行動だけを研究する心理学については、本書第3,4章を見てほしい。
[103] 文法を、いずれかの言語の語連続の「すべて、そしてそれだけ」を生成する装置と性格づける見方は Chomsky（1957: 13）に立脚している。ただしこの用語は Chomsky（1979b [=1951]: 3）にも用いられている。
[104] WFF に関する引用は1998年4月のチョムスキーからの私的伝達に基づく。なお、Chomsky（1996a:

48）も参照してほしい。

[105] 容認性の判断が段階的なものであることに関する論議（こうした判断がチョムスキーの立場を不利にするものだという驚くべき結論を伴ったものだが）については Pullum & Scholz（2003）を見ること。段階性（傾斜度）一般については Aarts（2004）を見ること。

[106] This is the man John hired without speaking to のような寄生空所については Chomsky（1982c），Engdahl（1983）を見ること。

[107] 寄生空所を持つ構造の相対的非適格性については Chomsky（1986a: 55-56）を見ること。

[108] 錬金術については Dobbs（1991）を見ること。

[109] この但し書きについては Chomsky（1986a: 151）を見ること。

[110] 世界ではなくて理論を理解すべきだとする考えについては Chomsky（2002b: 100, 1999d: 6）を見ること。

[111] 「因果関係の形骸」は Russell（1927: 391）からで、チョムスキーは Chomsky（2000c: 16）で引用している。

[112] I 言語、つまり文法が発話と聴解のあいだで中立であるということについては Chomsky（1965: 9）を見ること。

[113] 発話と統語解析との近似性の程度は、経験的 ── そして論争を喚起する ── 問題である。

[114] 統語解析と「袋小路」文については Chomsky（1986a: 25）を見ること。概観については Altmann（1998），Phillips（2913a）を見ること。

[115] The cotton clothing ... は M. Marcus（1980: 206）から。... her friends ... は Pritchett（1998）に基づく。その他の論議については本書第3章を見ること。

[116] 「中央埋め込み」に関する初期の論議は Miller & Chomsky（1963）にある。Oyster 文は Townsend & Bever（2001: 30）から借用した。

[117] 非文法性と文法性の程度については Chomsky（1975d [=1955c], 1961）を見ること。これに関する論考については Smith & Wilson（1979），N. Smith（1989）を見ること。

[118] 先読みについては M. Marcus（1980）を見ること。

[119] ミニマリスト的原則を組み込んだ統語解析器の一例については Weinberg（1999）を見ること。

[120] 文法と統語分析装置を1つにまとめようとする最良の試みは Phillips（2013a）である。

[121] 統語解析器に関する引用は Chomsky（1995b: 28）から。

[122] 関連性理論については Sperber & Wilson（1995），Wilson & Sperber（2012），Carston（2002）を見ること。単純に「コンテクストに適合する」解釈を選択するのではなく、聞き手の処理システムは、発話を処理するために払った努力に十分な見返りを与える最初の解釈を選択するのである。Sperber & Wilson（1995: 260f）を見ること。

[123] 「暗意」（または含意）については Grice（1975），Sperber & Wilson（1995），Allott（2010: 2-3, 92ff）を見ること。

[124] 「語用論的能力」については Chomsky（1980a: 59），Kasher（1991b）、および本書第4章を見ること。

[125] 能力対運用の区別と I 言語対 E 言語の区別を融合しようとする一例については Duranti（1997: 15n.10）を見ること。

[126] ブルームフィールドの見解については Chomsky（1986a: 19），Bloomfield（1933）を見ること。チョムスキー（1998年4月の私的伝達）はブルームフィールドの見解を「神秘主義」と呼んでいる。

[127] 自発的発話に関する引用は Goldman-Eisler（1968: 31）から。

[128] 「語用論的能力」に関する引用は Chomsky（1980a: 224, cf. 1981b: 18），「能力」に関する引用は Chomsky（1965: 4）、「知識と理解」に関する引用は Chomsky（1995b: 14）から。「非公式」な用語

としての「能力」は1998年5月のチョムスキーの私的伝達による。
- [129]「ある言語を知っている（to know a language）」という言い方は世界の諸言語の中では普通でないという事実は驚きである。多くの言語ではこの意味での know は「聞き取る」または「話す」と訳される。本書第4章を読めば、言語を「知っている」ことについてはるかに多くのことを知ることができる。
- [130] この試みにはいくつかの流派がある。上記のフィリップス（Colin Phillips）の説や、コンピュータ言語学が追求している方向（たとえば Clark et al., 2010）である。
- [131] 生得性については、たとえば、Chomsky（1967b, 1975a: ch.1）、その他さまざまな参考文献がある。最近の哲学分野で、生得説の概念は1つなのか、いくつかの説があるのか（あるいはどうしようもないほど混乱していない概念は1つも存在しないのか）に関する議論については Samuels（2004, 2008）, Gross & Rey（2012）を見ること。
- [132] 翼でなく腕を生やしたことについては Chomsky（1984: 33）を見ること。
- [133] 言語と言語の病理における遺伝・発生的因子の役割については Gopnik（1997）, Stromswold（2001, 2005）を見ること。言語が発生的に決定されているという趣旨の古くからの所見と、そうした所見の詳細について我々が無知であったという指摘が Chomsky & Miller（1963）のたとえば272ページにある。
- [134] ものを読むこと（および書くこと）が「相互作用による学習結果」である旨の引用は Fitch et al.（2005: 196）から。
- [135] ヒシュカリアナ語については Derbyshire（1985）を見ること。
- [136] 絶対音感と音調言語の関係については Deutsch（2013）, Deutsch et al.（2009）を見ること。彼らの主張によれば、両者の相互関係を決定しているのは、音調言語における流暢さであるという。しかし相互作用の因果メカニズムは、後成的であるという可能性も十分ある。
- [137] ある能力、特性等が、主として生理学的に決定されたものか、それとも主として環境により決定されるのかを見極める上で関連のある証拠にはどういう種類があるかを知るには Lenneberg（1967）を見てほしい。
- [138] 臨界期については Chomsky（1988a: 159）, N. Smith（1998）を見ること。
- [139] 成長してからの光の感覚発達については Thompson（1993）を見ること。
- [140] 刺激の貧困については Chomsky（1991a: およびその他の箇所）を見ること。刺激の貧困に関連する複雑で論議を喚ぶ諸問題についての便利な概論が Ritter（2002）にある。また Pullum & Scholz（2002）, Berwick et al.（2011）, さらに Piattelli-Palmarini & Berwick（2013）中の諸論文も見ること。この問題は第3章で再び取り上げる。
- [141]「巨大なギャップ」は Chomsky（2013a: 61）から。
- [142] ラッセルからの引用は Chomsky（1971b: 78, 1986a: 25, 1987a: 18, 1988a: 3-4）にもある。原典は Russell（1948）。
- [143] UG については Chomsky（1986a の各所, 1995b: 4-8, 17-20）にある。
- [144] この点についての説得力ある数々の証拠が *Lingua* 誌の特集号である Luigi Rizzi（2013a）によって提供されている。
- [145] 語の意味はほとんど全部生得的であるという主張は Chomsky（1997b/2000a: 6）にある。Jerry Fodor（1975）および本書第4章も比較参照してほしい。
- [146] 語彙の知識は生得的であるという点については Chomsky（1992c: 116）を見てほしい。
- [147] 語彙の獲得が迅速であるという点については Chomsky（1992c: 113）を見ること。S. Carey（1978: 264）, Bloom & Markson（1998）も参照。
- [148] near は Chomsky（1995a: 19）で扱われている。Searchinger（1995）も参照のこと。house は

Chomsky（1996a: 21f）で論じられている。
[149] 言語的知識と百科全書的知識の相違については、本書第4章で再び取り上げる。
[150] 普遍的原則は、最初からチョムスキーの研究の中心であった。たとえば Chomsky（1965）を見ること。
[151] 日本語の英語への関わりに関する引用は Chomsky（1997b/2000a: 5）から。
[152] 生得性に関するチョムスキーの観点への懐疑的な反応については Elmann *et al.*（1996），Tomasello（2003）を見ること。
[153] 言語に適用される「普遍」のいろいろな意味については Rooryck *et al.*（2010）を見ること。Evans & Levinson（2009）および Levinson & Evans（2010）は、言語普遍などというものはないと主張している。
[154] すべての言語には名詞と動詞があるという（議論の的となっている）主張を擁護する論が Tallerman（2009）にある。
[155] この種の普遍性をすべての言語から例示することが不可能であろうことは、プラーグ（プラハ）学派の構造主義の時代からあきらかであった。(たとえば Jakobson, 1941 を見るとよい。）
[156] 再帰代名詞については、第2章とそこにある参考文献を見ること。
[157] Levinson（2000: 334-343），Reuland & Everaert（2010）を見ること。
[158] 我々著者は、適切な日本語の文 ── 「ジョンはビルは自分を傷つけるのをやめるべきだと言った」── を提供してくれたことに対して、Fuko Osawa に感謝する。この文の解釈についての日本人インフォーマント反応には違いが見られた。
[159] これは原則とパラメタ理論への言及であり、ここでは不可避的に単純化されすぎている。第2章ではこの理論をはるかに詳しく論ずる。
[160] 思考の言語については Jerry Fodor（1975, 2008），N. Smith（1983），Carruthers（1996）を見ること。ポウプの所見は彼の『批評論（*An Essay on Criticism*）』第Ⅱ部97行からとった。
[161] チョムスキーの懐疑については Chomsky（1993b）を見ること。
[162] フォウダーは Fodor（1975）で自分の説を詳細に述べている。
[163] 思考の言語を提唱する著作の中には N. Smith（1983），Carruthers（1996）が含まれる。
[164] ハーマン（Ed Herman）は、いくつかの政治関係の本での、チョムスキーの共著者である。
[165] 例文（1）とそれに関するチョムスキーの議論は Chomsky（2013a: 41）から。
[166] ジーニーに関する引用は Curtiss（2013: 61）から。
[167] Gazzaniga（2002）を見ること。
[168] 思考の構造については、たとえば、G. Evans（1982: 104）の「一般性の制約（Generality Constraint）」を見ること。
[169] 「思考の法則」は Boole（1854）の書名である。
[170] 言語が心の鏡でなく、心の模型なのだとする考えに対するチョムスキーの懐疑論については Chomsky（1993b: 34）を見ること。
[171] この、最後の引用は Chomsky（1975a: 5）からである。

第2章　言語の基盤
[1] チョムスキーがデカルトに負うところについては、たとえば Winston（2002: 30）を参照。
[2] このような合理主義の捉え方は Markie（2013）から。
[3] チョムスキーのハリスとの関係についての論考については Barsky（1997, 2011）を参照。ハリスの主要な言語学の著作は1951年のもので、そこでチョムスキーに謝意を表明している。ハリスの政

治的な思想については Z. Harris（1997）を参照。
[4] 生成文法の歴史については、Hornstein（2013）, Lasnik & Lohndal（2013）参照。生成文法の最近の入門書には Adger（2003）, Carnie（2013）, Haegeman（2006）, Hornstein（2009）, Hornstein et al（2005）, Radford（2004a, 2004b, 2009）がある。便利な百科事典的要約には、Boeckx & Grohmann（2013）と den Dikken（2013）がある。
[5] チョムスキーは「妥当性のレベル」を Chomsky（1964b）で導入した。「心理学的正当性」の概念については、第3章を参照。さらなる論述と例示が N. Smith（1989, ch.11）（Lellow lollies）［訳注：lellow lollies は yellow lorries（黄色いトラック）の幼児発音で、大幅な同化が起こっている］にある。
[6] 「説明的妥当性よりも深い説明のレベルを探して･･･」は Chomsky（2004a: 105）から。斜字体（訳書では圏点）は原典のまま。
[7] 生成文法の成果のいくつかの例を示す論文については Rizzi（2013a）を参照。
[8] 「ステロイド文献学」は Hornstein（2013: 405）から。
[9] 著名な構造主義言語学者の Bloomfield（1914）は言語を発話の集合体と見なした。Sapir（1929: 214）は言語を「文化または社会的産物」と見なした。第3章と第4章ではサピアの見解の現代版について議論している。Scholz et al（2014: §1）も参照。
[10] 専門用語の問題として、「生成（的）(generative)」という用語が体系的に曖昧に用いられていることは強調に値する。この用語のより一般的な解釈は「明示的」とほぼ同義の語であるというものであり、この意味では、本質的にはすべての現在の理論は「生成的」である。狭い解釈は、長年の（変形）生成文法のさまざまな現れにおける研究を特徴づけるものである。明示的に広い意味で使うということを言わない限り、これが本書を通じて使うこの用語の解釈である。
[11] 「1つの人間言語」についての引用は Chomsky（1995b: 131）より。Chomsky（1993b: 50）も参照。
[12] ask と wonder について Oxford English Dictionary は前者にある1つの用法の記載が、後者に欠けているという点で、明示的ではないが区別はしている。
[13] 強勢の研究は、初期の Chomsky, Halle & Lukoff（1956）, Chomsky & Halle（1968）以来研究の中心であった。
[14] 「予測可能なものはすべて」についての引用は Chomsky（1995b: 6）からである。
[15] 名詞－動詞強勢規則にはたとえば return, reply のような re で始まる語のような例外もある。そして remit のような例外の例外もある。
[16] この議論では「音素論（phonemics）」という用語を避けているが、それは生成音韻論の初期の研究は、まさに、そのようなレベルがせいぜい「きわめて疑わしい」ものであると主張することに主眼を置いていたものであったからである。Halle（1959）を発展させた Chomsky（1964: 69）を参照。（初期の）生成音韻論の詳しい論考については Chomsky, Halle & Lukoff（1956）, Chomsky & Halle（1964）, そして特に Chomsky & Halle（1968）参照。最近の発展については Berent（2013）, de Lacy（2007）, Odden（2013）, Roca & Johnson（1999）を参照。現在の音韻論では最適性理論（Optimality Theory）（Kager（1999）, McCarthy（2001）参照）が支配的である。
[17] 構造主義とプラーグ学派音韻論（例えば Harris（1951）参照）に特徴的であった経済性の強調はこの点で貢献したが、現実的に方向性を決めたわけではない。
[18] 複数の Fred という人が問題となっている場合には、This is the Fred I told you about のように the Fred ということはできる。ここで問題としているのは通常の I saw the boy と奇妙な I saw the Fred のあいだの対比である。
[19] 選択と θ 役割については Haegeman（1994）参照。
[20] 例（1）は Chomsky（1975a: 31）から、例（2）は Chomsky（1975d [=1955c]: 228）から、例（3）

は Chomsky（1964b: 34）から、例（4）は Chomsky（1965: 22）からであり、例（5）は Chomsky（1986b）から修正したもので、例（6）は Chomsky（1986a: 8）から、例（7）は Chomsky（1995a: 20）から、例（8）は Chomsky（2000a: 34）からである。

[21] 構造依存については Chomsky（1971a: 86f, 1988a: 45f）参照。
[22] 規則は数を数えることができないという主張の実験的な論証については第3章で見る。
[23] Chomsky（1977a）参照。
[24] この西アフリカ語はヌペである。N. Smith（1964）参照。その1章は N. Smith（1967）として出版。
[25] 再帰的関数の理論については Post（1944）参照。チョムスキーの数学的貢献は、オートマトン理論（automata theory）と形式言語理論の領域である「下位再帰的階層（subrecursive hierarchies）」として知られる再帰関数理論の下位部分に関するものであった。シュッツェンベルガーはこの研究を古典的な分析と結びつけた。Chomsky（1963）, Chomsky & Miller（1963）, Chomsky & Schützenberger（1963）参照。数理言語学の歴史については、Tomalin（2002）参照。Lyons（1970: 109）は「チョムスキーの生成文法の研究のどの部分も自然言語の記述に対して直接的な関連性がないという結論に最終的になったとしても、論理学者と数学者からは重要なものであると判断されるだろう」と述べている。
[26] 表示レベルについては、たとえば Chomsky（1975d [=1955c], 1957, 1995b: 21ff）を参照。
[27] 思考と言語とのよく論じられる関係については第4章で論じる。「音または身振り」という言い方は手話を含めるためである。
[28] より正確には、言語的に有意味な一般化は統語構造を PF と LF に写像することにより捉えられる。
[29] その逆であると信じられているにもかかわらず、チョムスキーは、彼のもっとも初期の研究以来ずっと意味の問題に深い関心を寄せて来た。たとえば Chomsky（1955a: 18, 1955b）参照。また Chomsky（1972c, 1975a, 1980a. 1993b, 1995a）なども参照。(2)(3)(4)(6) の例が示すように、統語論の理論はどの文が文法的で、どの文が非文法的であるかを予測するだけでなく、文の可能な解釈を説明しなければならないということを彼は常に主張して来た。Berwick et al.（2011）参照。
[30] 「数量詞」というのはそれらが修飾する名詞の量を決定する some, all, twenty-three 等のような表現のことである。each と every の詳細な論考が Beghelli & Stowell（1997）に見られる。
[31] 「深層構造」については Chomsky（1965）特に 16ff, 198ff を参照。下で論じるように、深層構造も表層構造も現在の理論には存在しない。
[32] 最近の研究では the stew は NP ではなく、DP である。この差はここでの論点には無関係である。専門的な話になるが、構成素とは過不足なく1つの節点に辿ることができる語彙項目の連鎖であればどのようなものもこれに当たる。
[33] 厳密に言えば、この樹形図とそれと関連する PS 規則は、Harry が、NP の挙動の一部を共有するので、N でもあるし、NP でもあるとして記述されるべきであるという意味で、時代遅れである。
[34] 「再帰性」の正しい解釈についてはかなりの意見の相違が存在する。Chomsky（2008）, Tomalin（2007）, Al-Mutairi（2014）参照。
[35] 初期の生成文法における一般化変形については Chomsky（1975d [=1955c]）参照。Lasnik & Lohndal（2013）参照。
[36] 『統辞理論の諸相』は Chomsky（1965）である。
[37] この再帰性の可能性の定式化にはいくつかの可能な方法がある。ここに挙げてあるものは「二項枝分かれ」の要件を満たすもっとも単純なものであり、バーレベル（以下の論述参照）を避けるものである。それはまた現在使われているものでもある。たとえば Yang（2006: 104）参照。
[38] 「離散無限性」については Chomsky（2002a: 48f）。Hauser et al.（2002）参照。

[39] (18) の三角形は構成素の内部構造が、議論に関係しないので省略してあることを表している。
[40] 直接構成素分析については Wells (1947), Robins (1989) 参照。
[41] 専門的な言葉遣いでは、これらは「単一 (singulary)」変形で、上述の「一般化変形」と異なる。
[42] 非有界依存については Chomsky (1977a), McCloskey (1988) 参照。
[43] これに関連するハリスの研究は Harris (1951, 1952, 1957, 1965) である。
[44] 記述的妥当性については、Chomsky (1977a), N. Smith (1989: ch 11) 参照。
[45] 一般化変形の除去については Chomsky (1965: 134-135) 参照。
[46] 深層構造が意味を決定するという考えについては Chomsky (1965), Katz & Postal (1964) 参照。これを論じたものとしては Partee (1971) 参照。
[47] MIT での言語学での最初の博士論文を出版したものである Lees (1960) 参照。チョムスキーは (生成意味論者によるその後の研究ではなく) 主にこの博士論文を契機として Chomsky (1970c) として刊行された語彙論的代案を開発したのである。
[48] より広く再帰代名詞と束縛理論については Haegeman (1994) 参照。状況はここで記述した以上に複雑である。多くの文献の中でも Reinhart & Reuland (1993), Reuland & Everaet (2001) 参照。
[49] 規則の順序付けについては、たとえば Pullum (1979) 参照。
[50] 修士論文は Chomsky (1951) である。それを論じたものとしては Chomsky (1975d [=1955c]: 29) 参照。
[51] この引用は Miller & Chomsky (1963: 430) からである。ここで用いられているパラミタの概念は下で論じる現在の理論のそれとは同じものではない。幼児期の長さはおそらくはもうちょっと短い。10^8秒は3年ちょっとである。
[52] 記述的妥当性と説明的妥当性については、Chomsky (1964b, 1965), N. Smith (1989 ch.11) 参照。この問題については Chomsky (2004a) でも再び触れている。
[53] チョムスキーが後に述べているように「変形文法理論のもっとも深刻な欠陥は、それが有する莫大な許容度と記述力である」(Chomsky, 1972d: 67)。
[54] A の上の A 条件は Chomsky (1964a) が初出。
[55] 島の制約の歴史については Müller (2011) と Boeckx (2012) 参照。網羅的な記述と理論的な説明のあいだの緊張関係については、Hornstein (2013: 405-406) 参照。彼が言うようにミニマリズムは「理論的な深化と経験的事実の守備範囲とのあいだにあるよく知られた緊張関係を強く際立たせ、少なくとも現在のところ、より多くの観察をカバーすることより、理論構造と優美さに重きを置くことを我々に求めている」(p.406)。
[56] 障壁理論の枠組みについては Chomsky (1986b) 参照。
[57] "On WH-Movement" は Chomsky (1977a) である。
[58] 「分裂文」という用語は伝統文法からのものである。分裂文は、主語か目的語が節の中から取り出された関係節と、その前に置かれた虚辞の it と繋辞からなるものである。擬似分裂文は類似しているが、what で始まる。
[59] (33) の分裂文の例は wh 語を含んでいないが、この構文にも同じ一般化が成り立つ。
[60] WH は何かが入る場所を確保しているもので、文中の空席と文の外にある位置とのあいだの照応的関係を記すものである。すべての言語が WH を有するわけではなく、また、英語ではそのような関係は WH 以外の演算子にも及んでいる。
[61] NP 移動が有界的であるか、(wh 移動のように) 非有界的であるかについて、文献では意見が分かれている。チョムスキーの立場は、一貫してそれは有界的であるというものであった。重要なことはすべての移動が終局的には統一されうるということである。この点の論考については

McCloskey（1988）参照。
[62] 循環は Chomsky, Halle & Lukoff（1956）で、強勢の現象を説明するために音韻論の領域で、初めて導入され、以来生成文法研究においては中心的地位を持って来た。異なる領域における循環の働きがどのように統一され、循環それ自体が規定されるのではなく、他の何からどのように帰結されうるかについては、下で論じる。
[63] 専門的に言うと、wh 句は CP の指定部に移動する。詳細については Adger（2003）, Radford（2004b）参照。
[64] アフリカーンス語の証拠については du Plessis（1977）参照。（他の種々の言語におけるいわゆる部分 wh 移動については、Pesetsky（2000）, Karimi（2003）参照。）スコットランドゲール語については Adger（2003: 362）参照。ここでのスペイン語の例は Adger（2003: 382f）に基づく。これらの例についての手助けに対し、ローザ・ヴェガ-モレノ（Rosa Vega-Moreno）に感謝する。
[65] より正確には、wh 語が CP の指定部にあるときには倒置が義務的である。
[66] que が補文標識（that）であり、同音の wh 語の qué と同じではないことに注意することが重要である。
[67]「繰り上げ」については第3章と Adger（2003）, Radford（2004b）参照。
[68] PS 規則の除去については「それらは完全に余剰であるかもしれない」と述べている Chomsky（1995b: 25）参照。一般的な論考については Rooryck & Zaring（1996）参照。
[69] この根源的な改訂は Chomsky（1986b）の障壁理論の枠組みとなった。
[70] 文法が上から下に働くのか、下から上に働くのかにかかわらず、文法は話者と聴者とのあいだでは中立的であるということは強調に値する（第1章、44-45ページの論考参照）。
[71] X バー理論は Chomsky（1970c）が初出。「バー（横棒）」は X と XP の中間の大きさの構成素を記述するための表記法を指している。（ややこしいことであるが）これは「A バー移動」における「バー」とは異なるもので、A バー移動は非 A 移動という意味である。
[72] student と fond を他動詞的であるとする扱いは、(45a)(46a) には of が現れていることから示唆されるように、いくつかの問題が無視されている。
[73] この例は Radford（1997b: 91-92）による。
[74] X バーをすべての範疇に一般化することは上で触れた障壁理論の枠組みにおける改新点の1つである。Chomsky（1986b）参照。この点についての論述については Webelhuth（1995）参照。
[75] その後の研究で (44-46) に例示する画一的な補部構造は X の修飾部では見られない（すなわち、指定部の位置はさまざまな種類の句に横断的に存在するという十分な根拠がない）ことがあきらかになった。また、ミニマリズムの中でのもっと最近の研究（Berwick, Chomsky & Piatteli-Palmarini, 2013: 28, 注14; Chomsky, 2013b: 64）では、「指定部」という概念が放棄された。この動きは Cormack（1999）で予言されていた。指定部が導入されて以来、理論の他の部分が大幅に変化したので、指定部を除去することは今では理論の簡素化の1つである。
[76] 統率・束縛理論については、特に Chomsky（1981b）参照。この理論のもっとも明快な解説は Haegeman（1994）である。
[77] 用語についてのこの引用は Chomsky（1995e: 32）からである。
[78]「統率」が姿を消したことについては、Chomsky（1995b: 10）を参照。これについての論考については Marantz（1995: 365）を参照。
[79]「ミニマリストの企て…」は Hornstein（2013: 399）からの引用である。
[80] モジュールは素性が姿を変えたものであるとする引用は Boeckx（2014: 47）からである。
[81] 束縛理論については Chomsky（1981b）, Haegeman（1994）, Harbert（1995）, Safir（2013）参照。

[82] (50)(51)の助動詞（Aux）の再帰的構造は単純化してあるが、She might have been being observedのように4つの連続する助動詞要素を持つ例を、原理的に許容する。
[83] (52)の例はHarbert (1995: 202)から、(53)はChomsky (1978b: 8)から、そして(54)はChomsky (1986a: 167-169)からである。
[84] (55)の例はN. Smith (1987: 62)からである。
[85] チョムスキーは最近、たとえばChomsky (2013a: 39)で、このような例を繰り返し問題にして来ている。
[86] 局所性の一般的な論考についてはManzini (1992), Rizzi (2013b) 参照。
[87] θ理論についてはChomsky (1981b, 1986a), Williams (1995), Ramchand (2013) 参照。
[88] このθ基準はChomsky (1981b: 36)より。θ基準のこの版は(57e)と関連する例にとっては問題である。論考についてはWilliams (1995)参照。(57e)の容認可能性についてはCormack & Smith (1996) 参照。
[89] pro脱落言語については第3章参照。
[90] PROについてはChomsky (1981b: 6) 参照。PROの分布は通常「制御」という別のモジュールに属するものとして扱われた。これをθ理論のもとに含めたのは単に話を単純化する都合からである。論考についてはPolinsky (2013) 参照。この「大PRO」は、pro脱落、または「空主語」言語を説明するために第3章で導入する「小pro」とは異なる。
[91] ミニマリスト・プログラムでのθ理論についてはChomsky (1995d) 参照。θ基準の消滅についてはChomsky (1995b: 188) 参照。
[92] 「対格／斜格」「主格」という用語は、目的語と主語、それぞれの格の伝統的な名前にすぎない。これらの名前の歴史は面白いが、何ら深い意味はない。
[93] より正確には、主格は定形のINFLにより付与される。この差はここでは問題にならない。
[94] (63a)に例示される現象は例外的格付与（Exceptional Case Marking: ECM）として知られ、expectはECM動詞と呼ばれる。たとえばHaegeman (1994: 167) 参照。このような例で、例外的であるのは、語がそれが存在する節の外で格を受け取るということである。これは世界の言語の中で広範に見られる現象ではなく、英語の中でさえ、少数の動詞にだけ起こる。
[95] ケチュア語の分析はCole & Herman (1981) から。彼らの議論はChomsky (1973) に向けられたものである。繰り上げの古典的な分析はPostal (1974)である。
[96] 空範疇については例えばChomsky (1986a: 114ff) 参照。
[97] 「了解済み要素」の伝統的な用法についてはChalker & Weiner (1994) 参照。
[98] より詳しく言えばPROである。この文脈ではさまざまな空範疇のあいだの相違は問題ではないので、より一般的な用語ecを用いる。
[99] wanna縮約の分析の歴史的概観については、Pullum & Zwicky (1988) 参照。
[100] 痕跡理論を最初に論じたのはChomsky (1973)であった。もっとも詳細な分析はChomsky (1981b)である。
[101] アロットのアメリカ人の友人は(74c)を完全に不適格であるとは思わない。第3章の例(6)の下の論考参照。
[102] 空範疇原理についてはChomsky (1981b: 250) 参照。その後の改訂と一般的な論考はHaegeman (1994: 441ff), Hornstein & Weinberg (1995) 参照。
[103] electedの後の位置はθ役割が付与される位置である。
[104] 「変形」対「非変形」への言及は1998年4月でのチョムスキーとの個人的意見交換。この点の論考についてはChomsky (1995b: 223) 参照。関連してHarris (1951)の変形には派生の概念は含まれ

ていないことを指摘しておくべきであろう。この意味での「非変形」理論の典型的な例は範疇文法である。たとえば Steedman（1993, 2000）参照。「変形文法」はチョムスキーに強く影響を受けた統語的理論研究の社会学的レッテルとして使われても来たことに注意すべきである。もう1つのより適切なレッテルは生成文法である。形式的に（すなわち完全に明示的に）文に構造記述を与える文法、すなわち文を生成する文法という概念に比べると、変形はこの企てにとってはそれほど中心的なものではない。

[105] 表示／派生の対立についての他の立場の代表は Epstein & Seely（2002）である。もっとも明晰な論考は Lasnik（2001）である。

[106] 派生アプローチを支持するいくつかの議論を Brody（2002: 36f）が詳細に吟味している。

[107] （William of Ockham、あるいは Occam c. 1287-1347 が言ったとされる）オッカムの剃刀は、「理論的存在物は必要以上に増殖してはならない」というものである。

[108] アイルランド語のデータについては McCloskey（2002: 190）参照。「連続循環的移動の形態統語論的証拠」は同書191ページ。

[109] 変形の守備範囲については Chomsky（1995b）、および個人談話1998年4月。

[110] 「簡潔性の諸概念の明晰な記述」は Chomsky（1972d: 67）に見られる。議論については Tomalin（2003）とその参考文献参照。

[111] 第一言語習得における変形に関しては、たとえば Crain & Thornton（1998）, Thornton（1991）参照。

[112] パラミタ的変異についての簡便な導入については M. Baker（2003）参照。また彼の2001も参照。

[113] スイッチとしてのパラミタについては Chomsky（1988a: 62）参照。この比喩のもともとの出所はジム・ヒギンボサム（Jim Higginbotham）。

[114] プラトンの問題については第3章、第4章参照。

[115] 免疫学との平行関係については Chomsky（1980a: 136）参照。関連する論考については Piattelli-Palmarini（1989）と本書第3章参照。

[116] 「遺伝子型に属し」は Anderson & Lightfoot（2002: 36）から。

[117] 言語の数については Comrie et al.（1997: 16）参照。I 言語の観点からすると、どの人の言語も異なっているから、その数は60億ということになる。Kayne（1996）参照。言語間の相違のすべてがパラミタ的変異によるわけではない。

[118] 「20の扉」については Janet Fodor（1998, 2001）参照。すべての選択が二価的であるかどうかは未決の問題である。それはここでの論述のどの部分にも影響を与えない。

[119] 「有標（marked）」という用語は何らかの方法で標識を与えておかなければならない異常な場合を指す。それに対して「無標（unmarked）」な場合は明示化せずに放置できる。この用法は生成言語学以前にさかのぼる。生成文法における使用については Chomsky（1981d）参照。

[120] 後成的風景については Wolpert（1991: 92）参照。

[121] 資料が決定的でない場合に何が起こるかについての論考については Smith & Cormack（2002）参照。

[122] 機能範疇についてのもっとも明快な導入については、Radford（1997a）参照。専門的な細部は、すべての専門的な問題同様、意見の一致が見られず、今後変化する可能性が高い。

[123] 前置詞の特別な地位については Froud（2001）参照。

[124] CP と IP は Chomsky（1986b）で導入された。

[125] 小節をどう分析するかによって、すべての文が I（INFL）を必要とするわけではないかもしれない。

[126] これは「主要部移動」の例である（Roberts（2001）参照）。移動の分類についての基礎的な導入については Radford（2004b）参照。

[127] Est-il venu?（Has he come?）が適格であるのは、代名詞 il が、接語であるからである。それは est

に付着し、音韻的に1語を形成する。

[128] 中国諸語に見られる元位置 WH については、Chomsky（1995b: 68）、Cheng（2003）参照。
[129] 北京中国語の「什麼（shenme）」と英語の what のような特定の語彙項目間の言語横断的等価を正当化するという問題は、ここでは無視する。
[130] パラミタ的変異についてのこのより最近の見方を明晰に論じているのは Roberts（1997）、特に第5章である。
[131] マクロパラミタ的変異は典型的には主要部の方向（主要部先頭／主要部末尾）のパラミタ（Chomsky, 1981a）や Baker（1996）の包含性のパラミタ（論考については M. Baker, 2008）のような言語の全体的形態論的構造を決定するパラミタがこれに当たる。これらのパラミタの各々は広範囲の影響を持つのに対して、マイクロパラミタ的変異は、非対格動詞に随伴する助動詞の選択（Perlmutter, 1978; Burzio, 1986）やアルバニア語の使役構文における格再配列（Manzini & Savoia（2007））に例示されるもので、より制限的で、それに応じて影響も少ないのが特徴である。
[132] たとえば Berwick & Chomsky（2011: 28-29）参照。
[133] Smith & Law（2009）参照。
[134] 最近の論文には Longobardi（2014）がある。Kayne（1996）、Manzini & Savoia（2007）、Vangsnes（2005）参照。
[135] Roberts & Holmberg（2005）、Holmberg（2010）参照。
[136] Boeckx（2014）、Hornstein（2009）、Newmeyer（2005）参照。
[137] ミニマリズムは Chomsky（1995b）に要約されている。短い概説が Marantz（1995）に見られる。もっとも読みやすい概説は Chomsky（2002a）、Lasnik（2002）、Radford（2004b）である。批判については Johnson & Lappin（1997）参照。ミニマリスト・プログラムの持続的な批評は Lappine et al.（2000）が提供している。それは Natural Language and Linguistic Theory のその後の号で激しい論争を生んだ。
[138] 「もっとも面白いもの」という引用は Chomsky（1996b: 3）からである。
[139] 「説明的妥当性を越えて」という句は Chomsky（2004a）からである。
[140] 統率の「中心的役割」は Chomsky（1981b: 1）から。
[141] 句構造の「除去」については、Chomsky（1995c: 433）参照。
[142] 「スパルタ式言語学」は Chomsky（2000a: 132）を暗に指している。そこでチョムスキーは「相応しいスパルタ式に［＝厳格で簡素に］」プログラムを実行することを語っている。
[143] ミニマリズムの最近の展開についての導入的な説明は Adger（2003）、Radford（2004b）、Boeckx（2006）に見られる。関連するチョムスキーの論文には "Minimalist inquiries"（2000b）, "Derivation by phase"（2001b）, "Beyond explanatory adequacy"（2004a）, "Approaching UG from below"（2007a）, "On phases"（2008）, "Problems of projection"（2013a）と "POP Extensions"（2015）がある。Boeckx（2011a）と、アリゾナ大学のミニマリストアーカイブ（http://minimalism.linguistis.arizona.edu/AMSA/paperindex.html）にはミニマリスト関連の論文が収拾されていて、便利である。
[144] 経済性については Chomsky（1991e, 1995b）参照。読みやすい統語論における経済性の概説については C. Collins（2001）参照。
[145] 調音器官を動かす必要性を最小化する問題は、ten pears を [tem peəz] ではなく、[ten teəz] と発音しても同様にうまく解決できるはずである。英語におけるパラミタ的選択である前者の「順行（forward）同化」の方が言語横断的には「逆行（backward）」同化よりはるかに多く見られる。たとえば Baković（2007: 349）参照。
[146] 厳密に言えば /n/ に /p/ または /b/ が後続する連続に対する制約は語ではなく、形態素について成

立する。

[147]「いずれにせよ（anyway）」や類似の語については Blackmore（1987, 1992, 2002），Carston（1999），Iten（2005），Wilson（2011）とその同じ巻に納められた他の論文参照。
[148] 最短移動については Chomsky（1995b: 185）参照。
[149] 完全解釈については Chomsky（1995b: 151）参照。
[150]（90）の例は Chomsky（1986a: 99）より。
[151]「破綻」という表現については Chomsky（1995b: 220）参照。
[152] 虚辞と経済性についての論考については Chomsky（1995b: 340ff）参照。
[153] チョムスキーは Chomsky（1995b: 152）で，インターフェイスでの解釈可能性の要件はまた，論理言語に特徴的な自由変項を自然言語が持つ可能性を排除する働きもすると提案している。
[154] これらの引用は Cherniak（2005: 103）からである。
[155] チョムスキーは Chomsky（2004b, 2007b, 2009b）でチャーニアックを引用している。
[156] この図式は Al-Mutairi（2014: 224, 227）に出て来る
[157]「言語は … 音と意味を連結する内部システムである」（Chomsky, 2010a: 46）と本章の後で出て来る「非対称（asymmetry）」仮説との対比に注意。
[158] 言語獲得から PF を除去しようとするニール・スミスの試みについては，N. Smith（2010: 126）、また N. Smith（2003e）参照。
[159] 表示に関する論争のさらなる例については Burton-Roberts & Poole（2006）参照。
[160] 第三要因の考慮については Chomsky（2005b）参照。
[161]「位相循環」演算については Chomsky（2008），Richards（2011）参照。
[162]「統語論の終わり」は Marantz（1995: 380）の提案。
[163]「[興味ある] 疑問を定式化」の引用は Chomsky（1995b: 9）からである。
[164] たとえば「断片化（chunking）」（Chomsky, 2005b）を使って。Miller（1956）参照。
[165] そのような要因を考慮することは生成文法のまさに始まりにまでさかのぼる。たとえば「言語の確率論的な研究の正統性に関しては … 疑問の余地がない。… 言語の統計的な研究が文法に貢献しようが，しまいが，全く独立の根拠により正当化されることは確かなことである」（Chomsky, 1975d [=1955c]: 148）。この1つの意味は Saffran et al.（1996）が見つけた事実はチョムスキーの立場を弱める（Bates & Elman, 1996）どころか，実際は彼のもっとも最近の理論に対する支持を提供するものであるということである。この点についての論考については、第3章と N. Smith（2001 [=2005: 9章]）参照。
[166] 思考の言語が再帰性を許さなければならないということが直接チョムスキーの考えに対応するわけではない。チョムスキーの考えは再帰性が人間と言語に独自のものであるというものである。しかし彼は再帰性のメカニズムを2つの領域で重複させることを決して望まないであろう。この点についての論考についてはこの章の後の「進化」についてのパラグラフ，およびそこの参考文献参照。
[167] 判読可能性については Chomsky（2000b: 94f, 2002b: 107ff）参照。引用は Chomsky 2004a: 106）から。L は音と意味の表示を連結する演算装置を表す略号である。
[168]「書き出し」とその多数の可能な変異形について，一冊の本をまるまる使って論じたものとして，Uriagereka（2012）参照。
[169]「設計仕様」については Chomsky（1995b: Introduction, 2000b: 94）参照。これらの考えの精緻化の例が Hauser et al.（2002）に出ている。本書227ページ参照。
[170] これがミニマリスト・プログラムを支える指針である。広範な論考については、Al-Mutairi（2014）参照。

[171]「言語は…最適の解である」は Chomsky（2001b: 1）から。
[172] 文法の外のシステム（external system）としての束縛については Chomsky（1995e: 32）参照。よりありそうな立場は、Reinhart & Reuland（1993）が示唆するように、束縛は純粋に統語的な部分と外部の「語用論的な」部分とのあいだにまたがっているというものであろう。この点についての論考は Perovic（2003）参照。
[173] コミュニケーションと文体との効果については Sperber & Wilson（1995）参照。
[174] MIT での最近の講演でチョムスキーはまた、移動が伝達の必要性によって駆動されているという見方に明確に反論している。この講演は現在のところ http://whamit.mit.edu/2014/06/03/recent-inguistics-talks-by-chomsky で見ることができる。
[175]「最適な解（optimal solution）」は Chomsky（2000b: 96）から。最適の設計については Chomsky（2002a: 90, 96）参照。
[176] ミニマリスト的実在論については、特に Chomsky（2000b: 138ff）参照。
[177] 転送については Chomsky（2007a）参照。
[178] 移動が「内部併合」であることについては、Chomsky（2004a: 110-111）参照。
[179] この分析は以下で修正する。いくつかのより複雑な場合についての論考についてはたとえば Chomsky（2013a）参照。
[180]「内部併合」とコピー理論との関係については Chomsky（2003a: 307）参照。内部併合はしばしば牽引（Attract(ion)）として捉えられる。Chomsky（1995b: 297f）参照。
[181]「不完全性」については Chomsky（2004a: 110）参照。
[182]「不可欠（indispensable）」と設計条件については Chomsky（2000b: 101）参照。
[183] 常にそうであるが、この場合にも問題になりそうなことがある。My brother admires herself は彼が女性的であることを示唆するためであれば適切に使うことができるかもしれない。そのような場合には、話者は非文法的な連鎖を修辞学的、語用論的な効果のために用いていると主張することができるであろう。もし、その兄／弟が性転換を受けている場合はどう言えばよいのかはさらに難しい。なぜなら、My brother admires herself は、この個人が自己称賛という属性を持っているという思考を表す正常な方法であるが、あきらかに非文法的とは言えないからである。他方、それでも *He admires herself とは言えない。ということで、おそらくは、brother のような語は英語では統語的な性の素性を持たないが、he や herself のような代名詞は統語的な性の素性を持つということかもしれない。
[184]（98）のフランス語の例は Chomsky（1995b: 148）からである。（99）の例は Radford（2004b）からである。
[185] チョムスキーは Chomsky（2001b）で探索子と目標子を解釈不能素性の除去と連結することを論じている。
[186] 専門的な詳細のいくつかについては Chomsky（2004a）を参照。または、より読みやすい Radford（2004b）を参照。
[187]「二価的併合（binary Merge）」については Chomsky（2004a: 115）参照。二価性の初期の歴史については、Miller & Chomsky（1963）参照。この点で、この観察が最初に示唆するように思われる以上に、二価性はより一般的なものであるかもしれないということは興味あることである。（Cherniak（2009: 118）で）ハウザーが推測だとして述べている言葉を借りれば、「木々、落雷、ニューロン、イモムシがすべて二価的な枝分かれを示すという事実は、精神が言語における樹構造を演算する方法も含めて、これがすべての現象において最適な解であることを示しているのであろうか？　言語はこのように働かなければならないということなのだろうか？」Chomsky（2009b: 380）は「多様

性の錯覚（illusion of variety）」の論考の中で、この推測を支持しているように思われる。
[188] 演算上処理しやすい理論を考案することの初期の歴史については Miller & Chomsky（1963）参照。
[189] 局所性は Chomsky（2012b: 1）の最近の位相についての概説の序言の冒頭に論じられている概念である。
[190] 「位相」については Chomsky（2002a），Radford（2004b）参照。「小さな固まり」の定式化は Adger（2003: 376）からである。さらに弱い位相と強い位相という区別がある（Chomsky, 2002a: 12）が、その詳細は目下の目的には関わりがない。位相の精緻化は Chomsky（2005a, 2008）に見られる。
[191] 「活性記憶」は Chomsky（2002a: 12）からである。引用符は原典のまま。
[192] 「記憶の最小化」は Chomsky（2004a: 116）から。
[193] 循環については、Chomsky（2002a: 随所）、島の効果については Chomsky（2002a: 26）参照。この外に合成性など他の問題への影響もある：Chomsky（2004a: 120）。循環性の一般的論考については Freiden（1999）参照。
[194] 「自然な特徴づけ」があることについては、Chomsky（2004a: 124）参照。厳密に言うと位相であるのは VP ではなくて、vP である。専門的な詳細については Chomsky（2002a）参照。
[195] Adger（2003: 386）参照。
[196] 周縁と統語論と音韻論の相互作用については Kandybowicz（2009）参照。
[197] 書き出し、位相、循環性については Svenonius（2004）参照。
[198] 韻律的構成素と統語的構成素の類似性については Bresnan（1971）参照。
[199] 周縁についてのこの論文は Rizzi（1997）である。周縁の一般的論考については Adger et al.（2004）参照。
[200] 拡大条件については Chomsky（1993d）あるいは Chomsky（1993e: 22）参照。
[201] 周縁素性だけが併合を認可するという推測については Chomsky（2008: 139）参照。
[202] ここでも、レキシコンからの語彙項目の選択を無視している。
[203] 「…だけからなり」は Chomsky（1995b: 225）より。
[204] コピー理論の便利な紹介については、本書が多くを引用している Hornstein et al.（2005）参照。1955年にさかのぼる歴史については Chomsky（2000b: 145）参照。コピー理論はもちろん異論がないわけではない。コピー理論に対する疑義については Cormack & Smith（2004）参照。
[205] コピー理論の経験的優位性については Chomsky（1992b, 1993e, 1995b, ch.3）参照。
[206] コピー理論がいくつかの記述的問題を解決するという主張については Hornstein et al.（2005: 256ff）、また Bošković（2013）参照。
[207] （104）（105）のような例を記述する際に起こりうる歪曲の詳細については Hornstein et al.（2005, ch.8, 特に 8.3）参照。
[208] 最小限句構造が X バー理論に取って替わったことについては Chomsky（1995d）参照。
[209] 相対化最小性については Rizzi（1990）参照。
[210] 言語獲得と最小性については Belletti & Rizzi（2013）と、次章での言語獲得の論考を参照。
[211] 拡大条件の定式化は Hornstein et al.（2005: 366）より。
[212] 拡大条件の例については Chomsky（2000b: 136），Lasnik & Lohndal（2013: 57）参照。
[213] 拡大条件が循環性を維持する点に関しては Hornstein et al.（2005: 211, 279）参照。
[214] 「効率の良い演算の自然な原理で…」は Chomsky（2009a: 26）より、「無変化で無順序」は Berwick, Chomsky & Piattelli-Palmarini（2013: 27）より。
[215] 外在化は統語構造を感覚・運動インターフェイスへ、伝達などのために転送することを指してチョムスキー（Chomsky, 2007a, 2013a）が用いる用語である。この用語は一方では思考の言語は語

順を用いないことを、そして他方では伝達は言語機能の周辺的な働きにすぎないことを意味する。

[216] この点の論考については Cormack & Smith（準備中）参照。
[217] 改変禁止条件が拡大条件の結果をほぼ含意するという点については Epstein *et al.*（2013: 510）参照。
[218] 拡大条件が暗に改変禁止条件のもとに包摂されるという論文は Chomsky（2008）である。
[219] 併合が常に周縁に対してであるという点は Chomsky（2005a）参照。
[220] 相対化最小性についての出版物は Rizzi（1990, 1997, 2001, 2013b）である。
[221] （110）と（111）の例は Rizzi（2013b: 172）より。（111a）と（111b）の対比の別のしかし両立可能な説明は、（111b）の who は when が文頭の位置に達するためには通過しなければならない位置を占めているが、（111a）では、この位置は空いていて、移動を可能にしているというものである。この説明は（38）にあるような長距離 wh 移動の存在を前提とし、そこからかなり自然な形で帰結する（Faalund, 個人談話、2014年11月）。
[222] 移動の種類と相対化最小性については Rizzi（2004）参照。
[223] 問題の複雑性については Rizzi（2013b）参照。
[224] 「完璧な統語論」については、Chomsky（1995a: 18, 1995b: 9, 1995e: 31-32）参照。文法化を論じる中で Roberts & Roussou（2003: 1）は「完璧なシステムは時間の経過で変異することはない」という興味ある発言をしている。これが一見ミニマリスト・プログラムにとっての問題のように見えるけれども、彼らは歴史的な変化（と共時的変異）は、チョムスキーの立場と矛盾するものではなく、機能範疇とパラミタ的変異の存在の基礎を与えるものであることを、詳細に論じている。
[225] ガリレオについては Chomsky（2002a: 57, 2004a: 105）参照。複雑性が認知システムにとって問題となるかどうかについては Chomsky（2000b: 111）参照。「ひとひらの雪」については Chomsky（2002a: 139）参照。下手な繕いについては Chomsky（2002a: 139）参照。この類比はもともとは François Jacob（1977）からである。
[226] 知覚システムと調音システムの要件については Chomsky（1995b: 317）参照。
[227] （実際には原子の重さは水素の重さの倍数であるというプラウトの仮説のことである）「きれいな法則」については Chomsky（2002a: 137）参照。
[228] 「現実を変える」については Chomsky（2002a: 136）参照。
[229] 「一般的諸特性」については Chomsky（2004a: 105）参照。
[230] 関連する研究には Tompson（1942）, Turing（1952）がある。チョムスキーはしょっちゅう両者を引き合いに出す。Chomsky（1993b: 84, 2002a: 57）参照。
[231] 「併合」について「言語に固有」という用語が使われるときの異なるそしておそらくは相互に一貫しない定義のために、状況は悪くなっている。（論考については Al-Mutairi, 2014: ch.4 参照。）
[232] 適切な構造を与えることは「強生成（strong generation）」であった。一群の文の「弱生成（weak generation）」は中心的な重要性を担うことがなかった。
[233] パラミタ化した原理に関して、特にこの例についての論考に関して Rizzi（1982）参照。
[234] 局所性については Chomsky（1995b, 2000b, 2001b）参照。Manzini（1992）, Rizzi（2013b）に有益な論考がある。
[235] 「効率的演算」は Chomsky（2004a: 109）から、「探索を制限」は Chomsky（2004a: 108）から。
[236] 進化については、Chomsky（1965: 59, 1980a: 99ff, 1996a: 15ff, 1996c, 2005b, 2010a, 2012a）, Berwick, Friederici *et al.*（2013）, Hauser *et al.*（2002）等参照。
[237] チョムスキーが言語の進化を否定しているとされる点については、Dennett（1995）, Pinker（1994）参照。Jenkins（2000）は文献を詳細に論じている。追加的な評言については N. Smith（2002: ch.15）参照。

[238]「よく適応」についての引用は Chomsky（1996a: 16）から。
[239] Hauser et al.（2002）参照。関連する発言については Chomsky（2002a），Chomsky, Hauser & Fitch（2005），Fitch et al.（2005）参照。
[240] 脳の研究方法と人間の生物学の一分野としての精神（mind）の研究については、Chomsky（2000a: ch.1-2）参照、「人類に固有」については Chomsky（2000a: 2）参照。そこではチョムスキーは人間の精神を「重要な点で、生物界で他に例がない」ものと呼んでいる。このことは、言語で用いられている能力がどれも人類や言語に特有のものでない可能性とは矛盾しないことに注意。人類に固有であるのは諸能力が組織化され統合されている形であるかもしれないのである。Fitch et al.（2005: 182, 201）参照。
[241] すべての引用は Hauser et al.（2002）から。
[242] 自然言語は「思考の言語」であり、最初から外在化されたものではないというチョムスキーの見解については、Chomsky（2007a: 22-26）参照。
[243]「人間的能力」は Marshack（1985）から。現在知られているそのもっとも初期の証拠については Tattersall（2004: 25），Hauzer et al.（214: 6）参照。しかし、40万年以上古い象徴的な彫り物であるかもしれないものについては、Joordens et al.（2015）参照。
[244] 人間の単語と動物の鳴き声や、誇示の相違については、Chomsky（2007a: 20-21），Hauser et al.（2014: 4）参照。
[245] チョムスキーは進化発生生物学の研究を Chomsky（2010a）で論じている。
[246] ジャコブからの引用は Jacob（1977: 1164）から。シャーマンからの引用は Sherman（2007: 1873）から。多細胞生物についての火星人科学者の見解は Berwick & Chomsky（2011）からで、そこでは、シャーマンもジャコブも引用している。Chomsky（2010a）も参照。
[247] 火星人科学者の言語についての見解も Chomsky（1994f）に言及されている。
[248] Berwick & Chomsky（2011）より。
[249] MIT における言語学の講義, 2014, 4月2日。現在 http://whamit.mit.edu/2014/06/03/recent-linguistics-talks-by-chomsky で閲覧可能。

第3章　ことばと心理学

[1] 脳内に文法があるという基本的主張が受け入れられていることは、数多くの論文の題名からもあきらかである。たとえば、"The representation of grammatical categories in the brain"（Shapiro & Caramazza, 2003）。
[2] ミニマリズムは大半が、これと同じ当惑の（より洗練された）一種から動機づけられている。
[3] John was too cleaver to catch については Chomsky（1997a: 7）を参照。
[4] 神経画像法の限界に関する議論は、次を参照。O'Connor et al.（1994），Bennett et al.（2011），Sawyer（2011），Satel & Lilienfeld（2013）。
[5] 言語学が「現時点ではほとんどよく分かっていないが、ある種の身体的メカニズムの特性を抽象的に特徴づけることを目指している」という見解については、Chomsky（1980b: 1-2）を参照。
[6] ウルマンの固形体の原理については、Chomsky（1986a: 263f, 1996a: 5）で論じられている。さらに Ullman（1979, 1996）を参照。
[7]「乏しい刺激」についての引用は、Chomsky（1996a: 5）から。
[8] 科学的説明と因果関係については、Salmon（1989: 180ff）、それとは反対の見解については、Fraassen（1980）を参照。統合については、Kitcher（1989）を参照。Chomsky（1998b: 116）も参照。そこでは、チョムスキーは言語機能を、運用体系に「指示」を提供するものと述べている。バート

ランド・ラッセル（Bertrand Russell）は、（ときとして、）優れた科学的説明が因果関係を含むという見解への反対者として有名である。Russell（1912）, Hitchcock（2007）を参照。

[9] アインシュタインの等価原理については、Pais（1982: 179ff）, Norton（1985）を参照。
[10] 暗意については、第1章、47ページを参照。
[11] パスツールとプーシェの論争については、Collins & Pinch（1993）を参照。
[12] パイス（Pais, 1982: 22）の表現を借りれば、光についての予測が1919年に確証されると「アインシュタインは聖人化された」。「純粋に数学的な理論構成物」についての引用は Pais（1982: 172）から。実施されなかった実験は、マイケルソンとモーリー（Michelson-Morley）の光速度を決める実験のやり直しである。
[13] 時の第2の次元については、Walker（1997: 41）を参照。
[14] 電子スピンとパウリからの引用については、Matthews（1998）を参照。
[15] 機械の中の「幽霊」については、Ryle（1949）を参照。より最近の総括に関しては、Quine（1990）を参照。
[16] 「客観的」「観察可能」については、Byme（1994: 134）を参照。
[17] 実際にはハトの横木を押す行動は、考えられてきたよりもいくぶん複雑である。心理学者が1つの行動と見なしてきたことは、後の研究によって、たまたまよく似ているように見えるが、異なった本能的起源に根ざす、いくつかの別々の行動に分解される。Gallistel（1994）を参照。
[18] スキナーは、精神的状態などは存在しないと主張しており、精神的状態に関しては（ほぼ）消去主義者（eliminativist）である。別の行動主義者（たとえば、Hull, 1943）は、代わりに、精神的状態は存在するが、それらは常に刺激と反応の関係で定義できるので、基本的なものではない、と主張している。こうした見解は、分析的あるいは論理的行動主義と呼ばれている。Rey（1997: 107）, J. Collins（2007c: 638-639）を参照。
[19] 精神的な話を避けるのは困難であることが、Hull（1943）によって認められている。チョムスキーのスキナー書評と同様に、Dennett（1978）, Gallistel（1990）, Rey（1997）も、この点を強く主張している。
[20] ラットと迷路については、Tolman & Honzik（1930）, Caklwell & Jones（1954）を参照。Rey（1997: 103ff）はこの論争を要約している。
[21] B. F. Skinner（1957）の書評は、Chomsky（1959）。
[22] 「壁紙に合わない…」は、Chomsky（1959: 31）から引用。
[23] 「私は…しばしば使ったことがあるが」は、Chomsky（1959: 31）から引用。
[24] 「強化の働きをする刺激は…必要もない」は、Chomsky（1959: 37-38）から引用。
[25] 「…をよく耳にするが」以下は、Chomsky（1959: 38）から引用。
[26] 「刺激（による行動の）制御の話は、…」は、Chomsky（1959: 32）から引用。
[27] 「本来備わっている構造」については、Chomsky（1959: 57-58）を参照。
[28] 「クリック音」実験については、Fodor, Bever & Garrett（1974）、および本文172、173ページを参照。
[29] チョムスキーの見解は、言語学的と心理学的の区別は「恣意的」であるか「無意味」である、というものである（1998年4月、個人談話）。
[30] 表記上の変種については、Harman（1980）, Sober（1980）, Chomsky（1980c）を参照。一連の例についての議論は第4章も参照。
[31] ハフのコメントは Huff（2011: 62）にある。彼はさらに次のように付け加えている。「ティコの体系は大変有効である。コペルニクス的見解の流布に対する公式の禁止と矛盾するものでもなく、太陽中心主義を維持しており、新しい天文学的データとも矛盾しなかった」。より納得させるように、

Danielson & Graney (2014) は次のように論じている。ティコの体系はコペルニクスの体系よりも観察的なデータによってより適切に裏付けられている。というのは、コペルニクスの体系には星の大きさの問題がある（太陽よりも数百倍大きいと予測している）からである。彼らはさらに、次のように論じている。大多数の天文学者は、革命的なコペルニクス理論を、単なる宗教的偏見からではなく十分な科学的理由からして、否定しており、さらに、コペルニクス自身が、彼の理論の含意するところを回避するために「神なる知恵」を持ち出さなければならなかったのである。Kuhn (1957) も参照せよ。

[32] 第4章で、比較できる例を見る。
[33] 理論的構成物とそれらについての仮説の相違については、Chomsky (1980c: 56) を参照。
[34] 興味深いことに、論理学者のライヘンバッハ（Hans Reichenbach）は、アインシュタインをその批判者から擁護する中で類例を用いている。彼の議論の一部は、非ユークリッド幾何学は直観的に合わないという、「直観的証拠の問題」に向けられている。Gimbel & Walz (2006: 137) を参照。
[35] デヴィットの言語学についての主張は、Devitt (2006a), Devitt (2006b) に見られる。J. Collins (2007b) は洞察に富んだ書評である。さらなる反応として次のようなものがある。Cullbertson & Gross (2009), Textor (2009: 特に403ページ), Fitzgerald (2010), Gross & Cullbertson (2011), Devitt (2014), Rey (2014b)。
[36] 「容認可能性」およびそれに影響を与えるさまざまな要因については、Chomsky (1965: 10-11) を参照。「我々は、…」は、Chomsky (1986a: 270) から引用。ジェフリー・リツとアレクサンダー・ウィリアムズは、「生成主義のいかなる原則からしても、容認可能性の判断に統語的説明があることを求めているわけではない」(Lidz & Williams, 2009: 183)。
[37] 直観に関する引用は Jerry Fodor (1998: 86-87) から。
[38] たとえば、Chomsky (1995e) において。詳細な議論に関しては、Safir (2013)。
[39] 直観の変動に関する初期の議論については、Carden (1970) を参照。本の長さに及ぶ扱いが Schutze (1996), Cowart (1997) によって出されている。チョムスキーの客観性への関わり方は Chomsky (2000d: 20) であきらかにされている。
[40] 直観的判断の不一致については、N. Smith (2003b) を参照。
[41] Hintikka (1989: 48), Hintikka & Sandu (1991: 67) を参照。
[42] コサ語については、N. Smith (1989: 83) を参照。
[43] 意味と真理値については、第4章を参照。Chomsky (1975d [=1955c]: 509, 1957: 100-101), Katz & Postal (1964: 72) を参照せよ。
[44] 「標準理論」とは、Chomsky (1965) および Katz & Postal (1964) に取り入れられている理論。
[45] 理論が単にデータによっては反証されないことについては、Chomsky (1980d: 2) を参照。
[46] Many arrows の文については、Jackendoff (1972: 326) も参照。
[47] 表層構造における解釈については、Chomsky (1971c, 1972c) を参照。
[48] 否定の作用域に関する事実については、Carden (1970), Beghelli & Stowell (1997) を参照。より広く作用域全般については、Szabolcsi (2001), Dayal (2013) を参照。
[49] I言語に集中するとしても、関係するデータに厳密な統計的分析を用いる必要性から解放されるわけではない。この分野では、言語学者は心理学者から学ぶべきことがたくさんある。さらなる議論として、N. Smith (2003b) を参照。
[50] 分岐論は、動物は共通した祖先から系統を引いているという前提のもとで、観察可能な類似性を測定することにより、動物を分類する方法である。異なる種類の証拠の一般的な収束点については、アボガドロの数のさまざまな測定法に関する Salmon (1989: 122ff) の議論を参照せよ。彼が触れて

いるように、ジャン・ペラン（Jean Perrin, 1870-1942）は13の異なる方法を列挙している。それらは注目に値するほど一致するので、「分子の実在は、確実と言えるほどの確率が与えられる」（Perrin, 1923: 216）。

[51] 心理言語学的実験については、Tanenhaus（1988）を参照。
[52] クリック音実験についての議論は、たとえばFodor & Bever（1965）を参照。
[53] 使役動詞の実験については、Fodor, Garrett, *et al.*（1980）を参照。
[54] Running and buying の例文に関しては、Cormack & Smith（1994, 1996, 1997）を参照。
[55] この議論の論理については、Chomsky（1980c: 57, 1981b: 148）を参照。さらに第2章のケチュア語の議論を参照せよ。
[56] 引用は、Joos（1957: 96）より。彼は、言語学におけるアメリカ（とりわけボアス流）の伝統について評言しており、その伝統を、「すべての言語に等しく基本的に有効であると考えられる法則」で説明しようとするヨーロッパ構造主義（とりわけ、トルベツコイ式の音韻論）と対比させて、前者を好意的に評価している。
[57] 「普遍文法神話」は、Evans & Levinson（2009）による。
[58] ことばが「心理学の一部」であることについては、たとえば、Chomsky（1987a: 27）を参照。
[59] 新しい統語論の枠組みは初めて Chomsky（1957）に見られるが、より重要なのは Chomsky（1962b）、そして Chomsky（1965）に見られる。
[60] Chomsky & Miller（1963）, Miller & Chomsky（1963）を参照。
[61] 引用は、Darwin（[1859] 1968: 125）より。
[62] 歴史言語学についての関係ある議論は、たとえば、Lightfoot（1991）, Roberts & Roussou（2003）を参照。生成的枠組みの歴史言語学領域への興味ある応用は、トニー・クロッホ（Tony Kroch, 1946- ）と彼の同僚（たとえば、Kroch（1989, 2001, 2002）, Haeberli（2002）, Pintzuk（2002）その他を参照）によって行われており、歴史統語論に脚光を当てるために後退（regression）の分析を探究している。
[63] たとえば、Wallenberg（2013）, Heycock & Wallenberg（2013）を参照。
[64] 画像法の進歩には、機能的磁気共鳴画像法（fMRI）、陽電子放射断層撮影法（PET）、事象関連電位（ERP）、その他が含まれる。導入的な議論については、たとえば Fromkin（1997）、詳細な議論については Rugg（1999）、総括については Billingsley & Papanicolaou（2003）, Huettel（2006）、より最近のものについては Price（2012）をそれぞれ参照。言語産出についての重要な研究は Cutler（2005）で有効的に要約されている。Goldrick *et al.*（2004）は、たくさんの関連した資料を含んでいる。
[65] Cutler（2005）に収められたいくつかの論文を参照せよ。
[66] 産出および理解の神経心理学については、たとえば、Hagoort（2005: 158）を参照。
[67] 厳密に言うと、いずれの文も少なくとも1つの変形規則の適用を含んでいるが、技術的な詳細は50年前に比べて今日ではあまり重要ではない。(9a)のような文は、変形規則が何も適用しておらず（厳密に言えば、義務的な変形規則のみが適用している）、「核文」と呼ばれる種類の文を形成する。
[68] 引用は、Chomsky（1969b（1972）: 134）から。
[69] 代表的な実験については、Miller（1962）, Savin & Perchonock（1965）を、また初期の批判的な議論については Fodor & Garrett（1966）を、それぞれ参照。
[70] 理論変遷に対する心理学者の反応についての議論は、Bever（1988）を参照。
[71] 「最優先的な演算の最小化原理」は、Chomsky（2012b: 1）から。
[72] Moscati & Rizzi（2014）では、同理論への言及はない。

[73]「イタリア語におけるさまざまな一致の形態は、…」は、Moscati & Rizzi（2014: 67）から引用。
[74] 複雑性の派生理論への後になっての論及は、Chomsky（1987b）を参照。
[75] 心的実在性を主張しない統語解析システムの有益な概説については、Nederhof & Satta（2010），Clark et al.（2010）に収められたその他の論文を参照。
[76] チェスについては、Chomsky（1994d: 7）を参照せよ。
[77] 統語解析器が対象とするレベルについては、van de Koot（1991）を参照。規則基盤あるいは原理基盤の解析器については、たとえば、Chomsky（1986a: 151）を参照せよ。
[78]「すべて並行で行う」ということ。つまり、音韻論、形態論、統語論、意味論、文脈的情報を同時に処理する。
[79] 浅い処理については、たとえば、Sanford & Sturt（2002），Ferreira & Patson（2007）を参照。
[80] 例文（15a）は Wasow & Reich（1979）から、例文（15b）は Erickson & Mattson（1981）から、それぞれ引用。
[81] 統語解析器と文法は同一なはずであるという主張は、Phillips（1996, 2013a, 2013b, 2013c）で論じられている。彼には、関連する問題についての（著者の一人ニール・スミスとの）有益な交信に謝意を表する。
[82]「ことばには1つの認知システムがあるだけであり、…」は、Lewis & Phillips（2015: 7）から引用。
[83] 言語能力と言語運用の区別を否定することが支離滅裂であるという引用は、1998年4月のチョムスキーとの個人談話による。
[84] 動的統語論については、Cann et al.（2005）。
[85] Phillips（2013c）。
[86] 認知システムにとっての計算的複雑性については、Chomsky（2000b）を参照。「正しいかもしれない」の表明は Chomsky（2000b: 112）から。
[87] 記憶についての解析器の追跡可能性は、G. Marcus（2013）を参照。文法と統語解析器の統合のためのさらに考えられる基礎については、第2章で触れた位相の議論を参照。
[88] 局所性を統語解析器から導き出そうとする試みについては、Berwick & Weinberg（1984）を参照。
[89] 説明の方向性の議論については、N. Smith（1986）を参照。これはおそらく、外部システムの「設計仕様書」が言語機能の特性を決める際に、進化上で働いていた領域かもしれない。第2章のミニマリズムを参照せよ。
[90] 統語解析は「迅速で容易である」の否定については、Chomsky（1995a: 19）を参照。たとえば、Gazdar（1981: 276）と比較せよ。
[91] Steiner（1978: 147）。
[92] 例文（16）は Montalbetti（1984）からであり、Phillips（2004: 272）でも引用されている。「誘惑的に自然」の表現は Phillips の同書から。
[93] 例文（17）は Chomsky（1986a: 11）から、（18）は N. Smith（1989: 58）から、（19）は Pritchett（1988: 570）から、それぞれ引用。
[94] 中央システムへの接近可能性については、Chomsky（1986a: 262）を参照。
[95] 知覚の方策、および文法か統語解析器かの決定については、Smith & Wilson（1979: 42f）を参照。
[96] Pritchett（1988）。引用は、同書575ページから。この説明は大幅に単純化してあり、もちろん、議論の的になっている。さらなる議論は、Pritchett（1988）を見ること。
[97] 経済性については、Chomsky（1998b, 2000b）を参照。
[98]「最小関与」については、Marr（1982: 106）。
[99] やり直しについては、M. Marcus（1980: 34）。

[100]「もっともコストのかからない派生が用いられる」の引用は、Chomsky（1995b: 145）から（強調は著者たち）。

[101] この理論の初期版については、たとえば、Chomsky（1991a, 1995b: 139）を参照。

[102] 生成意味論については、たとえば、Huck & Goldsmith（1995）を参照。パラフレーズ関係の文が同じ表示を持っているという点は、意見が一致しているわけではない。それらは同じ命題的内容を持っているが、特定の語に関連した意味前提の点でおそらく相違している、とする方が問題が少なそうである。この問題は、意味関係がどこで述べられるか（深層構造か論理形式か）に関わる前提の相違によって、不明確になる。

[103] 技術的には、動詞が AGRS（主語の一致要素）の所へ移動する。(20) と (21) に例示したフランス語と英語の相違に関わる洞察は、Emonds（1978）にさかのぼる。

[104]「先延ばし」については、Chomsky（1991e, 1995b）を参照。類例についての関係した議論については、Roberts（1997: 100）を見ること。ミニマリズムでは「先延ばしの原理はもはや定式化できない」（Chomsky, 2000b: 132）し、素性の強さという概念も同様に理論から取り除かれる。

[105] John is likely ... は「非局所的繰り上げ（super‐raising）」の例、What do you persuade ... は「優位性効果（superiority effects）」を示している。たとえば Chomsky（1995b: 296f）を参照。[訳注：例文中の [ec] は、空範疇 (empty category) のこと。ここでは疑問詞 what が移動後に残した痕跡のこと。]

[106] この可読性は、Chomsky（1995b, 2001b, 2008）その他で論じられている。これにまつわる議論は、Brody（1997）, Pesetsky & Torrego（2007）, Svenonius & Adger（2010）を参照。

[107]「世界と接する時間 … 人間が …」は、Russell（1948）から引用。第1章も参照。

[108] Føllesdal（1990: 102）。フェレスダール は、クワイン哲学の指導的学者。

[109]『ピグマリオン』については、Chomsky（1977b: 89）を参照。規範主義者の文法「規則」については、Pinker（2014: 6章）も参照。

[110]「文法が心の中に成長する」は、Chomsky（1980a: 134）より。

[111]「撤退」の論文は、Ramscar, et al.（2013）。さらに第4章における撤退についての議論も参照せよ。

[112]「証拠」という語を用いると、獲得は引き金を引くことなのか、あるいは仮説の検証なのかについての問いに、前もって判断しているようにとられるかもしれない。括弧に入れてあるのは、その語が言語獲得の文献で用いられているのと同じように用いていることを示しており、どちらの立場にも与していないことを示唆している。この問題には第4章で立ち戻る。

[113] パラメタ設定については、Chomsky（1981e）を参照。古典的な例示および議論については、Hyams（1986）, Roeper & Williams（1987）を参照。有用な初期の概説については、たとえば、A. Smith（1988）を参照。より最近の議論に関しては、Chomsky（2002a）, Roberts（1997）, Uriagereka（1998）, Belletti & Rizzi（2002）, M. Baker（2003）, Biberauer et al.（2010）, Pearl & Lidz（2013）を参照。この概念の拒否については、たとえば Boeckx（2014）を参照。

[114] チョムスキーは (22) (23) を Chomsky（1986a: 78）で論じている。どちらの問いに対しても John thinks that he himself is intelligent（ジョンは自分自身が知的であると思っている）のような答えが確実に可能であることに留意せよ。Haegeman（1994: 414-415, 417）を参照せよ。

[115] 理論はデータによって論破されないという観察は、チョムスキーが初めて言ったのではない。たとえばガリレオについての Koyré（1968）を参照せよ。彼は、そのことの意味を認知科学者にはっきりと理解させるのに、誰よりも多くの貢献をした。

[116] Neelman & Weerman（1997）。例文 (24), (25) は同書145ページより。

[117] 動詞句内の移動と目的語‐動詞の語順の関係については、Haider & Rosengren（1998）を参照。

[118] 子どものデータ・コーパスについては、MacWhinney（1995）を参照。

[119] 免疫組織については、Chomsky（1980a: 136ff）, Piattelli-Palmarini（1989）を参照。

[120] 引用は、Piattelli-Palmarini（1989: 12）から。チョムスキーは、飛躍的な知的進歩に大いに貢献している Niels Kaj Jerne（1985）の研究を肯定的に引用している。Chomsky（1990a: 136, 1992c/2000a: 65）を参照。

[121] 複数の臨界期に関しては、Eubank & Gregg（1996）を参照。

[122] Lenneberg（1967）。議論については、Hurford（1991）を参照。臨界期についてのさらに別の種類の証拠に関しては N. Smith（1998）を参照。

[123] 第一言語と第二言語の獲得の比較に関しては、Strozer（1994）を参照。

[124] 一側化の主張は大幅に単純化してある。第1章、注［41］を参照せよ。

[125] 失語症からの証拠については、Bishop（1993）を参照。

[126] Vargha-Khadem et al.（1997）は、8歳半のときに大脳半球切除術を受け、そのすぐ後に話し始めた少年の、興味深いが未完結の事例について報告している。

[127] ダウン症候群については Rondal（1995）、とりわけ Rondal & Comblain（1996）を参照。新たな結果を加えた総括的な概説は、Perovic（2003）に見ることができる。

[128] 語の学習については、S. Carey（1978）を参照。Bloom & Markson（1998）は、語の学習速度が遅くなるのは、もっぱら、関連する語をすでに学習しているからである、と示唆している。

[129] Mayberry（1993: 1258）。

[130] ジーニーについては、Curtiss（1977, 2013）, Curtiss et al.（1974）, Rymer（1993）を参照。

[131] パラミタ的多様性の「非完璧」imperfection については、Chomsky（2001b: 2）を参照。

[132] 脳・心によって課せられる条件に関しては、Chomsky（1997c: 最終ページ）を参照。

[133] M. Baker（2003）は、次のような興味深い示唆をしている。即ち、言語間のパラミタの相違は、情報を隠すことを可能にするという利点を持っている。

[134] この観察は、C. Chomsky（1969）に見られる。最近の説明については、Belletti & Rizzi（2013）を参照。

[135] 最短距離の原理については、Rosenbaum（1967）を参照［訳注：不定詞の見えない主語（いわゆる意味上の主語）の先行詞は、それにとって最短の所にある名詞句である、という原則］。

[136] 相対化最小性については、Rizzi（2013）を参照［訳注：ある要素 a が依存関係を結ぶ候補として、同じ性質の要素が2つ（β_1 と β_2）がある場合、a にとって一番近い方の候補 β（β_1 または β_2）が依存関係を結ぶ対象になる、という原則］。

[137] 成熟については、Radford（1990）, Tsimpli（1996）を参照。

[138] 空主語言語はかつて、「pro 脱落」言語と呼ばれていた。Chomsky（1981b）を参照。「空主語」という用語は Rizzi（1982）による。一見空に見える主語位置は、実際には「小 pro」と呼ばれる空範疇によって占められている。小 pro は、第2章で見た「大 PRO」とは別物である。

[139] ギリシャ語の例は Tsimpli（1996）から、英語の例は Radford（1990）から、フランス語とイタリア語の例は Tsimpli（1991）から、それぞれ引用。

[140] VP（動詞句）の詳細な構造については、現理論におけるあらゆるものと同様に、論争が交わされている。たとえば、Kayne（1994）を参照。

[141] 引用は、Tsimpli（1996: 159）から。

[142] アイルランド語の代替語順の分析には、複雑なことがたくさんある。たとえば、Borsley & Roberts（1996: 19ff）を参照。ウルスター大学のアリソン・ヘンリー（Alison Henry）によって行われた最近の調査は、アイルランド語の語順獲得に関する議論の有効性に疑問を呈しているが、この問題は依然としてあきらかではない。彼女は2014年6月の個人談話で、「状況は複雑である —— 我々

のデータによれば、非定形動詞のみがSVO構造に生じる（つまり、助動詞削除があるかのように見える）のに対して、定形動詞と助動詞はVSOに生じる。だがデータは、SVOだけの段階を捉えるのに十分なほど、言語獲得期の初期のものではないという可能性もある」。

[143] 言語機能全般の解剖的、機能的組織を裏付ける証拠については、Saffran (2003) を参照。専門誌 *Journal of Neurolinguistics* は、証拠の優れた供給源である。

[144] 大脳半球切除術については、たとえば Gazzaniga (1994), Tovar-Moll et al. (2014) を参照［訳注：大脳半球切除術（hemispherectomy）では脳梁を切除するのに対して、交連部切開術（commissurotomy）では交連繊維である脳梁を切断する点に相違］。

[145] 脳梁発達不全については、Tappe (1999) を参照。「語による命名」には、たとえばブラシのような、刺激となる絵に適切な語で答える作業が含まれる。Tovar-Moll と協力者による最近の研究（Tovar-Moll et al., 2004）によれば、タッピが記述している事例は、脳梁を持たずして生まれた子どもが分離脳患者に特有な症候群を示さないという点で、非典型的である。そうした子どもは、むしろ、生まれる前に代替の（両脳を）接続する経路を発達させるようである。

[146] 「演算システム」は、Chomsky (1995b: 6) の「CS」に、あるいは Chomsky (1995b: 221) の「C_{HL}」に該当する。

[147] クリストファーについては、Smith & Tsimpli (1995), Morgan et al. (2002).

[148] 空主語を持つ可能性と主語後置の可能性の相関性は、絶対的なものではない。Smith & Tsimpli (1995: 92) を参照。

[149] 「彼は見事に英語では許されないようなさまざまな語順を作り出している」、「BSLを、… 自然言語として扱っている」は、ともに Smith et al. (2011: 96-97, 182) から引用。

[150] 語彙の獲得が臨界期を受けないことについては、Bloom & Markson (1998) を参照。

[151] K家族（KE家族としても知られている）については、M. Gopnik (1990, 1994), Gopnik & Crago (1991), Hurst et al. (1990)、とりわけ Paradis (1997) を参照。入手可能な概説が、Vargha-Khadem & Liegeois (2007) によって出されている。

[152] (33) のK家族の家系図は、M. Gopnik (1994: 112) から引用・修正されている。さらに Paradis (1997) も参照。疾患のある遺伝子が FOXP2 であることについては、Lai et al. (2001), Enard et al. (2002), Newbury & Monaco (2002), Marcus & Fisher (2003) を参照。

[153] K家族の抽象的素性における問題については、Gopnik & Crago (1991: 34) を参照。

[154] 引用は、M. Gopnik (1994: 127, 132) から。

[155] K家族のデータについての別な解釈は、Vargha-Khadem et al. (1995) を参照。「チョムスキー流」解釈については、Gopnik & Goad (1997) を参照。近年ではK家族についての膨大な数の研究がある。論争の両陣営に公平な、この事例についての均衡のとれた要約として、Marcus & Fisher (2003) がある。

[156] Van der Lely (2003)。

[157] コネクショニズムの有益な要約が、Bechtel (1994), Clark & Lappin (2011: 12-16) に出ている。より詳細な扱いが、Bechtel & Abrahamsen (1991) に見られる。批判的な分析が、Fodor & Pylyshyn (1988), Pinker & Prince (1988), Rey (1997) に出ている。

[158] Rey (1997: 224) は、2つの見解を「リベラル・コネクショニズム」「ラディカル・コネクショニズム」と呼んでいる。

[159] 構成素構造を心的表示なしで済ませようとしているコネクショニズム理論に対する批判については、Fodor & & Pylyshyn (1988), Rey (1997: 227) を参照。

[160] 「自動的である」ことについては、Elman et al. (1996: 386) を参照。

[161] 引用は、Elman *et al.*（1996: 36, 388）から。
[162] 言語能力と自転車乗りのような技能との比較については、Chomsky（1969a: 87, 1969c: 154-155）を参照。
[163] （34）の表は Elman（1993: 87）から。さらなる議論は、N. Smith（1997）、とりわけ G. Marcus（1998）を参照。正しい仮説が「合計が偶数」であれば、（35）は1となり、5番目の位置に「1」がくるのであれば、（35）は0となる、等々。
[164] Smith & Tsimpli（1995: 137ff）で、Smith *et al.*（1993）を要約している。
[165] コネクショニズム主義者の［領域固有性に対する］激しい嫌悪については、Elman *et al.*（1996）の随所に見られる。
[166] チョムスキーの言明は Chomsky（1993b: 86）から。
[167] 「一種の普遍的な学習システム」は、Cutler（2012: 9）から。
[168] 「構成主義」については、Ambridge & Lieven（2011: 2-3）およびそれ以外の随所を参照。
[169] 可塑性からの議論は、たとえば Elman *et al.*（1996）, Bates（1997）を参照。
[170] 大脳半球切除術については、本章の前の方［197ページ］およびそこで引用されている文献を参照。
[171] 創発としてのモジュール性については、Karmiloff-Smith（1992a）、それに関する議論については N. Smith（1994b）を、それぞれ参照。
[172] 脳の設計についての引用は、Dehaene（2003: 30）より。彼の論文では、「視覚的語形式の領域」が一貫して調査したすべての人の脳にあることが強調されている。
[173] 実験に関しては、Saffran *et al.*（1996）を参照。
[174] 引用されている結果についての解釈は、Bates & Elman（1996）による。
[175] 「子音は … 有利に働き」は、Hochmann & Mehler（2013: 111）から引用。Pons & Toro（2010）, Cutler（2012）も参照せよ。
[176] 「知られているいかなる「一般学習装置」も …」は、Hauser *et al.*（2002: 1577）から。
[177] 生得主義理論と現代経験主義理論の相違についての党派的ではあるが知的な経験主義からの議論に関しては、Scholz & Pullum（2006）を参照。この論争の経験主義側の重要な最近の貢献については、Reali & Christiansen（2005）, Clark & Eyraud（2007）, Christiansen *et al.*（2010）, Clark & Lappin（2011）を参照。この研究に対するチョムスキーの見解については、Berwick *et al.*（2011）, Berwick, Chomsky & Piattelli-Palmarini（2013）を参照。また Adger（2013: 473ff）では、言語固有部門なしに言語獲得をモデル化しようとする構文文法の枠組みでの試みについて、有用で、簡潔な —— 否定的な —— 概説が見られる。
[178] 概念が般化によって獲得されるという構成主義の仮定の引用は、Ambridge & Lieven（2011: 2）から。
[179] シュウと同僚の研究に関しては、Xu & Garcia（2008）, Xu & Garcia（2008）, Xu & Kushnir（2013）を参照。本文中の引用は、Xu & Kushnir（2013）から。「… と統合する」は同書28ページから、「… から出発して」は30ページから、「… 汎用のようだ」は、31ページから、それぞれ引用。
[180] パーフォーズとウォナコットの研究については、とりわけ、Perfors *et al.*（2010）, Perfors *et al.*（2011）, Wonnacott（2011）を参照。
[181] ここで提示しているパーフォーズらに対する反論については、Berwick *et al.*（2011）, Berwick, Chomsky & Piattelli-Palmarini（2013）を参照。それらの研究はまた、パーフォーズが用いているどちらのタイプの文法も、チョムスキーが数理言語学の初期の論文で示したように、自然言語を扱うには経験的に不適切であることを指摘している。
[182] チョムスキーは Chomsky（1968）, Chomsky（1972a）で、関係節を含む極性（Yes-No）疑問（専

門論文では「PIRC（Polar Interrogative with Relative Clauses）」として知られている）を用いている。
［183］レアリとクリスチャンセンの研究に対するカムの批評は、Kam *et al.*（2008）, Kam & Fodor（2013）を参照。Berwick, Chomsky & Piattelli-Palmarini（2013）が主張するところによれば、学習装置が成功しているのは、who が（疑問詞と関係詞の）同音異義語であるからだ。Berwick *et al.*（2011）は、ニューラル・ネットワークの実装もうまくいかないことを示している。
［184］統計的接近法もコネクショニズム的接近法も構造依存性について何もあきらかにしないという議論に関しては、Berwick *et al.*（2011）, Berwick, Chomsky & Piattelli-Palmarini（2013）を参照。
［185］Berwick, Chomsky & Piattelli-Palmarini（2013）によれば、Perfors *et al.*（2011）はさらに次のような理由からして、構造依存的な規則の獲得を説明することができていない。即ち、彼らは、この問題は学習者が階層構造を持つ文を生成する文法を獲得するかどうかという問題と同じであると考えている。しかしながら、これでは問題を解決しない。というのは、学習者は、依然として、線的配列のみに言及する規則を獲得しているのかもしれないからである。
［186］寄生空所の統計的獲得に関する論文として、Pearl & Spouse（2013: 53-55を参照）がある。ただし彼らは純粋な経験主義者でない点に注意せよ。彼らの統計的学習者は、何らかの先天的に埋め込まれた領域固有の偏向を持っている。
［187］さらなる議論として、Smith & Tsimpli（1997）およびその中の文献を参照。Christiansen & Charter（2001）および Plaut（2003）は、コネクショニスト的ネットワークを言語学の問題に適用した研究例の有益な要約を提供している。刺激の貧困問題全般については、Crain & Pietroski（2001, 2002）, Fodor & Crowther（2002）, Ritter（2002）, J. Collins（2008a: 101ff）を参照。Culicover（1999）は、寄生空所が帰納的に獲得できるという主張を擁護している。N. Smith（2003c, 2010）は、さらに音韻論の獲得にネットワークの使用を示唆している。Piattelli-Palmarini & Berwick（2013）は、刺激の貧困に関する優れた最近の論集である。
［188］確定的引き金に関するフォウダーと同僚たちの研究は、Janet Fodor（1998）, Sakas & Fodor（2012）を参照。
［189］ツェズ語の研究として Gagliardi & Lidz（2014）がある。UG と結合した統計的学習については、Lidz & Gleitman（2004）を参照。
［190］重要な創発主義者の研究には、Tomasello（2003）, Christiansen & Chater（2008）, Evans & Levinson（2009）, MacWhinney（2010）, Everett（2013）などがある。Scholz *et al.*（2014）も参照せよ。
［191］Christiansen & Chater（2008）は創発主義の経験主義的立場である。Tomasello（2003）は、心は社会的処理能力に割り当てられているが、それが言語機能を含むことについては否定している。
［192］「… 安定した工学的な解」は、Evans & Levinson（2009: 429）から。
［193］「消え失せるように言語の普遍性は …」「言語は互いに … 著しく相違している」「普遍文法の主張は …」は、Evans & Levinson（2009: 429）から引用。
［194］顕在的、非顕在的 wh 移動の例は、Rizzi（2009）から採用している。
［195］wh 句間の関係についての引用は、Smolensky & Dupoux（2009）から。
［196］ジェメス語のデータについては、Harbour（2009）, Harbour（2011）を参照。引用は Harbour（2011: 1822）から。
［197］「… 表現できる最大の数」は Harbour（2009: 457）から引用。
［198］「幻怪部屋」は Pesetsky（2009: 465）から、「珍品蒐集」は Tallerman（2009: 469）から。
［199］「言語は … はるかに多様な現象を示す」は、Tallerman（2009: 469）から。
［200］「データだけでは … 支持を与えることはできない」は、Freiden（2009: 455）から。
［201］ピダハン語については、Everett（2005, 2009）を参照。大衆向けの報道として、『エコノミスト』、

『ニューヨークタイムズ』、『ニューヨーカー』、『高等教育新聞』などに掲載された記事がある。批評としては、Nevins *et al.*（2009）, Harbour（2012）がある。

[202]「コミュニケーションは … に限定されており」は、Everett（2005: 322-323）における主張をNevins *et al.*（2009: 357）が特徴づけたもの。

[203] 記述的と認知的普遍性の区別については、Smolensky & Dupoux（2009）を参照。

[204]「… いかなる証拠も見出せない」は、Nevins *et al.*（2009: 355）から。

[205]「再帰性が言語機能として具現化すれば …」は、Hauser *et al.*（2014: 5）から。

[206] 再帰性と埋め込みについては、Nevins *et al.*（2009: 366 n.11）から。

[207] Nevins *et al.*（2009: 366 n.11）は、再帰性のない言語には1語か2語の文しかないかもしれないが、これは、その言語では1回につき2語しか併合しないと仮定したときにのみ正しい、と述べている。

[208]「現代言語学者は … についての問いを問いかけている」は、Fitch *et al.*（2005: 203）から。（カナダ極北の）イヌクティトット語［イヌイット語の一方言］は3つの母音音質しか持っていない言語である。スペイン語や日本語を含め多くの言語は5母音を持っている。

[209] アイフォンの類推は、Harbour（2012）から。

[210]「我々の言語機能は … 工具一式を提供する」は、Jackendoff（2002）の表現を言い換えたFitch *et al.*（2005: 204）から引用したもの。

[211] 当該論文は、Chomsky（2012a）についての（敵対的な）書評であるBehme（2014）。たとえば、同論文の676ページを参照。Behme（2013）も参照。

[212] 獲得についての予測は、Fitch *et al.*（2005: 203）から。

[213] 問い、提案、「汎用的学習や処理偏向の効果」はいずれも、Christiansen & Chater（2008: 490）から。

[214] ノルウェー語に進行相がないこと、ここで用いられている最初の例については、Strandskogen & Strandskogen（1995: 27-28）を参照。

[215] チョムスキーおよび他の数名の著者による論文は、Hauser *et al.*（2014）のこと。ここで論じられている問題については、同論文の8ページを参照。

[216] 遠回しの言い方の必要性についてはChomsky（2013a: 39）から。

[217] これに関連してレネバーグの基準が重要であることについては、Smolensky & Dipoux（2009: 469）を参照。

[218]「ダーウィンの問題」という用語は、たとえばBoeckx（2011b）の題名に見られるように、セドリック・ブックスによるもの。

第4章 哲学的実在論 ── チョムスキーが与（くみ）する立場とそれをめぐる論争

[1] 心の哲学に関するレイの本は、演算主義的表示理論および心についての自然主義を肯定的に論じており、言語学者や他の認知科学者にとって有益である。

[2] 経験主義のモットーは、古典的な言い方では nihil in intellectu nisi prius in sensu（感覚に初めにないものは、知ることができない）であり、ヒューム（David Hume, 1711-1776）の言い方では「それに対応する印象なくしては単純観念は存在しない」である。

[3] 合理主義は、「我々の概念や知識は、重要な意味において、感覚経験とは独立に獲得される」（Markie, 2013）を、その中心的主張とする広義の知的傾向を言う。

[4] 術語の問題に関して、哲学者ポール・ホーウィッチ（Paul Horwich, 1947- ）は、Horwich（2003: 175）において、「30年以上にわたって、チョムスキーの枠組みは、あとからあとから見せかけの哲学的批判にさらされてきた。その批判は大部分、馴染み深い語が科学理論の中に配置されたとき、それらの語は新しい、専門的な意味を取得する可能性があるということを認識し損ねたところから

生じたものである」と書いている。

　チョムスキーは、「いくつかの術語上の決定には疑問の余地があり、［…］そのことが誤解を生んだ原因だった」(Chomsky, 1986a: 28-29) と述べている。

[5] チョムスキーの議論のスタイルにたいする批判については、哲学者マイケル・ダメットによるチョムスキーの『ことばと認識 (Rules and Representations)』(Chomsky, 1980a) への書評、Dummett (1981) を参照。ダメットの批判の要点は、「チョムスキーは彼が批判している相手の抱いている思想との共感をほとんど示さない。彼の応答は、彼らは論点先取を犯しているとか、合理的な根拠ではなくて偏見に訴えている、ということにしばしば行き着くが、チョムスキーは、彼らの主張には真の力があるということ、あるいは解決されるべき真の問題があるということを何ら認識していないのである」というものである (p.5)。

[6] チョムスキーは、(1951年に) 主としてクワインのもとで研究するためにハーヴァードに移った。グッドマンはチョムスキーの2人の学問上の助言者の一人であった。(もう一人は、ゼリッグ・ハリス (Zellig Sabbettai Harris) である。) そしてしばらくのあいだ、ノウム・チョムスキーとキャロル・チョムスキーはグッドマン夫妻と親密な友人関係にあった。

　グッドマンのもっとも有名な見解である「帰納の新しい謎 (new riddle of induction)」は、有限の証拠からの帰納は常に不確実であることを示す新しい例のつもりであった。これは、チョムスキーの刺激の貧困による議論と間接的に関係している。この点については、Piattelli-Palmarini (1980: 260-261) で引用されたチョムスキーの評言、および、Rey (2014a: 118-121) を参照。

[7] 現代の言語哲学が根本的に間違っているということについては Chomsky (2000a: 76 および随所) を参照。また、現代の心の哲学については Chomsky (2009b) を参照。

[8] 「心・脳」は、「心の中に、究極的には、脳の中に」(Chomsky, 1980a: 5) 存在するものを指すために、チョムスキーが (たとえば Chomsky (1995b: 2) におけるように) 用いる通常の簡略表記である。

[9] N. Smith (2005: 95) を参照。

[10] アースシーは、Le Guin (1968) から始まる、アーシュラ・ル・グウィン (Ursula Le Guin, 1929-2018) による数冊の小説の舞台である。

[11] 生成文法における「表示」の意味は連続代数学に由来するものであり、哲学に由来するものではない。J. Collins (2004a: 513) を参照。この専門的な概念については本章の後の部分、Chomsky (1975d [=1955c]: 105)、および J. Collins (2014) をも参照。コリンズは、チョムスキーの哲学的な側面の解説者としてもっとも優れた人の一人である。

[12] 言語学は、志向性なしでうまく進みうるかに関する疑念については Rey (2003b) を参照。

[13] 言語学は実際は志向的内容についての学問である、という主張については Rey (2003b) を参照。

[14] 「哲学的問題は、…解決されうる問題である」は Rorty (1967: 3) から引用。哲学におけるこのような潮流を述べるのに、「言語的転回 (linguistic turn)」という表現を考案したのは同書におけるローティー (Richard Rorty, 1931-2007) であった。

[15] 「言語はともかくも哲学の中心テーマであった」は、Williamson (2004: 106) からの引用。

[16] 哲学者が言語学にさほど関心を示さなかったことについては、哲学者ギルバート・ハーマン (Gilbert Harman, 1938-) が次のように言っている。「言語学を知らなくても言語哲学をすることができると考えるのはよくありがちである」(Harman, 2001: 265)。そして「現代言語学は全体として、途方もなく成功を収めた事例であり、認知科学の中でもっともうまくいったケースであった。…したがって、心の哲学者や言語の哲学者は誰でも、この学問の基本的な方法論やいくらかの成果を進んで理解しようと努めているだろうと思われるかもしれない。ところが、心の哲学者や言語の哲

学者の多くはこの学問のことを全く知らないままで、仕事を続けているのである」(Harman, 2001: 266)。

[17] 「後期ウィトゲンシュタイン」について一言。ウィトゲンシュタインの生涯および思索は、一時、哲学から離れた1920 年から1929年までの期間を境に2つの部分に区分される。1929年に哲学に復帰した以降の「後期」は、日常言語および言語ゲームに関心を示したとして特徴づけられ、それは、論理分析に集中していた（1920 年以前の）初期の仕事とかなり対照的である。

[18] チョムスキーの「謎（mystery)」という語の使用は、ニュートンについてコメントしたヒュームによって触発されたものである。「ヒュームの判断では、ニュートンの最大の功績は、彼は「いくつかの自然の謎をあからさまな形で提示してくれたように思われたが、同時に、彼は機械論哲学の不完全さも示した」ということにある。「そして、そうすることによって、［自然の］究極の秘密を不明瞭なものへと戻してしまったのである。それらの秘密は、過去にもずっと不明瞭であったし、またこれからもずっと不明瞭なままあり続けるであろう」(Chomsky (2009b: 167)。引用はヒュームの *History of England* VI: 542 より）。Chomsky（1991b）をも参照。

[19] 自由意志については Chomsky（1980c: 53）を参照。その箇所で、チョムスキーは、「自由な行為が不確定であるということに「疑いを挟むことは不合理」であるとはいえ、いかにして自由な行為が不確定でありうるかを我々が理解するのに「十分な知解を得る」に至っていないかもしれない、というデカルトのテーゼ」を肯定的に述べている。なお、Chomsky（1983）をも参照。そこで、チョムスキーは次のように述べる。「私はデカルトに賛成したいと思う。自由意志は実際、人間経験の明白な側面の1つである。私は、あなたがたった今、私の目の前にいることを知っているのと同じ程度に、もしその気になれば私の腕時計をとって窓の外に放り投げることができるということを知っている」と。さらにチョムスキーは、自由意志を理解することが一見困難だからといって、「そのことが絶望する理由になる」とは考えていないとも述べ、「実際、私は、どちらかといえば、その結論を好む。私は、自由意志が理解されるようになってほしいと思っているかどうか確かでない」と述べている。

[20] ここで、「表示」という術語は、上で見たように、表示対象（representata）を欠く表示というチョムスキー／コリンズの意味で用いられている。

[21] 「I 言語」と「E 言語」という術語は第1章で導入された。本章で、これらの概念の詳細を論じる。

[22] 「実在論」は哲学でもっとも議論の多い術語である。大多数の現代哲学者は自らを実在論者と称するであろうが、これは重要な相違を覆い隠す可能性がある。哲学者の中には、本節の題辞を、ときには「構成主義」として知られることもある反–実在論の一形態、つまり、「我々自身の世界は外の実在によって決定されるのではなくて、我々がそれを構築するのである、とする考え」(Riegler, 2001: 1) にチョムスキーが与していると理解する向きもある。チョムスキーが、主として内在的な資源を用いてモデルを構築することによって世界を知覚していると考えていること、(この考えは、チョムスキーが、デカルトやラルフ・カドワース（Ralph Cudworth, 1617-1688) のような17-18世紀の思想家たちに帰している見解である。) そして、科学はこの点で知覚と異なっているわけではないと考えていることは正しい。しかし、だからといって、世界についての科学像は、世界が実在としてどういうものであるかから根本的に切り離されているという見解にチョムスキーが与するわけでもなければ、我々が形而上学的な意味で世界を構築するという見解にチョムスキーが与するわけでもない。実際、彼の見解は、成功した科学は前理論的な常識ではあきらかでない実在の諸側面を露わにするということである。

[23] 心的なものに関する実在性や科学理論で措定されたものに関する実在性を擁護する立場として、チョムスキーと同様、1960年代の初期には、ヒラリー・パトナム (Hilary Putnam, 1926-2016)（言

語学におけるチョムスキーの仕事に言及している Putnam（1962）を参照。）および、J. J. C. スマート（John C. Smart, 1920-2012）（たとえば、Smart, 1963）といった有力な人が他にもいた。

[24] ライルのフレーズは、「機械の中の幽霊というドグマ」（Ryle, 1949: 15-16）である。
[25] 「説明上のギャップ」という表現は Levine（1983）による。
[26] 心的なものと物理的なものとのあいだに一見したところ見られる相違を「二元論への誘惑」として議論することについては Rey（1997: ch. 2）を参照。レイは、20世紀半ばの心の哲学の多くはこれらの誘惑になんとか抵抗しようとする試みによって駆動されたと主張する。
[27] コギト（cogito: cogito ergo sum）は、通常、「われ思う、ゆえにわれあり（I think therefore I am）」と訳されるが、コギトにたいする「私は今、考えている、ゆえに私は存在する（I am thinking, therefore I exist）」という読みについては、Lyons（1995: 338）を参照。
[28] チョムスキーは、Chomsky（2012a: 73）において、化学における道具主義を論じている。たとえば、「1920年代まで、化学は中核科学の一部として考えられておらず、演算の手段として考えられていた」。言語学における道具主義的見解については、Jerry Fodor（1980）を参照。
[29] 道具主義の立場は Dennett（1978, 1987）によって採用されている。チョムスキーによる歴史的議論についてはたとえば、Chomsky（1995a: 5ff）を参照。
[30] 異なった表記システムを持つ複数の理論は、そこで表現されうる内容という点では等価であるにもかかわらず、経験的に互いに異なる可能性がある。Chomsky（1980c: 56）を参照。
[31] 痕跡についての引用は Chomsky（1988a: 81）による。第2章も参照されたい。
[32] スキナーは、心的状態については（おおむね）消去主義者であった。彼は、心的状態は存在しないと主張した。それに対して、他の何人かの行動主義心理学者（たとえば、Hull, 1943）は、心的状態は、あるいは存在する可能性もあるが、それらは常に刺激と反応の関係によって定義されうるものである以上、基本的なものではない、と主張した。この見解は、「分析的行動主義」もしくは「論理的行動主義」と呼ばれている。Rey（1997: 107）および、J. Collins（2007c: 638-639）を参照。
[33] 「中間段階」は Skinner（1963）から。
[34] クワイン流の行動主義については Quine（1969）を参照。
[35] クワインは、生得的なバイアスを、「質−空間」という概念を用いて述べている。Quine（1969）において、この概念は、行動主義が放棄されているように思われる点まで拡張されている。Chomsky（1975a: 198, 202, 250 n. 33.）を参照。もし生得的な質−空間が存在し、それらがかなり複雑でありうるならば、普遍文法は排除されないはずである。
[36] 文の刺激意味についてのクワインの定義は、Quine（1970: 394）による。
[37] チョムスキーは、スキナーへの書評の中で、クワインのような性向説をすでに予期していた。「人は、木星には4個の衛星があるとか、ソポクレースの戯曲の多くは取り返しのつかないまでに失われてしまったかとか、地球は1千万年後、焼けて干からびてしまうなどといった主張を強く信じるかもしれないが、これらの言葉刺激にたいして行動する傾向性を全く経験しないのである。もちろん、真であると信じている内容を言いたいとする動機に駆られて、ある仕方で問いに答える傾向性をも含むように、"行動する傾向性"を定義することによって、スキナーの主張を、真ではあるが解明につながらない主張に変えることも可能であろう。」Chomsky（1959: 35, n. 31）より。
[38] 言語の創造性は、学習した語を、学習した文タイプにはめこんでいくことだけからなるという仮定については Zimmerman（1969: 201-202）を参照。
[39] 再帰的規則の必要性については Lashley（1951）を参照。これは、Chomsky（1959）の11節で論じられている。有限状態文法では入れ子になった依存関係を扱うことができないという点について、段階を踏んだ証明は Pinker（1994: 90-97）を参照。

[40]「経験主義者の思想に・・・」は、Chomsky & Katz（1975: 70）から引用。
[41] 言語獲得が生得的構造の制約を受けているという合意点について、ヤン（Charles Yang）は次のように述べている。「言語獲得について、ときおり生じる白熱した論争は、普遍文法（UG）の生得性についてではなく、普遍文法の特定の概念内容についてである。たとえば、学習器（learner）は、抽象的なパラミタの集合として特徴づけられるべきか、それとも文脈自由な文法規則として特徴づけられるべきかどうかである」(Yang, 2012: 209)。
[42] 我々はこの点で J. Collins（2007c: 639-640）に同意する。コリンズは、能力と運用の区別は、チョムスキーがスキナーの書評の中で展開した議論において明示的でないものの決定的であると論じている。
[43] 言い誤りについては Fromkin（1988）を参照。聞き手の要求と能力に合わせて発話を適応させるという側面は語用論の一部として研究されている（たとえば、Wilson & Sperber, 2004 を参照）。もっとも、大部分の語用論の仕事は、解釈に関するものであって産出に関するものではないが。
[44] 科学にたいする恣意的な限定についてのレイのコメントは、ダニエル・デネット（Daniel Dennett, 1942- ）の見解（Dennett, 1987）に向けたものであった。デネットの見解は、心理学を、行動で観察できるものと、我々が内省できるものを合わせたものに限定しようとする立場である。それはまた、行動主義、すなわち、レイが「表面主義」と呼ぶもののさらに限定的な種類にも当てはまるのである。
[45]「機械は、言葉を発するように、そして・・・」については、Descartes（1988: 44）を参照。この一節は Chomsky（2009c [=1966a, 3rd ed.]: 59）で引用されている。第1章で見たように、Jerry Fodor（2000）は、中央システム認知の研究については同様に懐疑的である。デカルトは、チューリングの有名なテストを数百年前に先取りしており、チューリングよりもはるかにうまく要点をついていたということに注意しよう。チューリングのテストは、事実上、行動主義的である。
[46] Siri やグーグル自動翻訳サービスは知的でなく、理解の上でも何ら進歩していないという点については、Hofstadter & Herkewitz（2014）を参照。
[47] デカルトの「人間は、純粋に機械的な基礎では説明できない、独特の能力を持つ」は、Chomsky（2009c [=1966a, 3rd ed.]: 59）から引用。
[48] デカルトの問題は2つに分かれるという点については Chomsky（1966a: 60 and 120 n. 8. ページ数は 3rd ed. による）を参照。チョムスキーが注意しているように、状況に対する適切性と刺激の統制からの自由は互いに独立に身につけることが可能であるので、問題はさらに区別されうる。
[49] チョムスキーが述べているように、「普遍文法は、・・・言語がいかなるものかに関する、現時点でどんなひとでも考える最良の理論である」Chomsky（2012a: 41）。
[50] スティーヴン・ホーキングが自分が間違っていたことを認めたことについては、ガーディアン誌（2013年11月12日付）を参照。
[51]「「ハード」サイエンスでは馴染みのない、新しい原理上のいかなる問題も言語研究において生じることはない」という点については Chomsky（1980a: 45）を参照。さらに、Chomsky（1980b: 11）および、Harman（1980: 21）をも参照。
[52] 方法論的自然主義および方法論的二元論については、Chomsky（2000a: 76ff, 2010b: 20）, K. Johnson（2007b）を参照。また、「二分化のテーゼ」［訳注：自然科学において理論が証拠によって十分決定し尽くされないが、言語理論など人間の心についての理論においては、それとは質的に異なった不確定性の問題に直面しているというテーゼ］に関するチョムスキーの見解については Chomsky（1980a: 18ff）を参照。
[53]「・・・内在化している」の引用は Chomsky（1965: 8）から。

[54] 哲学では（s付きの intensional ではなく、t付きの）"intentional" には2つの意味がある。1つは、行為について言われる「意図的な」「故意の」という日常語の意味である。もう1つは、本章の最初の部分で論じた専門的な意味であり、「…について性」という性質［志向性］を指示するものである。思考は典型的には何かについてのものである。つまり、思考は主題を有するが、陽子や岩はその意味で主題を有さない。

　言語哲学では（sつきの）"intensional"（内包的）は、特定の表現の意義（sense）を指す。意義は指示対象（reference）の対概念である。したがって「明けの明星」と「宵の明星」は両者とも金星を指示するが、異なった intension（内包）を持つとされる。この語は、"extensional"（外延的）と対の形式を有するため、s で書き表される。

[55] 文の断片的発話の解釈に関して。ある種の断片は実際、適格である、つまり I 言語によって生成される可能性がある。チョムスキーが示唆したところによれば、（たとえば Hello!（やあ！）のような）間投詞は、併合（Merge）にとって必要とされる「周縁素性（edge feature）」を欠いている言語項目である可能性がある。そのような個々の語彙項目（LI）は、「それ自体で完全な表現となる」であろう（Chomsky, 2005a: 6）。孤立した語だけでなく、（たとえば On the top shelf（棚の上に）のような）文断片の句も生成されると主張する人もいる。（Barton, 1990; Barton & Progovac, 2005; Shaer, 2009; Allott & Shaer, 2013）。

[56] 心についての演算的モデルをめぐる議論については、Smolensky（1994）および Rey（1997: 208ff）を参照。

[57] この数年における神経言語学研究の増大は爆発的であり、それは、この状況が変わる可能性があることを示唆している。（2014年12月に）アムステルダムで開催された言語の生物学に関するコロキアムにおけるドゥアーヌ＝ラムベルツ（Dehaene-Lambertz）、フリードリッチ（Angela D. Friederici）、ハゴート（Peter Hagoort）、モロー（Andrea Moro, 1962- ）、ヤンによる論文を参照。チョムスキーもこのコンテクストで、モローの初期の仕事を好意的に引用している。

[58] 「個人の心の中に何が実際に表示されているか」は Chomsky（1981b: 8）からの引用。また、「脳は…のような表記を用いる」は Chomsky（1981b: 35）からの引用。

[59] チョムスキーがしばしば指摘することであるが、脳がコンピュータと似ていないというのは、人間の心・脳を、固定されたハードウェア上で異なったプログラムが働くものとして正確に記述できると考える理由がないという点にある。Chomsky（1996a: 12ff, 2000a: 105）を参照。この点は議論の余地がない。ジェリー・フォウダーをはじめ、思考の演算−表示理論の主張者は、おそらく同意するであろう。

[60] 何がコンピュータの状態を有意味とさせるかという問題については、Gates（1996: 326 および随所）を参照。

[61] 生物学的対象は、進化上の役割によって決定された、自然的な機能を有しているという見解については Millikan（1984, 2005）を参照。

[62] 意味をめぐるグライスの最初の議論は Grice（1957）である。彼の統一化の試みについては Grice（1982）を参照。因果・情報理論については Dretske（1981）, Jerry Fodor（1987, 1998）, Gates（1996）, Rey（1997: 243ff）を参照。

[63] 非−表示理論の弱点については Chomsky（1986a: 245）を参照。

[64] この信念の表明については Chomsky（1994c: 206）を参照。

[65] チョムスキーの心理主義については Chomsky（1995a: 1）を参照。引用は Chomsky（1988a: 8）から。

[66] 機械的などの現象の基準についての引用は Jacob（2010: 219）を参照。

[67] 経験主義の2つの形の主張については、Rey（1997:122-123）を参照。Markie（2013）は、合理主義と経験主義に、(i) 概念、(ii) 知識、(iii) 正当化のそれぞれに関する生得性の議論をめぐって、3つの形を区別している。

[68] もし道徳において標準とされるものが、文法におけるそれと同様、（おそらく理想化された）内的な能力 ── 人の直観や実際の運用は必ずしも常にその能力に対応するわけではない ── によって設定されているならば、道徳的知識と文法的知識のケースは、本文で示唆されている以上に似ているかもしれない。カントは次のように述べたとき、道徳律について上の見解に似たものを考えていた。「自らの存在が、これまた彼が作る法則によって支配されるという条件下においてのみであるとはいえ、人間の尊厳はまさに普遍的な道徳法則を自らに与えることができる点にある」（Kant, [1785] 1948: 101）と。カントからの引用、および文法との比較について我々の注意を喚起してくれたジョージズ・レイ（との個人談話）に感謝する。R. Johnson（2014: §7）をも参照。

[69]「外在的な基準は存在しない…」は Chomsky（1981f: 6）から引用。Chomsky（1980a: 27）をも参照。バリー・スミス（Barry Smith, 1952-）は、この点に同意して、「言語機能は正しく行うとか間違って行うというものではない。つまり、言語機能の状態が満たすべき正しさの条件などは存在しない… 我々はまさにこのようなものなのだ」と述べる。Barry Smith（2008: 68-69）。Nagel（1969: 179）は、この点を把握し損なっている多くの人の一人であり、個人が持つ（規則などに対する）言語的信念が正当化されるのは、それらの信念が言語共同体の判断と合致するような判断を産み出すときに限る、と考えていた。

[70] 文法的知識にたいする外的な標準は定義上、存在しないという点と、文法的知識は「正当化」されたり、「保証」されたりするものではないという点とのあいだの関係については Chomsky（1980c: 50f）を参照。そこでチョムスキーは、普遍文法を持たない動物の共同体の中に置かれた、普遍文法を備えた子どものことを想像している。

[71] Gettier（1963）は、知識にたいする基準が、正当化と真なる信念以上のものであることを論証したとして通常、考えられている。

[72] 我々の言語知識において、何が意識的であり、何が暗黙のものであるかをめぐる最近の議論については、K. Johnson（2007a）を参照。

[73] 暗黙の知識については、Polanyi（1967）, Davies（2015）を参照。言語学における暗黙の知識については、たとえば、Chomsky（1975a: 24, 1977b: 97）および Davies（1986, 1989）を参照。

[74]「先延ばし」については、第3章および Chomsky（1995b: 198）を参照。

[75] クワインの引用は Quine（1970: 386）から。

[76] サールは、Searle（1980a: 129）から引用。

[77] ネーゲルの基準は、個人は、規則が提示されたとき、その規則を認識することができなければならない、というものである（Nagel, 1969: 76）。ダメットほかについては Chomsky（1994c, section 5）において論じられている。

[78]「識る（cognize）」は Chomsky（1975a: 164, 1980a: 69）において登場する。チョムスキーは「私は「識る（cognize）」という語を用いたが、それは、理性を欠いた抽象的思弁によって引き起こされた的外れの議論を避けるためだけであった」（1998年4月個人談話）と辛辣に述べている。

[79] 合理主義に関する引用は、Cottingham（1984: 125）と Cooper（1972: 466）からのものである。この点についての議論は、Cooper（1972）, Chomsky & Katz（1975）, Cottingham（1984: 120-128）, Markie（2013: §3）を参照。

[80]（ライル（Ryle, 1949: 25ff）以来）多くの哲学者は事実的知識と遂行的知識の区別をしている。Harman（1969）は、言語の知識は事実的か遂行的かのいずれかでなければならないと考えている。

Chomsky（2006 [=1968, 3rd ed.]: 168ff）を参照。

[81] 事実的知識と遂行的知識にかんしてチョムスキーは次のように述べる。「言語の知識はあきらかに、"…だと知っていること"（事実的知識）の問題ではない。…［さらにまた］言語の知識が"…する仕方を知っていること"（遂行的知識）によって特徴づけられうると考える理由はない。…言語の知識は技能ではないし、習慣の集合でも、その種のいかなるものの集合でもない。…一般的にいえば、"…だと知っていること" と "…する仕方を知っていること" という概念が知識の分析にとって余すところのない範疇を成しているということは、私には正しいとは思えないのである。」Chomsky（2006 [=1968, 3rd ed.]: 169）より引用。また J. Collins（2004a: 513-514）をも参照。
[82] 「物体の振る舞いについての知識」は Chomsky（1980c: 51）より引用。
[83] 「［そのようなシステムによって生成された諸々の信念は］…まさに知識を構成しており」は Chomsky（1980c: 51）より引用。
[84] 「新器官学」は Chomsky（1980c）のタイトルであり、J. Marshall（1980）より借用したものである。
[85] インフォーマルな言い方を意識的に採用したものとしての「言語の知識」については J. Collins（2007a）を参照。
[86] 視覚の科学については Marr（1982）を参照。心の理論については Baron-Cohen（1995）を参照。数感覚については Dehaene（1997）を参照。素朴物理学については Baillargeon（2004）を参照。道徳感覚については Hauser（2006）および Mikhail（2011）を参照。
[87] チョムスキーの異議は、1998年4月の個人談話による。
[88] 避けがたい限界については、Chomsky（1994a: 156, 1986a: 237）を参照。彼があざやかな言葉で述べているように、「もしあなたが偉大な重量挙げ選手であるならば、蝶のように美しく舞うことはできないだろう」（Chomsky, 2002c: 220）。
[89] 反響定位機能についてはたとえば、*Encyclopaedia Britannica* を参照。
[90] 「問題と謎」については Chomsky（1975a, esp. ch. 4, 1980a: 6-7）を参照。また、Winston（2002: 38）をも参照されたい。
[91] 人間の科学形成能力についての引用は Chomsky（1975a: 25）から。
[92] likely と probable については N. Smith（1989: 194）を参照。
[93] 「言語なるものは適格に定義されないのだ」という見解については Hockett（1968）を参照。
[94] 「クワインの異議申し立て」という標語は Davies（1989: 31）による。Quine（1970）を参照。
[95] 「事実なるもの」については Chomsky（1980a: 15）を参照。
[96] 「普通の人が … と考えることは経験的に意味がない」は、クワインの見解を要約した Davies（1989: 131）からの引用。
[97] カミンズとハーニッシュの引用は、Cummins & Harnish（1980: 18）から。
[98] ABC の例は、Quine（1970: 392）から。
[99] 経験的に言って間違いであるという主張は Chomsky（1975a: 181）でなされている。
[100] 「弱い意味で等価」については Chomsky（1975d [=1955c]: 5, 1995b: 16）を参照。
[101] 「構成素」という概念については第2章を参照。
[102] Hockney（1975）に従って、クワインの立場は「二分化」のテーゼとして知られるようになった。
[103] クリプキによるウィトゲンシュタインの解釈（これは、今日では通常、「クリプケンシュタイン」と称されている）については Kripke（1982）を参照。
[104] I言語は形式言語との類似性が欠如していることについては Chomsky（1991a.: 10）を参照。
[105] 「私は … という主張を否定する」は、Montague（1974: 188）より引用。
[106] 言語に関するプラトン主義については Katz（1981, 1996）, Soames（1984）を参照。この問題をめ

ぐる議論は George（1996）を参照。

[107]「チョムスキー階層」については Levelt（1974）を参照。

[108] 唯一の、経験的にきわめて興味深い結果は、文脈自由文法と非決定的なプッシュダウン・オートマトンとの強い等価性である。この等価性が基本的に、多くの統語解析器の根底にある（1989年4月、チョムスキーとの個人談話による）。

[109] 生成理論は不鮮明であるとしてチョムスキーを攻撃している一例は Pullum（1989）である。

[110]「形式化しようと思えばいつでも可能である」は、Chomsky（1982b: 101）からの引用。Chomsky（1990a）をも参照。

[111]「自然言語の文はあまりに多く存在する・・・」は、Katz（1996: 270）からの引用。

[112] 本書の以前の版で同じ点を指摘したが、そのこととは独立に、McDonald（2009）もまた、我々は無限個の思考を抱くことができるということを考慮すると、もしカッツの議論が妥当であるならば、言語学だけでなく、心理学一般もプラトン主義でなければならなくなる、ということを指摘した。我々は、カッツがこの結論を受け入れるのではないかと思う。

[113]「言語の獲得や熟達化を因果的に・・・」は、Soames（1984: 157）からの引用。

[114] 言語学的直観は心理学的証拠であるという点については、第3章、および、J. Collins（2008b: 37）を参照。McDonald（2009: 299）は、ソウムズの主張に関して、この点の重要性を論じている。

[115] McDonald（2009）は、方法論的な問題を存在論的な問題から区別することが重要であり、存在論的なプラトン主義は、言語学者が心理学的証拠に依拠しているという事実によっては反駁されない、と論じている。

[116] 公的言語については、Egan（2003）, Millikan（2003）を参照。さらに、それにたいするチョムスキーの反論は Chomsky（2003a）を参照。

[117] 言語を社会的なものと見なす見解を擁護する議論には、Devitt & Sterelny（1989）, Wiggins（1997）がある。Dummett（1975）はこの見解を想定している。

[118]「英語の完全な語彙」なるものは、実際、適格に定義されているわけではない。主要な辞書ですら、パンクロックや中核科学など多様な分野の大量の専門用語の一群を掲載していない。

[119] 歴史言語学に関する引用は S. Thomason（2000: 173）による。

[120] コミュニケーションについては、Armstrong（1971）, Searle（1972）を参照。「言語の本質的な目的」は、Searle（1972）による。Dummett（1989）は、言語の目的がコミュニケーションであるかそれとも思考であるかを考察している。

[121] デイヴィドソンの引用は Davidson（1994: 234）による。

[122] コミュニケーションは共有された言語に依拠するという想定は Davidson（1990）, Dummett（1993）, Devitt（2006b）によってなされている。

[123] コリンズは、共有された言語はコミュニケーションにとって必要でもなければ十分でもないということを論じている。J. Collins（2008a: 137）を参照。

[124] もし思考の媒体が内在化された自然言語であるならば、言語はコミュニケーションにとって必要である可能性がある。

[125] この詩は、エドワード・トマス（Edward Thomas, 1878-1917）の「納屋（Barn）」である。

[126] 語用論については、Grice（1975, 1989）, Sperber & Wilson（1995）, Wilson & Sperber（2012）を参照。

[127] 推論に関する詳細な議論については、Sperber & Wilson（1995）, Smith & Wilson（1992）, Carston（2002）および、そこにある文献を参照。

[128] 意味論についての哲学的な前提は、クワインの影響力の大きい『語と対象（*Word and Object*）』（Quine, 1960）のタイトルに暗に示されている。チョムスキーは、そのような関係は想定されるべ

きではないと繰り返し論じてきた。それゆえ、「と称せられているもの」が使用されているわけである。

[129] チョムスキー（個人談話において）は、who I am referring to における、語 who の使用でさえ、「人間」という概念を前提にしており、それはすでに哲学的に問題となる概念である、ということを指摘している。

[130] そのようなヒントについて、より詳しくは、Sperber & Wilson（1995）, N. Smith（1989）を参照。この主張を裏付ける興味深い事実は、たとえば、Sanford & Sturt（2002）のような、言語理解処理に関する仕事から得られる。

[131] スペルベルとウイルソンの論じるところによれば、[聞き手にとって発話が関連性を有することの]保証は十分強力であるため、聞き手は、頭に浮かんだ最初の解釈を、ある種の基準に達すれば、受け入れ、他の解釈は考慮しないでよいということが起きるのである。Sperber & Wilson（1995: 260f）を参照。

[132] 言語進化に関するチョムスキーの見解については、Hauser et al.（2002）, Fitch et al.（2005）, Hauser et al.（2014）を参照。さらに、Nowak & Komarova（2001）, Briscoe（2002）所収の諸論文、および、Christiansen & Kirby（2003）をも参照。

[133] 言語の使用可能性については、Chomsky（1994a: 161）を参照。

[134] 語用論に関するチョムスキーの見解については、Chomsky（1999c）を参照。この点についての議論は Kasher（1991b）, Carston（2000, 2002）, Allott（2008: 198-206）を参照。チョムスキーの「使用についての理論は存在しない」というコメントは Winston（2002: 32）からの引用。関連性理論については Sperber & Wilson（1995）, Carston（2002）を参照。

[135] コミュニケーションのもつ「おおよそのところで成り立っている」という性質については Chomsky（1995a: 48）を参照。

[136] arthritis（関節炎）については Burge（1979）, Bilgrami（1992: 67f）を参照。yawl（ヨール）と ketch（ケッチ）については Davidson（1984: 196）を参照。

[137] [社会的] 規約については Lewis（1969, 1975）, Millikan（2003）およびそれに対するチョムスキーの反論である Chomsky（2003a: 308）を参照。

[138] 自然言語の形而上学については Bach（1986）, Bach & Chao（2012）を参照。

[139] 日常言語の語の意味についての研究（言語学的な語彙意味論）、我々の概念的資源についての研究（民族科学）、存在しているものについての研究（科学）というチョムスキーの三区分については、Chomsky（2000a: 137-138, 173）を参照。

[140] 指示に関するより詳細な説明については、標準的な教科書、Heim & Kratzer（1998）や Larson & Segal（1995）のどれでも参照されたい。チョムスキーの見解では、これらの教科書は「統語（文法）」の例であるとされている。この点については Chomsky（2003a: 304f）を参照。指示に関するチョムスキーの立場については、Chomsky（1988a: 33）, Bilgrami（2002）を参照。それをめぐる議論については、McGilvray（1998）, Ludlow（2003）, Horwich（2003）を参照。それに対するチョムスキーの応答は、Chomsky（2003a）および Collins（2009a）を参照されたい。

[141] 「研究のすべては意味論に収まる」という引用は個人談話（1998年4月）による。「LSLT」は Chomsky（1975d [=1955c]）を指す。

[142] book（本）という語をめぐる引用と議論は Chomsky（2000a: 15-16）による。

[143] a hard bed for a dwarf（小びと用の堅いベッド）は、Chomsky（1988b, 2000a: 20）から。tea（お茶）や polluted water（汚染された水）は、Chomsky（1995a: 22-23）から。

[144] ロンドンについては、たとえば、Chomsky（1993b: 22, 1995a: 21, 2000a: 128）を参照。いつもな

がら、チョムスキーの立場はここで述べたよりもはるかに複雑である。Chomsky（1995a: 43）を参照。

[145] 最近、Chomsky（2004a）は意味表示の性質を詳細に論じた。そこでは初期の "LF" を "SEM" [Sem(antics)] というレベルに置き換えている。重要なことは、それでもこれは統語（文法）的に定義されているという点である。

[146]「考えるために使用され、また、… 世界について語るために使用される」は、Chomsky（2000a: 16）から引用。

[147] 志向性については、Chomsky（2003a）および、Rey（2003a, 2003b）を参照。チョムスキーは、語用論のある種の側面は、謎のまま残るデカルトの問題と異なり、研究しやすいと考えている。特に Chomsky（1992c）を参照。これらの点に関する議論については、Kasher（1991b）, Allott（2008: 198-206）を参照。

[148] 意味論についてのチョムスキーの見解に近い最近の仕事には、スペルベルとウイルスンの関連性理論、たとえば、Wilson & Sperber（2002）, Carston（2002）, Sperber（2014）があり、「真理示徴（truth-indications）」を用いるポール・ピートロスキの意味論、たとえば、Pietroski（2005, 2010）、およびジョン・コリンズのいくつかの論文、たとえば Collins（2007b, 2009a, 2009b, 2011）がある。概念と語彙意味論に関する新古典主義的見解については、Leben（2015）や Laurence & Margolis（1999: 51ff）を参照。

[149] 合成性については、Pietroski（2000）, J. Collins（2003）, Horwich（2003: 174-175）を参照。さらに、チョムスキーのホーウィッチに対する反論、Chomsky（2003a）および、Partee（2004: 153-181）を参照。

[150]「指示」の専門用語としての用法は、意味の内在主義と両立するという主張については Chomsky（2000a: 38-39, 196 n. 15）を参照。

[151]「現実であれ … 世界の中の対象」は、Chomsky（2000a: 39）から引用。

[152]「世界の中に在る（あるいは、在ると思われている）モノへの指示」は、Chomsky（2000a: 196 n.15）から引用。

[153] 真理に関するチョムスキーの見解については、たとえば、Chomsky（1980a: 116ff）を参照。彼は、真理についての「デフレ論的」説明に好意的である。

[154] 分析的／綜合的の区別については Rey（2003c）を参照されたい。同性婚の例はそこから借りたものである。

[155] 分析的／綜合的の区別に関するチョムスキーの立場（たとえば、Chomsky, 1980c: 45, 2000a: 22, 46-47, 60-63; Chomsky & Otero, 2003: 377-378 を参照）は反クワイン的である。Moravcsik（1990: 134）を参照。この問題に関する議論については、Pietroski（2003）、およびチョムスキーの反論 Chomsky（2003a）を参照されたい。Rey（2003c: §4.4）は、チョムスキーの見解を擁護している。

[156] 分析性についての引用は Chomsky（1980c: 45）による。これは、Harman（1980）に対する応答として出されたものである。

[157]「遺伝子のある種の発現」は Chomsky（2000a: 187）から引用。チョムスキーは、対立する立場を議論する人たちがしばしば用いる「生得説」という術語を明確に避けている（たとえば Chomsky, 1975a: 13 を参照）。チョムスキーの立場について、有益な要約であるが、同時に敵対的で何も理解していない批判は Sampson（1989, 1999）にある。この点についての議論は、N. Smith（2001）を参照。

[158] 合理主義の先駆者についてのチョムスキーによるもっとも初期の議論は、Chomsky（1966a/2009c）にある。彼の立場をさらに確認する擁護と精密化の議論が Chomsky（1975a）にある。特に

同書の pp. 146ff を、また、クワインについては pp.200ff を参照。

[159] 普遍性および刺激の貧困については、たとえば、Chomsky（1993c: 35ff, 2012a: 40）、および、Piattelli-Palmarini & Berwick（2013）所収の論文を参照。これをめぐる議論については、A. Gopnik（2003）および、チョムスキーの反論 Chomsky（2003a）を参照。さらなる論争が Ritter（2002）にある。

[160]「あえて不思議さを感じる気持ち」は Chomsky（2013b）のタイトルの一部である。

[161]「刺激の貧困の問題は・・・戦略的には失敗だった」は、Chomsky（2012a: 40）から。

[162]「論点は、子どもがあれやこれやの経験を欠いている・・・」は、J. Collins（2008a: 103）から引用。

[163] 三角形の例はデカルトの『省察』第五答弁2: 262 による。Chomsky（2009c [1966a, 3rd ed.]: 60-69）をも参照されたい。鳥の歌と刺激の貧困の問題については J. Collins（2008a: 103）を参照。

[164] 事実上、チョムスキーの言語学上の仕事はすべて普遍性に関するものである。

[165] 学習については、Chomsky（1986a: 263-264）を参照。学習の一般的特質については Chomsky（1980a: 135, 244ff）を参照。

[166] 指令ではなくて選択であるという点については、Chomsky（1980c: 58, 1991b: 33）および、Piattelli-Palmarini（1989）を参照。

[167] 生得性と学習が論理的に両立可能であるということについては、Chomsky（1965: 51）および、Rey（2014a）を参照。チョムスキーとレイは、この点についてライプニッツ（Gottfried Wilhelm von Leibniz, 1646-1716）から同じ一節を引用している。

[168] 言語獲得は、「形式的な観点からすれば」仮説確証に似ているというチョムスキーの初期の見解については、J. Collins（2008a: 121-130）を参照。

[169] 合理的な成就としての言語獲得については、Higginbotham（1991: 556）、Rey（2003a, 2003b, 2014a: 124）を参照。J. Collins（2004a）は、この見解に反論している。

[170] 引き金は、それが引き起こすものにたいする証拠となることなしに、いかにして、恣意的でない仕方でこれと関係しうるのかという問いは、フォウダーの doorknob/ DOORKNOB 問題にほかならない。Jerry Fodor（1998: 132）を参照。

[171] 原理的には、統語（文法）上のパラメタの設定は、たとえば、音韻的事実が引き金となることもありうる。

[172] ジャネット・フォウダー（Janet Dean Fodor）と同僚は、曖昧でない引き金が存在するということを示そうと試みた（それは大変難しいことが分かった）。Janet Fodor（1998）、Sakas & Fodor（2012）を参照。

[173] 自分以外の何人かの人間の言語についての理論としての I 言語については、Jerry Fodor（2000: ch. 5）を参照。

[174] 言語学的対象や言語獲得を「志向的な非存在者」でもって説明しようとすることについては Rey（2012）を参照。第二性質との比較はレイとの個人談話（2014年11月）による。

[175] チョムスキーの困惑はしばしば表明されている。引用は個人談話（1998年4月）による。これに関する議論については N. Smith（2001）を参照。

[176]「入力」対「理解」（あるいは「摂取」）については、White（1981: 271）を参照。

[177] マザリーズ（母親言葉）については、Chomsky（1988b: 259）、N. Smith（1989: ch.13）を参照。マザリーズに関する見識がある議論が Cattell（2000）にある。

[178] 第一言語と第二言語の習得の成功度の比較については、Birdsong（1992）、Strozer（1994）、Eubank & Gregg（1996）を参照。

[179] 否定証拠については、たとえば、Bowerman（1987）を参照。(14) の例は同論文 p.79 より借用。

[180]「大人は、まだ言葉を話せない幼児に向かって直接話すことは、仮にあるとしてきわめて稀である」(Kaplan, forthcoming: 92) といった文化は少なくないが、そのような文化であっても、なお子どもたちは周囲の言語を同様に首尾よく獲得するという事実を考慮すると、すべての子どもが、当初の文法から撤退することを説明するのに十分な情報を受けているということは、まずありそうにないことである。

[181] 間接的否定証拠と見なされているさらなる例は、Ramscar et al.(2013) にある。本書第3章を参照。

[182] 当初の文法から撤退することについてはたとえば、Randall (1990) を参照。形を直すことについては Chouinard & Clark (2003) を参照。

[183] 言語獲得に十分なだけの一般的な知能については Quine (1970), Halliday (1975), Elman et al.(1996) を参照。

[184] 引用は Elman et al.(1996: 117) から。

[185] 剛性原理などについては、Chomsky (1986a: 72, 264; 1988a: 160) を参照。

[186] 言語単一起源については、Putnam (1967: 18) を参照。

[187] 生得的であるのは正確には何かという点に関して、第2章で述べた類いのミニマリズムは言語にのみ特化した特質を最小限にしようとする試みであるという点を強調する価値がある。

[188] 心身問題の定式化可能性については、Chomsky (1988a: 145, 1994a: 157, 1995a: 5, 2010b: 25ff) を参照。ニュートンが機械を追い払ったことについては、Chomsky (2002a: 71) を参照。この点についての議論は、Egan (2003), Lycan (2003), Poland (2003), Strawson (2003) にある。さらに、チョムスキーの応答、Chomsky (2003a) および、Al-Mutairi (2014) を参照。

[189] プリーストリーについての引用は Chomsky (1995a: 10) から。

[190]「［説明上のギャップ］が残る限り・・・」は Levine (1983: 361) からの引用。Chalmers (1996) および Kim (2004) は、心的生活の質的な側面は［生物学に］還元するという形では説明できないと論じている。

[191]「・・・何も気のとがめる理由はない」の引用は Chomsky (2010b: 6) から。

[192]「世界の因果的な骨格」は、Russell (1927: ch. 37) からのもので、Chomsky (2009b: 181) で引用されている。

[193] 統一化と還元については、Boakes & Halliday (1970) を参照。この点に関する一般的な議論については、Kitcher (1989), Jerry Fodor (1974), Poland (2003: 39-42) を参照。統一化をめぐる広範な議論については、Chomsky (1995a, 1996a: 17ff, 2000a: 82ff, 2003a, 特に p.264) を参照。

[194] J. J. トムソン (J. J. Thomson, 1856-1940) は1897年に電子を発見した。

[195] 脳の電気活動についてのチョムスキーの意見は Chomsky (1995a: 11) による。

[196]「脳内活動の画像化」に関するチョムスキーの意見は Chomsky (2002a: 160) から引用。Chomsky (1999d) をも参照されたい。

[197] グレシャムの法則については、Jerry Fodor (1974: 103-104) を参照。

[198]「経験的探究の領域ではあまり馴染みのないものであり」は、Wiggins (1997: 499) より引用。Chomsky (2000a: 202, n.5) をも参照。ウイギンス (David Wiggins, 1933-) の論文は、この主張にたいする哲学者の抵抗を示す好例である。

[199] 表出された命題は、発話で用いられた言語的素材によっては決定されないという見解については、Wilson & Sperber (1981, 2002) および Carston (2002) を参照。

[200] チョムスキーのこれらの見解に触発された言語哲学における最近の興味深い研究については、Pietroski (2005, 2010) および J. Collins (2007b, 2009a, 2011) がある。分析性に関わるその後の展開については、Rey (2003c: §4.4) を参照。

文　　献

慣習通り、我々はここに我々が言及したすべての項目を収めた。それに加えて、この本を準備するために直接・間接に用いたチョムスキーの著作のすべて、そして他の人の著作のいくつかも載せてある。こうした理由の一部は、我々が示した考えのうち、チョムスキーの考えであると詳細には指摘しなかったものも、彼に発するものであることが明らかであったからであり、もう一部は、このことによってチョムスキーの公刊された知的活動の範囲を読者にはっきりと伝えられると考えたからである。この参考文献のこうした部分は完璧度を目指していない旨を強調すべきである。目指されているのは、典型性なのだ。チョムスキーの本や論文の多くは、増補版・改訂版という形で何度も再版されている。

基礎的重要性 ── 歴史的・現行的の差を問わず ── を持つ著作にはアステリスクが付されている。

Aarts, Bas (2004) "Conceptions of gradience in the history of linguistics." *Language Sciences* 26: 361-385.
Adger, David (2003) *Core Syntax: A Minimalist Approach*. Oxford, Oxford University Press.
Adger, David (2013) "Constructions and grammatical explanation: Comments on Goldberg." *Mind & Language* 28(4): 466-478.
Adger, David, Cecile de Cat & George Tsoulas (eds.) (2004) *Peripheries: Syntactic Edges and their Effects*. Dordrecht, Kluwer Academic Publishers.
Adger, David, Daniel Harbour & Laurel J. Watkins (2009) *Mirrors and Microparameters: Phrase Structure Beyond Free Word Order*. Cambridge, Cambridge University Press.
Allott, Nicholas (2008) Pragmatics and Rationality. PhD thesis, University of London. (2010) Key Terms in Pragmatics. London, Continuum.
Allott, Nicholas & Ben Shaer (2013) "Some linguistic properties of legal notices." *Canadian Journal of Linguistics* 58(1): 43-62.
Al-Mutairi, Fahad (2014) *The Minimalist Program: The Nature and Plausibility of Chomsky's Biolinguistics*. Cambridge, Cambridge University Press.
Altmann, Gerald (1998) "Ambiguity in sentence processing." *Trends in Cognitive Sciences* 2: 146-152.
Ambridge, Ben & Elena Lieven (2011) *Child Language Acquisition: Contrasting Theoretical Approaches*. Cambridge, Cambridge University Press.
Anderson, Steven & David Lightfoot (2002) *The Language Organ: Linguistics as Cognitive Physiology*. Cambridge, Cambridge University Press.
Antony, Louise (2003) "Rabbit-pots and supernovas: On the relevance of psychological data to linguistic theory." In Alex Barber (ed.), *Epistemology of Language*. Oxford, Oxford University Press. 47-68.
* Antony, Louise & Norbert Hornstein (eds.) (2003) *Chomsky and his Critics*. Oxford, Blackwell.
Armstrong, David (1971) "Meaning and communication." *Philosophical Review* 80: 427-447.
Bach, Emmon (1986) "Natural language metaphysics." In Ruth Barcan Marcus, Georg Dom & Paul Weingartner (eds.), *Logic, Methodology, and Philosophy of Science*, VII: *Proceedings of the Seventh International Congress of Logic, Methodology, and Philosophy of Science*, Salzburg, 1983. Amsterdam, Elsevier. 573-595.
Bach, Emmon & Wynn Chao (2012) "The metaphysics of natural language(s)." In Ruth Kempson, Tim Fernando & Nicholas Asher (eds.), *Philosophy of Linguistics*. Oxford and Amsterdam, Elsevier. 175-196.
Baillargeon, Renee (2004) "Infants' reasoning about hidden objects: Evidence for event-general and event-specific expectations." *Developmental Science* 7(4): 391-414.
Baker, Mark (1996) *The Polysynthesis Parameter*. Oxford, Oxford University Press.
── (2001) *The Atoms of Language*. New York, Basic Books.〔マーク・C. ベイカー／郡司隆男（訳）(2010)『言語のレシピ：多様性にひそむ普遍性をもとめて』（岩波現代文庫247）岩波書店〕

―― (2003) "Linguistic differences and language design." *Trends in Cognitive Sciences* 7: 349-353.

―― (2008) "The macroparameter in a microparametric world." In Theresa Biberauer (ed.), *The Limits of Syntactic Variation*. Amsterdam, John Benjamins. 351-374.

Baltin, Mark & Chris Collins (eds.) (2001) *The Handbook of Contemporary Syntactic Theory*. Oxford, Blackwell.

Banich, Marie & Molly Mack (eds.) (2003) *Mind, Brain, and Language: Multidisciplinary Perspectives*. Mahwah, NJ, Lawrence Erlbaum.

Barber, Alex (2010) "Idiolects". In Edward N. Zalta (ed.), *The Stanford Encyclopedia of Philosophy* (Winter 2010 Edition). (Revised version of 2004 article.) Available at: http://plato.stanford.edu/entries/idiolects.

Baron-Cohen, Simon (1995) *Mindblindness: An Essay on Autism and Theory of Mind*. Cambridge, MA, MIT Press. 〔サイモン・バロン=コーエン／長野敬・長畑正道・今野義孝（訳）(1997)『自閉症とマインド・ブラインドネス』青土社〕

Baron-Cohen, Simon, Alan Leslie & Uta Frith (1985) "Does the autistic child have a theory of mind?" *Cognition* 21: 37-46.

Baron-Cohen, Simon & John Harrison (eds.) (1997) *Synaesthesia: Classic and Contemporary Readings*. Oxford, Blackwell.

Barrett, Robert & Roger Gibson (eds.) (1990) *Perspectives on Quine*. Oxford, Blackwell.

* Barsky, Robert F. (1997) *Noam Chomsky: A Life of Dissent*. Cambridge, MA, MIT Press.〔ロバート・F・バースキー／土屋俊・土屋希和子（訳）(1998)『ノーム・チョムスキー：学問と政治』産業図書〕

―― (2007) *The Chomsky Effect: A Radical Works Beyond the Ivory Tower*. Cambridge, MA, MIT Press.

―― (2011) *Zellig Harris: From American Linguistics to Socialist Zionism*. Cambridge, MA, MIT Press.

Barton, Ellen (1990) *Nonsentential Constituents: A Theory of Grammatical Structure and Pragmatic Interpretation*. Amsterdam, John Benjamins.

Barton, Ellen & Ljiljana Progovac (2005) "Nonsententials in minimalism." In Reinaldo Elugardo & Robert Stainton (eds.), *Ellipsis and Nonsentential Speech. Berlin*, Springer. 71-93.

Bates, Elizabeth (1997) "On language savants and the structure of the mind: A review of Neil Smith & Ianthi-Maria Tsimpli, The Mind of a Savant: Language Learning and Modularity." *The International Journal of Bilingualism* 2: 163-179.

Bates, Elizabeth & Geoffrey Elman (1996) "Learning rediscovered." *Science* 274: 1849-1850.

Bechtel, William (1994) "Connectionism." In Guttenplan: 200-210.

Bechtel, William & Adele Abrahamsen (1991) *Connectionism and the Mind: An Introduction to Parallel Processing in Networks*. Oxford, Blackwell.

Beeman, Mark & Christine Chiarello (eds.) (1997) *Right Hemisphere Language Comprehension: Perspectives from Cognitive Neuroscience*. Hillsdale, NJ, Lawrence Erlbaum Associates.

Beghelli, Filippo & Tim Stowell (1997) "Distributivity and negation: The syntax of each and every." In Anna Szabolcsi (ed.), *Ways of Scope Taking*. Dordrecht, Kluwer. 71-107.

Behme, Christina (2013) Review of Piattelli-Palmarini *et al.*, 2009. *Journal of Linguistics* 49: 499-506.

―― (2014) "A 'Galilean' science of language." *Journal of Linguistics* 50(03): 671-704.

Belletti, Adriana (ed.) (2004) *Structures and Beyond: The Cartography of Syntactic Structures*. Oxford, Oxford University Press.

Belletti, Adriana & Luigi Rizzi (2002) Editors' introduction to Chomsky, 2002a: 1-44.

―― (2013) "Ways of avoiding intervention: Some thoughts on the development of object relatives, passive, and control." In Piattelli-Palmarini & Berwick: 115-126.

Bellugi, Ursula, Shelly Marks, Amy Bihrle & H. Sabo (1993) "Dissociation between language and cognitive functions in William's syndrome." In Bishop & Mogford: 177-189.

Bennett, Craig, Abigail Baird, Michael Miller & George Wolford (2011) "Neural correlates of interspecies perspective taking in the post-mortem Atlantic Salmon: An argument for proper multiple comparisons correction." *Journal of Serendipitous and Unexpected Results* 1: 1-5.

Berent, Iris (2013) *The Phonological Mind*. Cambridge, Cambridge University Press.

Berlinski, David (1988) *Black Mischief: Language, Life, Logic, Luck*. Boston, Harcourt Brace Jovanovich.

Berwick, Robert & Noam Chomsky (2011) "The biolinguistic program: The current state of its development." In Anna Maria di Sciullo & Cedric Boeckx (eds.), *The Biolinguistic Enterprise: New Perspectives on the Evolution and Nature of the Human Language Faculty*. Oxford, Oxford University Press. 19-41.

—— (2013) "Foreword: A bird's-eye view of human language and evolution." In Johan Bolhuis and Martin Everaert (eds.) *Birdsong, Speech and Language: Exploring the Evolution of Mind and Brain*. Cambridge, MA, MIT Press. ix-xii.

* Berwick, Robert, Noam Chomsky & Massimo Piattelli-Palmarini (2013) "Poverty of the stimulus stands: Why recent challenges fail." In Piattelli-Palmarini & Berwick: 19-42.

Berwick, Robert, Angela Friederici, Noam Chomsky, & Johan Bolhuis (2013) "Evolution, brain, and the nature of language." *Trends in Cognitive Sciences* 11 (2): 89-98.

* Berwick, Robert, Paul Pietroski, Beracah Yankama & Noam Chomsky (2011) "Poverty of the stimulus revisited." *Cognitive Science* 35(7): 1207-1242.

Berwick, Robert & Amy Weinberg (1984) *The Grammatical Basis of Linguistic Performance*. Cambridge, MA, MIT Press.

Bever, Tom (1988) "The psychological reality of grammar: A student's eye view of cognitive science." In William Hirst (ed.), *The Making of Cognitive Science: Essays in Honor of George A. Miller*. Cambridge, Cambridge University Press. 112-142.

Biberauer, Theresa, Anders Holmberg, Ian Roberts & Michelle Sheehan (2010) *Parametric Variation: Null Subjects in Minimalist Theory*. Cambridge, Cambridge University Press.

Bilgrami, Akeel (1992) *Belief and Meaning*. Oxford, Blackwell.

—— (2002) "Chomsky and philosophy." *Mind & Language* 17(3): 290-302.

Billen, Andrew (2002) "How right can one man be?" *The Times*, August 19, 2002, pp.4-5.

Billingsley, Rebecca & Andrew Papanicolaou (eds.) (2003) Functional Neuroimaging Contributions to Neurolinguistics. *Special Issue of Journal of Neurolinguistics* 16: 251-456.

Birdsong, David (1992) "Ultimate attainment in second language learning." *Language* 68: 706-755.

Bishop, Dorothy (1993) "Language development after focal brain damage." In Bishop & Mogford: 203-219.

Bishop, Dorothy & Kay Mogford (eds.) (1993) *Language Development in Exceptional Circumstances*. Hove, Lawrence Erlbaum Associates.

Black, Max (1970) "Comment" on Chomsky, 1970a. In Borger & Cioffi: 452-461.

Blakemore, Diane (1987) *Semantic Constraints on Relevance*. Oxford, Blackwell.

—— (1992) *Understanding Utterances*. Oxford, Blackwell.

—— (2002) *Relevance and Linguistic Meaning: The Semantics and Pragmatics of Discourse Markers*. Cambridge, Cambridge University Press.

Bloom, Paul & Lori Markson (1998) "Capacities underlying word learning." *Trends in Cognitive Sciences* 2(2): 67-73.

Bloomfield, Leonard (1914) *An Introduction to the Study of Language*. New York, Holt.

—— (1933) Language. New York, Holt.

Boakes, Robert & M. Sebastian Halliday (1970) "The Skinnerian analysis of behaviour." In Borger & Cioffi: 345-374.

Boeckx, Cedric (2006) *Linguistic Minimalism: Origins, Concepts, Methods and Aims*. Oxford, Oxford University Press.

―――― (ed.) (2011a) *The Oxford Handbook of Linguistic Minimalism*. Oxford, Oxford University Press.

―――― (2011b) "Some reflections on Darwin's problem in the context of Cartesian biolinguistics." In Anne-Marie Di Sciullo & Cedric Boeckx (eds.), *The Biolinguistic Enterprise: New Perspectives on the Evolution and Nature of the Human Language Faculty*. Oxford, Oxford University Press. 42-64.

―――― (2012) *Syntactic Islands*. Cambridge, Cambridge University Press.

―――― (2014) *Elementary Syntactic Structures: Prospects of a Feature-free Syntax*. Cambridge, Cambridge University Press.

Boeckx, Cedric & Kleanthes Grohmann (2007) "Remark: Putting phases in perspective." Syntax 10: 204-222.

―――― (eds.) (2013) *The Cambridge Handbook of Biolillguistics*. Cambridge, Cambridge University Press.

Boole, George (1854) *An Investigation of the Laws of Thought: On Which Are Founded the Mathematical Theories of Logic and Probabilities*. London, Walton & Maberley.

Borger, Robert & Frank Cioffi (eds.) (1970) *Explanation in the Behavioural Sciences*. Cambridge, Cambridge University Press.

Borsley, Robert & Ian Roberts (1996) "Introduction." In Robert Borsley & Ian Roberts (eds.), *The Syntax of the Celtic Languages*. Cambridge, Cambridge University Press. 1-52.

Bošković, Željko (2013) "Principles and parameters theory and minimalism". In den Dikken: 95-121.

Bowerman, Melissa (1987) "The 'no negative evidence' problem: How do children avoid constructing an overly general grammar." In John Hawkins (ed.), *Explaining Language Universals*. Oxford, Blackwell. 73-101.

―――― (1984) *Mind and Language: Essays on Descartes and Chomsky*. Dordrecht, Faris.

Braine, Martin (1994) "Is nativism sufficient?" *Journal of Child Language* 21: 9-31.

Bresnan, Joan (1971) "Sentence stress and syntactic transformations." *Language* 47: 257-281.

* Bricmont, Jean & Julie Franck (eds.) (2010) *Chomsky Notebook*. New York, Columbia University Press.

Briscoe, Ted (ed.) (2002) *Linguistic Evolution through Language Acquisition*. Cambridge, Cambridge University Press.

Brodsky, Joseph (1987) *Less than One: Selected Essays*. Harmondsworth, Penguin.

Brody, Michael (1987) Review of Chomsky, 1986a. *Mind & Language* 2: 165-177.

―――― (1997) "Perfect chains." In Liliane Haegeman (ed.), *Elements of Grammar*. Dordrecht, Kluwer. 139-166.

―――― (1998) Review of Chomsky, 1995b. *Mind & Language* 13: 205-214.

―――― (2002) "On the status of representations and derivations." In Epstein & Seely: 19-41.

Burge, Tyler (1979) "Individualism and the mental." *Studies in Philosophy* 4: 73-121.

Burkhardt, Frederick (ed.) (1996) *Charles Darwin's Letters: A Selection*. Cambridge, Cambridge University Press.

Burton-Roberts, Noel & Geoffrey Poole (2006) "'Virtual conceptual necessity', feature dissociation and the Saussurian legacy in generative grammar." *Journal of Linguistics* 42: 575-628.

Burzio, Luigi (1986) *Italian Syntax: A Government-Binding Approach*. Dordrecht, Kluwer.

Byrne, Alex (1994) "Behaviourism." In Guttenplan: 132-140.

Caldwell, Willard E. & Helen B. Jones (1954) "Some positive results on a modified Tolman and Honzik insight maze." *Journal of Comparative and Physiological Psychology* 47(5): 416-418.

Cann, Ronnie, Ruth Kempson & Lutz Marten (2005) *The Dynamics of Language*. Oxford, Elsevier.

Carden, Guy (1970) "A note on conflicting idiolects." *Linguistic inquiry* 1: 281-290.

Carey, David (2001) "Do action systems resist visual illusions?" *Trends in Cognitive Sciences* 5: 109-113.

Carey, Susan (1978) "The child as word learner." In Morris Halle, Joan Bresnan & George Miller (eds.), *Linguistic Theory and Psychological Reality*. Cambridge, MA, MIT Press. 264-293.

Carnie, Andrew (2013) *Syntax: A Generative Introduction*. Third edition. Chichester, Wiley-Blackwell.

Carr, Philip (2003) "Innateness, internalism and input; Chomsky's rationalism and its problems." *Language Sciences* 25: 615-636.

Carruthers, Peter (1996) *Language, Thought and Consciousness: An Essay in Philosophical Psychology*. Cambridge, Cambridge University Press.

Carston, Robyn (1999) "The relationship between generative grammar and (relevance-theoretic) pragmatics." *University College London Working Papers in Linguistics* 11: 21-39.

—— (2000) "The relationship between generative grammar and (relevance-theoretic) pragmatics." *Language and Communication* 20: 87-103.

—— (2002) *Thoughts and Utterances: The Pragmatics of Explicit Communication*. Oxford, Blackwell.〔ロビン・カーストン／内田聖二ほか（訳）(2008)『思考と発話：明示的伝達の語用論』研究社〕

Cattell, Ray (2000) *Children's Language: Consensus and Controversy*. London, Cassell.

Chalker, Sylvia & Edmund Weiner (1994) *The Oxford Dictionary of English Grammar*. Oxford, Oxford University Press.

Chalmers, David John (1996) *The Conscious Mind: In Search of a Fundamental Theory*. Oxford, Oxford University Press.〔デイヴィッド・J・チャーマーズ／林一（訳）(2001)『意識する心：脳と精神の根本理論を求めて』白揚社〕

Cheng, Lisa L.-S (2003) "Wh-in situ." *Glot International* 7: 103-109.

Cherniak, Christopher (2005) "Innateness and brain-wiring optimization: Non-genomic nativism." In A. Zilhao (ed.), *Cognition, Evolution, and Rationality*. Routledge, London. 103-112.

—— (2009) "Brain wiring optimization and non-genomic nativism." In Piattelli-Palmarini *et al.*: 108-119.

Chiarello, Christine (2003) "Parallel systems for processing language: Hemispheric complementarity in the normal brain." In Banich & Mack: 229-247.

Chomsky, Carol (1969) *The Acquisition of Syntax in Children from Five to Ten*. Cambridge, MA, MIT Press.

—— (1986) "Analytic study of the Tadoma method: Language abilities of three deaf-blind subjects." *Journal of Speech and Hearing Research* 29: 332-347. Reprinted in Piattelli-Palmarini & Berwick: 241-270.

Chomsky, Noam (1951) Morphophonemics of Modern Hebrew. University of Pennsylvania Master's thesis. Published as 1979b.

—— (1954) Review of Eliezer Rieger, Modem Hebrew. *Language* 30: 180-181.

—— (1955a) "Logical syntax and semantics: Their linguistic relevance." *Language* 31: 36-45.

—— (1955b) "Semantic considerations in grammar." *Georgetown University Monograph Series in Linguistics* 8: 140-158.

*—— (1955c) *The Logical Structure of Linguistic Theory*. MS. MIT Humanities Library. Microfilm. New York, Plenum Press.［その後のチョムスキーの言語学に関するほとんど全ての作品の基礎となっている。最終的にChomsky (1975d) として刊行。］〔以下に本書序論の日本語訳が付されている。チョムスキー／福井直樹・辻子美保子（訳）(2014)『統辞構造論：付「言語理論の論理構造」序論』（岩波文庫）岩波書店〕

—— (1956) "Three models for the description of language." *Institute of Radio Engineers Transactions on Information Theory*, IT-2: 113-124.

*—— (1957) *Syntactic Structures*. The Hague, Mouton.［伝統的にチョムスキー革命の嚆矢とされる著作。］〔チョムスキー／福井直樹・辻子美保子（訳）(2014)『統辞構造論：付「言語理論の論理構造」序論』（岩波文庫）岩波書店；勇康雄（訳）(1963)『文法の構造』研究社出版〕

*—— (1959) Review of Skinner, 1957. *Language* 35: 26-58. Reprinted in Fodor & Katz, 1964: 547-578.［この書評は行動主義への弔鐘を告げる。］

—— (1961) "Some methodological remarks on generative grammar." *Word* 17: 219-239.

—— (1962a) "Explanatory models in linguistics." In Ernest Nagel, Patrick Suppes & Alfred Tarski (eds.), *Logic, Methodology and Philosophy of Science: Proceedings of the 1960 International Congress*. Stanford, Stanford University Press. 528-550.

—— (1962b) "A transformational approach to syntax." In Archibald Hill (ed.), *Proceedings of the Third Texas*

　　　　Conference on Problems of Linguistic Analysis in English on May 9-12, 1958. Austin, TX, University of Texas Press. Reprinted in Fodor & Katz, 1964: 211-245.
―― (1963) "Formal properties of grammars." In R. Duncan Luce, Robert Bush & Eugene Galanter (eds.), *Handbook of Mathematical Psychology*, Vol. 2. New York, Wiley. 323-418.
―― (1964a) "The logical basis of linguistic theory." In Horace Lunt (ed.), *Proceedings of the Ninth International Congress of Linguists*, Cambridge, Mass., August 27-31, 1962. The Hague, Mouton. 914-978.
―― (1964b) *Current Issues in Linguistic Theory*. The Hague, Mouton.〔Chomsky (1964a) の拡張版。〕
* ―― (1965) *Aspects of the Theory of Syntax*. Cambridge, MA, MIT Press.〔この本は、「標準理論」として知られるようになる内容を凝縮している。〕〔ノーム・チョムスキー／福井直樹・辻子美保子（訳）(2017)『統辞理論の諸相：方法論序説』（岩波文庫）岩波書店；安井稔（訳）(1970)『文法理論の諸相』研究社〕
* ―― (1966a) *Cartesian Linguistics: A Chapter in the History of Rationalist Thought*. New York, Harper & Row.〔生成文法の知的先駆者たちを明らかにしようとする初の試み。〕〔ノーム・チョムスキー／川本茂雄（訳）(1970)『デカルト派言語学：合理主義思想の歴史の一章』テック；新版, みすず書房 (1976)〕
―― (1966b) *Topics in the Theory of Generative Grammar*. The Hague, Mouton.
―― (1967a) "The formal nature of language." In Lenneberg: 397-442.
―― (1967b) "Recent contributions to the theory of innate ideas." *Boston Studies in the Philosophy of Science*, Vol. 3. New York, The Humanities Press. 81-90. Reprinted in John Searle (ed.), *The Philosophy of Language*. Oxford University Press, 1971. 121-144. Also in Synthèse (1967) 17: 2-11.
―― (1967c) "Some general properties of phonological rules." *Language* 43: 102-128.
* ―― (1968) *Language and Mind*. New York, Harcourt, Brace & World.〔拡大版は Chomsky (1972b)、第3版は Chomsky (2006)。〕〔ノーム・チョムスキー／町田健（訳）(2011)『言語と精神』河出書房新社〕
―― (1969a) "Linguistics and Philosophy." In Hook: 51-94.
―― (1969b) "Language and the mind." *Psychology Today*. Reprinted in A. Cashdan & E. Grugeon (eds.), *Language in Education: A Source Book*. London, Routledge & Kegan Paul with the Open University Press, 1972. 129-135.
―― (1969c) "Comments on Harman's reply." In Hook: 152-159.
―― (1970a) "Problems of explanation in linguistics." In Borger & Cioffi: 425-451.
―― (1970b) "Reply" to Black, 1970. In Borger & Cioffi: 462-470.
* ―― (1970c) "Remarks on nominalization." In Roderick Jacobs & Peter Rosenbaum (eds.), *Readings in English Transformational Grammar*. Waltham, MA, Ginn & Co. 184-221.〔生成意味論への最初の反撃。〕
―― (1971a) "On interpreting the world." *Cambridge Review* 92: 77-93. [This and the following were the Russell memorial lectures.]
―― (1971b) Review of Skinner, 1971. *New York Review of Books*, December 30, 1971.
―― (1971c) "Deep structure, surface structure, and semantic interpretation." In Danny Steinberg & Leon Jakobovits (eds.), *Semantics: An Interdisciplinary Reader in Philosophy, Linguistics, Anthropology and Psychology*. Cambridge, Cambridge University Press. 183-216.
―― (1972a) *Problems of Knowledge and Freedom*. New York, Pantheon.〔ノーアム・チョムスキー／川本茂雄（訳）(1975)『知識と自由』番町書房〕
―― (1972b) *Language and Mind*. Enlarged edition. New York, Harcourt Brace Jovanovich.〔ノーム・チョムスキー／町田健（訳）(2011)『言語と精神』河出書房新社；川本茂雄（訳）(1974)『言語と精神』河出書房新社〕
―― (1972c) *Studies on Semantics in Generative Grammar*. The Hague, Mouton.〔ノーム・チョムスキー／安井稔（訳）(1976)『生成文法の意味論研究』研究社出版〕
―― (1972d) "Some empirical issues in the theory of transformational grammar." In Stanley Peters (ed.), *Goals of Linguistic Theory*. Englewood Cliffs, NJ, Prentice-Hall. 63-130.
* ―― (1973) "Conditions on transformations." In Steven Anderson & Paul Kiparsky (eds.), *A Festschrift for Morris*

　　　　 Halle. New York, Holt, Rinehart & Winston. 232-286.

* ── (1975a) *Reflections on Language*. New York, Pantheon.［モジュール性を含め、彼の哲学的立場に関する古典的な言明。］〔N. チョムスキー／井上和子・神尾昭雄・西山佑司（訳）(1979)『言語論：人間科学的省察』大修館書店〕

── (1975b) "Questions of form and interpretation." *Linguistic Analysis* 1: 75-109.

── (1975c) "Knowledge of language." In Keith Gunderson (ed.), *Language, Mind, and Knowledge*. Minneapolis, University of Minnesota Press. 299-320.

── (1975d) *The Logical Structure of Linguistic Theory*. New York, Plenum Press.［以下に本書序論の日本語訳が付されている。チョムスキー／福井直樹・辻子美保子（訳）(2014)『統辞構造論：付「言語理論の論理構造」序論』（岩波文庫）岩波書店〕

── (1976) "Conditions on rules of grammar." *Linguistic Analysis* 2: 303-351.

── (1977a) "On WH movement." In Peter Culicover, Thomas Wasow & Adrian Akmajian (eds.), *Formal Syntax*. New York, Academic Press. 71-132.

── (1977b) Interview with David Cohen. In David Cohen, *Psychologists on Psychology*. London, Routledge and Kegan Paul. 72-100.

── (1977c) *Essays on Form and Interpretation*. New York, North Holland.〔ノーム・チョムスキー／安井稔（訳）(1982)『形式と解釈』研究社出版〕

── (1978) "Language development, human intelligence, and social organization." In Walter Feinberg (ed.), *Equality and Social Policy*. Champaign, University of Illinois Press. Reprinted in Peck, 1987: 183-202.

── (1979a) *Language and Responsibility* (Interviews with Mitsou Ronat). New York, Pantheon.

── (1979b) *Morphophonemics of Modern Hebrew*. New York, Garland Publishing.

* ── (1980a) *Rules and Representations*. Oxford, Blackwell.［彼の哲学的立場に関する古典的な言明。］〔N. チョムスキー／井上和子・神尾昭雄・西山佑司（訳）(1984)『ことばと認識：文法からみた人間知性』大修館書店〕

* ── (1980b) "Rules and representations." *Behavioral and Brain Sciences* 3: 1-15. [A very useful short summary of 1980a.]

── (1980c) "The new organology." *Behavioral and Brain Sciences* 3: 42-61. (1980d) "On binding." *Linguistic Inquiry* 11: 1-46.

── (1980d) "On binding" *Linguistic Inquiry* 11: 1-46.

* ── (1981a) *Radical Priorities*. Montreal, Black Rose Books.

* ── (1981b) *Lectures on Government and Binding*. Dordrecht, Faris.［現行理論の前提となっているGB理論の根源を成す。］〔ノーム・チョムスキー／安井稔・原口庄輔（訳）(1986)『統率・束縛理論』研究社出版〕

── (1981c) "Knowledge of language: Its elements and origins." *Philosophical Transactions of the Royal Society of London B* 295: 223-234.

── (1981d) "Markedness and core grammar." In Adriana Belletti *et al.* (eds.), *Theory of Markedness in Generative Grammar: Proceedings of the 1979 GLOW Conference*. Pisa, Scuola Normale Superiore. 123-146.

── (1981e) "Principles and parameters in syntactic theory." In Norbert Hornstein & David Lightfoot (eds.), *Explanation in Linguistics*. London, Longman. 123-146.〔ホーンスタイン，ライトフット（編）／今井邦彦（監訳）(1988)『チョムスキー理論と言語獲得：言語学における説明とは何か』新曜社〕

── (1981f) "On the representation of form and function." The Linguistic Review 1: 3-40.

── (1982a) "A note on the creative aspect of language use." *The Philosophical Review* 91: 423-434.

* ── (1982b) *The Generative Enterprise: A Discussion with Riny Huybregts and Henk van Riemsdijk*. Dordrecht, Faris.〔ノーム・チョムスキー／福井直樹・辻子美保子（訳）(2011)『生成文法の企て』（岩波現代文庫）岩波書店〕

── (1982c) *Some Concepts and Consequences of the Theory of Government and Binding*. Cambridge, MA, MIT

Press.〔ノーム・チョムスキー／安井稔・原口庄輔（訳）(1987)『統率・束縛理論の意義と展開』研究社出版〕

—— (1983) "Things no amount of learning can teach": Noam Chomsky interviewed by John Gliedman. Omni 6(1I). Online at www.chomsky.info/interviews/198311-.htm.

—— (1984) *Modular Approaches to the Study of Mind*. San Diego, San Diego State University Press.

* —— (1986a) *Knowledge of Language: Its Nature, Origin and Use*. New York, Praeger.〔当時の最新理論を一部垣間見ることができ、一部技術的な著作。〕

* —— (1986b) *Barriers*. Cambridge, MA, MIT Press.〔ノーム・チョムスキー／北原久嗣・小泉政利・野地美幸（訳）(1994)『障壁理論』研究社出版〕

—— (1987a) *Language in a Psychological Setting*. Special Issue of *Sophia Linguistica* 22. Sophia University, Tokyo.〔ノーム・チョムスキー／加藤泰彦・加藤ナツ子（訳）(2004)『言語と認知：心的実在としての言語』秀英書房〕

—— (1987b) *Generative Grammar: Its Basis, Development and Prospects*. Studies in English Linguistics and Literature. Kyoto, Kyoto University of Foreign Studies.

—— (1987c) "Reply" [to reviews of his 1986a by Alex George and Michael Brody]. *Mind & Language* 2: 178-197.

—— (1988a) *Language and Problems of Knowledge: The Managua Lectures*. Cambridge, MA, MIT Press.〔ノーム・チョムスキー／田窪行則・郡司隆男（訳）(1989)『言語と知識：マナグア講義録（言語学編）』産業図書〕

* —— (1988b) *Language and Politics*, ed. Carlos Otero. Montreal, Black Rose Books.

—— (1990a) "On formalization and formal linguistics." *Natural Language and Linguistic Theory* 8: 143-147.

—— (1990b) "Language and mind." In D. Hugh Mellor (ed.), *Ways of Communicating: Cambridge, Cambridge University Press*. 56-80.

—— (1990c) "Accessibility 'in principle'." *Behavioral and Brain Sciences* 13: 600-601.

—— (1991a) "Linguistics and adjacent fields: A personal view." In Kasher (1991a): 3-25.

—— (1991b) "Linguistics and cognitive science: Problems and mysteries." In Kasher (1991a): 26-53.

* —— (1992a) *Chronicles of Dissent: Interviews with David Barsamian*. Stirling, AK Press.

—— (1992b) "Explaining language use." *Philosophical Topics* 20: 205-231. Reprinted in 2000a: 19-45.

—— (1992c) "Language and interpretation: Philosophical reflections and empirical inquiry." In John Earman (ed.), *Inference, Explanation and Other Philosophical Frustrations*. Berkeley, University of California Press. 99-128. Reprinted in 2000a: 46-74.

—— (1992d) "A Minimalist program for linguistic theory." *MIT Occasional Papers in Linguistics* 1: 1-71. Reprinted as 1993g.

* —— (1993a) *Year 501: The Conquest Continues*. London, Verso.

* —— (1993b) *Language and Thought*. London, Moyer Bell.〔ノーム・チョムスキー．大石正幸（訳）(1999)『言語と思考』（松柏社叢書）松柏社〕

—— (1993c) "Mental constructions and social reality." In Eric Reuland & Werner Abraham (eds.), *Knowledge and Language*, Vol. 1: *From Orwell's Problem to Plato's Problem*. Dordrecht, Kluwer. 29-58.

—— (1993d) *The Prosperous Few and the Restless Many*. Berkeley, CA, Odonian Press.

—— (1993e) "A Minimalist program for linguistic theory." In Ken Hale & Jay Keyser (eds.), *The View from Building 20: Essays in Honor of Sylvain Bromberger*. Cambridge, MA, MIT Press. 1-52. Reprinted as chapter 3 of 1995b: 162-217.

* —— (1994a) "Chomsky, Noam." In Guttenplan: 153-167.

—— (1994b) *Keeping the Rabble in Line: Interviews with David Barsamian*. Edinburgh, AK Press.

—— (1994c) "Naturalism and dualism in the study of language and mind." *International Journal of Philosophical Studies* 2: 181-209. Reprinted in 2000a: 75-105.

—— (1994d) "Language as a natural object." The Jacobsen lecture. Reprinted in 2000a: 106-133.

―― (1994e) "Language from an internalist perspective." Lecture given at King's College, London, May 24, 1994. Revised version in 2000a: 134-163.
　　　―― (1994f) "The golden age is in us: Noam Chomsky interviewed by Alexander Cockburn." *Grand Street*, Fall 1994: 170-176.
* ―― (1995a) "Language and nature." *Mind* 104: 1-61.［彼の哲学的立場に関する最重要な著作。］
* ―― (1995b) *The Minimalist Program*. Cambridge, MA, MIT Press.［彼の現行言語理論の初期段階に関する古典的な著作。］〔N・チョムスキー／外池滋生・大石正幸（訳）(1998)『ミニマリスト・プログラム』翔泳社〕
　　　―― (1995c) "The free market myth." *Open Eye* 3: 8-13, 51.
　　　―― (1995d) "Bare phrase structure." In Webelhuth, 1995a: 383-439.
　　　―― (1995e) "Language is the perfect solution." Interview with Noam Chomsky by Lisa Cheng & Riot Sybesma. *Glot International* l, 9/10: 1-34.
　　　―― (1995f) "Noam Chomsky on post-modernism." Post on LBBS, *Z-Magazine*'s Left On-Line Bulletin Board. Available on the Internet: http://bactra.org/chomsky-on-postmodernism.html.
* ―― (1996a) *Powers and Prospects: Reflections on Human Nature and the Social Order*. London, Pluto Press.［おそらく彼の学問および政治に関する著作についての最良の総覧。］
　　　―― (1996b) *Class Warfare: Interviews with David Barsamian*. London, Pluto Press.
　　　―― (1996c) "Language and evolution." Letter in the *New York Review of Books*, February 1, 1996, p.41.
　　　―― (1997a) "Internalist explorations." MS, MIT. Published in 2000a: 164-194.
　　　―― (1997b) "New horizons in the study of language." Lecture given at the University of Balearic Islands, Spain, January 21. Published in 2000a: 3-18.
　　　―― (1997c) "Language and mind: Current thoughts on ancient problems." Series of talks given at the University of Brasilia. Published in *Pesquisa Linguistica* 3(4). Reprinted in L. Jenkins (ed.), *Variation and Universals in Biolinguistics*. Amsterdam, Elsevier, 2004. 379-406.
　　　―― (1998a) "Comments: Galen Strawson, Mental Reality." *Philosophy and Phenomenological Research* 58: 437-441.
　　　―― (1998b) "Some observations on economy in generative grammar." In Pilar Barbosa, Danny Fox, Paul Hagstrom, Martha McGinnis & David Pesetsky (eds.), *Is the Best Good Enough? Optimality and Competition in Syntax*. Cambridge MA, MIT Press. 115-127.
　　　―― (1998c) *The Common Good: Interviews with David Barsamian*. Berkeley, CA, Odonian Press.
　　　―― (1999a) "Derivation by phase." MS, MIT. Published in 2001c.
　　　―― (1999b) "Language and the brain." MS. Address at the European Conference on Cognitive Science, Siena. Reprinted in 2002a.
　　　―― (1999c) "An on-line interview with Noam Chomsky: On the nature of pragmatics and related issues." *Brain and Language* 68: 393-401.
　　　―― (1999d) "Linguistics and brain science." LAUD Linguistic Agency University GH Essen, Paper no. 500.
* ―― (2000a) *New Horizons in the Study of Language and Mind*. Cambridge, Cambridge University Press.［重要な哲学的論文を集めた論集。］
* ―― (2000b) "Minimalist inquiries: The framework." In Roger Martin, David Michaels & Juan Uriagereka (eds.), *Step by Step: Essays on Minimalist Syntax in Honor of Howard Lasnik*. Cambridge, MA, MIT Press. 89-155.［ミニマリズムにおける最新の発展の基礎を成す。］
　　　―― (2000c) "Linguistics and brain science". In Alec Marantz, Yasushi Miyashita & Wayne O'Neil (eds.), *Image, Language, Brain*. Cambridge, MA, MIT Press. 13-28.
　　　―― (2000d) *Chomsky on MisEducation*. Edited and introduced by Donaldo Macedo. Lanham, MD, Rowman and Littlefield Publishers.〔ノーム・チョムスキー／寺島隆吉・寺島美紀子（訳）(2006)『チョムスキーの「教

育論』』明石書店〕

* ──── (2001a) *Propaganda and the Public Mind: Interviews by David Barsamian*. London, Pluto Press.〔ノーム・チョムスキー／デイヴィッド・バーサミアンインタビュー［・序］／藤田真利子（訳）(2003)『グローバリズムは世界を破壊する：プロパガンダと民意』明石書店〕

──── (2001b) "Derivation by phase." In Michael Kenstowicz (ed.), *Ken Hale: A Life in Language*. Cambridge, MA, MIT Press. 1-52.

* ──── (2002a) *On Nature and Language*. Cambridge, Cambridge University Press.〔ノーム・チョムスキー／アドリアナ・ベレッティ, ルイジ・リッツィ（編）／大石正幸・豊島孝之（訳）(2008)『自然と言語』研究社〕

──── (2002b) "An interview on Minimalism." With Adriana Belletti & Luigi Rizzi. In Chomsky, 2002a: 92-16 I.

* ──── (2002c) *Understanding Power: The Indispensable Chomsky*, ed. Peter Mitchell & John Schoeffel. New York, The New Press. (Explanatory footnotes available at www.understandingpower.com.) [A massively documented survey.]〔ノーム・チョムスキー／ピーター・R・ミッチェル, ジョン・ショフェル（編）／田中美佳子（訳）(2008)『現代世界で起こったこと：ノーム・チョムスキーとの対話1989-1999』日経BP社〕

* ──── (2003a) "Replies." In Antony & Hornstein: 255-328.

──── (2003b) "Collateral language." An interview with David Barsamian. www.zmag.org/ZMagSite/Aug2003/barsamian0803.html.

* ──── (2004a) "Beyond explanatory adequacy." In Belletti: 104-131.

──── (2004b) "Biolinguistics and the Human Capacity." Lecture at MTA, Budapest, May 17, 2004.

──── (2005a) "On phases." MS., MIT. (Published in revised form as 2008.)

* ──── (2005b) "Three factors in language design." *Linguistic Inquiry* 36: 1-22.

──── (2006) *Language and Mind*. Cambridge: Cambridge University Press.〔ノーム・チョムスキー／町田健（訳）(2011)『言語と精神』河出書房新社；川本茂雄（訳）(1974)『言語と精神』河出書房新社〕

──── (2007a) "Approaching UG from below." In Uli Sauerland & Hans Gärtner (eds.), *Interfaces + Recursion □ Language?* New York: Mouton de Gruyter. 1-29.

──── (2007b) "Of minds and language." *Biolinguistics* 1: 9-27.

──── (2007c) "Book review: Symposium on Margaret Boden, *Mind as Machine: A History of Cognitive Science*, Oxford, 2006, two volumes." *Artificial intelligence* 171(18): 1094-1103.

* ──── (2008) "On phases." In Robert Freidin, Carlos Otero & Maria-Luisa Zubizarreta (eds.), *Foundational Issues in Linguistic Theory: Essays in Honor of Jean-Roger Vergnaud*. Cambridge, MA, MIT Press. 136-166.〔重要な理論的革新についてのテクニカルな議論。〕

──── (2009a) "Opening remarks". In Piattelli-Palmarini *et al*.: 13-43.

──── (2009b) "Conclusion." In Piattelli-Palmarini *et al*.: 379-409.

──── (2009b) "The mysteries of nature: How deeply hidden?" *The Journal of Philosophy* 106(4): 167-200.

──── (2009c) *Cartesian Linguistics: A Chapter in the History of Rationalist Thought*. Third edition, with introduction by James McGilvray. Cambridge, Cambridge University Press.〔ノーアム・チョムスキー／川本茂雄（訳）(1970)『デカルト派言語学：合理主義思想の歴史の一章』テック〕

* ──── (2010a) "Some simple evo-devo theses: How true might they be for language?" In Richard Larson, Viviane Déprez & Hiroko Yamakido (eds.), *The Evolution of Human Language: Biolinguistic Perspectives*. Cambridge, Cambridge University Press. 45-62.

──── (2010b) "The mysteries of nature: How deeply hidden?". In Bricmont & Franck: 3-33.

──── (2011a) "Language and the Cognitive Science Revolution(s)". Text of a lecture given at Carleton University, April 8, 2011.

──── (2011b) "Language and other cognitive systems. What is special about language?" *Language Learning and Development* 7(4): 263-278.

──── (2012a) *The Science of Language: Interviews with James McGilvray*. Cambridge, Cambridge University Press.

〔チョムスキー（述）／J・マッギルヴレイ（聞き手）／成田広樹（訳）(2016)『チョムスキー言語の科学：ことば・心・人間本性』岩波書店〕

—— (2012b) "Foreword." In Ángel Galiego (ed.), *Phases: Developing the Framework*. Berlin, De Gruyter Mouton. 1-7.

—— (2013a) "Problems of projection." *Lingua* 130: 33-49.

—— (2013b) "Poverty of the stimulus: Willingness to be puzzled". In Piattelli-Palmarini & Berwick: 61-67.

—— (2014a) "Philosophy, language, making sense: Interview with Doug Morris and John Holder." Retrieved May 20, 2014, from http://zcomm.org/znetarticle/philosophy-language-making-sense/.

—— (20l4b) "Minimal recursion: Exploring the prospects." In T. Roeper & M. Speas (eds.), *Recursion: Complexity in Cognition*. Cham: Springer. 1-15.

—— (2015) "Problem of projection: Extensions." In C. Hamann, S. Matteini & E. Di Domenico (eds.), *Structures, Strategies and Beyond: Studies in Honour of Adriana Belletti*. Amsterdam: John Benjamins. 1-16.

Chomsky, Noam, Valentina Bambini, Cristiano Chesi & Andrea Moro (2012) "A conversation with Noam Chomsky: New insights on old foundations." Retrieved March 27, 2013, from www.phenomenologyandmind.eu/wp-contenf/uploads/2012/12/16_Intervista-CHOMSKY.pdf.

Chomsky, Noam & David Barsamian (2005) *Imperial Ambitions: Conversations on the Post-9/11 World* (American empire project). New York, Metropolitan Books.〔ノーム・チョムスキー／岡崎玲子（訳）(2008)『すばらしきアメリカ帝国』集英社〕

—— (2012) *Power Systems: Conversations With David Barsamian on Global Democratic Uprisings and the New Challenges to U.S. Empire*. London: Hamish Hamilton. (US edition, 2013, New York, Metropolitan.)

Chomsky, Noam & Jean Bricmont (2010) "An interview with Noam Chomsky." In Bricmont & Franck: 74-110.

Chomsky, Noam & Morris Halle (1964) "Some controversial questions in phonological theory." *Journal of Linguistics* I: 97-138.

*—— (1968) *The Sound Pattern of English*. New York, Harper & Row.［生成音韻論の古典書。］〔N. チョムスキー，M. ハレ／小川直義・井上信行（訳）(1983)『生成音韻論概説』泰文堂〕

Chomsky, Noam, Morris Halle & Fred Lukoff (1956) "On accent and juncture in English." In Morris Halle, Horace Lunt & Hugh MacLean (eds.), *For Roman Jakobson*. The Hague, Mouton. 65-80.

Chomsky, Noam, Marc Hauser & Tecumseh Fitch (2005) "The Minimalist program." Unpublished appendix to Fitch *et al.*,2005. Available at: http://arti.vub.ac.be/cursus/ 2005-2006/mwo/03b-mp.pdf.

Chomsky, Noam, Riny Huybregts, Henk van Riemsdijk, Naoki Fukui & Mihoko Zushi (2004) *The Generative Enterprise Revisited: Discussions With Riny Huybregts, Henk Van Riemsdijk, Naoki Fukui, and Mihoko Zushi, With a New Foreword By Noam Chomsky*. Berlin-New York, Mouton de Gruyter.

Chomsky, Noam & Jerrold Katz (1974) "What the linguist is talking about." *Journal of Philosophy* 11: 347-367.

—— (1975) "On innateness: A reply to Cooper." *Philosophical Review* 84: 70-87.

Chomsky, Noam & Howard Lasnik (1977) "Filters and control." *Linguistic Inquiry* 8: 425-504.

—— (1993) "The theory of principles and parameters." In Joachim Jacobs, Arnim von Stechow, Wolfgang Sternefeld & Theo Vennemann (eds.), *Syntax: An International Handbook of Contemporary Research*. Berlin, de Gruyter. 506-569.［この改定版が Chomsky (1995b) の第1章となっている。］

Chomsky, Noam & George Miller (1963) "Introduction to the formal analysis of natural languages." In Duncan Luce, Robert Bush & Eugene Galanter (eds.), *Handbook of Mathematical Psychology*, Vol. 2. New York, Wiley. 269-322.

Chomsky, Noam & Pierre W. Orelus (2014) *On Language, Democracy, and Social Justice: Noam Chomsky's Critical Intervention*. New York, Peter Lang.

Chomsky, Noam & Carlos Otero (2003) *Chomsky on Democracy & Education*. New York, Routledge.

Chomsky, Noam & Marco Schützenberger (1963) "The algebraic theory of context-free languages." In Paul Braffort

& David Hirschberg (eds.), *Computer Programming and Formal Systems*. Studies In Logic Series. Amsterdam, North Holland. 119-161.

Chomsky, William (1957) *Hebrew: The Eternal Language*. Philadelphia, The Jewish Publication Society of America.

Chouinard, Michelle & Eve Clark (2003) "Adult reformulations of child errors as negative evidence." *Journal of Child Language* 30: 637-669.

Christiansen, Morten & Nick Chater (2001) "Connectionist psycholinguistics: Capturing the empirical data." *Trends in Cognitive Sciences* 5: 82-88.

—— (2008) "Language as shaped by the brain." *Behavioral and Brain Sciences* 31: 489-558.

Christiansen, Morten, Rick Dale & Florence Reali (2010) "Connectionist explorations of multiple-cue integration in syntax acquisition." In Scott P. Johnson (ed.), *Neoconstructivism: The New Science of Cognitive Development*. Oxford, Oxford University Press. 87-108.

Christiansen, Morten & Simon Kirby (2003) "Language evolution: Consensus and controversies." *Trends in Cognitive Sciences* 7: 300-307.

Clark, Alexander & Rémi Eyraud (2007) "Polynomial identification in the limit of context-free substitutable languages." *Journal of Machine Learning Research* 8: 1725-1745.

Clark, Alexander, Chris Fox & Shalom Lappin (eds.) (2010) *The Handbook of Computational Linguistics and Natural Language Processing*. Oxford, Wiley-Blackwell.

Clark, Alexander & Shalom Lappin (2011) *Linguistic Nativism and the Poverty of the Stimulus*. Chichester, West Sussex; Malden, MA, Wiley-Blackwell.

Clark, Herbert H. & Jean E. Fox Tree (2002) "Using uh and um in spontaneous speaking." *Cognition* 84(1): 73-111.

Clark, Kenneth (1989) *Leonardo da Vinci*. London, Penguin Books.〔ケネス・クラーク／丸山修吉・大河内賢治（訳）(2013)『レオナルド・ダ・ヴィンチ：芸術家としての発展の物語』（叢書・ウニベルシタス）第2版, 法政大学出版局〕

Cole, Peter & Gabriella Hermon (1981) "Subjecthood and islandhood: Evidence from Quechua." *Linguistic Inquiry* 12: 1-30.

Collins, Chris (2001) "Economy conditions in syntax." In Baltin & Collins: 45-61.

Collins, Harry & Trevor Pinch (1993) *The Golem: What You Should Know about Science*. Cambridge, Cambridge University Press.

Collins, John (2003) "Horwich's schemata meet syntactic structures." *Mind* 112(447): 399-432.

—— (2004a) "Faculty disputes." *Mind & Language* 19(5): 503-533.

—— (2004b) "Review of Chomsky and His Critics." Oxford: Blackwell. *Erkem1tnis* 60(2): 275.

—— (2005) "On the input problem for massive modularity." *Minds and Machines* 15(1): 1-22.

—— (2006) "Between a rock and a hard place: A dialogue on the philosophy and methodology of generative linguistics." *Croatian Journal of Philosophy* 18: 469.

—— (2007a) "Linguistic competence without knowledge of language." *Philosophy Compass* 2(6): 880-895.

—— (2007b) "Syntax, more or less." *Mind* 116(464): 805-850.

—— (2007c) "Meta-scientific eliminativism: A reconsideration of Chomsky's review of Skinner's Verbal Behavior." *The British Journal for the Philosophy of Science* 58(4): 625-658.

—— (2007d) "Review of 'Ignorance of Language', M. Devitt, 2006." *Mind* 116(462): 416-423.

* —— (2008a) *Chomsky: A Guide for the Perplexed*. London; New York: Continuum.

—— (2008b) "Knowledge of language redux." *Croatian Journal of Philosophy* 22: 3-43.

—— (2009a) "Methodology, not metaphysics: Against semantic externalism." *Aristotelian Society Supplementary Volume* 83(1): 53-69.

—— (2009b) "The perils of content." *Croatian Journal of Philosophy* 27: 259-289.

—— (2011) "Impossible words again: Or why beds break but not make." *Mind & Language* 26(2): 234-260.

―― (2014) "Representations without representa: Content and illusion in linguistic theory." In Piotr Stalmaszczyk (ed.), *Semantics and Beyond: Philosophical and Linguistic Inquiries*. Berlin, Walter de Gruyter. 27-63.

Coltheart, Max, Robyn Langdon & Nora Breen (1997) "Misidentification syndromes and cognitive neuropsychiatry." *Trends in Cognitive Sciences* 1: 157-158.

Comrie, Bernard, Maria Polinsky & Stephen Matthews (eds.) (1997) *The Atlas of Languages: The Origin and Development of Languages throughout the World*. London, Bloomsbury.

Cook, Vivian & Mark Newson (1996) *Chomsky's Universal Grammar: An Introduction*. Second edition. Oxford, Blackwell.〔V.J. クック／須賀哲夫（訳）(1990)『チョムスキーの言語理論：普遍文法入門』新曜社〕

Cooper, David E (1972) "Innateness: Old and new." *The Philosophical Review* 81(4): 465-483.

Cormack, Annabel (1999) "Without specifiers." In David Adger, Susan Pintzuk, Bernadette Plunkett & George Tsoulas (eds.), *Specifiers: Minimalist Approaches*. Oxford, Oxford University Press. 46-68.

Cormack, Annabel & Neil Smith (1994) "Serial verbs." University College London Working Papers in Linguistics 6: 63-88.

―― (1996) "Checking theory: Features, functional heads, and checking parameters." University College London Working Papers in Linguistics 8: 243-281.

―― (1997) "Checking features and split signs." *University College London Working Papers in Linguistics* 9: 223-252.

―― (2004) "Backward control in Korean and Japanese." *University College London Working Papers in Linguistics* 16: 57-83.

―― (In prep.) *Interfaces: Syntax, Semantics and the Language of Thought*.

Cottingham, John (1984) *Rationalism*. London, Paladin.

Cowart, Wayne (1997) *Experimental Syntax: Applying Objective Methods to Sentence Judgments*. London, Sage Publications.

Crain, Stephen & Paul Pietroski (2001) "Nature, nurture and Universal Grammar." *Linguistics and Philosophy* 24(2): 139-186.

―― (2002) "Why language acquisition is a snap." *The Linguistic Review* 18(1-2): 163-183.

Crain, Stephen & Rosalind Thornton (1998) *Investigations in Universal Grammar: A Guide to Experiments on the Acquisition of Syntax and Semantics*. Cambridge, MA, MIT Press.

Culbertson, Jennifer & Steven Gross (2009) "Are linguists better subjects?" *The British Journal for the Philosophy of Science* 60(4): 721-736.

Culicover, Peter (1999) *Syntactic Nuts: Hard Cases, Syntactic Theory and Language Acquisition*. Oxford, Oxford University Press.

Cummins, Robert & Robert Hamish (1980) "The language faculty and the interpretation of linguistics." *Behavioral and Brain Sciences* 3(01): 18-19.

Curtiss, Susan (1977) *Genie: A Psycholinguistic Study of a Modern Day "Wild Child"*. London, Academic Press.〔スーザン・カーチス／久保田競・藤永安生（訳）(1992)『ことばを知らなかった少女ジーニー：精神言語学研究の記録』築地書館〕

―― (2013) "Revisiting modularity: Using language as a window to the mind." In Piattelli-Palmarini & Berwick: 68-90.

Curtiss, Susan, Victoria Fromkin, Stephen Krashen, David Rigler & Marilyn Rigler (1974) "The linguistic development of Genie." *Language* 50: 528-554.

Cutler, Anne (ed.) (2005) *Twenty-first Century Psycholinguistics: Four Cornerstones*. Mahwah, NJ, Lawrence Erlbaum.

―― (2012) *Native Listening: Language Experience and the Recognition of Spoken Words*. Cambridge, MA, MIT Press.

D'Agostino, Fred (1986) *Chomsky's System of Ideas*. Oxford, Clarendon Press.〔優れているものの、いくぶん時代めいた彼の哲学的立場に関する通覧。〕

Damasio, Antonio (1994) *Descartes' Error: Emotion, Reason and the Human Brain*. New York, Putnam.〔アントニオ・R・ダマシオ／田中三彦（訳）(2010)『デカルトの誤り：情動、理性、人間の脳』（ちくま学芸文庫）筑摩書房〕

Danielson, Dennis & Christopher Graney (2014) "The case against Copernicus." *Scientific American* 310(1): 62-67.

Darwin, Charles ([1859] 1968) *The Origin of Species by Means of Natural Selection*, ed. J. W. Burrow. Harmondsworth, Penguin.〔ダーウィン／八杉龍一（訳）(1990)『種の起原』改版（岩波文庫）岩波書店；渡辺政隆（訳）(2009)『種の起源』上下（光文社古典新訳文庫）光文社, ほか〕

Davidson, Donald (1984) *Inquiries into Truth and Interpretation*. Oxford, Clarendon Press.〔ドナルド・デイヴィドソン／野本和幸ほか（訳）(1991)『真理と解釈』勁草書房〕

—— (1990) "The structure and content of truth." *Journal of Philosophy* 87(6): 279-328.

—— (1994) "Davidson, Donald." In Guttenplan: 231-236.

Davidson, Donald & Gil Harman (eds.) (1972) *Semantics of Natural Language*. Dordrecht, Reidel.

Davies, Martin (1986) "Tacit knowledge, and the structure of thought and language." In Charles Travis (ed.), *Meaning and Interpretation*. Oxford, Blackwell. 127-158.

—— (1989) "Tacit knowledge and subdoxastic states." In Alexander George (ed.), *Reflections on Chomsky*. Cambridge, MA, Basil Blackwell. 131-152.

—— (2015) "Knowledge - Explicit, implicit and tacit: Philosophical aspects." In J. D. Wright (ed.), *International Encyclopedia of Social and Behavioral Sciences*. Second edition. Oxford, Elsevier. 74-90.

Dayal, Veneeta (2013) "The syntax of scope and quantification." In den Dikken: 827-859.

de Beaugrande, Robert (1991) "Language and the facilitation of authority: The discourse of Noam Chomsky." *Journal of Advanced Composition* 11: 425-442.〔この論文は、同号の学術誌に所収されているチョムスキーとの対談に対する彼からの反応。"Language, politics, and composition: A conversation with Noam Chomsky," ibid. pp.4-35.〕

Dehaene, Stanislas (1997) *The Number Sense*. Oxford, Oxford University Press.〔スタニスラス・ドゥアンヌ／長谷川眞理子・小林哲生（訳）(2010)『数覚とは何か？：心が数を創り、操る仕組み』早川書房〕

De Lacy, Paul (ed.) (2007) *The Cambridge Handbook of Phonology*. Cambridge, Cambridge University Press.

den Dikken, Marcel (ed.) (2013) *The Cambridge Handbook of Generative Syntax*. Cambridge, Cambridge University Press.

Dennett, Daniel (1978) *Brainstorms*. Cambridge, MA, MIT Press.

—— (1987) *The Intentional Stance*. Cambridge, MA, MIT Press.〔ダニエル・C・デネット／若島正・河田学（訳）(1996)『「志向姿勢」の哲学：人は人の行動を読めるのか?』白揚社〕

—— (1995) *Darwin's Dangerous Idea*. New York, Simon & Schuster.〔ダニエル・C. デネット／石川幹人ほか（訳）(2001)『ダーウィンの危険な思想：生命の意味と進化』青土社〕

—— (1996) *Kinds of Minds*. London, Weidenfeld & Nicolson.〔ダニエル・C・デネット／土屋俊（訳）(2016)『心はどこにあるのか』（ちくま学芸文庫）筑摩書房〕

Derbyshire, Desmond (1985) *Hixkaryana and Linguistic Typology*. Arlington, TX, Summer Institute of Linguistics.

Descartes, Rene (1988) *Descartes: Selected Philosophical Writings*. Edited and translated by John Cottingham, Robert Stoothoff & Dugald Murdoch. Cambridge, Cambridge University Press.

Deutsch, Diana (2013) "Absolute pitch." In Diana Deutsch (ed.), *The Psychology of Music*. Third edition. San Diego, Elsevier. 141-182.

Deutsch, Diana, Kevin Dooley, Trevor Henthorn & Brian Head (2009) "Absolute pitch among students in an American music conservatory: Association with tone language fluency." *Journal of the Acoustical Society of America* 125(4): 2398-2403.

de Villiers, Jill & Peter de Villiers (2000) "Linguistic determinism and the understanding of false beliefs." In Peter Mitchell & Kevin Riggs (eds.), *Children's Reasoning and the Mind*. New York, Psychology Press. 191-228.

Devitt, Michael (2006a) "Intuitions in linguistics." *The British Journal for the Philosophy of Science* 57(3): 481-513.

―― (2006b) *Ignorance of Language*. Oxford, Oxford University Press.

―― (2014) "Linguistic intuitions are not 'the voice of competence'." In Matthew Haug (ed.), *Philosophical Methodology: The Armchair or the Laboratory?* London, Routledge. 268-293.

Devitt, Michael & Kim Sterelny (1989) "Linguistics: What's wrong with 'The right view'." *Philosophical Perspectives* 3: 497-531.

Dixon, Robert M. W. (1963) *Linguistic Science and Logic*. The Hague, Mouton.

Dobbs, Betty J. T. (1991) *The Janus Faces of Genius: The Role of Alchemy in Newton's Thought*. Cambridge, Cambridge University Press.〔B. J. T. ドッブズ／大谷隆昶（訳）(2000)『錬金術師ニュートン：ヤヌス的天才の肖像』みすず書房〕

Dretske, Fred I. (1981) *Knowledge and the Flow of Information*. Cambridge, MA, MIT Press.

Dryer, Matthew (2007) "Word order." In Timothy Shopen (ed.), *Clause Structure, Language Typology and Syntactic Description*, Vol. 1. Second edition. Cambridge, Cambridge University Press.

Dummett, Michael (1975) "What is a theory of meaning? (I)." In S. Guttenplan (ed.), *Mind and Language*. Oxford, Oxford University Press. 97-138.

―― (1981) "Objections to Chomsky." *London Review of Books* 3: 16, 5-6. Re-printed in Otero, 1994, Vol. 2: 391-7.

―― (1989) "Language and communication." In George: 192-212.

―― (1993) *The Seas of Language*. Oxford, Clarendon Press.

Du Plessis, Hans (1977) "Wh movement in Afrikaans." *Linguistic Inquiry* 8: 723-726.

Duranti, Alessandro (1997) *Linguistic Anthropology*. Cambridge, Cambridge University Press.

Dwyer, Susan (1999) "Moral competence." In Kimiko Murasugi & Robert Stainton (eds.), *Philosophy and Linguistics*. Boulder, CO, Westview Press. 169-190.

Edwards, Rob (1998) "End of the germ line." *New Scientist* 2127: 22.

Egan, Frances (2003) "Naturalistic inquiry: Where does mental representation fit in?" In Antony & Hornstein: 89-104.

Ellis, Hadyn & Michael Lewis (2001) "Capgras delusion: A window on face recognition." *Trends in Cognitive Sciences* 5: 149-156.

Elman, Jeffrey (1993) "Learning and development in neural networks: The importance of starting small." *Cognition* 48: 71-99.

* Elman, Jeffrey, Elizabeth Bates, Mark Johnson, Annette Karmiloff-Smith, Domenico Parisi & Kim Plunkett (1996) *Rethinking Innateness: A Connectionist Perspective on Development*. Cambridge, MA, MIT Press.〔Jeffrey L. Elman ほか／乾敏郎・今井むつみ・山下博志（訳）(1998)『認知発達と生得性：心はどこから来るのか』共立出版〕

Emonds, Joseph (1978) "The verbal complex V'-V in French." *Linguistic Inquiry* 9: 151-175.

Enard, Wolfgang, Molly Przeworski, Simon Fisher, Cecilia Lai, Victor Wiebe, Takashi Kitano, Anthony Monaco & Svante Pääbo (2002) "Molecular evolution of FOXP2, a gene involved in speech and language." *Nature* 418: 869-872.

Engdahl, Elisabet (1983) "Parasitic gaps." *Linguistics & Philosophy* 6: 5-34.

Epstein, Samuel, Hisatsugu Kitahara, Miki Obata & Daniel Seely (2013) "Economy of derivation and representation." In den Dikken: 487-514.

Epstein, Samuel & Daniel Seely (eds.) (2002) *Derivation and Explanation in the Minimalist Program*. Oxford, Blackwell.

Erickson, Thomas & Mark Mattson (1981) "From words to meaning: A semantic illusion." *Journal of Verbal Learning and Verbal Behavior* 20: 540-551.

Eubank, Lynn & K. R. Gregg (1996) "Critical periods and (S)LA." *Working Papers in English and Applied Linguistics* 3: 1-21.

Evans, Gareth (1982) *The Varieties of Reference*. Oxford, Oxford University Press.

—— Evans, Nicholas & Stephen Levinson (2009) "The myth of language universals: Language diversity and its importance for cognitive science." *Behavioral and Brain Sciences* 32: 429-492.

Everett, Daniel (2005) "Cultural constraints on grammar and cognition in Pirahã." *Current Anthropology* 46(4): 621-646.

—— (2009) "Pirahã culture and grammar: A response to some criticisms." *Language* 85(2): 405-442.

—— (2012) *Language: The Cultural Tool*. London, Profile.

Ferguson, Thomas (1995) *Golden Rule: The Investment Theory of Party Competition and the Logic of Money-Driven Political Systems*. Chicago, University of Chicago Press.

Ferreira, Fernanda & Nikole Patson (2007) "The 'Good Enough' approach to language comprehension." *Language and Linguistics Compass* 1 (1-2): 71-83.

Fiengo, Robert (2006) "Review: Chomsky's Minimalism by Pieter Seuren." *Mind* 115(458): 469-472.

Fillmore, Charles, Paul Kay & Mary O'Connor (1988) "Regularity and idiomaticity in grammatical constructions: The case of let alone." *Language* 64: 501-538.

Fitch, Tecumseh, Marc Hauser & Noam Chomsky (2005) "The evolution of the language faculty: Clarifications and implications." *Cognition* 97: 179-210.

Fitch, Tecumseh & Daniel Mietchen (2013) "Convergence and deep homology in the evolution of spoken language." In Johan Bolhuis and Martin Everaert (eds.), *Birdsong, Speech and Language: Exploring the Evolution of Mind and Brain*. Cambridge, MA, MIT Press. 45-62.

Fitzgerald, Gareth (2010) "Linguistic intuitions." *The British Journal for the Philosophy of Science* 61(1): 123-160.

Fodor, Janet Dean (1998) "Unambiguous triggers." *Linguistic Inquiry* 29: 1-36.

—— (2001) "Setting syntactic parameters". In Baltin & Collins: 730-767.

Fodor, Janet Dean & Carrie Crowther (2002) "Understanding stimulus poverty arguments." *The Linguistic Review* 18: 105.

Fodor, Jerry (1974) "Special Sciences." Synthèse 28: 77-115. Reprinted in J. Fodor, *Representations: Philosophical Essays on the Foundations of Cognitive Science*. Brighton, Harvester Press, 1981. 127-145.

* —— (1975) *The Language of Thought*. New York, Crowell.

—— (1980) "Introduction: Some notes on what linguistics is talking about." In Ned Block (ed.), *Readings in Philosophy of Psychology*. Cambridge, MA, Harvard University Press. 197-207.

* —— (1983) *The Modularity of Mind*. Cambridge, MA, MIT Press.〔ジェリー・A. フォーダー／伊藤笏康・信原幸弘（訳）(1985)『精神のモジュール形式：人工知能と心の哲学』産業図書〕

—— (1987) *Psychosemantics: The Problem of Meaning in the Philosophy of Mind*. Cambridge, MA, MIT Press.

—— (1998) *Concepts: Where Cognitive Science Went Wrong*. Oxford, Clarendon Press.

—— (2000) *The Mind doesn't Work that Way*. Cambridge, MA, MIT Press.

—— (2008) *LOT 2: The Language of Thought Revisited*. Oxford, Clarendon Press.

Fodor, Jerry & Tom Bever (1965) "The psycholinguistic validity of linguistic segments." *Journal of Verbal Learning and Verbal Behavior* 4: 414-420.

Fodor, Jerry, Tom Bever & Merrill Garrett (1974) *The Psychology of Language: An Introduction to Psycholinguistics and Generative Grammar*. New York, McGraw-Hill.〔J. A. フォーダー, T. G. ビーヴァー, M. F. ギャレット／岡部慶三・広井脩・無藤隆（訳）(1982)『心理言語学：生成文法の立場から』誠信書房〕

Fodor, Jerry & Merrill Garrett (1966) "Some reflections on competence and performance." In John Lyons & Roger

Wales (eds.), *Psycholinguistics Papers*. Edinburgh, Edinburgh University Press. 135-154.

Fodor, Jerry, Merrill Garrett, Edward Walker & Cornelia Parkes (1980) "Against definitions." *Cognition* 8(3): 263-367.

Fodor, Jerry & Jerrold Katz (eds.) (1964) *The Structure of Language: Readings in the Philosophy of Language*. Englewood Cliffs, NJ, Prentice-Hall.

Fodor, Jerry & Zenon Pylyshyn (1988) "Connectionism and cognitive architecture: A critical analysis." In Steven Pinker & Jacques Mehler (eds.), *Connections and Symbols*. Cambridge, MA, MIT Press; Bradford Books.

Føllesdal, Dagfinn (1990) "Indeterminacy and mental states." In Barrett & Gibson: 98-109.

Franz, Volker (2001) "Action does not resist visual illusions." *Trends in Cognitive Sciences* 5: 457-459.

Freidin, Robert (1997) Review of Chomsky, 1995b. *Language* 13: 571-582.

—— (1999) "Cyclicity and Minimalism." In Samuel Epstein & Norbert Hornstein (eds.), *Working Minimalism*. Cambridge, MA, MIT Press. 95-126.

—— (2009) "A note on methodology in linguistics." *Behavioral and Brain Sciences* 32(05): 454-455.

Frith, Uta (1989) *Autism: Explaining the Enigma*. Oxford, Blackwell. [Second edition, 2003.]〔ウタ・フリス／富田真紀・清水康夫・鈴木玲子（訳）(2009)『自閉症の謎を解き明かす』東京書籍〕

Fromkin, Victoria (1988) "Grammatical aspects of speech errors." In F. Newmeyer (ed.), *Linguistics: The Cambridge Survey*, Vol. 2. Cambridge, Cambridge University Press. 117-138.

—— (1997) "Some thoughts about the brain/mind/language interface." *Lingua* 100: 3-27.

Fraud, Karen (2001) Linguistic Theory and Language Pathology: Evidence for the Morphology Interface from a Case of Acquired Language Disorder. PhD thesis, UCL.

Gable, Robert (2006) "The toxicity of recreational drugs." *American Scientist* 94(3): 206-208.

Gagliardi, Annie & Jeffrey Lidz (2014) "Statistical insensitivity in the acquisition of Tsez noun classes." *Language* 90: 58-89.

Gallistel, Charles (1990) *The Organization of Learning*. Cambridge, MA-London, MIT Press.

—— (1994) "Space and Time." In Nicholas Mackintosh (ed.), *Animal Learning and Cognition*. Handbook of Perception and Cognition 9. New York, Academic Press. 221-253.

Garfield, Jay, Candida Peterson & Tricia Perry (2001) "Social cognition, language acquisition and the development of theory of mind." *Mind & Language* 16: 494-541.

Gates, Gary (1996) "The price of information." *Synthèse* 107(3): 325-347.

Gazdar, Gerald (1981) "On syntactic categories." *Philosophical Transactions of the Royal Society of London B* 295: 267-283.

Gazzaniga, Michael (1994) *Nature's Mind*. London, Penguin.

—— (2002) "The split brain revisited." *Scientific American*, May 17, 2002: 26-31.

George, Alexander (ed.) (1989) *Reflections on Chomsky*. Oxford, Blackwell.

—— (1996) "Katz astray." *Mind & Language* 11: 295-305.

Geschwind, Norman (1965) "Disconnexion syndromes in animals and man." *Brain* 88(3): 585-644.

Geschwind, Norman & Edith Kaplan (1962) "A human cerebral deconnection syndrome: A preliminary report." *Neurology* 50: 1201-1212.

Gettier, Edmund L. (1963) "Is justified true belief knowledge?" *Analysis* 23(6): 121-123.

Gimbel, Steven & Anke Walz (2006) *Defending Einstein: Hans Reichenbach's Writings on Space, Time, and Motion*. Cambridge, Cambridge University Press.

Gleick, James (1992) *Richard Feynman and Modern Physics*. London, Abacus.

Goldberg, Adele (2003) "Constructions: A new theoretical approach to language." *Trends in Cognitive Sciences* 7: 219-224.

Goldman-Eisler, Freda (1968) *Psycholinguistics: Experiments in Spontaneous Speech*. London, Academic Press.

Goldrick, Matthew, Victor Ferreira, & Michele Miozzo (eds.) (2014) *The Oxford Handbook of Language Production*. Oxford, Oxford University Press.

Gopnik, Alison (2003) "The theory theory as an alternative to the innateness hypothesis." In Antony & Hornstein: 238-254.

Gopnik, Myrna (1990) "Feature-blindness: A case study." *Language Acquisition* 1: 139-164.

——— (1994) "Impairments of tense in a familial language disorder." *Journal of Neurolinguistics* 8: 109-133.

——— (ed.) (1997) *The Inheritance and Innateness of Grammars*. New York, Oxford University Press.

Gopnik, Myrna & Martha Crago (1991) "Familial aggregation of a developmental language disorder." *Cognition* 39: 1-50.

Gopnik, Myrna & Heather Goad (1997) "What underlies inflectional error patterns in genetic dysphasia?" *Journal of Neurolinguistics* 10: 109-137.

Graham, Robert (ed.) (2005) *Anarchism: A Documentary History of Libertarian Ideas*. Montreal-New York, Black Rose Books.

Grice, Paul (1957) "Meaning." *The Philosophical Review* 66: 377-388.

——— (1975) "Logic and conversation." In Peter Cole & Jerry Morgan (eds.), *Syntax and Semantics 3: Speech Acts*. New York, Academic Press. 41-58. Reprinted in Grice, 1989: 22-40.

——— (1982) "Meaning revisited." In N. Smith: 223-243.

——— (1989) *Studies in the Way of Words*. Cambridge, MA, Harvard University Press. 〔ポール・グライス／清塚邦彦（訳）(1998)『論理と会話』勁草書房〕

Gross, Steven & Jennifer Culbertson (2011) "Revisited linguistic intuitions." *The British Journal for the Philosophy of Science* 62(3): 639-656.

Gross, Steven & Georges Rey (2012) "Innateness." In Eric Margolis, Richard Samuels & Stephen Stich (eds.), *The Oxford Handbook of Philosophy of Cognitive Science*. Oxford, Oxford University Press. 318-360.

Grossenbacher, Peter & Christopher Lovelace (2001) "Mechanisms of synesthesia: Cognitive and physiological constraints." *Trends in Cognitive Sciences* 5: 36-41.

Guérin, Daniel (1965) *Ni Dieu Ni Maître, Anthologie Historique Du Mouvement Anarchiste*. Paris, Éditions de Delphes.

Guttenplan, Samuel (ed.) (1994) *A Companion to the Philosophy of Mind*. Oxford, Blackwell.

Haeberli, Eric (2002) "Analyzing Old and Middle English V2: Evidence from the distribution of subjects and adjuncts." Paper presented at the LAGB, UMIST, September 2002.

Haegeman, Liliane (1994) *Introduction to Government and Binding Theory*. Second edition. Oxford, Blackwell.

——— (2006) *Thinking Syntactically: A Guide to Argumentation and Analysis*. Oxford, Blackwell.

Hagoort, Peter (2005) "Broca's complex as the unification space for language." In Cutler: 157-172.

Haider, Hubert & Inger Rosengren (1998) *Scrambling*. Lund, University of Lund.

Hale, Ken (1982) "On the position of Warlpiri in a theory of typology." Circulated by Indiana University Linguistics Club, Bloomington.

Hale, Sheila (2002) *The Man who lost his Language*. London, Allen Lane.

Haley, Michael & Ronald Lunsford (1994) *Noam Chomsky*. New York, Twayne Publishers.

Halle, Morris (1959) *The Sound Pattern of Russian*. The Hague, Mouton.

Halliday, Michael A. K. (1975) *Learning How to Mean*. London, Arnold.

Harbert, Wayne (1995) "Binding theory, control and pro." In Webelhuth, 1995a: 177-240.

Harbour, Daniel (2009) "The universal basis of local linguistic exceptionality." *Behavioral and Brain Sciences* 32(05): 456-457.

——— (2011) "Mythomania? Methods and morals from 'The Myth of Language Universals'." *Lingua* 121(12): 1820-1830.

―― (2012) "Chomsky, the Pirahã, and turduckens of the Amazon." Retrieved August 21, 2014, from http://daniel-harbour.blogspotno/2012/03/chomsky-piraha-and-turduckens-of-amazon.html.

* Harman, Gilbert (1969) "Linguistic competence and empiricism." In Hook: 143-151.

* ―― (ed.) (1974) *On Noam Chomsky: Critical Essays*. New York, Anchor Books. (1980) "Two quibbles about analyticity and psychological reality." *Behavioral and Brain Sciences* 3: 21-22.

―― (2001) "New Horizons in the Study of Language and Mind by Noam Chomsky: Review." *The Journal of Philosophy* 98(5): 265-269.

Harris, Randy Allen (1993) *The Linguistics Wars*. Oxford, Oxford University Press.

Harris, Zellig (1951) *Methods in Structural Linguistics*. Chicago, University of Chicago Press.

―― (1952) "Discourse analysis." *Language* 28: 1-30.

―― (1957) "Co-occurrence and transformation in linguistic structure." *Language* 33: 283-340.

―― (1965) "Transformational theory." *Language* 41: 363-401.

―― (1997) The Transfom1ation of Capitalist Society. Lanham, MD, Rowman & Littlefield.

Hauser, Marc D. (2006) *Moral Minds: How Nature Designed Our Universal Sense of Right and Wrong*. First edition. New York, Ecco.

* Hauser, Marc, Noam Chomsky & Tecumseh Fitch (2002) "The faculty of language: What is it, who has it, and how did it evolve?" *Science* 298 (November 22): 1569-1579.〔言語進化に関するチョムスキーの後続著作すべての基礎を成す。〕

Hauser, Marc, Charles Yang, Robert Berwick, Ian Tattersall, Michael Ryan, Jeffrey Watumull, Noam Chomsky, and Richard Lewontin (2014) "The mystery of language evolution." *Frontiers in Psychology* 05/2014; 5:401. DOI: 10.3389/fpsyg.2014.00401.

Haverkort, Marco (2005) "Linguistic representation and language use in aphasia." In Cutler: 57-08.

Heim, Irene & Angelika Kratzer (1998) *Semantics in Generative Grammar*. Oxford, Blackwell.

* Herman, Edward S. & Noam Chomsky (1994) *Manufacturing Consent: The Political Economy of the Mass Media*. New York, Vintage. (First published 1988, New York: Pantheon.)〔ノーム・チョムスキー，エドワード・S・ハーマン／中野真紀子（訳）(2007)『マニュファクチャリング・コンセント：マスメディアの政治経済学』トランスビュー〕

Hermer, Linda & Elizabeth Spelke (1996) "Modularity and development: The case of spatial reorientation." *Cognition* 61: 195-232.

Hermer-Vazquez, Linda, Elizabeth Spelke & Alla Katsnelson (1999) "Sources of flexibility in human cognition: Dual-task studies of space and language." *Cognitive Psychology* 39(1): 3-36.

Heycock, Caroline & Joel Walienberg (2013) "How variational acquisition drives syntactic change: The loss of verb movement in Scandinavian." *The Journal of Comparative Germanic Linguistics* 16: 127-157.

Higginbotham, James (1991) "Remarks on the metaphysics of linguistics." *Linguistics & Philosophy* 14(5): 555-566.

Hintikka, Jaakko (1989) "Logical form and linguistic theory." In George: 41-57.

Hintikka, Jaakko & Gabriel Sandu (1991) *On the Methodology of Linguistics*. Oxford, Blackwell.

Hirschfeld, Lawrence & Susan Gelman (eds.) (1994) *Mapping the Mind: Domain-specificity in Cognition and Culture*. Cambridge, Cambridge University Press.

Hitchcock, Christopher (2007) "What Russell got right." In Huw Price & Richard Corry (eds.), *Causation, Physics, and the Constitution of Reality: Russell's Republic Revisited*. Oxford, Clarendon Press. 45-65.

* Hitchens, Christopher (1985) "The Chorus and Cassandra: What everyone knows about Noam Chomsky." *Grand Street* 5(1): 106-131. Reprinted in *Prepared for the Worst*. London, Hogarth Press, 1990. 58-77.

Hjelmslev, Louis (1961) *Prolegomena to a Theory of Language*. Madison, University of Wisconsin Press.〔イェルムスレウ／林栄一（訳述）(1998)『言語理論序説』（英語学ライブラリー 41）ゆまに書房〕

Hochmann, Jean-Rémy & Jacques Mehler (2013) "Recent findings about language acquisition." In Piattelli-

Palmarini & Berwick: 107-114.

Hockett, Charles F. (1942) "A system of descriptive phonology." *Language* 18: 3-21.

—— (1968) *The State of the Art*. The Hague, Mouton.

Hockney, Donald (1975) "The bifurcation of scientific theories and indeterminacy of translation." *Philosophy of Science* 42: 411-427.

Hofstadter, Douglas & William Herkewitz (2014) "Why Watson and Siri are not real AI: Interview with Douglas Hofstadter." *Popular Mechanics*, February 10, 2014.

Holmberg, Anders (2010) "Parameters in Minimalist theory: The case of Scandinavian." *Theoretical Linguistics* 36: 1-48.

Hook, Sidney (ed.) (1969) *Language and Philosophy: A Symposium*. New York, New York University Press.〔シドニー・フック（編）／三宅鴻・大江三郎・池上嘉彦（訳）(1974)『言語と思想』研究社出版〕

Hookway, Christopher (1994) "Quine, Willard van Orman." In Guttenplan: 520-525.

Hornstein, Norbert (2009) *A Theory of Syntax*. Cambridge, Cambridge University Press.

* —— (2013) "Three grades of grammatical involvement: Syntax from a Minimalist perspective." *Mind & Language* 28: 392-420.

Hornstein, Norbert, Jairo Nunes & Kleanthes Grohmann (2005) *Understanding Minimalism*. Cambridge, Cambridge University Press.

Hornstein, Norbert & Amy Weinberg (1995) "The empty category principle." In Webelhuth, 1995a: 241-296.

Horwich, Paul (2003) "Meaning and its place in the language faculty." In Antony & Hornstein: 162-178.

Howe, Michael (1989) *Fragments of Genius*. London, Routledge.

Huck, Geoffrey and John Goldsmith (1995) *Ideology and Linguistic Theory: Noam Chomsky and the Deep Structure Debates*. London, Routledge.

Huettel, Scott (2006) "Neuroimaging methods." Available at: www.phillipsexton.com/uploads/1/6/2/2/16224032/neuro_imaging.pdf.

Huff, Toby (2011) *Intellectual Curiosity and the Scientific Revolution: A Global Perspective*. Cambridge, Cambridge University Press.

Hughes, Samuel (2001) "Speech." *The Pennsylvania Gazette*, July/August 2001; pp.39-45.

Hull, Clark Leonard (1943) *Principles of Behavior: An Introduction to Behavior Theory*. New York, D. Appleton-Century.〔C. L. ハル／能見義博・岡本栄一（訳）(1960)『行動の原理』誠信書房〕

Hurford, James (1991) "The evolution of the critical period for language acquisition." *Cognition* 40: 159-201.

Hurst, Jane, Michael Baraitser, E. Auger, F. Graham & S. Norell (1990) "An extended family with an inherited speech disorder." *Developmental Medicine and Child Neurology* 32: 347-355.

Hyams, Nina (1986) *Language Acquisition and the Theory of Parameters*. Dordrecht, Reidel.

Iten, Corinne (2005) *Linguistic Meaning, Truth Conditions and Relevance: The Case of Concessives*. New York, Palgrave Macmillan.

Jackendoff, Ray (1972) *Semantic Interpretation in Generative Grammar*. Cambridge, MA, MIT Press.

—— (1997) *The Architecture of the Language Faculty*. Cambridge, MA, MIT Press.

—— (2002) *Foundations of Language: Brain, Meaning, Grammar, Evolution*. Oxford, Oxford University Press.〔レイ・ジャッケンドフ／郡司隆男（訳）(2006)『言語の基盤：脳・意味・文法・進化』岩波書店〕

Jackendoff, Ray & Pinker, Steven (2005) "The nature of the language faculty and its implications for evolution of language." *Cognition* 97(2): 211-225.

Jacob, François (1977) "Evolution and tinkering." *Science* 196: 1161-1166.

Jacob, Pierre (2010) "Intentionality." In Edward N. Zalta (ed.), *The Stanford Encyclopedia of Philosophy*. Available at: http://plato.stanford.edu/entries/intentionality.

Jakobson, Roman (1941) *Kindersprache, Aphasie und allgemeine Lautgesetze*. Uppsala, Almqvist & Wiksell. English translation: Allan Keiler (1968) *Child Language, Aphasia and Phonological Universals*. The Hague, Mouton.〔ローマン・ヤーコブソン／服部四郎（編・監訳）(1976)『失語症と言語学』岩波書店〕

Jenkins, Lyle (2000) *Biolinguistics: Exploring the Biology of Language*. Cambridge, Cambridge University Press.

Jerne, Niels K. (1985) "The generative grammar of the immune system" (Nobel lecture). *Science* 229: 1057-1059.

Johnson, David & Shalom Lappin (1997) "A critique of the Minimalist Program." *Linguistics and Philosophy* 20: 272-333.

Johnson, Kent (2007a) "Tacit and accessible understanding of language." *Synthèse* 156(2): 253-279.

—— (2007b) "The legacy of methodological dualism." *Mind & Language* 22(4): 366-401.

Johnson, Mark & John Morton (1991) *Biology and Cognitive Development: The Case of Face Recognition*. Oxford, Blackwell.

Johnson, Robert (2014) "Kant's moral philosophy." In Edward N. Zalta (ed.), *The Stanford Encyclopedia of Philosophy*. Available at: http://plato.stanford.edu/entries/kant-moral.

Joordens, Josephine C. A., Francesco d'Errico, Frank P. Wesselingh, Stephen Munro, John de Vos, Jakob Wallinga, *et al.* (2015) "Homo erectus at Trinil on Java used shells for tool production and engraving." *Nature* 518: 228-231.

Joos, Martin (ed.) (1957) *Readings in Linguistics*. Chicago, University of Chicago Press.

Kager, René (1999) *Optimality Theory*. Cambridge, Cambridge University Press.

Kam, Xuân-Nga Cao & Janet Dean Fodor (2013) "Children's acquisition of syntax: Simple models are too simple." In Piattelli-Palmarini & Berwick: 43-60.

Kam, Xuân-Nga Cao, Iglika Stoyneshka, Lidiya Tornyova, Janet D. Fodor & William G. Sakas (2008) "Bigrams and the richness of the stimulus." *Cognitive Science* 32(4): 771-787.

Kandybowicz, Jason (2009) "Embracing edges: syntactic and phono-syntactic edge sensitivity. in Nupe." *Natural Language and Linguistic Theory* 21: 305-344.

Kant, Immanuel ([1785] 2005) *The Moral Law* (or *Groundwork of the Metaphysic of Morals*). Translated by H. J. Paton. London, Routledge.

Kaplan, Abby (forthcoming) *Myths and the Science of Language*. Cambridge, Cambridge University Press.

Karimi, Simin (ed.) (2003) *Word Order and Scrambling*. Oxford, Blackwell.

Karmiloff-Smith, Annette (1992a) *Beyond Modularity*. Cambridge, MA, MIT Press.〔A. カミロフ・スミス／小島康次・小林好和（監訳）(1997)『人間発達の認知科学：精神のモジュール性を超えて』ミネルヴァ書房〕

—— (1992b) "Abnormal phenotypes and the challenges they pose to connectionist models of development" Technical Report PDP.CNS.92.7, Carnegie Mellon University.

Karmiloff-Smith, Annette, Edward Klima, Julia Grant & Simon Baron-Cohen (1995) "Is there a social module? Language, face processing, and theory of mind in individuals with Williams syndrome." *Journal of Cognitive Neuroscience* 1: 196-208.

Kasher, Asa (1991a) *The Chomskyan Turn*. Oxford, Blackwell.

—— (1991b) "Pragmatics and Chomsky's research program." In Kasher (1991a): 122-149.

Katz, Jerrold (1981) *Language and Other Abstract Objects*. Oxford, Blackwell.

—— (ed.) (1985) *The Philosophy of Linguistics*. Oxford, Oxford University Press.

—— (1996) "The unfinished Chomskyan revolution." *Mind & Language* 11: 270-294.

Katz, Jerrold & Paul Postal (1964) *An Integrated Theory of Linguistic Descriptions*. Cambridge, MA, :MJT Press.

Kayne, Richard (1994) *The Antisymmetry of Syntax*. Cambridge, MA, MIT Press. (1996) "Microparametric syntax: Some introductory remarks." In James Black & Virginia Motapanyane (eds.), *Microparametric Syntax and Dialect Variatio11*. Amsterdam, John Benjamins. ix-xvii.

Keita, S. O. Y., R. A. Kittles, C. D. M. Royal, G. E. Bonney, P. Furbert-Harris, G. M. Dunston & C. N. Rotimi (2004) "Conceptualizing human variation." *Nature Genetics* 36(11 Suppl): Sl7-S20.

Kibbee, Douglas A. (ed.) (2010) *Chomskyan (R)Evolutions*. Amsterdam-Philadelphia, John Benjamins.
Kim, Jaegwon (2004) "The mind-body problem at century's turn." In Brian Leiter (ed.), *The Future for Philosophy*. Oxford, Clarendon Press. 129-152.
Kimmelman, Vadim (2012) "Word order in Russian Sign Language." *Sign Language Studies* 12: 414-445.
Kitcher, Philip (1989) "Explanatory unification and the causal structure of the world." In Philip Kitcher & Wesley Salmon (eds.), *Scientific Explanation*. Minnesota Studies in the Philosophy of Science 13. Minneapolis, University of Minnesota Press. 410-505.
Klima, Edward & Ursula Bellugi (1966) "Syntactic regularities in the speech of children." In John Lyons & Roger Wales (eds.), *Psycholinguistics Papers*. Edinburgh, Edinburgh University Press.
Knecht, Stefan, Michael Deppe, B. Dräger, L. Bobe, H. Lohmann, Bernd Ringelstein & H. Henningsen (2000) "Language lateralization in healthy right-handers." *Brain* 123(Pt 1): 74-81.
Knecht, Stefan, B. Dräger, Michael Deppe, L. Bobe, H. Lohmann, Agnes Flöel, Bernd Ringelstein & H. Henningsen (2000) "Handedness and hemispheric language dominance in healthy humans." *Brain* 123 (Pt 12): 2512-2518.
Knecht, Stefan, Agnes Flöel, B. Dräger, C. Breitenstein, J. Sommer, H. Henningsen, Bernd Ringelstein & A. Pascual-Leone (2002) "Degree of language lateralization determines susceptibility to unilateral brain lesions." *Nat Neurosci* 5(7): 695-699.
Koyré, Alexandre (1968) *Metaphysics and Measurement: Essays in Scientific Revolution*. London, Chapman & Hall.
Kripke, Saul (1982) *Wittgenstein on Rules and Private Language*. Cambridge, MA, Harvard University Press. 〔ソール・A. クリプキ／黒崎宏（訳）(1983)『ウィトゲンシュタインのパラドックス：規則・私的言語・他人の心』産業図書〕
Kroch, Anthony (1989) "Function and grammar in the history of English periphrastic do." In Ralph Fasold & Deborah Schiffrin (eds.), *Language Variation and Change*. Philadelphia, John Benjamins. 199-244.
―― (2001) "Syntactic change". In Baltin & Collins: 699-729.
―― (2002) "Variation and change in the historical syntax of English." Paper presented at the LAGB, UMIST, September 2002.
Kuhn, Thomas S. (1957) *The Copernican Revolution: Planetary Astronomy in the Development of Western Thought*. Cambridge, MA, Harvard University Press.
Lai, Cecilia, Simon Fisher, Jane Hurst, Faraneh Vargha-Khadem & Anthony Monaco (2001) "A novel forkhead-domain gene is mutated in a severe speech and language disorder." *Nature* 413: 519-523.
Lappin, Shalom, Robert Levine & David Johnson (2000) "The structure of unscientific revolutions." *Natural Language and Linguistic Theory* 18: 665-671.
Larson, Richard & Gabriel Segal (1995) *Knowledge of Meaning*. Cambridge, MA, MIT Press.
Lashley, Karl S. (1951) "The problem of serial order in behaviour." In Lloyd A. Jeffress (ed.), *Cerebral Mechanisms in Behavior: The Hixon Symposium*. New York, Wiley. 112-135.
Lasnik, Howard (2001) "Derivation and representation in modern transformational syntax." In Baltin & Collins: 62-88.
―― (2002) "The Minimalist Program in syntax." *Trends in Cognitive Sciences* 6: 432-437.
Lasnik, Howard (with Marcela Depiante and Arthur Stepanov) (2000) *Syntactic Structures Revisited: Contemporary Lectures on Classic Transformational Theory*. Cambridge, MA, MIT Press.
* Lasnik, Howard & Terje Lohndal (2013) "Brief overview of the history of generative syntax." In den Dikken: 26-60.
Lassiter, Daniel (2008) "Semantic externalism, linguistic variation, and sociolinguistic accommodation." *Mind & Language* 23: 607-633.
Lau, Joerg (2001) "Onkel Noam aus dem Netz." *Die Zeit*, July 26, 2001.
Laurence, Stephen & Eric Margolis (1999) "Concepts and cognitive science." In Eric Margolis & Stephen Laurence (eds.), *Concepts: Core Readings*. Cambridge, MA, MIT Press. 3-82.

Leben, Derek (2015) "Neoclassical concepts." *Mind & Language* 30(1), 44-69.

* Lees, Robert (l957) Review of Chomsky, 1957. *Language* 33: 375-408.〔チョムスキーに一躍脚光を浴びさせた賛美すべき書評。〕

―― (1960) *The Grammar of English Nominalizations*. Bloomington, IN, University Press.

Le Guin, Ursula K. (1968) *A Wizard of Earthsea*. Berkeley, CA, Parnassus Press.〔ル＝グウィン／清水真砂子（訳）(2000-2001)『ゲド戦記』改版, 岩波書店〕

Leier, James Mark (2006) *Bakunin: The Creative Passion*. New York, Thomas Dunne Books/St. Martin's Press.

Lenneberg, Eric (1967) *Biological Foundations of Language*. New York, Wiley.〔E・H・レネバーグ／佐藤方哉・神尾昭雄（訳）(1974)『言語の生物学的基礎』大修館書店〕

Leonard, Laurence (1996) "Characterizing specific language impairment: A crosslinguistic perspective." In Mabel Rice (ed.), *Towards a Genetics of Language*. Hillsdale, NJ, Lawrence Erlbaum. 243-256.

Levelt, Willem (1974) *Formal Grammars in Linguistics and Psycholinguistics*, Vol. l: *An Introduction to the Theory of Formal Languages and Automata*. The Hague, Mouton.

―― (2013) *A History of Psycholinguistics: The Pre-Chomskyan Era*. Oxford, Oxford University Press.

―― (1990) *The Mirror Maker*, trans. R. Rosenthal. London, Minerva.

Levine, Joseph (1983) "Materialism and qualia: The explanatory gap." *Pacific Philosophical Quarterly* 64: 354-361.

Levinson, Stephen (2000) *Presumptive Meanings*. Cambridge, MA, MIT Press.〔S. C. レヴィンソン／田中廣明・五十嵐海理（訳）(2007)『意味の推定：新グライス学派の語用論』研究社〕

Levinson, Stephen C. & Nicholas Evans (2010) "Time for a sea-change in linguistics: Response to comments on 'The Myth of Language Universals'." *Lingua* 120(12): 2733-2758.

Lewis, David (1969) *Convention: A Philosophical Study*. Cambridge, MA, Harvard University Press.

―― (1975) "Languages and language." In Keith Gunderson (ed.), *Language, Mind, and Knowledge*. Minneapolis, University of Minnesota Press. 3-35.

Lewis, Shevaun & Colin Phillips (2015) "Aligning grammatical theories and language processing models." *Journal of Psycholinguistic Research* 44(1): 27-46.

Lidz, Jeffrey and Lila Gleitman (2004) "Yes, we still need Universal Grammar." *Cognition* 94: 85-93.

Lidz, Jeffrey & Alexander Williams (2009) "Constructions on holiday." *Cognitive Linguistics* 20(1): 177-189.

Lieberman, Philip (2001) "On the subcortical bases of the evolution of language." In Jürgen Trabant and Sean. Ward (eds.), *New Essays on the Origin of Language*. Mouton. 21-40.

Lightfoot, David (1991) *How to set Parameters: Arguments from Language Change*. Cambridge, MA, MIT Press.

Longobardi, Giuseppe (2014) "Darwin's last challenge." Paper presented to the Philological Society, London, February 7, 2014.

Ludlow, Peter (2003) "Referential semantics for I-languages?" In Antony & Hornstein: 140-161.

Lycan, William G. (2003) "Chomsky on the mind-body problem." In Antony & Hornstein: 11-28.

Lyons, John (1970) *Chomsky*. Fontana Modern Masters Series. London, Fontana-Collins.〔ジョン・ライアンズ／長谷川欣佑・馬場彰（訳）(1985)『チョムスキー』（岩波現代選書）岩波書店〕

―― (1995) *Linguistic Semantics: An Introduction*. Cambridge, Cambridge University Press.

MacFarquhar, Larissa (2003) "The Devil's accountant." *The New Yorker*, March 31, 2003, pp.64-79.

MacWhinney, Brian (1995) *The CHILDES Project: Tools/or Analyzing Talk*. Hillsdale, NJ, Lawrence Erlbaum.

―― (2010) "A tale of two paradigms." In Michele Keil & Maya Hickmann (eds.), *Language Acquisition across Linguistic and Cognitive Systems*. Amsterdam, John Benjamins. 17-32.

Mailer, Norman (1968) *The Armies of the Night*. London, Weidenfeld & Nicolson.

Manzini, Rita (1992) *Locality: A Theory and Some of its Empirical Consequences*. Cambridge, MA, MIT Press.

Manzini, Rita & Leonardo Savoia (2007) *A Unification of Morphology and Syntax: Investigations into Romance and Albanian Dialects*. London, Routledge.

Marantz, Alec (1995) "The Minimalist Program." In Webelhuth, 1995a: 349-382.

Marcus, Gary (1998) "Can connectionism save constructivism?" *Cognition* 66: 153-182.

―― (2013) "Evolution, memory, and the nature of syntactic representation." In Johan Bolhuis and Martin Everaert (eds.), *Birdsong, Speech and Language: Exploring the Evolution of Mind and Brain*. Cambridge, MA, MIT Press. 27-44.

Marcus, Gary & Simon Fisher (2003) "FOXP2 in focus: What can genes tell us about speech and language?" *Trends in Cognitive Sciences* 1: 257-262.

Marcus, Mitchell (1980) *A Theory of Syntactic Recognition for Natural Language*. Cambridge, MA, MIT Press.

Markie, Peter (2013) "Rationalism vs. empiricism." In Edward N. Zalta (ed.), *The Stanford Encyclopedia of Philosophy*. Available at: http://plato.stanford.edu/archives/sum2013/entries/rationalism-empiricism.

Marr, David (1982) *Vision*. New York, W. H. Freeman. 〔デビッド・マー／乾敏郎・安藤広志（訳）(1987)『ビジョン：視覚の計算理論と脳内表現』産業図書〕

Marshack, Alexander (1985) *Hierarchical Evolution of the Human Capacity: The Paleolithic Evidence*. New York, American Museum of Natural History.

Marshall, John (1980) "The new organology." *Behavioral and Brain Sciences* 3(01): 23-25.

Matthews, Robert (1998) "Take a spin." *New Scientist* 2123: 24-28.

Mayberry, Rachel (1993) "First-language acquisition after childhood differs from second-language acquisition: The case of American Sign Language." *Journal of Speech and Hearing Research* 36: 1258-1270.

McCarthy, John (2001) *A Thematic Guide to Optimality Theory*. Cambridge, Cambridge University Press.

McCloskey, James (1988) "Syntactic theory." In Fritz Newmeyer (ed.), *Linguistics: The Cambridge Survey*, Vol. 1. Cambridge, Cambridge University Press. 18-59.

―― (2002) "Resumption, successive cyclicity, and the locality of operations." In Epstein and Seeley: 184-226.

McDonald, Fritz J. (2009) "Linguistics, psychology, and the ontology of language." *Croatian Journal of Philosophy* 27: 291-301.

McGilvray, James (1998) "Meanings are syntactically individuated and found in the head." *Mind & Language* 13: 225-280.

* ―― (1999) *Chomsky: Language, Mind, and Politics*. Cambridge, Polity Press. [Second edition 2013].

* ―― (ed.) (2005) *The Cambridge Companion to Chomsky*. Cambridge, Cambridge University Press.

McIntyre, Alison (2004) "Doctrine of double effect." In Edward N. Zalta (ed.), *The Stanford Encyclopedia of Philosophy*. Revised 2014. Available at: http://plato.stanford.edu/entries/double-effect/.

Mikhail, John (2011) *Elements of Moral Cognition: Rawl's Linguistic Analogy and the Cognitive Science of Moral and Legal Judgment*. Cambridge, Cambridge University Press.

―― (2012) "Moral grammar and human rights: Some reflections on cognitive science and enlightenment rationalism." In Ryan Goodman, Derek Jinks & Andrew K. Woods (eds.), *Understanding Social Action, Promoting Human Rights*. Oxford, Oxford University Press. 160-198.

Miller, George (1956) "The Magical Number Seven, Plus or Minus Two: Some Limits on our Capacity for Processing Information." *Psychological Review* 63: 81-97.

―― (1962) "Some psychological studies of grammar." *American Psychologist* 1: 748-762.

* Miller, George & Noam Chomsky (1963) "Finitary models of language users." In Duncan Luce, Robert Bush & Eugene Galanter (eds.), *Handbook of Mathematical Psychology*, Vol. 2. New York, Wiley. 419-492.

Millikan, Ruth Garrett (1984) *Language, Thought and Other Biological Categories*. Cambridge, MA, MIT Press.

―― (2003) "In defense of public language." In Antony & Hornstein: 215-237.

―― (2005) *Language: A Biological Model*. Oxford, Oxford University Press.

Milsark, Gary (2001) Review of N. Smith, 1999. *Language* 11: 599-600.

* Modgil, Sohan & Celia Modgil (eds.) (1987) *Noam Chomsky: Consensus and Controversy*. New York, The Palmer

Press.

Montalbetti, Mario (1984) After Binding: On the Interpretation of Pronouns. PhD dissertation, MIT.

Montague, Richard (1974) "English as a formal language." In Thomason: 188-221. (First published 1970 in B. Visentini *et al.* (eds.), *Linguaggi nella Societa et nella Technica*, Milan, Edizioni di Communita. 188-221.)

Moravcsik, Julius (1990) *Thought and Language*. London, Routledge.

Morgan, Gary, Neil Smith, Ianthi Tsimpli & Bencie Woll (2002) "Language against the odds: The learning of British Sign Language by a polyglot savant." *Journal of Linguistics* 38:1-41.

Moscati, Vincenzo & Luigi Rizzi (2014) "Agreement configurations in language development: A movement-based complexity metric." *Lingua* 140: 67-82.

Motluk, Alison (1996) "Brain detectives see memories in their true colours." *New Scientist* 2040: 16.

―― (1997) "The inner eye has sharper vision." *New Scientist* 2087: 18.

Müller, Gereon (2011) *Constraints on Displacement: A Phase-based Approach*. Amsterdam, John Benjamins.

Munger, Michael C. (1996) "Book review: Golden Rule, Ferguson, 1995." *The Independent Review* 1(1).

Nagel, T. (1969) "Linguistics and epistemology." In Hook: 171-181. New York, New York University Press. Reprinted in Harman, 1974: 219-228.

―― (1997) *The Last Word*. Oxford, Oxford University Press. 〔トマス・ネーゲル／大辻正晴（訳）(2015)『理性の権利』春秋社〕

Nagel, E. & R. Brandt (eds.) (1965) *Meaninga11d Knowledge: Systematic Readings in Epistemology*. New York, Harcourt, Brace & World.

Nederhof, Mark-Jan & Giorgio Satta (2010) "Theory of parsing." In Clark *et al.*: 105-130.

Neeleman, Ad & Fred Weerman (1997) "L1 and L2 word order acquisition." *Language Acquisition* 6: 125-170.

Neidle, Carol, Judy Kegl, D. MacLaughlin, B. Bahan & R. Lee (2000) *The Syntax of American Sign Language: Functional Categories and Hierarchical Structure*. Cambridge, MA, MIT Press.

Nespor, Marina (2014) "On the nature of language acquisition mechanisms: Sensitivity to prosody in different modalities." Paper presented at the Academy Colloquium "The Biology of Language: Evolution, Brain, Development". Amsterdam, December 2014.

Nevins, Andrew, David Pesetsky & Cilene Rodrigues (2009) "Pirahä exceptionality: A reassessment." *Language* 85(2): 355-404.

Newbury, D. F. & A. P. Monaco (2002) "Molecular genetics of speech and language disorders." *Current Opinion in Pediatrics* 14: 696-701.

Newmeyer, Frederick J. (1997) "Genetic dysphasia and linguistic theory." *Journal of Neurolinguistics* 10: 47-73.

―― (2005) *Possible and Probable Languages: A Generative Perspective on Linguistic Typology*. Oxford, Oxford University Press.

Norton, John (1985) "What was Einstein's Principle of Equivalence?" *Studies in Hist01y and Philosophy of Science* 16: 203-246.

Norvig, Peter (2014) "On Chomsky and the two cultures of statistical learning." Available at: http://n01vig.com/chomsky.html.

Nowak, M. & N. Komarova (2001) "Towards an evolutionary theory of language." *Trends in Cognitive Sciences* 5: 288-29S.

O'Connor, Neil, Neil Smith, Chris Frith & Ianthi-Maria Tsimpli (1994) "Neuropsychology and linguistic talent." *Journal of Neurolinguistics* 8: 95-107.

Odden, David (2013) *Introducing Phonology*. Cambridge, Cambridge University Press.

Onishi, K. H. & R. Baillargeon (2005) "Do 15-month-old infants understand false beliefs?" *Science* 308(5719): 255-258.

* Otero, Carlos (ed.) (1994) *Noam Chomsky: Critical Assessments*. 4 volumes. London, Routledge. 〔論文及び書評を

集めた優れた情報源。]

Pais, A. (1982) *Subtle is the Lord ...: The Science and the Life of Albert Einstein*. Oxford, Oxford University Press.〔アブラハム・パイス／金子務ほか（訳）(1987)『神は老獪にして…：アインシュタインの人と学問』産業図書〕

Palmer, Stephen E. (1999) *Vision Science: Photons to Phenomenology*. Cambridge, MA, MIT Press.

Papafragou, Anna (1998) "The acquisition of modality: Implications for theories of semantic representation." *Mind & Language* 13: 370-399.

—— (2002) "Mindreading and verbal communication." *Mind & Language* 17: 55-67.

Paradis, M. (ed.) (1997) Genetic Dysphasia. Special Issue of *Journal of Neuro-linguistics* 10: 4S-249.

Partee, Barbara Hall (1971) "On the requirement that transformations preserve meaning." In C. Fillmore & T. Langendoen (eds.), *Studies in Linguistic Semantics*. New York, Holt, Rinehart & Winston. 1-21.

—— (1975) "Comments on C. J. Fillmore's and N. Chomsky's papers." In R. Austerlitz (ed.), *The Scope of American Linguistics*. Lisse, Peter de Ridder Press. 197-209.

—— (2004) *Compositionality in Formal Semantics: Selected Papers*. Oxford, Blackwell.

Partlow, Joshua (2014) "Dostum, a former warlord who was once America's man in Afghanistan, may be back." *Washington Post*, April 23, 2014.

Pearl, Lisa & Jeffrey Lidz (2013) "Parameters in language acquisition." In Cedric Boeckx & Kleanthes Grohmann (eds.), *The Cambridge Handbook of Biolinguistics*. Cambridge, Cambridge University Press. 129-159.

Pearl, Lisa & Jon Sprouse (2013) "Syntactic islands and learning biases: Combining experimental syntax and computational modeling to investigate the language acquisition problem." *Language Acquisition* 20(1): 23-68.

* Peck, J. (1987) *The Chomsky Reader*. New York, Pantheon.〔卓越した情報源。〕

Perfors, Amy, Joshua Tenenbaum & Terry Regier (2011) "The learnability of abstract syntactic principles." *Cognition* 118(3): 306-338.

Perfors, Amy, Joshua Tenenbaum & Elizabeth Wonnacott (2010) "Variability, negative evidence, and the acquisition of verb argument constructions." *Journal of Child Language* 37(3): 607-642.

Perlmutter, David (1978) "Impersonal passives and the unaccusative hypothesis." *Proceedings of the 4th Annual Meeting of the Berkeley Linguistics. Society*: 157-190.

Perovic, Alexandra (2003) Knowledge of Binding in Down Syndrome: Evidence from English and Serbo-Croatian. PhD Thesis, UCL.

Perrin, Jean Baptiste (1923) *Atoms*. Translated by Dalziel Llewellyn Hammick. London, Constable.

Pesetsky, David (2000) *Phrasal Movement and its Kin*. Cambridge, MA, MIT Press.

—— (2009) "Against taking linguistic diversity at 'face value'." *Behavioral and Brain Sciences* 32(05): 464-465.

Pesetsky, David & Esther Torrego (2007) "The syntax of valuation and the interpretability of features." In Simin Karimi, Vida Samiian & Wendy Wilkins (eds.), *Phrasal and Clausal Architecture: Syntactic Derivation and Interpretation*. Amsterdam, John Benjamins. 262-294.

Phillips, Colin (1996) *Order and Structure*. PhD thesis, MIT.

—— (2004) "Linguistics and linking problems". In M. Rice & S. Warren (eds.), *Developmental Language Disorders: From Phenotypes to Etiologies*. Mahwah, NJ, Lawrence Erlbaum Associates. 241-287.

—— (2013a) "Parser-grammar relations: We don't understand everything twice." In Montserrat Sanz, Itziar Laka & Michael Tanenhaus (eds.), *Language Down the Garden Path: The Cognitive and Biological Basis for Linguistic Structure*. Oxford, Oxford University Press. 294-315.

—— (2013b) "On the nature of island constraints. I: Language processing and reductionist accounts." In Jon Sprouse & Norbert Hornstein (eds.), *Experimental Syntax and Island Effects*. Cambridge, Cambridge University Press. 64-108.

—— (2013c) "Some arguments and non-arguments for reductionist accounts of syntactic phenomena." *Language and Cognitive Processes* 28: 156-187.

Piaget, J. & B. Inhelder (1966) *The Psychology of the Child*. London, Routledge.

* Piattelli-Palmarini, M. (1980) *Language and Learning: The Debate between Jean Piaget and Noam Chomsky*. Cambridge, MA, Harvard University Press.

——— (1989) "Evolution, selection and cognition: From learning to parameter setting in biology and in the study of language." *Cognition* 31: 1-44.

Piattelli-Palmarini, Massimo & Robert Berwick (eds.) (2013) *Rich Languages from Poor Inputs*. Oxford, Oxford University Press.

Piattelli-Palmarini, Massimo, Juan Uriagereka & Pello Salaburu (eds.) (2009) *Of Minds and Language: A Dialogue with Noam Chomsky in the Basque Country*. Oxford, Oxford University Press.

Pierrehumbert, J., M. Beckman & R. Ladd (2000) "Conceptual foundations of phonology as a laboratory science." In Noel Burton-Roberts, Philip Carr & Gerard J. Docherty (eds.), *Phonological Knowledge: Conceptual and Empirical Issues*. Oxford, Oxford University Press. 273-303.

Pietroski, Paul (2000) "The undeflated domain of semantics." *SATS* 1(2): 161-176.

——— (2003) "Small verbs, complex events: Analyticity without synonymy." In Antony & Hornstein: 179-214.

——— (2005) "Meaning before truth." In Gerhard Preyer & Georg Peter (eds.), *Contextualism in Philosophy: Knowledge, Meaning, and Truth*. Oxford, Oxford University Press. 255-302.

——— (2010) "Concepts, meanings and truth: First nature, second nature and hard work." *Mind & Language* 25(3): 247-278.

Pinker, Steven (1994) *The Language Instinct*. New York, William Morrow.〔スティーブン・ピンカー／椋田直子（訳）（1995）『言語を生みだす本能』上下（NHKブックス）日本放送出版協会〕

——— (2014) *The Sense of Style: The Thinking Person's Guide to Writing in the 21st Century*. London, Penguin.

Pinker, Steven & Jackendoff, Ray (2005) "The faculty of language: What's special about it?" *Cognition* 95(2): 201-236.

Pinker, S. & A. Prince (1988) "On language and connectionism: Analysis of a parallel distributed processing model of language acquisition." *Cognition* 28: 73-193.

Pintzuk, S. (2002) "Verb-object order in Old English: Variation as grammatical Competition." In D. W. Lightfoot (ed.), *Syntactic Effects of Morphological Change*. Oxford, Oxford University Press. 276-299.

Plaut, D. (2003) "Connectionist modelling of language: Examples and implications." In Banich & Mack: 143-167.

Poland, Jeff (2003) "Chomsky's challenge to physicalism." In Antony & Hornstein: 29-48.

Polanyi, Michael (1967) *The Tacit Dimension*. London, Routledge & K. Paul.〔マイケル・ポランニー／高橋勇夫（訳）（2003）『暗黙知の次元』（ちくま学芸文庫）筑摩書房〕

Polinsky, Maria (2013) "Raising and control." In den Dikken: 577-606.

Pons, Ferran & Juan Toro (2010) "Structural generalizations over consonants and vowels in 11-month-old infants." *Cognition* 116: 361-367.

Post, E. (1944) "Recursively enumerable sets of positive integers and their decision problems." *Bulletin of the American Mathematical Society* 50: 284-316.

Postal, Paul (1974) *On Raising: One Rule of English Grammar and its Theoretical Implications*. Cambridge, MA, MIT Press.

——— (2012). "Two case studies of Chomsky's play acting at linguistics." *Lingbuzz*. Retrieved March 28, 2013, from http://ling.auf.net/lingbuzz/001686/currentpdf.

Powell, M. (2002) "An eminence with no shades of gray." *The Washington Post*, May 5, 2002.

Premack, D. & A. Premack (1994) "Moral belief: Form versus content" In Hirschfeld & Gelman: 149-168.

Price, Cathy (2012) "A review and synthesis of the first 20 years of PET and fMRI studies of heard speech, spoken language and reading." *Neuroimage* 62(2): 816-847.

Pritchett, B. L. (1988) "Garden path phenomena and the grammatical basis of language processing." *Language* 64: 539-576.

Pullum, Geoffrey (1979) *Rule Interaction and the Organization of a Grammar*. New York, Garland.

—— (1989) "Formal linguistics meets the boojum." *Natural Language and Linguistic Theory* 7: 137-143.

Pullum, Geoffrey K. & Barbara C. Scholz (2002) "Empirical assessment of stimulus poverty arguments." *The Linguistic Review* 18(1-2): 9-50.

—— (2003) "Linguistic models." In Banich & Mack: 113-141.

Pullum, Geoffrey & Am old Zwicky (1988) "The syntax-phonology interface." In Fritz Newmeyer (ed.), *Linguistics: The Cambridge Survey*, Vol. 1. Cambridge, Cambridge University Press. 255-280.

Putnam, Hilary (1962) "Dreaming and 'depth grammar'." In Ronald J. Butler (ed.), *Analytical Philosophy: First Series*. Oxford, Basil Blackwell. 211-235.

—— (1967) "The 'innateness hypothesis' and explanatory models in linguistics." *Synthèse* 17: 12-22. Reprinted in Searle, 1971: 121-44.

* Quine, Willard van Orman (1960) *Word and Object*. Cambridge, MA, MIT Press. 〔W. V. O. クワイン／大出晁・宮館恵（訳）(1984)『ことばと対象』（双書プロブレーマタ）勁草書房〕

—— (1969) "Linguistics and philosophy." In Hook: 95-98.

—— (1970) "Methodological reflections on current linguistic theory." *Synthèse* 21(3/4): 386-398.

—— (1972) "Methodological reflections on current linguistic theory." In Davidson & Hannan: 442-54. Reprinted in Hannan, 1974: 104-117.

—— (1990) *Pursuit of Truth*. Cambridge, MA, Harvard University Press. 〔W. V. クワイン／伊藤春樹・清塚邦彦（訳）(1999)『真理を追って』産業図書〕

Radford, Andrew (1990) *Syntactic Theory and the Acquisition of English Syntax*. Oxford, Blackwell.

—— (1997a) *Syntactic Theory and the Structure of English*. Cambridge, Cambridge University Press.

—— (1997b) *Syntax: A Minimalist Introduction*. Cambridge, Cambridge University Press. 〔アンドリュー・ラドフォード／外池滋生・泉谷双藏・森川正博（訳）(2000)『入門ミニマリスト統語論』研究社出版〕

—— (2004a) *English Syntax: An Introduction*. Cambridge, Cambridge University Press. 〔アンドリュー・ラドフォード／外池滋生（監訳）(2006)『新版 入門ミニマリスト統語論』研究社〕

—— (2004b) *Minimalist Syntax: Exploring the Structure of English*. Cambridge, Cambridge University Press.

—— (2009) *An Introduction to English Sentence Structure*. Cambridge, Cambridge University Press.

Ramchand, Gillian (2013) "Argument structure and argument structure alternations." In den Dikken: 265-321.

Ramscar, Michael, Melody Dye & Stewart McCauley (2013) "Error and expectation in language learning: The curious absence of mouses in adult speech." *Language* 89: 760-793.

Ramsey, W., S. Stich & J. Garon (1990) "Connectionism, eliminativism and the future of folk psychology." *Philosophical Perspectives* 4: 499-533.

Randall, Janet (1990) "Catapults and pendulums: The mechanics of language acquisition." *Linguistics* 28: 1381-1406.

Reali, Florencia & Morten H. Christiansen (2005) "Uncovering the richness of the stimulus: Structure dependence and indirect statistical evidence." *Cognitive Science* 29(6): 1007-1028.

Reinhart, Tanya & Eric Reuland (1993) "Reflexivity." *Linguistic Inquiry* 24: 657-720.

Reuland, Eric & Martin Everaert (2001) "Deconstructing binding." In Baltin & Collins: 634-669.

—— (2010) "Reaction to: The Myth of Language Universals and cognitive science — Evans and Levinson's cabinet of curiosities: Should we pay the fee?" *Lingua* 120: 2713-2716.

Rey, Georges (1994) "Dennett's unrealistic psychology." *Philosophical Topics* 22(1/2): 259-289.

—— (1997) *Contemporary Philosophy of Mind: A Contentiously Classical Approach*. Oxford, Blackwell.

—— (2003a) "Chomsky, intentionality, and a CRTT." In Antony & Hornstein: 105-139.

―― (2003b) "Intentional content and a Chomskyan linguistics." In Alex Barber (ed.), *Epistemology of Language*. Oxford, Oxford University Press. 140-186.

―― (2003c) "The analytic/synthetic distinction." In Edward N. Zalta (ed.), *The Stanford Encyclopedia of Philosophy*. Revised 2013. Available at: http://plato.stanford.edu/ entries/analytic-synthetic.

―― (2012) "Externalism and inexistence in early content." In Richard Schantz (ed.), *Prospects for Meaning*. Berlin, De Gruyter. 503-529.

―― (2014a) "Innate and learned: Carey, Mad Dog Nativism, and the poverty of stimuli and analogies (yet again)." *Mind & Language* 29(2): 109-132.

―― (2014b) "The possibility of a naturalistic Cartesianism regarding intuitions and introspection." In Matthew Haug (ed.), *Philosophical Methodology: The Armchair or the Laboratory?* London, Routledge. 243-267.

Richards, Marc (2011) "Deriving the edge: What's in a phase?" *Syntax* 14(1): 74-95.

Riegler, Alexander (200I) "Towards a radical constructivist understanding of science." *Foundations of Science* 6(1-3): 1-30.

Ritter, Nancy (ed.) (2002) A Review of "the Poverty of Stimulus Argument". Special Issue of *The Linguistic Review*.

Rizzi, Luigi (1982) Issues in *Italian Syntax*. Dordrecht, Faris.

* ―― (1990) *Relativized Minimality*. Cambridge, MA, MIT Press.

―― (1997) "The fine structure of the left periphery." In Liliane Haegeman (ed.), *Elements of Grammar: A Handbook of Generative Syntax*. Dordrecht, Kluwer Academic Publishers. 281-337.

―― (2001) "Relativized Minimality effects." In Baltin & Collins: 89-110. (2004) "Locality and left periphery." In Belletti: 223-251.

―― (2009) "The discovery of language invariance and variation, and its relevance for the cognitive sciences." *Behavioral and Brain Sciences* 32(05): 467-468.

* ―― (ed.) (2013a) Syntax and Cognition: Core Ideas and Results in Syntax. Special issue of *Lingua* (Vol. 130).

―― (2013b) "Locality." *Lingua* 130: 169-186.

Roberts, Ian (1997) Comparative Syntax. London, Arnold. (2001) "Head movement." In Baltin & Collins: 113-147.

Roberts, Ian & Anders Holmberg (2005) "On the role of parameters in Universal Grammar: A reply to Newmeyer." In Hans Broekhuis, Norbert Carver, Martin Everaert & Jan Koster (eds.), *Organising Grammar: A Festschrift for Henk van Riemsdijk*. Berlin, Mouton de Gruyter. 538-553.

Roberts, Ian & Anna Roussou (2003) *Syntactic Change: A Minimalist Approach to Grammaticalizatio11*. Cambridge, Cambridge University Press.

Robins, R. H. (1989) *General Linguistics: An Introductory Survey*. Fourth edition. London, Longman. 〔R. H. Robins／西野和子・藤森一明（訳）(1970)『言語学概説』開文社出版（初版の訳）〕

Roca, I. (ed.) (1990) *Logical Issues in Language Acquisition*. Dordrecht, Faris.

Roca, I. & W. Johnson (1999) *Course in Phonology*. Oxford, Blackwell.

Roeper, T. & E. Williams (eds.) (1987) *Parameter Setting*. Dordrecht, Reidel.

Rondal, J. (1995) *Exceptional Language Development in Down's Syndrome*. Cambridge, Cambridge University Press.

Rondal, J. & A. Comblain (1996) "Language in adults with Down's Syndrome." Down's Syndrome: Research and Practice4 (1): 3-14.

Rooryck, Johan, Neil Smith, Anikó Liptak & Diane Blakemore (2010) "Editorial introduction to the special issue of *Lingua* on Evans & Levinson's 'The myth of language universals'." *Lingua* 120: 2651-2656.

Rooryck, J. & L. Zaring (eds.) (1996) *Phrase Structure and the Lexicon*. Dordrecht, Kluwer.

Rorty, Richard (ed.) (1967) *The Linguistic Tum: Recent Essays in Philosophical Method*. Chicago, University of Chicago Press.

Rosenbaum, Peter S. (1967) *The Grammar of English Predicate Complement Constructions*. Cambridge, MA, MIT Press.

* Ross, J. R. (1967) "Constraints on Variables in Syntax." Ph.D. thesis, MIT. Published in 1986 as *Infinite Syntax*. Norwood, NJ, Ablex Publishing Corporation. 〔初期の生成統語論への重要な貢献。〕

Rousseau, J.-J. (1755) *Discourse on the Origins and Foundations of Inequality among Men*. Translated in R. D. Masters (ed.) (1964), The First and Second Discourses. New York, St Martin's Press.

Rugg, Michael (1999) "Functional neuroimaging in cognitive neuroscience". In C. Brown & P. Hagoort (eds.), *The Neurocognition of Language*. Oxford, Oxford University Press. 15-36.

Russell, Bertrand (1912) "On the notion of cause." *Proceedings of the Aristotelian Society New Series* 13: 1-26.

—— (1927) *The Analysis of Matter*. London, Paul, Trench, Trubner.

—— (1948) *Human Knowledge: Its Scope and Limits*. London, Allen & Unwin.

Ryle, Gilbert (1949) *The Concept of Mind*. London, Hutchinson. 〔ギルバート・ライル／坂本百大・宮下治子・服部裕幸（訳）(1987)『心の概念』みすず書房〕

—— (1961) "Use, usage and meaning." *Proceedings of the Aristotelian Society*, Supplementary Volume 35: 223-242.

Rymer, R. (1993) *Genie: A Scientific Tragedy*. New York, Harper Perennial.

Sacks, Oliver (1985) *The Man Who Mistook His Wife for a Hat*. New York, Summit Books. 〔オリヴァー・サックス／高見幸郎・金沢泰子（訳）(2009)『妻を帽子とまちがえた男』(ハヤカワ文庫) 早川書房〕

Saffran, E. (2003) "Evidence from language breakdown: Implications for the neural and functional organization of language." In Banich & Mack: 251-281.

Saffran, Jenny, Richard Aslin & Elissa Newport (1996) "Statistical learning by 8-month-old infants." *Science* 274: 1926-1928.

Safir, Ken (2013) "Syntax, binding, and patterns of anaphora." In den Dikken: 515-576.

Sakas, William Gregory & Janet Dean Fodor (2012) "Disambiguating syntactic triggers." *Language Acquisition* 19(2): 83-143.

Salmon, Wesley (1989) "Four decades of scientific explanation." In Philip Kitcher & Wesley Salmon (eds.), *Scientific Explanation. Minnesota Studies in the Philosophy of Science* 13. Minneapolis, University of Minnesota Press. 3-219.

Sampson, Geoffrey (1989) "Language acquisition: Growth or learning?" *Philosophical Papers* 18(3): 203-240.

—— (1999) *Educating Eve: The "Language Instinct" Debate*. London, Cassell.

Samuels, Richard (2004) "Innateness in cognitive science." *Trends in Cognitive Sciences* 8(3): 136-141.

—— (2008) "Is innateness a confused concept?" In Peter Carruthers, Stephen Laurence & Stephen Stich (eds.), *The Innate Mind*, Vol. 3: *Foundations and the Future*. Oxford, Oxford University Press. 17-36.

Sandler, Wendy & Diane Lillo-Martin (2006) *Sign Language and Linguistic Universals*. Cambridge, Cambridge University Press.

Sanford, Anthony & Patrick Sturt (2002) "Depth of processing in language comprehension: Not noticing the evidence." *Trends in Cognitive Sciences* 6: 382-386.

Sapir, Edward (1929) "The status of linguistics as a science." *Language* 5: 207-214.

Satel, Sally L. & Scott O. Lilienfeld (2013) *Brainwashed: The Seductive Appeal of Mindless Neuroscience*. New York, Basic Books. 〔サリー・サテル，スコット・O. リリエンフェルド／柴田裕之（訳）(2015)『その「脳科学」にご用心：脳画像で心はわかるのか』紀伊國屋書店〕

Savin, H. & E. Perchonock (1965) "Grammatical structure and the immediate recall of English sentences." *Journal of Verbal Learning and Verbal Behavior* 4: 348-353.

Sawyer, Keith (2011) "The cognitive neuroscience of creativity: A critical review." *Creativity Research Journal* 23(2): 137-154.

Schacter, D. L., E. Reiman, T. Curran, L. S. Yun, D. Bandy, K. B. McDermott & H. L. Roediger III (1996) "Neuroanatomical correlates of veridical and illusory recognition memory: Evidence from Positron Emission

Tomography." *Neuron* 17: 267-274.
Scholz, Barbara C., Francis Jeffry Pelletier & Geoffrey K. Pullum (2014) "Philosophy of Linguistics." In Edward N. Zalta (ed.), *The Stanford Encyclopedia of Philosophy*. Available at: http://plato.stanford.edu/entriesnguistics.
Scholz, Barbara C. & Geoffrey K. Pullum (2006) "Irrational nativist exuberance." In Robert Stainton (ed.), *Contemporary Debates in Cognitive Science*. Oxford, Blackwell. 59-80.
Schütze, Carson (1996) *The Empirical Basis of Linguistics: Grammaticality Judgments and Linguistic Methodology*. Chicago, Chicago University Press.
Searchinger, Gene (dir.) (1995) *The Human Language Series*, Part 1 — *Discovering the Human Language: "Colorless green ideas."* New York, Equinox Films Inc.
Searle, John (ed.) (1971) *The Philosophy of Language*. Oxford, Oxford University Press.〔J. R. サール／坂本百大・土屋俊（訳）(1986)『言語行為：言語哲学への試論』(双書プロブレーマタ) 勁草書房〕
—— (1972) "Chomsky's revolution in linguistics." *The New York Review of Books*. Reprinted in Hannan, 1974: 2-33.
Shaer, Benjamin (2009) "German and English left-peripheral elements and the 'orphan' analysis of non-integration." In Benjamin Shaer, Philippa Cook, Werner Frey & Claudia Maienborn (eds.), *Dislocated Elements in Discourse: Syntactic, Semantic, and Pragmatic Perspectives*. London, Routledge. 366-397.
Shallice, Tim (1988) *From Neuropsychology to Mental Structure*. Cambridge, Cambridge University Press.
Shapiro, K. & Alfonso Caramazza (2003) "The representation of grammatical categories in the brain." *Trends in Cognitive Sciences* 1: 201-206.
Sherman, Michael (2007) "Universal genome in the origin of metazoa: Thoughts about evolution." *Cell Cycle* 6(15): 1873-1877.
Skinner, Burrhus F. (1948) *Walden Two*. New York, Macmillan.〔B. F. スキナー／宇津木保・うつきただし（訳）(1983)『ウォールデン・ツー：森の生活：心理学的ユートピア』新装版, 誠信書房〕
—— (1957) *Verbal Behavior*. New York, Appleton Century Crofts.
—— (1963) "Behaviorism at fifty: The rapid growth of a scientific analysis of behavior calls for a restatement of the philosophy of psychology." *Science* 140(3570): 951-958.
—— (1971) *Beyond Freedom and Dignity*. New York, Knopf.〔B. F. スキナー／波多野進・加藤秀俊（訳）(1972)『自由への挑戦：行動工学入門』番町書房；山形浩生（訳）(2013)『自由と尊厳を超えて』春風社〕
Smart, John Jamieson Carswell (1963) *Philosophy and Scientific Realism*. London, Routledge & K. Paul.
Smith, Adam ([1776] 1976) *An Inquiry Into the Nature and Causes of the Wealth of Nations*. Oxford, Clarendon Press.〔アダム・スミス／杉山忠平（訳）(2000-2001)『国富論』1-4（岩波文庫）岩波書店；山岡洋一（訳）(2007)『国富論：国の豊かさの本質と原因についての研究』上下, 日本経済新聞出版社；玉野井芳郎・田添京二・大河内暁男（訳）(2010)『国富論』(中公クラシックス) 中央公論新社〕
Smith, Amahl (1988) "Language acquisition: Learnability, maturation and the fixing of parameters." *Cognitive Neuropsychology* 5: 235-265.
Smith, Barry C. (2008) "What remains of our knowledge of language? Reply to Collins." *Croatian Journal of Philosophy* 22: 57-76.
Smith, Neil (1964) A Phonological and Grammatical Study of the Verb in Nupe. PhD Thesis, University of London.
—— (1967) *An Outline Grammar of Nupe*. London, School of Oriental and African Studies.
—— (1973) *The Acquisition of Phonology: A Case Study*. Cambridge, Cambridge University Press.
—— (ed.) (1982) *Mutual Knowledge*. London-New York, Academic Press.
—— (1983) *Speculative Linguistics*. (An inaugural lecture delivered at University College London, published by the College.)
—— (1985) "Chomsky, Noam." In A. Kuper & J. Kuper (eds.), *The Social Science Encyclopaedia*. London, Routledge & Kegan Paul. 105-106.

―― (1986) Review of Berwick & Weinberg, 1984. *Journal of Linguistics* 22: 222-229.
―― (1987) "Universals and typology." In Modgil & Modgil: 57-66.
―― (1988) "Principles, parameters and pragmatics."〔Chomsky (1986) の書評論文。〕*Journal of Linguistics* 24: 189-201.
―― (1989) *The Twitter Machine: Reflections on Language*. Oxford, Blackwell.
―― (1990) "Can pragmatics fix parameters?" In Roca: 277-289.
―― (1994a) "Competence and performance." In R. E. Asher (ed.), *The Encyclopaedia of Language and Linguistics*, Vol. 2. Oxford, Pergamon. 645-648.
―― (1994b) Review article on A. Karmiloff-Smith, 1992. *European Journal of Disorders of Communication* 29: 95-105.
―― (1996a) "Tadoma." *Glot International* 2(3): 5.〔Smith (2002b) に再所収。〕
―― (1996b) "Godshit." *Glot International* 2(5): 10.〔Smith (2002b) に再所収。〕
―― (1997) "Structural eccentricities." *Glot International* 2(8): 7.〔Smith (2002b) に再所収。〕
―― (1998) "Jackdaws, sex and language acquisition." *Glot International* 3(7): 7.〔Smith (2002b) に再所収。〕
―― (1999). *Chomsky: Ideas and Ideals*. First edition. Cambridge: Cambridge University Press.
―― (2001) "Backlash." *Glot International* 5: 169-171.〔Smith (2005) に拡大版として再所収。〕
―― (2002a) "Frogs, parrots, grooming, the basal ganglia and language." *Glot International* 6: 168-170.
―― (2002b) *Language, Bananas and Bonobos: Linguistic Problems, Puzzles and Polemics*. Oxford, Blackwell.〔ニール・スミス／今井邦彦（訳）(2003)『ことばから心をみる：言語学をめぐる二十話』岩波書店〕
―― (2002c) "Modules, modals, maths and the mind." *Glot International* 6: 248-250.
―― (2002d) "Wonder." *Glot International* 6: 55-57.
―― (2002e) "Personal history". In K. Brown & V. Law (eds.), *Linguistics in Britain: Personal Histories*. Publications of the *Philological Society*, 36. Oxford, Blackwell. 262-273.
―― (2003a) "Dissociation and modularity: Reflections on language and mind." In Banich & Mack: 87-111.
―― (2003b) "Linguistics by numbers." *Glot International* 7: 110-112.
―― (2003c) "Are gucks mentally represented?" *Glot International* 7: 164-166.
―― (2003d) "Modularity and modality in 'second' language learning: The case of a polyglot savant". *Korean Journal of English Language and Linguistics* 3: 411-426.
―― (2003e) "Representations and responsibilities." *Korean Journal of English Language and Linguistics* 3: 527-545.
―― (2005) *Language, Frogs and Savants*. Oxford, Blackwell.
―― (2008) *Review of Noam Chomsky, What We Say Goes*. Penguin. THES, March 13, 2008.
―― (2010) *Acquiring Phonology: A Cross-generational Case Study*. Cambridge, Cambridge University Press.
―― (2011) "Modularity." In P. Hogan (ed.), *Cambridge Encyclopedia of the Language Sciences*. Cambridge, Cambridge University Press. 510-511.
―― (2013) "Parametric variation and Darwin's problem." Available at: http://facultyo flanguage.blogspot.co.uk/2013/01/parametric-variation-and-daiwins-problem.html.
Smith, Neil & Annabel Cormack (2002) "Parametric poverty." *Glot International* 6: 285-287.
Smith, Neil, Beate Hermelin & Ianthi Tsimpli (2003) "Dissociation of social affect and theory of mind in a case of Asperger's Syndrome." University College London Working Papers in *Linguistics* 15: 357-377.
Smith, Neil & Ann Law (2009) "On parametric (and non-parametric) variation." *Biolinguistics* 3: 332-343.
Smith, Neil & Ianthi-Maria Tsimpli (1995) *The Mind of a Savant: Language-learning and Modularity*. Oxford, Blackwell.
―― (1997) "Reply to Bates' review of Smith & Tsimpli, 1995." *The International Journal of Bilingualism* 2: 180-186.

Smith, Neil, Ianthi-Maria Tsimpli, Gary Morgan & Bencie Woll (2011) *The Signs of a Savant: Language against the Odds*. Cambridge, Cambridge University Press.

Smith, Neil, Ianthi-Maria Tsimpli & Jamal Ouhalla (1993) "Learning the impossible: The acquisition of possible and impossible languages by a polyglot savant." *Lingua* 91: 279-347.

* Smith, Neil & Deirdre Wilson (1979) *Modern Linguistics: The Results of Chomsky's Revolution*. Harmondsworth, Penguin.〔N. スミス, D. ウィルソン／山田義昭・土屋元子（訳）(1996)『現代言語学：チョムスキー革命からの展開』新曜社〕

―― (1992) "Introduction to Relevance Theory." Special Issue of *Lingua*, ed. D. Wilson & N. Smith. 87: 1-10.

Smolensky, Paul (1994) "Computational models of mind." In Guttenplan: 176-185.

Smolensky, Paul & Emmanuel Dupoux (2009) "Universals in cognitive theories of language." *Behavioral and Brain Sciences* 32(05): 468-469.

Soames, Scott (1984) "Linguistics and psychology." *Linguistics and Philosophy* 7(2): 155-179.

Sober, Elliot (1980) "Representation and psychological reality." *Behavioral and Brain Sciences* 3: 38-39.

Southgate, Victoria, A. Senju & Gergely Csibra (2007) "Action anticipation through attribution of false belief by 2-year-olds." *Psychological Science* 18(7): 587-592.

Spelke, Elizabeth (2003a) "Core knowledge." In Nancy Kanwisher & John Duncan (eds.), *Functional Neuroimaging of Visual Cognition*. Oxford, Oxford University Press. 29-55.

―― (2003b) "What makes us smart? Core knowledge and natural language." In Dedre Gentner & Susan Goldin-Meadow (eds.), *Language in Mind: Advances in the Study of Language and Thought*. Cambridge, MA, MIT Press. 277-311.

―― (2010) "Innateness, choice and language". In Bricmont & Franck: 203-210.

Spelke, Elizabeth & Sanna Tsivkin (200I) "Initial knowledge and conceptual change: Space and number." In Melissa Bowerman & Steven Levinson (eds.), *Language Acquisition and Conceptual Development*. Cambridge, Cambridge University Press. 70-97.

Sperber, Dan (1994) "Understanding verbal understanding." In Jean Khalfa (ed.), *What is Intelligence?* Cambridge, Cambridge University Press. 179-198.〔J・カルファ（編）／今井邦彦（訳）(1997)『知のしくみ：その多様性とダイナミズム』新曜社〕

―― (2014) "What scientific idea is ready for retirement? The standard approach to meaning." Retrieved March 19, 2014, from www.edge.org/response-detail/25378.

* Sperber, Dan & Deirdre Wilson (1995) *Relevance: Communication and Cognition*. Second edition, with added Postface. Oxford, Blackwell. (First edition 1986.)〔D. スペルベル, D. ウィルソン／内田聖二ほか（訳）(1999)『関連性理論：伝達と認知』第2版, 研究社出版〕

―― (1998) "The mapping between the mental and the public lexicon." In Peter Carruthers & Jill Boucher (eds.), *Language and Thought: Interdisciplinary Themes*. Cambridge, Cambridge University Press. 184-200. Reprinted in Wilson & Sperber, 2012: 31-46.

―― (2002). "Pragmatics, modularity and mind-reading." *Mind & Language* 17(1&2): 3-23.

Sperlich, Wolfgang (2006) *Noam Chomsky*. London: Reaktion Books.

Steedman, Mark (1993) "Categorial Grammar." *Lingua* 90: 221-258.

―― (2000) *The Syntactic Process*. Cambridge, MA, MIT Press.

Steiner, George (1978) *On Difficulty and Other Essays*. Oxford, Oxford University Press.〔ジョージ・スタイナー／加藤雅之・大河内昌・岩田美喜（訳）(2014)『むずかしさについて』みすず書房〕

Strandskogen, Åse-Berit & Rolf Strandskogen (1995) *Norwegian: An Essential Grammar*. London, Routledge.

Strawson, Galen (2003) "Real materialism." In Antony & Hornstein: 49-88.

Stromswold, Karin (2001) "The heritability of language: A review and meta-analysis of twin, adoption and linkage studies." *Language* 77: 647 723.

—— (2005) "Genetic specificity of linguistic heritability". In Cutler: 121-140.

Strozer, Judith (1994) *Language Acquisition after Puberty*. Washington, DC, Georgetown University Press.〔ジュディス・R・ストローザー／木下耕児（訳）(2001)『言語獲得から言語習得へ：思春期をめぐる脳の言語機能』松柏社〕

Surian, Luca, Stefania Caldi & Dan Sperber (2007) "Attribution of beliefs by 13-month-old infants." *Psychological Science* 18(7): 580-586.

Sutton-Spence, Rachel & Bencie Woll (1999) *An Introduction to the Linguistics of BSL*. Cambridge: Cambridge University Press.

Svenonius, Peter (2004) "On the Edge." In Adger, de Cat & Tsoulas: 261-287.

Svenonius, Peter & David Adger (2010) "Features in Minimalist syntax." Lingbuzz/000825. Available at: http://ling.auf.net/lingbuzz/000825.

Sykes, Christopher (ed.) (1994) *No Ordinary Genius: The Illustrated Richard Feynman*. London, Weidenfeld & Nicolson.〔クリストファー・サイクス／大貫昌子（訳）(2012)『ファインマンさんは超天才』（岩波現代文庫）岩波書店〕

Szabó, Zoltán Gendler (2005) "Chomsky, Noam Avram." In John R. Shook & Richard T. Hull (eds.), *The Dictionary of Modern American Philosophers*. Bristol, Thoemmes Continuum. 478-486.

Szabolcsi, Anna (2001) "The syntax of scope." In Baltin & Collins: 607-633.

Szaflarski, J. P., J. R. Binder, E. T. Passing, K. A. McKiernan, B. D. Ward & T. A. Hammeke (2002) "Language lateralization in left-handed and ambidextrous people: fMRI data." *Neurology* 59(2): 238-244.

Tallerman, Maggie (2009) "If language is a jungle, why are we all cultivating the same plot?" *Behavioral and Brain Sciellces* 32(05): 469-470.

Tanenhaus, M. (1988) "Psycholinguistics: An overview." In F. Newmeyer (ed.), *Linguistics: The Cambridge Survey*, Vol. 3. Cambridge, Cambridge University Press. 1-37.

Tappe, H. (1999) *Der Spracherwerb bei Corpus-Callosum-Agenesie: Eine explorative Studie*. [Language acquisition in agenesis of the corpus callosum: An exploratory study.] Tübingen: Narr.

Tattersall, Ian (2004) "What happened in the origin of human consciousness?" The Anatomical Record B, *The New Anatomist* 276(1): 19-26.

Textor, Mark (2009) "Devitt on the epistemic authority of linguistic intuitions." *Erkenntnis* 71(3): 395-405.

Thomas, Michael S. C. & Annette Karmiloff-Smith (2003) "Modelling language acquisition in atypical phenotypes." *Psychological Review* 110(4): 647-682.

Thomason, R. (ed.) (1974) *Formal Philosophy: Selected Papers of Richard Montague*. New Haven, Yale University Press.

Thomason, Sarah G. (2000) "On the unpredictability of contact effects." *Sociolinguistic Studies* 1(1): 173-182.

Thompson, D'Arcy W. (1942) *On Growth and Form*. 2 volumes. Cambridge, Cambridge University Press.〔ダーシー・トムソン／柳田友道ほか（訳）(1973)『生物のかたち』（UP選書）東京大学出版会〕

Thompson, R. F. (1993) *The Brain: A Neuroscience Primer*. Second edition. New York, Freeman.

Thornton, R. (1991) Adventures in Long-distance Moving: The Acquisition of Complex "Wh-Questiolls. PhD Thesis, University of Connecticut.

Tolman, Edward Chace & Charles H. Honzik (1930) "Introduction and removal of reward, and maze performance in rats." University of California Publications in *Psychology* 4: 257-275.

Tomalin, Marcus (2002) "The formal origins of syntactic theory." *Lingua* 112: 827-848.

—— (2003) "Goodman, Quine, and Chomsky: From a grammatical point of view." *Lingua* 113: 1223-1253.

—— (2007) "Reconsidering recursion in syntactic theory." *Lingua* 117: 1784-1800.

Tomasello, Michael (2003) *Constructing a Language*. Cambridge, MA, Harvard University Press.〔マイケル・トマセロ／辻幸夫ほか（訳）(2008)『ことばをつくる：言語習得の認知言語学的アプローチ』慶應義塾大

学出版会〕

Tovar-Moll, Fernanda, Myriam Monteiro, Juliana Andrade, Ivanei Bramati, Rodrigo Vianna-Barbosa, Theo Marins, Erika Rodrigues, Natalia Dantas, Timothy Behrens, Ricardo de Oliveira-Souza, Jorge Moll & Roberto Lent (2014) "Structural and functional brain rewiring clarifies preserved interhemispheric transfer in humans born without the corpus callosum." *Proceedings of the National Academy of Sciences* Ill (21): 7843-7848.

Tovée, Martin (1996) *An Introduction to the Visual System*. Cambridge, Cambridge University Press.

Townsend, D. & T. Bever (2001) *Sentence Comprehension: The Integration of Habits and Rules*. Cambridge, MA, MIT Press.

Tsimpli, Ianthi-Maria (1991) "Functional categories and maturation: The prefunctional stage of language acquisition." University College London Working Papers in *Linguistics* 3: 123-148.

—— (1996) *The Prefunctional Stage of Language Acquisition*. New York, Garland.

Tsimpli, Ianthi-Maria & Neil Smith (1998) "Modules and Quasi-modules: Language and theory of mind in a polyglot savant." *Learning and Individual Differences* 10: 193-215.

Turing, Alan (1952) "The chemical basis of morphogenesis." Philosophical Transactions of the Royal Society of London: 37-72.

Ullman, Shimon (1979) *The Interpretation of Visual Motion*. Cambridge, MA, MIT Press.

—— (1996) *High Level Vision*. Cambridge, MA, MIT Press.

Uriagereka, Juan (1998) *Rhyme and Reason: An Introduction to Minimalist Syntax*. Cambridge, MA, MIT Press.

—— (2012) *Spell-out and the Minimalist Program*. Oxford, Oxford University Press.

Van de Koot, Hans (1991) "Parsing with principles: On constraining derivations." *University College London Working Papers in Linguistics* 3: 369-395.

Van der Lely, Heather (1997a) "Language and cognitive development in a grammatical SLI boy: Modularity and innateness." *Journal of Neurolinguistics* 10: 75-107.

—— (1997b) "*SLI in children: Movement, economy and deficits in the computational-syntactic system*." MS, Birkbeck College, University of London.

Van Fraassen, B. (1980) *The Scientific Image*. Oxford, Clarendon Press. 〔B. C. ファン・フラーセン／丹治信春（訳）(1986)『科学的世界像』紀伊國屋書店〕

Vangsnes, Øystein Alexander (2005) "Microparameters for Norwegian wh-grammars." *Linguistic Variation Yearbook* 5(1): 187-226.

Vargha-Khadem, F., L. Carr, E. Isaacs, E. Brett, C. Adams & M. Mishkin (1997) "Onset of speech after left hemispherectomy in a nine-year-old boy." *Brain* 120: 159-182.

Vargha-Khadem, Faraneh & Frédérique Liégeois (2007) "From speech to gene: The KE family and the FOXP2." In S. Braten (ed.), *On Being Moved*. Amsterdam, John Benjamins. 137-146.

Vargha-Khadem, F., K. Watkins, K. Alcock, P. Fletcher & R. Passingham (1995) "Praxic and nonverbal cognitive deficits in a large family with a genetically transmitted speech and language disorder." *Proceedings of the National Academy of Sciences*, USA 92: 930-933.

Verkaik, Robert (2008) "Chomsky: Britain has failed US detainees." *The Independent*, August 30, 2008.

Walker, Gabrielle (1997) "Here comes hypertime." *New Scientist* 2106: 40-41.

Wallenberg, Joel (2013) "Scrambling, LF, and phrase structure change in Yiddish." *Lingua* 133: 289-318.

Waller, Bruce (1977) "Chomsky, Wittgenstein and the behaviourist perspective on language." *Behaviorism* 5: 43-59. Reprinted in Otero, 1994, Vol. 2: 341-361.

Wason, Peter & Shuli Reich (1979) "A verbal illusion." *The Quarterly Journal of Experimental Psychology* 31(Pt 4): 591-597.

Webelhuth, Gert (1995a) *Government and Binding Theory and the Minimalist Program*. Oxford; Blackwell.

—— (1995b) "X-bar theory and case theory." In Webelhuth, 1995a: 15-95.

Weinberg, Amy (1999) "A Minimalist theory of human sentence processing." In Samuel Epstein & Norbert Hornstein (eds.), *Working Minimalism*. Cambridge, MA, MIT Press. 283-315.

Weiskrantz, Lawrence (1986) *Blindsight: A Case Study and Implications*. Oxford, Clarendon Press.

Wells, Rulon (1947) "Immediate constituents." *Language* 23: 81-117.

White, Lydia (1981) "The responsibility of grammatical theory to acquisitional data." In Norbert Hornstein & David Lightfoot (eds.), *Explanations in Linguistics*. London, Longman. 241-271.

Wiggins, David (1997) "Languages as social objects." *Philosophy* 72(282): 499-524.

Williams, Edwin (1995) "Theta theory." In Webelhuth, 1995a: 97-123.

Williamson, Timothy (2004) "Past the linguistic turn?" In Brian Leiter (ed.), *The Future for Philosophy*. Oxford, Clarendon Press. 106-128.

Wilson, Deirdre (2003) "New directions for research on pragmatics and modularity." *University College London Working Papers in Linguistics* 15: 105-127.

—— (2011) "The conceptual-procedural distinction: Past, present and future." In Victoria Escandell-Vidal, Manuel Leonetti & Aoife Ahem (eds.), *Procedural Meaning: Problems and Perspectives*. Bingley, Emerald.

Wilson, Deirdre & Dan Sperber (1981) "On Grice's theory of conversation." In Paul Werth (ed.), *Conversation and Discourse*. London, Croom Helm. 155-178.

—— (2002) "Truthfulness and relevance." *Mind* 111(443): 583-632.

—— (2004) "Relevance theory." In Laurence R. Horn & Gregory L. Ward (eds.), *The Handbook of Pragmatics*. Malden, MA, Blackwell. 607-632.

—— (2012) *Meaning and Relevance*. Cambridge, Cambridge University Press.

* Winston, Morton (2002) *On Chomsky. Wadsworth Philosophers Series*. Belmont, CA, Wadsworth/Thomson Learning, Inc.

Wolpert, Lewis (1991) *The Triumph of the Embryo*. Oxford, Oxford University Press.

Wonnacott, Elizabeth (2011) "Balancing generalization and lexical conservatism: An artificial language study with child learners." *Journal of Memory and Language* 65: 1-14.

Xu, Pei & Vashti Garcia (2008) "Intuitive statistics by 8-month-old infants." *Proceedings of the National Academy of Sciences* 105: 5012-5015.

Xu, Fei & Tamar Kushnir (2013) "Infants are rational constructivist learners." *Current Directions in Psychological Science* 22: 28-32.

Yang, Charles (2006) *The Infinite Gift: How Children Learn and Unlearn the Languages of the World*. New York, Scribner.

—— (2012) "Computational models of syntactic acquisition." *Wiley Interdisciplinary Reviews: Cognitive Science* 3(2): 205-213.

Zimmerman, David (1969) "Is linguistic rationalism a rational linguistics?" In Hook: 198-207.

人名索引

本文中の人名は姓名の原綴りと姓の片仮名表記、原注中の人名は姓名の原綴り。

Aarts, Bas　324
Abrahamsen, Adele　345
Adele Goldberg, Charles　318
Adger, David　318, 327, 330, 333, 336, 343, 346
Al-Mutairi, Fahad Rashed　アルームタイリ　127, 144, 328, 334, 337, 360
Allott, Nicholas　アロット　168, 171, 229, 273, 274, 283, 324, 331, 353, 357, 358
Altmann, Gerald　324
Ambridge, Ben　346
Anderson, Steven　323, 332
Ann Law　ロー　333
Annette Karmiloff-Smith　カーミロフ=スミス　31, 322, 323, 346
Antony, Louise　320, 345
Arcy Thompson, D　トンプソン　144
Armstrong, David　356
Arnold Zwicky　331
Austin, J. L.　オースティン　243, 286

Bach, Emmon　バック　289, 357
Baillargeon, Renee　321, 355
Baker, Mark　ベイカー　121, 323, 332, 333, 343, 344
Baković, Eric　333
Bakunin, Mikhail　バクーニン　6
Barber, Alex　319
Baron-Cohen, Simon　321, 355
Barsamian, David　バーセイミアン　2, 317
Barsky, Robert F.　バースキー　2, 317, 318, 326
Barton, Ellen　353
Bates, Elizabeth　ベイツ　214, 215, 334, 346
Beaugrande, Robert de　317
Bechtel, William　345
Beeman, Mark　320
Beethoven, Ludwig van　ベートーヴェン　257
Beghelli, Filippo　328, 340
Behme, Christina　ベーム　228, 348
Belletti, Adriana　ベレッティ　200, 336, 343, 344
Bellugi, Ursula　319, 322

Bennett, Craig　338
Berent, Iris　327
Berlinski, David　バーリンスキー　5, 317
Berthelot, Marcellin　ベルテロ　246
Berwick, Robert　バーウィック　183, 218, 220, 317, 318, 325, 328, 330, 333, 336-338, 342, 346, 347, 359
Bever, Tom　324, 339, 341
Bilgrami, Akeel　357
Billen, Andrew　317
Billingsley, Rebecca　341
Birdsong, David　359
Bishop, Dorothy　344
Blakemore, Diane　334
Bloom, Paul　325, 344, 345
Bloomfield, Leonard　ブルームフィールド　48, 323, 324, 327
Boakes, Robert　360
Boeckz, Cedric　ブック　98, 121, 327, 348
Boltzmann, Ludwig　ボルツマン　246
Boole, George　326
Born, Max　ボーン　158
Borsley, Robert　344
Bošković, Željko　336
Bowerman, Melissa　359
Boyle, Sir Robert　ボイル　16, 319
Brahe, Tycho　ブラーエ　162
Brentano, Franz　ブレンターノ　240
Bresnan, Joan　336
Briscoe, Ted　357
Brodsky, Joseph　319
Brody, Michael　ブロウディー　114, 332, 343
Burge, Tyler　357
Burkhardt, Frederick　318
Burton-Roberts, Noel　334
Byrne, Alex　339

Caldwell, Willard E.　339
Cann, Ronnie　カン　182, 342
Caramazza, Alfonso　338

397

Carden, Guy   340
Carey, David   320
Carey, Susan   325, 344
Carnie, Andrew   327
Carr, Philip   323
Carrie Crowther   347
Carruthers, Peter   326
Carston, Robyn   324, 334, 356-358, 360
Cattell, Ray   359
Chalker, Sylvia   331
Chalmers, David John   360
Chao, Wynn   357
Chater, Nick チェイター 222, 228-300, 347, 348
Cheng, Lisa L.-S   333
Cherniak, Christopher チャーニアック 127, 334, 335
Chiarello, Christine   320
Chomsky, Carol チョムスキー, キャロル 3, 6, 200, 317, 318, 344, 349
Chomsky, William チョムスキー, ウィリアム 7, 318
Chouinard, Michelle   360
Christiansen, Morten クリスチャンセン 217, 222, 228-300, 346-348, 357
Christopher（多言語使用の天才）クリストファー 31, 32, 205, 206, 212, 218, 322, 345
Clark, Alexander   325, 342, 345, 346
Clark, Eve   360
Clark, Herbert H.   319
Clark, Kenneth   317
Cole, Peter コウル 107, 331
Collins, Chris   333
Collins, Harry   339
Collins, John コリンズ 240, 298, 339, 340, 347, 349, 350-352, 355-360
Coltheart, Max   322
Comblain, A.   344
Comrie, Bernard   332
Cooper, David E.   354
Copernicus, Nicolaus コペルニクス 162, 339, 340
Cormack, Annabel コーマック 173, 330-332, 336, 337, 341
Cottingham, John コッティンガム 266, 267, 354
Crago, Martha   345
Crain, Stephen   332, 347

Cranmer, Thomas クランマー 108
Craster, Katherine   320
Csibra, Gergely   321
Cudworth, Ralph カドワース 350
Culbertson, Jennifer   340
Culicover, Peter   347
Cummins, Robert カミンズ 275, 355
Curtiss, Susan   320, 326, 344
Cutler, Anne   341, 346

Danielson, Dennis   340
Darwin, Charles Robert ダーウィン 1, 7, 174, 231-233, 318, 341, 348
Davidson, Donald デイヴィドソン 282, 356, 357
Davies, Martin   354, 355
da Vinci, Leonardo ダ・ヴィンチ 5
Dayal, Veneeta   340
den Dikken, Marcel   327
Dehaene, Stanislas ドゥアーヌ 214, 323, 346, 355
Dehaene-Lambertz ドゥアーヌ=ラムベルツ 353
de Lacy, Paul   327
Dennett, Daniel デネット 318, 337, 339, 351, 352
Deppe, Michael   320
Derbyshire, Desmond   325
Descartes, René デカルト 1, 7, 10, 61, 67, 237, 243, 246, 252, 253, 262, 266, 267, 297, 298, 309, 313, 326, 350, 352, 358, 359
Deutsch, Diana   325
de Villiers, Jill   322
de Villiers, Peter   322
Dewey, John デューイ 7, 8
Dobbs, Betty J. T.   324
Dräger, B.   320
Dretske, Fred ドレツキ 260, 353
Dryer, Matthew   318
Dummett, Michael ダメット 265, 349, 354, 356
du Plessis, Hans   330
Dupoux, Emmanuel デュプー 224, 347, 348
Duranti, Alessandro ドゥランティ 19, 320, 324

Egan, Frances   356, 360
Einstein, Albert アインシュタイン 1, 5, 156-158, 254, 339, 340
Elena Lieven   346
Ellis, Hadyn   322

Elman, Jeffrey　エルマン　211, 212, 214, 215, 308, 326, 334, 345, 346, 360
Emonds, Joseph　343
Enard, Wolfgang　345
Engdahl, Elisabet　324
Epstein, Samuel　332, 337
Erickson, Thomas　342
Eubank, Lynn　344, 359
Evans, Gareth　326
Evans, Nicholas　エヴァンズ　174, 222, 224, 225, 300, 318, 326, 341, 347
Everaert, Martin　326, 329
Everett, Daniel　エヴァレット　222, 225-227, 347, 348
Eyraud, Rémi　346

Ferreira, Fernanda　342
Fillmore　318
Fisher, Simon　345
Fitch, Tecumseh　フィッチ　146, 215, 225-228, 231, 318, 322, 325, 338, 348, 357
Flöel, Agnes　320
Fodor, Janet　フォウダー，ジャネット　218, 221, 332, 347, 359
Fodor, Jerry　フォウダー，ジュリー　23-26, 33, 58, 166, 258, 260, 267, 312, 320-322, 325, 326, 340, 341, 345, 347, 351-353, 359, 360
Føllesdal, Dagfinn　フェレスダール　191, 343
Fox Tree, Jean E.　319
Franz, Volker　320
Freidin, Robert　フリーディン　225, 336, 347
Freud, Sigmund　フロイト　1
Friederici, Angela D.　フリードリッチ　337, 353
Frith, Uta　321, 323
Fromkin, Victoria　フロムキン　20, 320, 322, 341, 352
Froud, Karen　332

Gagliardi, Annie　ガグリアルディ　221, 347
Galileo Galilei　ガリレオ　5, 7, 15, 19, 62, 143, 162, 317, 319, 337, 343
Gallistel, Charles　339
Galvão-Wasserman, Luisa Valéria　ヴァッサーマン　3
Garcia, Vashti　346
Garfield, Jay　322
Garrett, Merrill　339, 341
Gates, Gary　353
Gazdar, Gerald　342
Gazzaniga, Michael　321, 326
Genie（隔離児）ジーニー　60, 198, 199, 267, 302, 326, 344
George, Alexander　356
Geschwind, Norman　322
Gettier, Edmund L.　354
Gilbert, Harman　ハーマン　339, 349, 350, 352, 354, 358
Gimbel, Steven　340
Gleick, James　320
Gleitman, Lila　347
Goad, Heather　345
Goldman-Eisler, Freda　ゴウルドマン=アイスラー　319, 324
Goldrick, Matthew　341
Goldsmith, John　343
Goodman, Nelson　グッドマン　3, 7, 238, 301, 314, 349
Gopnik, Alison　359
Gopnik, Myrna　ゴプニク　208, 325, 345, 359
Graney, Christopher　340
Gregg, K. R.　344, 359
Grice, Paul　グライス　259, 260, 283, 286, 324, 353, 356
Grohmann, Kleanthes　327, 329, 330, 333, 343, 348
Gross, Steven　325, 340
Grunewald, Matthias　グリューネヴァルト　84

Ha-'am, Ahad　ハアム　7, 318
Haeberli, Eric　341
Haegeman, Liliane　327, 329-331, 343
Hagoort, Peter　ハゴート　341, 353
Haider, Hubert　343
Hale, Ken　318
Hale, Sheila　322
Halle, Morris　327, 330
Halliday, M. Sebastian　360
Harbert, Wayne　330, 331
Harbour, Daniel　ハーバー　224, 225, 227, 347, 348
Harnish, Robert　ハーニッシュ　275, 355
Harris, Zellig Sabbettai　ハリス　2, 7, 67, 83, 317,

326, 327, 329, 331, 349
Hauser, Marc　ハウザー　146, 215, 225-227, 231, 318, 328, 334, 335, 337, 338, 346, 348, 355, 357
Hawking, Stephen William　ホーキング　254, 352
Heim, Irene　357
Henry, Alison　ヘンリー　344
Henslow, John Stevens　ヘンズロウ　7
Herkewitz, William　352
Herman, Ed　ハーマン　326
Hermer-Vasquez, Linda　ハーマー＝ヴァスケス　26, 321
Hermon, Gabriella　ハーモン　107, 331
Heycock, Caroline　341
Higginbotham, Jim　ヒギンボサム　332
Hintikka, Jaak　ヒンティカ　169, 340
Hitchcock, Christopher　339
Hjelmslev, Louis　イェルムスレウ　11, 318
Hochmann, Jean-Remy　ホハマン　215, 346
Hockett, Charles F.　ホケット　10, 318, 355
Hockney, Donald　355
Hofstadter, Douglas　352
Holmburg, Anders　ホルムベリ　121, 333
Honzik, Charles H.　339
Hornstein, Norbert　ホーンシュテイン　97, 121, 139, 327, 329, 330, 331, 333, 336
Horwich, Paul　ホーウィッチ　348, 357, 358
Howe, Michael　ハウ　32, 322
Huck, Geoffrey　343
Huettel, Scott　341
Huff, Toby　ハフ　162, 317, 339
Hughes, Samuel　317, 318
Hull, Clark Leonard　339, 351
Humboldt, Wilhelm von　フンボルト　7, 262
Hume, David　ヒューム　348
Hurst, Jane　345
Hyams, Nina　343

Inhelder, B.　322

Jackendoff, Ray　323, 340, 348
Jacob, François　ジャコブ　149, 337, 338, 353
Jacob, Pierre　ジャコブ　261, 338
Jakobson, Roman　326
Jenkins, Lyle　ジェンキンス　146, 337
Jerne, Niels K.　344

Jespersen, Otto　イェスペルセン　7
John Morton　321
Johnson, David　333
Johnson, Kent　352, 354
Johnson, Mark　321
Johnson, Robert　354
Johnson, W.　327
Jones, Helen B.　339
Joordens, Josephine C. A.　338
Joos, Martin　ジョーズ　174, 341

Kager, René　327
Kam, Xuân Nga Cao　カム　218, 347
Kandybowicz, Jason　336
Kant, Immanuel　カント　7, 354
Kaplan, Abby　360
Kaplan, Edith　322
Karimi, Simin　330
Kasher, Asa　324, 357, 358
Katz, Jerrold J.　カッツ　170, 278, 279, 329, 340, 352, 354-356
Kayne, Richard　ケイン　121, 332, 333, 344
Kempson, Ruth　ケンプソン　182
Kim, Jaegwon　360
Kimmelman, Vadim　319
Kirby, Simon　357
Kitcher, Philip　338, 360
Klima, Edward　319
Knecht, Stefan　320
Komarova, N.　357
Kratzer, Angelika　357
Kroch, Tony　クロッホ　341
Kropotkin, Peter　クロポトキン　6
Kuhn, Thomas S.　340
Kushnir, Tamar　クシュナー　216, 346

Lai, Cecilia　345
Lakoff, George　レイコフ　234
Lappin, Shalom　333, 345
Larson, Richard　357
Lashley, Karl S.　351
Lasnik, Howard　327, 328, 332, 333, 336
Lau, Joerg　317
Laurence, Stephen　358
Leben, Derek　358

Leeds, Robert B.　リーズ　85
Lees, Robert　329
Le Guin, Ursula Kroeber　ル・グウィン　313, 349
Leibniz, Gottfried Wilhelm von　ライプニッツ　359
Lely, Heather van der　レリー　208, 322, 345
Lenneberg, Eric　レネバーグ　196, 251, 230, 320, 325, 344, 348
Levelt, Willem　319, 356
Levine, Joseph　351, 360
Levinson, Stephen　レヴィンソン　174, 222, 224, 225, 300, 318, 326, 341, 347
Lewis, David　357
Lewis, Michael　322
Lewis, Schevaun　ルイス　182
Lewis, Shevaun　342
Lidz, Jeffrey　リツ　221, 340, 343, 347
Lieberman, Philip　318
Liégeois, Frédérique　345
Lightfoot, David　323, 332, 341
Lilienfeld, Scott O.　338
Lillo-Martin, Diane　319
Linne, Carl von　リンネ　11
Locke, John　ロック　314
Lohndal, Terje　327, 328, 336
Longobardi, Giuseppe　ロンゴバルディ　121
Ludlow, Peter　357
Lukoff, Fred　327, 330
Lycan, William G.　360
Lyons, John　328, 351

MacFarquhar, Larissa　マクファークア　2, 317, 318
MacWhinney, Brian　343, 347
Mailer, Norman　317
Manzini, Rita　マンジーニ　121, 331, 333, 337
Marantz, Alec　330, 333, 334
Marcus, Gary　342, 345, 346
Marcus, Mitchell　324, 342
Margolis, Eric　358
Markie, Peter　326, 348, 354
Markson, Lori　325, 344, 345
Marr, David　マー　187, 321, 342, 355
Marshack, Alexander　338
Marshall, John　355
Matthews, Robert　339
Mattson, Mark　342

Mayberry, Rachel　メイベリ　198, 344
McCarthy, John　327
McCloskey, James　マクロスキー　114, 115, 329, 330, 332
McDonald, Fritz J.　356
McGilvray, James　357
Mehler, Jacques　メーラー　215, 346
Mendeleyeev, Dmitri Ivanovich　メンデレーエフ　89
Mietchen, Daniel　318
Mikhail, John　355
Miller, Geroge Armitage　ミラー　86, 135, 174, 324, 325, 328, 329, 334-336, 341
Millikan, Ruth Garrett　353, 356, 357
Monaco, A. P.　345
Montague, Richard　モンタギュー　5, 278, 317, 355
Montalbetti, Mario　342
Moravcsik, Julius　358
Morgan, Gary　322, 345
Moro, Andrea　モロー　353
Moscati, Vincenso　マスカティ　178, 341, 342
Motluk, Alison　320, 321
Müller, Gereon　329
Muste, Abraham Johannes　ムスト［マスティー］　7

Nagel, Thomas　ネーゲル　265, 354
Nederhof, Mark-Jan　342
Neeleman, Ad　ニールマン　194, 343
Neidle, Carol　319
Nespor, Marina　321
Nevins, Andrew　ネヴィンズ　226, 348
Newbury, D. F.　345
Newmeyer, Frederic　ニューマイヤー　121, 333
Newton, Sir Isaac　ニュートン　7, 21, 43, 64, 145, 246, 247, 309, 350, 360
Nowak, M.　357

O'Connor, Neil　338
Odden, David　327
Onishi, K. H.　321
Otero, Carlos　358

Pais, Abraham　339
Palmer, Stephen E.　321
Pannekoek, Anton　パンネクーク　6
Papafragou, Anna　322

人名索引　401

Papanicolaou, Andrew 341
Paradis, M. 345
Partee, Barbara Hall 329, 358
Pasteur, Louis パスツール 157, 158, 339
Patson, Nikole 342
Pauli, Wolfgang パウリ 158, 339
Pearl, Lisa パール 220, 343, 347
Peck, James ペック 2, 317
Peirce, Charles Sanders パース 7
Perchonock, E. 341
Perfors, Amy パーフォーズ 217, 218, 346, 347
Perovic, Alexandra 335, 344
Perrin, Jean Baptiste ペラン 341
Pesetsky, David ペゼツキー 225, 330, 343, 347
Phillips, Colin フィリップス 182, 183, 324, 325, 342
Piaget, Jean ピアジェ 30, 322
Piattelli-Palmarini, Massimo 317, 322, 325, 330, 332, 336, 344, 346, 347, 349, 359
Picasso, Pablo ピカソ 1, 84, 122, 151
Pierrehumbert, J. 320
Pietroski, Paul 347, 358, 360
Pinch, Trevor 339
Pinker, Steven 337, 343, 345, 351
Pintzuk, S. 341
Plato プラトン 4, 18, 116, 190, 216, 231, 232, 237, 240, 262, 278, 279, 280, 297, 319, 320, 332, 355, 356
Plaut, D. 347
Pol Pot ポル・ポト 4, 8
Poland, Jeff 360
Polanyi, Michael 354
Polinsky, Maria 331
Pons, Ferran 346
Poole, Geoffrey 334
Post, E. 328
Postal, Paul ポウスタル 5, 151, 170, 317, 329, 331, 340
Pouchet, Felix プーシェ 157, 339
Powell, M. 317
Price, Cathy 341
Priestley, Joseph プリーストリー 310, 360
Prince, A. 345
Pritchett, Bradley プリチェット 186, 324, 342
Progovac, Ljiljana 353
Ptolemaeus, Claudius プトレマイオス 162

Pullum, Geoffrey K. 324, 325, 329, 331, 346, 356
Putnam, Hilary パトナム 350, 351, 360
Pylyshyn, Zenon 345

Quine, Willard van Orman クワイン 7, 238, 244, 248, 249, 255, 265, 274-277, 280, 295, 307, 339, 343, 349, 351, 354-356, 358, 360

Radford, Andrew 327, 330, 332, 333, 335, 336, 344
Ramscar, Michael ラムスカー 192, 343, 360
Randall, Janet 360
Reali, Florencia レアリ 217, 346, 347
Reich, Shuli 342
Reichenbach, Hans ライヘンバッハ 340
Reinhart, Tanya 329, 335
Rembrandt, Harmenszoon van Rijn レンブラント 160, 249
Reuland, Eric 326, 329, 335
Rey, Georges レイ 251, 267, 303, 325, 339, 340, 345, 348, 349, 351-354, 358-360
Richards, Marc 334
Riegler, Alexander 350
Ritter, Nancy 325, 347, 359
Rizzi, Luigi リッツィ 137, 142, 143, 178, 200, 325, 327, 331, 336, 337, 341-344, 347
Roberts, Ian ロバーツ 121, 332, 333, 337, 341, 343, 344
Robins, R. H. 329
Roca, I. 327
Rocker, Rudolph ロッカー 6
Roeper, T. 343
Rondal, J. 323, 344
Rooryck, Johan 318, 326, 330
Rorty, Richard ローティー 349
Rosenbaum, Peter ローゼンバウム 200, 344
Rosengren, Inger 343
Rousseau, Jean Jacques ルソー 7
Roussou, Anna 337, 341
Rugg, Michael 341
Russell, Bertrand ラッセル 2, 7, 44, 52, 310, 318, 324, 325, 339, 343, 360
Ryle, Gilbert ライル 245, 313, 351, 354
Rymer, R. 344

Sacks, Oliver サックス 29

402

Saffran, Jenny　サフラン　214, 334, 345, 346
Safir, Ken　330, 340
Sakas, William Gregory　347, 359
Salmon, Wesley　338, 340
Sampson, Geoffrey　358
Samuels, Richard　325
Sandler, Wendy　319
Sandu, Gabriel　サンドゥ　169, 340
Sanford, Anthony　342, 357
Sapir, Edward　327
Satel, Sally L.　338
Satta, Giorgio　342
Savin, H.　341
Savoia, Leonardo　333
Sawyer, Keith　338
Schacter, Barry Dan　シャクター　24, 25, 321
Schatz, Carol　→ Chomsky, Carol
Scholz, Barbara C.　323-325, 327, 346, 347
Schütze, Carson　340
Schützenberger, Marco　328
Searchinger, Gene　318, 325
Searle, John　サール　354, 356
Seely, Daniel　332
Segal, Gabriel　357
Senju, A.　321
Shaer, Benjamin　353
Shallice, Tim　322
Shapiro, K.　338
Sherman, Michael　シャーマン　149, 338
Skinner, Burrhus Frederic　スキナー　159, 160, 161, 174, 238, 244, 248, 339, 351, 352
Smart, John C.　スマート　351
Smith, Adam　スミス，アダム　320
Smith, Amahl　スミス，アマール　343
Smith, Barry　354
Smith, Neil　スミス，ニール　13, 31, 33, 67, 101, 121, 128, 171, 173, 174, 205, 206, 212, 219, 233, 270, 273, 274, 277, 283, 317-329, 331-334, 336, 337, 340-342, 344-347, 349, 355-359
Smolensky, Paul　スモレンスキー　224, 347, 348, 353
Soames, Scott　ソウムズ　255, 278, 280, 355, 356
Sober, Elliot　339
Southgate, Victoria　321
Spelke, Elizabeth　スペルキー　26, 321, 323

Sperber, Dan　スペルベル　283, 286, 322-324, 335, 352, 356-358, 360
Sprouse, Jon　スプラウズ　220, 347
Steedman, Mark　332
Steiner, George　スタイナー　184, 342
Sterelny, Kim　356
Stowell, Tim　328, 340
Strandskogen, Rolf　348
Strandskogen, Åse-Berit　348
Strawson, Galen　ストローソン　265, 360
Stromswold, Karin　325
Strozer, Judith　344, 359
Sturt, Patrick　342, 357
Sutton-Spence, Rachel　318
Svenonius, Peter　336, 343
Szabolcsi, Anna　340

Tallerman, Maggie　タレーマン　225, 326, 347
Tanenhaus, Michael　341
Tappe, Heike　タッピ　204, 345
Tattersall, Ian　338
Textor, Mark　323, 340
Thomas, Edward　トマス　356
Thomas, Michael S. C.　322
Thomason, Sarah　トマスン　282, 356
Thompson, D'Arcy W.　337
Thompson, R. F.　325
Thomson, J. J.　トムソン　360
Thornton, Rosalind　332
Tolman, Edward Chace　339
Tomalin, Marcus　328, 332
Tomasello, Michael　326, 347
Toro, Juan　346
Torrego, Esther　330
Tovar-Moll, Fernanda　345
Tovée, Martin　320
Townsend, D.　324
Tsimpli(-Maria), Ianthi　ツィンプリ　31, 33, 203, 205, 322, 344, 345-347
Trubetzkoi, Nikolai　トルベツコイ　341
Turing, Alan　チューリング　144, 257, 337, 352

Ullman, Shimon　ウルマン　154, 338
Uriagereka, Juan　334, 343

Vafa, Cumrum　ヴァッファ　158
van de Koot, Hans　342
van Fraassen, B.　338
Vangsnes, Østein　ヴァングスネス　121, 333
Vargha-Khadem, Faraneh　344, 345
Vega-Moreno, Rosa　ヴェガーモレノ　330

Walker, Gabrielle　339
Wallenberg, Joel　341
Walz, Anke　340
Wason, Peter　342
Watson, John B.　ワトソン　159
Webelhuth, Gert　330
Weerman, Fred　ウィアマン　194, 343
Weinberg, Amy　ワインバーグ　184, 324, 331, 342
Weiner, Edmund　331
Weiskrantz, Lawrence　320
Wells, Rulon　329
White, Lydia　359
Whitehead, Alfred North　ホワイトヘッド　8

Wiggins, David　356, 360
Williams, Alexander　340
Williams, Edwin　331, 343
Williamson, Timothy　349
Wilson, Deirdre　ウイルスン　283, 286, 322-324, 334, 335, 342, 352, 356-358, 360
Winston, Morton　323, 326, 355, 357
Wittgenstein, Ludwig　ウィトゲンシュタイン　7, 238, 243, 277, 310, 318, 350, 355
Woll, Bencie　318
Wolpert, Lewis　332
Wonnacott, Elizabeth　ウォナコット　217, 218, 346

Xu, Fei　シュウ　216, 322, 346

Yang, Charles　ヤン　220, 328, 352, 353

Zaring, L.　330
Zimmerman, David　351

事項索引

■アルファベット──────────

A バー移動　92, 143, 330
A 移動（A-movement）　90, 143, 330
c 統御（c-command）　50, 99, 100, 102, 135, 165, 239
CHL（人間言語の演算システム）　131, 345
D 構造　122, 123, 187
DP　→決定詞句
E 言語（E-language）　39-44, 48, 49, 168, 233, 244, 274, 280, 323, 324, 350
FLB（広い意味での言語機能）　146, 147, 232
FLN（狭い意味での言語機能）　146, 147, 231, 232
FOXP2　208, 345
I-C 移動　119
I 言語（I-language）　14, 39-50, 121, 129, 136, 142, 153, 154, 156, 162-165, 168, 169, 171, 179, 190, 191, 204, 220, 233, 244, 249, 253-258, 260, 263, 265-267, 273-275, 281-283, 287, 289-303, 313, 319, 323, 324, 332, 340, 350, 353, 355, 359
K 家族　207, 208, 345
LF　→論理形式
NP 移動　90, 92, 329
PET（陽電子放出断層撮影）　25, 63, 153, 321, 341
PF　→音声形式
PRO（大 PRO）　105, 109-111, 331, 344
pro 脱落言語（小 pro）　205, 331, 344
S 構造　122, 123, 187
UG　→普遍文法
wanna 縮約　109-111
wh 移動　90, 90, 92, 114, 125, 136, 222-224, 250, 329, 330, 337, 347
　可視的な──　223, 224
　顕在的──　129, 347
　非顕在的──　129, 347
wh 痕跡　194
wh の島制約（wh-island constraint）　223, 234, 329
X バー理論（X-bar theory）　94, 96-98, 107, 116, 140
α 移動（move α）　92, 96-98
θ 基準（theta criterion）　103-105, 314, 331
θ モジュール　98
θ 役割（θ-roles）　73, 103-105, 137, 186, 314, 327, 331

θ 理論（theta theory）　97, 98, 103, 104, 107, 109, 331

■あ行──────────

曖昧性　44, 46, 59, 75, 78, 81, 102, 140, 284, 285, 293
　──性除去（disambiguation）　46, 284, 285
　語彙的──　75
アイルランド語　114, 136, 201-203, 332, 344
浅い処理理論　181
アフリカーンス語　91, 330
アメリカ手話　318
アラブ語　224
暗意（implicature）　47, 54, 157, 233, 284, 324
安定状態　50, 70, 153, 190
言い誤り　38, 251, 352
言い損ない　20
意義（sense）　291, 293, 353
イギリス手話言語（BSL）　206, 318
意識されざる知識　1
位相（phase）　77, 89, 123, 128, 132, 135-138, 145, 336, 342
　──循環（phase-cyclic）演算　128, 334
位相不可侵条件（phase impenetrability condition: PIC）　136, 145
イタリア語　105, 145, 178, 200-202, 342, 344
一側化（lateralization）　22, 320, 344
一致（agree）　38, 60, 107, 131-135, 178, 188, 202, 250
一般学習装置　215, 346
一般化変形　81, 84, 115, 328, 329
一般的知能　35
遺伝子　30, 31, 35, 117, 149, 150, 203, 207, 208, 231, 297, 345, 358
　──型　116, 332
遺伝的（因子、要素、決定、制約、仮説）　1, 10, 32, 49-51, 57, 130, 196, 199, 200, 203, 207-210, 213, 214, 297-299, 308
　──資質（genetic endowment）　129
移動（move）　60, 65, 66, 74, 77, 88-92, 96, 102, 108, 110, 113-115, 118-120, 123-126, 129, 131, 132, 134, 136, 138, 139, 143, 145, 150, 178, 188, 189, 195, 202, 219, 222-224, 233, 234, 313, 329, 332, 335, 337　→ α 移動、A 移動、A バー移動、I-C 移動、NP 移

405

動、wh 移動
　　——規則　92, 113
　　主要部——　143, 332
　　非顕在的（covert）——　120, 129, 347
　　非有界的——　92
　　連続循環的——（successive-cyclic movement）
　　　90, 115, 137, 138, 352
イヌクティトット語　348
意味（meaning）　48, 53, 72, 78, 118, 126, 128, 129, 131, 143, 200, 238, 257, 259, 260, 266, 271, 283, 287, 289-292, 295, 313, 325, 328, 329, 334, 340, 353, 357, 358
　　語の——　53, 54, 75, 285, 289-291, 293, 295, 325, 357
意味論（semantics）　22, 76, 78, 103, 169, 213, 215, 242, 271, 278, 284, 290-296, 313, 342, 343, 356-358
　　——的直観　294
　　ゲーム理論的——　169
　　言語学的——　292, 294
　　生成——（generative semantics）　188, 234, 329, 343
因果関係　44, 50, 156, 157, 162, 163, 174, 259, 260, 324, 338, 339
ウィリアムズ症候群　31, 32, 43, 322
英語　11-14, 17, 20, 21, 35-39, 42, 50-56, 58, 60, 61, 65, 66, 70-72, 74, 76, 80, 82, 88, 91, 105, 107, 109, 111, 115, 116, 119, 120, 124, 125, 141, 145, 150, 151, 153, 154, 169, 170, 173, 188, 189, 191, 194, 195, 200-202, 205, 206, 217, 218, 223-225, 228, 229, 233-235, 239, 264, 266, 269, 272, 273, 280-282, 287-289, 300, 306, 308, 314, 315, 326, 329, 331, 333, 335, 343-345, 356
エプン（Epun）（人工言語）　212, 228
演算（computation）　97, 129, 131, 135, 136, 141, 142, 145, 150, 155, 181, 183, 209, 210, 230, 240, 246, 256-260, 266, 278, 311, 313, 335-337, 351
　　——システム　131, 148, 204, 205, 345
　　——の最小化（原理）　178, 341
　　——－表示モデル（computational-representational model）　258, 260, 353
オッカムの剃刀（Ockam's razor）　114, 131, 332
オランダ語　194, 195
音韻論　86, 137, 138, 141, 189, 193, 213, 284, 291, 330, 336, 341, 342, 347
音声　17, 18, 27, 35, 58, 72, 78, 113, 126, 129, 147, 160, 192, 229, 233, 313
　　——言語　12, 26, 141, 198
　　——構造　79
　　——的事象　184
音声学　284, 291
音声形式（PF; phonetic form）　78, 79, 126, 128-130, 138, 188, 328, 334

■か行

外延（denotation）
　　——主義の見解　274
　　——表示　291-294
　　——表示的意味論　293
カイオワ語　224, 225
介在効果　200
外在主義　204
介在条件（intervention）　140
外在理論　272
外的解釈システム（external interpretive system）　130
概念　33, 260, 298, 302, 309, 346, 348, 354, 358
　　——－志向インターフェイス　66, 78
外部併合（external merge）　132-134
改変禁止（no tampering）　140-142, 337
顔認識　22, 25, 33, 34, 61, 230, 308, 321
　　——モジュール　27, 34
書き出し（spellout）　129, 130, 131, 137, 188, 334, 336
格（Case）　106-108, 133, 186, 233, 331
学習（learning）　30, 32, 34, 35, 49, 50-52, 57, 101, 117, 120, 167, 190, 192, 195, 206, 209, 211, 212, 214-216, 218, 221, 228, 229, 231, 233, 249, 297, 299-301, 304, 305, 312, 323, 344, 347, 351, 359
学習理論　155
拡大条件（extension condition）　138, 140-142, 336, 337
格フィルター（case filter）　106, 186, 233, 315
核文　341
隔離児（ジーニー）　60, 302, 326, 344
格理論（case theory）　105-107, 173, 186
可視性　188
過剰一般化　39, 192, 303, 307
過剰決定性（over-determination）　297
下接の原理　183, 184, 233
下接の条件（subjacency）　98, 102, 145, 308
可塑性　213, 214, 234, 346

カプグラ症候群　29, 30, 322
空主語（null-subject）言語　205, 344
空範疇（empty category）　105, 108-111, 113, 119, 138, 153, 154, 156, 164, 185, 223, 244, 248, 331, 343, 344
　　──原理（Empty Category Principle: ECP）　113, 223, 331
環境的（因子、要素、影響、条件、刺激、入力）　50-52, 57, 148, 190, 231, 296
還元（reduction）　90, 92, 118, 119, 140, 158, 310-312, 360
観察語（observation terms）　248
完全解釈（full interpretation）の原理　126, 130, 334
関連性　47, 157, 283
　　──理論　285, 286, 324, 357, 358
機械の中の幽霊（the ghost in the machine）　159, 233, 245, 313, 351
擬似分裂文（pseudo-cleft sentence）　89, 151, 329
寄生空所（parasitic gap）　42, 43, 53, 219, 220, 324, 347
　　──文（parasitic gap sentences）　249
規則　37-40, 45, 65, 74, 79, 85-90, 115, 144, 145, 153, 181, 212, 232, 244, 247, 264-267, 308, 323, 328, 329, 343, 347, 354
基礎づけ主義（foundationalism）（知識に関する）　246
規定　189
機能主義　144, 222
機能的磁気共鳴画像法（fMRI）　341
機能範疇（functional categories）　117-120, 131, 196, 201-203, 205, 332, 337
機能分離（dissociation）　4, 10, 28-34, 204, 206, 208, 230, 308, 322
　　──の二方向性　28, 29, 322
帰納をめぐる新しい謎（new riddle of induction）　301, 349
義務的規則　178
強生成（strong generation）　218, 220, 337
局在論（localization）　22
局所性（locality）　76, 89, 98, 101, 102, 129, 136, 145, 173, 184, 331, 336, 337, 342
虚辞要素（expletive elements）　104
ギリシャ語　201, 202, 344
空間モジュール　27

句構造規則（Phrase Structure rules: PS rules）　80, 83-85, 93, 94, 96, 123, 176
クリック音実験　161, 172, 173, 339, 341
グレシャムの法則（Gresham's law）　312, 360
クワインの異議申し立て（Quine's challenge）　274, 276, 355
経験科学（empirical science）　15, 319
経験主義（empiricism）（──者）　213, 215, 220, 221, 228, 230-232, 234, 237, 251, 252, 254, 261, 262, 264, 266, 267, 304, 307, 312, 314, 346-348, 352, 354
　　現代──　346
経済性（economy）　72, 77, 123-127, 142, 143, 184, 187, 188, 196, 230, 327, 333, 334, 342
　　──の原理（economy principle）　63, 76, 145, 189
形態論　56, 105, 106, 188, 193, 213, 303, 333, 342
経路依存（path dependence）　150
ケチュア語　107, 173, 331, 341
決定詞（determiner: Det）　80, 96, 117, 178, 205, 235
　　──句（DP）　226, 235
ゲーム理論的意味論　169
権威　280, 281, 287, 288, 319
言語　→ E言語、I言語、ことば
　　──運用（performance）　35, 36, 38, 43-45, 47-49, 61, 114, 124, 135, 136, 163, 166, 174, 179, 182, 183, 187, 189, 194, 199, 244, 258, 266, 275, 312, 322, 342
　　──学習　196, 213, 216
　　──獲得　8, 18, 20, 31, 34, 51, 53, 55, 68, 69, 86, 97, 115, 116, 121, 128, 140, 143, 155, 171, 175, 189-194, 196, 198, 201, 212, 213, 215, 216, 221, 228, 229, 231, 232, 253, 256, 263, 266, 271, 297, 298-305, 307, 308, 314, 321, 334, 336, 343, 345, 346, 352, 359, 360
　　──機能（faculty）　2, 19, 25, 28, 49, 54, 61, 70, 92, 96, 116, 123, 127-131, 136, 144, 146-148, 167, 184, 197, 203-208, 214, 227, 231-233, 267, 271, 272, 285, 299, 308, 338　→ FLB, FLN
　　──使用の創造的側面　38, 323
　　──単一起源（monogenesis）　308, 309, 360
　　──直観　175, 197
　　──哲学　293, 313, 349, 353, 360
　　──能力（competence）　8, 26, 27, 28, 32, 35-38, 44, 45, 48, 49, 60, 61, 114, 124, 125, 135, 136, 153, 163, 166, 174, 175, 179, 182, 183, 187, 189, 227, 231, 233, 244, 247, 250, 251, 255, 257, 258, 264,

265, 272, 288, 312, 322, 342, 346
　――の回復　197
　――の知識　17, 31, 35, 37, 47, 49, 67, 70, 76, 86, 96, 101, 129, 191, 256, 261, 262, 263-265, 269, 304, 354, 355
　――病理　175, 197, 203, 206, 232, 262
　――モジュール　25, 189
言語学　1-5, 7, 10, 11, 14, 15, 21, 34, 36, 40, 41, 55, 61, 67-69, 72, 78, 86, 88, 94, 106, 108, 123, 129, 131, 149, 150, 153, 156-158, 160-162, 165, 172-175, 183, 204, 208, 210-212, 222, 230, 231, 238, 239, 241-245, 247, 248, 250, 251, 255-258, 260, 261, 263-265, 267, 271-273, 275-280, 282, 284, 289-292, 300, 304, 306-309, 311, 312, 315, 317, 319, 323, 325, 327, 329, 338-340, 349, 351, 354, 356, 359
　定義　10
　――者　2, 5, 7, 11, 14, 15, 19-21, 37, 40, 43, 67-70, 72, 75, 76, 78, 86, 87, 108, 128, 149, 153, 154, 155, 160, 162, 164-167, 170, 171, 173, 179, 181, 190, 209, 210, 219, 222, 225, 227, 228, 232, 239-242, 244, 246, 247, 251, 253-256, 258, 260, 263, 265, 266, 268, 274, 277-280, 282, 284, 291, 299, 300, 319, 327, 340, 341, 347, 348
　――的意味論　292, 294
　――的直観　280, 356
　行動主義――　248
　生成――　36, 155, 171, 179, 240, 255, 263, 264, 267, 269, 332
　生物――（biolinguistics）　8
　生物――的視点（biolinguistic perspective）　146, 150
　歴史――　175, 341, 356
言語獲得装置　40, 69, 121, 242, 302
『言語の知識（Knowledge of Language）』　44
『言語理論の論理構造（The Logical Structure of Linguistic Theory）』　41, 71
言語論的転回（linguistic turn）　242
顕在的（overt）移動　129, 347
『現代ヘブライ語の形態音素論（The Morphophonemics of Modern Hebrew）』　122
語彙の曖昧性　75
語彙範疇（lexical categories）　117, 118, 131
構成主義（constructivism）　213, 215, 216, 219-322, 346, 350
構成素（constituent）　45, 79-82, 88, 89, 92, 94, 102, 110, 113, 114, 125, 126, 128, 132, 133, 137, 138, 142, 156, 157, 161-164, 172, 173, 181, 185, 186, 200, 226, 227, 233, 235, 276, 277, 328-330, 336, 345, 355
後成的風景（epigenetic landscape）　117, 332
構造依存（structure dependence）　74, 100, 156, 213, 216-220, 300, 308, 328, 347
構造主義　10, 48, 72, 323, 326, 327
　ヨーロッパ――　341
行動主義　1, 159-161, 174, 209, 210, 215, 238, 248-251, 271, 275, 277, 304, 312, 323, 339, 351, 352
　――言語学　248
　論理的――　339
行動への性向（dispositions）　248, 304, 313
構文（construction）　31, 45, 47, 64, 77, 78, 81, 82, 85, 90, 92, 93, 96, 173, 178, 182, 184, 185, 189, 195, 200, 201, 209, 219, 228, 229, 234, 305, 314, 315, 329
構文文法（Construction Grammar）　11, 318, 346
コウモリ　146, 270, 292
合理主義（rationalism）　1, 5, 7, 67, 221, 237, 238, 244, 246, 251, 252, 261-264, 266-269, 312, 326, 348, 354, 358
　――者（rationalist）　213, 261-263, 266, 267, 269, 304
合理的成就説　302, 303
古高地ドイツ語　71
心・脳（mind-brain）　154, 155, 200, 227, 239, 240, 241, 244, 255, 256, 260, 265, 266, 271, 272, 275, 278, 319, 344, 349, 353
心の哲学　242, 310, 348, 349, 351
心の理論（theory of mind）　27, 28, 33, 60, 147, 155, 175, 241, 268, 269, 304, 314, 321, 322, 355
語順　12, 13, 318, 319, 337, 343-345
誤信念（false belief）　27, 28, 34, 321
　――課題　314
　――テスト　28, 33
ことば（I-language）　8, 153-156, 163-166, 179, 182, 190-192, 199, 200, 204, 206, 207, 210, 211-215, 227, 230-234, 290, 341, 342　→ E言語、言葉
言葉（E-language）　1, 27, 28, 32, 36, 59, 61, 160, 175, 176, 233, 243, 251, 252, 282-285, 289, 292, 310, 313　→ I言語、ことば
『ことばと認識』　349
コナ語　170, 340
コネクショニスト　127, 254, 307, 347
コネクショニズム（connectionism）　155, 209-213,

219, 230, 345-347
語の意味的性質　293
コーパス　43, 178, 195, 217, 218, 274, 280, 343
コピー理論（copy theory）　138, 139, 335, 336
誤文　37
コミュニケーション　9, 41, 57, 131, 143, 144, 146-148, 221, 226, 229, 230, 233, 239, 282-287, 318, 335, 348, 356, 357
コモンセンス　21, 22, 34, 39, 43, 268, 270
語用論（pragmatics）　22, 36, 44, 47, 76, 91, 200, 242, 283, 284, 290, 293, 311, 313, 322, 335, 352, 356, 357, 358
　――的経済性　124
　――的能力（pragmatic competence）　47, 48, 284, 286, 324
痕跡（trace）　64, 110, 115, 138-140, 143, 193, 223, 248, 343, 351
　wh――　194
痕跡理論（trace theory）　113, 139, 331
コンテクスト　4, 47, 54, 59, 277, 284, 324, 353
コンピュータ　50, 135, 159, 179, 181, 252, 257-259, 313, 325, 353

■さ行

再帰（性）（recursion）　81, 84, 86, 101, 129, 138, 147, 148, 149, 225-228, 231, 250, 286, 300, 328, 334, 348
　――的（recursive）規則　250, 351
　――文　85
再帰関数理論（recursive function theory）　78, 328
再帰代名詞　56, 100, 134, 208, 281, 326, 329
最小関与（の原則）　187, 342
最小努力（least effort）の原理　124, 145, 187
最小付加の原理　180, 181
最短移動（shortest movement）　125, 189, 334
最短距離の原理　200, 344
最適な（の）解（optimal solution）　131, 135, 143, 335
最適の演算（optimal computation）　127
最良の説明への推論（inference to the best explanatioin）　254, 275, 284
サヴァン（savant）　32, 43, 204
先延ばし（procrastinate）の原則　188, 189, 265, 266, 313, 343, 354
先読み（look-ahead）　46, 135, 324
サリーとアンのテスト　27, 62, 314, 321

三角形　262, 263, 267, 298, 329, 359
サンスクリット語　76, 225
ジェメス語　224, 225, 347
視覚　22-26, 29, 33, 34, 37, 50-52, 60, 61, 66, 154, 187, 211, 269, 279, 281, 288, 297, 298, 308, 320, 321, 355
　――上の規則　288
刺激の貧困（poverty of stimulus）　51, 52, 54, 55, 154, 190, 217, 219, 253, 263, 297, 298, 304, 309, 325, 347, 349, 359
思考　10, 25, 41, 57-60, 78, 129, 131, 143, 144, 148-150, 179, 180, 209, 229, 230, 233, 239, 240, 244, 257-260, 286, 290-292, 310, 319, 326, 328, 335, 353, 356
　――実験　15
　――の言語　57-59, 129, 141, 148, 179, 180, 286, 326, 334, 337, 338
　――の法則　60
志向性（intentionality）　239, 240, 259, 264, 265, 268, 293, 349, 353, 358
志向的（intentional）　239-242, 256, 265-267, 303, 349, 359
思考の言語（language of thought）　57-59, 129, 141, 148, 179, 180, 286, 326, 334, 337, 338
指示（対象）（reference）　290-295, 353, 357, 358
事象関連電位（ERP）　341
自然言語　42, 48, 57-60, 67, 85, 97, 129, 134, 143, 148, 164, 206, 215, 217, 228, 278-280, 289-291, 313, 328, 334, 338, 345, 346, 356, 357
　――解析　253
自然主義（naturalism）　237, 244-246, 277, 348
　――的研究　155, 225, 275, 282, 293
　　方法論的――（methodological ――）　254, 255, 352
実験心理学者　177
失語症　32, 197, 323, 344
指定部（specifier, spec）　96, 119, 125, 151, 315, 330
視標追跡実験　28, 321
自閉症　27, 31, 33, 34, 321, 323
島（island）　59, 66, 88, 89, 145, 220, 230, 336
　wh の――制約（wh-island constraint）　223, 234, 329
　付加部の――制約　234
斜格（Oblique Case）　105, 106, 331
弱生成（weak generation）　218, 220, 234, 337

事項索引 | 409

周縁（edge） 123, 137, 138, 142, 336, 337
　——素性（edge feature） 336, 353
収束進化 10
習得（learning） 8, 56, 65, 88, 92, 96, 116, 117, 138, 178, 190-192, 250, 263
主格（nominative case） 66, 105, 106, 331
主語制御 200, 234
主語の脱落 201
主要部（head） 94, 96, 116, 143, 209, 333
　——部移動 143, 332
手話 12, 26, 141, 198, 216, 318, 319, 328
　　アメリカ—— 318
　　イギリス——言語（BSL） 206, 318
循環性（cyclicity） 77, 136, 137, 141, 336
準モジュール 33, 322
照応詞（anaphora） 98, 99, 250
消去主義（者） 237, 240, 304, 339, 351
証拠 11, 20, 325, 340, 343, 352, 356, 359
常染色体優性遺伝 207
『障壁（Barriers）』 89
情報遮蔽的（情報遮蔽性、カプセル化） 23, 24
識る（cognize） 266, 354
深因相同 10, 318
進化（evolution） 26, 46, 49, 68, 70, 97, 131, 143, 146, 148, 150, 156, 171, 196, 221, 231, 232, 259, 270, 285, 286, 302, 308, 334, 337, 342, 353, 357
進化生物学 149, 229
進化発生生物学（evo devo） 149, 318, 338
進化論 10, 35, 146, 148, 150, 229, 233, 260
新器官学（new organology） 268, 269, 355
新奇性 196
神経回路 210
神経学（科学） 40, 154, 171, 204, 205, 208, 214, 257, 260, 311
神経生理学 8, 147, 153, 154, 239, 275
心身問題（mind-body problem） 239, 309, 310, 360
深層構造（deep structure） 4, 79, 82, 84, 85, 113, 122, 123, 139, 140, 171, 176, 184, 328, 329, 343
シンタクス（統語法・構文論） 9
心的現象についての消去主義（eliminativism about the mental） 237, 339, 351
心的現象についての道具主義（instrumentalism about the mental） 238
心的文法 249　→ I 言語
心的レキシコン 71

真理（truth） 7, 16, 242, 262, 263, 290, 295, 319, 358
心理学 1-5, 36, 40, 67, 68, 84, 122, 153, 155, 159, 161, 162, 164, 173-176, 190, 208, 210, 211, 213, 220, 230, 232, 237, 238, 241, 245, 248, 251, 255, 257, 261, 269, 271, 275, 277-280, 286, 288, 310-312, 315, 323, 327, 339, 341, 352, 356
　——者 37, 39, 153, 155, 167, 171-174, 193, 209, 210, 240, 311, 312, 339-341, 351
　——的説明 161
心理言語学 175-177, 189, 276, 280, 341
　——者 177
心理主義（mentalism） 161, 244, 245, 261, 309, 353
真理条件 124, 243, 271, 290, 295, 296
真理値 170, 340
心理的実在 4, 154, 161, 175, 246, 279, 342
推意（implicature） 64
随意的規則 178
数学 2, 3, 5, 22, 33, 35, 38, 39, 61, 78, 81, 143, 157, 158, 226, 241, 256, 259, 263, 272, 278-280, 288, 310, 319, 323, 328, 339
数理言語学 250, 328, 346
スコットランドゲール語 91, 224, 330
素性（features） 71, 72, 78, 98, 120, 123, 126, 131, 133, 135, 138, 139, 142, 143, 150, 188, 189, 205, 208, 224, 225, 234, 267, 311, 313, 320, 335, 343
　——の強弱 189, 313
ステロイド文献学（philology on steroids） 69, 150, 327
スービタイジング 26
スペイン語 91, 107, 173, 201, 205, 330, 348
スワヒリ語 36, 154, 280
整式（well-formed formulae, WFFs） 41, 42, 44, 52, 57, 59, 257, 279, 319
整式文（well-formed sentences） 42
生成意味論（Generative Semantics） 188, 234, 329, 343
生成音韻論 327
生成言語学 36, 155, 171, 179, 240, 255, 263, 264, 267, 269, 332
生成主義者（generativist） 213, 215
生成統語論 53
生成文法（generative grammar） 3, 10-12, 22, 39-41, 55, 63, 65, 68, 70, 71, 76, 78-81, 89, 97, 105, 114, 128, 138, 144, 170, 174, 176, 178-180, 184, 218, 219, 225, 232, 246, 256, 262, 265, 267, 268, 278, 302, 313,

327, 328, 330, 332, 334, 349
成長　52, 190, 192, 231, 288, 297, 298, 300 - 302, 321, 325, 343
正当化　6, 36, 84, 163, 172, 181, 219, 255, 262 - 264, 266, 268, 269, 279, 282, 302, 333, 334, 354
生得主義　346
生得性　10, 49, 51, 53, 61, 67, 145, 146, 208, 214, 230, 266, 286, 297, 304, 305, 308, 309, 312, 326, 352, 354, 359, 325
生物言語学（biolinguistics）　8
生物言語学的視点（biolinguistic perspective）　146, 150
説明　10, 11, 14, 35, 40, 57, 70, 85, 86, 137, 155 - 157, 159, 165, 189, 214, 233, 239, 241, 245, 247, 248, 251, 253, 257, 262, 274, 277, 291, 304, 338, 339, 342
　　──上のギャップ　245, 310, 351, 360
　　検証可能な──　11
　　最良の──への推論（inference to the best explanatioin）　254, 275, 284
　　心理学的──　161
前置詞残留　234
双数　224, 234
相対化最小性（relativized minimality）　140, 142, 143, 200, 223, 336, 337, 344
創発主義（emergentism）　155, 221, 222, 225, 228, 229 - 232, 347
増幅効果（cascade effects）　117, 121
相貌失認症　29, 30
束縛（binding）　97 - 99, 101, 130, 169, 194, 250, 294, 300, 335
　　──原理　167, 193, 194, 211
　　──条件（binding conditions）　244
　　──理論　98 - 101, 106, 107, 113, 139, 167, 169, 173, 194, 329, 330

■た行
第一言語
　　──の獲得　4, 5, 18, 39, 41, 51 - 53, 69, 86, 108, 116, 128, 144, 184, 189, 198, 206, 256, 280, 305, 344
　　──の習得　58, 116, 120, 299, 305, 332, 359
対格（accusative）　105, 106, 151, 315, 331
第三要因（third factor）　127, 128, 131, 150, 298
第二言語　118, 169, 197, 198, 205, 206
　　──獲得　206, 344

　　──の習得　305, 359
大脳半球切除術　197, 204, 344 - 346
台湾語　201, 228, 280
ダーウィンの問題（Darwin's problem）　231, 232, 348
ダウン症　33, 197, 323, 344
多言語使用　199
　　──の天才（polyglot savant）（クリストファー）　204, 205, 212
妥当性
　　観察的──（observational adequacy）　68
　　記述的──（descriptive adequacy）　68 - 70, 78, 84, 86, 87, 97, 329
　　説明的──（explanatory adequacy）　68 - 70, 86, 87, 97, 121, 122, 143, 144, 327, 329, 333
探査子（probe）　123, 132, 134 - 136
チェス　34, 35, 179, 211, 252, 287, 299, 342
知覚の方策（perceptual strategies）　179, 186, 342
知識（knowledge）　1, 20, 36, 54, 67, 70, 73, 75, 261, 262, 264, 266, 268, 270, 304, 317, 320, 325, 326, 348, 354, 355
　　否定する──　20
地天動説　162
地動説　162
知能　28 - 35, 253, 257, 268, 269, 307, 308, 322, 360
　　一般的──　35
中央埋め込み（center - embedding）　46, 53, 64, 165, 183, 185, 324
中央システム　23 - 26, 30, 33, 47, 186, 322, 342, 352
中国語　21, 51, 55, 65, 116, 120, 170, 222 - 224, 308, 333
抽象格（abstract case）　106
直接構成素分析（immediate constituent analysis）　82, 329
直観　3, 13, 17, 20, 28, 36 - 38, 40, 42, 51 - 53, 55, 57, 76, 96, 101, 109, 120, 155, 164 - 172, 203, 206, 211, 216, 233, 245, 249, 258, 260, 281, 289, 290, 296, 307, 310, 314, 323, 340, 354, 356
　　──的判断　53, 166, 169, 281
直観的心理学　155
チョムスキー階層　279, 356
チョムスキー革命　7, 8, 10, 71, 282
チョムスキー（の、的、流）言語学　17, 20, 30, 68, 72, 88, 108, 255, 256, 265, 306, 309, 359
チョムスキーの実在論　244, 248

ツェズ語　221, 347
ティチェナーの錯視　24, 320
デカルトの問題　253, 352, 358
『デカルト派言語学（*Cartesian Linguistics*）』　262
適正統率（properly governed）　113
哲学　2-5, 10, 40, 49, 53, 67, 68, 78, 84, 122, 213, 237, 238, 240, 242-246, 255, 264, 266-271, 274, 278, 279, 282, 286, 288, 290, 294, 310, 312, 323, 325, 348-351, 353, 356, 357
　　――者　3, 5, 7, 23, 85, 127, 153, 155, 165, 167, 191, 210, 237-243, 245, 246, 251, 253, 256, 258-261, 264-268, 272, 278, 280, 283, 284, 287, 290, 295, 296, 302, 310, 313, 319, 349, 350, 354, 360
哲学的実在論　237
哲学的道具主義（philosophical instrumentalism）　78
撤退　192, 343
転移（displacement）　113, 134, 138, 150
癲癇　197, 204
転送（transfer）　131, 132, 137, 335, 336
天動説　156, 162
問い返し疑問文（echo question）　76, 83, 112, 120, 133
ドイツ語　56, 65, 71, 119, 170, 308, 318
統一化（unification）　244, 310, 312, 315, 353, 360
同化（assimilation）　124, 300, 327, 333
等価原理　156, 339
道具主義　246, 247, 248, 351
統計的学習　213, 215, 219, 220, 221, 304, 347
　　――モデル　219, 220
統計的規則性　214
統語解析（parsing）　44-47, 49, 53, 165, 166, 183-187, 189, 258, 319, 324, 342
統語解析器（parser）　45, 165, 176, 179-184, 186, 243, 258, 286, 324, 342, 356
統語解析規則　47
統語規則　217, 219
『統語構造（*Syntactic Structures*）』　7, 41, 71, 174
統語的曖昧性　75
統語論　22, 67, 68, 75, 76, 79, 84, 97, 103, 123-125, 129-131, 137, 138, 141-144, 173, 193, 213, 215, 217, 231, 232, 328, 333, 336, 341, 342
　　――におけるミニマリズム　230
　　――の終わり（end of syntax）　128, 334
　　――の獲得　194
　　――の簡素化　128

完璧な――　143, 337
生成――　53
動的――（dynamic syntax）　182, 342
『統辞理論の諸相（*Aspects of the Theory of Syntax*）』　15, 16
等潜在能力（新生児の脳の）　213
統率（government）　83, 89, 97, 105-108, 123, 330, 333
　　適正――（properly governed）　113
統率・束縛理論（government and binding theory: GB theory）　96, 97, 106, 122, 330
特異言語障害（specific language impairment, SLI）　32, 204, 206, 208
読心術（マインドリーディング）　155

■な行――
内在主義（internalism）　42, 238, 241, 244, 256, 271, 290, 291, 294, 313, 323, 358
内部併合（internal merge）　132-134, 139, 335
謎　350　→問題（problems）と謎（mysteries）
　　帰納をめぐる新しい――（new riddle of induction）　301, 349
ナチュラリズム　5
二価性（binarity）　135, 335
二言語使用　199
二元論　246, 351, 352
　　方法論的――（methodological dualism）　255, 277, 352
二重否定　191, 234
日常言語派　242, 243
～について性（aboutness）　239
日本語　12, 35, 36, 55, 56, 64-66, 115, 116, 120, 150, 151, 154, 170, 173, 222, 224, 233, 239, 269, 326, 348
入力システム　23
ニューラルネットワーク　209, 210
認知心理学　14, 160, 209, 257, 311
認知的構成主義　30
認知的資源（cognitive resources）　251
認知的侵入可能性　186
ヌペ語　13, 14, 173, 289, 319
脳損傷　22, 320
脳梁発達不全　204, 345
〈の知識〉（knowledge of）　268, 269
ノルウェー語　173, 218, 228, 348

■は行

パターン認識　210, 211, 308
パラミタ（parameter：媒介変数）　68-70, 86, 97, 115-117, 120, 121, 145, 149, 181, 189, 194-197, 199, 201, 206, 220, 221, 232, 263, 264, 300-302, 304, 305, 326, 329, 332, 333, 337, 344, 352
　　――設定　192-195, 199, 200, 206, 220, 221, 300, 302, 303, 343, 359
　　――的変異（parametric variation）　115, 117, 121, 199, 332, 333, 337
　　マイクロ――（micro-parameter）　121, 333
　　マクロ――（macro-parameter）　121, 333
般化　193, 346
反規則　145
反心理主義　237, 238, 246
判断　37, 268, 281, 319, 323, 324, 340, 354
　　――の不一致　168, 340
範疇（category）　14, 21, 71, 72, 80, 81, 87, 92, 95, 96, 104, 109, 117, 126, 131, 147, 201, 215-217, 241, 243, 260, 267, 269, 275, 290, 292, 300, 303, 313, 330, 332, 355
判読可能性（legibility）　129-131, 334
反応時間　50, 180
汎用的学習（general purpose learning）　193, 213, 217, 219-221, 228, 262, 348
　　――者　217, 220
　　――理論　219
非遺伝的生得論（non-genomic nativism）　127
引き金　195, 215, 221, 231, 253, 256, 299, 300-304, 312, 343, 347, 359
非局所的繰り上げ（spur-raising）　343
非決定性（indeterminacy）の問題　277
非顕在的（covert）移動　120, 129, 347
非項位置（non-argument position）　92
『ピダハン』　235
ピダハン語　225-227, 347
左半球　22, 66, 197, 204, 213, 320
否定証拠（negative evidence）　192, 304, 305, 307, 314, 359, 360
否定的知識（negative knowledge）　20, 76, 230
非文法的（文、発話）　20, 40, 42, 46, 48, 52, 60, 61, 63, 66, 73, 74, 76, 85, 86, 88, 91, 99, 106, 107, 111, 112, 125, 126, 134, 144, 145, 151, 163, 169, 183, 184, 194, 205, 218, 220, 223, 229, 249, 256, 257, 273, 274, 306, 328, 335

非変形的（non-transformational）選択肢　114
非有界依存（unbounded dependency）　83, 85, 329
非有界的移動　92
表記上の変種（notational variants）　162, 163, 339
表示（representation）　63, 114, 128, 239, 240-242, 247, 259, 260, 265, 321, 323, 332, 334, 343, 345, 349, 350, 353, 358
表示主義　115, 137, 220
表示対象（representata）　241, 350
標示付き括弧　162, 247
表示レベル（levels of representation）　66, 78, 79, 84, 113, 122, 123, 128, 138, 140, 181, 328
表層構造（surface structure）　4, 79, 84, 113, 122, 123, 139, 140, 171, 184, 328, 340
袋小路文（garden path sentences）　45, 183, 185-187
普遍原理（universal principles）　87, 88, 96, 97, 116
普遍条件（universal conditions）　138
普遍性　55, 88, 118, 214, 221, 222, 224-226, 228, 230, 297, 299, 300, 308, 326
　　記述的――　226, 348
　　認知的――　226, 348
普遍特性（universals）　69
普遍文法（Universal Grammar; UG）　1, 53, 97, 115, 120, 128, 146, 149, 154, 155, 202, 213, 215, 217, 222, 228, 231, 242, 251, 254, 261, 266, 267, 275, 300-302, 347, 351, 352, 354
　　――神話　12, 174, 222, 341
プラトン主義　278-280, 355, 356
プラトンの問題（Plato's problem）　4, 18, 116, 190, 216, 231, 232, 297, 319, 332
フランス語　11, 17, 50, 58, 72, 116, 119, 134, 170, 188, 189, 201, 202, 224, 225, 257, 335, 343, 344
フリジア語　71
分岐論　171, 340
分子生物学　20, 171, 311
文法規則　20, 34, 37, 78, 92, 102, 145, 186, 208, 260, 264, 265, 274, 276, 277, 288, 301, 352
文法性の判断　18, 40, 42, 52, 57, 93, 156, 164-166, 211, 265, 272, 275
文法的言語能力（grammatical competence）　48
分離脳　204, 345
分離不定詞　37, 63, 191, 234, 287, 314
分裂文（cleft sentence）　77, 89, 151, 329
併合（merge）　66, 94, 123, 128, 131-135, 138, 141, 142, 150, 227, 239, 335-337, 348, 353

事項索引　|　413

ベイズ推定　217
並列分散処理　209
ヘブライ語　3, 86, 122, 200
変形規則　83, 85, 170, 171, 176, 177, 232, 233, 341
変形的（transformational）　114, 177
包含条件（inclusiveness）　139, 142
包含性（inclusiveness）　139-141, 333
方法論的自然主義（methodological naturalism）　254, 255, 352
方法論的二元論（methodological dualism）　255, 277, 352
ポーズ（発話の中の途切れ）　48
ホピ語　225

■ま行
枚挙（numeration）　94, 129, 139
マイクロパラミタ（micro-parameter）　121, 333
マクロパラミタ（macro-parameter）　121, 333
マザリーズ（母親言葉）　305, 359
マダガスカル語　229
マルハナバチ　174, 175, 233
ミニマリスト（minimalist）　97, 98, 108, 126, 131, 138, 139, 155, 227, 324, 330, 333, 335
　——統語論　120
　——文法理論　46
　強——命題（strong minimalist thesis：SMT）　130, 131, 135
ミニマリスト・プログラム（Minimalist Program: 極小主義プログラム）　2, 68-70, 97, 105, 115, 122-124, 145, 150, 200, 331, 333, 334, 337
ミニマリズム（Minimalism：極小主義）　4, 97, 108, 122, 123, 126, 128, 130, 131, 137, 143, 146, 178, 187, 230-232, 329, 330, 333, 338, 342, 343, 360
　統語論における——　230
ミュラー／リヤーの錯視　24, 37
無標（unmarked）　117, 332
メタ表示　33, 322, 323
メンタリズム　5
目標子（goal）　123, 132, 134, 135, 335
モジュール　23-31, 33, 96-98, 130, 189, 199, 209, 232, 234, 297, 304, 322, 323, 330, 331
　——性　22, 24, 25, 30, 35, 61, 65, 96, 184, 213, 214, 234, 320, 321, 323, 346

顔認識——　27, 34
空間——　27
言語——　25, 189
θ——　98
準——　33, 322
モジュール性理論（modularity）　25
モジュール理論（modular theory）　122, 220
問題（problems）と謎（mysteries）　175, 194, 243, 253, 270, 355, 358

■や行
優位性効果（superiority effects）　343
有界性（boundedness）　90, 92
陽電子放射断層投影法（PET）　341
与格（dative）　65, 314, 315

■ら行
ラコタ語　222, 224
離散無限性（discrete infinity）　81, 329
理想化　15, 319, 320, 354
領域一般的学習理論　155, 230
領域特定的（domain-specific）　22
臨界期　18, 52, 192, 196-200, 205, 206, 230, 319, 325, 344, 345
　——仮説　196, 197, 199, 204
倫理（道徳）的判断　25, 33, 60
類推（analogy）　76, 89, 167, 193, 194, 206, 233, 272, 303, 304, 348
歴史言語学　175, 341, 356
レキシコン　70-73, 75, 79, 93, 94, 96, 104, 117, 118, 120, 124, 129, 131, 132, 136, 139, 204, 205, 206, 215, 315, 336
　心的——
連鎖（chain）　100, 113, 114, 164, 185, 218, 220, 227, 234, 249, 250, 274, 276, 277, 328, 335
連続循環的移動（successive-cyclic movement）　90, 115, 137, 138, 352
連続循環的（successive cyclic）wh 移動　114
連続動詞（serial verb）　173
聾（者）　12, 28, 29, 198
ロンドン（London）　292, 293, 357
論理形式（logical form; LF）　78, 79, 114, 120, 126, 128-130, 138, 187-189, 328, 35

著者紹介

ニール・スミス（Neil Smith）
1939年生まれ。ケンブリッジ大学トリニティ・カレッジおよびユニヴァーシティ・カレッジ・ロンドン（ロンドン大学）で学ぶ。Ph.D. ロンドン大学言語学教授を経て，現在は同大学名誉教授。1980-86年イギリス言語学会会長。イギリス学士院会員。
主な著書に，本書のほか，*An Outline Grammar of Nupe*［Luzac］, *Modern Linguistics*（共著）［Penguin Books］（今井邦彦監訳『現代言語学』［新曜社］）, *The Twitter Machine*, *Language, Bananas and Bonobo*（今井邦彦訳『ことばから心をみる』［岩波書店］）, *The Mind of a Savant*（共著）［以上 Blackwell］, *The Acquisition of Phonology*, *The Signs of a Savant*（共著）, *Acquiring Phonology*，［以上 CUP］

ニコラス・アロット（Nicholas Allott）
1973年生まれ。ユニヴァーシティ・カレッジ・ロンドン（ロンドン大学），オスロ大学で学ぶ。Ph.D. 現在はオスロ大学文学部英語学科上級講師。メタ表象と推論に関するプロジェクト研究員。
主な著書に，本書のほか，*Key Terms in Pragmatics*［Continuum］（岡田聡宏他訳『語用論キーターム事典』［開拓社］）

訳者紹介

今井邦彦（いまい　くにひこ）【序文，序論，第1章】
1934年生まれ。1957年東京大学英吉利文学科卒業。文学博士。東京都立大学教授，学習院大学教授を経て，現在は東京都立大学名誉教授。専門は音声学，理論言語学，語用論。
主な編著書に，『チョムスキー小事典』，『大修館英語学事典』（共編），『語用論への招待』，『なぜ日本人は日本語が話せるのか』［以上大修館書店］, *Essentials of Modern English Grammar*（共著）［研究社］，『言語の科学入門』（共著），『ことばの意味とはなんだろう』（共著）［以上岩波書店］，『言語理論としての語用論』（開拓社）。主な訳書に，M. ロナ編『チョムスキーとの対話』（共訳）［大修館書店］，N. スミス『ことばから心をみる』［岩波書店］，N. ホーンスタイン & D. ライトフット『チョムスキー理論と言語獲得』（監訳），J. ライバー『認知科学への招待』，N. スミス & D. ウィルスン『現代言語学』（監訳），J・カルファ編『知のしくみ』［以上新曜社］

外池滋生（とのいけ　しげお）【第2章】
1947年生まれ。新潟大学人文学部英文学科卒業。東京都立大学人文学研究科修士課程英文学専攻修了（文学修士）。ハワイ大学大学院言語学科修了（Ph.D）。東京都立大学人文学研究科博士課程中途退学。明治学院大学文学部英文学科教授, 青山学院大学文学部英米文学科教授を経て, 現在は慶應大学言語文化研究所兼任所員, ハワイ大学言語学科 Visiting Colleague. 専門は言語学、英語学、生成文法理論、日英語比較統語論。
主な著書に, *Essentials of Modern English Grammar*（共著）［研究社］,『生成文法』（共著）［岩波書店］,『言語学の領域 I』（共著）［朝倉書店］,『ミニマリスト日英語比較統語論』（著書）［開拓社］, 主な訳書に, N. チョムスキー『ミニマリスト・プログラム』（共訳）［翔泳社］, N. チョムスキー『障壁理論』（共訳）, A. ラドフォード『入門ミニマリスト統語論』（共訳）, A. ラドフォード『新版 入門ミニマリスト統語論』（監訳）［以上研究社］

中島平三（なかじま　へいぞう）【第3章】
1946年生まれ。東京都立大学大学院人文科学研究科修士課程修了。アリゾナ大学大学院言語学科博士課程修了（Ph.D）。東京都立大学教授, 学習院大学教授などを経て, 現在は東京都立大学名誉教授, 日本英語学会顧問。専門は言語学, 英語学。
主な著書に *Current English Linguistics in Japan*（編著）［Mouton de Gruyter］, *Locality and Syntactic Structures*［開拓社］,『スタンダード英文法』［大修館書店］,『ファンダメンタル英語学演習』,『ファンダメンタル英語学 改訂版』［以上ひつじ書房］『これからの子どもたちに伝えたい ことば・学問・科学の考え方』,『斜めからの学校英文法』［以上開拓社］,『島の眺望』［研究社］

西山佑司（にしやま　ゆうじ）【第4章】
1943年生まれ。慶應義塾大学文学部仏文学専攻および哲学専攻卒業。慶應義塾大学大学院哲学科博士課程単位取得退学。MIT 大学院哲学研究科修了（Ph.D）。慶應義塾大学言語文化研究所教授, 明海大学外国語学部教授を経て, 現在は慶應義塾大学名誉教授・明海大学名誉教授, 東京言語研究所顧問。専門は意味理論, 語用理論, 言語哲学。
主な著書に,『意味論』（共著）［大修館書店］,『談話と文脈』（共著）,『ことばの意味とはなんだろう』（共著）［以上岩波書店］,『日本語名詞句の意味論と語用論』,『名詞句の世界』（編著）［以上ひつじ書房］。主な訳書に, N. チョムスキー『言語論』（共訳）, N. チョムスキー『ことばと認識』（共訳）［以上大修館書店］, R. カーストン『思考と発話』（共訳）［研究社］

チョムスキーの言語理論
　　　　　その出発点から最新理論まで

初版第 1 刷発行　2019 年 2 月 20 日

　　著　者　ニール・スミス、ニコラス・アロット
　　訳　者　今井邦彦・外池滋生・中島平三・西山佑司
　　発行者　塩浦　暲
　　発行所　株式会社　新曜社
　　　　　　101-0051　東京都千代田区神田神保町 3 − 9
　　　　　　電話（03）3264-4973（代）・FAX（03）3239-2958
　　　　　　e-mail : info@shin-yo-sha.co.jp
　　　　　　URL : http://www.shin-yo-sha.co.jp
　　組版所　Katzen House
　　印　刷　新日本印刷
　　製　本　積信堂

　　Ⓒ Neil Smith, Nicholas Allott, Kunihiko Imai, Shigeo Tonoike,
　　Heizo Nakajima, Yuji Nishiyama, 2019 Printed in Japan
　　ISBN978-4-7885-1603-8 C1080

新曜社の本

ことばの意味とは何か 字義主義からコンテクスト主義へ	F. レカナティ 著 今井邦彦 訳	四六判368頁 本体 3800円
知のしくみ その多様性とダイナミズム	J. カルファ 編 今井邦彦 訳	四六判320頁 本体 2800円
現代言語学 チョムスキー革命からの展開	N. スミス, D. ウィルスン 著 今井邦彦 監訳／山田義昭・土屋元子 訳	A5判356頁 本体 4200円
日本語は映像的である 心理学から見えてくる日本語のしくみ	熊谷高幸 著	四六判196頁 本体 1900円
ワードマップ 現代言語論 ソシュール, フロイト, ウィトゲンシュタイン	立川健二・山田広昭 著	四六判264頁 本体 1800円
第二言語習得研究入門 生成文法からのアプローチ	若林茂則 編著 白畑知彦・坂内昌徳 著	A5判272頁 本体 2800円
言語とこころ 心理言語学の世界を探検する	重野 純 編	A5判288頁 本体 2800円
心理学エレメンタルズ **言語と思考**	N. ランド 著 若林茂則・細井友規子 訳	四六判202頁 本体 1800円
タテ書きはことばの景色をつくる タテヨコふたつの日本語がなぜ必要か？	熊谷高幸 著	四六判184頁 本体 1900円
キーワード心理学 **第2巻 聴覚・ことば**	重野 純 著	A5判160頁 本体 1900円

表示価格は税を含みません。